上海新业喷涂机械有限公司

XTQ－1型喷涂枪

高压无气喷漆泵

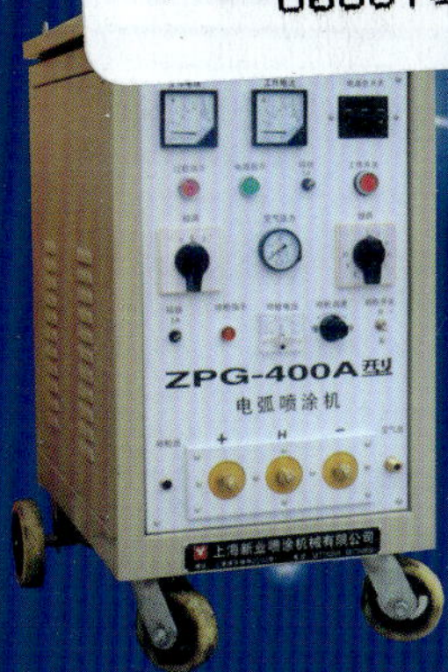

ZPG－400A型电弧喷涂机

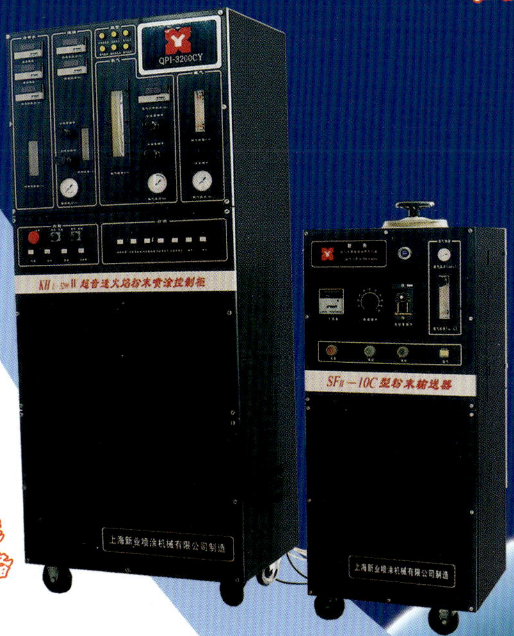

HVOF超音速
火焰喷涂设备

等离子喷涂设备

● 上海新业喷涂机械有限公司
是专业从事热喷涂设备和涂装技术的研究、设计、制造及应用为一体的科技型企业

● 是全国热喷涂协会、中国表面工程协会理事单位、全国涂层覆盖标准委员会委员单位

9060型箱式喷砂机

ZPG－400B型电弧喷涂机

地址：上海市浦东南路2232号
邮编：200127
电话：021-50393000
传真：021-58735205
Http://www.xy-pt.cn
Http://www.xy-pt.com
E-mail: x-y@xy-pt.cn

TSCC 中国表面工程协会热喷涂专业委员会

中国表面工程协会热喷涂专业委员会是国内最大的热喷涂行业组织，隶属于中国表面工程协会，秘书处挂靠在中国农业机械化科学研究院表面工程技术研究所，登记在册团体会员单位400余个，个人高级会员以及境外会员150余名。会员单位来自机械、化工、钢铁、航空、航天、石油、电子、冶金、煤炭、汽车、军工、船舶、有色、轻工、能源、交通、电力、建材等行业，既有国营企业、合资企业、独资企业、股份制企业、又有集体企业、私营企业、个体企业；既有国内企业，又有境外企业，充分体现了协会的跨地区、跨部门、跨行业、跨学科、跨所有制的行业特点。

协会及秘书处主要工作：

1. 坚持“五跨”、“四面向”，五跨是：跨地区、跨部门、跨行业、跨学科、跨所有制；四面向是：面向企业、面向行业、面向国内外两个市场、面向二十一世纪。注重协会组织建设，充实加强理事会，积极发展会员，为会员更好地服务；
2. 开展热喷涂企业、人员资质认证工作，颁发《热喷涂行业企业从业资格证书》、《热喷涂技术操作人员上岗证》，强化热喷涂企业管理；
3. 组织定期举办国际热喷涂研讨会以及全国热喷涂年会，出版论文集，积极开展国际合作与学术交流，积极参与国际热喷涂市场；
4. 以《热喷涂技术》及《热喷涂快讯》两种刊物为纽带，加强协会与会员的联系；
5. 定期编辑出版《中国热喷涂年鉴》；
6. 积极发展与国外热喷涂协会及行业组织的联系，目前已经与美国金属协会、日本热喷涂协会、英国热喷涂协会、德国热喷涂协会等建立了良好的合作关系；
7. 面向行业，提供全方位的服务，搞好技术交流、技术咨询、技术服务、技术开发、技术转让、项目论证及鉴定等工作；
8. 积极发展与国外热喷涂企业的联系，目前已经与英国Metallisation公司、荷兰FST公司、日本大同公司、卡斯特林集团公司、德国GRILLO公司等建立了良好的合作关系；
9. 全力申办2007年国际热喷涂大会在北京召开；
10. 加强中国热喷涂网站建设、维护与更新，使中国热喷涂网同《热喷涂技术》、《热喷涂快讯》两种刊物一样，成为品牌网站。

我们希望热喷涂专业委员会同《热喷涂技术》、《热喷涂快讯》两种刊物以及中国热喷涂网，能成为国内外热喷涂界同仁、企业的窗口、桥梁、纽带和朋友。通过窗口可以观察和了解，通过桥梁可以往来和联系，通过纽带，可以一起去开发、研究，一起去工作，我们正在向这一目标努力，我们一定能达到这个目的，最终成为大家共同的朋友。

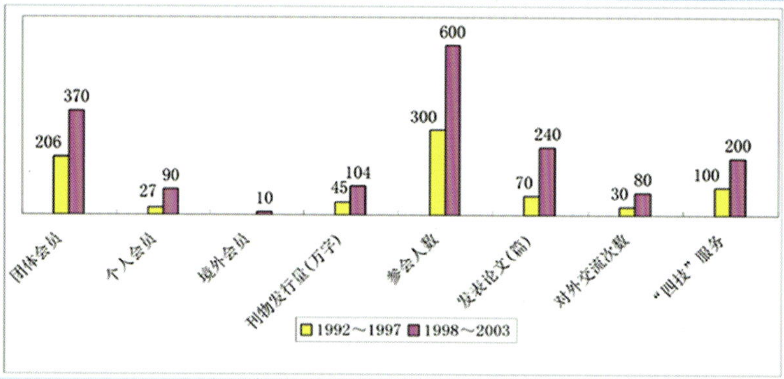

二届理事会期间发展状况

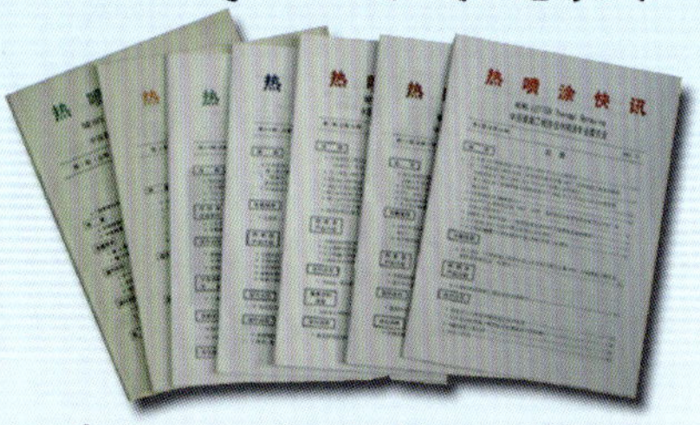

出版刊物及论文集、热喷涂年鉴

举办国际热喷涂研讨会及全国热喷涂年会、理事会、会员代表大会

CHINA THERMAL SPRAY 热喷涂

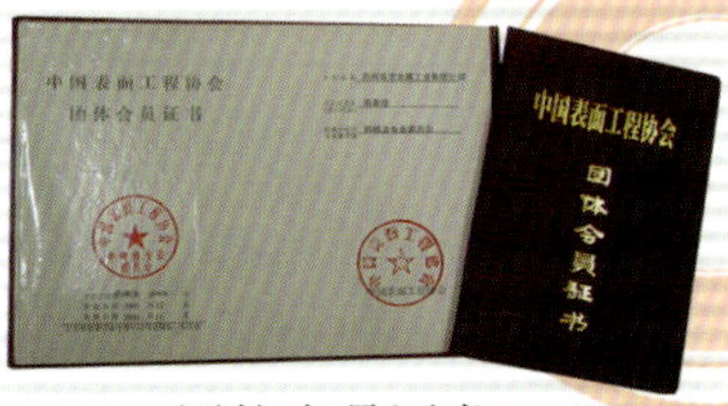

团体会员证书

高级个人会员证书

发展会员

热喷涂行业企业从业资格证书

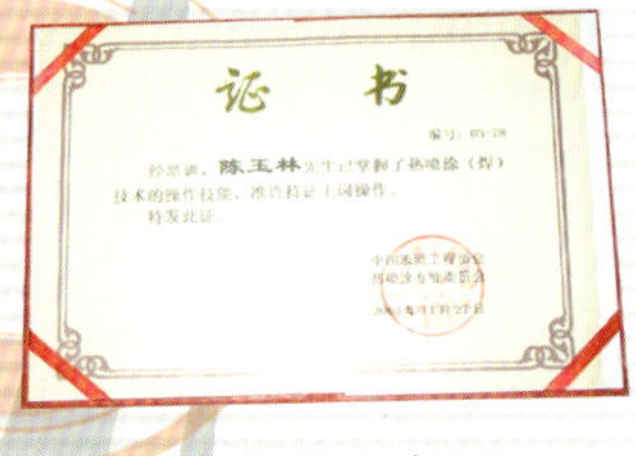

操作人员上岗证

资格认证

国际交流

巫山长江大桥（在建）

广西三岸邕江大桥

参与项目论证及鉴定

应用热喷涂技术的“神舟五号”

中国表面工程协会热喷涂专业委员会

通讯地址：北京德胜门外北沙滩一号

邮政编码：100083

电话号码：010-64882552　64882554　64882560
　　　　　010-86008298　86867878

手　　机：13801233251　13901358778

传　　真：010-64879322　64872316

网　　址：http://www.chinathermalspray.org
　　　　　http://www.tscc.org.cn
　　　　　http://www.中国热喷涂.com

网络实名：中国热喷涂

E-mail: xiaoou@public.bta.net.cn
　　　　lulesong@263.net
　　　　tscc@chinathermalspray.org

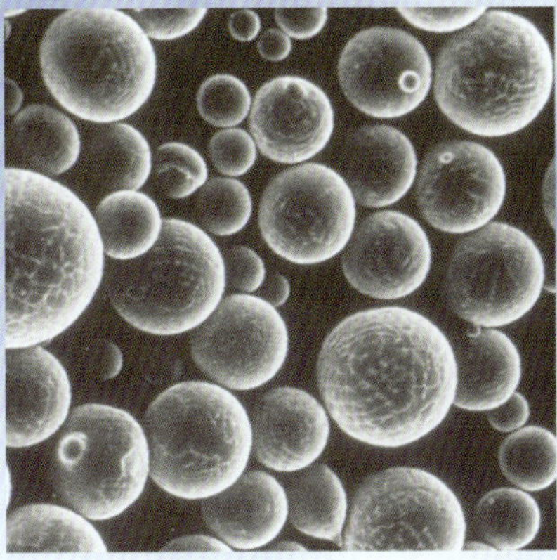

粉末

- 金属粉末（镍基、钴基、铁基、铜基等）
- 合金粉末
- 自熔合金粉末（镍基、钴基、铁基等）
- 陶瓷及金属陶瓷粉末
- 复合粉和自粘粉末
- 混合粉末
- 等离子及超音速火焰喷涂粉末
- MCrAlY 合金系列粉末
- 特种粉末

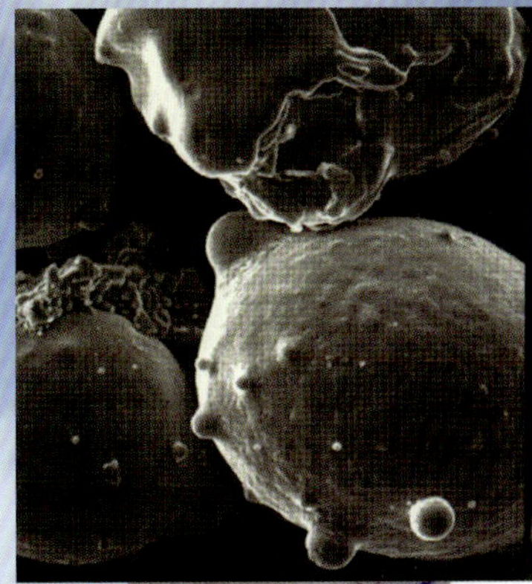

喷涂丝材

- 防腐喷涂丝材（锌丝、铝丝、锌铝合金丝、铝镁合金丝等）
- 不锈钢丝、2Cr13、3Cr13、4Cr13、7Cr13 药芯丝材等
- 锅炉四管喷涂丝材（45CT、NiCr−Cr_3C_2 抗高温耐磨合金丝、抗高温耐磨合金丝、超硬抗高温耐磨合金丝、FeCrAl、70Ni30Cr、80Ni20Cr 等）
- 打底丝（NiAl 合金丝、NiAl 复合丝、铝青铜丝、低碳马氏体合金丝等）
- 特种药芯喷涂丝
- 喷涂钼丝
- 巴氏合金等

焊丝、焊条

- 耐磨焊条
- 模具堆焊焊条
- 有色金属焊条
- 模具焊补专用焊丝
- 打底、开槽焊条
- 铸铁焊条
- 高强度焊条
- 特种焊条
- 不锈钢焊条、焊丝
- 钎焊焊丝、焊剂

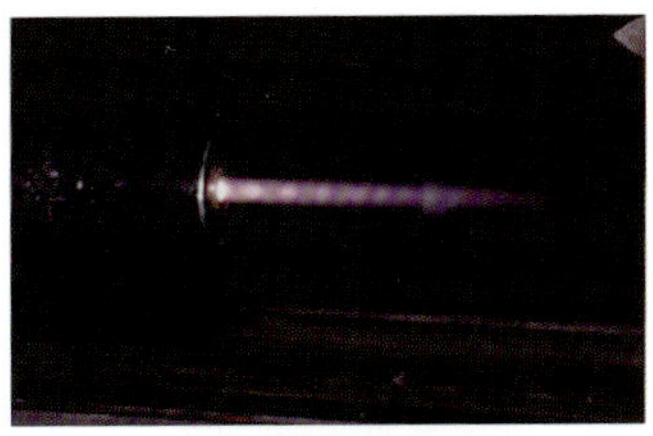

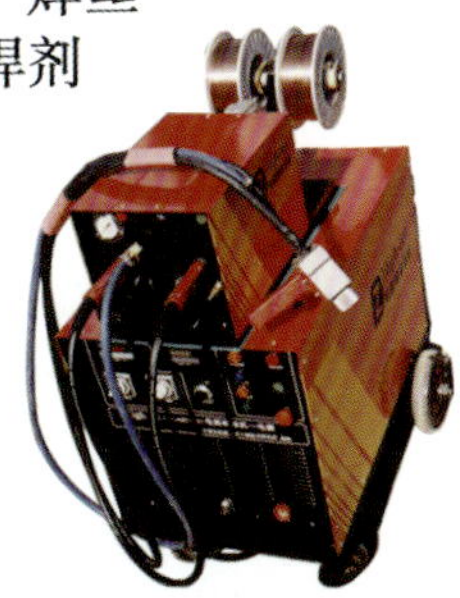

设备

- 火焰喷涂喷焊设备
- 高精度送粉器
- 超音速火焰喷涂（HVOF）设备
- 爆炸喷涂设备
- 陶瓷棒材喷涂设备
- 电弧喷涂设备
- 电火花沉积／堆焊设备
- 等离子喷涂、喷焊设备
- 火焰线材喷涂设备
- 各种保养焊接设备

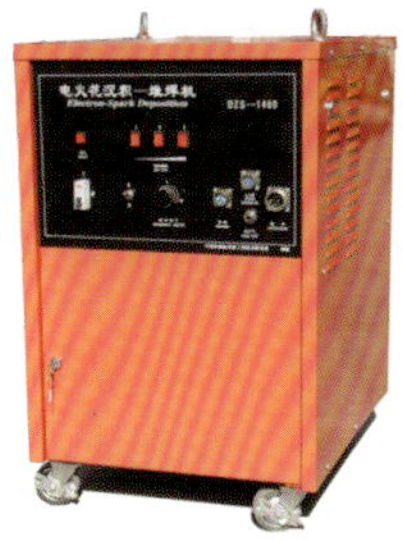

技术服务

- 提供广泛的喷涂、保养焊接及表面工程技术服务、技术咨询、技术培训、技术开发、技术转让
- 提供各类模具（包括压铸模、冷冲模、塑料模具及高精度镜面塑料模具、热锻模具、铸铁模具、橡胶模具、拉延模具、剪切模具等）及精密零部件修复及表面强化技术服务、技术转让
- 提供耐磨、防腐、大面积堆焊、有色金属焊接、无变形焊接等各种焊接、电火花表面沉积强化／堆焊及热喷涂服务

▲ 中国表面工程协会热喷涂专业委员会二届五次（扩大）理事会在延吉市召开

◀ 总会沈烈初理事长在中国表面工程协会热喷涂专业委员会二届五次（扩大）理事会上讲话

▶ 名誉理事长丁传贤院士（中）、理事长黄小鸥教授（右）、副理事长支树平教授级高工（左）在 ITSS′2000 合影

▲ 德国焊接学会副理事长、阿亨大学材料科学研究所所长 E.Lugscheider 教授在 ITSS′02 上致贺词

▶ E.Lugscheider 教授在鞍山国际热喷涂研讨会（ITSS′2002）上的贺词摘要

先生们，女士们：

请允许我代表德国焊接协会（DVS），美国材料协会／热喷涂协会（ASM/TSS）董事会以及国际焊接研究所（IIW），向诸位表示亲切的问候，并祝大会取得圆满成功！

首先，我要感谢中国表面工程协会热喷涂专业委员会的盛情邀请以及他们在今年德国埃森举行的国际热喷涂大会上的承诺。德国焊接协会（DVS），美国材料协会／热喷涂协会（ASM/TSS）和国际焊接研究所（IIW）公认：中国表面工程协会热喷涂专业委员会是推动热喷涂技术的忠实的、强大的伙伴。

热喷涂在过去 40 年里经历了巨大的发展，有我们大多数人认为理所当然的，为当今我们所熟知的无数热喷涂应用，例如医药工业，汽车工业，机械工程，航空工业以及越来越多的受益于涂层工业的所有工业。

向中国表面工程协会热喷涂专业委员会这样的协会代表了热喷涂的将来发展。组织这样的热喷涂大会和研讨会对促进科技交流和年轻工程师的教育以及今后他们对世界热喷涂界的贡献是热喷涂持续发展的重要因素。

在世界经济停滞时期，中国经济仍然在增长。与欧洲和美国相比，中国在对外贸易方面很强劲（2000 年达 37%）。更不用提，你们代表了 12 亿人民。这使你们的市场成为将来最重要的一个。至少你们是热喷涂技术最重要的市场之一。

◀ 第六届国际热喷涂研讨会（ITSS' 03）暨第七届全国热喷涂年会（CNTSC '03）、中国表面工程协会热喷涂专业委员会第三届会员代表大会在重庆市成功举行

▶ 黄小鸥理事长与参加ITSS' 03的日本代表

▲ 参加第五届国际热喷涂研讨会（ITSS' 02）暨第六届全国热喷涂年会（CNTSC '02）的部分代表

▲ 日本溶射协会理事长、丰田工业大学恒川好树教授（中）
在 ITSS′03 上致贺词，周克崧副理事长主持大会（右二）

▲ 2003 国际表面维修工程与特种修理技术及相关设备展览会于 11 月中旬在北京成功举办，
中国机械工业联合会会长于珍（右四），黄小鸥（右六）在开幕仪式上

▲ 第四届国际热喷涂研讨会（ITSS′ 2000）
暨第五届全国热喷涂年会（CNTSC′ 2000）在无锡市成功举行

▲ 黄小鸥理事长与参加 ITSS′ 2000 的日本葛西清纲先生、
马込正胜先生、Lester 先生（英国 Metallisation）等国外代表合影

沈烈初
中国表面工程协会理事长
原机械工业部副部长
原国务院机电产品进出口办公室主任

提高热喷涂行业技术
为国民经济发展服务

祝贺《中国热喷涂年鉴》出版

沈烈初
二〇〇三年七月

首部"中国热喷涂年鉴"的正式发行，必将促进热喷涂先进技术的推广和热喷涂行业水平的提高。

毕 顺

2003年6月20日

毕　顺　　中国表面工程协会常务副理事长兼秘书长
原武汉材料保护研究所所长

中国热喷涂年鉴
（2003 年版）

The Yearbook of China Thermal Spray Industry　Edition 2003

中国表面工程协会热喷涂专业委员会
北 京 昕 史 文 化 研 究 中 心　联合编制
北京中测三维信息技术研究所

科学技术文献出版社

京海工商广临字 2004010 号

图书在版编目（CIP）数据

中国热喷涂年鉴：2003 年版 / 黄小鸥编．—北京：科学技术文献出版社，2004．5

ISBN 7-5023-4588-4

Ⅰ.中... Ⅱ.黄... Ⅲ.热喷涂—金属加工工业—中国—2003—年鉴 Ⅳ.F426.41-54

中国版本图书馆 CIP 数据核字（2004）第 019617 号

出　　版　　者:科学技术文献出版社
地　　　　　址:北京市复兴路 15 号(中央电视台西侧)/100038
图书发行部电话:(010)68514035(传真),(010)68514009
网　　　　　址:http://www.stdph.com
责　任　编　辑:卢乐松　付海宇
责　任　校　对:张海丽
发　　行　　者:科学技术文献出版社发行　全国各地新华书店经销
印　　刷　　者:北京地大彩印厂
版　（印）　次:2004 年 3 月第 1 版第 1 次印刷
开　　　　　本:889×1194　1/16
字　　　　　数:750 千
印　　　　　张:37.5
印　　　　　数:0001-3000 册
定　　　　　价:260.00 元

《中国热喷涂年鉴(2003年版)》编委会名单

前　言

随着经济的进步和科技的不断发展，作为先进制造工艺的重要分支，热喷涂工业正逐渐广泛地应用于国民经济各主要工业领域，其突出作用也正逐步显现。改革开放以后，特别是近几年来，我国热喷涂行业在研发、喷涂装备及材料生产等领域取得了可喜的成果，在设备、材料和应用方面涌现出了一批优秀企事业单位。

为了全面系统地回顾中国热喷涂行业走过的历程，真实准确地记录并介绍我国热喷涂行业企事业单位的基本情况和所取得的成就，向世界展示中国热喷涂行业的整体面貌及发展现状，增进行业内部与相关行业间的相互交流，中国表面工程协会热喷涂专业委员会与北京昕史文化研究中心、北京中测三维信息技术研究所联合组织编写了中国热喷涂行业首部国家级馆藏工具书—《中国热喷涂年鉴(2003 年版)》。

经过近一年的筹划和运作，在理事会和全体会员的支持下，首部关于我国热喷涂现状的《中国热喷涂年鉴(2003 年版)》，原计划 2003 年 6、7 月份出版，但由于受非典等影响，推迟到 2004 年 3 月出版发行。

《中国热喷涂年鉴(2003 年版)》共分为中国热喷涂行业的发展概况、规划及发展趋势，热喷涂专业委员会发展大事记，行业标准介绍，优秀企事业单位高新工艺、设备材料介绍，企事业单位基本情况介绍、会员名录等，收录了 500 余家我国热喷涂行业有关设备、材料、辅助设备及材料的生产研制以及技术服务等企事业单位的基本信息，部分单位并配有详细的文字表述和彩色图片，这在构思和编排上是一种尝试，该书的编制出版将为行业间的信息交流以及热喷涂行业的持续、繁荣和稳定发展提供有效的服务。《中国热喷涂年鉴》为国际标准大 16 开，全彩色精装本，面向海内外出版发行。该书在我国出版尚属首次，是一部广泛适用于我国热喷涂行业各领域及相关行业及中外投资者选择合作和发展贸易的权威工具书，更是展示行业整体形象和反映企事业单位代表产品、技术、设备、材料及应用的一次良机。

中国表面工程协会
热喷涂专业委员会　秘书处

2003 年 12 月

编 辑 说 明

随着经济的进步和科技的不断发展，作为先进制造工艺的重要分支，热喷涂工业正逐渐广泛地应用于国民经济各主要工业领域，其突出作用也正逐步显现。改革开放以后，特别是近几年来，我国热喷涂行业在研发、生产喷涂装备及材料等领域取得了可喜的成果，在设备、材料和应用方面涌现出了一批优秀企事业单位代表。

为了全面系统地回顾中国热喷涂行业走过的历程，真实准确地记录并介绍我国热喷涂行业企事业单位的基本情况和所取得的成就，向世界展示中国热喷涂行业的整体面貌及发展现状，增强行业内部与相关行业间的相互交流，中国表面工程协会热喷涂专业委员会和北京昕史文化研究中心、北京中测三维信息技术研究所组织编写了《中国热喷涂年鉴(2003 年版)》。

《中国热喷涂年鉴(2003 年版)》收录了 500 余家我国热喷涂行业有关设备、材料、辅助设备及材料的生产研制以及技术服务等企事业单位的基本信息，部分单位并配有详细的文字表述和彩色图片，这在构思和编排上是一种尝试，该书的编制出版将为行业间的信息交流以及热喷涂行业的持续、繁荣和稳定发展提供有效的服务。

尽管在编制工作中做出了很大努力，但由于时间紧迫、水平有限，本书肯定存在一些错误和不足之处，敬请广大读者批评指正。

编　者

2004 年 3 月

目　　录

中国表面工程协会简介 …………（1）

中国表面工程协会第三届理事会理事长、副理事长、秘书长、副秘书长名单 …………（2）

中国表面工程协会第三届理事会理事和常务理事名单 …………（2）

中国表面工程协会顾问名单 …………（2）

中国表面工程协会热喷涂专业委员会简介 …………（3）

中国表面工程协会热喷涂专业委员会第三届理事会名誉理事长、理事长、副理事长、秘书长名单 …………（4）

中国表面工程协会热喷涂专业委员会第三届理事会理事名单 …………（4）

中国表面工程协会热喷涂专业委员会第三届理事会常务理事名单 …………（6）

中国表面工程协会热喷涂专业委员会顾问委员会名单 …………（7）

中国表面工程协会章程 …………（8）

中国热喷涂的现状与末来 …………（13）

中国表面工程协会热喷涂专业委员会发展大事记

一九九二年大事记 …………（29）

一九九三～一九九四年大事记 …………（33）

一九九五年大事记 …………（35）

一九九六年大事记 …………（36）

一九九七年大事记 …………（45）

一九九八年大事记 …………（60）

一九九九年大事记 …………（68）

二〇〇〇年大事记 …………（73）

二〇〇一～二〇〇二年大事记 …………（81）

二〇〇三年大事记 …………（100）

热喷涂行业标准(部分)

金属热喷涂层表面洛氏硬度试验方法 …… (131)

热喷涂层抗拉强度的测定 …… (138)

热喷涂层结合强度的测定 …… (141)

热喷涂金属件表面预处理通则 …… (145)

热喷涂涂层厚度的无损测量方法 …… (149)

热喷涂涂层设计命名方法 …… (152)

热喷涂涂层材料命名方法 …… (158)

金属和其他无机覆盖层热喷涂、锌、铝及其合金 …… (166)

球墨铸铁管外表面喷锌涂层 …… (175)

金属和其他无机覆盖层热喷涂操作安全 …… (178)

热喷涂自熔合金喷涂与重熔 …… (194)

热喷涂低压等离子喷涂镍－钴－铬－铝－钇－钽合金涂层 …… (200)

热喷涂术语、分类 …… (206)

热喷涂常用术语 …… (221)

热喷涂自熔合金涂层试验方法 …… (230)

热喷涂操作人员考核要求 …… (234)

线材喷涂碳钢及不锈钢 …… (238)

自熔合金喷焊技术条件 …… (243)

热喷涂涂层孔隙率试验方法铁试剂法 …… (247)

热喷涂陶瓷涂层技术条件 …… (249)

钢结构腐蚀防护热喷涂锌、铝及其合金涂层选择与应用导则 …… (260)

等离子喷焊枪技术条件 …… (269)

等离子喷焊电源 …… (273)

热喷涂设备分类及型号编制方法 …… (280)

金属粉末中可被氢还原氧含量的测定 …… (289)

焊条用铝及铝合金线材 …… (296)

金属粉末松装密度的测定第3部分:振动漏斗法 …… (300)

金属粉末粒度组成的测定干筛分法 …… (304)

碳化钨粉 …… (308)

Fe－Cr－B－Si 系自熔合金粉 …… (311)

镍基喷涂合金粉 ……………………………………………… (315)
金属粉末粒度分布的测定——光透法 …………………………… (318)
金属和其它无机覆盖层厚度测量方法评述 ……………………… (325)
金属和氧化物覆盖层横断面厚度显微镜测量方法 ……………… (330)
铝包镍复合粉 ……………………………………………… (336)
Ni - B - Si 系自熔合金粉 ……………………………………… (339)
Ni - Cr - B - Si 系自熔合金粉 ………………………………… (342)
金属粉末粒度分布的测定——沉降天平法 ……………………… (346)
金属粉末松装密度的测定第二部分:斯柯特容量计法 …………… (352)
磁性金属基体上非磁性覆盖层厚度测量磁性方法 ……………… (355)
金属粉末流动性的测定标准漏斗法(霍尔流速计) ……………… (359)
镍包铜复合粉 ……………………………………………… (363)
镍包铬复合粉 ……………………………………………… (366)
钴包碳化钨复合粉 …………………………………………… (369)
镍包氧化铝复合粉 …………………………………………… (372)
镍包铝复合粉 ……………………………………………… (375)
钼粉技术条件 ……………………………………………… (378)
钨粉技术条件 ……………………………………………… (380)

优秀企事业单位高新工艺、设备材料介绍

中国农业机械化科学研究院表面工程技术研究所 ……………… (383)
上海宝钢工程技术有限公司宝钢机械厂 ………………………… (384)
铁岭永兴石油机械有限责任公司 ……………………………… (386)
中国航天科技集团公司材料及工艺研究所第七 O 三所 ………… (388)
大连海事大学金属材料工艺所 ………………………………… (390)
第二炮兵工程学院维修工程研究所 …………………………… (392)
德阳市东汽表面工程技术有限公司 …………………………… (394)
大连特种涂层技术发展中心 …………………………………… (396)
德国 GTV 公司北京办事处/服务中心 ………………………… (398)
北京矿冶研究总院金属材料研究所 …………………………… (400)
广州有色金属研究院材料表面工程技术研究开发中心 ………… (402)
中国农业机械化科学研究院表面工程技术研究所 ……………… (403)

上海新业喷涂机械有限公司 …… (404)
中国航空工业第一集团公司北京航空制造工程研究所 …… (405)
北京廊桥表面技术发展有限公司 …… (406)
北京丹斯泰克科贸有限公司 …… (407)
全军装备维修表面工程研究中心 …… (408)
上海君山表面技术工程有限公司 …… (409)
天津市机械涂层研究所有限责任公司 …… (410)
无锡科特金属喷涂厂 …… (411)
中国石油集团科学技术研究院江汉机械研究所表面工程技术厂 …… (412)
青铜峡市特鑫焊接热喷涂有限公司 …… (413)
哈尔滨四达热喷涂技术有限责任公司 …… (414)
成都市长诚热喷涂技术有限责任公司 …… (415)
江苏中矿大正表面工程技术有限公司 …… (416)
戚墅堰机车车辆工艺研究所焊表部 …… (417)
西安市同力液压机电技术有限责任公司 …… (418)
烟台东星集团公司首钢备件修复分公司 …… (419)
大连重工集团有限公司特种焊接加工厂 …… (420)
湖州星塔喷涂设备材料有限公司 …… (421)
武汉立泰科技有限公司 …… (422)
中日合资浙江德清荣泰热喷涂有限公司 …… (423)
南海市中南机械有限公司 …… (424)
沈阳恒信表面技术发展有限公司 …… (425)
比利时贝卡尔特亚洲上海代表处 …… (426)
上海雀石机电有限公司 …… (427)
北京市金甲喷涂技术公司 …… (428)
上海田岛热喷涂有限公司 …… (428)
天津市铸金表面工程材料科技开发有限公司 …… (429)
天津新港船厂修船分厂特修服务站 …… (429)
成都大光热喷涂材料有限公司 …… (430)
成都振兴金属粉末厂 …… (430)
自贡亚西泰克高新技术有限责任公司 …… (431)
淄博先河机电有限责任公司 …… (431)

大港油田集团新世纪机械制造有限公司立科喷涂材料厂 …… (432)
哈尔滨市长河特种涂料厂有限责任公司 …… (432)
郑州磨料磨具磨削研究所 …… (433)
沈阳市新光热喷涂厂 …… (433)
无锡金城焊接材料制造有限公司 …… (434)
泰兴市光辉等离子喷涂设备厂 …… (434)
东港市宏伟硼合金有限公司 …… (435)
兰州电力热喷涂新技术服务中心 …… (435)
中国科学院上海硅酸盐研究所 …… (436)
上海凯林新技术实业公司 …… (437)
苏州统明机械有限公司 …… (438)
先导(益阳)等离子粉末有限公司 …… (439)
北京市熵科尔应用技术研究所 …… (440)
泰兴市业源喷涂机械厂 …… (440)
西安恒久科技发展有限公司 …… (441)
湖南百富瑞材料有限责任公司 …… (442)
长兴县华峰喷焊材料电炉有限公司 …… (443)
葫芦岛市龙港锦海有色金属新材料厂 …… (444)

中国表面工程协会热喷涂专业委员会会员名录

北京市 …… (447)
天津市 …… (459)
上海市 …… (462)
河北省 …… (470)
山西省 …… (474)
内蒙古自治区 …… (476)
辽宁省 …… (477)
吉林省 …… (487)
黑龙江省 …… (489)
山东省 …… (492)
安徽省 …… (499)
江西省 …… (501)

江苏省…………………………………………………………………………………………（502）
浙江省…………………………………………………………………………………………（510）
福建省…………………………………………………………………………………………（512）
湖北省…………………………………………………………………………………………（513）
河南省…………………………………………………………………………………………（522）
湖南省…………………………………………………………………………………………（527）
广东省…………………………………………………………………………………………（529）
广西壮族自治区………………………………………………………………………………（533）
海南省…………………………………………………………………………………………（534）
重庆市…………………………………………………………………………………………（534）
四川省…………………………………………………………………………………………（535）
贵州省…………………………………………………………………………………………（541）
云南省…………………………………………………………………………………………（542）
陕西省…………………………………………………………………………………………（543）
甘肃省…………………………………………………………………………………………（546）
新疆维吾尔自治区……………………………………………………………………………（548）
宁夏回族自治区………………………………………………………………………………（549）
台湾省…………………………………………………………………………………………（549）

附录

单位换算表……………………………………………………………………………………（553）
常用单位及换算表……………………………………………………………………………（554）
长度换算表(英寸换成毫米)…………………………………………………………………（555）
硬度对照表……………………………………………………………………………………（556）
温度换算表……………………………………………………………………………………（558）
应力换算表……………………………………………………………………………………（560）
冲击值换算表…………………………………………………………………………………（561）
粉末筛目对照表………………………………………………………………………………（562）
化学元素符号表………………………………………………………………………………（563）
国外公司网站…………………………………………………………………………………（564）

中 国 表 面 工 程 协 会

简 介

中国表面工程协会是全国从事表面工程的企业及相关单位自愿组成的行业组织，是为企业服务的跨地区、跨部门、跨行业、跨学科、跨所有制的社会团体。成立于 1991 年，经国家民政部核准登记，并于 1999 年 10 月换发了社会团体法人登记证书（登记证号为：社证字 3491 号）。协会的业务主管部门为国务院国有资产监督管理委员会，由中国机械工业联合会归口管理。

中国表面工程协会的宗旨是以经济建设为中心，面向企业、面向行业、面向市场、面向新世纪，以预测、导向、交流、服务为工作方针，为提高表面工程行业的竞争力和整体素质做贡献。协会担负着表面工程行业管理、技术交流、咨询服务的职责，是架设在政府与企业间的桥梁，是联系表面工程企业间的纽带，是传递信息、沟通需求的渠道。

中国表面工程协会现有团体会员 1363 个。协会下设五个分支机构，即：中国表面工程协会电镀分会、中国表面工程协会涂装分会、中国表面工程协会防锈专业委员会、中国表面工程协会热喷涂专业委员会、中国表面工程协会转化膜专业委员会。

地址 Add：湖北省武汉市汉口区宝丰二路 126 号

邮编 PC：430030

电话 Tel：0086 - 27 - 8363 6998　8364 1673　8361 7083

传真 Fax：0086 - 27 - 8361 7083

中国表面工程协会第三届理事会理事长、副理事长、秘书长、副秘书长名单

理事长：沈烈初

副理事长：毕　顺　王　林　胡铁骑　秦宝兴　陶福山　肖怀斌　黄小鸥
杨江成　马　捷　吕亚林　吴　涛

秘书长：毕　顺（兼）

副秘书长：左丹江（另保留 1～2 名副秘书长名额）

中国表面工程协会第三届理事会理事和常务理事名单

（姓名后打 * 号者为常务理事）

沈烈初*　李　健*　毕　顺*　伍昕忠*　胡铁骑*　秦宝兴*　郭鹤桐*
张世崇*　胡如南*　杨江成*　马　捷*　张美生*　李月亮*　李长春*
史志鸿*　董方钰*　喻　奇*　吕亚林*　毛祖国*　宋　华　袁　华
沈品华　余德茂　徐胜利　任传兴　赵国鹏　严　正　许金福
刘宝玺　黄广炳　邢文长　罗国铨　郁祖湛　左正忠　杨庆林
曾　涌　李希平　林云峰　曲绍奎　陈贞坤　周人驹　费竹龄
范宏义　陶福山*　邝演涤*　李新立*　吴　涛*　竺玉书*　程国良*
彭永固*　陶云亮*　王承陵　薛利中　张学友　徐洪洲　沈士亮
陈慕祖　梁元仲　沈　立　孙国桢　张　帆　李建娥　李荣俊
王伟林　潘　峰　罗建新　肖怀斌*　罗永秀*　胡林林*　岳奇贤*
廖国栋*　杨振玺*　陈学军*　余大南　龙化骊　薛　中　卢　鹰
徐文嘉　孙树仁　王一建　杨文斌　莫学坤　傅树琴　孙　清
蒋振森　林兴国　黄卫兵　丁传贤*　王　林*　黄小鸥*　周克崧*
支树平*　喻尊璞*　祖玉冰*　陆季辉　杨宗吉　王汉功　王泰兴*
冯国志　钱叶仁　王　多　贾永昌　张关宝　李其连　胡蕴成
张革飞　吴子健　陈加印　高荣发　李长久　冷文元*　朱祖芳*
刘建文*　卢继延*　吕忠洲*　旷亚非　王洪洲　张国芝　朱岳麟
戴祖军　陆国建　王启鹏　罗坤英　胡湘东　邹瑞海　方　震*
范财富*　陈金龙　蒋建新　刘新爱　桑保华　葛义谦

（另为涂装分会保留 1 名理事名额）

中国表面工程协会顾问名单

叶扬祥　曾良宇　向　荣　徐金玉　王锡春　陈钟岱　杨必暖　黄德文

中国表面工程协会热喷涂专业委员会

简　　介

中国表面工程协会热喷涂专业委员会是国内最大的热喷涂行业组织，隶属于中国表面工程协会，秘书处挂靠在中国农业机械化科学研究院表面工程技术研究所，登记在册团体会员单位400余个，个人高级会员以及境外会员150余名。会员单位来自机械、化工、钢铁、航空、航天、石油、电子、冶金、煤炭、汽车、军工、船舶、有色、轻工、能源、交通、电力、建材等行业，既有国营企业、合资企业、独资企业、股份制企业、又有集体企业、私营企业、个体企业；既有国内企业，又有境外企业，充分体现了协会的跨地区、跨部门、跨行业、跨学科、跨所有制的行业特点。

协会及秘书处主要工作：

1. 坚持“五跨”、“四面向”，五跨是：跨地区、跨部门、跨行业、跨学科、跨所有制；四面向是：面向企业、面向行业、面向国内外两个市场、面向二十一世纪。注重协会组织建设，充实加强理事会，积极发展会员，为会员更好地服务；

2. 开展热喷涂企业、人员资质认证工作，颁发《热喷涂行业企业从业资格证书》、《热喷涂技术操作人员上岗证》，强化热喷涂企业管理。

3. 组织定期举办国际热喷涂研讨会以及全国热喷涂年会，积极开展国际合作与学术交流，积极参与国际热喷涂市场；

4. 以《热喷涂技术》及《热喷涂快讯》两种刊物为纽带，加强协会与会员的联系；

5. 定期编辑出版《中国热喷涂年鉴》；

6. 积极发展与国外热喷涂协会及行业组织的联系，目前已经与美国金属协会、日本热喷涂协会、英国热喷涂协会、德国热喷涂协会等建立了良好的合作关系；

7. 面向行业，提供全方位的服务，搞好技术交流、技术咨询、技术服务、技术开发、技术转让等工作；

8. 积极发展与国外热喷涂企业的联系，目前已经与英国 Metallisation 公司、荷兰 FST 公司、日本大同公司、卡斯特林集团公司、德国 GRILLO 公司等建立了良好的合作关系；

9. 全力申办2007年国际热喷涂大会在北京召开；

10. 加强中国热喷涂网站建设、维护与更新，使中国热喷涂网同《热喷涂技术》、《热喷涂快讯》两种刊物一样，成为品牌网站。

我们希望热喷涂专业委员会及《热喷涂技术》、《热喷涂快讯》两种刊物，能成为国内外热喷涂界同仁、企业的窗口、桥梁、纽带和朋友。通过窗口可以观察和了解，通过桥梁可以往来和联系，通过纽带，可以一起去开发、研究，一起去工作，我们正在向这一目标努力，我们一定能达到这个目的，最终成为大家共同的朋友。

中国表面工程协会热喷涂专业委员会第三届理事会名誉理事长、理事长、副理事长、秘书长名单

（2003 年 10 月 15 日热喷涂专业委员会三届一次（扩大）理事会审议通过（选举产生））

名誉理事长：丁传贤

理　事　长：黄小鸥

副 理 事 长：周克崧　支树平　祖玉冰　王泰兴　李秉忠

秘　书　长：黄小鸥

副 秘 书 长：汪瑞军　伍建华　赵维勋　韩志海　卢乐松

中国表面工程协会热喷涂专业委员会第三届理事会理事名单

（2003 年 10 月 15 日热喷涂专业委员会第三届会员代表大会选举产生）

序号	姓名	职务	职称	单位
1	丁传贤		院士	中国科学院上海硅酸盐研究所
2	黄小鸥	所长	研究员	中国农业机械化科学研究院表面工程技术研究所
3	周克崧	院长顾问	教授级高级工程师	广州有色金属研究院
4	支树平	所长	研究员高工	四川成发航空科技股份有限公司涂层研究所
5	祖玉冰		高级工程师	中国航天科技集团公司第七 O 三研究所
6	王泰兴	董事长总经理	高级工程师	铁岭永兴石油机械有限责任公司
7	李秉忠	主任	研究员	武汉材料保护研究所
8	周贻茹		教授级高工	北京有色金属研究总院金甲喷涂技术公司
9	王汉功	所长	教授	第二炮兵工程学院
10	胡蕴成	执行董事总经理	高级工程师	东汽表面工程技术有限公司
11	李其连		高级工程师	北京航空制造工程研究所（625 所）
12	陆季辉	厂长	高级工程师	上海宝钢工程技术有限公司宝钢机械厂
13	贾永昌	总工	教授级高级工程师	北京廊桥表面技术发展有限公司
14	杨宗吉	董事长		苏州统明机械有限公司
15	钱叶仁	董事长	高级工程师	天津市北方涂层材料有限公司

序号	姓名	职务	职称	单位
16	陈惠国	副总工程师	高级工程师	上海大豪英佛曼纳米材料喷涂有限公司
17	李长久		教授	西安交大机械工程学院
18	王　多	董事长总经理	博士	成都大光热喷涂材料有限公司
19	高荣发	总经理	高级工程师	武汉高力热喷涂工程有限责任公司
20	陈加印	董事长	高级工程师	成都市长诚热喷涂技术有限责任公司
21	冯国志	总经理	工程师	上海新业喷涂机械有限公司
22	赵维勋	主任	高级工程师	沈阳黎明航空发动机(集团)有限责任公司喷涂研究室
23	刘景凤	所长	高级工程师	中冶集团建筑研究总院焊接研究所
24	王　晖	厂长	高级工程师	大连重工起重集团有限公司特种焊接加工厂
25	那忠爱	经理	工程师	沈阳恒信表面技术发展有限公司
26	安云岐	总经理	高级工程师	江苏中矿大正表面工程技术有限公司
27	高　阳		教授工学博士	大连海事大学船舶材料与工艺研究所热喷涂加工实验中心
28	刘广海	总工	高级工程师	北京瑞达安喷涂技术开发中心
29	吴子健		研究员	钢铁研究总院
30	于淑香	主编	高级工程师	机械工人杂志社
31	熊天英	主任	博士研究员	中国科学院金属研究所
32	许　冠	董事长	级工程师	中南动力机械有限公司
33	公茂秀	副总工程师	研究员	山东省冶金科学研究院
34	李志刚	副总经理		先进机械设备有限公司
35	林惠令	总经理	高级工程师	上海凯林新技术实业公司
36	刘　敏	主任	教授	广州有色金属研究院
37	薛永宗	总经理	经济师	无锡市新科表面工程材料有限公司
38	伍建华	副主任副经理	研究员	武汉材料保护研究所喷涂室
39	孙大千	副院长	教授	吉林大学材料科学与工程学院
40	蒋显亮	所长	教授	中南大学表面与涂层技术研究所
41	钱　强	总经理	教授级高级工程师	哈尔滨四达热喷涂技术有限责任公司
42	陶顺衍		副研究员	中国科学院上海硅酸盐研究所
43	郑希华	经理	工程师	哈尔滨市祥泰金属喷涂技术公司

序号	姓名	职务	职称	单位
44	周　杰	副所长	高工	天津机械涂层研究所有限责任公司
45	朱　胜	主任	教授博导	装甲兵工程学院材料科学与工程系
46	石成刚	厂长	高级工程师	中国石油科学技术研究院江汉机械研究所
47	郭吉平	总经理		先导(益阳)等离子粉末有限公司
48	李慕勤	院长	教授	佳木斯大学材料工程金属学院
49	汪瑞军	主任	高级工程师	中国农业机械化科学研究院表面工程技术研究所
50	左丹江		高级工程师	武汉材料保护研究所中国表面工程协会
51	方辉义	董事长	高工	哈尔滨长河特种涂料厂有限责任公司
52	苏新勇	站长	高级工程师	海军北海表面工程推广站
53	陈政国	原院长	教授	黑龙江科技学院
54	陈善忠	主任	高工	中国南车集团戚墅堰机车车辆工艺研究所
55	韩志海		副教授	西安交通大学
56	寇友强	总经理	工程师	河北省三河市三强金属表面技术工程有限公司
57	唐荣度	董事长	工程师	无锡科特金属喷涂厂
58	徐　峰	董事长		浙江省长兴县华峰喷焊材料电炉有限公司
59	焦宝林	主任	高级经济师	西安航空发动机(集团)有限公司冲焊厂
60	童喜民	副主任	工程师	青铜峡水电厂
61	吴朝军		高级工程师	中国航天科技集团公司第七 O 三研究所
62	肖旭东	总经理	工程师	北京瑞佩尔技贸有限责任公司

中国表面工程协会热喷涂专业委员会第三届理事会常务理事名单

(2003 年 10 月 15 日热喷涂专业委员会三届一次(扩大)理事会审议通过(选举产生))

序号	姓名	职务	职称	单位
1	丁传贤		院士	中国科学院上海硅酸盐研究所
2	黄小鸥	所长	研究员	中国农业机械化科学研究院表面工程技术研究所
3	周克崧	院长顾问	教授级高级工程师	广州有色金属研究院
4	支树平	所长	研究员高工	四川成发航空科技股份有限公司涂层研究所
5	祖玉冰		高级工程师	中国航天科技集团公司第七 O 三研究所
6	王泰兴	董事长总经理	高级工程师	铁岭永兴石油机械有限责任公司

序号	姓名	职务	职称	单位
7	李秉忠	主任	研究员	武汉材料保护研究所
8	周贻茹		教授级高工	北京有色金属研究总院金甲喷涂技术公司
9	王汉功	所长	教授	第二炮兵工程学院
10	胡蕴成	执行董事总经理	高级工程师	东汽表面工程技术有限公司
11	李其连		高级工程师	北京航空制造工程研究所(625所)
12	陆季辉	厂长	高级工程师	上海宝钢工程技术有限公司宝钢机械厂
13	贾永昌	总工	教授级高级工程师	北京廊桥表面技术发展有限公司
14	杨宗吉	董事长		苏州统明机械有限公司
15	钱叶仁	董事长	高级工程师	天津市北方涂层材料有限公司
16	陈惠国	副总工程师	高级工程师	上海大豪英佛曼纳米材料喷涂有限公司
17	李长久		教授	西安交大机械工程学院
18	王多	董事长总经理	博士	成都大光热喷涂材料有限公司
19	高荣发	总经理	高级工程师	武汉高力热喷涂工程有限责任公司
20	陈加印	董事长	高级工程师	成都市长诚热喷涂技术有限责任公司
21	冯国志	总经理	工程师	上海新业喷涂机械有限公司
22	赵维勋	主任	高级工程师	沈阳黎明航空发动机(集团)有限责任公司喷涂研究室
23	刘景凤	所长	高级工程师	中冶集团建筑研究总院焊接研究所
24	王晖	厂长	高级工程师	大连重工起重集团有限公司特种焊接加工厂
25	那忠爱	经理	工程师	沈阳恒信表面技术发展有限公司
26	安云岐	总经理	高级工程师	江苏中矿大正表面工程技术有限公司
27	高阳	教授	工学博士	大连海事大学船舶材料与工艺研究所热喷涂加工实验中心
28	刘广海	总工	高级工程师	北京瑞达安喷涂技术开发中心

中国表面工程协会热喷涂专业委员会
顾问委员会名单

（2003年10月15日热喷涂专业委员会第三届会员代表大会审议通过）

王　林　　许仁撑　　王东囊　　赖师墨　　麻毓璜　　沈肖镇　　邓世均　　耿家林
段绪海　　温瑾林　　喻尊璞　　苏　启　　张树生　　邹仲元　　王德政　　周志国
杨耀华　　赵文华　　陈建平　　高心海　　汪行恺

中 国 表 面 工 程 协 会

章　　程

第一章　总　则

第一条　本会的名称为中国表面工程协会(英文译名:CHINA SURFACE ENGINEERING ASSOCIATION.缩写 CSEA.)

第二条　本会是全国从事表面处理工程(电镀、涂装、热喷涂、防锈、刷镀、转化膜、真空沉积等)的企业及相关的设计、科研、教学、设备与原辅材料制造和经营及表面处理工程有关的单位自愿组成的行业组织,是为企业服务的跨地区、跨部门、跨行业、跨学科、跨所有制非营利性社会组织。

第三条　本会的宗旨是:以经济建设为中心,面向企业、面向行业、面向国内国外两个市场、面向二十一世纪,落实科学技术是第一生产力的思想,实施科教兴国和可持续发展战略,以预测、导向、交流、服务滩工作方针,为会员和行业服务,为提高表面工程行业的竞争力和整体素质,加速我国实现社会主义现代化做贡献。

本会遵守宪法、法律、法规和国家政策,遵守社会道德风尚。

第四条　本会业务主管单位是国务院国有资产监督管理委员会,经国家民政部依法登记。本会接受业务主管单位和社团登记管理机关的业务指导与监督管理。

第五条　本会住所在湖北省武汉市。(武汉材料保护研究所武汉市汉口宝丰二路 126 号,邮编 430030)

第二章　业务范围

第六条　本会的业务范围:

1.向政府部门提出发展表面工程行业经济、技术政策和发展方向的建议,积极促进表面工程行业按社会主义市场经济规律和国家产业政策的原则改组、改革、改造及加强管理,以适应国民经济发展的要求。

2.开展对本行业的基础调查、收集和整理工作,积极为政府部门制定行业发展规划提出建议,接受政府部门委托,参与本行业规划的制定和有关技术方案的论证。

3.根据行业特点,制定行规行约,协助政府部门进行行业管理,维护会员合法权益。

4.向企业提供国内外表面工程技术、生产经营和行业发展趋势的有关信息,组织技术交流,推广新工艺、新技术、新设备、新材料,为企业提高产品质量、发展品种、提高经济效益服务。

5.认真宣传国家标准,参与制定、修定行业标准,促进行业生产技术、经营管理水平的提高。

6.发挥行业力量,结合国家重点工程建设项目,组织行业开展技术攻关,积极促进本行业的进出口业务,促进引进技术的消化与创新。

7.接受政府部门的委托,对行业产品进行检测评比。

8.积极组织培训技术人才和管理人才,提高企业素质。

9.与国外、境外同行业组织开展经济、技术方面的合作和交流活动。

10.承办政府部门及其他团体委托本会办理的事项。

第三章　会　员

第七条　本会的会员为单位会员。从事有关表面工程的企业、设计、科研、教学单位以及相关的设备、原辅材料制造与经营单位，有关表面工程的地方协会（或团体）均可申请入会，经批准即为本会会员。

本会根据工作需要，经理事会讨论通过，可发展个人会员。

第八条　申请加入本会的会员，必须具备下列条件：

（一）拥护本会的章程；

（二）有加入本会的意愿；

（三）在本会的专业领域内具有一定的影响。

第九条　会员入会的程序是：

（一）提交入会的申请书；

（二）经理事会讨论通过；

（三）由理事会或理事会授权秘书处发给会员证。

第十条　会员享有下列权利：

（一）本会的选举权、被选举权和表决权；

（二）参加本会组织的各种活动；

（三）获得本会提供的科研成果、资料和信息以及其他服务的优先权；

（四）对本会工作的批评建议权和监督权；

（五）入会自愿、退会自由。

第十一条　会员履行下列义务：

（一）遵守本会的章程，执行本会的各项决议；

（二）维护本会的合法权益；

（三）参加本会的活动，完成本会交办的工作；

（四）向本会提供生产、技术和经营方面的有关资料，反映有关情况；

（五）按规定交纳会费。

第十二条　会员退会应书面通知本会，并交回会员证。

会员如果1年不交纳会费或不参加本会活动的，视为自动退会。

第十三条　会员如有严重违反本章程的行为，经理事会或常务理事会表决通过，予以除名。

第四章　组织机构和负责人产生、罢免

第十四条　本会的最高权力机构是会员代表大会，会员代表大会的职权是：

（一）制定和修改章程；

（二）选举和罢免理事；

（三）审议理事会的工作报告和财务报告；

（四）决定本会终止事宜；

（五）决定本会其它重大事宜。

第十五条　会员代表大会须有2/3以上的会员代表出席方能召开，其决议须经到会的会员代表半数以上表决通过方能生效。

第十六条　会员代表大会每届五年，因特殊情况需要提前或延期换届的，须由理事会表决通过，报业务主管单位审查并经社团登记管理机关批准同意。但延期换届最长不超过1年。

第十七条　理事会是会员代表大会的执行机构，在闭会期间领导本会开展日常工作，对会员代表大会负责。

第十八条 理事会的职权是：

（一）执行会员代表大会的决议；

（二）选举和罢免理事长、副理事长、秘书长；

（三）筹备召开会员代表大会；

（四）向会员代表大会报告工作和财务状况；

（五）决定会员的吸收或除名

（六）决定设立办事机构、分支机构、代表机构和实体机构；

（七）决定副秘书长、各机构主要负责人的聘任；

（八）领导本会各机构开展工作；

（九）制定本会内部管理制度；

（十）研究制定重大工作计划，并组织实施；

（十一）审定理事的增补与调整，在下届会员代表大会上追认；

（十二）决定本会其它重大事项。

第十九条 理事会须有2/3以上理事出席方能召开，其决议须经到会理事2/3以上表决通过方能生效。

第二十条 理事会每年至少召开一次会议，情况特殊的，也可采用通讯形式召开。

第二十一条 本会设立常务理事会。常务理事会由理事会选举产生，在理事会闭会期间行使第十八条第一、三、五、六、七、八、九、十、十一项的职权，对理事会负责。

常务理事会人数不超过理事人数的1/3。

第二十二条 常务理事会须有2/3以上常务理事出席方能召开，其决议须经到会常务理事2/3以上表决通过方能生效。

第二十三条 常务理事会至少半年召开一次会议，情况特殊的，也可采用通讯形式召开。

第二十四条 本会的理事长、副理事长、秘书长必须具备下列条件：

（一）坚持党的路线、方针、政策、政治素质好；

（二）在本会专业领域内有较大影响；

（三）理事长、副理事长、秘书长最高任职年龄不超过70周岁，秘书长为专职；

（四）身体健康，能坚持正常工作；

（五）未受过剥夺政治权利的刑事处罚的；

（六）具有完全民事行为能力。

第二十五条 本会理事长、副理事长、秘书长如超过最高任职年龄的，须经理事会表决通过，报业务主管单位审查并经社团登记管理机关批准同意后，方可任职。

第二十六条 本会理事长、副理事长、秘书长每届任期五年，最长不得超过两届。因特殊情况需延长任期的，须经会员代表大会2/3以上的会员代表表决通过，报业务主管单位审查并经社团登记管理机关批准同意后方可任职。

第二十七条 经本会理事长授权并经理事会通过，本会由秘书长担任法定代表人，经报业务主管单位审查和社团登记管理机关批准同意后，方可担任。

本会法定代表人不兼任其他团体的法定代表人。

第二十八条 本会理事长行使下列职权：

（一）召集和主持理事会和常务理事会；

（二）检查会员代表大会、理事会和常务理事会决议的落实情况；

（三）代表本会签署有关重要文件。

第二十九条 本会秘书长行使下列职权：

（一）主持办事机构开展日常工作，组织实施年度工作计划；

（二）协调各分支机构、代表机构、实体机构开展工作；

（三）提名副秘书长以及各办事机构、分支机构、代表机构和实体机构主要负责人，交理事会或常务理事会决定；

（四）决定办事机构、代表机构、实体机构专职工作人员的聘用；

（五）处理其他日常事务。

第三十条 理事会下设秘书处为本会的办事机构。根据工作需要秘书处可设若干工作部。为发挥会员单位的作用，分会、专业委员会的办事机构（秘书处）分别挂靠在会员单位，但一个单位最多不超过两个。

第三十一条 根据工作需要理事会可聘请对本行业和协会工作做出过贡献、有知名度、又能坚持参加协会活动的老理事和有关人员为本会顾问，对本会的重要工作和活动提出咨询建议和意见。

顾问可列席本会理事会议或常务理事会议。

第三十二条 根据专业性质，本会下设若干分会、专业委员会。分会、专业委员会为本会的分支机构，在协会统一领导下开展工作。

分会和专业委员会的名称为“中国表面工程协会××分会（或××专业委员会）”。分会和专业委员会不另订章程，但可根据工作需要制定工作条例。

第三十三条 分会、专业委员会成立相应的理事会和常务理事会，设正、副理事长和正、副秘书长，办事机构为秘书处（各自职权参照本章程相应条款）。

第三十四条 表面工程行业地方协会和团体，可作团体会员加入本会。

第五章　资产管理、使用原则

第三十五条 本会经费来源：

（一）会费；

（二）捐赠；

（三）政府资助；

（四）在核准的业务范围内开展活动或服务的收入；

（五）利息；

（六）其他合法收入。

第三十六条 本会按照国家有关规定收取会员会费。

第三十七条 本会经费必须用于本章程规定的业务范围和事业的发展，不得在会员中分配。主要用于：

（一）协会组织的行业活动的费用；

（二）出版刊物、交流资料的费用；

（三）购置报刊、专业书籍、杂志等的费用；

（四）办公费用和差旅费；

（五）本会专职工作人员的工资、保险和福利待遇；

（六）本会的约聘人员的津贴；

（七）对会员奖励的费用；

（八）与国际交流的活动费用；

（九）本会业务范围内的其它费用。

第三十八条 本会建立严格的财务管理制度，保证会计资料合法、真实、准确、完整。

第三十九条 本会配备具有专业资格的会计人员。会计不得兼任出纳。会计人员必须进行会计核算，实行会计监督。会计人员调动工作或离职时，必须与接管人员办清交接手续。

第四十条 本会的资产管理必须执行国家规定的财务管理制度，接受会员代表大会和财政部门的监督。资产来源属于国家拨款或者社会捐赠、资助的，必须接受审计机关的监督，并将有关情况以适当方式向社会公布。

第四十一条 本会换届或更换法定代表人之前必须接受社团登记管理机关和业务主管单位组织的财务审计。

第四十二条 本会的资产，任何单位、个人不得侵占、私分和挪用。

第四十三条 本会专职工作人员的工资和保险、福利待遇，参照国家对事业单位的有关规定执行。

第六章 章程的修改程序

第四十四条 本会章程的修改，须经理事会表决通过后报会员代表大会审议。

第四十五条 本会修改的章程，须在会员代表大会通过后15日内，经业务主管单位审查同意，并报社团登记管理机关批准后生效。

第七章 终止程序及终止后的财产处理

第四十六条 本会完成宗旨或自行解散或由于分立、合并等原因需要注销的，由理事会或常务理事会提出终止动议。

第四十七条 本会终止动议须经会员代表大会表决通过，并报业务主管单位审查同意。

第四十八条 本会终止前，须在业务主管单位及有关机关指导下成立清算组织，清理债权债务，处理善后事宜。清算期间，不开展清算以外的活动。

第四十九条 本会经社团登记管理机关办理注销登记手续后即为终止。

第五十条 本会终止后的剩余财产，在业务主管单位和社团登记管理机关的监督下，按照国家有关规定，用于发展与本会宗旨相关的事业。

第八章 附 则

第五十一条 本章程经2003年9月20日第三次会员代表大会表决通过。

第五十二条 本章程的解释权属本会的理事会。

第五十三条 本章程自社团登记管理机关核准之日起生效。

中国热喷涂的现状与未来

中国表面工程协会热喷涂专业委员会秘书处

1. 中国热喷涂现状

热喷涂在世界上已有百年历史，在中国也有近六十多年的历史。中国热喷涂在近二十年有了更大进展。

据不完全统计，2002 年我国热喷涂工业的年总产值约为 12 亿元（约合 1.45 亿美元，包括设备、材料、喷涂工厂、进口设备和材料等）。

全国从事热喷涂的人员共有约 4,000 人（喷涂临时工除外），400 多个组织，包括设备、材料及辅助设备生产商、喷涂工厂、科研院所、大学及贸易公司等。

从事热喷涂的主要为中小型企业，年人均产量约为 30 万元，排在中国机械行业的前列。

图 1 是按工业分类的中国热喷涂应用情况。热喷涂已广泛应用于钢铁、航天、航空、汽车、纺织、电力、印刷、石化、防腐等行业。

然而，中国热喷涂产值仅相当于美国的 10%，日本的 20%。热喷涂市场尚未成熟。随着未来 10 年中国 GDP 的高速增长，产业结构调整以及升级换代，热喷涂市场将面临很多机遇。

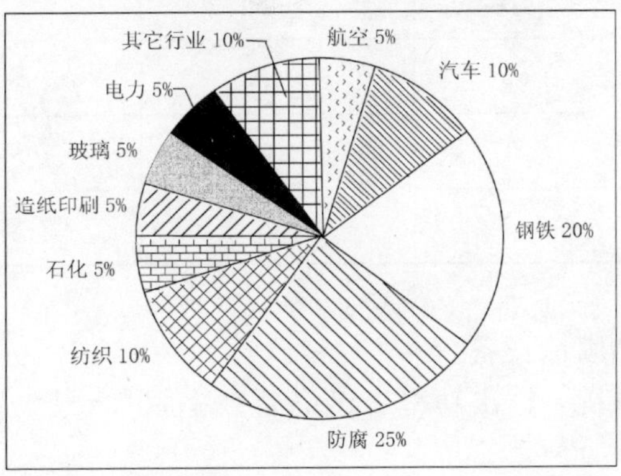

图 1　按应用行业分类的中国热喷涂产值

2. 中国热喷涂技术的主要特点

2.1 设备制造

经过数十年的独立开发和引进国外先进制造技术，目前，中国已经研制出多种热喷涂设备，包括真空等离子、大气等离子、高能等离子、HVOF、HVAF、爆炸喷涂、PTA、电弧喷涂、火焰粉末、线材火焰喷涂等。图 2 是按热喷涂工艺的分类。表 1 是热喷涂设备产量情况。

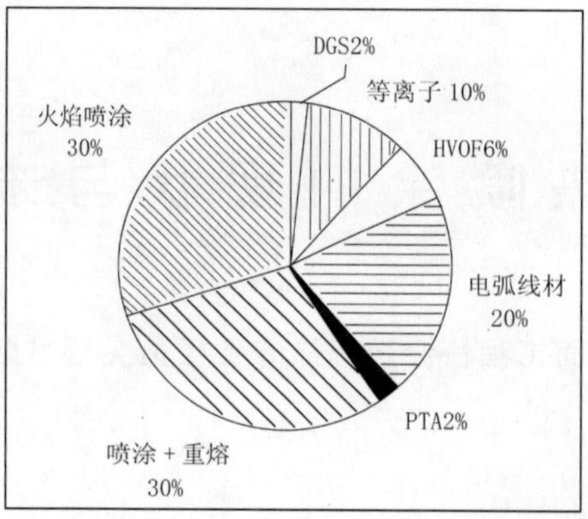

图 2　按喷涂工艺分类的中国热喷涂产值

表 1　热喷涂设备产量和保有量(台)

工艺	国产/年	进口/年	使用中的国内总量	使用中的进口总量	使用中的总量
APS	>15	<3	>55	>35	>90
VPS			2	3	5
火焰线材	>200	<5	>250	>50	>500
HVOF	>15	<5	>25	>45	>70
电弧线材	>200	<5	>480	>20	>1000
火焰粉末	>150	<5	>150	>50	>500
DGS	>5		>10	>10	>20
PTA	>5	<3	>20	>10	>30

下面介绍中国制造的若干热喷涂设备。

图 3 是大功率等离子喷涂系统。输出功率 200kw，暂载率 80%，最大输出电流 500ADC，最大输出电压 450VDC。

图 4 是 HVOF 系统。粉末速率高于 650m/s，涂层结合强度高于 70MPa(WC-Co)，孔隙率小于 1%，硬度高于 1300HV(WC-Co)，喷涂率高于 12kg/h，沉积效率高于 50%(WC-Co)。

a：TI-I3200CY HVOF 系统标准枪，

b：ID 枪

图 5 是爆炸喷涂系统。氧气消耗量 12m3/h，乙炔消耗量 2.5kg/h，爆炸频率 2~10Hz，喷涂圆斑直径 21mm，粒子速率为 1,200m/s，沉积效率 40~50%(WC-12Co)，涂层致密，WC-12Co 粉末孔隙率低于 1%，结合强度高于 100MPa。

图 6 是 DZ-400 双丝电弧喷涂系统。电源 380VAC，3 相，50/60Hz，额定功率 18.8KVA，额定电流 400A，喷涂电流 80~400A，喷涂电压 20~40V，暂载率 60%，喷涂效率铝为 11kg/h，锌为 26kg/h。

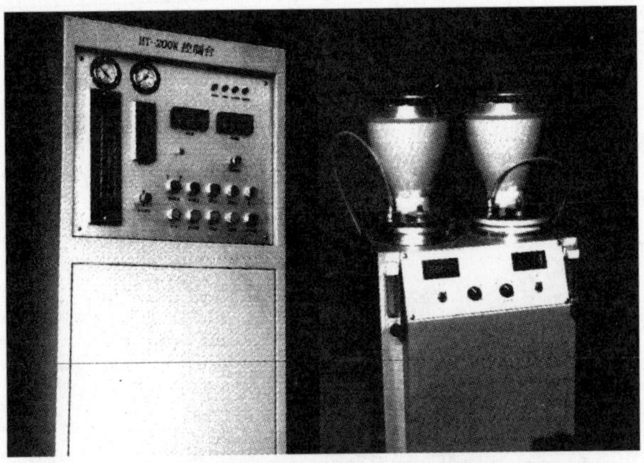

图 3　大功率等离子喷涂系统

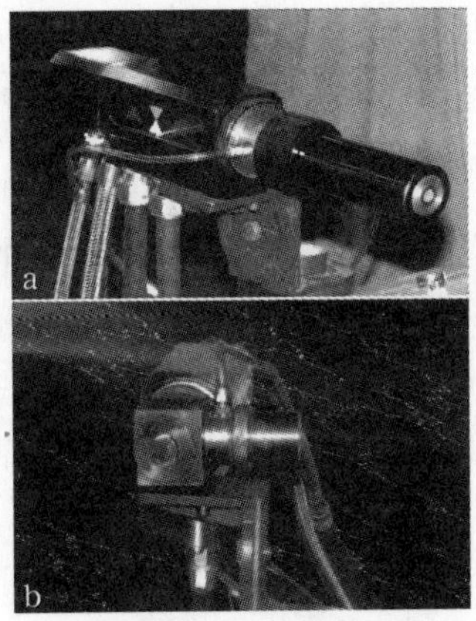

图 4　HVOF 系统

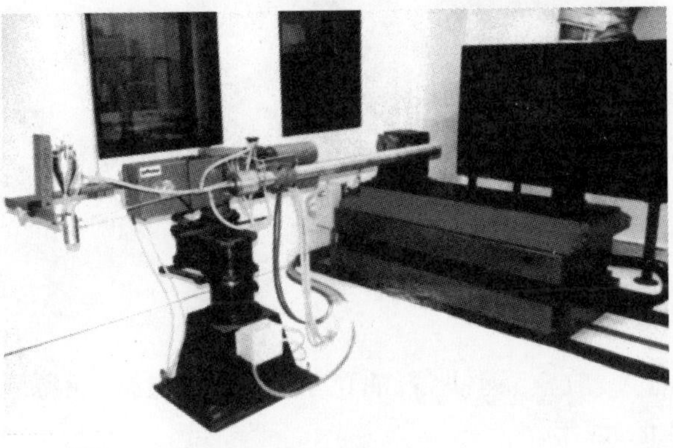

图 5　爆炸喷涂系统

图 6　DZ－400 双丝电弧喷涂系统

2.2　材料生产

目前，中国可以生产大多数热喷涂材料如粉末、线材、棒材等，包括金属粉末（Ni 基、Co 基、Fe 基粉末，总产量超过 1,000 吨/年）、陶瓷粉末（MCrAlY 等）、金属陶瓷粉末（Al_2O_3、$Al_2O_3+TiO_2$、Cr_2O_3、$ZrO_2-Y_2O_3$ 等，总产量超过 300 吨/年）、WC－Co、Cr_3C_2-NiCr 等、线材（Al、Zn、Cu、不锈钢等，总产量超过 10,000 吨/年），达 4 亿元人民币。图 7 是中国喷涂材料的市场情况。

中国已成为能制造和生产大多数热喷涂设备和材料的世界上少数几个国家（实际上，约有 15% 的设备和材料仍需进口）。

近一、二年，还开发出一些新型粉末。如：大颗粒球形纳米陶瓷粉末，球形大颗粒尺寸为 10～100μm，大颗粒内部为结合紧密的纳米颗粒，具有良好的流动性，能像传统微米级粉末一样输入等离子中，制造出组织结构均匀、性能优良（脆性降低，韧性提高）的纳米涂层。包括 11～45μm、45～90μm 的 Al_2O_3/TiO_2、ZrO_2/Y_2O_3、WC/Co、$Cr_3C_2/NiCr$ 四个系列二十多种大颗粒球形纳米陶瓷粉末。粉末形貌见图 8。

另一种纳米铝粉包覆的镍铝复合型“喷涂材料”。采用 PVC 法制备平均粒径为 70～30μm 纳米铝粉并表面钝化处理后生产的纳米铝粉复合型粉末，其特点是：粉末颗粒包覆形态均匀、完整；粉末流动性好 19s/50g；燃烧特性优越，放热量适中；涂层组织均匀，孔隙率低，结合强度高，明显高于微米级铝包镍涂层。

采用自蔓延高温合成(SHS)法生产的 TiB_2 粉末比传统碳热法(Carbothemic)纯度高、粒度细、比表面大、活性高、无碳污染。新型 TiB_2 陶瓷材料不仅耐磨、耐腐蚀、耐高温,还具有高导电、高导热、高温抗氧化等特殊性,且比重轻,特别是铝电解槽最好的阴极涂层材料。Al_2O_3/TiB_2 粉末,与 Al_2O_3 复合后,大大提高 Al_2O_3 的耐磨性和抗高温性,改善其脆性并提高抗弯强度和耐热冲击性,应用十分广泛。上述二种材料,在耐熔融金属(锌、铝)腐蚀方面将有广阔的应用前景。

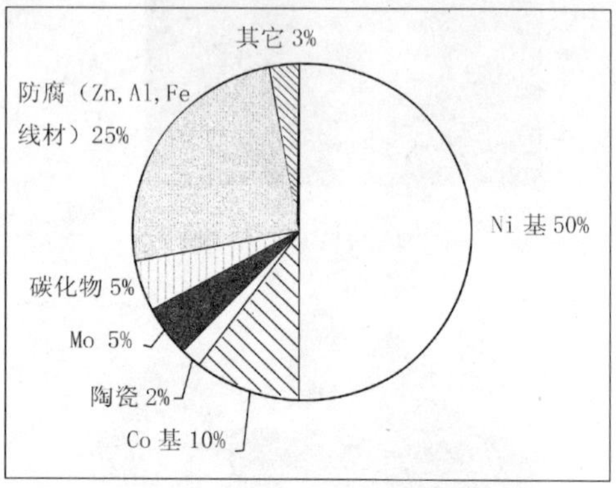

图 7　中国喷涂材料市场

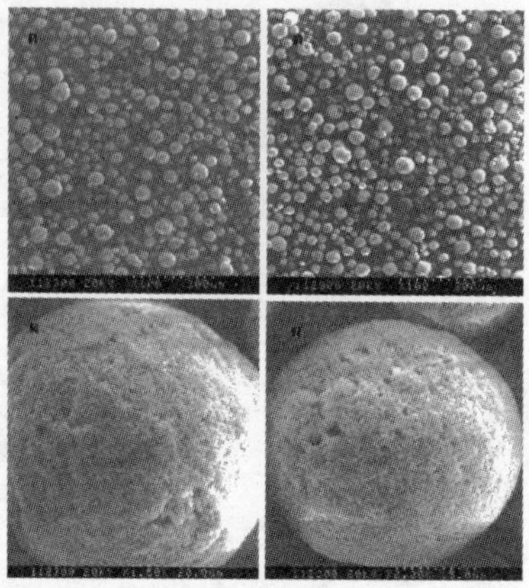

图 8　纳米粉末

2.3　应用情况

在中国,热喷涂技术在各领域得到了广泛的应用,如航天、航空、钢铁、石油化学、钢结构防腐、能源、机械、轻工、纺织、造纸、印刷及其它一些行业,总产值近 7 亿元/年。

热喷涂在中国的应用有以下特征:

a. 在有些领域热喷涂技术得到高水平大规模的应用,如航空发动机、连续退火炉辊、浸锌辊(冶金工业)、阀(石油化学工业)、钢丝拉制辊(金属加工)、高级玻璃模具(轻工业)、气门、同步环、活塞环、刹车片(汽车工业)、罗拉(纺织业)等。

b. 热喷涂技术有多种喷涂工艺及喷涂材料,我国几乎能生产绝大部分喷涂材料并掌握大多数喷涂工艺,如真空等离子、大气等离子、爆炸喷涂、HVOF、电弧喷涂、粉末火焰、PTA、激光熔敷、真空熔敷、冷喷涂等。

c. 三分之二的喷涂工厂属于中小型企业(每个工厂不到 20 人),占热喷涂行业的 75%,其它为国有企业、事业单位,也有一些国外独资企业。

d. 热喷涂一般用于旧件修复。对于中小型喷涂工厂来说,一半以上的喷涂都用于旧件修复。

e. 一些科研院所及大学积极地把热喷涂技术应用到市场当中,并不断促进热喷涂设备及材料的发展。

2.4　主要行业的市场预测

热喷涂工艺已应用于许多大型钢铁企业,但还没有发挥其潜力。潜在市场有待开发。钢铁行业热喷涂市场预计 5 年内可达 10 亿元左右,而已开发的市场还不足 1 亿元。

近年来,政府大力发展电力工业。预计 5 年内热喷涂市场可达到 5 亿元人民币。

涂层也应用于移墨辊、水辊等。如高级油墨传递辊(陶瓷加激光雕刻),市场需求逐年增加。水辊产量为 50,000 件/年,未喷涂部件价值约 8 千万人民币。热喷涂涂层市场容量预计在 1 亿元人民币左右。

其它行业如纺织、汽车、防腐、石化等,也是很大的热喷涂潜在市场。见表 2。

表 2 与中国热喷涂相关的主要代表性行业和市场预计

行业	年产量＊	增长率＊	中国热喷涂市场＊(亿元)	典型部件	备注
钢铁	170 百万吨		5	导辊、炉辊、卷辊、CCL 模具、锅炉喷嘴、风机叶片等	世界第一
能源	16,540 亿 kwh	>15%	3	锅炉管道、液压缸、叶片、风扇、轴等	
造纸印刷		12%	1	研光辊、干燥辊、滚筒、移墨辊、瓦楞纸辊等	世界第三
纺织		15%	1	导丝辊、槽辊、螺纹辊等	世界第一
汽车	3.25 百万台	38.8%	1	活塞、活塞环、制动盘、同步环等	1.09 百万辆轿车 +55.2%
防腐	公路:20,000km;煤:13.8 亿吨	煤:18.9%	3	桥、箱、公路、管道、建筑等	高速公路里程世界第二
石化	原油:167 百万吨		1	球形 MTM 密封、闸门阀	原油消耗世界第二

＊ 2002 年;＊＊未来 5 年。

3. 分析与建议

3.1 机遇与挑战

在过去的五年时间里,我国热喷涂事业又有了新的进展。我们正处于我国建国以来经济发展的最好时期,GDP 年增长速度 7%以上,2002 年接近 11 万亿元。热喷涂作为高技术产业和多学科的交叉、边缘技术,对国民经济,特别是对制造业的发展状态和产品结构调整极其敏感,有很强的依附性。也就是说,我国热喷涂事业的发展,面临前所未有的大好机遇,特别在钢铁、能源、汽车、造纸印刷、钢结构防腐、纺织、军工、航空等领域。

目前,热喷涂产业全球总产值近 50 亿美元,其中美国为 21.2 亿美元,日本为 8.3 亿美元,德国为 5 亿美元,中国为 1.4 亿美元(12 亿元人民币),按在 GDP 所占比例分别为 0.21‰,0.17‰,0.25‰和 0.12‰。这说明中国热喷涂在绝对产值和相对(GDP)比例上均低于发达国家,特别是低于美国、德国和日本。前者说明我国热喷涂的规模不大,产业化水平低,后者说明我国热喷涂的技术水平和“含金量”还不高。前者要依附于我国整体经济规模的扩大,特别是制造业的规模扩大,后者则主要取决于产品结构的调整和热喷涂产业自身的调整和优化。

同时,这也说明热喷涂产业具有极大的发展空间和良好的发展前景。国内外经验证明:国家越发达,先进制造业越发达,热喷涂就越发达,热喷涂企业的日子就越好过。

这就是摆在全体热喷涂同仁面前艰巨而光荣的任务。“水涨船高”,历史赋予了我们机遇。我们可以也应当在这个平台上演绎出有声有色的一幕来。

3.2 发展热喷涂工厂的重要性

进一步分析表明，在我国热喷涂的产值12亿人民币左右，喷涂服务只占7亿元(已高估)。也就是说，所长比例还不到60%。发达国家的热喷涂服务，包括Job Shop(喷涂专业厂)，In - house(主厂附属厂)，新件(OEM)喷涂和旧件修复，一般均占热喷涂产值的70%以上，甚至高达80%。热喷涂服务是发展热喷涂产业的源泉和生命线所在。没有极为发达的热喷涂服务，没有遍及全国的大大小小的各种各样的热喷涂工厂，热喷涂设备和材料发展就会成为无源之水，热喷涂的科研与开发也将成为无果之花。

3.3 市场竞争与分割

民营和股份制热喷涂企业在我国热喷涂工业的发展中愈来愈扮演重要的角色。在热喷涂设备制造、材料生产、涂层应用上，国有企业、民营/股份制企业、外资/合资企业和科研院所的"四足"鼎立局面已初步形成。特别在涂层应用方面，大型国有企业(主要是特有大型国有企业)、民营/股份制企业、外资/合资企业间的竞争日趋激烈。在涂层作为主要功能的新品零部件批量生产的主战场上(如钢铁、汽车、航空、军工、能源、石化、交通、轻工、纺织、印刷、通用机械等)，"三国演义"即将到来。民营/股份制热喷涂企业(Job Shop)如何在大型国有企业与外资/合资两强之间的狭小空间和市场上生存发展，是一个十分引人瞩目的新课题。

国外知名热喷涂公司在华活跃，其热喷涂产品在中国市场的份额上升。有些还拟在中国建立较大规模的热喷涂企业。这反映出国外热喷涂企业进入中国市场的方式出现新动向。它们不再单纯销售设备和材料，而且着力推销其技术，直接承揽热喷涂服务或在华建立热喷涂设备和材料的合资或独资公司。

国外一些热喷涂企业(Job Shop)将利用在国外已建立的与产品公司的业务关系，随产品公司在华企业而快速切入中国热喷涂市场。

中国的热喷涂正处于一个欣欣向荣的时期。随着我国经济的不断进步，先进制造业的不断发展，我们相信，通过全体热喷涂同仁的共同努力，中国热喷涂将拥有一个美好灿烂的明天。

参考文献

[1] 第六届国际热喷涂研讨会(ITSS'2003)暨第七届全国热喷涂年会(CNTSC'2003)，2003，pp.256/1.

[2] 第五届国际热喷涂研讨会(ITSS'2002)暨第六届全国热喷涂年会(CNTSC'2002)，2002，pp.214/2

[3] 面对机遇的中国热喷涂(待出版)，2003

[4] 中国热喷涂(待出版)，2003

The Current Situation and Future of Thermal Spraying Industry in China

The Thermal Spraying Committee of China Surface Engineering Association

Abstract

The author carried out in 2003 a multiclient survey and research covering thermal spraying industry in China. This work mainly focus on the productive level and scale of thermal spraying equipment and materials, application and coating job shop, R&D in universities and institutes as well as the develop trends of thermal spraying industry in China.

This presentation intends to provide general pictures on thermal spraying industry in China, by offering data and analysis, forecasts the future of thermal spraying in China.

1. The Current Situation of Thermal Spraying in China

With a one – hundred – year history in the world and more than fifty – year experience, the thermal spraying in China has been a great development in recent twenty years.

According to incomplete statistics, in 2002, the total output of China thermal spraying industry amounts to about RMB 1.2 billion (US $ 145 million) (including thermal spraying equipment, materials manufacture, job shop as well as coatings imported supplement equipment and materials, etc.).

As the Association knows, the total national thermal spraying employees accounts to about 4000 people (the construction coating team and casual labor are not calculated) working in 400 organizations, including equipment, materials and other suppliers, job shop coatings as well as R & D teams, institutes and trading companies.

The thermal spraying organizations are mainly medium and small sized, with an average output of RMB300,000 per person each year, ranking the upper standard in Chinese machinery industry.

The thermal spraying application repartition by industry in China is shown in Figure.1. The thermal spraying has been widely used in the steel, aircraft, aerospace, automobile, textile, power, printing, oil & chemical, anti – corrosion, etc. industries.

However, China's thermal spraying output only amounts to 10% of the USA's output and 20% of Japan's and the market is far from maturity and saturation. Therefore, this market offers many opportunities with coming 10 years as the reason of high growth rate of GDP in China and continual adjustment and up – grade of end – products construction.

2. Main Characteristics of Thermal Spraying in China Technology

2.1 Equipment manufacture Technology

Having experienced independently development and introduction of overseas advanced technology for dozens of year, at present, China has developed and manufactured equipment including vacuum plasma, air plasma, high power plasma, HVOF, HVAF, detonation gas spray, PTA, arc spraying, powder flame, wire flame. Figure. 2shows the estimated repartition by thermal spraying techniques. The followings introduce the thermal spray equipment which is produced by China and see Table.1 as reference also.

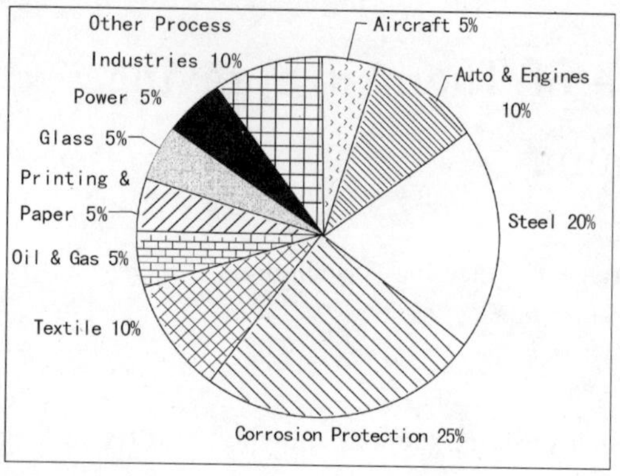

Figure.1.Thermal Spraying ApplicationRepartition by industry in China basing on the Output Value

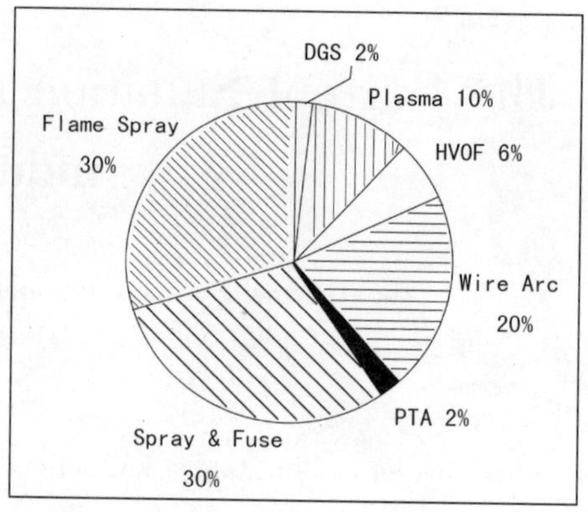

Figure.2.Estimated repartition by Thermal spraying techniques in China basing on the Output Value

Table.1. Local Thermal spray equipment output & total in operation

Process	Local Output/year	Import/year	Total Local in Operating	Total Import in Operating	Totalin Operating
APS	> 15	< 3	> 55	> 35	> 90
VPS			2	3	5
Flame Wire	> 200	< 5	> 250	> 50	> 500
HVOF	> 15	< 5	> 25	> 45	> 70
Arc Wire	> 200	< 5	> 480	> 20	> 1000
Flame Powder	> 150	< 5	> 150	> 50	> 500
DGS	> 5		> 10	> 10	> 20
PTA	> 5	< 3	> 20	> 10	> 30

Figure.3 shows the high power plasma spray system which output is 200kw, duty cycle is 80%, max output current is 500ADC and max output voltage is 450VDC.

Figure.4 shows the local HVOF equipment with powder speed is more than 650m/s, bond strength is above 70MPa for WC－Co coating/substrate, porosity of coating is below 1%, hardness is above 1300HV(WC－Co), spray rate is above 12kg/h and deposition rate is above 50% for WC－Co powders.

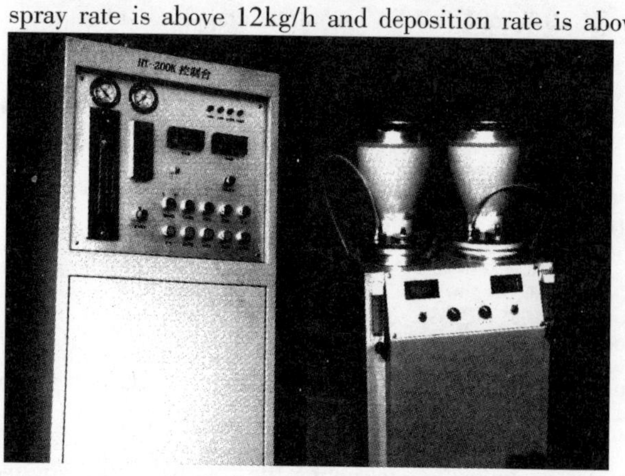

Figure.3. High power plasma spray system

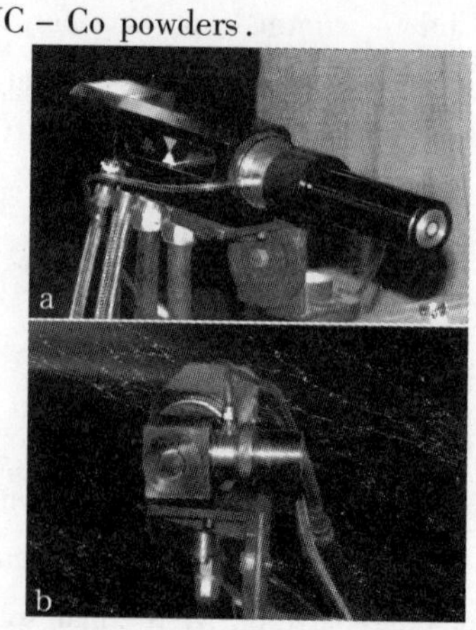

Figure.4. HVOF

a: TI - I3200CY HVOF system with standard gun,

b: ID gun

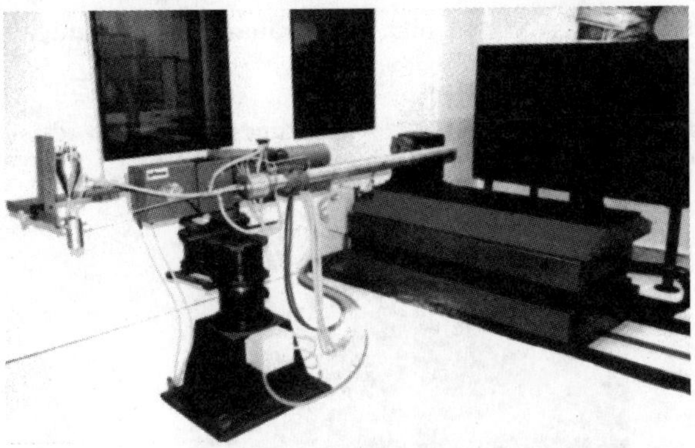

Figure.5. Detonation gas spray system

Figure.6. DZ - 400 Twin Wire Arc Spray System

Figure.5 shows the Detonation Gas Spray System - - Chinese D - gun which oxygen usage is 12m3/h, acetylene usage is 2.5kg/h, detonate frequency is 210Hz, spray spot size isΦ21mm, particle velocity is 1200m/s, deposition efficiency is 4050% for WC - 12Co powders, coating porosity is below 1% and bond strength is above 100MPa for WC - 12Co.

Figure.6 shows the DZ - 400 twin wire arc spray system which adaptive power source is 380VAC, 3phases, 50/60Hz, rated input capacity is 18.8KVA, rated current is 400A, spray current is 80400A, spray voltage is 20-40V, duty cycle is 60%, the spray efficiency of Al is 11kg/h and Zn's is 26kg/h.

2.2 Materials

At present, China are able to produce the most thermal spraying materials (powders, wires, rods, etc.) including metal powders (Ni, Co and Fe based, totally more than 1000tons/year), ceramic powders(MCrAlY), cement powders (Al_2O_3, $Al_2O_3 + TiO_2$, Cr_2O_3, $ZrO_2 - Y_2O_3$, etc.), WC - Co, Cr_3C_2/NiCr etc., totally more than 300tons/year), wires (Al, Zn, Cu, stainless steel, etc., totally more than 10,000 tons/year), reach to about 400 million RMB. See Figure.7.

China has become one of few countries, which can basically fulfill the equipment and materials self supply (However, about 15% equipment and materials still need import).

In recent two years, there are more than 20 kinds of new nano ceramic powders with size range (11 - 45μm, 45 - 90μm) of four series including Al_2O_3/TiO_2, $ZrO_2Y_2O_3$, WC/Co and Cr_3C_2/NiCr have developed. These nano powders (10μm - 100μm) have excellent flow characteristics and dense nano - particles inside. Like traditional micron - size class powders, this kind of powder also can be transferred into plasma jet to produce excellent nano - coatings with characteristics including homogeneous, low brittleness and high toughness. The powder morphology showed in Figure.8.

Another nano - Al clad NiAl composition powder is produced by PVC and cladding process. The powder particle diameter is 70 - 30μm. Homogeneous and integrated clad morphology, superior flow characteristics (19s/50g), excellent combustibility and proper exothermic energy are characteristics of the material. Coatings produced from this material are homogeneous, low porosity and high bonding strength which superior to micron - size Al clad Ni coating obviously.

TiB_2 powder by SHS is purer, finer particle, larger ratio surface, higher activity and no carbide pollution than traditional Carbothemic TiB_2 powder. The new TiB_2 powder is one of the best choices for spraying Al bath and has particularities including not only abrasive resistance, corrosion resistance and high temperature resistance but also superior electric conduction, superior thermal conduction, oxidation resistance in high temperature and low gravity etc.

The two kinds materials mentioned above will see their more extensive perspectives applying to corrosion resistance against melting metals such as Al and Zn.

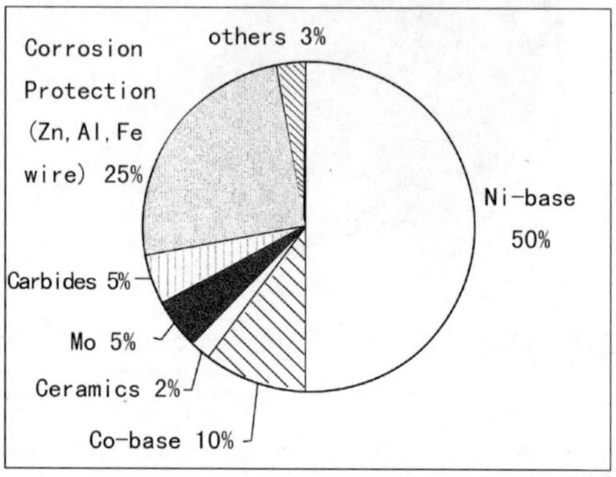

Figure.7. The coating materials market in China (calculating on value of materials)

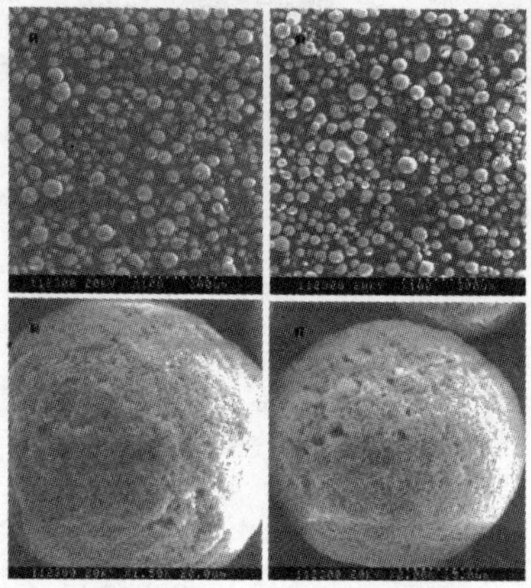

Figure.8. Nano powder

2.3 Application

In China, Thermal Spraying technology has been broadly applied to aerospace, aircraft, iron & steel, petroleum chemical, anti - corrosion, machinery, light industry, textile, paper & printing, power, shipping and many other industries, with a total output of approximately RMB 700 million per year, and has the following characteristics.

a. Having large application areas and high level in certain fields, such as aircraft engine (cooperation with Boeing GE, PT, etc.), annealing furnace hearth roller, zinc pot roller (iron & steel), valve(petroleum chemical industry), drawn wire guide roller, cone pulley, drawn wire ring (textile industry), high - grade glass mould (light industry), valve piston (automobile industry), etc.

b. Having wide range of process and materials. Almost all of the thermal spraying process and materials are available in China, such as vacuum plasma, air plasma, detonation gas system, HVOF, arc spray, powder flame, PTA, laser, fusion, vacuum fusion, cold spray, etc.

c. Two thirds of the job shops are small and medium sized (less than 20 staffs in each unit), with an output of 75% of the total. For the rest are limited companies, private owned and collective companies, also a few foreign solely owned enterprises recently have been set up.

d. Thermal spraying is commonly applied to maintenance. For the medium and small sized job shops, more than half of their jobs go to maintenance.

e. The research institutes and universities have positively entered into market and the technical development for equipment and materials are mainly carried our by them.

2.4 Markets for main industries

Thermal spraying technology has been applied in some steel enterprises. However it has still not been used to its full potential in all steel enterprises. This high potential market has yet to be developed. The thermal spraying market in the steel industry is estimated at around 1 billion RMB, within 5 years of which less than 100 million have been developed only.

The power industry has been a key industry developed by the Government over the last 10 years. The forecasted output of thermal spraying market in 5 years will reach to 500 million RMB.

The coatings also applied to anilox print rolls, water rollers, cylinders etc. For example, for the high class anilox rollers (ceramic coating plus laser carving), the market demands increases every year. The product volume for water – transfer rollers of 50,000 parts/year is valued at 80 million RMB for non – coated parts. The market capacity for thermally sprayed coatings is estimated at 100 million RMB.

In other industry such as textile, automobile, anti – corrosion, oil, gas and chemical, etc. have also quite large market potential capacity for thermally sprayed coatings, see Table.2.

Table.2. The most important Industry Markets connecting with Thermal Spray in China

Industry	Output/year *	Growth rate *	Thermal Spraying marker in RMB * *	Typical Parts	Note
Iron & Steel	170 million ton		500M	sink roll, hearth roll, roll – table roll, mould for CCL, furnace nozzle, fan blade, etc.	No.1 in the world
Power	1654 billion kwh	> 15%	300M	boiler tubes, hydraulic cylinders, blades, fans, shafts, etc.	
Paper & Printing		12%	100M	Calender rolls, dry rolls, robbin winder rolls, anilox rolls, corrugating rolls, etc.	No.3 in the world
Textile		15%	100M	godet rolls, grooved rolls, thread guides, etc.	No.1 in the world
Automobile	3.25 million set	38.8%	100M	pistons, piston rings, brake disks, synchronizing rings, etc.	1.09 million cars +55.2%
Anti – corrosion	high ways: 20,000km; Coal: 1.38 billion tons	(coal) 18.9%	300M	bridges, tanks, highways, tubes, towers, etc.	high ways: No.2 in the world
Oil, Gas and Chemical	Crude oil: 167 million tons		100M	MTM seals for ball, gate valves, etc. * in 2002; * * in coming 5 years	

* 2002 年; * * 未来 5 年。

3. Analysis and Suggestion

3.1 Opportunity

In the past five years, the thermal spray industry in China achieved more progresses. China economy is in the most booming state since the foundation of PRC, GDP increasing by over 7% yearly, and reached to approximately 11trillion in 2002. As the edge technology and junction of high technology industry and multi high – tech, thermal spray industry depends on and is sensitive to national economy especially to development of manufacturing and production restructure. In the other word, China thermal spray industry is faced with unprecedented opportunities such as in iron & steel, energy, automobile, paper & printing, anti – corrosion steel structure, textile, military industry and aerospace etc.

At present, output of thermal spray industry all over the world is about US $ 5 billion, and America shares US $ 2.12 billion, Japan shares US $ 0.83 billion, Germany shares US $ 0.5 billion, China shares US $ 0.14 billion (RMB 1.2 billion), occupying respectively 0.21‰, 0.17‰, 0.25‰, 0.12‰ in proportion to GDP. This displayed that both the absolute output and relative GDP proportion of China thermal spray industry are lower than developed countries especially than USA, Germany and Japan. The former showed that there is no large scale and high industrialization thermal spray industry in China, and the latter showed China thermal spray industry has not reached high technology level. The former attaches to the expansion of national economy scale especially the manufacturing scale, and the latter depends on production restructure and thermal spray industry self – optimization.

As the same time, thermal spray industry is in possession of great developing space and excellent future. The domestic and foreign experiences proved that the more developed the country is, the more developed advanced manufacturing and thermal spray industry are, the thermal spray industry enterprises will enjoy better life.

This is the arduous and glorious mission to all professionals among thermal spray industry field. "The ship rises with the tide", we are endowed with opportunity by history and undoubtedly people have the capability and duty to perform well in this field.

3.2 Focus on coating job – shops

Further analysis showed China thermal spray industry output is RMB 1.2 billion, but thermal spray industry service only RMB 0.7 billion (overrated), occupying less than 60%. In developed countries, thermal spray industry service generally account for 70% even to 80%. Thermal spray industry service is the lifeline of thermal spray industry development. If there is no well thermal spray industry service and thermal spray industry shops various in size and sort, the development of thermal spray industry equipment and material will be water without source and the thermal spray industry R & D will be flower without fruit.

3.3 Monopolizing and Competing

Non – state owned and share holding TS job shops are playing more and more important role in our national TS industry development. In TS equipment and materials manufacturing and coating application aspects, the "quadripartite confrontation" complexion has shaped preliminarily: state – owned companies, non – state owned or share holding corporations, foreign investment/joint venture and research institutes. Especially, in coating application aspects, competitions between large state – owned enterprises (mainly state – owned super – enterprises), non – state owned/share holding companies, and foreign investment/joint venture corporations tend to become more and more intense. In the major battle field of mass production of coatings as main functions for new parts (such as steel, automobile, aerospace, military industry, energy, petrol – chemical, transportation, light industry, textile, printing, general machinery, etc.), "Three Kingdoms (220 – 280)" (a Chinese historical novel means contention against each other) is in prospect. For non – state owned/share holding job shops, how to survive and develop in the limited space and market between large state – owned companies and foreign investment/joint venture corporations is a new subject that deserves much attention.

The famous overseas thermal spraying companies are playing active roles in China and their market segmentation of thermal spraying products in China are getting expand. Their business and product sales in China are brisk. Some domestic companies purchased the above companies' plasma spray, HVOF, arc spray facilities and completed sets of spraying utilities. More contracts are in the process of negotiation at present. This indicates that domestic thermal spraying enterprises and companies' purchase abilities are getting stronger. They pay more attention to the technology level and reliability of the equipment. In the mean time, the patterns of overseas TS companies' entry China market show new trends. They do not merely sell equipment or materials, but put forth efforts to promote their technologies, directly contract for TS service or set up joint venture/sole investment companies for TS equipment and materials in China.

Some overseas TS job shops may take advantage of their business connections with the end – users in China to get a fast access to China market.

4. Conclusion

This paper introduces on the current situation and forecasts the future of thermal spraying industry in China, by offering data and analysis. Some analyses and suggests are given about opportunity, emphases, monopolizing and competing of thermal spraying in China.

The thermal spraying industry in China is in a flourishing time. With the great progress in economy and the rapid development of manufacturing in China, we believe that the thermal spraying industry will obtain a brilliant future from all of people's hard work in thermal spraying field.

References

[1] 6th International Thermal Spraying Seminar (ITSS'2003) 7th China National Thermal Spraying Conference (CNTSC'2003) Proceedings, 2003, pp.256/1.

[2] 5th International Thermal Spraying Seminar (ITSS'2002) 6th China National Thermal Spraying Conference (CNTSC'2002) Proceedings, 2002, pp.214/2

[3] Facing the Opportunity – China Thermal Spraying Industry (unpublished report), 2003

[4] Thermal Spraying Industry in China (unpublished report), 2003

中国表面工程协会
热喷涂专业委员会

发展大事记

一九九二年大事记

1. 中国表面工程协会热喷涂专业委员会成立

1992年7月27日～30日在北京中国农机院召开了中国表面工程协会热喷涂专业委员会成立大会，共有67名代表参加，成立大会代表名单附后：

大会选举产生了中国表面工程协会热喷涂专业委员会第一届理事会，第一届理事会组成名单如下：

中国表面工程协会热喷涂专业委员会第一届理事会理事单位及理事
（1992年7月29日会员代表大会通过）

1.武汉材料保护研究所	王　林
2.武汉材料保护研究所	吴子健
3.沈阳工业大学	张树生
4.中科院沈阳金属所	闻立时
5.清华大学工程力学系	赵文华
6.中国农机研究院工艺材料研究所	黄小鸥
7.航空航天部703所	许仁撑
8.天津工程机械研究所	蒋伯平
9.天津机械涂层研究所	孙玉玖
10.上海喷涂机械厂	李金伟
11.哈尔滨电机厂	方辉义
12.东方汽轮机厂	王东曦
13.成都四二O厂	麻毓璜
14.深圳中科热喷涂公司	张玉龙
15.哈尔滨焊接研究所	董祖珏
16.上海焊割工具厂	沈以成
17.广水市喷焊设备厂	毛传新
18.九江等离子喷涂厂	戴和东
19.国营八五七厂	李庆年
20.北京阀门总厂	刘文颐
21.铁岭阀门厂	王太兴
22.中船总公司725所（洛阳）	马章林
23.北京矿冶总院	贾永昌
24.北京钢铁研究总院	苏　启
25.北京有色研究总院	周贻茹
26.广州有色研究总院	周克崧
27.武汉钢铁公司机总材料保护分厂	李廉廉
28.山西矿业学院热喷涂推广站	郭治安
29.武汉黄陂热喷涂厂	高荣发

30.武汉热喷涂厂 黄重尘
31.丹东焊条厂 李宝林
32.沈阳热喷涂厂 赵吉儒
33.武汉市青山热喷涂厂 汪原跃
34.张家口市石油机械厂 王奎生

第一届理事会正、副主任委员

主任委员:王　林

副主任委员:张树生、麻毓璜、周克崧、黄小鸥

第一届理事会秘书长

秘书长:吴子健

中国表面工程协会热喷涂专业委员会成立大会代表名单

序号	姓名	性别	职务	职称	工作单位	地址	电话
1	董必钦	男	国大办副主任	高高工	国务院重大办	北京西安门大街22号 100017	652256
2	孙玉鼎	男	副会长	高工	中国表面工程协会	100823	3194852
3	李敏贤	男	处长	高工	机电部科技司	北京三里河100823	3294866
4	冯炳元	男	院长	高高工	中国农机院	北京德外北沙滩1号 100083	2017131
5	雷敬民	男		高工	中国机械工业技术总公司	北京万寿路	
6	叶扬新	男	秘书长	高工	中国表面工程协会	武汉宝丰二路182号 430030	356995
7	胡铁骑	男	常务副秘书长	高工	中国表面工程协会	武汉宝丰二路182号 430030	356995
8	刘珍华	男	副厂长		萍乡市电镀厂	江西萍乡市南门外天福坪 337034	332210
9	邢全鱼	男		工程师	开封高压阀门厂	开封高压阀门厂工艺处 475002	225211
10	卢克华	男		工程师	开封高压阀门厂	开封高压阀门厂工艺处 475002	225211
11	刘海光	男	干部		九江等离子喷涂厂	江西九江县塞城湖332103	224592转
12	张　跃	男	干部		武钢机总机修结构分厂	武汉青山	
13	李廉廉	男	干部		武钢机总机修结构分厂	武汉青山	
14	仇宽荣	男	科长		湖北省化工厂盐厂	湖北应城市东马坊432407	23737转2501

序号	姓名	性别	职务	职称	工作单位	地址	电话
15	王东升	男	厂长		湖北省化工厂盐厂	湖北应城市东马坊 432407	23737 转 2501
16	张　行	男	副厂长		武汉市热喷涂厂	武汉武昌晒湖路 49－1 号 430064	027－714896
17	黄小鸥	男	副所长	工程师	中国农机研究院工艺所	北京德胜门外北沙滩一号 100083	2017131－2552
18	李长利	男	供销科长		北京锦海有色材料厂	北京西苑操场 112 号 100091	2562408
19	张秋翔	男	主任		北京化工学院	北京和平街北口 100029	4218855－2441
20	詹克洲	男	副厂长		巴陵石化公司特种陶瓷厂	湖南省岳阳市 414014	222711－3060
21	沈以成	男	副厂长	工程师	上海焊割工具厂	上海海沧路 160 号 200080	5458429
22	宋润身	男	科员		丹东焊条厂	丹东市振兴区人民路 399 号 118002	661576 611605
23	韩丙吉	男			丹东焊条厂	丹东市振兴区人民路 399 号 118002	661576 611605
24	麻毓璜	男		高工	成都发动机公司	成都双桥子 610067	443112－3735
25	王天龙	男	分厂厂长	工程师	中国人民解放军 5710 工厂	成都簇桥 610043	554037－401
26	王太兴	男		工程师	铁岭阀门厂	辽宁铁岭市银州区 441203	47521－343
27	雷安远	男	办公室主任	统计师	湖北省枣阳市金红石矿	湖北枣阳磨头 441203	77245
28	张元槊	男		高工	江汉机械研究所	湖北潜江危新 433114	
29	金　杰	男	总工	高工	武汉鼓风机厂	武汉武昌关山二路 430074	701071
30	陈立斌	男	设计处长	工程师	武汉鼓风机厂	武汉武昌关山二路 430074	701071
31	王　林	男	副所长	工程师	武汉材料保护研究所	武汉宝丰二路 182 号 430030	356995
32	吴子健	男	副主任	工程师	武汉材料保护研究所	武汉宝丰二路 182 号 430030	356995
33	高荣发	男		高工	武汉市黄陂热喷涂厂		
34	王奎生	男	副厂长	工程师	张家口市石油机械厂	张家口市桥东胜利南路 19 号 075000	212793 215891
35	华文敏	男		技术员	景德镇气门厂	江西景德镇 333300	832294

序号	姓名	性别	职务	职称	工作单位	地址	电话
36	李金伟	男	副科长	助工	上海喷涂机械厂	上海浦东南路 2244 号 200127	8837080
37	卞一丁	男	分所所长	工程师	机电部牧机所	内蒙古呼和浩特昭乌达路 1 号 010010	42222－36
38	张玉龙	男	经理		深圳市中科热喷涂公司	深圳市深南大道中竹子林 518040	302093
39	文立新	男	副厂长		武汉青山热喷涂厂	武汉青山区红钢城 430080	663219
40	孙玉玖	男	主任	高工	天津市机械涂层所	天津市河东八纬路 20 号 300012	311652
41	胡锦干	男	分厂副厂长	经济师	国营八五七厂	四川江油市 654 信箱 621721	21771
42	何　实	男		高工	哈尔滨焊接所	哈尔滨和兴路 65 号 150080	336695
43	郭治安	男		教授	山西矿业学院	太原迎泽西大街 23 号 030024	666876－306
44	许仁撑	男		高工	航空航天部 703 所	北京 9200 信箱 73 分箱 100076	8383587
45	赵吉儒	男	厂长	高工	沈阳热喷涂厂	沈阳市大东区清泉路 70 号 110041	851811
46	刘海宗	男		副教授	上海交大	上海市华山路 1954 号 200030	4310310
47	边占波	男		工程师	山西阳泉矿务局节修厂	阳泉北大西街 35 号 045000	0353－42761
48	谢伟然	男	副厂长	工程师	湖北潜江向阳油田处电修厂	湖北潜江向阳油田处电修厂 433123	4683
49	李守公	男	副处长	工程师	青岛北海船厂技术处	青岛北海船厂技术处 266071	362255－599
50	高奎生	男	主任	技术员	重庆长江修造厂	重庆市杨家坪 630050	622391－864
51	余悉毅	男		助工	湖北广水喷焊设备厂	湖北广水喷焊设备厂 4322700	32724
52	赵文华	男	实验室主任	副教授	清华大学工程力学系	清华大学 100084	2595596 2595393
53	张虎寅	男		实验员	钢铁研究总院	北京 100081	8312255 转 2731
54	闻立时	男	研究室主任	研究员	中国科学院金属研究所	沈阳文化路 72 号 110015	383531 转 292
55	俞　兵	女		工程师	中科院金属所	沈阳文化路 72 号 110015	383531 转 292

序号	姓名	性别	职务	职称	工作单位	地址	电话
56	林乐耘	男	副主任	高工	北京有色金属研究院	北京新外大街2号100088	2014488 – 2726
57	贾永昌	男		高工	北京矿冶研究院	北京西外文兴街1号100044	8322211 – 4406
58	刘文颐	男	副厂长	工程师	北京阀门总厂	北京丰台卢沟桥2号100072	381 – 1181
59	田邱娣	女		工程师	北京双桥热喷涂厂	双桥中路咸宁候100024	5762332
60	周贻茹	女		高工	北京有色金属研究总院	北京新外大街2号100088	2014488 – 2814
61	孙家枢	男		高工	天津理工学院	天津市红旗南路300191	
62	蒋伯平	男		高工	机电部天津工程机械研究所	天津市丁字沽三号路300131	670066 – 236
63	吴国梁	男		工程师	武汉材料保护研究所	武汉宝丰二路182号430030	356995
64	李明桂	男		工程师	武汉材料保护研究所	武汉宝丰二路180号430030	356995
65	左丹江	女		工程师	中国表面工程协会	武汉宝丰二路180号430030	356995
66	马章林	男		工程师	中船总公司725所	河南洛阳	
67	张树生	男	室主任	教授	沈阳工业大学	沈阳110021	555275

一九九三年～一九九四年大事记

1.中国表面工程协会热喷涂专业委员会第一届主任委员会第一次会议1994年1月12日在武汉召开

中国表面工程协会热喷涂专业委员会第一届主任委员第一次会议于一九九四年元月十二日在武汉材料保护研究所召开。出度会议的有中国表面工程协会副理事长毕顺、秘书长胡铁骑、热喷涂专业委员会主任委员王林、副主任委员麻毓璜、周克崧、黄小鸥、秘书长吴子健、秘书吴国梁等同志。

会议由主任委员王林同志主持，吴子健同志代表秘书处就专业委员会成立以来秘书处的工作情况，会费收支账目向各主任委员进行了汇报。

整个会议期间，大家畅所欲言，十分活跃，对秘书处的工作进行了充分肯定，提出了更多希望，经过充分的讨论，对热喷涂专业委员会的办会宗旨、方针、发展方向及组织机构、活动内容、预期目标提出了具体意见，讨论了秘书处九四年工作计划。

会议决定：

1、一九九四年四月在江西九江等离子喷涂厂召开中国表面工程协会热喷涂专业委员会第一届第二次理事会议。

2、加强组织机构建议,继续发展新会员单位,争取一到二年内发展会员单位300个以上。

3、继续编辑好"热喷涂信息"资料,为各会员单位提供行业、技术、商业信息。

4、根据国内热喷涂现状,在行业调查的基础上,编制热喷涂发展规划,争取内部出版热喷涂调查年鉴报告。

5、在条件允许情况下,获得国家有关部门的支持(国家技术监督局、劳动部、环保局等),宣传贯彻热喷涂技术标准,争取大面积长效防护复合涂层体系施工许可证的发放权。

6、在九五年适当的时候,举办全国热喷涂年会及学术研讨。

7、组织翻译国外热喷涂技术资料,如美国第三届热喷涂年会论文集。

2.中国表面工程协会热喷涂专业委员会第一届第二次理事会于1994年4月25~27日在九江市召开

根据一九九四年元月在武汉召开的专业委员会主任委员会议的决定,中国表面工程协会热喷涂专业委员会,第一届第二次理事会议于一九九四年四月二十五至二十七日在九江市召开。到会单位19个,代表28人,未到会的一些理事单位因工作繁忙,事先来电请假。充分说明了大家对协会工作是热心和支持的。

这次理事会的内容是:

1、贯彻讨论主任委员会武汉会议作出的决定,通过协会的工作小结和下一步的工作安排。

2、落实1995年专业委员会会员大会的筹备工作。

3、讨论行业"九五"规划工作。

理事会议在全体到会代表的积极支持与参于下,开的热烈且富有实效。大家认真听取了专业委员会主任委员单位做的专业委员会成立以来的工作总结和情况汇报,听取了主任委员会会议重要精神的传达。并逐项对几项工作内容进行了充分热烈地讨论,形成了一致的意见。大家充分肯定了专业委员会前段时间所做的工作及取得的成绩,对工作中存在的不足提出了中肯的意见和殷切的希望。许多代表还对今后工作的开展提出宝贵的建议。大家一致通过了主任委员会所作的决定和下一步的工作安排。

1、会议通过并进一步明确了主任委员会议提出的协会的工作宗旨、方针和发展方向。要充分发挥自身的优势,把专业委员会逐步办成有较高学术水平、有经济实力,在国内外有影响力的行业组织之一。争取与国际相关行业协会接轨,建立经常性的,固定的联系关系,发挥并依靠国内同类行业组织的优势,加强相互间的合作,共同推动热喷涂事业的发展。通过开展有效的行业活动,逐步地扩展壮大组织,加强凝聚力,形成一定的权威。要抓好组织建设,依靠全体会员的力量力争多发展会员单位。要有计划地经常性地举办培训班、交流会、讲座会等行业活动,让成员单位从中获得一定的经济效益与社会效益。要加强信息交流,包括技术、生产商业信息等。办好行业的信息媒介,组织力量收集行业的技术资料、国外信息的翻译出版工作。继续做好行业调查,在许可的条件下,争取取得行业的管理认证资格。

2、会议经过充分酝酿,一致通过成立"热喷涂信息"编辑委员会。编委会由以下七个单位组成:

武汉材料保护研究所、沈阳工业大学、中国农机院工艺所、广州有色金属研究院、成都四二0厂、沈阳金属研究所、北京七0三所。

待征求确定编委具体人选后,即正式成立并开展工作。编辑部设在武汉材料保护研究所内。

3、会议一致通过在1995年召开全体会员大会,并具体落实了大会筹备工作的有关事项。

(1)会期初步定在一九九五年中。

(2)会上将进行专题报告、讲座、学术交流座谈和开展技术、商业信息交流等活动；编辑出版大会论文集；并举办展示展销会。

(3)大会筹备小组由主任委员单位派员组成，负责会议筹备和组织工作。

(4)会议从 1994 年 6 月开始征集大会论文工作，要求各理事单位至少选送一篇高水平的论文，并由筹备小组选定专题报告人。论文审查小组由：

武汉材料保护研究所、中国农机院工艺所、沈阳工业大学、广州有色金属研究所、沈阳金属研究所、北京七 0 三所、成都四二 0 厂等单位派员组成。

(5)希望全体会员及会员单位积极参与支持筹备组开好这次全体会员大会，以达到预期的目标和理想。

会议期间九江等离子喷涂厂与秘书处共同承担了本次会务工作，为会议热情服务与会同志一致表示衷心感谢。

一九九五年大事记

1.中国表面工程协会热喷涂专业委员会秘书处由武汉材料保护研究所迁至中国农机院工艺材料研究所

根据 1995 年 1 月在北京召开的中国表面工程协会第一届第二次理事会会议精神和中表协[1995]第 01 号 <中国表面工程协会第一届第二次理事会会议纪要> 的决定，热喷涂专业委员会秘书处自 1995 年 6 月 15 日起移至中国农机院工艺材料所(北京德胜门外北沙滩一号)，并挂牌独立开展秘书处工作，由黄小鸥同志任秘书长，负责秘书处全面工作。

为进一步推动我国的热喷涂事业，为科技进步和国民经济服务，秘书处拟在近期内开展的主要工作有：

1.发展新会员，编辑会员名录；

2.举办中国表面工程协会首届全国热喷涂学术年会(1995 年秋或 1996 春)；

3.编辑和内部发行"热喷涂快讯"(月刊)(1995.8 发行第一期)；

4.编辑和内部发行"热喷涂技术"(季刊)(1995.9 发行第一期)；

5.编辑和内部发行"第 14 届世界热喷涂大会论文选编"；

6.举办热喷涂技术讲座(美国专家主讲，1995.10/11)；

7.制定 1995 ~ 1997 年热喷涂技术和行业发展规划。

我们秘书处全体同志希望，在总会的指导下，在专业委员会理事会的领导和全体会员的支持下，向全体会员提供优良服务，为推动和促进我国热喷涂事业的发展，作出应有的贡献。

2."热喷涂技术"、"热喷涂快讯"两种专业刊物创刊

为及时、准确地介绍国内外热喷涂行业的现状和发展趋势，促进推动我国热喷涂行业在生产应用、技术开发和科研等领域的发展，由中国表面工程协会热喷涂专业委员会主办的"热喷涂快讯"和"热喷涂技术"分别于 1995 年 8 月和 9 月创刊，面向会员单位内部发行。

"热喷涂快讯"(NEWS LETTER Thermal Spraying)，每期页数在 10 ~ 30 页左右。本刊的主要目的是迅速、重点地向会员介绍热喷涂行业在生产应用、技术开发、科研，以及热喷涂设备、材料生产制造方面的国内外最新消息和动态。

本刊在栏目编排上，兼顾热喷涂技术信息和经贸消息，对会员及时掌握国内外热喷涂界最新消息及开发技术，开展经济合作极有价值。

本刊主要栏目有：消息、专题报道、国内动态（技术/经贸）、国外动态（技术/经贸）、喷涂委员会活动、会员单位介绍和新资料/新书介绍等。

"热喷涂技术"（Thermal Spraying Technology）（季刊），每期页数在60～80页左右。

本刊的主要目的是全面、深入、及时地向会员提供国内外热喷涂界在技术开发、生产应用、科研等领域，以及在热喷涂设备、材料方面的详细资料和分析报告。

在栏目编排上，本刊突出刊物的学术性、技术性，同时也兼顾行业技术发展动态和重要的经贸动态，以保证本刊能跟踪国外热喷涂最新发展水平，及时反映国内热喷涂界现状，成为从事热喷涂工作的技术人员、科研、教学人员、管理人员和工人的得力工具。

本刊主要栏目有：专题综述、论文、试验研究、译文、会员专栏、国外知名单位专栏、行业动态、市场信息、文摘等。

3.组织技术人员编译《高速火焰喷涂技术、应用及参考文献》

该文献全面、系统、准确地介绍和反映当代国外高速火焰喷涂技术的研究、开发、应用的现状与发展趋势，使国内热喷涂界同仁能跟踪国外最新技术，提高我国高速火焰喷涂的研究、开发和应用水平。该文献已于1995年6月编印完成。

一九九六年大事记

1."国际热喷涂技术现状与发展——面向二十一世纪"讲座在北京成功举行

应中国表面工程协会热喷涂专业委员会的邀请，美国热喷涂学会主席、Drexel大学教授、国际热喷涂界权威史密斯先生于1996年4月9日至16日访问北京。"国际热喷涂技术现状与发展——面向二十一世纪"讲座于4月11日至12日在中国农业机械化科学研究院国际会议中心成功举行。

在两天的讲座中，史密斯教授全面、详细地介绍了热喷涂技术的现状和发展动态，对热喷涂机理、涂层性能和组织、涂层功能、火焰喷涂工艺、HVOF喷涂工艺、爆炸喷涂工艺、电弧喷涂工艺、等离子喷涂工艺（包括大气等离子喷涂、真空等离子喷涂、感应等离子喷涂等）、热喷涂应用、热喷涂材料、热喷涂成形、热喷涂成形梯度功能材料、反应等离子喷涂氮钢涂层在汽车工业的应用均作了详尽地介绍，引起了与会专家、学者和工程技术人员的极大兴趣和好评。

史密斯教授在京期间，还应邀参观了北京航空工艺研究所高能束流加工技术国家重点实验室和703所热喷涂试验室，并进行了学术交流。

史密斯教授还就与中国表面工程协会热喷涂专业委员会合作事项交换了意见。

2.中国表面工程协会热喷涂专业委员会第一届第三次理事扩大会于1996年7月19～21日在烟台召开

在我国热喷涂事业迅速发展的新形势下，根据中国表面工程协会热喷涂专业委员会1996年工作计划，经请示总会秘书处并征得各主任委员的同意，第一届第三次理事扩大会于1996年7月19日至21日在烟台市召开。到会理事单位18个，特邀单位11个，代表共计31人(与会代表名录附后)。因事和交通问题未到会的理事单位，也都以电话或传真请假。这充分说明大家对协会工作的热心和支持。

这次理事会的主要内容是：

1.向理事汇报秘书处工作(1995.6～1996.6)，以及1996年下半年及1997年工作计划和设想；

2.传达中国表面工程协会第一届第六次常务理事会会议精神；

3.讨论1996年下半年及1997年工作计划；

4.讨论如何协助总会办好"96国际表面工程展览会"；

5.座谈国外热喷涂和我国热喷涂现状、研讨我国热喷涂发展方向(研讨会纪要将在"热喷涂技术"1996年第3期上发表)；

6.增补理事；

7.讨论理事工作条例；

8.讨论成立委员会各工作委员会及分工；

9.讨论成立"热喷涂技术"编辑委员会；

10.讨论1996年会(深圳)筹备工作。

理事扩大会由王林主任委员，黄小鸥、张树生、麻毓璜副主任委员轮流主持。王林同志传达了中国表面工程协会第一届第六次常务理事会精神，并就协助总会办好"96国际表面工程展览会"作了说明，黄小鸥同志作了工作报告，并就增补理事、理事工作条例、成立各工作委员会和"热喷涂技术"编辑委员会，以及1996年年会等事项作了说明。

这次理事扩大会，在全体与会理事和特邀代表的积极参与下，开得热烈而富有成效。大家积极发言，充分肯定秘书处一年来做了大量的、细致的、富有开创性的工作，为我国热喷涂作了许多实事，增强了热喷涂专业委员会的权威性和凝聚力。全体代表就加强热喷涂单位间的双边、多边合作，提高热喷涂的技术水平，加强热喷涂的资格认证和质量认证，开展与国外热喷涂界的合作，走出热喷涂界内部循环，加入工业产品大循环，培养热喷涂技术队伍，发动群众、扩大会员队伍，热喷涂技术的知识产权保护等议题各抒已见，出谋献策。许多代表还介绍了本单位、本行业、本地区的热喷涂现状和特点，就超音速火焰喷涂、电弧喷涂、等离子喷涂、爆炸喷涂等技术问题展开有益的讨论，使许多代表深受启迪，可谓深入浅出、百家争鸣。

在充分讨论的基础上，与会全体理事一致通过工作报告，批准实施秘书处1996年下半年及1997年的工作计划(附后)。

在听取秘书处对增补理事的说明，各特邀代表的自我介绍后，理事扩大会采用无记名投票方式，一致通过刘志诚等十二位同志作为本届理事会新增补的理事，胡有权同志为副秘书长(见附件)。全体与会理事，经过会上会下的充分讨论和酝酿，一致通过理事工作条例和各工作委员会及编辑委员会的组成人员名单(见附件)。热喷涂设备工作委员会组成后，立即召开第一次工作会议，安排工作。

理事扩大会全体代表希望各主任委员、秘书处一如既往，抓好理事会的工作。秘书处表示，要在各主任委员的领导和支持下，在理事们的支持下，为全体会员服务，为热喷涂各位同行服务，为推我国热喷涂事业贡献力量。

全体代表对首钢东星公司、中南动力机械有限公司、北京锦海有色金属新材料联营公司、天津北方涂层材料厂对理事扩大会的资助及首钢东星公司对会务工作的大力协助表示衷心地感谢。

与会代表希望，能在九月召开的广州'96国际表面工程展览会和深圳'96年会上，与热喷涂界同行再次相聚，扩大视野、切磋技术，开创热喷涂的新局面。

在中国表面工程协会热喷涂专业委员会第一届第三次理事扩大会议上的报告

(在第一届第三次理事扩大会上通过)

各位理事、各位代表：

首先，让我代表热喷涂专业委员会对大家到会表示热烈的欢迎。我们理事会到会理事单位18个，特邀单位11个，代表共计31人。与会的理事和特邀代表，能在百忙之中，不远千里会聚烟台，表明大家对发展我国热喷涂事业的重视，对协会工作的热心，对协会秘书处的支持和信任。在此我对到会的各位理事和代表表示衷心的感谢！

召开这次理事(扩大)会，是根据中国表面工程协会热喷涂专业委员会1996年工作计划，经请示总会秘书处并征得各主任委员的同意后决定召开的。希望能通过这次会议，充分讨论，集思广益，达成共识，推动我国热喷涂事业和协会工作的进一步发展。

本次理事(扩大)会的主要议事内容有：

1.向理事汇报秘书处工作(1995.6~1996.6)，以及1996年下半年及1997年工作计划和设想；

2.传达中国表面工程协会第一届六次常务理事会会议精神；

3.讨论1996年下半年及1997年工作计划；

4.讨论如何协助总会办好“96国际表面工程展览会”；

5.座谈国外热喷涂和我国热喷涂现状、研讨我国热喷涂发展方向(研讨会纪要将在“热喷涂技术”1996年第3期上发表)；

6.增补理事；

7.讨论理事工作条例；

8.讨论成立委员会各工作委员会及分工；

9.讨论成立“热喷涂技术”编辑委员会；

10.讨论1996年会(深圳)筹备工作；

下面，我就其中若干内容和议题，向各位理事和代表汇报如下：

一、一九九五年下半年及一九九六年上半年工作总结

热喷涂专业委员会秘书处自1995年6月15日从武汉材料保护研究所迁至中国农机院工艺材料研究所后，得到了中国表面工程协会的支持，并受到中国农机院领导的高度重视和支持，组成了专业化、年龄结构合理的秘书处班子、专门安排了办公场所、配备了计算机等办公设施。以“搞好服务、推动协会发展”为指导思想，积极主动抓好专业委员会的各项工作：

1.截止目前，新发展会员145余名。登记在册会员单位185名。其中，集体会员单位175名，高级个人会员10名。会员单位主要有：上海喷涂机械厂、上海宝山热喷涂厂、广州有色金属研究院、深圳市中科热喷涂公司、北京航特利科技开发公司、北京有色金属研究总院、装甲兵装备技术研究所、铁道部戚墅堰机车车辆工艺研究所、北京金甲喷涂技术公司、沈阳砂轮厂等企业和大专院校、科研单位。

2.编辑出版《热喷涂快讯》、《热喷涂技术》两种刊物。《快讯》为月刊，1995年共发行5期；1996年改为双月刊(增加页数至16页)后，已发行3期。《技术》为季刊，已发行3期。《快讯》和《技术》信息量大、内容丰富、学术性、技术性强，同时兼顾热喷涂技术发展动态和重要的经贸动态，跟踪国内外热喷涂最新发展水平，及时反映国内热喷涂现状，对会员及时掌握国内外热涂界最新消息及开发技术，开展经济合作颇有价值，受到会员及许多单位的好评和欢迎。两种刊物的发行量均为500份。除向国内的会员单位发行外，还作为同美国、德国、日本及若干国外热喷涂行业的公司的交换资料。

3.建立特约通讯员联系网，扩大信息量。自1995年《快讯》第2期刊登聘任通讯员的消息后，许多单位和个人积极要求成为《快讯》和《技术》的特约通讯员。现已聘请重庆大学焊接教研室主任彭高峨教授、天津理工大学孙家枢教授、北京航空工艺研究所耿家林高级工程师、北京航特利科技开发公司邹仲元总工程师等 24 名同志为首批特约通讯员(详见 1996 年《快讯》第 1 期),并已发放聘书、聘金和"通讯员细则"。所聘任的特约通讯员已开始向《快讯》和《技术》积极提供和推荐稿件。

4.聘请国外热喷涂专家史密斯教授,于 1996 年 4 月 11 ~ 12 日在北京举办了讲座。作为美国 DREXEL 大学等离子材料加工中心主任,史密特斯教授还兼任美国机械工程协会材料制造和冶金委员会主席、美国热喷涂学会主席及材料研究协会分部主席;同时也是"国际材料资源公司"总裁。此次访华,他在热喷涂专业委员会举办的"国际热喷涂技术的现状与发展——面向 21 世纪"讲座上,全国介绍国际热喷涂技术的现状与发展,受到与会者好评。

在讲座前,他还与秘书处商讨了热喷涂专业委员会与美国热喷涂学会间合作事宜,如交换信息与资料,互访开展合作项目等等。座谈会后,史密斯教授还参观了 625 所、703 所,对中国在航空、航天领域的热喷涂发展留下了深刻印象。

秘书处还组织编译了史密斯教授这次讲座的讲稿提纲和节选。

5.组织技术人员编译《高速火焰喷涂技术、应用及参考文献》。

该文献全面、系统、准确地介绍和反映当代国外高速火焰喷涂技术的研究、开发、应用的现状与发展趋势,使国内热喷涂界同仁能跟踪国外最新技术,提高我国高速火焰喷涂的研究、开发和应用水平。该文献已于 1995 年 6 月编印完成,开始向订户内部发行。

6.积极建立和发展与热喷涂发达的美国、日本、德国的热喷涂学会(协会)的关系。1995 年 12 月,组织人员参观考察了德国阿亨大学材料科学研究所(考察报告分两期在"快讯"上刊载),1996 年 4 月,组织人员访问日本,与日本热喷涂学会对外交流委员会委员长葛西清纲先生交换加强双边合作若干意见。以中国表面工程协会热喷涂委员会的名义,分别聘请史密斯教授(美国)、鲁格申德教授(德国)、葛西清纲先生(日本)为中国表面工程协会高级会员和顾问、他们对此荣誉表示感谢,并愿为增强相互间的合作尽力。

7.积极协助总会筹办 1996 年 9 月 3 日 ~ 7 日在广州召开的'96 广州国际表面工程展览会,动员和联系国内外热喷涂单位参展。

8.积极筹备 1996 年 9 月 5 日在广州深圳召开全国首届热喷涂年会(CNTSC'96)。目前已基本落实年会的组织工作,收到论文近 30 篇,并将在本次会议上详细讨论年会安排。

9.向全体会员介绍国内外热喷涂技术的发展动态、设备、材料情况,会员单位情况等,如介绍无锡科特金属喷涂厂的喷涂技术,沈阳砂轮厂的陶瓷粉末,中国农机院研制成功的沸腾式送粉器,大型立式喷涂转台,热喷涂新标准,美国米勒热喷涂公司、日本大同特殊钢公司,瑞典哈格纳斯公司,阿亨大学材料科学研究所等公司的热喷涂产品、技术等,推动了国内、国外的信息交流。

在总会的指导下,在全体会员的支持和帮助下,近一年来虽然开展了上述工作,但仍存在一些问题和不足。

1.仍需积极发展会员,协会要体现跨行业、跨部门、跨地区、跨所有制的特点,要发展效益好的大中型企业,合资企业,乡镇企业,科研院所,大专院校及个人,只有搞好五湖四海,才能增强协会的活力和权威性。目前会员数目仍较少,同时有些会员单位交纳会费困难,致使协会活动经费不足。

2.刊物稿源仍嫌不足。与刊物创刊初期相比,由于刊物知名度的提高和会员支持以及特约通讯员制度的设立,稿件增加速度快,但仍然满足不了需要。呼吁会员多提供稿件。

3.热喷涂专业委员会活动经费严重不足,因设立专职人员、专用办公室、装备现代办公设备及编辑发行刊物资料,组织各项活动,支出较大,仅靠会费和一些信息费等,无法保证专业委员会活动的正常进行和扩展。这方面,我们希望:第一,注册会员及时交纳会费;第二,理事单位应有所贡献;第三,能得到一些热心于推动中国热喷涂事业的单位(特别是企业)乃至个人的资助。秘书处保证全部费用均用于为会员服务，为推动中国热喷涂事业服务。这次，我们还要向理事们汇报一下秘书处的年财务情况，请审议（见本报告第六部分）。

二、一九九六年下半年及一九九七年工作计划和设想

根据1995~1996年的工作情况和近两年的经济形势，秘书处对1996年下半年及1997年的工作计划和设想如下：

1.继续发展会员，特别是发展经济效益好的国有大、中型企业，独、合资企业和乡镇企业。还要发展支持协会工作、在热喷涂界有一定影响的高级个人会员，力争使会员总数达到400名。

2.继续办好《热喷涂技术》、《热喷涂快讯》两份刊物，提高编排、印刷、装订质量，增加信息量，扩大发行量。力争在今年年底或明年年初，得到有关管理部门的支持和同意，成为正式发行的学术刊物。

3.1996年7月，在烟台召开理事（扩大）会的同时，召开热喷涂专家座谈会。座谈会的主题是评估我国热喷涂技术现状，研讨我国热喷涂技术发展方向。座谈会报道和纪要，拟分别在1996年第4期《热喷涂快讯》和1996年第3期《热喷涂技术》上发表。

4.在本次理事会上，增选理事和制订理事工作条例。拟在1997年夏/秋，召开第二届会员代表大会，选举理事、常务理事等，推选高级顾问。

5.在本次理事会上，讨论成立若干工作委员会（第一批），《热喷涂技术》编委会，使热喷涂专业委员会更加有序的、有效率的开展各项工作（详见本报告第四部分）。

6.协助总会筹办'96广州国际表面工程展览会，协助会员单位参展。

7.1996年9月5日，在深圳召开全国首届热喷涂年会。

8.1996年9月25日~26日，在北京召开瑞典哈格纳斯热喷涂粉末及应用研讨会。

9.组织会员单位赴美、日知名公司、大学和研究机构，考察热喷涂技术和应用。

10.积极开展热喷涂领域的国际合作，协助国内热喷涂企业进入国际市场。

三、关于增补理事和制订理事工作条例的说明

热喷涂专业委员会第一届理事会是1992年7月30日在北京组成的，共有理事34名。从第一届第一次理事会至今，已经四年了。理事们为发展热喷涂事业尽心尽力，做出了很大的贡献。在四年中，我国热喷涂事业又有了新的发展，理事单位也程度不同有所变化。为体现理事会的代表性和权威性，适应新形势要求，经请示沈烈初理事长和总会秘书处，会商主任委员、副主任委员，决定在本次理事（扩大）会上增选若干名理事。理事单位候选人名单及情况见有关材料，请审阅。

为进一步明确理事单位职责，发挥理事单位的作用，搞好协会工作，拟在本次会议上制订"理事工作条例"。

四、关于设立若干工作委员会和《热喷涂技术》编辑委员会的说明

为使热喷涂专业委员会的工作规范化，更加有序，更有效率，拟在本次会议上设立若干工作委员会（第一批），取得经验，逐渐完善，同时，设立《热喷涂技术》编辑委员会。

拟设立的工作委员会有热喷涂设备、热喷涂材料与工艺、热喷涂企业和对外交流。

根据武汉材保所的提名，建议胡有权同志作为秘书处副秘书长。

五、关于'96全国热喷涂年会准备工作的说明

根据年会的1、2号通知精神，力争将'96全国热喷涂年会开成学术气氛浓，技术水平高，解决实际问题的年会。会期仅一天，人数也不宜过多，取得经验，再逐步扩大规模。

年会定于1996年9月5日在深圳召开，由深圳中科热喷涂公司协办。会议代表在广州报到、集合，因展览会同时在广州举行，可以节约代表的费用，提高工作效率。

六、关于秘书处财务情况的说明

1995年6月，秘书处迁至中国农机院，自1995年6月至1996年6月，秘书处财务情况如下：

收　入（单位：元）

①会费	20,300
②信息费	15,000
③资料费	3,000
④会议费(史密斯讲学)	12,500
共　计	50,800
支　出(单位:元)	
①刊物编印、发行费	
技术 10,000×3	30,000
快讯 1000×8	8,000
②资料编印、发行费	3,000
③会议费(史密斯讲学)	2,500
④房费(水、电、电话等)	10,000
⑤人员劳务费(2.5 人)15000×2.5	37,500
⑥活动费(出差、文件打印、邮发等)	7,000
⑦购置计算机设备	13,000
⑧购置电子打字机	2,500
⑨购置办公家俱等	10,000
共　计	146,000
亏　损(单位:元)	95,200

以上亏款由秘书处自筹资金解决。我们希望,在这次会议上,能找到长久、有效地维持秘书处工作的经费来源,否则各项活动难以为继,不利于秘书处为全体会员服务。

请全体理事审议本报告。

在筹备本次理事扩大会的过程中,我们还得到首钢东星公司、中南动力机械有限公司、北京锦海有色金属新材料联营公司、天津北方涂层材料厂等单位的资助。在会议期间,首钢东星公司协助秘书处,承担了许多会务工作。在此,秘书处表示衷心地感谢。

最后,我们衷心希望,全体理事和出席本次会议的代表畅所欲言,献计献策,同心协力,共同为推动我国的热喷涂技术事业的发展作出新的贡献。

注:因篇幅所限,本报告之附件均略去。

新增补的理事会成员单位及理事名单
(经与会理事投票,在第一届第三次理事扩大会上通过)

理事成员单位	理　事	职务职称
首钢东星公司	刘志诚	总经理
中南动力机械有限公司	许　冠	总经理　高　工
郑州三丰耐磨制品有限公司	尤文立	董事长
沈阳砂轮厂	李国安	厂　长
沈阳工业大学焊接教研室	温瑾林	教　授
浙江德清天莫公司	阳小平	高　工
海军 4723 厂	孙相臣	高　工
鞍钢附企公司	葆永刚	副总经理　高　工
北京航特利科技开发公司	邹仲元	总　工　高　工

北京锦海有色金属新材料联营公司	郭　强	经　理
北京625所	耿家林	高　工
天津北方涂层材料厂	钱叶仁	高　工

理　事　工　作　条　例
（在第一届第三次理事扩大会上通过）

为充分发挥理事在热喷涂专业委员会理事会的作用，更好为会员服务推动我国的热喷涂工作，特制订本理事工作条例。

1.理事应尽职尽责，以推动我国的热喷涂事业为己任，出谋献策，在热喷涂专业委员会理事会中充分发挥作用。

2.理事应积极支持和参与热喷涂专业委员会组织的各项活动，并动员和带动所在地区和行业的会员参加这些活动。

3.理事应积极支持热喷涂专业委员会秘书处的工作。在力所能及的情况下，向秘书处资助1000－2000元/年，使秘书处能正常顺利地开展工作。

4.理事应参加理事会议。如因事不能参加理事会议，应会前请假。对于无故三次不参加理事会议的理事，理事会有权上报总会秘书处，中止其理事资格。

5.理事有权随时对秘书处的工作提出建议和批评，秘书处应及时对理事的建议和批评做出答复和处理意见。

工作委员会和编辑委员会名单
（在第一届第三次理事扩大会上通过）

1.热喷涂设备工作委员会

主　任：王　林

副主任：温瑾林　邹仲元　张关宝　许仁撑

委　员：沈以成　毛传新　蔡云青　汪瑞军　耿家林　胡有权

2.热喷涂材料与工艺工作委员会

主　任：周克崧

副主任：张树生　苏　启　耿家林

委　员：闻立时　赵文华　孙玉玖　沈以成　马章林　周贻茹　郭治安
蒋伯平　吴子健　李国安　吴朝军　郭　强　钱叶仁　刘丰荫
董晓强　徐　林　曹任伟　王德政　胡蕴成

3.热喷涂企业工作委员会

主　任：黄小鸥

副主任：麻毓璜　张玉龙　刘志诚

委　员：方辉义　王东曦　高荣发　王太兴　李廉廉　林山河　赵吉儒
尤文立　李　颖　汪原跃　阳小平　孙相臣　葆永刚　刘　敏

4.对外交流工作委员会

主　任：黄小鸥

副主任：温瑾林　许　冠　闻立时　王　林

委　员：贾永昌　苏　启　赵文华　周贻茹　李国安　殷小华　李树平

5.《热喷涂技术》编辑委员会

名誉主编：沈烈初　毕　顺　丁传贤

主　　编：黄小鸥

副 主 编：麻毓璜　温瑾林　邓世均

编　　委：赵文华　祖玉冰　马章林　贾永昌　周贻茹　苏　启　高荣发
　　　　　彭高峨　吕忠洲　赖师墨　孙家福　殷小华　卢乐松

中国表面工程协会热喷涂专业委员会第一届三次理事会(扩大)通讯录

姓名	职务	职称	工作单位	通讯地址	电　话	邮政编码
王　林	付所长	高工	武汉材料保护研究所	武汉宝丰2路126号	5837786	430030
黄小鸥	付所长	高工	中国农科院工艺材料所	北京德外北沙滩一号	62919323	100083
王德政		教授高工	广州有色金属研究院	广州(五山)有色金属研究院	020－87705629－6656	510651
张树生		教授	沈阳工业大学	焊接教研室	5840978	110023
麻毓璜	付主任工程师		成都发动机公司	成都发动机公司特种涂层车间	4443112－3735	610067
赵文华	教研室付主任	教授博导	清华大学	清华大学工程力学系	62595596	100084
吴子健	主任	高工	武汉材料保护研究所	武汉宝丰2路126号	3641662	430030
阳小平	副总经理	高工	浙江德清天莫热喷涂公司	浙江德清县新市镇环城北路	0572－8447389	313201
苏　启		高工	冶金部钢铁研究所总院	北京西直门外学院南路76号	010－62182731	100081
郭　强	总经理	助统	北京锦海有色金属新材料联营公司	北京市海淀区西苑操场112号	010－62562408	100091
邓世森	经营厂长	大专	张家口市石油机械厂	张家口市胜利南路19号	0313－2015891	075000
许仁撑		研究员	航天工业总公司703所	北京9200信箱73分箱	68383587	100076
李廉廉	厂长	工程师	武钢机制公司机修厂	武汉市青山区厂前	027－6899426	430083
钱业仁	总工	高工	天津北方涂层材料厂	天津南开区宜宾东里1－1－2	022－4391459 7626732	300113
温瑾林		教授	沈阳工业大学	沈阳市铁西区兴华南街58号	022－5876273－2173	110023
张厚顺	付总	工程师	中南动力机械有限公司	广东省南海市盐步	5770888	528247
邹仲元	总工	高工	北京航特利科技开发公司	北京安全门外小关东街9号	010－64916327	100029
葆永刚	付总工程师	高工	鞍钢附企公司	鞍钢附企公司总工办	0412－6615722	114031

姓名	职务	职称	工作单位	通讯地址	电　话	邮政编码
孙德东			天津市机械涂层研究所	天津沙东区大王庄八纬路20路	7475417	300193
周振锋	主任		国营八五七厂	四川江油市治中路	0816－326128	621700
那忠爱	处长	工程师	沈阳砂轮厂	沈阳市大东区望花南街51号	024－8323054	110044
邓　炜	副厂长	工程师	沈阳砂轮厂	沈阳市大东区望花南街51号	024－8323054	110044
李云文	付厂长	工程师	九江等离子喷涂厂	江西九江闫家渡	0792－6843164	332103
胡蕴成	副所长		东方汽轮机厂表面工程研究所	四川德阳	0838 － 6302192－5541	618201
郭治安	教授		山西台光表面工程研究所	太原迎泽西大街山西矿院	0351－6043644	030024
周贻茹	教授		北京有色金属研究总院	北京新街口大街2号209室	6214488－2814	100088
刘志诚	经理	工程师	东星公司修复分公司	北京市门头沟九龙机械厂	69587814－1	102300
刘士平	付经理		东星公司修复分公司	北京市门头沟九龙机械厂	69857814－3	102300
耿家林		高工	北京航空工艺研究所	北京340信箱104分箱	65761731－2455	100024
许春潮	秘书		中国农机院工艺材料所	北京德外北沙滩一号	62919323	100083
殷小华	秘书		中国农机院工艺材料所	北京德外北沙滩一号	62919323	100083

3.首届全国热喷涂年会(CNTSC’96)1996年9月在深圳召开

1996年9月在深圳、中国表面工程协会热喷涂专业委员会成功地举办了“首届全国热喷涂年会(CNTSC’96)”,本届年会共收到论文40余篇,编辑并发行“首届全国热喷涂年会论文等”。

4.参加并协助总会举办成功“96’广州国际表面工程展览会”

1996年9月,热喷涂专业委员会参加并协助总会举办成功“96’广州国际表面工程展览会“,动员并组织会员参加及参加展览。

5.瑞典哈格纳斯公司热喷涂粉末技术与应用研讨会在北京举行

瑞典哈格纳斯公司(Hoganas AB)热喷涂粉末技术与应用研讨会于1996年9月25～26日在北京中国农机院国际交流中心大厅举行。

瑞典哈格纳斯公司副总裁Holmoqvist先生、热喷涂粉末部总经理Bockstiegel先生、Hallen博士、Nillsson先生,以及威林公司哀先生,邝先生出席了研讨会。

研讨会由中国表面工程协会热喷涂专业委员会主持,来自全国各地的热喷涂界同行五十余人出席了研讨会。

研讨会为期两天。在第一天的交流中,主要由哈格纳斯公司介绍该公司、公司的热喷涂粉末生产工艺、粉末特点、粉末在气门、阀门、钢铁、石化、玻璃模具等行业的应用,以及利用埋弧堆焊同时添加合金粉末的大面积、高效堆焊技术。介绍引起与会者的极大兴趣。在第二天的交流中,哈格纳斯公司和与会者就粉末生产、应用、技术与经贸合作等内容,开展了有益的讨论。

瑞典哈格纳斯公司为世界著名的生产热喷涂粉末公司,具有生产镍、钴、铁基及复合热喷涂粉末的能力800吨/年,1995年热喷涂粉末产值达1.56亿瑞典克郎(约为1.7亿元人民币),其主要市场在欧洲、日本和亚洲,而且亚洲市场日益扩大。目前,哈格纳斯公司的热喷涂粉末在中国已有可观的销量。

在研讨会上,哈格纳斯公司北京技术服务中心还介绍了与哈格纳斯公司的合作。与会代表参观了表面工程技术试验室,今后,该试验室将承担哈格纳斯公司在中国的技术服务工作。

一九九七年大事记

1.中国表面工程协会热喷涂专业委员会第二届会员代表大会于1997年11月11日~17日在海口召开

根据中国表面工程协会一届八次常务理事会决定和热喷涂专业委员会一届三次理事会决议,中国表面工程协会热喷涂专业委员会于1997年11月11日~17日在海口市召开了中国表面工程协会热喷涂专业委员会第二届会员代表大会。来自全国各地的代表80余人参加了大会。大会由王林、黄小鸥、周克崧同志主持,黄小鸥同志代表一届理事会作工作报告,王林同志就二届理事会理事候选人情况作了说明。大会的主要议题和内容为:

* 总结中国表面工程协会热喷涂专业委员会第一届理事会工作,通过一届理事会工作报告(附后)。

* 选举产生和组成中国表面工程协会热喷涂专业委员会第二届理事会。

* 推荐参加中国表面工程协会第二届会员代表大会代表。

* 推荐中国表面工程协会第二届理事会理事、常务理事候选人。

* 讨论参加“’98国际表面工程展览会(广州)”有关事宜。

* 总结秘书处1997年工作和制定1998年计划。

* 讨论参加第15届国际热喷涂大会(1998年在法国尼斯召开)及组团事宜。

代表大会开得热烈、有效率又具有成效。代表们充分肯定一届理事会和秘书处几年来卓有成效的工作,畅谈我国热喷涂的现状、发展方向和今后应当开展的工作。代表们一致认为,在新形势下,我国热喷涂事业今后会有更大的进步。代表大会选举产生丁传贤等49名同志组成的二届理事会(名单附后)。

在随后举行的二届一次理事会上,经过充分协商,选举产生名誉理事长、理事长、副理事长、常务理事等,决定了秘书长、副秘书长。全体理事相信,新一届理事会将充分依靠广大会员单位,充分发挥秘书处和常务理事单位的作用,把协会工作推向新阶段。

代表大会还确认通过以麻毓璜等12名同志组成的高级顾问委员会。

二届一次理事会全体理事表示,一定不辜负全体会员的期望,搞好协会工作,使协会工作为我国热喷涂事业的壮大出力,面向国内外两个市场,为国民经济服务。

王林、黄小鸥、周克崧同志主持了二届一次理事会。

中国表面工程协会热喷涂专业委员会一届理事会工作报告
(1997 年 11 月 13 日在中国表面工程协会热喷涂专业委员会第二届会员代表大会上通过)

各位理事、各位代表:

首先,请允许我代表热喷涂专业委员会一届理事会,对大家出席中国表面工程协会热喷涂专业委员会第二届会员代表大会,表示热烈的欢迎。参加本届大会的代表和理事,能在百忙之中,由全国各地会聚海口,表明大家对发展我国热喷涂事业的重视,对协会工作的热心,对协会秘书处的支持和信任。在此,我对到会的各位理事和代表表示衷心的感谢!

召开第二届会员代表大会是根据中国表面工程协会一届八次常务理事扩大会的决定,经一届理事会讨论,请示总会秘书处后决定召开的。这次大会的主要任务是:总结一届理事会工作,选举组成热喷涂专业委员会二届理事会,推荐参加中国表面工程协会第二届会员代表大会代表和中国表面工程协会第二届理事会理事、常务理事候选人。这次大会的其他议题和内容还有:讨论参加“’98 中国表面工程展览会(广州)”有关事宜;制定秘书处 1998 年工作计划;讨论参加第 15 届国际热喷涂大会(1998 年 5 月在法国尼斯召开)组团事宜,以及参观香港先进公司蛇口热喷涂工厂等。

由此可见,本届大会非常重要。我们希望能通过这次大会,总结一届理事会的工作,充分讨论,集思广益,为二届理事会进一步推进我国的热喷涂事业,奠定良好的基础。

下面,我就上述各项内容和议题,向各位代表和理事报告如下:

一、一届理事会工作总结

中国表面工程协会热喷涂专业委员会一届理事会于 1992 年 7 月在北京组成,共有理事单位 34 个,理事 34 名。1996 年 7 月在烟台市召开的一届三次理事扩大会,又增选理事 12 名,目前共有理事 46 名(见附件一)。

1992 年 7 月 ~ 1995 年 6 月,中国表面工程协会秘书处设在武汉材料保护研究所。在武汉材保所期间,专委会秘书处得到材保所领导的大力支持,秘书处人员辛勤工作,协会工作开展得卓有成效,为协会工作的进一步发展打下良好的基础。

热喷涂专业委员会秘书处自 1995 年 6 月 15 日从武汉材料保护研究所迁至中国农机院工艺材料研究所后,得到中国表面工程协会的协助,受到中国农机院领导的高度重视和支持,组成了专业化、年龄结构合理的秘书处班子、专门安排了办公场所、配备了计算机等办公设施。以“搞好服务、推动协会发展”为指导思想,积极主动抓好专业委员会的各项工作:

1. 积极发展会员,增强协会的群众性和代表性

截止目前,新发展会员 173 余名,登记在册会员单位 233 名。其中,集体会员单位 206 名,高级个人会员 27 名。如:上海喷涂机械厂、上海宝山热喷涂厂、广州有色金属研究院、深圳市中科热喷涂公司、北京有色金属研究总院、铁道部戚墅堰机车车辆工艺研究所、北京锦海有色金属新材料公司、中科院上海硅酸盐研究所、哈尔滨焊接研究所、郑州三丰耐磨制品有限公司、合肥光大表面工程设备公司、鞍山钢铁公司、航天部 703 所、625 所、621 所、首钢东星公司、沈阳工业大学、成都 420 厂、中国农机院、沈阳砂轮厂等企业和大专院校、科研单位。

会员单位来自机械、化工、航天、航空、铁道、钢铁、有色、军工、石油、发电、航运、纺织、轻工、汽车、建材

等许多行业;来自热喷涂工厂、热喷涂设备和材料生产厂,大中型企业、科研院所和大专院校;来自内地和沿海,东北、西北、华北、华东、华南、西南;来自国有企业、合资企业、独资企业、集体企业和个体企业,真正体现了协会是跨行业、跨部门、跨地区、跨所有制企业的,成员来自五湖四海的行业性组织的特点。

2.以发行刊物为纽带,加强协会与会员的联系

编辑出版《热喷涂技术》和《热喷涂快讯》两种刊物作为联系会员的重要纽带。《快讯》和《技术》于1995年7月创刊,截止目前,《快讯》已发行了14期,《技术》已发行了8期。

《快讯》和《技术》信息量大、内容丰富、学术性、技术性强,同时兼顾热喷涂技术发展动态和重要的经贸动态,跟踪国内外热喷涂最新发展水平,及时反映国内热喷涂现状,对会员及时掌握国内外热喷涂界最新消息及开发技术、开展经济合作颇有价值,受到会员及许多单位的好评和欢迎。两种刊物的发行量各为700份。除向国内的会员单位发行外,还作为同美国、德国、日本、英国及若干国外热喷涂行业的公司的交换资料。经过秘书处和编辑部成员的不懈努力和广大会员支持,《快讯》和《技术》已成为国内热喷涂领域内最有影响的专业刊物,并在国际热喷涂界产生影响。

为扩大信息量,还建立了特约通讯员联系网。自1995年《快讯》第2期刊登聘任通讯员的消息后,许多单位和个人积极要求成为《快讯》和《技术》的特约通讯员。现已聘请重庆大学焊接教研室主任彭高峨教授、天津理工大学孙家枢教授、北京航空工艺研究所耿家林高级工程师、北京高洛耐磨件公司邹仲元总工程师等24名同志为首批特约通讯员。

两年来,秘书处和编辑部成员深深体会到,刊物能坚持下来,实属不易。深切希望在今后能得到会员在各方面的支持和协助,使《技术》和《快讯》成为我国热喷涂事业发展真实的、生动的记录和反映。

3.积极开展学术交流,促进热喷涂技术水平的提高

几年来,在开展学术交流方面主要以下列几种形式进行:

(1)举办热喷涂年会

1996年9月在深圳,成功举办了"全国首届热喷涂年会(CNTSC'96)",编辑反映国内当代水平的论文集"全国首届热喷涂年会论文集",收编论文40余篇。1997年11月在海口,成功举办"全国第二届热喷涂年会(CNTSC'97)",交流论文20余篇,"全国第二届热喷涂年会论文集"正在编撰中。

(2)编译《高速火焰喷涂技术、应用及参考文献》

该文献全面、系统、准确介绍和反映当代国外高速火焰喷涂技术的研究、开发、应用的现状与发展趋势,使国内热喷涂界同仁能跟踪国外最新技术,提高我国高速火焰喷涂的研究、开发和应用水平。该文献于1996年6月编印完成,向会员内部发行。发行后,得到会员的好评。

(3)参加展览会

参加总会1996年9月在广州举办的96广州国际表面工程展览会,动员和组织会员参观展览。

4.积极开展技术咨询、技术指导和技术服务,以多种形式为会员服务

两年来,秘书处就国内外的热喷涂状况、设备、材料、施工工艺等,或用电话,或用传真,或到现场,积极向会员提供技术咨询、技术指导和技术服务。开展广泛的合作,如与无锡科特表面工程公司、广西路桥公司、中煤地质矿产局、首钢东星公司、沈阳砂轮厂等单位的合作,互相信任,共同受益。科特表面工程公司的工厂还成为热喷涂专业委员会的无锡生产基地。

5.大力开展热喷涂国际合作,积极参与热喷涂国际市场

两年来,秘书处倾注大量的人力、物力和财力,大力开展热喷涂的国际合作,努力提高我国的热喷涂水平,积极参与热喷涂国际市场的活动,主要工作有:

(1)聘请国际知名的热喷涂专家史密斯教授,于1996年4月在北京举办讲座。作为美国 DREXEL

大学等离子材料加工中心主任，史密斯教授还兼任美国机械工程协会材料制造和冶金委员会主席、美国热喷涂学会主席及材料研究协会分部主席，同时也是"国际材料资源公司"总裁。他在热喷涂专业委员会举办的"国际热喷涂技术的现状与发展——面向21世纪"讲座上，全面介绍国际热喷涂技术的现状与发展，受到与会者好评。

史密斯教授还与秘书处商讨了热喷涂专业委员会与美国热喷涂学会合作事宜，如交换信息与资料，互访开展合作项目等等。史密斯教授还参观了625所、703所，对中国在航空、航天领域的热喷涂发展留下深刻的印象。秘书处还组织编译了史密斯教授讲座的讲稿提纲和节选。

(2)1996年9月，在北京举办了瑞典哈格纳斯公司热喷涂粉末及应用研讨会。哈格纳斯公司作为世界知名的热喷涂粉末生产公司，年产各种热喷涂金属粉末逾千吨。在研讨会上，哈格纳斯公司的专家全面、系统地介绍了热喷涂粉末先进的生产过程，代表们从中深受启发。目前，该公司的钴基粉末在我国气门厂、阀门厂，镍基粉末在玻璃模具厂正在得到应用。

(3)积极建立和发展与热喷涂发达的美国、日本、德国、英国的热喷涂学会(协会)的关系。1995年12月，组织人员参观考察德国阿亨大学材料科学研究所，考察报告分两期在"快讯"上刊载。1996年4月，组织人员访问日本，与日本热喷涂学会对外交流委员会委员长葛西清纲先生交换加强双边合作若干意见。以中国表面工程协会热喷涂委员会的名义，分别聘请史密斯教授(美国)、鲁格申德教授(德国)、葛西清纲先生(日本)为中国表面工程协会高级会员和顾问，他们对此荣誉表示感谢，并愿为增强相互间的合作尽力。1997年5月，组织人员考察瑞典、英国的热喷涂技术发展现状。

在本届代表大会前，我们刚刚成功举办了"首届国际热喷涂研讨会(ITSS'97)"来自美国、日本、瑞典、英国、新加坡，以及内地、台湾、香港地区的代表80余人，出席这次研讨会。作为多边的热喷涂行业的国际性会议，在我国还是首次。它标志我国的热喷涂事业已开始步入国际热喷涂大舞台。这个研讨会目前规模还不大，影响也很小，只是一个尝试，一个开端。我们希望，大家一起关怀它，呵护它，每2~3年举行一次，力争在不长的时间里，把它培育成在世界和亚洲有一定知名度和影响力的热喷涂国际会议。

6.加强和完善理事会和秘书处的工作，更好为会员服务

协会是会员自己的组织，协会既要为会员服务，又要积极引导本行业和专业的发展。在目前计划经济向市场经济，粗放型经济向集约化经济的转轨和调整过程中，特别在党的十五大召开之后，协会如何发挥重要作用，是我们理事会全体理事、秘书处和会员的新课题、新任务。

两年来，为加强和完善理事会和秘书处的工作，加强了理事会的活动，秘书处的作用，采取的主要措施有：

(1)增选理事，增强理事会的活力，1996年7月在烟台召开的一届三次理事扩大会，新增选理事12名。

(2)为进一步明确理事单位职责，发挥理事单位的作用，制订了"理事工作条例"(见附件二)。

(3)为使理事会的工作规范化，更加有序和有效率，充分发挥方方面面的积极性，设立了若干工作委员会(第一批)。这些工作委员会将在今后协会的活动中担当理事会和秘书处委托的任务，发挥重要作用(见附件三)。

(4)为加强刊物的编辑力量，提高水平，组成了《热喷涂技术》编辑委员会(见附件三)。

7.关于秘书处财务状况的说明

1995年6月，秘书处迁到中国农机院时，基本上无经费转入。秘书处在中国农机院开始工作后，从财力上得到中国农机院工艺材料所的大力支持，秘书处人员也努力工作，尽管活动经费相当困难，秘书处工作仍在维持和开展中。

1995年6月~1997年10月,秘书处财务情况如下:

收　入(单位:元)

①会　费(1995.6~1997.10)	40,000
②信息费	30,000
③资料费	6,000
①会议费	25,000
共　计	101,000

支　出:(单位:元)

①刊物编印、发行费:	
技　术:10,000×8	80,000
快　讯:1000×14	14,000
②资料印、发行费:	9,000
③会议费	17,500
④房屋(水、电、电话等)×2:	20,000
⑤人员劳务费(2.5人)15,000×2.5×2	75,000
⑥活动费(出差、文件打印、邮发等):	14,000
⑦购置计算机设备:	13,000
⑧购置电子打字机	2,500
⑨购置办公家具等:	10,000
⑩上交总会会费:	3,000
共　计:	258,000
亏　损:	157,000

以上亏款由秘书处自筹资金解决。我们希望,通过各方努力,能找到长久、有效地维持秘书处工作的经费来源,否则各项活动难以为继,不利于秘书处为全体会员服务。

在总会的指导下,在全体会员的支持和帮助下,一届理事会和秘书处虽然开展了上述工作,但仍存在一些问题和不足,主要是:

1.仍需积极发展会员,协会要体现跨行业、跨部门、跨地区、跨所有制的特点,要发展效益好的大中型企业、合资企业、乡镇企业、科研院所、大专院校及知名人士成为会员。只有搞五湖四海,才能增强协会的活力和权威性。目前会员数目仍较少,同时有些会员单位交纳会费困难,致使协会活动经费不足。

2.刊物稿源仍嫌不足。与刊物创刊初期相比,由于刊物知名度的提高和会员的支持,以及特约通讯员制度的设立,稿件增加速度快,但仍然满足不了需要,呼吁会员多提供稿件。

3.热喷涂专业委员会活动经费严重不足,因设立专职人员、专用办公室、装备现代办公设备及编辑发行刊物资料,组织各项活动,支出较大,仅靠会费和一些信息费等,无法保证专业委员会活动的正常进行和扩展。这方面,我们希望:第一,注册会员及时交纳会费;第二,理事单位应有所贡献;第三,能得到一些热心于推动中国热喷涂事业的单位(特别是企业)乃至个人的资助;第四,理事会和秘书处要积极开展"四技"工作(技术咨询、技术培训、技术转让、技术服务),希望会员单位积极支持。秘书处保证全部费用全部用于为会员服务,为推动中国热喷涂事业服务。

二、对下届理事会工作的建议和1998年工作计划

第二届理事会履行职责期间将是我国热喷涂事业的大发展时期。党的十五大的胜利召开,高举邓小平理论伟大旗帜，把建设有中国特色社会主义事业全面推向二十一世纪的纲领和任务的确立，都将为我国社会主义市场经济的高速、稳定、持续发展创造前所未有的机遇。国际上，世纪之交的热喷涂行业，也处在“重组、创新、发展”的重要阶段。可以预见，在今后五年内，如果我们抓住机遇，认真筹划，调整适当，踏实工作，是可以使我国的热喷涂在设备、材料、工艺和应用诸方面上一个新台阶，在形成一批强有力的热喷涂企业方面上一个新台阶，在面向国内外两个市场方面上一个新台阶，在总体经济效益和人均劳动生产率方面上一个新台阶。

根据这样的形势分析和预测，二届理事会的主要任务应当是：充分发挥热喷涂专业委员会在热喷涂行业的组织和协调作用，正确引导热喷涂行业在设备、材料、工艺和应用方面，面向国内外市场，在技术水平和经济效益上达到国外九十年代初的水平。

近一、二年内，根据上述总原则，我们要“四抓四发挥”，即抓专题、抓培训、抓“四技”和抓认证；充分发挥秘书处的积极性，充分发挥常务理事的积极性，知名单位和知名人士的积极性，依托单位和生产基地的积极性。“有所为有所不为”，充分发挥各方面的积极性，把工作搞好。

1998 年，是第二届理事会开展工作的第一年，也是实施上述任务的第一年，事关今后，务求成效。初步拟定的计划见附件四，请全体会员讨论。

2. 关于热喷涂专业委员会第二届理事会组成的说明

在本次代表大会上，将要选举出热喷涂专业委员会第二届理事会，任期五年。根据总会一届六次常务理事会精神，理事候选人，应具备下列条件：

①理事单位必须是本会会员；

②理事单位在行业中，有较高的知名度和经济效益；理事本人在行业中也应具有较高的知名度，在工作中有明显业绩；

③理事能够自觉地参加协会重大会议和活动，积极开展协会工作，发挥作用。

④新增加理事年龄需 55 周岁以下。

根据上述原则，经一届理事会主任、副主任委员充分协商，按照近五年来热喷涂的发展状况，考虑到行业、部门、地区、所有制的均衡，年龄和梯队的配合，并向企业倾斜，提出 50 人的理事候选人名单（见附件五）。

理事产生办法为：提出理事候选人名单—由理事单位确认—秘书处会同主任、副主任委员审核—提交代表大会选举产生。

在二届一次理事会上将选举产生常务理事、理事长和副理事长，决定秘书长和副秘书长。

近几年来，一些热喷涂老专家陆续从岗位上退下来。这些老专家为发展我国的热喷涂事业作出了重要贡献。为使这些老专家为热喷涂事业继续出力，特组成高级顾问委员会，由 11 人组成，麻毓璜同志任主任，张树生、王德政、邹仲元同志任副主任，名单见附件六，请代表大会确认。

3. 关于中国表面工程协会第二届会员代表大会代表、二届理事会理事、常务理事产生办法的说明

中国表面工程协会第二届会员代表大会将于 1998 年 5 月底在广州召开。大会的主要议程有：讨论通过一届理事会工作报告，修改协会章程，选举和组成二届理事会（包括常务理事，正、副理事长，正、副秘书长），举办’98 国际表面工程展览会等。会议代表预计 250 人，其中分配给我会 35 人，理事名额（候选人）14 名，常务理事（候选人）3 名。

在热喷涂专业委员会二届一次理事会上，将提出代表、理事、常务理事候选人名单（见附件七），于 1997 年底前提交总会，参加二次代表大会选举。

代表、理事条件和产生办法见“筹备方案”（见附件八）。

各位理事、各位代表！在过去的五年里，在全体同仁的共同努力下，我国的热喷涂事业取得了良好的成绩。在今后的五年里，我们衷心希望，全体同仁，共同奋斗，齐心合力，把我国的热喷涂事业推向新的阶段。

请全体代表和理事审议本报告。（附件略）

（1997 年 11 月 13 日）

中国表面工程协会热喷涂专业委员会
二届理事会成员单位及理事名单
（1997 年 11 月 13 日在热喷涂专业委员会
第二届会员代表大会上通过）

理事成员单位	理　事	职称/职务
中科院上海硅酸盐研究所	丁传贤	研究员/院士
武汉材料保护研究所	王　林	高工/书记
中国农机院工艺材料所	黄小鸥	高工/所长
广州有色金属研究院	周克崧	教授级高工/院长
成都发动机公司	支树平	高工/副处长
清华大学工程力学系	赵文华	教授/博导
航天工业总公司 703 所	祖玉冰	高工
天津市机械涂层研究所	汪行恺	高工/总工
上海焊割喷涂机械厂	张关宝	工程师/副厂长
哈尔滨电机责任有限公司制造工艺部	方辉义	高工/工艺组长
东方汽轮机厂表面工程研究所	王东曦	教授级高工/所长
深圳市中科热喷涂公司	张玉龙	高工/总经理
哈尔滨焊接研究所堆焊室	董祖珏	教授级高工
九江等离子喷涂厂	蔡云青	工程师/厂长
铁岭永兴石油机械厂	王太兴	高工/厂长
中船总公司 725 所	马章林	高工/副主任
武汉材料保护研究所	吴子健	高工/室主任
北京矿冶研究总院	贾永昌	教授级高工
北京钢铁研究总院	苏　启	高工
北京有色金属研究总院	周贻茹	教授
武汉钢铁公司机制公司机修厂	李廉廉	工程师/厂长
武汉市黄陂热喷涂厂	高荣发	高工/厂长
沈阳热喷涂厂	赵吉儒	高工/厂长
张家口市石油机械厂	王奎生	高工/总工
首钢东星备件修复公司	刘志诚	高工/总经理
中南动力机械有限公司	许　冠	高工/总经理
沈阳砂轮厂	李国安	高工/厂长
沈阳工业大学	温瑾林	教授
解放军第四七二三工厂	孙相臣	高工/主任

鞍山钢铁公司附企公司	葆永刚	高工/副总工
北京锦海有色金属新材料联营公司	郭　强	统计师/经理
北京航空工艺研究所(625所)	耿家林	高工
天津市北方涂层材料厂	钱叶仁	高工/总工
江油八五七厂特种粉末分厂	童迎葵	工程师/厂长
先进设备机械有限公司	李志刚	工程师/副总经理
无锡科特表面工程公司	孙怡武	高工/总经理
上海民恩热喷涂厂	马春恩	高工/副厂长
西安交通大学	韩志海	副教授
河北省三河市燕郊热喷涂厂	寇友强	工程师/厂长
机械部机械科学研究院	安桂华	高工/副处长
中国矿业大学大正表面新技术公司	喻尊璞	教授/总经理
黎明发动机制造公司	陈宗霖	研究员级高工/主任
中船总公司701所	刘邦贵	高工
中国农机院工艺材料所	汪瑞军	工程师
第二炮兵司令部装备部	李光武	副部长
上海宝寿硬面有限公司	刘向阳	工程师/总经理
铁道部戚墅堰机车工艺研究所	高心海	高工/室主任
贵州有色金属工贸联合总公司热喷涂厂	韦允才	高工/厂长
兰州电力热喷新技术服务中心	方启福	高工/主任

（共计49名）

中国表面工程协会热喷涂专业委员会二届理事会组成名单

(1997年11月14日在二届一次理事会上通过)

名誉理事长：　丁传贤

理事长：　王　林

常务副理事长：　黄小鸥

副理事长：　周克崧　张玉龙

常务理事单位	常务理事	职称/职务
武汉材料保护研究所	王　林	高工/书记
中国农机院工艺材料所	黄小鸥	高工/所长
广州有色金属研究院	周克崧	教授级高工/院长
中科院上海硅酸盐研究所	丁传贤	研究员/院士
成都发动机公司	支树平	高工/副处长
航天工业总公司703所	祖玉冰	高工
上海焊割喷涂机械厂	张关宝	工程师/副厂长
东方汽轮机厂表面工程研究所	王东曦	教授级高工/所长
深圳市中科热喷涂公司	张玉龙	高工/总经理
北京钢铁研究总院	苏　启	高工

首钢东星备件修复公司	刘志诚	高工/总经理
沈阳工业大学	温瑾林	教授
北京锦海有色金属新材料联营公司	郭　强	统计师/经理
北京航空工艺研究所(625 所)	耿家林	高工
无锡科特表面工程公司	孙怡武	高工/总经理
中船总公司 725 所	马章林	高工/副主任
铁道部戚墅堰机车工艺研究所	高心海	高工/室主任
武汉黄陂热喷涂厂	高荣发	高工/厂长

理事成员单位	**理　事**	**职称/职务**
中科院上海硅酸盐研究所	丁传贤	研究员/院士
武汉材料保护研究所	王　林	高工/书记
中国农机院工艺材料所	黄小鸥	高工/所长
广州有色金属研究院	周克崧	教授级高工/院长
成都发动机公司	支树平	高工/副处长
清华大学工程力学系	赵文华	教授/博导
航天工业总公司 703 所	祖玉冰	高工
天津市机械涂层研究所	汪行恺	高工/总工
上海焊割喷涂机械厂	张关宝	工程师/副厂长
哈尔滨电机责任有限公司制造工艺部	方辉义	高工/工艺组长
东方汽轮机厂表面工程研究所	王东曦	教授级高工/所长
深圳市中科热喷涂公司	张玉龙	高工/总经理
哈尔滨焊接研究所堆焊室	董祖珏	教授级高工
九江等离子喷涂厂	蔡云青	工程师/厂长
铁岭永兴石油机械厂	王太兴	高工/厂长
中船总公司 725 所	马章林	高工/副主任
武汉材料保护研究所	吴子健	高工/室主任
北京矿冶研究总院	贾永昌	教授级高工
北京钢铁研究总院	苏　启	高工
北京有色金属研究总院	周贻茹	教授
武汉钢铁公司机制公司机修厂	李廉廉	工程师/厂长
武汉市黄陂热喷涂厂	高荣发	高工/厂长
沈阳热喷涂厂	赵吉儒	高工/厂长
张家口市石油机械厂	王奎生	高工/总工
首钢东星备件修复公司	刘志诚	高工/总经理
中南动力机械有限公司	许　冠	高工/总经理
沈阳砂轮厂	李国安	高工/厂长
沈阳工业大学	温瑾林	教授
解放军第四七二三工厂	孙相臣	高工/主任
鞍山钢铁公司附企公司	葆永刚	高工/副总工
北京锦海有色金属新材料联营公司	郭　强	统计师/经理
北京航空工艺研究所(625 所)	耿家林	高工

天津市北方涂层材料厂	钱叶仁	高工/总工
江油八五七厂特种粉末分厂	童迎葵	工程师/厂长
先进设备机械有限公司	李志刚	工程师/副总经理
无锡科特表面工程公司	孙怡武	高工/总经理
上海民恩热喷涂厂	马春恩	高工/副厂长
西安交通大学	韩志海	副教授
河北省三河市燕郊热喷涂厂	寇友强	工程师/厂长
机械部机械科学研究院	安桂华	高工/副处长
中国矿业大学大正表面新技术公司	喻尊璞	教授/总经理
黎明发动机制造公司	陈宗霖	研究员级高工/主任
中船总公司 701 所	刘邦贵	高工
中国农机院工艺所	汪瑞军	工程师
第二炮兵司令部装备部	李光武	副部长
上海宝寿硬面有限公司	刘向阳	工程师/总经理
铁道部戚墅堰机车工艺研究所	高心海	高工/室主任
贵州有色金属工贸联合总公司热喷涂厂	韦允才	高工/厂长
兰州电力热喷涂新技术服务中心	方启福	高工/主任

秘 书 长　　黄小鸥

副秘书长　　汪瑞军,(另一名由武汉材保所推荐,暂空)

中国表面工程协会热喷涂专业委员会高级顾问委员会名单

(1997 年 11 月 13 日在热喷涂专业委员会第二届会员代表大会上确认通过)

高级顾问	职称/职务	原单位/现单位
麻毓璜	教授级高工	成都飞机发动机公司
张树生	教　授	沈阳工业大学
沈肖镇	研究员	625 所
赖师墨	研究员	625 所
许仁撑	研究员	703 所
邹仲元	高　工	北京高洛耐磨件厂
邓世钧	教授级高工	武汉材保所
郭治安	教　授	山西矿业大学
孙玉玖	高　工	天津机械涂层研究所
王德政	高　工	广州有色金属研究院
闻立时	研究员	中科院金属研究所
周志国	高　工	北京二七机车车辆厂

主　任:麻毓璜

副主任:张树生　王德政　邹仲元

中国表面工程协会二届代表大会
二届理事会理事、常务理事候选人名单
(1997年11月14日热喷涂专业委员会二届一次理事会上通过)

理事成员单位	理　事	职称/职务
武汉材料保护研究所	王　林	高工/书记
中国农机院工艺所	黄小鸥	高工/所长
广州有色金属研究院	周克崧	教授级高工/院长
成都发动机公司	支树平	高工/副处长
航天工业总公司703所	祖玉冰	高工
上海焊割喷涂机械厂	张关宝	工程师/副厂长
东方汽轮机厂表面工程研究所	王东曦	教授级高工/所长
深圳市中科热喷涂公司	张玉龙	高工/总经理
北京钢铁研究总院	苏　启	高工
首钢东星备件修复公司	刘志诚	高工/总经理
沈阳工业大学	温瑾林	教授
北京锦海有色金属新材料联营公司	郭　强	统计师/经理
北京航空工艺研究所(625所)	耿家林	高工
无锡科特表面工程公司	孙怡武	高工/副总经理

常务理事单位	理　事	职称/职务
武汉材料保护研究所	王　林	高工/书记
中国农机院工艺所	黄小鸥	高工/所长
广州有色金属研究院	周克崧	教授级高工/院长
成都发动机公司	支树平	高工/副处长

2.首届国际热喷涂研讨会(ITSS'97)和全国第二届热喷涂年会(CNTSC'97)在海口市成功举行

在国内外热喷涂同仁的大力支持和筹备组的精心组织下,首届国际热喷涂研讨会(ITSS'97)和全国第二届热喷涂年会(CNTSC'97)于1997年11月11~17日在海口市望海国际大酒店成功举行。

出席研讨会和年会的国内外代表共80余人与会代表名录附后,国外和港台地区单位有:美国TAFA公司、米勒公司、瑞典Hoganas公司、日本KASAI公司、新加坡聚合公司和台湾威霖公司、香港先进机械公司,国内知名的热喷涂企业、科研院所、大专院校如武汉材保所、中国农机院、广州有色金属研究院、甘肃工业大学合金粉末厂、鞍山钢铁公司附企公司,中煤三丰北方有限公司、哈尔滨焊接研究所、首钢东星备件修复公司、深圳中科热喷公司、中国矿业大学大正表面新技术公司、上海宝山热喷涂厂、航空工业总公司625所、703所、701所、九江等离子喷涂厂,东方汽轮机厂、哈尔滨电机厂、上海焊割喷涂机械厂、上海硅酸盐研究所、第二炮兵工程学院、西安交通大学、北京有色金属研究总院、无锡科特表面工程公司、中南动力机械有限公司、成都发动机公司、沈阳黎明发动机公司、中船总公司725所、海军4723厂、山东

省经委、山东大业集团、黄陂热喷涂厂、冶金部北京冶金设备研究院、铁岭永兴石油机械厂、沈阳热喷涂厂等60余个单位参加了首届国际热喷涂研讨会及第二届全国热喷涂年会。与会单位来自机械、钢铁、电子、冶金、煤炭、汽车、石化、航空、航天、海军、二炮、船舶、有色、玻璃、塑料、轻工、能源、交通、电力等行业,充分体现了热喷涂专业委员会的号召力和广泛的代表性。

首届国际热喷涂研讨会,作为多边的专门的热喷涂研讨会,在我国举行还是第一次。这表明我国的热喷涂事业已步入国际热喷涂大舞台,亦表明国际热喷涂界对我国的重视。虽然本研讨会的规模还不大,但达到增进了解、交流技术、创造机遇、加强技术和经贸方面的合作的预期目的。国外和港台地区一些热喷涂协会、公司及知名人士虽未能到会参加,如美国、日本热喷涂协会、德国阿享大学、日本厄特蒂公司总裁辻田孝先生以及台湾统明工业公司杨宗吉先生都发来传真,祝贺首届国际热喷研讨会成功召开。

研讨会期间,美国 TAFA 公司的 S.SAMPSON 先生、瑞典 Hoganas 公司的 S.LAURELL 先生,以及日本 KASAI 公司的葛西清纲先生分别介绍了本公司的热喷涂设备、材料及应用情况,并介绍了美国、瑞典以及日本等国的热喷涂水平及发展状况,以及热喷涂界最新动态及发展方向。他们对中国的热喷涂水平及现状表现出浓厚的兴趣,发表了意见,并对与会代表提出的问题做了详尽的解答。国内的热喷涂单位代表亦就热喷涂现状及发展方向各抒已见,切磋交流,内容包括:Plazjet 在中国的使用情况、热喷涂在冶金行业、大面积防腐,以及航空、航天、船舶等行业的应用,结合底层的研究,电弧喷涂技术及在煤矿中的应用,以及热喷涂粉末材料,塑料喷涂材料的研制与开发等。

第二届全国热喷涂年会共收到论文二十余篇,大会宣读交流论文10余篇,交流内容有长效防腐、深孔喷涂工艺,轧机导辊的喷焊生产线设计及产品质量控制,药丝焊丝在电弧喷涂中的应用、等离子喷焊在石化、发电等行业的应用,以及低压等离子喷涂参数的优化等。在会上,武汉材保所王林高工、北京有色金属研究总院周贻茹教授、广州有色院金棠表面公司刘敏经理、中煤三丰北方公司赵长伟总经理、黄陂热喷涂厂高荣发厂长、无锡科特表面工程公司孙怡武总经理,中国矿大大正表面公司总经理喻尊璞教授、甘肃工业大学合金粉末厂谭福海厂长、首钢东星公司备件修复公司刘志诚经理、沈阳化工研究院张树仁高工、海军4723工厂孙相臣高工、中科院上海硅酸盐研究所石建民工程师、哈尔滨四达热喷涂公司钱强经理等20余人就热喷涂设备、材料、应用、研究、开发等做了专题发言。会上代表发言踊跃,气氛热烈。本届年会无论从论文质量、发言质量,还是从组织水平都高于96年首届全国热喷涂年会。代表们纷纷反映,研讨会和年会开得有效率、有成效、有收获,长途跋涉到海南,实不虚此行。

首届国际热喷涂研讨会及第二届全国热喷涂年会开幕式上,中国表面工程协会常务理事、热喷涂专业委员会副理事长兼秘书长、中国农机院工艺所所长黄小鸥高工做了“面向二十一世纪的中国热喷涂”的开幕词报告。该报告从中国热喷涂的总体水平和地位、热喷涂设备与材料、热喷涂技术的应用、热喷涂技术的研究与开发等四方面阐述并分析了中国热喷涂现状,并对中国热喷涂的发展趋势做了估测,最后对如何加强国际间的合作提出5条建议。该报告得到与会国内外热喷涂专家及代表的好评,部分内容近期将在美国、日本的热喷涂刊物上发表。

代表们还飞赴深圳,兴致勃勃地参观了深圳佳运得机械加工有限公司热喷涂工厂和中科热喷涂公司。

本届讨会及年会得到了总会沈烈初理事长及总会秘书处的高度重视和评价,并得到了海南省机械工业厅及海南省电视台的大力支持。海南省电视台的新闻联播节目,还播发了本届研讨会及年会召开的新闻。

代表们在紧张的开会之余,还饱览了海南许旖旎的热带风光。代表们高度评价会议大小会相结合,开会与参观工厂相结合,国内外会议相结合的这种好方式,希望秘书处多召开这样的大家收益的热喷涂会议。全体代表包括理事会、秘书处对海南省工业厅、海南省南天国际旅行社、深圳佳运得公司、中科热喷涂公司以及赞助单位广州有色金属研究院、中国矿业大学大正表面新技术公司、首钢东星备件修复公司、第二炮兵司令部装备部、九江等离子喷涂厂、沈阳黎明发动机公司、先进设备机械有限公司、武汉黄陂热喷涂厂等表示诚挚的感谢。与会的热喷涂界同仁表示,1998 年一定再聚,畅谈成绩,共创中国热喷涂事业美好的明天。

中国表面工程协会热喷涂专业委员会第二届会员代表大会、全国第二届热喷涂年会(CNTSC'97)暨首届国际热喷涂研讨会(ITSS'97)

通 讯 录

序号	姓名	职务	职称	单位	地址	电话	邮编
1	王 林	党委书记	高工	武汉材料保护研究所	武汉宝丰二路 126 号	027 – 3624354	430030
2	黄小鸥	所长	高工	中国农业机械化科学研究院工艺材料所	北京德胜门外北沙滩 1 号	010 – 64882554 62919323	100083
3	周克崧	院长	教授级高工	广州有色金属研究院	广州市五山	020 – 85231729 – 6203	510651
4	谭福海	厂长	经济师	甘肃工业大学合金材料总厂	兰州市七里河区兰工坪 85 号	0931 – 2337394	730050
5	尹 洁	副厂长	工程师	甘肃工业大学合金材料总厂	兰州市七里河区兰工坪 85 号	0931 – 2335951 – 3574	730050
6	张建平	副厂长		甘肃工业大学合金粉末厂	兰州市七里河区兰工坪 67 号	0931 – 2340544	730050
7	张立义	副经理	助工	鞍钢民企机电检修公司	鞍山市北胜利路沙河桥东 500 米	0412 – 6634657	114031
8	赵长伟	董事长	高工	中煤三丰北方有限公司	河北省涿州市煤炭部 173 队	0312 – 9041719	072750
9	董建平	党委书记	高工	煤炭部一局 173 队	河北省涿州市煤炭部 173 队	0312 – 3851667	072750
10	寇友强	厂长	工程师	河北省三河市燕郊热喷涂厂	河北省三河市燕郊镇	0316 – 3312561	065201
11	钱 强	经理	高工	哈尔滨四达热喷涂技术有限公司	哈尔滨市进乡街 7 号	0451 – 2689003	150046
12	韦允才	厂长	高工	贵州有色金属工贸联合总公司热喷涂厂	贵阳市花溪大道北段 163 号	0851 – 5962427	550003
13	刘志诚	经理	工程师	首钢东星备件修复公司	北京市门头沟区九龙机械厂内	010 – 69857814	102300
14	臧永华	科长	高工	山东省经贸委技术推广站	济南市趵突泉北路 6 号	0531 – 6902744	250011
15	张玉龙	总经理	高工	深圳市中科热喷涂公司	深圳市深南大道中竹子林 33 – 604 信箱	0755 – 3702093 3705736	518040
16	喻尊璞	总经理	教授	中国矿业大学大正表面新技术公司	徐州市中国矿业大学内	0516 – 3883172 010 – 62331916	221008

序号	姓　名	职　务	职　称	单　　位	地　　址	电　　话	邮　编
17	刘向阳	厂长	工程师	上海宝山热喷涂厂	上海宝山富锦路635号	021－56691063	201900
18	杨学平	厂长	工程师	山东大业集团机械厂	山东诸城市密洲商城一区	0536－6112896	262200
19	王志平		高工	哈尔滨焊接研究所	哈尔滨市和兴路111号	0451－6336447	150080
20	耿家林		高工	北京航空工艺研究所（625所）	北京市340信箱104分箱	010－65761731－2455	100024
21	蔡云青	厂长	工程师	九江等离子喷涂厂	江西省九江市阎家渡	0792－6843111 6843164	332103
22	韩　松			黎明发动机制造公司冶金试验室	沈阳市424信箱	024－4831937	110043
23	冯万春		高工	黑龙江省电力科学研究院	哈尔滨市香坊区建北街61号	0451－5303055－2223	150030
24	叶际宣	厂长		浙江宣达防腐设备厂	永嘉瓯北罗浮西岸工业区	0577－7332038	325102
25	邱德良	总工		浙江宣达防腐设备厂	永嘉瓯北罗浮西岸工业区	0577－7332038	325102
26	方启福	主任	工程师	兰州电力热喷涂新技术服务中心	兰州市七里河区光华街31号	0931－2336931－2314	730050
27	张树仁	主任	教授级高工	沈阳化工研究院	沈阳市铁西区沈辽东路8号	024－5874850	110021
28	王东曦		高工	东方汽轮机厂表面工程研究所	四川德阳	0838－6302452	618201
29	苏勋家	副主任	讲师	第二炮兵工程学院203室	西安市	029－3344100	710025
30	孙怡武	总经理	高工	无锡科特表面工程公司	无锡市华庄里桥苏锡西路181号	0510－5604481	214134
31	李金伟	副科长	工程师	上海焊割喷涂机械厂	上海市浦东东陆路18号甲	021－58544061	201208
32	刘汉光		高工	上海紧固件和焊接研究所	上海市松花江路2747号	021－65440639	200437
33	倪祥龙	总经理	高工	上海精诚表面技术公司	上海市定西路1295号	020－62514636	200050
34	唐　铮	副处长	工程师	中科院上海硅酸盐研究所	上海市定西路1295号	021－62512990	200050
35	石建民		工程师	中科院上海硅酸盐研究所	上海市定西路1295号	021－62512990	200050
36	许德才	业务代表		新加坡聚合有限公司上海办事处	上海市华山路2号中华企业大厦1701室	021－62729811	200040
37	方辉义		高工	哈尔滨电机责任有限公司制造工艺部	哈尔滨动力区大庆路35号	0451－2102601－2118	150040
38	高荣发	厂长	高工	武汉市黄陂热喷涂厂	武汉市黄陂县三里桥镇	027－5987008	432244
39	韩志海		副教授	西安交通大学金属材料强度国家重点实验室	西安市	029－3260336	710049

序号	姓　名	职　务	职　称	单　位	地　址	电　话	邮　编
40	孙相臣	主任	高工	解放军第四七二三工厂	河北省永年县811信箱	0310－3024109－346	057150
41	姚书典		高工	冶金部北京冶金设备研究院	北京9821信箱五室	010－64439911－2046	100029
42	刘　敏	总经理	高工	广州金棠表面工程技术有限公司	广州市天河区棠下村	020－85546441 85546442	510630
43	张明雪		高工	航天工业总公司703所	北京9200信箱73分箱	010－68754745	100076
44	祖玉冰		高工	航天工业总公司703所	北京9200信箱73分箱	010－68756924	100076
45	毕志夫	主任	高工	河北省表面技术研究中心	河北省张家口市宣化区幸福街147号	0313－3070645	075105
46	古宏伟	副主任	教授	北京有色金属研究总院	北京新街口外大街2号209室	010－62014488－2210	100088
47	周贻茹		教授	北京有色金属研究总院	北京新街口外大街2号209室	010－62014488－2814	100088
48	张嘉祥	主任	研究员	航天工业总公司701所	北京7201信箱15分箱	010－68740704	100074
49	张厚顺	副总经理	工程师	中南动力机械有限公司	广东省南海市盐步横江	0757－5770888	528247
50	郑　铠	副厂长	工程师	中南动力机械有限公司	广东省南海市盐步横江	0757－5770888	528247
51	潘建仕	经理		温州华能发展有限公司	温州瓯北塔下路209号A座	0577－7334461	325102
52	王太兴	厂长	高工	铁岭永兴石油机械厂	辽宁铁岭银州区阀门厂西院	0410－4603505	112002
53	支树平	副处长	高工	成都发动机公司冶金处	成都市双桥子	028－4505335	610067
54	葆永刚	副总工	高工	鞍山钢铁公司附属企业公司	鞍山市铁东区南胜利路东10栋19号	0412－6726057	114031
55	吴光瑞	经理		平顶山电业局热喷涂厂	河南平顶山市新华路南段东风路2号	0375－3925470	467001
56	焦真理			平顶山电业局热喷涂厂	河南平顶山市新华路南段东风路2号	0375－3925470	467001
57	赵吉儒	厂长	高工	沈阳市热喷涂厂	沈阳市大东区清泉路70号	024－8858223 8851811	110041
58	马章林	副主任	高工	中船总公司725所	洛阳市023信箱	0379－4929072	471039
59	郭　强	经理	统计师	北京锦海有色金属新材料联营公司	北京海淀区西苑操场铜牛路112号	010－62562408 62616348	100091
60	邝益壮	经理		威林（中国）贸易有限公司	广东江门市河南翠园一街38号二楼	0750－3892823	529000
61	田文年	所长	工程师	兰州新兴热喷涂防腐新技术应用研究所	兰州市七里河建工中路9号	0913－2338926	730050
62	隋守君	副厂长		黑龙江鸡西市恒立工程塑料厂	黑龙江鸡西市恒山区立井街	0453－2461551	158140
63	李志钢	副总经理		先进机械设备有限公司	广州市盘福路医国后街1号B座102室	020－81362146	510180

序号	姓　名	职　务	职　称	单　位	地　址	电　话	邮　编
64	张　琦	经理		海口电刷镀热喷涂服务部	海口西站对面三线招待所铺面	0898－8651837	570311
65	S.LAURELL	经理		Hoganas AB，瑞典	S－263 83 Hoganas，Sweden	0046 42 33 8000	
66	K.KASAI	社长		KASAI 公司，日本	HIGASHI 3－4－1，SHICHIRIGA－HAMA，KAMAKURA 248，JAPAN	0081－467－31－4968	
67	S.SAMPSON	经理		TAFA 公司，美国	146 Pembroke Road Concord，NH 03301	603 224 9585	
68	袁宗莹	经理		台湾威林公司	广东江门市河南翠园一街 38 号二楼	0750－3892823	529000
69	徐　林		高级技师	中国农业机械化科学研究院工艺材料所	北京德胜门外北沙滩 1 号	010－64883274	100083
70	汪瑞军		工程师	中国农业机械化科学研究院工艺材料所	北京德胜门外北沙滩 1 号	010－64883274	100083
71	殷小华			中国表面工程协会热喷涂专业委员会	北京德胜门外北沙滩 1 号	010－64882560 62919323	100083
72	卢乐松			中国表面工程协会热喷涂专业委员会	北京德胜门外北沙滩 1 号	010－64882552 62919322	100083

一九九八年大事记

1.第二届国际热喷涂研讨会(ITSS'98)和第三届全国热喷涂年会(CNTSC'98)在西安市成功举行

在国内外热喷涂界同仁的大力支持和筹备组的精心组织下，第二届国际热喷涂研讨会(ITSS'98)和第三届全国热喷涂年会(CNTSC'98)于 1998 年 10 月 12～16 日在西安秦都酒店成功举行，在会议期间，还召开了中国表面工程协会热喷涂专业委员会二届二次理事会(会议纪要另发)。

出席研讨会和年会的国内外代表共 100 余人(与会代表名单附后)，国外和港台地区的单位有：Sulzer Metco 公司、WOKA 公司、日本大阪工业研究所和台湾统明公司等，国内知名的热喷涂企业、公司、科研院所、大专院校等，如武汉材保所、中国农机院、广州有色金属研究院、钢铁研究总院、装甲兵工程学院、铁道部科学研究院、中煤三强热喷涂厂、首钢东星备件修复公司、深圳中科热喷涂公司、中国矿业大学大正表面新技术公司、航空工业总公司 625 所、703 所、东方汽轮机厂、哈尔滨电机厂、上海焊割喷涂机械厂、上海硅酸盐研究所、第二炮兵工程学院、西安交通大学、北京工业大学、沈阳工业大学、华南理工大学、成都发动机公司、西安航空发动机公司、中船总公司 725 所、山东省经委、黄陂热喷涂厂、上海司太立有限公司、冶金部北京冶金设备研究院、铁岭永兴石油机械厂、苏州统明机械有限公司、哈尔滨四达热喷涂技术公司、跃进汽车集团、太重金属表面工程公司等80余个单位参加了第二届国际热喷涂研讨会及第三届全国热喷涂年会。与会单位来自机械、钢铁、电子、冶金、煤炭、汽车、石化、航空、航天、海军、二炮、船舶、有色、塑料、轻工、能源、交通、电力等行业,充分体现了热喷涂专业委员会的号召力和代表性,以及协会是跨行业、跨部门、跨地区、跨所有制企业的行业性组织的特点。

第二届国际热喷涂研讨会,作为多边的专门的热喷涂研讨会,在我国举行已是第二次。这表明我国热喷涂事业已步入国际热喷涂大舞台和国际热喷涂界对我国的重视。本届研讨会的规模明显大于首届,达到了增进了解、交流技术、创造机遇、加强技术和经贸方面合作的预期目的。国际上一些热喷涂协会、公司及知名人士虽未能到会,但都纷纷发来贺电,如美国、日本、英国热喷涂协会、德国阿亨大学、日本厄特蒂公司、英国PTS公司,以及台湾锦泰工业公司等,祝贺第二届国际热喷涂研讨会成功召开。

本届研讨会及年会主席团由王林、黄小鸥、王汉功、支树平、张玉龙、苏启、高荣发、胡蕴成、喻尊璞、温瑾林、邹仲元、沈肖镇、张关宝、邓世均、Erich Brenner、Eberhard G. Findeisen、Kazuo Ueno、杨宗吉、陈清潮等人组成。大会由王林、黄小鸥、支树平、张玉龙等四位执行主席主持,由大会主席、热喷涂专业委员会常务副理事长兼秘书长黄小鸥致开幕词(全文另发),黄小鸥常务副理事长在开幕词中指出:目前,国内的经济态势和产业结构调整,以及西方经济的复苏,促使热喷涂处于一个新的发展时期,都有利于我国热喷涂行业的发展。因此,我们应分析形势,跟上潮流,根据国情办事,既要深化热喷涂在传统领域的应用,又要开拓热喷涂在新领域和新产品上的应用。大会还宣读了中国工程院院士、中国表面工程协会热喷涂专业委员会名誉理事长丁传贤,以及日本溶射协会前海外交流合作委员会委员长葛西清纲的贺词(全文另发)。

在本届研讨会及年会上,中国表面工程协会常务理事兼副秘书长、热喷涂专业委员会常务副理事长兼秘书长、中国农机院工艺所所长黄小鸥,做了《总结过去,面向未来——参加第15届国际热喷涂大会(ITSC'98)印象和感想》的专题报告,报告全面分析了国际热喷涂大会的情况和世界热喷涂技术的现状和发展方向,得到与会国内外热喷涂专家和代表的好评。该报告100余页,已单独编辑发行。国外热喷涂专家做了非常精彩的专题报告,如美科公司亚洲部副总裁Mr. Erich Brenner的报告,从工业化历史、经济全球化、生态学等方面,纵横相结合,深入探讨了热喷涂在下世纪的发展趋势和可能遇到的问题,高屋建瓴,许多代表反映,许久没有听到这样好的报告了。WOKA公司总裁Mr. Eberhard G. Findeisen则详细介绍了该公司独特的制粉技术和严格的质量控制。日本大阪工业研究所上野和夫教授回顾了TBC涂层的发展历史和展望今后的趋势和应用(内容摘要和精彩片段见本期)。国内专家亦就热喷涂技术在煤矿、航空工业的应用及开发,以及等离子喷涂设备的研制与开发,热喷涂材料、电弧喷涂技术、爆炸喷涂的现状与未来等方面作了专题报告,其他代表亦踊跃发言,气氛非常热烈。本届年会共收到特邀报告及论文28篇。本届年会无论从论文和发言质量,还是从组织水平都高于前两届全国热喷涂年会。代表们纷纷反映,研讨会和年会开得有效率、有成效、有收获、物有所值,不虚此行。与会国内外热喷涂专家及代表表示,希望多举办类似的行业活动,以推动我国热喷涂事业的进一步发展。

研讨会和年会期间,代表们还参观了西安交通大学的热喷涂试验室及材料强度国家重点实验室、西安航空发动机公司、西安樱园金属粉末厂,以及二炮工程学院的超音速电弧喷涂设备。在紧张的开会之余,代表们还参观了兵马俑及华清池等文化古迹。

本届研讨会及年会得到了总会沈烈初理事长及总会秘书处的高度重视和评价,并得到了二炮工程学院、西安航空发动机公司、西安交通大学、西安樱园金属粉末厂的大力支持。全体代表及秘书处对上述单位的支持及赞助单位中国矿业大学大正表面新技术公司、西安樱园金属粉末厂、天津北方涂层材料厂等表示诚挚的感谢。

第三届全国热喷涂年会(CNTSC'98)暨
第二届国际热喷涂研讨会(ITSS'98)
通　讯　录

序号	姓名	职务	职称	单　位	地　址	电　话	传　真	邮编
1	黄小鸥	所长	高工	中国农业机械化科学研究院工艺材料研究所	北京市德胜门外北沙滩1号	010－64882554	010－64872316	100083
2	王　林	书记	高工	武汉材料保护研究所	武汉市宝丰二路126号	027－83624354	027－83637647	430030
3	支树平	副处长	高工	成都发动机公司	成都发动机公司	028－4505335		610067
4	张玉龙	总经理		深圳中科热喷涂公司	深南大道竹子林	0755－3702093	0755－3704242	518040
5	郁松麟	总经理		苏州统明机械有限公司	江苏苏州市越溪龙翔工业区九号	0512－6551525	0512－6552516	215143
6	王海生	副总经理		苏州统明机械有限公司	江苏苏州市越溪龙翔工业区九号	0512－6551525	0512－6552516	215143
7	唐卫男			苏州统明机械有限公司	江苏苏州市越溪龙翔工业区九号	0512－6551525	0512－6552516	215143
8	邹仲元	总经理	高工	北京市苏工技术有限责任有限公司	北京宣武区槐柏树街一号4－4号	010－63172652		100053
9	郑希华	总经理		哈尔滨祥泰金属喷涂技术公司	哈尔滨市太平区南直路897号	0451－7604620		150050
10	姚书典		高工	北京冶金设备研究院	北京市9821信箱五室	010－64439911－2046	010－63249414	100029
11	钱　强	总经理	高工	哈尔滨四达热喷涂技术公司	哈尔滨进行乡7号	0451－2689003	0451－2682433	
12	刘宪军		工程师	铁道部科学研究院		010－63224018	010－63249414	100081
13	沈　江			江汉机械研究所	湖北荆州市鼓湖路1号	0716－8213549－250		
14	王振凯		工程师	哈尔滨责任有限公司	哈尔滨动力区大庆路71号	0451－2102601－2118		150090
15	吴　俊	研究生	工程师	北京工业大学	北京市朝阳区平乐园100号	010－67391759		100022
16	朱有利	副主任	教授	装甲兵工程学院	北京市长辛店杜家坎21号	010－66717168	010－66718871	100072
17	王海军		高工	装甲兵工程学院	北京市长辛店杜家坎21号	010－66719248		100072

序号	姓名	职务	职称	单位	地址	电话	传真	邮编
18	梁志杰	主任	高工	装甲兵工程学院	北京市长辛店杜家坎21号	1381174328		100072
19	刘长松			北京科技大学	北京市海淀区学院路30号	010－62332474		100083
20	张敬杰	工程师		中科院感光所	北京市大屯路甲3号	010－64888147		100101
21	林志明	付研		中科院感光所	北京市大屯路甲3号	010－64888147		100101
22	姚永林	经济师		江苏泰州合金粉末厂	泰州高港区口岸镇双桥东1号	0523－6912175		225321
23	沈肖镇		研究员	北京市熵科尔应用技术研究所	北京市340信箱退休办	010－65765262		100024
24	刘会刚		高工	北京航空工艺研究所	北京市340信箱104分箱	010－65761731－2455		100024
25	杜　翔		工程师	北京航空工艺研究所	北京市340信箱104分箱	010－65763185		100024
26	邹本翔		工程师	北京航空工艺研究所	北京市340信箱104分箱	010－65761731－2455		100024
27	张关宝	副厂长	工程师	上海焊割喷涂机械厂	上海市浦东东陵路18号甲	010－58544274		201208
28	陶顺衍	博士后		中科院上海硅酸盐所	上海市定西路1295号	021－62512990－3322		200050
29	孙　兴	副厂长	工程师	涿州三强热喷涂厂	河北涿州市一七三地质队	0312－3851665	0312－3851667	072750
30	宋宝通	主任		烟台机械工艺研究所	烟台市男大街140号	0535－6243877		264000
31	朱才福		高工	上海派埃自动化仪器公司	上海真南路518号	021－62458132 1391976319		200331
32	吴恒显		高工	上海派埃自动化仪器公司	上海真南路518号	021－62458132		200331
33	徐爱民	主任	高工	跃进汽车集团公司	南京市中央路331号	025－3437788－32614	025－3433993	210000
34	郭　平	经理	工程师	太原重机金属表面工程公司	太原市万柏林区玉河街13号	0351－6360235		030024
35	徐　峰		工程师	上海司太立有限公司	上海嘉定区宝嘉公路1799号	021－59553838－38		200108
36	林开芳	经理	高工	南宁市维力表面技术工程公司	南宁市五一东路3号	0771－4823704		530031
37	韦汝康		技师	南宁市维力表面技术工程公司	南宁市五一东路3号	0771－4823704		530031
38	何　勇	技术员	工程师	空军5719厂	四川彭州市35－5信箱	028－3898680	028－3898065	611937
39	赵德志	厂长		西安樱圆金属粉末厂	西安市南二环西桃园	029－4299072		710068
40	温瑾林		教授	沈阳工业大学	沈阳市铁西区兴华南街58号	024－25625369	024－25625369	110023

序号	姓名	职务	职称	单位	地址	电话	传真	邮编
41	王新绵	经理	工程师	沈阳辉硕公司	沈阳市营盘路38号	024-23819182		110168
42	钱叶仁	总工	高工	天津北方涂层材料厂	天津南开区雅环里1-8-203	022-27626732		300110
43	张桂宝	副总		天津北方船舶工程公司	新港机厂街1号	022-25791141		300456
44	张进和	站长		天津北方船舶工程公司	新港机厂街1号	022-25791141		300456
45	刘绍平	书记		深圳越众公司	深南大道竹子林	0755-3702093	0755-3704242	518040
46	臧永华	科长	高工	山东省经贸委	济南市趵突泉北路6号	0531-6902744	0531-6073264	250011
47	陈士山	经理		长清县热喷涂有限公司	济南市长清孝里镇	0531-7382015		250302
48	杨　晖		讲师	西安市二炮工程学院203室		029-3344100	029-3344097	710025
49	苏勋家	副主任	讲师	西安市二炮工程学院203室		029-3344100	029-3344097	710025
50	李秉忠		高工	武汉材料保护研究所	武汉宝丰二路126号	027-83641656	027-83637647	430030
51	陈加印	所长	高工	长城喷涂技术研究所	成都市青白江化工北路	028-3301579	028-3301579	610300
52	韩志海		副教授	西安交通大学		029-3260336	029-3267190	710049
53	胡蕴成	副所长	高工	东方汽轮机厂	四川德阳	0838-6302192-5541	0838-6301027	618201
54	林惠令	总经理	高工	上海凯林新技术实业公司	上海桂林路396号(甲)	021-64426475	021-64361279	200233
55	谭泽钧	副所长	高工	上海凯林新技术实业公司	上海桂林路396号(甲)	021-64426475	021-64361279	200233
56	倪祥珑	经理	高工	上海精诚表面技术公司	上海定西路1295号	021-62514636	021-62514636	200050
57	喻尊璞	总经理	教授	中国矿业大学大正公司	江苏徐州中国矿大	0516-3883172		221008
58	黄兆晖	助工	教授	北京飞机维修公司	首都机场南路西里20#楼3405-6	010-64561122-6590	010-64595595	100621
59	周　莉	工艺员	工程师	西安航空发动机公司冲焊厂二十八车间	西安市北郊徐家湾西航公司	029-6613888-52428		710021
60	邓世均		研高	武汉材料保护研究所	武汉市宝丰二路126号	027-83641647	027-83637647	430030
61	刘士平	副经理		烟台东星公司修复分公司	北京市门头沟区小沙滩1号	010-69857814		102300
62	王　岳		助工	洛阳725所	洛阳市西苑路21号	0379-4923623-2444		471039

序号	姓名	职务	职称	单　位	地　址	电　话	传　真	邮编
63	全红烨		工程师	洛阳725所	洛阳市西苑路21号	0379-4923623-2444		471039
64	陈永凯		工程师	上海司太立有限公司	上海嘉定宝嘉公路1799#	021-59553838-38	021-59553961	201800
65	王　健		高工	广州有色金属研究院	广州市五山	020-85231729-6656		510651
66	徐建平	副厂长		浙江长兴锌铝拉丝电炉保温材料厂		0572-6087381		313112
67	徐建琴	厂办		浙江长兴锌铝拉丝电炉保温材料厂		0572-6087381		313112
68	向兴华		讲师	广州华南理工大学	广州市五山	020-87111873		510641
69	杨甲民		机械师	延吉市表面工程服务中心	吉林延吉市朝阳街升阳委3组	1384484495		133000
70	任大泉	高工	经理	青岛市北祥麟热喷涂工程部	青岛市贮水山路5甲301	0532-2711250		266012
71	奥江枫	业务主管		西安樱园金属粉末厂	西安市西桃园甲1号	029-4299072		710068
72	刘文军	主任		西安樱园金属粉末厂	西安市西桃园甲1号	029-4299072		710068
73	李清建			电力建设研究所		010-89354827		102401
74	王　琨	秘书长		北京市职工技协热喷涂委员会	宣武区虎坊路13号	010-63535931-2144		100052
75	祖玉冰		工程师	航天部七O三所	北京9200信箱73分箱	010-68756924		100076
76	张伟鹏	经理		北京嘉之源科贸有限责任公司	北京大兴火车站南巷4号	010-69247202		102600
77	朱英为	副院长		河北省机电设计院	石家庄市合作路1号	0311-9033160		050051
78	高荣发	厂长	高工	武汉市黄陂热喷涂厂	武汉市黄陂县三里镇	027-5987008		432244
79	杨耀华	主任	高工	西安航空发动机公司冲焊厂	西安13号信箱28分箱	029-6613411-52428		710021
80	陈文威	所长		西安公路交通大学	西安公路交通大学373#	029-5268346-5177,4589		710064
81	李甲九	总工		吉林省敦化市三三O五厂	西安军代局	0433-6201781		133709
82	张敬祯	处长		吉林省敦化市三三O五厂	西安军代局	0433-6202107		133709
83	喻根保		高工	江西电力职工大学	南昌市郊麦园	1397083569		330032

序号	姓名	职务	职称	单　位	地　址	电　话	传　真	邮编
84	阎福玉			万宝至马达大连有限公司	大连经济开发区哈尔滨路41号	0411－7611111		116600
85	韩吉松			万宝至马达大连有限公司	大连经济开发区哈尔滨路41号	0411－7611111		116600
86	王奎生	总工	高工	张家口市石油机械厂		0313－2010850	0313－2014350	075000
87	苏　启		高工	钢铁研究总院		010－62182731	010－62181018	100081
88	王太兴	总经理	高工	铁岭永兴石油机械有限公司		0410－4603505		112002
89	徐　林	主任		中国农业机械化科学研究院工艺材料研究所	北京市德胜门外北沙滩1号	010－64883274	010－64872316	100083
90	汪瑞军	工程师		中国农业机械化科学研究院	北京市德胜门外北沙滩1号	010－64883274	010－64872316	100083
91	殷小华			热喷涂专业委员会秘书处	北京市德胜门外北沙滩1号	010－64882560	010－64872316	100083
92	卢乐松			热喷涂专业委员会秘书处	北京市德胜门外北沙滩1号	010－64882552	010－64872316	100083
93	孙　颖	翻译		中国农业机械化科学研究院工艺研究所	北京市德胜门外北沙滩1号	010－64883274	010－64872316	100083
94	杨宗吉	董事长		统明工业股份有限公司苏州统明机械有限公司	台北县林口工二工业区工四路十号	02－26010012 0512－6551525	02－26010010 0512－6552516	

95	NAME	POSITION	ORGANIZATIONNAME	ADDRESS	TELEFAXNO.
96	Erich Brenner	Vice President Sales Asia/Pacific	Sulzer Metco Holding AG	Rigackerstrasse 21, CH – 5610 Wohlen, Switzerland	(056)618 81 01
97	C.T.Tan	Managing Director	Sulzer Metco (Singapore) Pte Ltd	2 Loyang Lane # 06 – 02, Singapore 508913	+ 65 5450870
98	J.L.Chong	Manager	Sulzer Metco (Singapore) Pte Ltd	2 Loyang Lane # 06 – 02, Singapore 508913	+ 65 5450870
99	Eberhard G.Findeisen	President	WOKA Schweisstechnik GMBH	36456 Barchfeld, F.R. Germany	036961/86130
100	Falko Fischer	Technician	WOKA Schweisstechnik GMBH	36456 Barchfeld, F.R. Germany	036961/86130
101	Wang Xingdong	Vice President	MinMetals Germany GMBH	Kaiserswerther STR. 22, 40477 Dusseldorf F.R. Germany	(0211)49680
102	Kazuo Ueno	Dr.Eng	Osaka National Research Institute	Midorigaoka 1 – 8 – 31, Ikeda, 563 – 8557 Japan	81 727 51 9622

2.中国表面工程协会热喷涂专业委员会二届二次理事会于1998年10月13日在西安召开

1998年10月13日,在西安秦都酒店召开了中国表面工程协会热喷涂专业委员会二届二次理事会。王林、黄小鸥、支树平、张玉龙等23位理事出席理事会,理事会由常务副理事长兼秘书长黄小鸥同志主持。

黄小鸥秘书长首先向与会理事介绍1997.11~1998.10秘书处开展工作及财务情况,并提出下一年度秘书处的工作设想,请理事们讨论。

截止1998年10月,热喷涂专业委员会共有集体会员236个,个人会员31人,外籍会员8个(日本溶射协会葛西清纲先生、上野和夫先生,美国热喷涂协会Dr.Ronald W.Smith,德国热喷涂协会Prof.Dr.Lugscheider,英国热喷涂和表面工程协会Mr.Lvor.Hoff,印度Metalizing Equipment Co.Pvt.Ltd)以及台湾统明工业股份有限公司,台湾焊泰熔研股份有限公司,共计会员275个。

会费收缴情况,在1997.10~1998.10,秘书处总计收到103个会员单位及个人交纳的会费,仅占应交会费单位及个人总数的38.6%,会费收入33,650元。

黄小鸥秘书长指出,尽管会费交纳严重不足,秘书处仍全力以赴,自筹经费,积极开展协会活动。在成功召开海口大会(中国表面工程协会热喷涂专业委员会第二届全国热喷涂年会及第一届国际热喷涂研讨会)后,又组织中国表面工程协会热喷涂专业代表团参加在法国尼斯举办的第十五届国际热喷涂大会,本届西安大会的胜利召开,又使秘书处工作上了新台阶。

在协会刊物发行上,秘书处已发行12期《热喷涂技术》、18期《热喷涂快讯》,共计160万余字。

接着,理事们各抒已见,展开热烈讨论。喻尊璞理事指出,我们对秘书处的工作给予全面的肯定。她认为秘书处在三年工作中,充分发挥了协会的桥梁纽带作用,活跃了行业气氛。在谈到秘书处经费来源时,喻尊璞理事认为,秘书处为了协会工作的正常开展,自筹活动资金,全方位为行业服务,很受感动。三年辛勤努力,秘书处的工作从起步到成熟,到本次这样盛况的大会,成绩喜人。她提议,为使秘书处更好地为行业服务,经济效益好的单位应当用实际行动,在资金方面多支持秘书处,才能进一步促进热喷涂行业的发展。

祖玉冰高工、沈肖镇研究员、刘会刚高工也先后发言,对秘书处的工作给予充分肯定,对秘书处开展的“四技”工作表示满意。特别是对秘书处主办的《热喷涂技术》、《热喷涂快讯》给予了高度评价。刘会刚高工认为:在当今国际热喷涂界,只有美、日等少数热喷涂大国能有这种杂志,中国作为热喷涂界一个实力不很强的成员,能出这么好的专业杂志,是我国热喷涂界共同的成绩。

祖玉冰高工提出:协会的事就是大家的事,大家的事要靠大家来办。每位理事,每位会员,都有责任和义务支持秘书处的工作,并表示愿全力支持秘书处的工作。

高荣发、钱叶仁、王奎生、苏启等理事也在会上发言,对秘书处前一段的工作给予肯定,并对今后秘书处的工作安排提出了建议。

理事会还讨论了对外合作、刊物编发、99年年会等事项。二届三次理事会将于99年秋季与年会同时召开,届时将增补一批新理事和常务理事。

最后,黄小鸥秘书长做了总结发言,指出秘书处的工作对行业发展非常重要。大家肯定秘书处的工作,我们心领了,由于种种原因,秘书处工作仍存在许多不足之处。尽管秘书处经费不足,有这样或那样的困难,我们仍将一如既往,不断开拓新的形式,为会员和行业服务。他表示今后秘书处将在“四技”工作上下大气力,特别要多为企业服务,争取明年再上一个新台阶。

一九九九年大事记

1.第三届国际热喷涂研讨会(ITSS'99)和第四届全国热喷涂年会(CNTSC'99)在北海市成功举行

在国内外热喷涂界同仁的大力支持和筹备组的精心组织下,第三届国际热喷涂研讨会(ITSS'99)和第四届全国热喷涂年会(CNTSC'99)于1999年10月11~16日在北海市成功举行,在会议期间还召开了中国表面工程协会热喷涂专业委员会二届三次(扩大)理事会(会议纪要另发)。

出席研讨会和年会的国内外代表共80余人(与会代表名单附后),国外和港台地区的单位有:荷兰FST公司;国内知名的热喷涂企业、公司、科研院所、大专院校、如武汉材保所、中国农机院、广州有色金属研究院、中煤三强热喷涂厂、首钢东星备件修复公司、航空工业总公司703所、东方汽轮机厂、哈尔滨电机厂、中科院上海硅酸盐研究所、北京理工大学、黄陂热喷涂厂、冶金部北京冶金设备研究院、铁岭永兴石油机械厂、哈尔滨四达热喷涂技术公司、太重金属表面工程公司、长城热喷涂有限公司、平顶山电业局、淮南田家庵发电总公司、江汉石油机械所、北京科技大学、胜利油田石油机械厂、航天部701所等40余个单位参加了第三届国际热喷涂研讨会及第四届全国热喷涂年会。与会单位来自机械、钢铁、电子、冶金、煤炭、汽车、石化、航空、航天、海军、船舶、有色、塑料、轻工、能源、交通、电力等行业,既有热喷涂专业企业,也有科研院所,又有大专院校,既有国营企事业单位,也有私营及股份制企业,充分体现了热喷涂专业委员会的号召力和代表性,以及协会是跨行业、跨部门、跨地区、跨所有制企业的行业性组织的特点。

作为多边的国际热喷涂研讨会,在我国举行已是第三届了。本届研讨会的规模比前两届稍小,但达到了与国外热喷涂界增强了解,交流技术,加强技术和经贸合作的预期目的。由于种种原因,国外一些热喷涂协会、公司及知名人士虽未能到会,但都纷纷发来贺电,祝贺研讨会的成功召开。这表明,我国热喷涂事业已步入国际热喷涂舞台,并引起国外热喷涂界的重视。

本届国际研讨会和年会上,国外公司的专家作了非常精彩的专题报告。国内专家亦从热喷涂技术在各行业的应用及开发,设备的研制与开发、热喷涂材料的应用与开发等方面作了专题报告,其他代表亦踊跃发言,气氛非常热烈。

第三届国际热喷涂研讨会(ITSS'99)暨
第四届全国热喷涂年会(CNTSC'99)
通　讯　录

序号	姓名	职务	职称	单　位	地　址	电　话	传　真	邮　编
1	黄小鸥	所长	教授级高工	中国农业机械化科学研究院工艺材料所	北京德胜门外北沙滩1号	010—64882554 64879323	010—64872316	100083
2	瞿建中		高工	上海精诚表面技术公司	上海定西路1295号	021-62514636	021-62514636	200050
3	王德政		高工	广州有色金属研究院	广州五山有色金属研究院	020-85231729 -6656		510651
4	姜晓光	副厂长	工程师	金堆城钼业公司长安钼加工厂	陕西西安长安县韦区东街12号	029-5292740 13609188300	029-5291904	710100

序号	姓名	职务	职称	单位	地址	电话	传真	邮编
5	张叶方		实验师	中科院上海硅酸盐所	上海市定西路1295号	021－62512990	021－62513903	200050
6	王全胜		讲师	北京理工大学	北京市海定区白石桥路七号	010－68912709		100081
7	祖玉冰		高工	航天总公司七O三所	北京9200信箱73分箱	010－68756924		100076
8	林惠令	总经理	高工	上海凯林新技术实业公司	上海市桂林路396号	021－64756442 64088833	021－64361279	200233
9	周月亭		工程师	仪征双环活塞环有限公司	仪征市长江路176号	0514－3453470－2129	0514－3453958	211400
10	冯国志	总经理	工程师	上海新业喷涂机械有限公司	上海浦东南路2232号	021－58735205	021－58735205	200127
11	凌建民	总经理	工程师	上海良时涂装设备有限公司	上海浦东南路1454号	021－58200321 58202504	021－58200321	200122
12	王光珑	行政部主任	工程师	东方汽轮机厂表面工程研究所	四川德阳汉旺镇	0838－6302192－5040		618201
13	舒　晶	经理	工程师	上海康阜实业有限公司	上海市沪大路8225号	021－3613004 13901642268		200940
14	孙怡武	经理	高工	上海埃森焊接实业公司	上海浦东开发区	021－63119927 13701963784		201400
15	白尔仪		高工	北京化工研究院	北京和平街北口	010－64216131		100013
16	胡展仪	副经理	高工	北京友谊饲料公司	北京永外马家堡西里3－5－201	010－67237259		100077
17	赵宝林	厂长	工程师	北京航艺电加工设备厂	北京通州区探矿路9号	010－81563012	010－81568133	101149
18	陈加印	法人代表	高工	成都市长诚热喷涂有限公司	成都市青白江区化工北路	028－3689179	028－3689179	610300
19	王　多	总经理	工程师	成都大光热喷涂材料有限公司	成都市高新区高朋东路8号	028－5197523	028－5174221	610041
20	王　林	书记	高工	武汉材料保护研究所	武汉宝丰2路126号	027－83624354	027－83637647	430030
21	石成刚	厂长	高工	江汉石油机械研究所	湖北沙市豉湖路1号	0716－8213549－265		434000
22	门志慧	分厂厂长	工程师	甘肃工业大学合金材料总厂	兰州市七里河区兰工坪85号	0931－2345784		730050
23	吴朝军		高工	航天总公司七O三所	北京9200信箱73分箱	010－68383587		
24	李　杰	副总经理	高工	安徽淮南田家庵发总公司		0554－3623745－2045		232007
25	赵　璧	副总经理	高工	安徽淮南田家庵发总公司		13905542816		232007
26	吴光瑞	经理		平顶山市电业局热喷涂厂	平顶山市新华路南段	0375－3925470		467001
27	国森伟	经理	技师	山东淄博先河公司	山东淄博洪山镇	0533－5852416		255120

序号	姓名	职务	职称	单　位	地　址	电　话	传　真	邮　编
28	刘世林	经理		平顶山市电业局多经总公司	平顶山市新华路南段	0375－3925416		467001
29	公茂秀	副总工	高工	山东省冶金科学研究院	济南市历下区龙洞路3号	0531－8936557		250014
30	郭　平	经理	工程师	太原重机金属表面工程公司	太原市万柏林区玉河街13号	0351－6360235	0351－6364819	030024
31	高荣发	厂长	高工	武汉市黄陂热喷涂厂	武汉市黄陂区三里镇	027－5987008		432244
32	赵长伟	厂长	高工	中煤三强热喷涂厂	河北省涿州市建设路62号	0312－3851665	0312－3851667	072750
33	刘临英	大队长	工程师	中煤一七三队	河北省涿州市建设路62号	0312－3852915	0312－3851667	072750
34	杨莲隐		工程师	北京科技大学	北京市海淀区学院路30号	010－62332475		100083
35	宋　铂		工程师	北京科技大学	北京市海淀区学院路30号	010－62332475		100083
36	于文秀		工程师	北京科技大学	北京市海淀区学院路30号	010－62332475		100083
37	黄福田	经理		烟台首钢东星备件修复公司	北京门头沟区剧场东街8号	69857814		123000
38	钱　铸	工程师	工程师	天津北方涂层材料厂	天津市东丽区詹庄	24391459	27626732	300110
39	王建平	经理	工程师	胜利油田胜岛石油机械厂	山东东营市河口区孤岛	0546－8886257	0546－8886644	257231
40	梁龙旭		工程师	胜利油田胜岛石油机机械厂	山东东营市河口区孤岛	0546－8886644	0546－8886644	257231
41	蒲保林		工程师	胜利油田胜岛石油机械厂	山东东营市河口区孤岛	0546－8886250	0546－8886644	257231
42	陈政国	原院长	教授	黑龙江矿业学院	黑龙江鸡西市南星街32号	0453－2354365	0453－2385225	158105
43	魏文志	总工程师	高工	黑龙江矿业学院	黑龙江鸡西市南星街32号	0453－2378571	0453－2385225	158105
44	姚书典		高工	北京冶金设备研究院	北京市9821信箱五室	010－64439911－2045	010－64418694	100029
45	方辉义		高工	哈尔滨电机厂	哈市动力区健康路81号	0451－2100780		150040
46	浦菊明	厂长		锡山市金城焊接厂	江苏锡山市金城湾南桥	0510－5062646	0510－5062646	214123
47	邵锡良			锡山市金城焊接厂	江苏锡山市城湾南桥	0510－5062646	0510－5062646	214123
48	庞琦波	副厂长		辽河油田光达石油配件厂	辽宁省盘锦市兴隆台渤海供应	0427－2681477	0427－7811372	124012
49	钱　强	经理	高工	哈尔滨四达热喷涂技术有限公司	哈尔市动力区进乡街7号	0451－2689003 2924004	0451－2682433	150046
50	俞韶华		高工	哈尔滨四达热喷涂技术有限公司	哈尔滨市动力区进乡街7号	0451－2689003 2924004	0451－2682433	150046

序号	姓名	职务	职称	单位	地址	电话	传真	邮编
51	张嘉祥		研究员	航天部七〇一所	北京 7201－15 信箱	010－68740704		100074
52	倪祥珑		高工	上海精诚表面技术公司	上海定西路 1295 号	021－62514636	021－62514636	200050
53	汪瑞军		工程师	中国农业机械化科学研究院工艺材料所	北京德胜门外北沙滩 1 号	010－64883274	010－64872316	100083
54	卢乐松			中国表面工程协会热喷涂专业委员会	北京德胜门外北沙滩 1 号	010－64879322 64882552	010－64879322	100083

2.中国表面工程协会热喷涂专业委员会二届三次(扩大)理事会在北海市召开

1999 年 10 月 12 日在北海市富丽华大酒店召开了中国表面工程协会热喷涂专业委员会二届三次(扩大)理事会。王林、黄小鸥等 20 余位理事出席理事会。事会由常务副理事长兼秘书长黄小鸥同志主持。

黄小鸥秘书长首先向理事会介绍 1998.11～1999.10 秘书处开展工作及财务情况,并提出了下一步的工作设想。与会理事随后进行了热烈的讨论。

截止 1999 年 10 月,热喷涂专业委员会共有集体会员 241 个,个人会员 33 人,外籍会员 8 个(日本溶射协会葛西清纲先生、上野和夫先生,美国热喷涂协会 Dr. Lvonald W. Smith,德国热喷涂协会 Prof. Dr. Lugscheider,英国热喷涂和表面工程协会 Mr. Lovr. Hoff,印度 Mealizing Equipment Co. Pvt. Ltd),以及台湾统明工业股份有限公司,台湾焊泰溶研股份有限公司,共计会员 282 个。

会费收缴情况,在 1998.10～1999.10,秘书处共计收到 103 个会员单位及个人交纳的会费,仅占应交会费单位及个人总数的 38.6%,会费收入 33,650 元。

黄小鸥秘书长指出,尽管会费交纳严重不足,秘书处仍全力以赴,自筹经费,积极开展协会活动。在 1998 年成功召开了第二届国际热喷涂研讨会和第三届全国热喷涂年会以后,又组织翻译出版了《第十五届国际热喷涂大会论文精选》。该《论文精选》共选论文 127 篇,全部译成中文,共计 680 余页,受到会员们的欢迎和高度评价。

在协会刊物发行上,秘书处已发行 15 期《热喷涂技术》、21 期《热喷涂快讯》,共计 190 万余字。

本次(扩大)理事会的主要内容之一为增选理事。经广泛征求理事和会员意见,热喷涂专业委员会秘书处推荐了 12 位理事候选人,报二届三次(扩大)理事会讨论增选。另根据沈阳黎明发动机公司、烟台首钢东星备件修复分公司、无锡科特喷涂厂三单位要求更换理事的申请,一并报二届三次(扩大)理事会讨论。

经二届三次(扩大)理事会到会理事讨论,增选理事及更换理事均全票通过。热喷涂专业委员会秘书处又以书面形式征求未到会理事的意见,亦全部同意推荐和更换理事。至此,热喷涂专业委员会二届理事会共有理事 61 名。

增选理事及更换理事名单附后。

中国表面工程协会热喷涂专业委员会
第二届理事会增补理事名单

序号	姓　　名	单　　　位	职务、职称
1	杨宗吉	苏州统明机械有限公司	董事长
2	赵长伟	涿州市中煤三强热喷涂厂	厂长、高工
3	陈加印	成都市长诚热喷涂技术有限公司	经理、高工
4	钱　强	哈尔滨四达热喷涂技术有限公司	总经理、高工
5	舒　晶	上海康阜实业有限公司	经理、工程师
6	徐　峰	浙江长兴县锌铝拉丝电炉保温材料厂	厂长、经济师
7	张嘉祥	航天科技集团七0一所	室主任、研究员
8	张叶方	中国科学院上海硅酸盐研究所	工程师
9	刘景凤	冶金建筑研究总院焊接与连接技术研究所	副所长、高工
10	王　晖	大连重工集团有限公司特种焊接加工厂	厂长、高工
11	门志慧	甘肃工业大学合金材料总厂	水轮机喷焊厂厂长、工程师
12	左丹江	武汉材料保护研究所中国表面工程协会	工程师

中国表面工程协会热喷涂专业委员会
二届理事会更换理事名单

序号	理事单位	原理事	更换后理事	职务、职称
1	沈阳黎明发动机公司技术中心热喷涂室	陈宗霖	韩　松	副主任、高工
2	烟台首钢东星备件修复分公司	刘志诚	黄福田	总经理
3	无锡特种金属喷厂	孙怡武	唐荣度	总经理、工程师

3.《第十五届国际热喷涂大会(ITSC'98)论文精选》出版发行

由中国表面工程协会热喷涂专业委员会组织力量翻译的《第十五届国际热喷涂大会(ITSC'98)论文精选》于1999年8月底正式出版发行。

第十五届国际热喷涂大会(ITSC'98)于1998年5月25~29日在法国尼斯举行。本届大会编辑出版了题为"面对二十一世纪挑战的热喷涂技术"(Thermal Spray Meeting the Chalenges of the 21st Century)的论文集。该论文集共收集论文272篇,其中不少论文总结过去,面向未来,注重热喷涂技术的"科学化"(基础理论研究)和"实用化"(应用技术开发),极有阅读和借签价值。因此,热喷涂专业委员会秘书处组织力量,精选其中127篇论文译成中文,编辑出版《第十五届国际热喷涂大会(ITSC'98)论文精选》共计680

余页，得到了广大热喷涂行业技术人员的欢迎和高度评价。

二〇〇〇年大事记

1.第四届国际热喷涂研讨会(ITSS'2000)暨第五届全国热喷涂年会(CNTSC'2000)在无锡市成功举行

在国内外热喷涂界同仁的大力支持和筹备组的精心组织下，第四届国际热喷涂研讨会(ITSS'2000)暨第五届全国热喷涂年会(CNTSC'2000)于2000年9月18~22日在无锡市国际饭店成功举行。

出席研讨会和年会的国内外代表共130余人(与会代表名单附后)，国外和港台地区的单位有：SULZER METCO公司、英国Metallization热喷涂公司、日本大阪产业大学、法国SAINT-GOBAIN先进陶瓷公司(代表美国诺顿公司和法国SNMI公司热喷涂产品)、法国EDOXICA S.A.材料咨询与服务公司、日本福田金属箔粉工业(株)、乌克兰科学院材料研究所、菲律宾Euromerica Trade Philippines,Inc.公司、台湾统明机械有限公司、SAINT-GOBAIN先进陶瓷公司台湾公司、拜尔公司上海办事处、SAINT-GOBAIN先进陶瓷公司上海办事处等；国内知名的热喷涂企业、公司、科研院所、大专院校，如中科院上海硅酸盐研究所、中国农机院、武汉材保所、广州有色金属研究院、成都飞机发动机公司、中煤三强热喷涂厂、首钢东星备件修复公司、航空工业总公司703所、航空工艺材料所(625所)、清华大学、西安交通大学、北京有色金属研究总院、装甲兵工程学院、东方汽轮机厂、哈尔滨电机有限责任公司、第二炮兵工程学院、中国矿业大学大正公司、黄陂热喷涂厂、铁道部戚墅堰机车车辆工艺研究所、上海宝寿硬面技术有限公司、中科院沈阳金属研究所、哈尔滨四达热喷涂技术公司、太重金属表面工程公司、北京廊桥技贸公司、上海焊割喷涂机械厂、无锡新科表面工程材料厂、江汉石油机械研究所、成都大光喷涂材料公司、天津市北方涂层材料厂、青岛海军4808厂科技工程部、西安航空发动机公司、贵州黎明机械厂、四川电力喷涂中心、广东电力局试研所、山东冶金科学研究院、福建农业大学、黑龙江科技学院、无锡金城金属焊接厂、北京瑞佩尔公司、无锡科特金属喷涂厂、苏州统明机械有限公司、浙江长兴锌铝拉丝电炉保温材料厂、九江等离子喷涂厂、宝钢技术处、宝钢机械厂、宝钢梅山公司钢研所、潍坊新光机械有限公司、鞍钢机械开发公司热喷涂厂、郑州大洋热喷涂有限公司、山东电力研究院、成都爱特航空制造有限公司、无锡纺机专件厂等90余个单位参加了第四届国际热喷涂研讨会及第五届全国热喷涂年会。与会单位来自机械、钢铁、电子、冶金、煤炭、汽车、石化、航空、航天、海军、船舶、有色、塑料、轻工、能源、交通、电力等行业，既有热喷涂专业企业，也有科研院所，又有大专院校，既有国营企事业单位，也有私营及股份制企业，充分体现了热喷涂专业委员会的号召力和代表性，以及协会是跨行业、跨部门、跨地区、跨所有制企业的行业性组织的特点。

第四届国际热喷涂研讨会，作为多边的国际热喷涂研讨会，在我国举行已是第四届了。本届研讨会的规模明显大于前几届，真正达到了与国外热喷涂界增强了解，交流技术，加强技术和经贸合作的预期目的。由于种种原因，国外一些热喷涂协会、公司及知名人士虽未能到会，但都纷纷发来贺电，祝贺研讨会的成功召开。这表明，我国热喷涂事业在国际热喷涂舞台上，已经引起国际热喷涂界的重视。

本届国际研讨会和年会由丁传贤院士、王林、黄小鸥、周克崧、支树平等五位执行主席主持，由大会主席、中国表面工程协会常务理事兼副秘书长、热喷涂专业委员会常务副理事长兼秘书长黄小鸥教授致开幕词(全文另发)，黄小鸥常务副理事长在开幕词中指出：随着我国国民经济的增长速度开始提升，各方面改革进一步深入，经济结构调整日见成效；以及我国有望进入WTO，西部开发战略逐步具体化等等，促使制造业既面临挑战，又充满机遇。在这个大背景下，我国热喷涂行业蓬勃发展，跨国热喷涂公司与我国热喷涂界、工业界的合作越来越多，方式多样，范围拓展，大大促进了我国热喷涂行业水平的提高；与国际先进的技术水平和管理接轨更促进国内外热喷涂界的合作和国内热喷行业的繁荣发展。

本届国际研讨会和年会上，中国工程院院士、中国表面工程协会热喷涂专业委员会名誉理事长丁传贤院士就热喷涂技术的应用和发展做了非常精彩的专题报告；中国表面工程协会常务理事兼副秘书长、热喷涂专业委员会常务副理事长兼秘书长、中国农机院工艺材料所所长黄小鸥教授，就2000年蒙特利尔热喷涂大会做了《“WHAT'S NEW”—蒙特利尔大会上有什么新东西？——蒙特利尔大会之走马观花》的专题报告，报告全面介绍了蒙特利尔大会的情况和当今世界热喷涂技术的现状和发展方向，并从不同角度、不同方面介绍了本次大会的热点、焦点和亮点，得到与会国内外热喷涂专家和代表的好评（该报告提纲另行编发）。

国外公司的专家作了非常精彩的专题报告，如美科公司新加坡公司总经理陈清潮先生、英国 Metallization 热喷涂公司的 Terence Patrick Lester 博士、法国 SAINT－GOBAIN 先进陶瓷公司亚洲区总裁 Timothy A.Marth 先生、法国 EDOXICA S.A.材料咨询与服务公司总裁 Thierry Roger 先生等都从不同方面作了精彩的专题报告；日本大阪产业大学马达正胜教授、日本福田金属箔粉工业公司田中完一先生、乌克兰科学院材料研究所 V.E.OLIKER 先生等均提交了论文并作了精彩的专题报告。广州有色金属研究院院长周克崧教授、成都发动机公司科技涂层所所长支树平高工等国内专家亦从热喷涂技术在各行业的应用及开发、设备的研制与开发、热喷涂材料的应用与开发等方面作了专题报告，其他代表亦踊跃发言，气氛非常热烈。本届国际研讨会和年会共收到国际论文及国内论文24篇，其中会前收到20篇，热喷涂专业委员会秘书处将其编辑成论文集出版发行（共108页，定价50元/本）。本届研讨会及年会无论从规模，还是从论文和发言质量，还是从组织水平都高于前几届。与会代表纷纷表示，本届研讨会和年会开的有效率、有成效、有收获，物有所值，不虚此行。与会国内外热喷涂专家和代表表示，希望多举办类似的行业活动，以期推动我国热喷涂事业的进一步发展。

会议期间，代表们还参观了铁道部戚墅堰机车车辆工艺研究所、无锡纺机专件厂、无锡科特金属喷涂厂，以及北京瑞佩尔公司的爆炸喷涂设备的表演。在紧张的开会之余，代表们还参观了灵山大佛以及太湖等江南风光。

本届研讨会及年会得到了总会沈烈初理事长、毕顺副理事长以及总会秘书处的高度重视和评价，并得到了无锡科特金属喷涂厂、无锡新科表面工程材料厂、无锡金城金属焊接厂、铁道部戚墅堰机车车辆工艺研究所、无锡纺机专件厂、北京瑞佩尔公司、上海宝寿硬面技术有限公司等单位的大力支持和协助。秘书处对上述单位的支持与协助以及下列赞助单位无锡科特金属喷涂厂、无锡新科表面工程材料厂、无锡金城金属焊接厂、北京瑞佩尔公司、成都大光热喷涂材料公司、天津市北方涂层材料厂、中煤三强热喷涂厂、中国矿业大学大正公司、沈阳黎明航空发动机集团公司热喷中心等表示诚挚的感谢。

第四届国际热喷涂研讨会（ITSS'2000）暨
第五届全国热喷涂年会（CNTSC'2000）
通　讯　录

序号	姓名	职务	职称	单　位	地　址	电　话	传　真	邮编
1	丁传贤	院士	研究员	中国科学院上海硅酸盐研究所	上海市定西路1295号	021－62512990	021－62513903	200050
2	王　林		研高	武汉材保所	武汉宝丰2路126号	027－83624354	83637647	430030
3	黄小鸥	所长	教授	中国农机院工艺材料所	北京德胜门外北沙滩1号	010－64882554	010－64872316	100083
4	周克崧	院长	教授	广州有色金属研究院	广州市五山	020－85231729		510651

序号	姓名	职务	职称	单　位	地　址	电　话	传　真	邮编
5	支树平	所长	研高	成发科技涂层研究所	成都双桥子	028－4505335		610067
6	陈清潮	Manager		Sulzer Metco（Singapore）Pte Ltd	2 Loyang Lane #06－02 Singapore 508913	0065 5450816	0065 5450861	
7	Terence Patrick Lester	TechnicalDirector		Metallisation Limited（U.K.）	Greenfield Heathton Claverley, Wolverhampton WV 57EB, U.K.	0044－1384 252464	0044－1384 237196	
8	马込正胜		教授	日本大阪产业大学工学部	日本奈良乐生驹市小明町 211－6	0081－743－752156	0081－743－753873	
9	Timothy A. Marth			Saint－Gobain Performance Coatings	55 Hillview Ave. Latrobe, PA 15650, U.S.A	001－724－5396033	001－724－5396070	
10	高耀宗	大中国区销售经理		圣戈班诺顿株式会社上海办事处	上海市淮海中路 381 号中环广场 1534 室	021－53821648	021－53821369	200020
11	Thierry Roger	President		EDOXICA S.A.（France）	3 rue de Geneve 74100, ANNEMASSE FRANCE	0033－4－50840101	0033－4－50843913	
12	日高谦介			日本福田金属箔粉工业株式会社	日本京都市科区西野山中臣町 20	0081－75－5812019	0081－75－5923163	
13	田中完一			日本福田金属箔粉工业株式会社	日本京都市科区西野山中臣町 20	0081－75－5812595	0081－75－5923163	
14	Iwan Takatani			日本福田金属箔粉工业株式会社	日本京都市科区西野山中臣町 20	0081－75－5812019	0081－75－5923163	
15	V.E. Oliker	Technical Doctor		Institutefor Problems of Material Science of Ukrainian National Aacademyof Sciences		010－62543826	010－62521670	100080
16	K.Kasai	Professor		Metallurgical Engineering University of the Philippines	Euromerica Trade Philippines, Inc. 3/F Hilario Bldg., No.20 President Avenue, Barangque B.F., 1720 Paranaque City, Metro Manila, Philippines	00632－8203303/0077	00632－8203352	
17	张大武	经理		北京信福贸易公司（Sulzer Metco 中国总代理）	北京北三环西路甲 18 号中鼎大夏 B 座 588	010－62226951－100	010－62226950	
18	鲍乙巳	销售经理		圣戈班诺顿株式会社上海办事处	上海市淮海中路 381 号中环广场 1534 室	021－53821648	021－53821369	200020

序号	姓名	职务	职称	单　位	地　址	电　话	传　真	邮编
19	朱骏有			拜尔公司上海代表处	上海淮海中路333号瑞安广场21楼	021－63868282－376	021－63855343	200021
20	王殿儒		教授	钛金公司	北京数码313	010－62543830	010－62561270	100081
21	杨宗吉	董事长		苏州统明机械有限公司	苏州吴县市越溪龙翔工业区九号	0512－6551525	0512－6552516	215104
22	李欣道			苏州统明机械有限公司	苏州吴县市越溪龙翔工业区九号	0512－6551525	0512－6552516	215104
22	石　平	副总经理	高工	上海宝寿硬面有限公司	上海市宝山区富锦路635号	021－36070667	021－36070667	201900
23	郭　平	经理		太原重机金属表面工程公司	太原市万柏林区玉河街13号	0351－6360235	0351－6364819	030024
24	鲍迎全	厂长	经济师	黑龙江省鸡西市远大硼化物厂		0467－2492223	0467－2492223	158100
25	俞　兵		高工	中科院沈阳金属研究所	沈阳市	024－3843531－55543		110015
26	周　军		工程师	北京信福贸易公司(Sulzer Metco 中国代理)	北京北三环西路甲18号中鼎大厦B座588	010－62226951－100	010－62226950	
27	肖旭东	经理	工程师	北京瑞佩尔公司	北京西五道口39号	010－62787352		100080
28	王锡强	经理		宝鸡水泵厂喷焊厂	宝鸡市人民路3号	0917－3516469	0917－3510505	721001
29	张颖奇	副总工程师		大连特种涂层技术发展中心	大连市金州区站前街道吴家村	0411－7669036	0411－7669036	116100
30	杜玉峰	机电部长		大连特种涂层技术发展中心	大连市金州区站前街道吴家村	0411－7669036	0411－7669036	116100
31	郑希华	经理		哈尔滨市祥泰金属喷涂技术公司	哈尔滨市太平区南直路897号	0451－7604620	0451－7604620	150050
32	徐善清		高工	哈尔滨电机责任有限公司	哈尔滨市动力区大庆路71号	0451－2102601－2118		150040
33	苏新勇	经理	高工	解放军4808厂科技工程开发部	青岛市荷泽三路5号	0532－2617881－465	0532－2618816	266001
34	刘　江	经理		锦州金炽公司	锦州古塔区七英街66号	0416－2321058		121001
35	李长久		教授	西安交大	西安交大机械工程学院	029－2660970	029－3237910	710049
36	李齐水	副厂长	工程师	九江等离子喷涂厂	江西省九江市闫家渡	0792－6843111	6843164	332103
37	周贻茹		教授	北京有色金属研究总院	北京市新街口外大街2号超导中心	62014488－2814	62376971	100088
38	张宝仁		高工	北京有色金属研究总院	北京市新街口外大街2号超导中心	62014488－2814	62376971	100088
39	樊建中		高工	北京有色金属研究总院复合中心	北京市新街口外大街2号	62014488－2821	62355099	100088

序号	姓名	职务	职称	单位	地址	电话	传真	邮编
40	张雷		工程师	北京有色金属研究总院复合中心	北京市新街口外大街2号	62014488–2821	62355099	100088
41	张洪光			中煤三强热喷涂厂	河北省涿州建设路62号	13932181783		
42	邓新建		高工	北京航空工艺研究所(625所)	北京市340信箱104分箱	63761731–2455		100024
43	耿家林		高工	北京航空工艺研究所(625所)	北京市340信箱104分箱	65761731–2455		100024
44	卞丽丽		工程师	江苏徐州中国矿业大学大正公司	江苏徐州	0516–3884417–4	3884465	221008
45	任立纲			青岛市北祥麟热喷涂工程部	青岛市市北区贮水山路5甲301室	0532–2711250		266012
46	吴军		高工	山东电力集团公司电力研究院	济南市二环南路东端	0531–2999521	0531–2999519	250002
47	浦菊明	厂长		锡山市金城金属焊接厂	锡山市金城湾南桥	0510–5062646	0510–5062646	214123
48	韩喜祥	厂长		辽宁鞍山鞍钢机械开发公司热喷涂厂		0412–674708		114021
49	伍建华	副主任	高工	武汉材料保护研究所	武汉市宝丰二路126号	027–83641639	027–83637647	430030
50	何季良	技师		宝钢机械厂	宝钢厂区内纬一路经五路口宝钢机械厂	021–26646672	56191238	201900
51	傅爱军	工程师		宝钢机械厂	宝山区宝钢厂区内纬一路经五路口宝钢机械厂	021–26646672	56191238	201900
52	黄福田	总经理	工程师	烟台东星公司首钢备件修复公司		010–69857814 13801150907	010–69857814	102300
53	侯建华	技术副经理	工程师	烟台东星公司首钢备件修复公司		010–69857814 13801150907	010–69857814	102300
54	王多	总经理	高工	成都大光热喷涂材料有限公司	成都市高新区高朋东路8号	028–5197523	028–5199219	610041
55	徐庆平			郑州大洋热喷涂有限公司	郑州市陇海中路64号科技楼	0371–7943802 13703956334		
56	石成刚	厂长		江汉石油机械研究所	湖北沙市豉湖路1号	0716–8213549转265	0716–8222483	434000
57	韩志宏	工程师		江汉石油机械研究所	湖北沙市豉湖路1号	0716–8213549转265	0716–8222483	434000
58	杨耀华		研高	西安航空发动机有限公司	西安市北郊徐家湾	029–6613411–52428	029–6614019	710021
59	于玉营	经理	高级技师	上海富驰高科技公司	上海宝山富杨路655号	021–56494523–8005	021–56494525	201901
60	赵文华	教授	博导	清华大学工程力学系	北京清华大学工程力学系	010–62772928	010–62785393	100084

序号	姓名	职务	职称	单　位	地　址	电　话	传　真	邮编
61	陈政国	教授		黑龙江科技学院	哈尔滨开发区闽江小区26栋1单元301	0451－2374180	0451－2374180	100090
62	王海军	高工		装甲兵工程学院	北京长辛店杜家坎21号	010－66717880		100072
63	周宝昌			常州冷拔油缸厂	常州东门外芙蓉镇	0519－8762538	8761142	213118
64	高心海			戚墅堰机车车辆研究所	江苏常州	0519－8355840		213011
65	宋红团			贵州黎阳机械厂	贵州平坝207信箱冶金处	0853－4692358		561102
66	董汉君			宝钢集团上海梅山公司钢研所	南京市中华门外新建	025－6701886－4608		210039
67	王孝建			宝钢集团上海梅山公司钢研所	南京市中华门外新建	025－6711559		210039
68	陈惠良			张家港中洲特种合金材料有限公司		0520－8481613		215612
69	薛永宗			无锡新科表面工程材料厂	无锡市梁溪路155号	0510－5504122	0510－5504122	214063
70	夏　梅			无锡新科表面工程材料厂	无锡市梁溪路155号	0510－5504122	0510－5504122	214063
71	刘卫国	院长	高工	山东省冶金科学研究院	济南市龙洞路3号	0531－8936557－3107	0531－8936185	250014
72	公茂秀	副总	研究员	山东省冶金科学研究院	济南市龙洞路3号	0531－8936557－3042	0531－8936185	250014
73	富　昆			凌海沈宏进出口有限责任公司	锦州市太和区商大里56号	0416－5171922	0416－5171928	121004
74	姚　敏			株洲华电抗磨工程有限公司	湖南株洲红旗北路52号	0733－8490691	0733－8438698	412000
75	聂　铭			广东电力局试研所	广州市梅花路73号	020－85123429	020－87753850	510600
76	刘　敏	主任	教授	广州有色金属研究院	广州市五山	020－85231531		510651
77	舒新阁	副总	教授	宝钢	宝钢技术处	021－36071174		201900
78	舒　晶	经理	工程师	上海康阜实业有限公司	上海市沪太路8225号(厂部)宝山宾馆3439－3441室	021－56698888－3441	021－36130004	201900
79	唐荣度	经理	工程师	无锡科特金属喷涂厂	无锡市华庄里桥	0510－5604481		214134
80	陈地光		教授	福建农业大学	福州	13705041202 0591－3741252		350002

序号	姓名	职务	职称	单　位	地　址	电　话	传　真	邮编
81	张叶方		实验师	中国科学院上海硅酸盐研究所	上海市定西路1295号	021－62512990	021－62513903	200050
82	尹祥如	科长	工程师	泰兴光辉等离子喷涂设备厂	泰兴市根思东路39号	0523－7685734	0523－7685734	225400
83	丁　辉	厂长	工程师	泰兴光辉等离子喷涂设备厂	泰兴市根思东路39号	0523－7353435 13801435020	0523－7685734	225400
84	周　松	主任	高工	四川电力喷涂中心	成都青羊宫青华路23号	13908044150		610071
85	贾永昌	副总	教授	北京廊桥技贸有限责任公司	北京市海淀区北洼路30号C－407	010－68463412	010－68464332	100089
86	王桂华	经理	高工	成都艾特航空制造有限公司	成都双桥子双桂路27号附2号	028－4507439	028－4507432	610066
87	马安元		工程师	成都艾特航空制造有限公司	成都双桥子双桂路27号附2号	028－4507439	028－4507432	610066
88	徐建平	副厂长		浙江省长兴县锌铝拉丝电炉保温材料厂	浙江省长兴县林城镇西街	0572－6087074		313112
89	杨学平	常务副总经理	工程师	潍坊新光机械有限公司	潍坊开发区东明路北首	13053688188	0536－8884658	261041
90	王义泉	董事长	会计师	潍坊新光机械有限公司	潍坊开发区东明路北首	13906463908	0536－8884658	261041
91	林惠令	总经理	高工	上海凯林新技术实业公司	上海市漕宝路86号903室	021－64326600 13901772988	021－64325123	200233
92	李建力	经理		哈尔滨多能公司	哈尔滨开发区20号楼	13904601780	0451－2301009	150036
93	郭吉平	董事长	高工	先导（益阳）等离子粉末有限公司	湖南益阳市秀峰路72号	13707370948	0737－6188388	413000
94	董永庆	总经理	高工	上海焊割喷涂机械厂	上海市浦东东陆路18号甲	021－50315546 13501902047		201208
95	张关宝	副厂长	高工	上海焊割喷涂机械厂	上海市浦东东陆路18号甲	021－50315546 13501902047		201208
96	许仁撑		研究员	航天工业总公司703所	北京市9200信箱73分箱14号	010－68383587		100076
97	吴恒显		高工	国嘉光电有限公司	上海市嘉定	021－64361305	021－64361305	200233
98	张　卫	执行董事		无锡振威机械配件有限公司	锡澄路北滨路	0510－3110698	0510－3110698	214046
99	查柏林		博士	第二炮兵工程学院203室	西安市	029－3344100	029－3343901	710025
100	钱　强	经理	教授级高工	哈尔滨四达热喷涂技术公司	哈尔滨动力区进乡街7号	0451－2689003	0451－2682433	150046
101	俞韶华			哈尔滨四达热喷涂技术公司	哈尔滨动力区进乡街7号	0451－2689003	0451－2682433	150046
102	孟　强	经理		贵阳高能表面工程公司	贵阳市白云开发区白云南路	0851－4605516	0851－4605516	550014

序号	姓名	职务	职称	单　位	地　址	电　话	传　真	邮编
103	张书宏	总经理		贵州省六盘水市宏志热喷涂有限公司	贵州省六盘水市六枝特区那平路	0858－5328889	0858－5329888	553400
106	张　宏	总师		东莞奥斯威等离子喷涂有限公司	东莞市桥头镇宏达工业区3楼	0769－3342208	0769－3342477	523523
107	朱锡平	总经理		东莞奥斯威等离子喷涂有限公司	东莞市桥头镇宏达工业区3楼	0769－3342208	0769－3342477	523523
108	王银军			上海梅山有限公司技术中心钢研所	南京市中华门外	025－6711559		210039
109	高荣发	厂长	高级工程师	武汉市黄陂热喷涂厂	武汉市黄陂三里镇	027－85987008	027－83952165	432244
110	许正金			锡山市华庄沪宏热喷涂材料厂	锡山市华庄镇明芳西路25号	0510－5613065		214131
111	胡蕴成	副所长	高工	东方汽轮机厂表面工程研究所	四川省德阳市	0838－6302192－5541	0838－6301027	618201
112	钱业仁	总工	高工	天津市北方涂层材料有限公司	天津南开区三元村大街雅环里1－8－203	022－27626732	022－27626732	300110
113	钱　兵	总经理	工程师	南通高欣金属陶瓷复合材料有限公司	南通市外环西路65号	0513－3524161	0513－3532955	226005
114	林　真	副厂长	高工	株洲硬质合金厂钽铌冶炼加工分厂	株洲市霞湾	13908432468		412005
115	陈伟红	生产主任	工程师	株洲硬质合金厂钽铌冶炼加工分厂	株洲市霞湾	13973315875		412005
116	祖玉冰		高工	航天科技集团703所	北京市9200信箱73分箱14号	010－68756924		100076
117	冯国志	经理	工程师	上海新业喷涂机械有限公司	上海市浦东南路2232号	021－58734856	021－58735205	200127
118	凌建民	经理	工程师	上海良时涂装设备有限公司	上海市浦东南路1454号	021－58202504	021－58200321	200122
119	杨文鹃	厂长	工程师	江苏泰兴市喷涂机械厂	泰兴市江平北路54号	0523－7687289		225400
120	徐　林	主任	高级技师	中国农机院工艺材料所	北京德胜门外北沙滩1号	010－64883274	010－64872316	100083
121	汪瑞军	副主任	工程师	中国农机院工艺材料所	北京德胜门外北沙滩1号	010－64883274	010－64872316	100083
122	卢乐松	秘书		中国表面工程协会热喷涂专业委员会	北京德胜门外北沙滩1号	010－64882552 64879322	010－64879322	100083
123	孙　颖	秘书		中国农机院工艺材料所	北京德胜门外北沙滩1号	010－64882557	010－64872316	100083
124	许春潮	秘书		中国农机院工艺材料所	北京德胜门外北沙滩1号	010－64882552 64879322	010－64879322	100083

二〇〇一~二〇〇二年大事记

1.第五届国际热喷涂研讨会(ITSS'02)暨第六届全国热喷涂年会(CNTSC'02)在鞍山市成功举行

在国内外热喷涂界同仁的大力支持和筹备组的精心组织下，由中国表面工程协会热喷涂专业委员会主办，中科院上海硅酸盐研究所、武汉材料保护研究所、广州有色金属研究院、成发科技涂层研究所、上海宝钢工程技术有限公司宝钢机械厂、中科院沈阳金属所、沈阳黎明航空发动机集团公司、铁岭永兴石油机械有限公司、鞍山正发机械厂、中国矿业大学大正公司、天津北方涂层材料有限责任公司、北京廊桥技贸有限责任公司、成都大光喷涂材料公司、北京航空工艺研究所(625所)、航天工业总公司703所、北京钢铁研究总院、北京有色金属研究总院、西安交通大学焊接所、清华大学工程力学系、第二炮兵工程学院、铁道部戚墅堰机车工艺研究所、东方汽轮机厂表面工程研究所、河北省三河市三强金属表面技术工程有限公司、北京信福贸易有限公司(SulzerMetco公司中国地区代理)、上海瑞法喷涂机械有限公司、上海新业喷涂机械有限公司、成都市长诚热喷涂技术有限公司、北京颐鑫安科技发展有限公司、台湾统明机械有限公司、中国农机院表面工程技术研究所、瑞士Sulzer Metco公司、德国阿亨大学材料科学研究所、德国GRILLO公司、日本KASAI公司等协办的第五届国际热喷涂研讨会(International Thermal Spraying Seminar'2002)暨第六届全国热喷涂年会(China National Thermal Spraying Conference'2002)于2002年5月20-25日在辽宁省鞍山市五环大酒店成功举行，并同时召开了中国表面工程协会热喷涂专业委员会二届四次(扩大)理事会。本届大会的主题为“热喷涂——新世纪新应用”。

出席研讨会和年会的国内外代表共260余人(与会代表名单附后)，共有20余名国外及港台地区的热喷涂知名公司、大学、科研机构的专家及代表参加了本届大会，其中有国际热喷涂权威、国际热喷涂大会常任两主席之一、德国焊接学会副理事长、阿亨大学材料科学研究所所长E.Lugscheider教授、德国热喷涂协会主席Heinrich先生、Sulzer Metco(新加坡)公司、德国LINDE公司、法国SAINT-GOBAIN先进陶瓷公司(代表美国诺顿公司和法国SNMI公司热喷涂产品)、美国PRAXAIR及TAFA公司中国地区总代理、SAINT-GOBAIN先进陶瓷公司台湾公司、芬兰Oseir公司、瑞典HOGANAS公司、美国UniqueCoat公司中国地区总代理、比利时优美科公司、德国GTV公司中国地区总代理、加拿大班特国际技术有限公司、俄罗斯维哈科技有限公司、台湾统明机械有限公司、SAINT-GOBAIN先进陶瓷公司上海办事处、美国麦特斯普瑞公司北京办事处等;国内知名的热喷涂企业、公司、科研院所、大专院校，如中科院上海硅酸盐研究所、中国农机院、武汉材保所、广州有色金属研究院、成都飞机发动机公司、上海宝钢工程技术有限公司宝钢机械厂、中国科学院金属研究所、沈阳黎明航空发动机(集团)有限责任公司、铁岭永兴石油机械有限责任公司、上海新业喷涂机械有限公司、航空工业总公司703所、航空工艺材料所(625所)、鞍山正发耐磨技术有限公司、西安交通大学、北京有色金属研究总院、装甲兵工程学院、东方汽轮机厂、第二炮兵工程学院、中国矿业大学大正公司、先进机械设备有限公司、成都市长诚热喷涂技术有限公司、大连海事大学、中国科学院过程工程研究所、北京科技大学、哈尔滨电机有限责任公司、哈尔滨四达热喷涂技术公司、北京廊桥表面技术发展公司、沈阳工业大学、中南大学表面与涂层技术研究所、上海瑞法喷涂机械有限公司、哈尔滨焊接研究所、无锡新科表面工程材料厂、江汉石油机械研究所、成都大光喷涂材料公司、北京钢铁研究总院、天津市北方涂层材料厂、吉林大学、海军北海表面工程推广站、中船重工七二五所、中船第七0一所、甘肃中试电力科技有限责任公司、先导(益阳)等离子粉末有限公司、北京首都航天机械公司、四川电力喷涂中心、山东冶金科学研究院、陕西武功5702工厂、葛洲坝集团港湾疏浚机电安装公司、长安汽车股份有限公司、自贡硬质合金有限责任公司、山东科技大学、上海康阜实业有限公司、山东邹县发电厂、通化钢铁公司、大连特种涂层技术发展中心、中国第一重型机械集团公司、武汉高力热喷涂工程有限责任公司、时代集团、苏州统明机械有限公司、株洲硬质合金厂、郑州纺机特种工艺有限公司、宝钢集团上海梅山有限公司技术中心、佳木斯大学、唐钢机制公司、鞍钢机械开发公司热喷涂厂、郑州大洋热喷涂有限公司、上海司太立有限公司、成都艾特航空制造有限公司、仪征双环活塞环有限公司、北人印刷机械股份有限公司等，以及鞍山市人民政府、铁岭市人民政府、鞍山市政协常委经济科技委员会、辽宁省铁岭市经济贸易委员会、鞍钢新钢铁公司、鞍山钢铁集团公司科技质量部等200余个单位260余人参加了第五届国际热喷涂研讨会及第六届全国热喷涂年会，创近年来我国热喷涂年会规模的新记录。与会单位来自机械、钢铁、电子、冶金、煤炭、汽车、石化、航空、航天、海军、船舶、有色、塑料、轻工、能源、交通、电力、军工等行业，既有热喷涂专业企业，也有科研院所，又有大专院校，既有国营企事业单位，也有私营及股份制企业，又有军工企业，充分体现了热喷涂专业委员会的号召力和代表性，以及协会是跨行业、跨部门、跨地区、跨所有制企业的行业性组织的特点。

国际热喷涂研讨会，作为多边的国际热喷涂研讨会，在我国举行已是第五届了。本届研讨会的规模明显大于前几届，真正达到了与国外热喷涂界增强了解，交流技术，加强技术和经贸合作的预期目的。由于种种原因，国外一些热喷涂协会、公司及知名人士虽未能到会，但都纷纷发来贺电，祝贺研讨会的成功召开。国际知名公司或直接到会，或由代理参会，尤其是国际热喷涂权威、国际热喷涂大会常任两主席之一、德国焊接学会副理事长、阿亨大学材料科学研究所所长 E. Lugscheider 教授及德国热喷涂协会主席 Heinrich 先生到会，这表明了我国热喷涂事业在国际热喷涂舞台上，已经引起国际热喷涂界的高度重视。

本届国际研讨会和年会由王林、黄小鸥、周克崧、支树平等执行主席主持，由大会主席、中国表面工程协会常务理事兼副秘书长、热喷涂专业委员会常务副理事长兼秘书长黄小鸥教授致开幕词(全文另发)，黄小鸥常务副理事长在开幕词中指出：2001年我国成功“入世”和取得2008年奥运会申办权，对提升我国的国际地位和促进国民经济的快速、稳定、健康发展，无疑将起到非常积极的作用。热喷涂工业作为先进制造工艺的重要分支，对主要工业和行业以及终端产品有极强烈的依附性。“水涨船高”。近几年来我国钢铁、汽车、能源、电子、轻工、石化等重要工业的产品结构调整，为我国热喷涂工业的发展带来前所未有的挑战和机遇，而且机遇大于挑战。我们还需努力工作，尽快缩小这个差距。

国际热喷涂权威、国际热喷涂大会常任两主席之一、德国焊接学会副理事长、阿亨大学材料科学研究所所长 E. Lugscheider 教授致辞热烈祝贺国际研讨会和年会的成功举行；中国工程院院士、中国表面工程协会热喷涂专业委员会名誉理事长丁传贤院士虽未能亲自到会，致电祝贺并派代表到会。

本届国际研讨会和年会上，中国表面工程协会常务理事兼副秘书长、热喷涂专业委员会常务副理事长兼秘书长、中国农机院工艺材料所所长黄小鸥教授，就2002年埃森热喷涂大会做了《浮光掠影话埃森——2002年国际热喷涂大会(ITSC'02)述评》的专题报告，报告全面介绍了埃森国际热喷涂大会的情况和当今世界热喷涂技术的现状和发展趋势，并从不同角度、不同方面介绍了本次大会的热点、焦点和亮点，得到与会国内外热喷涂专家和代表的好评。

国外公司的专家作了非常精彩的专题报告，如德国热喷涂协会主席 Heinrich 先生、美科公司新加坡公司总经理陈清潮先生、法国 SAINT - GOBAIN 先进陶瓷公司 Patrice Fournier 先生、芬兰 Oseir Ltd 公司 Ismo Linden 先生、比利时 Zinacor S. A. 公司 Mireille Fischer 先生等都从不同方面作了精彩的专题报告。广州有色金属研究院院长周克崧教授、成都发动机公司科技涂层所所长支树平高工等国内专家亦从热喷涂技术在各行业的应用及开发、设备的研制与开发、热喷涂材料的应用与开发等方面作了专题报告，其他代表亦踊跃发言，气氛非常热烈。

本届国际研讨会和年会还采取了分组讨论的形式，共分为设备、材料、应用三个专题小组，与会代表或介绍自己的成功经验，或发表自己的独到见解，或提出自己的建议，或就某一个专题展开深刻的讨论，气氛非常热烈，甚至会议结束后，很多代表都不愿离去，围在一起继续讨论。

本届国际研讨会和年会共收到国际论文及国内论文41篇，热喷涂专业委员会秘书处将其编辑成论文集出版发行，共 214 页。与会代表纷纷表示，本届研讨会和年会开的有效率、有成效、有收获，物有所值，不虚此行。与会国内外热喷涂专家和代表表示，希望多举办类似的行业活动，以期推动我国热喷涂事业的进一步发展。

本届研讨会及年会成功召开的同时，中国表面工程协会热喷涂专业委员会于 2002 年 5 月 22 日在鞍山市五环大酒店还成功召开了热喷涂专业委员会二届四次（扩大）理事会，扩大理事会讨论并推选了参加中国表面工程协会第三次代表大会（拟于 2003 年 6 月召开）的代表、以及三届协会理事候选人 23 人和常务理事候选人 7 人。

会议期间，代表们还参观了鞍钢、鞍山正发机械厂、中国科学院金属研究所、沈阳黎明航空发动机（集团）有限责任公司、铁岭永兴石油机械有限责任公司。在紧张的开会之余，代表们还参观了鞍山千山大佛以及千山等自然风光。

本届研讨会及年会得到了总会沈烈初理事长、毕顺副理事长以及总会秘书处的高度重视和评价，并得到了鞍山正发机械厂、中国科学院金属研究所、沈阳黎明航空发动机（集团）有限责任公司、铁岭永兴石油机械有限责任公司、鞍山市人民政府、铁岭市人民政府、鞍山市千山区人民政府、鞍山市千山镇人民政府等单位以及协办单位的大力支持和协助。热喷涂专业委员会秘书处对上述单位的支持与协助以及下列赞助单位鞍山正发机械厂、沈阳黎明航空发动机（集团）有限责任公司、铁岭永兴石油机械有限责任公司、上海新业喷涂机械有限公司、成都大光热喷涂材料公司、天津市北方涂层材料有限公司、中国矿业大学大正公司、成都市长诚热喷涂技术有限公司、北京信福贸易有限公司（SulzerMetco 公司中国地区代理）、先进机械设备有限公司（美国 PRAXAIR 及 TAFA 公司中国地区总代理）、北京丹斯泰克科贸有限公司（美国 UniqueCoat 公司中国地区总代理）、上海瑞法喷涂机械有限公司、北京廊桥表面技术发展有限公司、北京颐鑫安科技发展有限公司、台湾统明机械有限公司、北京有色金属研究总院、欧亚高科技发展有限公司等表示诚挚的感谢。

第五届国际热喷涂研讨会（ITSS’2002）暨
第六届全国热喷涂年会（CNTSC’2002）
通　讯　录

国内代表（按姓氏汉语拼音为序）

序号	姓名	职务	职称	单位	地址	电话	传真	手机	邮编
1	安正镐	经理	工程师	吉林市联塔实业有限责任公司	吉林市龙潭区绥化路 9 号	0432－3990085 3985060	0432－3990085	13009152898	132021
2	曹春华	厂长		锦州迅达喷涂机械厂	锦州市太和区东太平里 270－1 号	0416－5176880		13941636782	121000
3	常井元		技师	山东邹县发电厂鲁源修造公司		0537－5486292		13608915336	273522
4	常新春		高级工程师	中国科学院金属研究所	沈阳市文化路 72 号	(024)23843531 转 55661	(024)23891320	13804032381	110016
5	陈　穹		高级工程师	燕京矿山设备有限公司	三河市燕郊开发区燕高路	010－61594724	010－61594732		065201
6	陈炳辑			通化钢铁公司二小机械厂	通化市二道江区东兴路	0435－3793982			134003
7	陈惠国	副总工程师	高级工程师	上海大豪英佛曼纳米材料喷涂有限公司	上海浦东东陆路 18 号甲	021－68715546		13701858926	201208

序号	姓名	职务	职称	单位	地址	电话	传真	手机	邮编
8	陈加印	总经理	高级工程师	成都市长诚热喷涂技术有限责任公司	成都市青白江区化工北路	028－83602179 83601266(办)	028－83601266		610300
9	陈建平		高级工程师	北京钛得新工艺材料有限公司	北京市95－020信箱	010－62489205 62451956	010－62489208		100095
10	陈汝广		工程师	淄博先河机电有限责任公司	山东淄博市淄川区洪山镇	0533－5853640		13964322896	255120
11	丁　辉	厂长	工程师	泰兴市光辉等离子喷涂设备厂	泰兴市根思东路39号	0523－7685734	0523－7732608	13801435020	225400
12	丁志伟		工程师	沈阳黎明航空发动机(集团)有限责任公司喷涂研究室	沈阳市大东区东塔街六号	(024)24830843－3057	(024)24326643	13002428426	110043
13	董茂民			河北衡水宏远泵业制造有限公司喷涂厂	河北省衡水市		0318－2031093	13903180223	053000
14	董永庆	总经理		上海瑞法喷涂机械有限公司	上海浦东东陆路18号甲(浦东北路东波路325号向前)	021－68713892 68715546	021－68714274	13501902047	201208
15	杜玉锋	技术部长		大连特种涂层技术发展中心	大连市金州区站前街道吴家	0411－7668787 7669174	0411－7662557		116100
16	段绪海		研究员级高级工程师	沈阳黎明航空发动机集团公司热喷涂中心	沈阳市大东区东塔街六号	024－24326645 24830843－3793	024－24830364	13804993269	110043
17	鄂立勇	副总经理		哈尔滨维哈科技有限公司	哈尔滨市南岗区红军街108号	0451－4541600 4514457	0451－4541600	13703615100	150001
18	鄂永波	科长	工程师	中国第一重型机械集团公司焊接研究所	黑龙江富拉尔基	0452－6809001转4407	0452－6807280		161042
19	樊自拴		高级工程师	北京科技大学北京市表面纳米技术与工程中心	北京市海淀区学院路30号	010－62332548	010－62332548		100083
20	冯国志	总经理		上海新业喷涂机械有限公司	上海浦东南路2232号	021－58735205	021－58735205	13901716667	200127
21	冯慧芳	总经理		德国GTV公司中国地区总代理	北京海淀区成府路45－1号清华园宾馆3320室	010－62588674	010－62781000	13701087150	100083
22	高　阳		教授工学博士	大连海事大学船舶材料与工艺研究所热喷涂加工实验中心	大连凌水桥	0411－4726895	0411－4726895	13704267678	116026
23	高保华	粉末部经理	工程师	中国科学院过程工程研究所北京金辛合科贸有限公司	北京中关村北二条一号北京353信箱	010－62554559(办) 62639312(宅)	010－62635786	13910816162	100080

序号	姓名	职务	职称	单位	地址	电话	传真	手机	邮编
24	高荣发	总经理	高级工程师	武汉高力热喷涂工程有限责任公司	武汉市黄陂区三里镇	027－61917008	027－83952165	13807154065	432244
25	葛汇业	经理	高级工程师	天津开发区欣特涂层技术有限公司	天津市河西区郁江道57号	022－88251561		13032287244	300221
26	葛伟民		工程师	上海司太立有限公司	上海市嘉定区宝嘉公路1799号（姚家宅）	021－59554284	021－59553961	13801952096	201800
27	公茂秀		研究员	山东省冶金科学研究院	济南市解放东路66号	0531－8907436	0531－8936185	13905313075	250014
28	古　衡	主任	工程师	佛山光研表面工程工贸公司	佛山市市东上路6号	(0757)2230834	0757－2830469	13702905030	528000
28	关　新		工程师	经纬纺织机械股份有限公司技术部	山西省晋中市榆次区经纬路150号	0354－2492251	0354－2492245		030601
29	郭双宁	中国区总经理		北京麦特斯普瑞公司	北京市朝阳区广渠东路唐家村5号	010－87771808 87771884	010－67742202	13511055025	100022
30	韩喜祥	厂长		鞍钢机械开发总公司热喷涂厂	鞍钢和平桥岗西100米	0412－6724708		13941276351	114021
31	郝练平		律师	山西永青咨询服务中心	山西太原钟楼街邮局11号信箱	0351－3532565	0351－3531687		030002
32	何剑雄		高级工程师	陕西武功5702工厂技术处	陕西武功51号信箱	0910－7405021 7406888转7822	0910－7406111		712201
33	胡建民	经理	高级工程师	葛洲坝集团港湾疏浚机电安装公司	湖北宜昌西坝建设路21号	13972604128	0717－6271242	13972604128	443000
34	胡玉刚		工程师	北京首都航天机械公司	北京市南大红门警备东路1号34信箱96分箱	010－68750490	010－68750487		100076
35	胡蕴成	执行董事总经理	高级工程师	东汽表面工程技术有限公司	四川省德阳市	0838－6355541 2823128－2495	0838－2826419	13508008018	618201
36	纪云林		高工	长安汽车股份有限公司技术中心工艺研究所	重庆江北区建新东路260号	(023)67591819	(023)67591722		400023
37	季　杰		副教授	沈阳工业大学材料科学与工程学院	沈阳市铁西区兴华南街58号	024－25410978		13654182356	110023
38	贾　鹏	总经理		北京廊桥表面技术发展有限公司	北京海淀区紫竹院路33号美林花园4－26F	010－88550612 88550613	010－88550708	13701279806	100089
39	贾永昌	总工	教授级高级工程师	北京廊桥表面技术发展有限公司	北京海淀区紫竹院路33号美林花园4－26F	010－88550612 88550613	010－88550708	13910841684	100089
40	贾玉杰	销售经理		郑州大洋热喷涂有限公司	郑州市陇海中路64号科技楼	0371－7943802	0371－7942047		450052
41	蒋　俊			张家港中洲特种合金材料有限公司	江苏张家港市港口镇北	0512－58481613	0512－58481116	13951135271	215612
42	蒋显亮	所长	教授	中南大学表面与涂层技术研究所	长沙市中南大学	0731－8876691	0731－8876692		410083

序号	姓名	职务	职称	单位	地址	电话	传真	手机	邮编
43	蒋学钧		高工	大连特种涂层技术发展中心	大连市金州区站前街道吴家	0411－7669036	0411－7662557		116100
44	金花子			中国科学院金属研究所	沈阳市文化路72号	(024)23843531转55802	(024)23843686		110016
45	郎亚非	经理		中国石油辽阳机电仪研修中心新技术研究所	辽阳市宏伟区光华街28号	0419－5157476	0419－5157475	13065366819	111003
46	李　臣		工程师	燕京矿山设备有限公司	三河市燕郊开发区燕高路	010－61592271	010－61594732		065201
47	李　明	经理		鞍山领高表面工程新技术研究所	鞍山市园林路205甲－1号	0412－6726338		13050067890	114001
48	李　英	营销代表		湖南百富瑞材料有限责任公司	长沙国家高新技术开发区创业大厦北三楼	0731－8926300 8926301	0731－8926301	(0)13973375442	410013
49	李长久		教授	西安交大机械工程学院	陕西西安交通大学	029－2660970	029－3237910		710049
50	李长胜	经理	高级工程师	沈阳航新表面技术工程有限公司	沈阳大东区	129－2011342			110043
51	李恩吉	总工	高级工程师	四川华宝经济技术开发公司	成都新华大道玉沙路144号晶爵大厦10楼	028－86748246	028－85772287		610017
52	李桂英	主任		沈阳航新表面技术工程有限公司	沈阳大东区	13644032638			110043
53	李海涛		助工	郑州纺机特种工艺有限公司	郑州市南阳路290号	0371－3585872	0371－3822455		450053
54	李泓高	产品经理		优美科金属国际贸易(上海)有限公司	上海市中山路1800号兆丰环球大厦18A1室	021－64401100－226	021－34240969		200233
55	李克华		工程师	郑州磨料磨具磨削研究所	河南省郑州市华山路121号	(0371)7657930 7657931	(0371)7657930		450007
57	李其连		高级工程师	北京航空工艺研究所	北京340信箱104室	(010)85701584	(010)65757391		100024
58	李瑞荣	副总经理	工程师	山东诸城东宝机械有限公司	诸城市繁荣路东首	(0536)6089336 6061936	(0536)6211660	13705360675	262200
59	李世伟	副总经理		山东光明钨钼股份有限公司	淄博市周村区米河路104号	0533－6829268 6822059	0533－6822059 6182397	13853355229	255300
60	李学锋		工学博士	北京有色金属研究总院金甲喷涂技术公司	北京新街口外大街二号	010－62014488－28142622(办)	010－62376971		100088
61	李益明	科长		上海宝钢工程技术有限公司宝钢机械厂技术科	上海宝山区宝钢厂区内纬一路经五路口	021－56933460	021－56933460	13611627878	201900
62	李永燕	总经理	工程师	时代集团销售中心	北京市海淀区上地信息产业基地西路38号	010－62961801至62961805	010－62961646	13801290656	100085
63	李志刚	副总经理		先进机械设备有限公司	上海市虹桥路808号A栋8506室	021－64471955	021－64475388		200030

序号	姓名	职务	职称	单位	地址	电话	传真	手机	邮编
64	李志伟		高级工程师	郑州纺机特种工艺有限公司	郑州市南阳路290号	0371－3585872	0371－3822455	13838151415	450053
65	梁宝山			上海宝钢工程技术有限公司宝钢机械厂技术科	上海宝山区宝钢厂区内纬一路经五路口	021－56933460	021－56933460		201900
66	梁玉亨	总经理	高级工程师	顺德市容桂区科威热喷涂陶瓷材料有限公司	广东省顺德市容桂区长业路1号	0765－8381646	0765－8381658	13612604667	528305
67	林　真	技术科科长	高级工程师	株洲硬质合金厂钽铌事业部	湖南省株洲市514信箱	0733－2610406	(0733)8160158	13908432468	412005
68	林惠令	总经理	高级工程师	上海凯林新技术实业公司	上海漕宝路86号903室(光大会展中心F座)	021－64756442 64326600	(021)64392013 64325123	13901772988	200235
69	刘　峰		工程师	江汉机械研究所	湖北荆州沙市区豉湖路1号	0716－8213549－265	0716－8222483		434000
70	刘　敏	主任	教授	广州有色金属研究院	广州五山	(020)85231729－6130	(020)37238605		510651
71	刘　谦		助理研究员	装甲兵工程学院材料科学与工程系	北京长辛店杜家坎21号	010－66718874	010－66718871		100072
72	刘　毅		主管工程师	北京隆源自动成型系统有限公司	北京朝阳区小营路8号松竹大厦A座二层	(010)－84638842－817	010－84638843	13910058858	100101
73	刘邦贵		高级工程师	中船第七0一所	武汉市64291信箱14分箱	13507127471			430064
74	刘孟林	业务部经理		北京丹斯泰克科贸有限公司	北京朝阳区东三环北路42号新东方写字楼B座4020房间	(010)65812788 65812785	(010)65812784	13601294111	100020
75	刘宣勇		博士	中国科学院上海硅酸盐研究所	上海市定西路1295号	021－52414103	021－62513903		200050
76	刘永祥			山东光明钨钼股份有限公司销售公司	山东省淄博市周村区米河路104号	0533－6822397	0533－6182397	13806486008	255300
77	刘泽昊		高级工程师	中船重工七二五所	沈阳市西苑路21号	4913611－2444			471039
78	楼志飞		高级工程师	中国科学院金属研究所	沈阳市文化路72号	(024)23843531转5543			110016
79	芦建华	副总经理	高级工程师	甘肃中试电力科技有限责任公司	甘肃省兰州市西津东路732号	0931－2953597 2665639	0931－2953453	13609331700	730050
80	陆季辉	厂长	高级工程师	上海宝钢工程技术有限公司宝钢机械厂	上海宝山区宝钢厂区内纬一路经五路口	021－56191232	021－56933454		201900
81	栾连祥			上海联强热喷涂材料有限公司	上海光复西路683弄2号乙	021－52912293	021－52912293	13701854228	200063
82	罗范波	总经理助理		先导(益阳)等离子粉末有限公司	湖南省益阳市秀峰路72号	0737－6185160	0737－6185153	13508407592	413000

序号	姓名	职务	职称	单位	地址	电话	传真	手机	邮编
83	罗洪军	主任	高级工程师	中国农业机械化科学研究院表面工程技术研究所	北京德胜门外北沙滩一号	010－64883274	010－64879322	(0)13501063550	100083
84	马　臣	主任	教授	佳木斯大学材料工程金属学院金属材料工程教研室	佳木斯大学第一学区	0454－8618701			154007
85	马安元		等离子喷涂主管工程师	成都艾特航空制造有限公司	成都市双桥子双桂路27号附2号	028－84507400 84507439	028－84507432		610066
86	马小斌	主任	高级工程师	中国农业机械化科学研究院表面工程技术研究所	北京德胜门外北沙滩一号	010－64883291	010－64879322	(0)13910756263	100083
87	苗　刚	副总经理	高级工程师	西安盈栋科技股份有限公司	西安高新开发区高新二路12号协同大厦一层C座	(029)8386009 8386126	(029)8386108	13991982530	710075
88	缪　雯	营业部经理		苏州统明机械有限公司	苏州市吴中区长桥镇越溪龙翔工业区九号	(0512)66551525	(0512)66552516		215104
89	那忠爱	经理	工程师	沈阳恒信表面技术发展有限公司	沈阳市和平区三好街72号	024－24121564	024－24121564	13644017948	110003
90	聂洪海	副总经理	高级工程师	石家庄开发区中实检测设备有限公司	河北省石家庄市新石北路368号(金石工业园)	0311－3812634			050091
91	钮立耘	副经理		北京颐鑫安科技发展有限公司	北京朝阳区北苑大羊坊5号院4区	010－84922233－6104	010－84922233－6104	13601225344	100012
92	钱　强	总经理	教授级高级工程师	哈尔滨四达热喷涂技术有限责任公司	哈尔滨进乡街7号	0451－2924004	0451－2682433		150046
93	钱叶仁	董事长	高级工程师	天津市北方涂层材料有限公司	天津南开区三元村雅环里1－8－203	022－24391459	022－24391459		300110
94	秦　颢		工程师	北京有色金属研究总院金甲喷涂技术公司	北京新街口外大街二号	010－62014488－28142622(办)	010－62376971	13910767568	100088
95	邱丽花	研究室主任		郑州磨料磨具磨削研究所	郑州华山路121号	0371－7657930 7657931	0371－7657930		450007
96	任立纲	业务经理		青岛利奥热喷涂表面工程有限公司	青岛辽源路28号	0532－2711250		13001683805	266000
97	施凤丹		工程师	北京首都航天机械公司	北京市南大红门警备东路1号34信箱96分箱	010－68750490	010－68750487		100076
98	石成刚	厂长	高级工程师	江汉机械研究所	湖北荆州沙市区豉湖路1号	0716－8213549－265	0716－8222483		434000
99	石建华	主任	工程师	自贡硬质合金有限责任公司研发中心	四川自贡市人民路111号	(0813)4716852	(0813)4718384	13708155787	643011
100	史勇伟	董事长		上海顺隆有色金属制品有限公司	上海闵行区华漕镇吴漕路667号	021－62200438 62202942	021－62203885	13801830899	201106

序号	姓名	职务	职称	单位	地址	电话	传真	手机	邮编
101	舒　晶	总经理		上海康阜实业有限公司	上海市沪太路8225号	(021)36130004	021－66861528	13901642268	201908
102	舒　涛	业务主管	工程师	自贡亚西泰克高新技术有限责任公司	自贡市人民路111号	0813－4716622	0813－4716979		643011
103	舒新阁		教授	上海康阜实业有限公司	上海市沪太路8225号	(021)36130004	021－66861528	13901802203	201908
104	宋志刚	主任	高级工程师	唐钢机制公司		0315－2703089			063000
105	苏　启		高级工程师	北京钢铁研究总院	北京学院南路76号	010－62182731	010－62182572		100081
106	苏新勇	站长	高级工程师	海军北海表面工程推广站	青岛荷泽三路5号	0532－2619181－465	0532－2618816		266001
107	孙大千	副院长	教授	吉林大学材料科学与工程学院	长春市人民大街142号	0431－5698507	0431－5705329		130025
108	孙宏飞	副院长	教授	山东科技大学材料科学研究院	山东泰安岱宗大街223号	(0538)6226158 (0)6226898(H)	0538－6227552	13705388828	271019
109	孙景和	副总经理	工程师	沈阳双实磨料磨具有限公司	沈阳市东陵区观泉路298号	024－88327172	024－88322458	13940445707	110045
110	孙维康	销售经理		上海金江金属粉末材料有限公司	上海市江杨南路354号	021－56919145	021－56832395		200434
111	谭更民	副总经理		石家庄开发区中实检测设备有限公司	河北省石家庄市新石北路368号(金石工业园)	(0311)3812634	(0311)3805354	(0) 13903142300	050091
112	谭兴海		高级工程师	上海宝钢工程技术有限公司宝钢机械厂技术科	上海宝山区宝钢厂区内纬一路经五路口	021－26645242	021－56933460		201900
113	陶　斌	经理		鞍山正发耐磨技术有限公司	辽宁鞍山千山区七岭子镇	0412－5420008	0412－5422377		114044
114	田伟克		高级工程师	北京首钢吉泰安合金材料有限公司	北京市昌平区沙河镇富生路9号	(010)80718910	(010)80718910		102206
115	童小平	亚洲业务发展经理	博士	圣戈班(上海)陶瓷材料有限公司	上海华山路620号奥利孚利华大厦2楼	021－62493640 62489922	021－62497205	13817699261	200040
116	汪鞍亚	董事长	高级工程师	鞍山正发耐磨技术有限公司	中国辽宁鞍山千山区七岭子镇	0412－5422377	86－412－5422377	13998031692	114044
117	汪如明	总经理助理	工程师	上海国嘉光电有限公司热喷涂厂	上海嘉定环城路2280号	(021)69987229 69987293	(021)69987399	13801876515	201800
118	汪瑞军	主任	高级工程师	中国农业机械化科学研究院表面工程技术研究所	北京德胜门外北沙滩一号	010－64879323	010－64872316	(0) 13701380963	100083
119	汪行恺		高级工程师	天津机械涂层研究所	天津市河东区八纬路20号	022－24304524	022－24305736		300012
120	王　聪	厂长	工程师	鞍钢附企金属表面技术总厂	鞍山市经济开发区创建街1号	0412－8215388 8235372	0412－8215388	13941247998	114014
121	王　多	董事长	博士	成都大光热喷涂材料有限公司	成都市高新区高朋东路8号	028－85197523	028－85199219		610041

序号	姓名	职务	职称	单位	地址	电话	传真	手机	邮编
122	王　琨	副秘书长		北京市职工技协热喷涂委员会	北京市宣武区虎坊路 13 号	010 - 63564033 63535931 - 2143	010 - 63564028		100052
123	王　璐		高级工程师	沈阳黎明航空发动机(集团)有限责任公司喷涂研究室	沈阳市大东区东塔街六号	(024)24830843 - 3498	(024)24326643	13998140739	110043
124	王　平	总经理		北京颐鑫安科技发展有限公司	北京朝阳区北苑大羊坊 5 号院 4 区	010 - 84922233 - 6104	010 - 84922233 - 6104	13701033366	100012
125	王　欣	总工		江西赛隆纳米材料实业有限公司	南昌市青山湖大道 388 号(民营科技园)	0791 - 8112450	0791 - 8112450	13907081171	330039
126	王春华	经营厂长		成都振兴金属粉末厂	成都市府青路三段 14 号附 3 号	028 - 83268777 83262268	028 - 83262268	13708051187	610051
127	王从夫	经营厂长	工程师	沈阳市新光热喷厂	沈阳市大东区东塔街 1 号	024 - 24325182	024 - 24341693	13609874480	110043
128	王德权		教授级高工	沈阳盛世高中压阀门有限公司 沈阳阀门研究所	沈阳市铁西区云峰北街 3 号	024 - 25872517 - 2085	024 - 25875015		110025
129	王海军		高级工程师	装甲兵工程学院	北京丰台长辛店杜家坎 21 号	010 - 66717880			100072
130	王洪仁			海城冶修厂	海城市内	0412 - 3123624			114200
131	王昆生	董事长	博士高级工程师	欧亚高科技发展有限公司	昆明国家高新技术开发区教场西路 39 号	0871 - 5130041 5522522	0871 - 5130097	13808728812	650223
132	王世林		工程师	辽宁省轻工业科学研究院	沈阳市皇姑区崇山西路 3 号	024 - 86749667	024 - 86876979		110036
133	王泰兴	总工程师	董事长	铁岭永兴石油机械有限责任公司	辽宁铁岭银州区铜钟街铁道北	0410 - 4603505	0410 - 4690046	13904108269	112002
134	王小平			铁岭永兴石油机械有限责任公司	辽宁铁岭银州区铜钟街铁道北	0410 - 4603505	0410 - 4690046		112002
135	王晓红		工程师	中船第七0一所	武汉市 64291 信箱 14 分箱	027 - 88043350 - 8419			430064
136	王孝建	副主任	工程师	宝钢集团上海梅山有限公司技术中心	南京中华门外新建	025 - 6701885 - 3853	025 - 6701540		210039
137	王振凯		高级工程师	哈尔滨电机厂有限责任公司制造工艺部	哈尔滨市大庆路 71 号	0451 - 2102601 - 2118	0451 - 2102580		150040
138	王志平		教授	哈尔滨焊接研究所热喷涂室	哈尔滨市和兴路 111 号	0451 - 6340542 6414174	0451 - 6335215	13804513228	150080
139	魏　华	销售部经理		上海顺隆有色金属制品有限公司	上海闵行区华漕镇吴漕路 667 号	021 - 62200438 62202942	021 - 62203885	13701853107	201106
140	魏文志	生产技术部经理		鸡西龙威喷涂焊接有限公司	黑龙江省鸡西市南星街 49 号	0467 - 2385768	0467 - 2378571		158105

序号	姓名	职务	职称	单位	地址	电话	传真	手机	邮编
141	温瑾林		教授	沈阳工业大学材料工程学院	沈阳市铁西区兴华南街 58 号	024－25691331	024－25691335		110023
142	吴　杰			中国科学院金属研究所	沈阳市文化路 72 号	(024)23843531 转 55802	(024)23843686		110016
143	吴广瑞	经理		河南平顶山市电业局喷涂厂	河南平顶山市新华路南段	0375－3925470			467001
144	吴恒显	副总工程师	高级工程师	上海凯林新技术实业公司	上海漕宝路 86 号 903 室（上海光大会展中心 F 楼）	021－64756442 64326600	64325123		200235
145	吴子健		研究员	钢铁研究总院	北京海淀区学院南路 76 号	(010)－62182731	(010)－62182572	13911083012	100081
146	伍建华	喷涂研究室副主任	高级工程师	武汉材料保护研究所	武汉宝丰二路 126 号	027－83641639	027－83637647	13971165228	430030
147	谢国宏	技术经理		先进机械设备有限公司	上海市虹桥路 808 号 A 栋 8506 室	021－64471955	021－64475388		200030
148	熊天英	主任	博士研究员	中国科学院金属研究所	沈阳市文化路 72 号	(024)23843531 转 55802	(024)23843686		110016
149	徐　良			北人印刷机械股份有限公司	北京市朝阳区广渠路南侧 44 号	13001161603			100022
150	徐　林	主任	技师	中国农业机械化科学研究院表面工程技术研究所	北京德胜门外北沙滩一号	010－64889323	010－64872316	(0) 13910082762	100083
151	徐　怡	C.E.O	教授	上海科太新型陶瓷技术有限公司	上海市嘉定区安亭镇米泉路 701 号	(021)59565491	(021)59575828	13801027002	201805
152	薛永宗	经营厂长	工程师	无锡市新科表面工程材料厂	无锡市梁溪路 155 号	0510－5504122 5746326	0510－5504122	13806193942	214063
153	阎重生		工程师	青岛阎重生热喷涂研制室	青岛市市南区燕儿岛路 7 号 14 栋 3 单元 202 室	0532－5876873		13953222953	266071
154	杨　革	生产科科长	高级工程师	株洲硬质合金厂钽铌事业部	湖南省株洲市 514 信箱	(0733)2610256 8260839	(0733)2610409	13973315876	412005
155	杨　欢		高级工程师	上海宝钢工程技术有限公司宝钢机械厂技术科	上海宝山区宝钢厂区内纬一路经五路口	021－56933460	021－56933460		201900
156	杨　晖	副主任		西安市第二炮兵工程学院 501 室	西安市洪庆镇	029－3344100 3344097	029－3343901	13649207866	710025
157	杨　勇		工程师	仪征双环活塞环有限公司	仪征市大庆南路 5 号	0514－3450579		13952529101	211400
158	杨冠军		讲师	西安交大机械工程学院	陕西西安交通大学	029－2660970	029－3237910		710049

序号	姓名	职务	职称	单位	地址	电话	传真	手机	邮编
159	杨甲民		工程师		延吉市爱丹路87号4号楼2单元3楼1号	2550365			133000
160	杨立斌	副总经理		成都中纳新材料有限公司	成都博士创业园(成都高新区高朋大道5号)	(028)5139679	(028)5173378	13908005262	610041
161	杨明川		副研究员	中国科学院金属研究所	沈阳市文化路72号	(024)23843531转55656	(024)23891320		110016
162	杨永利	主任	高级工程师	唐钢机制公司		0315－2704318			063000
163	叶安德	副总经理	工程师	上海宝寿硬面有限公司	宝山区富锦路635号	(021)56691063	(021)56691063	13701640367	201900
164	尹祥如	销售经理	工程师	泰兴市光辉等离子喷涂设备厂	泰兴市根思东路39号	0523－7685734 7353435	0523－7732608		225400
165	余勇刚	室主任	工程师	自贡亚西泰克高新技术有限责任公司	自贡市人民路111号	0813－4716622	0813－4716979		643011
166	俞韶华	副经理	高级工程师	哈尔滨四达热喷涂技术有限责任公司	哈尔滨进乡街7号	0451－2689003	0451－2682433		150046
167	喻尊璞	总经理	教授	中国矿业大学大正表面新技术公司	江苏徐州	0516－3883049 3883172	0516－3884465	13905217500	221008
168	翟　岗	总经理		北京丹斯泰克科贸有限公司	北京朝阳区东三环北路42号新东方写字楼B座4020房间	(010)65812788 65812785	(010)65812784	13501068606	100020
169	张　鹏		工程师	沈阳黎明航空发动机(集团)有限责任公司喷涂研究室	沈阳市大东区东塔街六号	(024)24830843－3484	(024)24326643	13066571727	110043
170	张　平		教授	装甲兵工程学院	北京长辛店杜家坎21号	010－66719249			100072
171	张保华	经理	高工	大庆市华保科技开发公司	大庆市开发区创业楼A座418	0459－6727636	0459－6727636	13009902776	163713
172	张东辉		工程师	北京航空工艺研究所(625所)	北京340信箱104室	(010)85701491 85701584	(010)65757391	13501348683	100024
173	张关宝	总工程师	高级工程师	上海瑞法喷涂机械有限公司	上海浦东东陆路18号甲(浦东北路东波路325号向前)	021－68715546	021－68714274	13501917209	201208
174	张洪江	经理		河南省防腐企业集团直属三公司	长垣县建蒲路西段	0373－8779029		13643906958	453415
175	张明洋	技术总监	高级工程师	上海君山表面技术工程有限公司	上海宝山共悦路151号	021－56199339	021－56197962	13701690422	201901

序号	姓名	职务	职称	单位	地址	电话	传真	手机	邮编
176	张苏安	总经理		安徽新力电业高技术有限责任公司	安徽省合肥市金寨路73号	0551－3667050	0551－3646039	13605517671	230022
177	张新宇			鞍山正发耐磨技术有限公司	辽宁鞍山千山区七岭子镇	0412－5420008	0412－5422377		114044
178	张燕玲	总经理		北京市东方昌明咨询服务有限公司	北京市朝阳区惠新东街23号元立大厦七层	010－64985625		13001004548	100029
179	张叶方		高工	中国科学院上海硅酸盐研究所	上海市定西路1295号	021－52414102	021－62513903		200050
180	张颖奇	总工程师		大连特种涂层技术发展中心	大连市金州区站前街道吴家	0411－7669036	0411－7662557	13052746271	116100
181	赵　伟		高级工程师	唐钢机制公司		0315－2703089			063000
182	赵华明	总经理		上海大豪英佛曼纳米材料喷涂有限公司上海瑞法喷涂机械有限公司	上海浦东东陆路18号甲(浦东北路东波路325号向前)	(021)68715546	(021)68714274	13301802785	201208
183	赵维勋	主任	高级工程师	沈阳黎明航空发动机(集团)有限责任公司喷涂研究室	沈阳市大东区东塔街六号	(024)24830843－3057	(024)24326643	13940103133	110043
184	郑希华	总经理	工程师	哈尔滨市祥泰金属喷涂技术公司	哈尔滨市太平区南直路897号	0451－7644620	0451－7644620	13804570075	150050
185	郑宗光		高级工程师	中国科学院金属研究所	沈阳市文化路72号	(024)23843531转55276			110016
186	周　杰	副所长		天津机械涂层研究所	天津市河东区八纬路20号	022－24304524	022－24305736	13920109958	300012
187	周　军		销售工程师	信福贸易有限公司(SULZER METCO热喷涂公司中国区总代理)	北京海淀区北三环西路甲18号中鼎大厦B座588室	(010)62116951 62116952 62116953	(010)62116950		100086
188	周　松	主任	高工	四川电力公司喷涂中心	成都市青羊区青华路23号	028－87311568－2445	028－87311568－2560	13908044150	610073
189	周贻茹		教授级高工	北京有色金属研究总院	北京新街口外大街二号	010－62014488－28142622	(010)62376971		100088
190	周志国	理事长	高级工程师	北京市职工技术协会热喷涂技术协会	北京宣武区虎坊路13号	010－63535931－2143			100052
191	朱　胜	系主任	副教授	装甲兵工程学院	北京长辛店杜家坎21号	010－66717650	010－66718871		100072
192	朱才福	董事经理		上海史美贸易有限公司	上海洵阳路63号		021－62458132	13901976319	200061

序号	姓名	职务	职称	单位	地址	电话	传真	手机	邮编
193	朱锡平	总经理		东莞奥斯威等离子喷涂有限公司	广东省东莞市桥头镇宏达工业区3号楼	(0769)3342208 3349101	(0769)3342477	13602357551	523523
194	祝　巍	办公室主任		鞍山正发耐磨技术有限公司	辽宁鞍山千山区七岭子镇	0412－5422377	0412－5422377		114044
195	祝士祥			鞍山正发耐磨技术有限公司	辽宁鞍山千山区七岭子镇	0412－5420008	0412－5422377		114044
196	邹德贵	总经理		广州磊基机械维修有限公司	广州市黄埔区庙头村龙头路(龙头山公园牌坊100米)	020－82208183	020－82226406	13922431198	510725
197	祖玉冰		高级工程师	中国运载火箭技术研究院七0三研究所	北京9200信箱73分箱	010－68756924 68383587(办)	010－68383237		100076

国外及港台地区代表

序号	姓名	职务	职称	单位	地址	电话	传真	手机	邮编
198	Erich Lugs cheider		Prof. Dr. techn.	Lehr－und Forschungsgebiet Werkst offwissenschaften Rhein.－westf. Techn. Hochschule Aachen	Julicher Strasse 344 A 52070 Aachen, Germany	+49 241 166020	+49 241 1660217		
199	C. T. Tan	Managing Director		Sulzer Metco (Singapore) Pte Ltd	2 Loyang Lane #06－02, Singapore 508913	+65 5450870	+65 5450816		
200	Patrice Fournier	Sales Department		Saint－Gobain Ceramiques Avancees SNMI	Courtine Mourre Frais, 50. ruedu Mourelet B.P.966, 84096 Avignon Cedex9, France	+33(0)490867362	+33(0)490829452	+33(0)673986904	
201	Lucia Sun	General Sales Manager, Asia		Saint－Gobain Ceramic Materials AS Shanghai Rep. Office	Olive L.V.O Mansion 2nd FL, 620 Huashan Road, Shanghai 200040, China	+862162489922－225	+862162497205	+8613816334540	
202	Kevin Kao	Senior Sales Manager		Saint－Gobain Advanced Materials Taiwan Co., Ltd.	Suite 1203, NO.147, ChienkwoN. Road, Sec.2, Taipei104, Taiwan	+886(2)25034201ext.60	+886(2)25034202	+886935930213	

203	Daniel Zhou	Regional Sales Manager – China		Saint – Gobain Ceramic Materials AS Shanghai Rep. Offie	Olive L.V.O Mansion 2nd FL, 620 Huashan Road, Shanghai 200040, China	+862162489922 – 234	+862162497205	+8613817682 559	
204	Peter Heinrich	Executive Manager		Gemeinschaft Therm isches Spritzen e.V. Associaion of Thermal Sprayers	GTS Head Of ficec/o Linde AG, Linde Gas Division, Carl – von – Linde – Strasse 25, 85716 Unterschleissheim, Germany	+49 89 31001 – 564	+49 89 31001 – 585	+49 177784 6309	
205	Ismo Linden	Vice Presi dent, Sales & Marketing		Oseir Ltd	Hermiankatu 6A, FIN – 33720 Tampere, Finland		+35833167141	+3584077 36311	
206	Mireille Fischer	Managing Director		Zinacor SA	Rue De Chenee, 53 – B – 4031 Angleur – Belgium	+3243666472	+3243666477		
207	Philippe Vincent	Production Manager		Zinacor SA	Centred' affaires Dony, Rue De Chenee, 53 – B – 4031 Angleur – Belgium	+3243666482	+324666487		
208	Dr. Hans Hallen	Market Deve lopment Manager		Hoganas Belgium S. A.	Ruelle Gros Pierre10, B – 7800 ATH, Belgium	003268268957	003268285775		
209	Scott Hudson	顾问	工程师	山西永青咨询服务中心	山西太原钟楼街邮局 11 号信箱	0351 – 3532565	0351 – 3531687		030002
210	杨宗洁	PRESI DENT 董事长		MOONEYINDUSTR YCO., LTD. 苏州统明机械有限公司	10. KUNG4ROA-DKUNG2INDU-STRIALDIST. LINKOU. TAI-PEIHSIEN. TAI-WAN 苏州市吴中区长桥镇越溪龙翔工业区九号	886226010012 (0512)66551525	886220010010 (0512)66552516		215104
211	贾长存	董事长兼总裁	法学硕士	加拿大班特国际技术有限公司	北京朝阳区惠新东街 23 号元立大厦七层	(010)64985625	(010)64988366		100029
212	沙洛金	科技主管	博士	俄罗斯维哈科技有限公司	俄罗斯共青城	007 – 42172 – 40001			

鞍山、鞍钢、铁岭市领导及鞍山地区代表

213	吴野松	科技副市长		鞍山市人民政府		0412－5532215	0412－5501508		
214	贾天敏	副市长		辽宁省铁岭市人民政府		0410－4849845	0412－4848036	13504109683	112000
215	英树旺	主任		鞍山市政协常委经济科技委员会	铁东区二一九路26号	(0412)2230082 6329856	(0412)2230121	13009383601	114002
216	万国庆	副主任		辽宁省铁岭市经济贸易委员会	辽宁省铁岭市银州区	0410－2823750	0410－2823636	13904106626	112000
217	景奉儒	副经理兼设备部部长		鞍钢新钢铁公司		0412－6725896			114021
218	黄晓煜	部长	高级工程师	鞍山钢铁集团公司科技质量部	辽宁省鞍山市铁西区鞍钢集团公司	(0412)6725837	(0412)6722096		114021
219	谭明才	副主席		鞍山市政协					114002
220	张显露	区长		鞍山市千山区人民政府	辽宁省鞍山市鞍海路28号	(0412)2313542	(0412)2311412		114041
221	牛东升	副区长		鞍山市千山区人民政府	辽宁省鞍山市鞍海路28号	0412－5532601			114041
222	何玉章	部长	高工	鞍钢新轧钢股份有限公司		0412－6734829	0412－6734830		114021
223	郑宇林	厂长		鞍山一发电厂					
224	黄宝新	主任		鞍钢一炼钢厂					
225	葆永刚	经理		鞍钢建设公司					
226	徐春政			鞍山市委统战部					
227	李海波			鞍山市委统战部					
228	陈国伟	厂长		鞍钢机械开发热喷涂厂					
229	石恒英			鞍钢炼铁总厂				13700121333	
230	林揆一	副处长	高工	鞍钢设备处				13941289843	
231	杜志忠	科长	高工	鞍钢设备处调配室		0412－6734651			
232	廖相巍		高工	鞍钢技术中心					
233	杨大正			鞍钢技术中心					
234	英腹生	镇长		鞍山市千山镇政府		0412－5422392			
235	毕战勇			鞍山市千山镇政府					

236	王国平	党委书记		鞍山市千山镇政府					
237	郭　军	记者		鞍山日报					
238	雷雨安	主任		千山区人民政府办					
239	罗　理			鞍钢小型型材厂					
240	吕　利	科长		鞍钢设备动力中心					
241	王　强			鞍钢三炼钢		0412 - 6754682			
242	杨国建			鞍钢三炼钢		0412 - 6752800			
243	张　重	统计		鞍钢矿山公司设计院		0412 - 5613726			
244	王太祥	副厂长		鞍钢第一发电厂		0412 - 6726692			

理事会领导

245	丁传贤（刘宜勇代表）		院士	中国科学院上海硅酸盐研究所	上海市定西路1295号	021 - 52414103	021 - 62513903		200050
246	王　林	党委书记	教授级高级工程师	武汉材料保护研究所	湖北武汉宝丰二路126号	(027)83624354	(027)83637647		430030
247	黄小鸥	所长	研究员	中国农业机械化科学研究院表面工程技术研究所	北京德胜门外北沙滩一号	010 - 64882554	010 - 64872316	(0)13901358778	100083
248	周克崧	院长	教授级高级工程师	广州有色金属研究院	广州五山	(020)37239011 85231729	(020)37238510		510651
249	支树平	所长	研究员高工	四川成发航空科技股份有限公司涂层研究所	成都市双桥子	028 - 84505335	028 - 84506505		610067

中国表面工程协会热喷涂专业委员会秘书处

250	卢乐松	主任 秘书长助理		中国农业机械化科学研究院表面工程技术研究所 中国表面工程协会热喷涂专业委员会	北京德胜门外北沙滩一号	010 - 64879322 64882552	010 - 64879322	(0)13801233251	100083
251	蔡　莉	秘书		中国表面工程协会热喷涂专业委员会	北京德胜门外北沙滩一号	010 - 64882560	010 - 64872316		100083
252	许春潮	秘书		中国表面工程协会热喷涂专业委员会	北京德胜门外北沙滩一号	010 - 64882552	010 - 64879322	(0)13910688578	100083

2.中国表面工程协会热喷涂专业委员会二届四次(扩大)理事会在鞍山市召开

按照中国表面工程协会二届六次常务理事扩大会议(2002 年 4 月 3 – 5 日在北京召开)和总会关于第三次会员代表大会筹备工作方案要求,经秘书处征询中国表面工程协会热喷涂专业委员会理事长、副理事长同意,中国表面工程协会热喷涂专业委员会于 2002 年 5 月 22 日结合第五届国际热喷涂研讨会和第六届全国热喷涂年会成功召开的同时,在鞍山市五环大酒店召开了热喷涂专业委员会二届四次(扩大)理事会。

本届(扩大)理事会共有 33 名理事到会参加,会议主要内容为:

1)传达中国表面工程协会二届六次常务理事(扩大)会议精神;

2)讨论并推选了参加参加中国表面工程协会第三次代表大会(拟于 2003 年 6 月召开)的代表、以及三届协会理事候选人 23 人和常务理事候选人 7 人(名单附后);

3)讨论和确认中国表面工程协会热喷涂专业委员会第三次代表大会(拟于 2003 年 10 月召开)筹备方案(大会召开时间、地点、议程、三届理事会和常务理事会组成方案等)。

中国表面工程协会第三届理事会常务理事推荐候选人名单

姓名	单位	职务、职称
丁传贤	中科院上海硅酸盐研究所	院士、 研究员
王　林	武汉材料保护研究所	书记 教授级高级工程师
黄小鸥	中国农机院表面工程技术研究所	所长 研究员
周克崧	广州有色金属研究院	院长 教授级高工
支树平	成发航空科技股份有限公司涂层研究所	所长 研究员
喻尊璞	中国矿业大学大正表面新技术公司	总经理 教授
祖玉冰	航天科技集团总公司 703 所	高工

中国表面工程协会第三届理事会常务理事候选人共 7 人。

中国表面工程协会第三届理事会理事推荐候选人名单

姓名	单位	职务、职称
陆季辉	上海宝钢工程技术有限公司宝钢机械厂	厂长
杨宗吉	苏州统明机械有限公司	董事长

姓名	单位	职务、职称
王汉功	第二炮兵工程学院	教授
王泰兴	铁岭永兴石油机械有限公司	总经理、高工
冯国志	上海新业喷涂机械有限公司	总经理、工程师
钱业仁	天津北方涂层材料有限责任公司	董事长、高工
王　多	成都大光喷涂材料公司	董事长、博士
贾永昌	北京廊桥表面发展技术有限公司	教授级高工
张关宝	上海瑞法喷涂机械有限公司	总工、高工
李其连	北京航空工艺研究所(625所)	高工
胡蕴成	东汽表面工程技术有限公司	执行董事 总经理、高工
张革飞	沈阳黎明发动机公司热喷涂中心	主任、工程师
吴子健	北京钢铁研究总院	研究员
陈加印	成都市长诚热喷涂技术有限公司	总经理、高工
高荣发	武汉高力热喷涂工程有限责任公司	总经理、高工
李长久	西安交通大学焊接所	所长、教授

中国表面工程协会第三届理事会理事推荐候选人共23人,7名常务理事,其他理事16名,共计23名。

3.组成第二届《热喷涂技术》编委会

第一届《热喷涂技术》编委会组成于1995年。近五年来,我国的热喷涂行业进步斐然。热喷涂队伍及人员亦有很大变化。为反映、适应这种状况和更好地发展我国的热喷涂事业,加强《热喷涂技术》和《热喷涂快讯》两种刊物的编辑力量和水平,于2002年底组成第二届《热喷涂技术》编委会,名单如下:

名誉主编:沈烈初　毕　顺　丁传贤

主　　编:黄小鸥

副 主 编:周克崧　支树平

编　　委:王汉功　王泰兴　王　多　公茂秀　卢乐松　冯国志　李长久
李其连　伍建华　陆季辉　陈加印　杨宗吉　张关宝　周贻茹
祖玉冰　赵维勋　胡蕴成　贾永昌　高荣发　高　阳　高心海
钱业仁　喻尊璞　熊天英
(按姓氏笔画为序)

责任编辑:卢乐松

二〇〇三年大事记

1.建立中国热喷涂网站

中国热喷涂网站已正式开通和运行,秘书处已投入大量人力物力专门建设网站。网站辟有协会简介、行业动态、友情链接、会议消息、刊物出版、会员天地、会员服务、在线注册、在线留言、商贸机会、供求信息、求职求聘、企业风采、产品信息、知识天地、企业资格证书等专题栏目,另外还有本站热点、会议动态等版块。目前网站内容还比较少,随着时间的推移,网站将进一步完善。它可以更大限度的加强秘书处与会员及理事之间、会员与会员之间、企业与协会之间的交流与合作。我们希望中国热喷涂网及《热喷涂技术》、《热喷涂快讯》两种刊物,能成为国内外热喷涂界同仁、企业的窗口、桥梁、纽带和朋友。中国热喷涂网网址:http://www.chinathermalspray.org,http://www.tscc.org.cn,http://www.中国热喷涂.com,网络实名:中国热喷涂;

2.编辑《中国热喷涂年鉴(2003年版)》

2002年—2003年与北京昕史文化研究中心、北京中测三维信息技术研究所联合编制《中国热喷涂年鉴(2003年版)》。本年鉴为我国热喷涂行业首部国家级馆藏工具书。《中国热喷涂年鉴》为国际标准大16开,全彩精装本,面向海内外出版发行。该书在我国出版尚属首次,是一部广泛适用于我国热喷涂行业各领域及相关行业及中外投资者选择合作和发展贸易的权威工具书,展示了我国热喷涂行业的整体形象和全面反映了企事业单位的代表产品、技术、设备、材料及应用情况。《中国热喷涂年鉴》每三年出版一次,将准确、及时地反映中国热喷涂行业的现状,有利于会员对热喷涂技术和市场动态作出客观估价,促进国内热喷涂行业内部,以及热喷涂行业与其他行业的交流,推动国内外热喷涂界的合作。

3.中国表面工程协会热喷涂专业委员会二届五次(扩大)理事会在延吉市召开

按照中国表面工程协会第二届三次理事(扩大)会议(2003年4月5-7日在江苏常州召开)要求,经秘书处征询中国表面工程协会热喷涂专业委员会理事长、副理事长同意,中国表面工程协会热喷涂专业委员会于2003年8月17-22日在吉林省延吉市召开了二届五次理事扩大会。

本届(扩大)理事会共有41名代表参加会议,其中30余名理事、顾问或委托代表到会,另有15名理事请假虽未能到会,但均对二届理事会及秘书处的工作表示满意,同意二届理事会工作报告讨论稿和三届理事会候选人安排。共有38名三届理事会候选人、顾问或委托代表与会。符合召开理事会法定人数。本届(扩大)理事会议主要内容为:

1) 传达中国表面工程协会第二届第三次理事(扩大)会议精神;

2) 讨论并通过了二届理事会工作报告讨论稿,以及三届理事会工作计划;

3) 讨论并确定了中国表面工程协会热喷涂专业委员会第三次会员代表大会召开事宜及会议议程;

4) 讨论并推选了中国表面工程协会热喷涂专业委员会三届协会理事候选人、顾问委员会组成名单(名单附后);

5) 讨论并审议了“中国热喷涂年鉴(2003版)”编委会组成(名单附后)及年鉴主要内容;

6) 讨论并决定推荐铁岭永兴石油机械有限责任公司董事长兼总经理、高级工程师、铁岭市政协常委王泰兴同志为总会常务理事候选人。

沈烈初理事长参加了本届(扩大)理事会,并作了重要讲话(讲话全文另发),他对二届理事会及秘书处的工作表示满意,并对三届理事会提出了建议和希望。与会理事及代表亦纷纷发言,充分肯定二届理事会及秘书处的工作,并对三届理事会的工作提出宝贵的意见和建议。

中国表面工程协会热喷涂专业委员会
第三届理事会理事候选人名单
(中国表面工程协会热喷涂专业委员会二届五次(扩大)理事会通过)

序号	姓名	职务	职称	单位
1	丁传贤		院士	中国科学院上海硅酸盐研究所
2	黄小鸥	所长	研究员	中国农业机械化科学研究院表面工程技术研究所
3	周克崧	院长顾问	教授级高级工程师	广州有色金属研究院
4	支树平	所长	研究员高工	四川成发航空科技股份有限公司涂层研究所
5	祖玉冰		高级工程师	中国航天科技集团公司第七Ｏ三研究所
6	王泰兴	董事长总经理	高级工程师	铁岭永兴石油机械有限责任公司
7	李秉忠	主任	研究员	武汉材料保护研究所
8	周贻茹		教授级高工	北京有色金属研究总院金甲喷涂技术公司
9	王汉功	所长	教授	第二炮兵工程学院
10	胡蕴成	执行董事总经理	高级工程师	东汽表面工程技术有限公司
11	吴子健		研究员	钢铁研究总院
12	李其连		高级工程师	北京航空制造工程研究所(625所)
13	陆季辉	厂长	高级工程师	上海宝钢工程技术有限公司宝钢机械厂
14	贾永昌	总工	教授级高级工程师	北京廊桥表面技术发展有限公司
15	杨宗吉	董事长		苏州统明机械有限公司
16	钱叶仁	董事长	高级工程师	天津市北方涂层材料有限公司
17	陈惠国	副总工程师	高级工程师	上海大豪英佛曼纳米材料喷涂有限公司
18	李长久		教授	西安交大机械工程学院
19	王　多	董事长总经理	博士	成都大光热喷涂材料有限公司
20	高荣发	总经理	高级工程师	武汉高力热喷涂工程有限责任公司
21	陈加印	董事长	高级工程师	成都市长诚热喷涂技术有限责任公司
22	冯国志	总经理	工程师	上海新业喷涂机械有限公司

序号	姓名	职务	职称	单位
23	赵维勋	主任	高级工程师	沈阳黎明航空发动机(集团)有限责任公司喷涂研究室
24	刘景凤	所长	高级工程师	中冶集团建筑研究总院焊接研究所
25	王　晖	厂长	高级工程师	大连重工起重集团有限公司特种焊接加工厂
26	那忠爱	经理	工程师	沈阳恒信表面技术发展有限公司
27	安云岐	总经理	高级工程师	江苏中矿大正表面工程技术有限公司
28	高　阳		教授工学博士	大连海事大学船舶材料与工艺研究所热喷涂加工实验中心
29	刘广海	总工	高级工程师	北京瑞达安喷涂技术开发中心
30	于淑香	主编	高级工程师	机械工人杂志社
31	熊天英	主任	博士研究员	中国科学院金属研究所
32	许　冠	董事长	高级工程师	中南动力机械有限公司
33	公茂秀	副总工程师	研究员	山东省冶金科学研究院
34	李志刚	副总经理		先进机械设备有限公司
35	林惠令	总经理	高级工程师	上海凯林新技术实业公司
36	刘　敏	主任	教授	广州有色金属研究院
37	薛永宗	总经理	经济师	无锡市新科表面工程材料有限公司
38	伍建华	副主任副经理	研究员	武汉材料保护研究所喷涂室
39	孙大千	副院长	教授	吉林大学材料科学与工程学院
40	蒋显亮	所长	教授	中南大学表面与涂层技术研究所
41	钱　强	总经理	教授级高级工程师	哈尔滨四达热喷涂技术有限责任公司
42	陶顺衍		副研究员	中国科学院上海硅酸盐研究所
43	郑希华	经理	工程师	哈尔滨市祥泰金属喷涂技术公司
44	周　杰	副所长	高工	天津机械涂层研究所有限责任公司
45	朱　胜	主任	教授 博导	装甲兵工程学院材料科学与工程系
46	石成刚	厂长	高级工程师	中国石油科学技术研究院江汉机械研究所
47	郭吉平	总经理		先导(益阳)等离子粉末有限公司
48	李慕勤	院长	教授	佳木斯大学材料工程金属学院
49	汪瑞军	主任	高级工程师	中国农业机械化科学研究院表面工程技术研究所
50	左丹江		高级工程师	武汉材料保护研究所中国表面工程协会

序号	姓名	职务	职称	单位
51	赵吉儒	厂长	高工	沈阳热喷涂厂
52	方辉义	董事长	高工	哈尔滨长河特种涂料厂有限责任公司
53	苏新勇	站长	高级工程师	海军北海表面工程推广站
54	陈政国	原院长	教授	黑龙江科技学院
55	陈善忠	主任	高工	中国南车集团戚墅堰机车车辆工艺研究所
56	韩志海		副教授	西安交通大学
57	寇友强	总经理	工程师	河北省三河市三强金属表面技术工程有限公司
58	唐荣度	董事长	工程师	无锡科特金属喷涂厂
59	徐　峰	董事长		浙江省长兴县华峰喷焊材料电炉有限公司
60	焦宝林	主任	高级经济师	西安航空发动机(集团)有限公司冲焊厂
61	童喜民	副主任	工程师	青铜峡水电厂
62	吴朝军		高级工程师	中国航天科技集团公司第七０三研究所
63	肖旭东	总经理	工程师	北京瑞佩尔技贸有限责任公司

中国表面工程协会热喷涂专业委员会
三届理事会顾问委员会名单

王　林　许仁撑　王东曦　赖师墨　麻毓璜　沈肖镇　邓世均　耿家林　段绪海
温瑾林　喻尊璞　苏　启　张树生　邹仲元　王德政　周志国　杨耀华　赵文华
陈建平　高心海　汪行恺

《中国热喷涂年鉴(2003年版)》编委会名单

名誉主任:沈烈初　毕　顺　丁传贤　徐滨士
主　　任:黄小鸥
副 主 任:王　林　周克崧　支树平　祖玉冰　王汉功
主　　编:黄小鸥
副 主 编:卢乐松　付海宇
编　　委:于淑香　王泰兴　王　多　王　晖　公茂秀　卢乐松　付海宇　冯国志
刘广海　刘景凤　李长久　李其连　伍建华　那忠爰　陆季辉　陈加印
杨宗吉　张关宝　周贻茹　祖玉冰　赵维勋　胡蕴成　贾永昌　高荣发
高　阳　高心海　钱业仁　喻尊璞　熊天英(按姓氏笔画为序)
责任编辑:卢乐松　付海宇

4.第六届国际热喷涂研讨会(ITSS′03)暨第七届全国热喷涂年会(CNTSC′03)、中国表面工程协会热喷涂专业委员会第三届会员代表大会在重庆市成功举行

在国内外热喷涂界同仁的大力支持和筹备组的精心组织下,由中国表面工程协会热喷涂专业委员会主办,中国科学院上海硅酸盐研究所、中国农机院表面工程技术研究所、广州有色金属研究院、成发航空科技股份有限公司涂层研究所、中国航天科技集团公司703所、铁岭永兴石油机械有限公司、武汉材料保护研究所、上海宝钢工程技术有限公司宝钢机械厂、沈阳黎明航空发动机(集团)有限责任公司、天津北方涂层材料有限责任公司、北京廊桥表面技术发展有限公司(苏尔寿.美科公司代理)、成都大光热喷涂材料有限公司、无锡市新科表面工程材料有限公司、上海新业喷涂机械有限公司、先进机械设备有限公司、成都振兴金属粉末厂、北京航空制造工程研究所(625所)、沈阳恒信表面技术发展有限公司、德阳东汽表面工程技术有限公司、江苏中矿大正表面工程技术有限公司、北京瑞佩尔技贸有限责任公司、先导(益阳)等离子粉末有限公司、中国科学院沈阳金属研究所、上海凯林新技术实业公司、成都市长诚热喷涂技术有限责任公司、重庆仪表材料研究所、无锡科特金属喷涂厂、哈尔滨长河特种涂料厂有限责任公司、浙江省长兴县华峰喷焊材料电炉有限公司、青铜峡水电厂、哈尔滨市祥泰金属喷涂技术公司、山东省冶金科学研究院、北京有色金属研究总院、西安交通大学材料学院、哈尔滨四达热喷涂技术有限责任公司、第二炮兵工程学院、铁道部戚墅堰机车工艺研究所、上海大豪英佛曼纳米材料喷涂有限公司(上海瑞法喷涂机械有限公司)、台湾统明机械有限公司、河北省三河市三强金属表面技术工程有限公司、瑞士Sulzer Metco公司、法国圣戈班公司、德国阿亨大学材料科学研究所、美国PRAXAIR/TAFA公司、日本KASAI公司、日本PRIME LIMITED公司、日本Toyota Technological Institute公司、日本溶射协会、日本Fujimi Incorporated公司、日本NIPPON STEEL HARD FACING CO.LTD公司、日本SNMアジア株式会社、德国热喷涂协会(GTS)、德国Linde Gas AG公司等协办的第六届国际热喷涂研讨会(International Thermal Spraying Seminar′2003)暨第七届全国热喷涂年会(China National Thermal Spraying Conference′2003)于2003年10月13-18日在山城重庆市东方花苑饭店成功举行,并同时召开了中国表面工程协会热喷涂专业委员会第三届会员代表大会以及中国表面工程协会热喷涂专业委员会三届一次(扩大)理事会。本届大会的主题为“面对机遇的中国热喷涂”。

出席研讨会和年会的国内外代表共120余人(与会代表名单附后),共有10余名国外及港台地区的热喷涂知名公司、大学、科研机构的专家及代表参加了本届大会,其中有日本溶射协会理事长、丰田工业大学恒川好树教授、Sulzer Metco(新加坡)公司、Sulzer Metco(美国)公司、Sulzer Metco(日本)公司、法国SAINT-GOBAIN先进陶瓷公司、日本PRIME LIMITED公司、日本KASAI公司、日本Fujimi Incorporated公司、日本NIPPON STEEL HARD FACING CO.LTD公司、日本SNMアジア株式会社、SAINT-GOBAIN先进陶瓷公司台湾公司、美国UniqueCoat公司中国地区总代理、德国GTV公司中国地区总代理、台湾统明机械有限公司、SAINT-GOBAIN先进陶瓷公司上海办事处、韩国所罗门技术公司(上海公司)等;国内知名的热喷涂企业、公司、科研院所、大专院校,如中国科学院上海硅酸盐研究所、中国农机院表面工程技术研究所、广州有色金属研究院、成发航空科技股份有限公司涂层研究所、中国航天科技集团公司703所、铁岭永兴石油机械有限公司、武汉材料保护研究所、上海宝钢工程技术有限公司宝钢机械厂、沈阳黎明航空发动机(集团)有限责任公司、天津北方涂层材料有限责任公司、北京廊桥表面技术发展有限公司(苏尔寿.美科公司代理)、成都大光热喷涂材料有限公司、无锡市新科表面工程材料有限公司、上海新业喷涂机械有限公司、上海凯林新技术实业公司、成都振兴金属粉末厂、北京航空制造工程研究所(625所)、沈阳恒信表面技术发展有限公司、德阳东汽表面工程技术有限公司、江苏中矿大正表面工程技术有

限公司、先导(益阳)等离子粉末有限公司、成都市长诚热喷涂技术有限责任公司、浙江省长兴县华峰喷焊材料电炉有限公司、青铜峡水电厂、第二炮兵工程学院、上海大豪英佛曼纳米材料喷涂有限公司(上海瑞法喷涂机械有限公司)、苏州统明机械有限公司、河北省三河市三强金属表面技术工程有限公司、大连海事大学、黑龙江科技学院、北京丹斯泰克科贸有限公司(美国 Unique Coat 公司中国地区总代理)、哈尔滨焊接研究所、江汉石油机械研究所、海军北海表面工程推广站、甘肃中试电力科技有限责任公司、四川电力喷涂中心、上海康阜实业有限公司、通化钢铁公司、株洲硬质合金厂、郑州纺机特种工艺有限公司、清华大学、北京工业大学、甘肃工业大学合、河海大学、首钢东星备件修复公司、鞍钢附企金属表面技术开发公司、包头钢铁集团机械设备制造有限公司金属表面工程分公司、北京飞机维修工程有限公司、北京熵科尔应用技术研究所、太原重机金属表面工程公司、上海史美贸易有限公司、大连市热电集团有限公司检修分公司等 100 余个单位 120 余人参加了第六届国际热喷涂研讨会及第七届全国热喷涂年会。与会单位来自机械、钢铁、电子、冶金、煤炭、汽车、石化、航空、航天、海军、船舶、有色、塑料、轻工、能源、交通、电力、军工等行业,既有热喷涂专业企业,也有科研院所,又有大专院校,既有国营企事业单位,也有私营及股份制企业,又有军工企业,充分体现了热喷涂专业委员会的号召力和代表性,以及协会是跨行业、跨部门、跨地区、跨所有制企业的行业性组织的特点。

国际热喷涂研讨会,作为多边的国际热喷涂研讨会,在我国举行已是第六届了。由于"非典"等原因,本届研讨会的规模不如上一届,但达到了与国外热喷涂界增强了解,交流技术,加强技术和经贸合作的预期目的。由于种种原因,国外一些热喷涂协会、公司及知名人士虽未能到会,但都纷纷发来贺电,祝贺研讨会的成功召开。

本届国际研讨会和年会由黄小鸥、周克崧、支树平等执行主席主持,由大会主席、中国表面工程协会副理事长、热喷涂专业委员会常务副理事长兼秘书长黄小鸥教授致开幕词(全文另发),黄小鸥常务副理事长在开幕词中指出:我们正处于我国建国以来经济发展最好的时期,GDP 年增长速度 7% 以上,2002 年接近 11 万亿元。热喷涂作为高技术产业和多学科的交叉、边缘技术,对国民经济,特别是对制造业的发展状态和产品结构调整极其敏感,有很强的依附性。也就是说,我国热喷涂事业的发展,面临前所未有的大好机遇,特别在钢铁、能源、汽车、造纸印刷、钢结构防腐、纺织、军工、航空等领域。说明热喷涂产业具有极大的发展空间和良好的发展前景。国内外经验证明:国家越发达,先进制造业越发达,热喷涂就越发达,热喷涂企业的日子就越好过。这就是摆在全体热喷涂同仁面前艰巨而光荣的任务。"水涨船高",历史赋予了我们机遇。我们可以也应当在这个平台上演绎出有声有色的一幕来。在今后若干年内,中国表面工程协会热喷涂专业委员会的主要任务之一,就是倾全力推进热喷涂工厂的发展,使热喷涂真正形成市场和产业。

日本溶射协会理事长、丰田工业大学恒川好树教授致辞热烈祝贺国际研讨会和年会的成功举行;中国工程院院士、中国表面工程协会热喷涂专业委员会名誉理事长丁传贤院士以及理事长王林虽未能亲自到会,致电祝贺并派代表到会。

本届国际研讨会和年会上,中国表面工程协会副理事长、热喷涂专业委员会常务副理事长兼秘书长、中国农机院表面工程技术研究所所长黄小鸥教授,就 2003 年奥兰多国际热喷涂大会做了《隔岸观火奥兰多——2003 年国际热喷涂大会(ITSC'03)简评》的专题报告(该报告见热喷涂技术),报告全面介绍了奥兰多国际热喷涂大会的情况和当今世界热喷涂技术的现状和发展趋势,并从不同角度、不同方面介绍了本次大会的热点、焦点和亮点,得到与会国内外热喷涂专家和代表的好评。

国外公司的专家作了非常精彩的专题报告,如美科公司新加坡公司总经理陈清潮先生、美科公司美国公司 Mitchell Dorman 先生、SAINT – GOBAIN 先进陶瓷公司 Gaetan BONHOMME 先生等都从不同方面作了精彩的专题报告。广州有色金属研究院院长周克崧教授、成都发动机公司科技涂层所所长支树平高工等国内专家亦从热喷涂技术在各行业的应用及开发、设备的研制与开发、热喷涂材料的应用与开发等方面作了专题报告,其他代表亦踊跃发言,气氛非常热烈。

本届国际研讨会和年会共收到国际论文及国内论文42篇，热喷涂专业委员会秘书处将其编辑成论文集出版发行（共256页，定价150元/本，数量有限，欲购者请与秘书处联系）。与会代表纷纷表示，本届研讨会和年会开的有效率、有成效、有收获，物有所值，不虚此行。与会国内外热喷涂专家和代表表示，希望多举办类似的行业活动，以期推动我国热喷涂事业的进一步发展。

本届研讨会及年会成功召开的同时，中国表面工程协会热喷涂专业委员会于2003年10月15日在重庆市东方花苑饭店还成功召开了中国表面工程协会热喷涂专业委员会第三届会员代表大会以及中国表面工程协会热喷涂专业委员会三届一次（扩大）理事会，审议并通过了二届理事会工作报告以及三届理事会工作计划，选举并组成了中国表面工程协会热喷涂专业委员会三届理事会以及顾问委员会，三届理事会由理事62名以及顾问委员会组成。三届一次（扩大）理事会讨论并推选出三届理事会名誉理事长1名、理事长1名、副理事长5名、常务理事候选人28名，根据理事长提名，选出秘书长1名，副秘书长5名。

会议期间，代表们还乘东方明珠号豪华游轮参观考察了采用喷涂防腐的巫山长江大桥（热喷涂专业委员会参与项目论证）以及采用热喷涂的大型船闸启闭机现场。在紧张的开会之余，代表们还参观了美丽的新三峡等自然风光。

本届研讨会及年会得到了总会沈烈初理事长、毕顺副理事长以及总会秘书处的高度重视和评价，并得到了协办单位的大力支持和协助。热喷涂专业委员会秘书处对协办单位的支持与协助以及下列赞助单位中国农机院表面工程技术研究所、中国航天科技集团公司703所、铁岭永兴石油机械有限公司、武汉材料保护研究所、上海宝钢工程技术有限公司宝钢机械厂、沈阳黎明航空发动机（集团）有限责任公司、天津北方涂层材料有限责任公司、北京廊桥表面技术发展有限公司（苏尔寿.美科公司代理）、德国GTV公司中国地区总代理、成都大光热喷涂材料有限公司、无锡市新科表面工程材料有限公司、上海新业喷涂机械有限公司、先进机械设备有限公司、成都振兴金属粉末厂、北京航空制造工程研究所（625所）、沈阳恒信表面技术发展有限公司、德阳东汽表面工程技术有限公司、江苏中矿大正表面工程技术有限公司、北京瑞佩尔技贸有限责任公司、先导（益阳）等离子粉末有限公司、上海凯林新技术实业公司、成都市长诚热喷涂技术有限责任公司、无锡科特金属喷涂厂、哈尔滨长河特种涂料厂有限责任公司、浙江省长兴县华峰喷焊材料电炉有限公司、青铜峡水电厂、哈尔滨市祥泰金属喷涂技术公司、山东省冶金科学研究院、第二炮兵工程学院、上海大豪英佛曼纳米材料喷涂有限公司（上海瑞法喷涂机械有限公司）、苏州统明机械有限公司、河北省三河市三强金属表面技术工程有限公司、北京熵科尔应用技术研究所、中南动力机械有限公司、佳木斯大学材料工程金属学院等表示诚挚的感谢。

第六届国际热喷涂研讨会（ITSS'03）暨第七届全国热喷涂年会（CNTSC'03）、中国表面工程协会热喷涂专业委员会第三届会员代表大会通讯录

国内代表（按姓氏汉语拼音为序）

序号	姓名	职务	职称	单位	地址	电话	传真	手机	邮编
1	安云岐	董事长 总经理	教授	江苏中矿大正表面工程技术有限公司	江苏徐州中国矿业大学大正公司	0516－3883317	0516－3884465	13905210117	221008
2	蔡云青	经理		上海所罗门技术公司	上海浦东南路2232号	021－58411563	021－50845109	13907926339	200127

序号	姓名	职务	职称	单位	地址	电话	传真	手机	邮编
3	陈炳辑	厂长		通化钢铁公司校办公司喷涂厂	通化市二道江区东盛路14号	0435－3793982		13944584199	134003
4	陈国	总经理	高级工程师	四川华宝经济技术开发公司	成都市新华大道玉沙路144号晶爵大厦10楼1016	028－86748246	028－85772287	13320969847	610017
5	陈和兴	副所长	教授级高级工程师	广州有色金属研究院	广州五山	(020)37239045	(020)37238526	13500018529	510651
6	陈加印	总经理	高级工程师	成都市长诚热喷涂技术有限责任公司	成都市青白江区化工北路	028－83602179	028－83601266	028－88121299	610300
7	陈嵩松	经理		成都市长诚热喷涂技术有限责任公司	成都市青白江区化工北路	028－83602179	028－83601266	13086618183	610300
8	陈政国	原院长	教授	黑龙江科技学院	哈尔滨高新技术开发区闵江小区26栋1－301室	0451－82374180	0451－82374180	13674607466	150090
9	冯国志	总经理		上海新业喷涂机械有限公司	上海浦东南路2232号	021－50393000	021－58735205	13901716667	200127
10	冯慧芳	总经理		德国GTV公司中国地区总代理	北京朝阳区机场辅路草场地325号	010－64314485	010－64314490	13701087150	100015
11	高阳		教授 工学博士	大连海事大学船舶材料与工艺研究所热喷涂加工实验中心	大连凌水桥	0411－4726895	0411－4726895	13704267678	116026
12	宫成胜			江汉机械研究所	湖北荆州沙市区豉湖路1号	0716－8121235	0716－8222483	13997646606	434000
13	古衡	主任	工程师	佛山正衡冷热喷涂金属修复公司南海区正衡金属表面合金厂	佛山市市东上路6号822室	(0757)2230834 3231407	0757－2830469	13702905030	528000
14	郭平	经理	工程师	太原重机金属表面工程公司	太原市万柏林区玉河街53号	0351－6366620	0351－6831009	13803415588	030024
15	郭金城	经理	工程师	兰电除尘设备有限公司	兰州市七里河区光华街80号	0931－2336931－2314	0931－2310639	13609321570	730050
16	何坤池	副总经理	高级工程师	株洲硬质合金集团有限公司钽铌事业部	湖南省株洲市钻石路514信箱	0733－8265240	0733－8260553	13973398100	412005

序号	姓名	职务	职称	单位	地址	电话	传真	手机	邮编
17	贺安仁	副经理	高级工程师	包钢综企(集团)颈锋工程修建有限公司	包钢炼铁厂北侧	0472－2187709	0472－2187439	13804775536	014010
18	候晓林	总经理	高级工程师	哈尔滨圣维恩陶瓷喷涂技术有限公司	哈尔滨市南岗区西大直街480号	0451－86211747	0451－86375878	13069870885	150080
19	胡蕴成	执行董事总经理	高级工程师	东汽表面工程技术有限公司	四川德阳市	0383－6355541 2823128－2495	0838－2826419	13508008018	618201
20	黄福田	经理		烟台首钢东星备件修复公司	北京石景山苹果园北大街林3楼4单元442号	010－68819096		13801150907	100041
21	黄世宇	总经理助理		苏州统明机械有限公司	苏州市吴中区长桥镇越溪龙翔工业区九号	(0512)66551525	(0512)66552516	13812767335	215104
22	黄文有	经理		广东佛山市石湾区科倡金属冷热喷涂厂	广东佛山市澜石鄱阳北工业区8座1号	0757－3813436	0757－3813436	13302803885	528041
23	霍树斌		工程师	哈尔滨焊接研究所热喷涂室	哈尔滨市和兴路111号	0451－86374174	0451－86335215	13654606558	150080
24	贾鹏	经理		北京廊桥表面技术发展有限公司(苏尔寿.美科公司代理)	北京海淀区紫竹院路33号美林花园4－26F	010－88550612 88550613	010－88550708	13910841684	100089
25	贾永昌	总工	教授级高级工程师	北京廊桥表面技术发展有限公司(苏尔寿.美科公司代理)	北京海淀区紫竹院路33号美林花园4－26F	010－88550612 88550613	010－88550708	13910841684	100089
26	寇友强	总经理	工程师	河北省三河市三强金属表面技术工程有限公司	河北省三河市燕郊开发区迎宾南路西侧	010－61594182	010－61595293	13703162937	065201
27	雷宏	主任	工程师	北京有色金属研究总院翠铂林有色金属技术开发中心	北京新街口外大街二号	010－82241774	010－62044835	13641161342	100088
28	李益明	科长		上海宝钢工程技术有限公司宝钢机械厂技术科	上海宝山区宝钢厂区内纬一路经五路口	021－56933460	021－56933460	13311658718	201900
29	李志伟		高级工程师	郑州纺机特种工艺有限公司	郑州市南阳路290号	0371－3585902	0371－3586042	13838151415	450053

序号	姓名	职务	职称	单位	地址	电话	传真	手机	邮编
30	林惠令	总经理	高级工程师	上海凯林新技术实业公司	上海漕宝路86号903室（光大会展中心F座）	021－64756442 64326600	(021)64325123	13901772988	200235
31	林茂峻	项目部经理	工程师	大连市热电集团有限公司检修分公司	大连市沙河口区香周路210号检修公司综合项目部	0411－6645580	0411－6664833	13942836413	116022
32	刘代富	董事长 总经理		绵阳科奥表面涂层技术有限公司	四川绵阳市绵州大道北段13号三江光机电工业园1号厂房	0816－6390391	0816－6390391	13942836413	116022
33	芦建华	副总经理	高级工程师	甘肃中试电力科技有限责任公司	甘肃省兰州市西津东路732号	0931－2665639	0931－2665639	13609331700	730050
34	罗范波	总经理助理		先导（益阳）等离子粉末有限公司	湖南省益阳市秀峰路72号	0737－6185160	0737－6185153	13307373038	413000
35	罗洪军	主任	高级工程师	中国农业机械化科学研究院表面工程技术研究所	北京德胜门外北沙滩一号	010－64883274	010－64879322	13501063550	100083
36	罗建庭	业务总监		北京廊桥表面技术发展有限公司（苏尔寿.美科公司代理）	北京海淀蛆紫竹院路33号美林花园4－26F	010－88550612 88550613	010－88550708		100089
37	那忠爱	经理	工程师	沈阳恒信表面技术发展有限公司	沈阳市沈河区乐郊路丙吉巷1－3号楼141室	024－24121564	024－24121564	13644017948	110011
38	钱兵	总经理	工程师	南通高欣金属陶瓷复合材料有限公司	江苏省南通市人民西路107－5号	0513－3524161	0513－3532955	13906291664	226006
39	钱叶仁	董事长	高级工程师	天津市北方涂层材料有限公司	天津河北区南口路40号	022－26635599	022－26635599	13502017798	300110
40	沈肖镇		研究员	北京熵科尔应用技术研究所	北京西城区阜外大街甲6号306室	010－85701889	010－68024177		100037
41	舒晶	总经理		上海康阜实业有限公司	上海市北京西路605弄57号嘉发大厦A－22E	021－32100419	021－62178750	13901642268	200041
42	宋智	项目部策划工程师	工程师	大连市热电集团有限公司检修分公司	大连市沙河口区香周路210号检修公司综合项目部	0411－6645580	0411－6664833	13940885136	116022
43	宋进兵			广州有色金属研究院	广州五山	(020)37239045	(020)37238526		510651

序号	姓名	职务	职称	单位	地址	电话	传真	手机	邮编
44	苏新勇	站长	高级工程师	海军北海表面工程推广站	青岛荷泽三路5号	0532-2627975	0532-2618816	13808994151	266001
45	台雅琴	副经理		烟台首钢东星备件修复公司	北京石景山苹果园北大街林3楼4单元442号	010-68819096		13901309284	100041
46	谭兴海		高级工程师	上海宝钢工程技术有限公司宝钢机械厂技术科	上海宝山区宝钢厂区内纬一路经五路口	021-26645242	021-56933460		201900
47	陶顺衍		副研究员	中国科学院上海硅酸盐研究所	上海市定西路1295号	021-52414101	021-52413903	13641819579	200050
48	童喜民	副主任	工程师	青铜峡水电厂	青铜峡水电厂机械分场	0953-3022334	0953-3015399	1390955333	751601
49	汪刘应		副教授	西安市第二炮兵工程学院501室	西安市洪庆镇	029-3343901	029-3343901	13572517996	710025
50	汪瑞军	主任	高级工程师	中国农业机械化科学研究院表面工程技术研究所	北京德胜门外北沙滩一号	010-64879323	010-64872316	13701380963	100083
51	王聪	厂长	工程师	鞍钢附企金属表面技术开发公司	鞍山市经济开发区创建街1号	0412-8215388	0412-8215388	13941247998	114014
52	王多	董事长	博士	成都大光热喷涂材料有限公司	成都市高新区高朋东路8号	028-85197523	028-85199219	13908170691	610041
53	王朋	销售经理		上海大豪英佛曼纳米材料喷涂有限公司	上海青浦区华新镇嘉松中路1835号	021-69791050	021-69791053		201708
54	王朝智	厂长		重庆北碚方正机械厂	重庆北碚澄江	023-68226668	023-68226198	13808370332	
55	王春华	厂长		成都振兴金属粉末厂	成都市府青路三段14号附3号	028-86080279 83262268	028-83262268	13708051187	610051
56	王德权		教授级高工	沈阳盛世高中压阀门有限公司沈阳阀门研究所	沈阳市铁西区云峰北街3号	024-25872517-2085/2019	024-25875015	13700042252	110025
57	王卫中			上海大豪英佛曼纳米材料喷涂有限公司	上海青浦区华新镇嘉松中路1835号	021-69791050	021-69791053	13501999453	201708
58	王泽华		教授	河海大学材料系	南京河海大学西康路1号	025-3787981		13951813160	210098
59	魏琪		副教授	北京工业大学材料学院	北京朝阳区平乐园100号	010-67396168	010-67338619	13501342057	100022

序号	姓名	职务	职称	单位	地址	电话	传真	手机	邮编
60	吴朝军		高级工程师	中国运载火箭技术研究院七O三研究所	北京9200信箱73分箱	010－68756924 68383587(办)	010－68383237	13901315650	100076
61	吴广瑞	经理		河南平顶山市电业局喷涂厂	河南平顶山市新华路南段	0375－2765470	0375－3934108	13903902722	467001
62	吴恒显	副总工程师	高级工程师	上海凯林新技术实业公司	上海漕宝路86号903室(上海光大会展中心F楼)	021－64756442 64326600	021－64325123		200235
63	吴淑华	董事长	经济师	沈阳双实磨料磨具有限公司	沈阳市东陵区观泉路298号	024－88323518	024－88322458	13940011608	110045
64	吴玉萍		教授	河海大学材料系	南京河海大学西康路1号	025－3786226		13954813160	210098
65	伍建华	副主任	高级工程师	武汉材料保护研究所喷涂室	武汉宝丰二路126号	027－83641639	027－83637647	13971165228	430030
66	项建海		硕士研究生	清华大学精密仪器及机械学系	北京清华大学9003大楼3307室	010－62796125		13021984978	100084
67	谢国宏	总经理助理	教授级高级工程师	上海大豪英佛曼纳米材料喷涂有限公司上海瑞法喷涂机械有限公司	上海青浦区华新镇嘉松中路1835号	021－69791050	021－69791053	13501999453	201708
68	徐林	主任	技师	中国农业机械化科学研究院表面工程技术研究所	北京德胜门外北沙滩一号	010－64889323	010－64872316	13910082762	100083
69	徐建平	副总经理		浙江省长兴县华峰喷焊材料电炉有限公司	浙江省长兴县林城工业园区	0572－6087381	0572－6087584	13905822128	313112
70	薛永宗	总经理	经济师	无锡市新科表面工程材料有限公司	无锡市梁溪路155号	0510－5504122 5520126	0510－5520126	13806193942	214063
71	杨革	主任	高级工程师	株洲硬质合金集团有限公司钽铌事业部	湖南省株洲市钻石路514信箱	(0733)2610256 8260839	(0733)2610409	13973315876	412005
72	杨明	总经理	博士	成都大光热喷涂材料有限公司	成都市高新区高朋东路8号	028－85195376	028－85199219	13072817787	610041
73	杨定益	车间经理		四川川石.克锐达金刚石钻头有限公司	成都二仙桥西街3新5号	028－83240611	028－83246402		610051
74	杨盛琦	副总经理		安徽舒玉特种陶瓷有限责任公司	安徽省舒城县马河口镇	0564－8779049	0564－8779012	13965461101	231300

序号	姓名	职务	职称	单位	地址	电话	传真	手机	邮编
75	殷乐义	经理	工程师	焦作电力集团有限公司表面工程分公司	河南省焦作市建设西路30号	0391－3522537 3522962	0391－3522962	13903910546	454001
76	尹程远		工程师	北京飞机维修工程有限公司	北京首都机场563＃信箱RP	010－64561122－6515		13693039425	100621
77	于志勇	营销经理	工程师	吉林石油装备技术工程服务有限公司检测及表面处理中心	吉林省松原市长宁北街58号	0438－6337779	0438－6337779	13134389233	138000
78	喻根保		高级工程师	江西电力职业技术学院	江西电力职业技术学院动力系	3899137		13907083569	330032
79	袁鸿志	总经理	高级工程师	郑州纺机特种工艺有限公司	郑州市南阳路290号	0371－3585908	0371－3586042	13937166108	450053
80	翟岗	总经理		北京丹斯泰克科贸有限公司	北京朝阳区东三环北路42号新东方写字楼B座4020房间	(010)65812788 65812785	(010)65812784	13501068606	100020
81	张东辉		高级工程师	北京航空制造工程研究所(625所)	北京340信箱104室	(010)85701491	(010)85701588	13501348683	100024
82	张富邦	厂长	工程师	甘肃工业大学合金粉末厂	兰州市七里河区兰工坪85号	0931－2756544	0931－2756544	13609355701	730050
83	张伟刚		高级工程师	东汽表面工程技术有限公司	四川省德阳市	0838－6355301	0838－2826419	13700918190	618200
84	张晓辉	经营部长	工程师	鞍钢附企金属表面技术开发公司	鞍山市经济开发区创建街1号	0412－8227818	0412－8215388	13898045511	114014
85	张政权	董事长		上海润馨化学工程技术发展有限公司	上海市北艾路1638号605－607	021－50785725 50785727	021－50785726	13301639090	200125
86	赵华明	总经理		上海大豪英佛曼纳米材料喷涂有限公司上海瑞法喷涂机械有限公司	上海青浦区华新镇嘉松中路1835号	021－69791050	021－69791053	13311832017	201708
87	赵世权	经理		包头钢铁集团机械设备制造有限公司金属表面工程分公司	内蒙古包头市昆区	0472－2182330	0472－2182330	13304720372	014010

序号	姓名	职务	职称	单位	地址	电话	传真	手机	邮编
88	肇洋	副主任	工程师	沈阳黎明航空发动机(集团)有限责任公司喷涂研究室	沈阳市大东区东塔街六号	(024)24382684	(024)24831926	13130219789	110043
89	周松	主任	高工	四川电力喷涂中心	成都市青羊区青华路23号	028-87082445		13908044150	610073
90	朱才福	经理		上海史美贸易有限公司	上海常德路1349号501室	021-62660311	021-62989523	13901976319	200060
91	朱东生	经理		包钢综企(集团)颈锋工程修建有限公司	包钢炼铁厂北侧	0472-2187709	0472-2187439	13804771376	014010
92	庄红芳	总经理		江苏省丹阳市启迪合金有限公司	江苏省丹阳市吕城镇滨河北路40号	0511-6473898	0511-6472898	13905295123	212351

国外及港台地区代表

93	Yoshiki Tsunekawa	President of Japan Thermal Spraying Society	Professor	Toyota Technological Institute	2-12 Hisakata, Tempaku, Nagoya 468-8511, JAPAN	0081-52-809-1855	0081-52-809-1859		
94	C.T. Tan	Managing Director		Sulzer Metco (Singapore) Pte Ltd	2Loyang Lane # 06-02, Singapore 508913	+65 6545 0870	+65 6545 0816		
95	Mitchell Dorman	Director Materials and Equipment Development		Sulzer Metco (US) Inc.	1101 Prospect Avenue, Westbury, NY 11590, USA	+1 516 338 2251	+1 516 338 2488		
96	Norio Yumiba	Vice President Regional Manager Asia		Sulzer Metco Holding AG	4-2, Hikawadai 3-Chome, Nerima-ku, Tokyo 179-0084 Japan	0081-3-5920-3810	0081-3-5920-3511		
97	Gaetan BONHOMME	Senior Research Engineer		Northboro Research and Development Center Saint-Gobain, Ceramic& Plastics, Inc.	9 Goddard Road, Northboro, MA01532-1545, USA	+1-508-351-7573	+1-508-351-7596/7740		

98	Kevin Kao 高耀宗	Senior Sales Manager 地区业务经理		Saint - Gobain Advanced Materials Taiwan Co., Ltd. 圣戈班先进材料股份有限公司陶瓷材料事业部	Suite 1203, No. 147, Chienkwo N. Road, Sec.2, Taipei 104, Taiwan 104 台北市建国北路二段 147 号 12 楼 1203 室	+ 886 (2) 2503 4201 ext. 260 + 886 (2) 2503 4201 ext. 260	+ 886 (2) 2503 4202 + 886 (2) 2503 4202	+ 886 935 930 213 + 886 935 930 213	
99	Daniel Zhou 周常军	Regional Sales Manager - China 销售经理 - - - 中国区		Saint - Gobain Ceramic Materials AS Shanghai Rep. Office 圣戈班陶瓷材料有限公司上海代表处	Olive L.V.O Mansion 2nd FL, 620 Huashan Road, Shanghai 200040, China 上海市华山路 620 号奥力孚利华大厦 2 楼	+ 86 21 6248 9922 - 234 + 86 21 6248 9922 - 234	+ 86 21 6249 7205 + 86 21 6249 7205	+ 86 13817682559 + 86 13817682559	200040 200040
100	K. Kasai	"Honorary Director, Japan Thermal Spraying Society"	Professor		Fuchu - City, Honmachi 2 - 31 - 13 - 2 - 304, Tokyo, 183 - 0027, Japan	0081 - 42 - 302 - 0472	0081 - 42 - 302 - 0472		
101	Tetsuya Nakamoto	President of the company		SNM ASIA INC	1 - 2 - 9 Saiwai - cho, NaNiwa - ku, Osaka 556 - 0021, Japan	0081 - 6 - 6567 - 5836	081 - 6 - 6567 - 5837		
102	Tsuyoshi Itsukaichi	Manager	PhD	Fujimi Incorporated	82 - 28, Kakamihigashi - machi - 5, Kakamigahara, Gifu Pref. 509 - 0103 Japan	0081 - 583 - 79 - 3088	0081 - 583 - 85 - 4853		
103	Tsuncki Orita	Assistant General Manager		Fujimi Incorporated	82 - 28, Kakamihigashi - machi - 5, Kakamigahara, Gifu Pref. 509 - 0103 Japan	0081 - 583 - 79 - 3088	0081 - 583 - 85 - 4853		
104	Toshiyuki Katayama	GENERAL MANAGER	Engineer	Nippon Steel Hardfacing Co., Ltd	DAINI - MANTOMI BLDG. 14 - 4, KAMEIDO 1 - CHOME KOTO - KU, TOKYO 136 - 0071, JAPAN	0081 - 03 - 5858 - 5856	0081 - 03 - 5858 - 5857		

105	Masahiro Mori	President		Prime Limited	225 - 151 MIZOGUCHI, KOHDERA - CHO, KANZAKI - GUN, HYOGO - KEN 679 - 2161, JAPAN	0081 - 792 - 65 - 1550	0081 - 792 - 65 - 1557		
106	Naohiro Mori	Executive Vice President		Prime Limited	225 - 151 MIZOGUCHI, KOHDERA - CHO, KANZAKI - GUN, HYOGO - KEN 679 - 2161, JAPAN	0081 - 792 - 65 - 1561	0081 - 792 - 65 - 1557		
107	杨宗吉	PRESIDENT 董事长		MOONEY INDUSTRY CO., LTD. 苏州统明机械有限公司	10. KUNG 4 ROAD KUNG 2INDUSTRIAL DIST. LIN KOU. TAIPEI HSIEN . TAIWAN 苏州市吴中区长桥镇越溪龙翔工业区九号	886 2 26010012 (0512)66551525	886 2 20010010 (0512)66552516		215104
108	蔡明德	总经理		生麒防锈工程有限公司	台湾三重市中兴北街 133 号 3F 之 1	00886 - 2 - 2999 - 0430 2999 - 0825	00886 - 2 - 2999 - 1300	00886 - 932 - 135108	24158

理事会领导

109	黄小鸥	所长	研究员	中国农业机械化科学研究院表面工程技术研究所	北京德胜门外北沙滩一号	010 - 64882554	010 - 64872316	13901358778	100083
110	周克崧	院长	教授级高级工程师	广州有色金属研究院	广州五山	(020)37238503	(020)37238510		510651
111	支树平	所长	研究员高工	四川成发航空科技股份有限公司涂层研究所	成都市双桥子	028 - 84505335	028 - 84506505		610067
112	祖玉冰		高级工程师	中国运载火箭技术研究院七0三研究所	北京丰台区东高地梅园 16 - 14 - 10	010 - 88523465	010 - 68383237	13911596502	100076

113	王泰兴	董事长 总经理	高级工程师	铁岭永兴石油机械有限责任发司	辽宁铁岭银州区铜钟街铁道北	0410－4603505	0410－4690046	13904108269	112002
114	李秉忠	主任	研究员	武汉材料保护研究所热喷涂工程部	武汉市宝丰二路126号	027－83641656	027－83641656	13507112725	430030

中国表面工程协会热喷涂专业委员会秘书处

115	卢乐松	主任		中国农业机械化科学研究院表面工程技术研究所 中国表面工程协会热喷涂专业委员会	北京德胜门外北沙滩一号	010－64879322 64882552	010－64879322	13801233251	100083
116	孙　颖	秘书	工程师	中国表面工程协会热喷涂专业委员会	北京德胜门外北沙滩一号	010－64882557	010－64872316	13910572956	100083
117	许春潮	秘书		中国表面工程协会热喷涂专业委员会	北京德胜门外北沙滩一号	010－64882552	010－64879322	13910688578	100083
118	吴利超	秘书		中国表面工程协会热喷涂专业委员会	北京德胜门外北沙滩一号	010－64882560	010－64872316		100083

5.中国表面工程协会热喷涂专业委员会三届一次(扩大)理事会在重庆市召开

中国表面工程协会热喷涂专业委员会于2003年10月15日结合第六届国际热喷涂研讨会和第七届全国热喷涂年会成功召开的同时，在重庆市东方花苑饭店还成功召开了中国表面工程协会热喷涂专业委员会第三届会员代表大会以及中国表面工程协会热喷涂专业委员会三届一次(扩大)理事会，审议并通过了二届理事会工作报告以及三届理事会工作计划，选举并组成了中国表面工程协会热喷涂专业委员会三届理事会以及顾问委员会，三届理事会由理事62名以及顾问委员会组成。三届一次(扩大)理事会讨论并推选出三届理事会名誉理事长1名、理事长1名、副理事长5名、常务理事候选人28名，根据理事长提名，选出秘书长1名，副秘书长5名。

本届(扩大)理事会共有40名理事到会参加，会议主要内容为：

1)传达中国表面工程协会三次会员代表大会及三届一次(扩大)理事会议精神；

2)审议并通过了二届理事会工作报告以及三届理事会工作计划(附后)；

3)选举并组成了中国表面工程协会热喷涂专业委员会三届理事会以及顾问委员会，三届理事会由

理事 62 名以及顾问委员会组成(名单附后);

4)讨论并推选出三届理事会名誉理事长 1 名、理事长 1 名、副理事长 5 名、常务理事候选人 28 名,根据理事长提名,选出秘书长 1 名,副秘书长 5 名(名单附后);

与会理事及代表亦纷纷发言,充分肯定二届理事会及秘书处的工作,并对三届理事会的工作提出宝贵的意见和建议。

中国表面工程协会热喷涂专业委员会
二届理事会工作报告
(2003 年 10 月 15 日中国表面工程协会热喷涂专业委员会
第三届会员代表大会审议通过)

各位来宾、各位理事、各位代表:

今天,在我国西南地区重要工业基地,年轻的直辖市—山城重庆,召开中国表面工程协会热喷涂专业委员会第三次会员代表大会。在此,我谨代表二届理事会和秘书处,向全体来宾、理事、代表,表示热烈的欢迎!

本次会议的主要议题为:总结二届理事会的工作,审议二届理事会工作报告;选举组成中国表面工程协会热喷涂专业委员会三届理事会;确定三届理事会的主要任务和目标;确定三届理事会及秘书处今后五年的主要工作等。

按照中国表面工程协会第二届三次理事(扩大)会议(2003 年 4 月 5 – 7 日在江苏常州召开)要求,中国表面工程协会热喷涂专业委员会于今年 8 月 17 – 22 日在吉林省延吉市召开了二届五次理事扩大会。本届(扩大)理事会共有 41 名代表参加会议,其中 30 余名理事、顾问或委托代表到会,另有 15 名理事请假虽未能到会,但均对二届理事会及秘书处的工作表示满意,同意二届理事会工作报告讨论稿和三届理事会候选人安排。共有 38 名三届理事会候选人、顾问或委托代表与会。符合召开理事会法定人数。本届(扩大)理事会议主要内容为:传达中国表面工程协会第二届第三次理事(扩大)会议精神;讨论并通过了二届理事会工作报告讨论稿,以及三届理事会工作计划;讨论并确定了中国表面工程协会热喷涂专业委员会第三次会员代表大会召开事宜及会议议程;讨论并推选了中国表面工程协会热喷涂专业委员会三届协会理事候选人、顾问委员会组成名单;讨论并审议了"中国热喷涂年鉴(2003 版)"编委会组成及年鉴主要内容;讨论并决定推荐铁岭永兴石油机械有限责任公司董事长兼总经理、高级工程师、铁岭市政协常委王泰兴同志为总会常务理事候选人。

沈烈初理事长参加了本届(扩大)理事会,并作了重要讲话(讲话全文另发),他对二届理事会及秘书处的工作表示满意,并对三届理事会提出了建议和希望。

今天,我受二届理事会委托,作二届理事会工作报告、提出三届理事会理事候选人名单、三届理事会组成名单、三届理事会的主要任务和目标、三届理事会及秘书处今后五年的主要工作计划,提请参加中国表面工程协会热喷涂专业委员会第三届会员代表大会的各位代表讨论、审议和表决。

二届理事会工作期间(1998 – 2003),正值我国经济高速、稳定、健康的发展时期,是我国建国以来经济发展最好的阶段。GDP 年增长速度 7% 以上,2002 年达到 11 万亿元。热喷涂作为高技术产业和多高科的交叉、边缘技术,对国民经济,特别是对制造业的发展状态和产品结构调整极其敏感,有很强的依附性。因此,在如此好形势下,五年来热喷涂年增长率均在 10% 以上。2002 年总产值达到 10 亿元以上(不完全统计)。这样的成绩,是大形势使然,是全体热喷涂同仁努力的结果,也含有二届理事会和秘书处的辛勤工作。

下面,向各位来宾及代表报告二届理事会的工作和对三届理事会工作的建议和希望。

一、二届理事会工作总结

1.二届理事会的组成

中国表面工程协会热喷涂专业委员会于1997年11月11－17日在海口成功地举办了热喷涂专业委员会第二届会员代表大会、第二届全国热喷涂年会及首届国际热喷涂研讨会。二届会员代表大会审议并通过了热喷涂专业委员会一届理事会工作报告，选举组成了热喷涂专业委员会二届理事会，共有理事单位49个，理事49名；召开了热喷涂专业委员会二届一次理事会，选举产生了二届理事会名誉理事长1人、理事长1人、常务副理事长1人、副理事长3人及常务理事18人，组成了热喷涂专业委员会顾问委员会。1999年10月11－16日在广西北海召开的热喷涂专业委员会二届三次（扩大）理事会上，增选理事12名，更换理事3名。至此，热喷涂专业委员会二届理事会共有理事61名，代表团体会员和个人会员共240个。见附件一。

2.第二届理事会组成后，在总会的领导和沈烈初理事长的指导下，在全体会员和理事的大力支持下，秘书处受理事会委托，自1998年起，五年来（1998年—2003年）主要开展的工作有：

①积极发展会员，加强协会建设，调整充实理事会

截止2003年7月31日，新发展会员230余个，登记在册团体会员及个人会员达到470余个，其中团体会员单位370余个，个人高级会员及境外高级会员共100余个。会员单位来自机械、钢铁、电子、冶金、煤炭、汽车、石化、航空、航天、军工、国防、船舶、有色、纺织、轻工、能源、交通等行业；既有热喷涂企业，又有热喷涂设备、材料制造企业；既有科研院所，又有大专院校；既有国营企业，又有合资企业、独资企业、股份制企业、民营企业；既有内地企业，又有台湾省在大陆的独资企业，还有外资企业。这充分证明了热喷涂专业委员会的号召力和代表性，进一步凸现了协会是跨行业、跨部门、跨地区、跨学科、跨所有制企业的行业性组织的特点。

②积极开展国内外合作与学术交流，参与国内外热喷涂市场运作，促进我国热喷涂技术的发展；

截止目前，中国表面工程协会热喷涂专业委员会已成功组织举办了五届国际热喷涂研讨会以及六届全国热喷涂年会，规模一届比一届大，论文质量及数量也不断提高。尤其是2002年5月20－25日在辽宁省鞍山市举行的第五届国际热喷涂研讨会（International Thermal Spraying Seminar'2002）暨第六届全国热喷涂年会（China National Thermal Spraying Conference'2002），共有200余个单位260余人出席，20余名国外及港台地区的热喷涂知名公司、大学、科研机构的专家及代表参加。收到国内外论文41篇，创近年来我国热喷涂会议规模的新记录。特别是国际热喷涂权威、国际热喷涂大会常任两主席之一、阿亨大学材料科学研究所所长E.Lugscheider教授及德国热喷涂协会主席Heinrich先生到会，表明我国热喷涂事业已进入国际热喷涂舞台，引起国际热喷涂界的高度重视。E.Lugscheider教授代表德国焊接协会（DVS）、美国国际金属学会－热喷涂学会（ASM/TSS）董事会以及国际焊接学会（IIW），向中国表面工程协会热喷涂专业委员会表示感谢和祝贺。他们对中国表面工程协会热喷涂专业委员会能组织如此大规模和高水平的热喷涂大会和研讨会，感到非常惊讶。他们认为如此大规模和高水平的热喷涂大会和研讨会对促进科技交流和年轻工程师的教育以及今后他们对世界热喷涂界的贡献是热喷涂持续发展的重要因素。中国将是热喷涂技术将来最重要的市场之一。

自1999年杜塞尔多夫国际热喷涂大会起，中国表面工程协会热喷涂专业委员会连续六届成为杜塞尔多夫、蒙特利尔、新加坡、埃森、奥兰多以及2004年将在日本大阪召开的国际热喷涂大会代表中国（包括港、澳、台）的国际委员会成员和大会协办单位。中国表面工程协会热喷涂专业委员会常务副理事长兼秘书长黄小鸥同志数次作为大会国际委员会委员（委员会仅20名左右）。

中国表面工程协会热喷涂专业委员会在近几年的国际热喷涂大会中起到了重要作用，德国焊接协会（DVS）、美国金属学会/热喷涂学会（ASM/TSS）和国际焊接学会（IIW）公认：中国表面工程协会热喷涂专业委员会是推动热喷涂技术的忠实的、强大的伙伴（E.Lugscheider教授的贺词）。

③编辑发行《热喷涂技术》及《热喷涂快讯》会刊和其他文献，成为联系会员的重要纽带，推动技术创新与交流。

《热喷涂快讯》和《热喷涂技术》于1995年7月创刊。至今《热喷涂快讯》已发行了29期，《热喷涂技术》已发行了23期。《热喷涂快讯》和《热喷涂技术》的信息量大、内容丰富、学术性、技术性强，同时兼顾热喷涂技术发展动态和重要的经贸动态，跟踪国内外热喷涂最新发展水平，及时反映国内热喷涂现状，对会员及时掌握国内外热喷涂界最新消息及开发技术、开展经济合作很有价值，受到会员及许多单位的好评和欢迎。两种资料的发行量各为1000份。除向国内的会员单位发行外，还作为同美国、德国、日本、英国热喷涂学会及若干国外热喷涂公司的交换资料。秘书处和编委会的不懈努力和广大会员的大力支持，使《热喷涂快讯》和《热喷涂技术》成为国内热喷涂领域唯一的最有影响力的热喷涂专业刊物，并在国际热喷涂界也具一席之地，世界仅有美国、日本热喷涂学会出版这种专业刊物。这两本刊物作为唯一中文热喷涂专业刊物，在华文世界（港台地区、新加坡、东南亚等）也产生了积极影响。

1999年组织力量翻译、编辑出版发行了《第十五届国际热喷涂大会（ITSS'98）论文精选》（共计108万字）；

④积极发展与国外热喷涂协会和国外热喷涂企业的联系

目前已经与美国金属学会、美国热喷涂学会、日本热喷涂学会、英国热喷涂协会、德国热喷涂协会等建立长期良好的合作关系；

与英国Metallisation公司、瑞士Sulzer Metco公司、美国PRAXAIR/TAFA公司、德国阿亨大学材料科学研究所、法国SAINT－GOBAIN先进陶瓷公司、荷兰FST公司、日本大同公司、梅萨－卡斯特林集团公司、日本KASAI公司、德国GRILLO公司等建立良好的、平等互利的合作关系；

1998年－2003年，热喷涂专业委员会共组团赴国外交流或接待国外公司来华访问交流80余次，比1992年－1997年期间增加一倍以上。

⑤开展"四技"服务，为会员和企业服务

面向行业，积极开展技术交流、技术咨询、技术服务、技术开发、技术转让、技术指导等工作，以多种形式为会员提供全方位的服务，1998年—2003年，共提供"四技"服务达200余次，累计产值达100余万元以上。

⑥编辑《中国热喷涂年鉴（2003年版）》

2002年—2003年与北京昕史文化研究中心、北京中测三维信息技术研究所联合编制《中国热喷涂年鉴（2003年版）》。本年鉴为我国热喷涂行业首部国家级馆藏工具书。《中国热喷涂年鉴》为国际标准大16开，全彩精装本，面向海内外出版发行。该书在我国出版尚属首次，是一部广泛适用于我国热喷涂行业各领域及相关行业及中外投资者选择合作和发展贸易的权威工具书，展示了我国热喷涂行业的整体形象和全面反映了企事业单位的代表产品、技术、设备、材料及应用情况。《中国热喷涂年鉴》每三年出版一次，将准确、及时地反映中国热喷涂行业的现状，有利于会员对热喷涂技术和市场动态作出客观估价，促进国内热喷涂行业内部，以及热喷涂行业与其他行业的交流，推动国内外热喷涂界的合作。

⑦建立中国热喷涂网站

中国热喷涂网站已正式开通和运行，秘书处已投入大量人力物力专门建设网站。网站辟有协会简介、行业动态、友情链接、会议消息、刊物出版、会员天地、会员服务、在线注册、在线留言、商贸机会、供求信息、求职求聘、企业风采、产品信息、知识天地、企业资格证书等专题栏目，另外还有本站热点、会议动态等版块。目前网站内容还比较少，随着时间的推移，网站将进一步完善。它可以更大限度的加强秘书处与会员及理事之间、会员与会员之间、企业与协会之间的交流与合作。我们希望中国热喷涂网及《热喷涂技术》、《热喷涂快讯》两种刊物，能成为国内外热喷涂界同仁、企业的窗口、桥梁、纽带和朋友。中国热喷涂网网址：http://www.chinathermalspray.org，http://www.tscc.org.cn，http://www.中国热喷涂.com，网络实名：中国热喷涂；

⑧加强和完善理事会以及秘书处的工作

积极加强和完善理事会以及秘书处的工作，以便更好地为会员服务，主要表现在：

1)增选理事和调整理事，按照热喷涂专业委员会理事工作条例(在中国表面工程协会热喷涂专业委员会一届三次理事扩大会上通过，见附件2)精神，1999年10月在广西北海召开的二届三次理事(扩大)会新增选和调整了一批理事，使我们的理事会结构更加合理，增强理事会的活力。

2)秘书处在经费紧张的情况下，加大投入，增加专职办事人员，添置办公设备。近几年，秘书处各项收入约为20万元/年，但基本用完，有时还需表面所贴补。

3)组成第二届《热喷涂技术》编委会。第一届《热喷涂技术》编委会组成于1995年。近五年来，我国的热喷涂行业进步斐然。热喷涂队伍及人员亦有很大变化。为反映、适应这种状况和更好地发展我国的热喷涂事业，加强《热喷涂技术》和《热喷涂快讯》两种刊物的编辑力量和水平，于2002年底组成第二届《热喷涂技术》编委会(见附件3)。

此外，还协助总会举办"国际表面工程展览会(广州)"、"2003′中国表面工程技术材料设备展览会"以及"中国表面工程协会第三次会员代表大会"。按照总会要求，经秘书处与理事长和各副理事长会商，向总会推选中国表面工程协会三届协会理事候选人23人和常务理事候选人8人(见附件4)，提交中国表面工程协会第三次会员代表大会选举。

另外，为配合《中国热喷涂年鉴》出版发行，组成了《中国热喷涂年鉴(2003年版)》编委会(见附件5)。

二、三届理事会的组成和主要工作建议

1.三届理事会的主要任务

目前，热喷涂产业全球总产值近40亿美元，其中美国为20亿美元，日本为8亿美元，德国为2.5亿美元，中国为1.2亿美元(10亿元人民币)，按在GDP所占比例分别为0.2/000，0.16/000，0.1/000和0.09/000。这说明中国热喷涂在绝对产值和相对(GDP)比例上均低于发达国家，特别是低于美国和日本。前者说明我国热喷涂的规模不大，产业化水平低，后者说明我国热喷涂的技术水平和"含金量"还不高。前者要依附于我国整体经济规模的扩大，特别是制造业的规模扩大，后者则主要取决于产品结构的调整和热喷涂产业自身的调整和优化。

同时，这也说明热喷涂产业具有极大的发展空间和良好的发展前景。国内外经验证明：国家越发达，先进制造业越发达，热喷涂就越发达，热喷涂企业的日子就越好过。

这就是摆在三届理事会和全体热喷涂同仁面前艰巨而光荣的任务。"水涨船高"，历史赋予了我们机遇。我们可以也应当在这个平台上演绎出有声有色的一幕来。

我们的目标是：到2008年时，全国热喷涂产值达到20亿元以上(年增长率15%)，即2.5亿—3亿美元，居世界第三位。热喷涂产业产值占全国GDP比例为0.12/000，接近日本热喷涂产业的发达程度。

我国热喷涂产业的进步与三届理事会、秘书处的工作是相辅相成的。前者向后者提供动力，后者则应向前者提供加速度。

基于以上分析，三届理事会的主要任务应当是：充分发挥热喷涂专业委员会在热喷涂行业的组织和协调作用，正确引导热喷涂行业在设备、材料、工艺和应用方面的开发与应用，面向国内外市场，在技术水平和经济效益上达到热喷涂发达国家二十世纪九十年代末、本世纪初的水平－展涂技术济。

2.三届理事会的组成

为落实任务，我们需要一个有代表性、权威性、负责任、有远见、有活力的理事会和一个认真工作、严肃负责、积极为会员服务、密切联系会员、干实事的秘书处。

在三届会员代表大会上，将要选举出中国表面工程协会热喷涂专业委员会三届理事会，任期5年。根据总会二届三次理事(扩大)会议(2003年4月5－7日在江苏常州召开)要求和会议精神，以及热喷涂专业委员会理事工作条例(在中国表面工程协会热喷涂专业委员会一届三次理事扩大会上通过)要求，

理事候选人应具备以下条件：

1)理事单位/个人必须是本会会员，每年按时交纳会费，遵守理事工作条理；

2)理事单位/个人在行业中有较高的知名度和较好的经济效益；

3)理事本人在行业中应具有较高的知名度，在工作中有良好的工作业绩，热心于推动我国热喷涂事业；

4)理事应积极支持和参与总会和热喷涂专业委员会组织的各项活动，主动开展本地区协会工作，发挥理事的作用。

5)理事应在经费方面积极支持热喷涂专业委员会秘书处的工作；

根据上述原则，经秘书处与理事长和副理事长会商，根据近五年热喷涂的发展状况，考虑到行业、部门、地区、所有制的均衡，以及年龄和梯队的配合，提出62人的理事候选人名单，见附件6。

理事产生程序为：秘书处提出理事候选人名单——理事单位确认——理事长会审核——提交理事会讨论推荐——提交会员代表大会选举产生——报总会备案、批准

在三届一次理事会上根据秘书处提出的候选人名单(见附件6)将选举产生常务理事、名誉理事长、理事长和副理事长，任命秘书长和副秘书长。

为使一些从工作岗位上退下来的从喷涂长确认热喷涂界老专家和工作者，继续为发展我国的热喷涂事业作贡献，特组成顾问委员会，名单见附件6。顾问将享有免费获得《热喷涂技术》、《热喷涂快讯》和本人优惠参加年会等的特殊待遇，以表彰和纪念他们为中国热喷涂事业的贡献。

3.三届理事会以及秘书处的主要工作

今后五年，理事会和秘书处要：

1)坚持“五跨”、“四面向”，五跨是：跨地区、跨部门、跨行业、跨学科、跨所有制；四面向是：面向企业、面向行业、面向国内外两个市场、面向二十一世纪。积极发展会员，到2008年，使会员达到700个以上；加强协会组织建设，不断充实理事会，充分发挥积极性，为会员更好地服务。根据条件，逐渐组建地区分会。

2)继续举办国际热喷涂研讨会以及全国热喷涂年会，开展国内外合作与学术交流，积极参与国内外热喷涂市场建设，同时要逐步举办专题讨论会和地区研讨会，力争将国际热喷涂研讨会以及全国热喷涂年会办成在世界知名和有影响力的热喷涂国际会议知名品牌；

3)积极开展国际合作与学术交流。作为2004年大阪国际热喷涂大会的协办单位，将组团参加本届大会，组织发表高水平的论文；

4)积极申办2007年国际热喷涂大会在北京召开

国际热喷涂大会(International Thermal Spray Conference，简称ITSC)是国际热喷涂界最具权威的唯一的热喷涂技术专业大会。该大会由ASM - TSS - 美国金属学会 - 热喷涂学会(ASM International - Thermal Spray Society)、DVS - 德国焊接学会(German Welding Society)、IIW - 国际焊接学会(International Instituteof Welding)主办，每年春季在欧、美、亚洲轮流召开。出席大会人数在1,000人左右，会期约3 - 4天，并附有约2,500 - 3,000m^2的展览会。

E.Lugscheider教授多次表示希望2007年国际热喷涂大会(ITSC)能在中国举行。他于2003年5月29日，致函中国农业机械化科学研究院表面工程技术研究所所长、中国表面工程协会热喷涂专业委员会常务副理事长、秘书长黄小鸥，希望中国表面工程协会热喷涂专业委员会申办2007年国际热喷涂大会在北京召开。

中国表面工程协会热喷涂专业委员会已经通过中国农业机械科学研究院向外交部报批正式申办2007年在北京举办国际热喷涂大会。

如果国际热喷涂大会2007年能在北京举办，将对提高我国热喷涂工业在国际上地位，促进我国热喷涂工业与国际上的交流合作，促进我国经济、科技和热喷涂行业的发展等产生非常积极的作用。

5)继续发行《热喷涂技术》及《热喷涂快讯》两种刊物，提高论文质量，以这两种刊物为纽带，加强协

会与会员之间的联系。

6)积极发展与国外热喷涂协会、企业的联系,加强合作关系。

7)面向行业,向会员提供全方位的服务,搞好技术交流、技术咨询、技术服务、技术开发、技术转让等工作。

8)逐渐开展热喷涂企业、人员资质认证工作,强化热喷涂企业管理。

9)继续编制《中国热喷涂年鉴》(三年一次)。

10)加强中国热喷涂网站建设、维护与更新,使中国热喷涂网同《热喷涂技术》、《热喷涂快讯》两种刊物一样,成为品牌网站。

11)认真做好总会布置的任务及工作。

三、二届理事会和秘书处面临的问题和解决办法

在过去五年中,理事会和秘书处在工作中仍有许多不足,如人员、经费紧张,协会工作还不够规范等。突出问题为:

1.热喷涂专业委员会活动经费不足,造成的原因主要为部分会员单位不按时足额交纳会费,甚至有些理事及常务理事单位都不交纳会费。会费是维系协会活动和发展的主要经济支柱。发达国家的热喷涂学(协)会,如美国、日本、德国,其经费均在近百万美元/年之巨,主要构成为会费、资助、认证费、研讨会等。我们难望其项背。我们希望,经过努力,2008 年时力争协会经费收入达 50 万元/年。

今后,按国际惯例,我们定期公布会费交纳名单,对不按时足额交纳会费者,停止其会员、理事资格。

2.《热喷涂技术》、《热喷涂快讯》两种刊物稿源不足

我们希望:

1)注册会员(团体和个人高级会员)及时交纳会费;

2)根据理事工作条例,理事单位应有所贡献,在力所能及的情况下,向秘书处资助 1000—2000 元/年;

3)能得到一些热心于推动中国热喷涂事业的单位乃至个人的资助;

4)理事会和秘书处积极开展"四技"工作,希望会员单位积极支持与配合;

5)希望理事和会员多多提供高质量的论文和消息、译文、工作经验等等;

秘书处保证全部费用都用于为会员服务,为推动我国热喷涂事业的高速发展服务。

各位来宾、各位理事、各位代表

过去五年,在全体热喷涂界同仁的共同努力下,我国的热喷涂事业取得了良好的成绩。在今后五年,我们衷心希望,全体同仁共同努力,齐心协力,把我国的热喷涂事业推向一个新阶段。我相信,只要我们共同努力,坚决贯彻十六大"解放思想、实事求是、与时俱进"的思想路线,遵循沈烈初理事长提出的"改革、创新、发展"的办会六字方针,一定会把我们的热喷涂专业委员会办成一流协会,使我国的热喷涂事业在前所未有的机遇中发展壮大,为国民经济服务,达到发达国家水平。

最后,借此机会感谢总会和沈烈初理事长的指导和支持,感谢全体会员和二届理事会的支持。希望三届理事会"雄关漫道真如铁,而今迈步从头越"!

请全体代表和理事审议。

谢谢大家。

中国表面工程协会 热喷涂专业委员会 秘书处

2003 年 8 月 15 日

重　庆

附件(略)

中国表面工程协会热喷涂专业委员会
三届理事会组成和常务理事、副理事长、理事长名单

中国表面工程协会热喷涂专业委员会
第三届理事会理事名单

(2003年10月15日热喷涂专业委员会第三届会员代表大会选举产生)

序号	姓名	职务	职称	单位
1	丁传贤		院士	中国科学院上海硅酸盐研究所
2	黄小鸥	所长	研究员	中国农业机械化科学研究院表面工程技术研究所
3	周克崧	院长顾问	教授级高级工程师	广州有色金属研究院
4	支树平	所长	研究员高工	四川成发航空科技股份有限公司涂层研究所
5	祖玉冰		高级工程师	中国航天科技集团公司第七O三研究所
6	王泰兴	董事长总经理	高级工程师	铁岭永兴石油机械有限责任公司
7	李秉忠	主任	研究员	武汉材料保护研究所
8	周贻茹		教授级高工	北京有色金属研究总院金甲喷涂技术公司
9	王汉功	所长	教授	第二炮兵工程学院
10	胡蕴成	执行董事总经理	高级工程师	东汽表面工程技术有限公司
11	李其连		高级工程师	北京航空制造工程研究所(625所)
12	陆季辉	厂长	高级工程师	上海宝钢工程技术有限公司宝钢机械厂
13	贾永昌	总工	教授级高级工程师	北京廊桥表面技术发展有限公司
14	杨宗吉	董事长		苏州统明机械有限公司
15	钱叶仁	董事长	高级工程师	天津市北方涂层材料有限公司
16	陈惠国	副总工程师	高级工程师	上海大豪英佛曼纳米材料喷涂有限公司
17	李长久		教授	西安交大机械工程学院
18	王　多	董事长总经理	博士	成都大光热喷涂材料有限公司
19	高荣发	总经理	高级工程师	武汉高力热喷涂工程有限责任公司
20	陈加印	董事长	高级工程师	成都市长诚热喷涂技术有限责任公司
21	冯国志	总经理	工程师	上海新业喷涂机械有限公司

序号	姓名	职务	职称	单位
22	赵维勋	主任	高级工程师	沈阳黎明航空发动机(集团)有限责任公司喷涂研究室
23	刘景凤	所长	高级工程师	中冶集团建筑研究总院焊接研究所
24	王　晖	厂长	高级工程师	大连重工起重集团有限公司特种焊接加工厂
25	那忠爱	经理	工程师	沈阳恒信表面技术发展有限公司
26	安云岐	总经理	高级工程师	江苏中矿大正表面工程技术有限公司
27	高　阳		教授工学博士	大连海事大学船舶材料与工艺研究所热喷涂加工实验中心
28	刘广海	总工	高级工程师	北京瑞达安喷涂技术开发中心
29	吴子健		研究员	钢铁研究总院
30	于淑香	主编	高级工程师	机械工人杂志社
31	熊天英	主任	博士研究员	中国科学院金属研究所
32	许　冠	董事长	级工程师	中南动力机械有限公司
33	公茂秀	副总工程师	研究员	山东省冶金科学研究院
34	李志刚	副总经理		先进机械设备有限公司
35	林惠令	总经理	高级工程师	上海凯林新技术实业公司
36	刘　敏	主任	教授	广州有色金属研究院
37	薛永宗	总经理	经济师	无锡市新科表面工程材料有限公司
38	伍建华	副主任副经理	研究员	武汉材料保护研究所喷涂室
39	孙大千	副院长	教授	吉林大学材料科学与工程学院
40	蒋显亮	所长	教授	中南大学表面与涂层技术研究所
41	钱　强	总经理	教授级高级工程师	哈尔滨四达热喷涂技术有限责任公司
42	陶顺衍		副研究员	中国科学院上海硅酸盐研究所
43	郑希华	经理	工程师	哈尔滨市祥泰金属喷涂技术公司
44	周　杰	副所长	高工	天津机械涂层研究所有限责任公司
45	朱　胜	主任	教授博导	装甲兵工程学院材料科学与工程系
46	石成刚	厂长	高级工程师	中国石油科学技术研究院江汉机械研究所
47	郭吉平	总经理		先导(益阳)等离子粉末有限公司
48	李慕勤	院长	教授	佳木斯大学材料工程金属学院
49	汪瑞军	主任	高级工程师	中国农业机械化科学研究院表面工程技术研究所

序号	姓名	职务	职称	单位
50	左丹江		高级工程师	武汉材料保护研究所中国表面工程协会
51	方辉义	董事长	高工	哈尔滨长河特种涂料厂有限责任公司
52	苏新勇	站长	高级工程师	海军北海表面工程推广站
53	陈政国	原院长	教授	黑龙江科技学院
54	陈善忠	主任	高工	中国南车集团戚墅堰机车车辆工艺研究所
55	韩志海		副教授	西安交通大学
56	寇友强	总经理	工程师	河北省三河市三强金属表面技术工程有限公司
57	唐荣度	董事长	工程师	无锡科特金属喷涂厂
58	徐　峰	董事长		浙江省长兴县华峰喷焊材料电炉有限公司
59	焦宝林	主任	高级经济师	西安航空发动机(集团)有限公司冲焊厂
60	童喜民	副主任	工程师	青铜峡水电厂
61	吴朝军		高级工程师	中国航天科技集团公司第七 O 三研究所
62	肖旭东	总经理	工程师	北京瑞佩尔技贸有限责任公司

中国表面工程协会热喷涂专业委员会
顾问委员会名单

（2003 年 10 月 15 日热喷涂专业委员会第三届会员代表大会审议通过）

王　林　许仁撑　王东曦　赖师墨　麻毓璜　沈肖镇　邓世均　耿家林　段绪海
温瑾林　喻尊璞　苏　启　张树生　邹仲元　王德政　周志国　杨耀华　赵文华
陈建平　高心海　汪行恺

中国表面工程协会热喷涂专业委员会三届理事会常务理事名单

（2003 年 10 月 15 日热喷涂专业委员会三届一次(扩大)
理事会审议通过(选举产生)）

序号	姓名	职务	职称	单位
1	丁传贤		院士	中国科学院上海硅酸盐研究所
2	黄小鸥	所长	研究员	中国农业机械化科学研究院表面工程技术研究所
3	周克崧	院长顾问	教授级高级工程师	广州有色金属研究院
4	支树平	所长	研究员高工	四川成发航空科技股份有限公司涂层研究所
5	祖玉冰		高级工程师	中国航天科技集团公司第七 O 三研究所

序号	姓名	职务	职称	单位
6	王泰兴	董事长总经理	高级工程师	铁岭永兴石油机械有限责任公司
7	李秉忠	主任	研究员	武汉材料保护研究所
8	周贻茹		教授级高工	北京有色金属研究总院金甲喷涂技术公司
9	王汉功	所长	教授	第二炮兵工程学院
10	胡蕴成	执行董事 总经理	高级工程师	东汽表面工程技术有限公司
11	李其连		高级工程师	北京航空制造工程研究所(625所)
12	陆季辉	厂长	高级工程师	上海宝钢工程技术有限公司宝钢机械厂
13	贾永昌	总工	教授级高级 工程师	北京廊桥表面技术发展有限公司
14	杨宗吉	董事长		苏州统明机械有限公司
15	钱叶仁	董事长	高级工程师	天津市北方涂层材料有限公司
16	陈惠国	副总工程师	高级工程师	上海大豪英佛曼纳米材料喷涂有限公司
17	李长久		教授	西安交大机械工程学院
18	王多	董事长总经理	博士	成都大光热喷涂材料有限公司
19	高荣发	总经理	高级工程师	武汉高力热喷涂工程有限责任公司
20	陈加印	董事长	高级工程师	成都市长诚热喷涂技术有限责任公司
21	冯国志	总经理	工程师	上海新业喷涂机械有限公司
22	赵维勋	主任	高级工程师	沈阳黎明航空发动机(集团)有限责任公司喷涂研究室
23	刘景凤	所长	高级工程师	中冶集团建筑研究总院焊接研究所
24	王晖	厂长	高级工程师	大连重工起重集团有限公司特种焊接加工厂
25	那忠爱	经理	工程师	沈阳恒信表面技术发展有限公司
26	安云岐	总经理	高级工程师	江苏中矿大正表面工程技术有限公司
27	高阳	教授	工学博士	大连海事大学船舶材料与工艺研究所热喷涂加工实验中心
28	刘广海	总工	高级工程师	北京瑞达安喷涂技术开发中心

中国表面工程协会热喷涂专业委员会三届理事会

名誉理事长、理事长、副理事长、秘书长名单

(2003 年 10 月 15 日热喷涂专业委员会三届一次(扩大)理事会审议通过(选举产生))

名誉理事长:丁传贤

理　事　长:黄小鸥

副 理 事 长:周克崧　支树平　祖玉冰　王泰兴　李秉忠

秘　书　长:黄小鸥

副 秘 书 长:汪瑞军　伍建华　赵维勋　韩志海　卢乐松

6.2003 国际表面维修工程与特种修理技术及相关设备展览会于 11 月中旬在北京成功举办

由中国机电装备维修与改造技术协会、中国国际贸易促进委员会机械行业分会主办,北京中西部展览有限公司、新浪网机电频道等承办、中国表面工程协会热喷涂专业委员会等支持的 2003 国际表面维修工程与特种修理技术及相关设备展览会将于 2003 年 11 月 11—13 日在北京中国国际展览中心成功举办。

随着世界性产业结构调整步伐的加快以及我国已加入 WTO,给中国制造业的发展带来了前所未有的发展机遇,特别是西部大开发战略的实施,以及西气东输等多项国家重点工程项目的开工,为表面维修工程与特种修理技术以及表面工程技术与产品提供了广阔的发展空间。中国农机院表面工程技术研究所、中国表面工程协会热喷涂专业委员会、上海宝钢工程技术有限公司宝钢机械厂、北京航空制造工程研究所(625 所)、上海凯林新技术实业公司、大连海事大学船舶材料与工艺研究所热喷涂加工实验中心等 10 余家热喷涂企业展出了高速电弧喷涂、火焰喷涂、等离子喷涂、电火花沉积堆焊等设备,以及喷涂丝材、粉末等材料。

7.中国表面工程协会热喷涂专业委员会申办 2007 年在北京召开国际热喷涂大会

根据中国表面工程协会热喷涂专业委员会的《关于申办 2007 年国际热喷涂大会在北京召开的请示》,国家有关部门已经批准同意中国表面工程协会热喷涂专业委员会会同中国农业机械化科学研究院申办 2007 年在北京召开国际热喷涂大会。

国际热喷涂大会(International Thermal Spray Conference,简称 ITSC)是国际热喷涂界最具权威的热喷涂技术专业大会。该大会由美国国际金属学会 – 热喷涂学会(ASM – TSS)、德国焊接学会(DVS)、国际焊接学会(IIW)主办,每年春季在欧、美、亚洲轮流召开。出席大会人数在1000人左右,会期约3-4天,并附有约2500-3000m^2的展览会。2004年该大会将在日本大阪举行。按照在各洲轮流召开的原则,2007年国际热喷涂大会应在亚太地区举行。

热喷涂技术是国家“十五”计划和2010年远景规划中列出的要支持和鼓励并大力发展的先进制造高新技术。目前,热喷涂涂层技术已广泛应用于许多方面,例如汽车、机械、航空、冶金、石化、航天、船舶、有色、轻工、能源、交通、电子、军工、生物工程等行业,越来越多的行业受益于热喷涂工业。

自1999年起,中国表面工程协会热喷涂专业委员会连续六届成为国际热喷涂大会代表中国(包括港、澳、台)的国际委员会成员和大会协办单位。我方代表黄小鸥同志数次作为大会国际委员会委员参加大会工作。

中国表面工程协会热喷涂专业委员会已就申办2007年国际热喷涂大会事宜,正式向国际热喷涂大会组委会提出审办报告。国际热喷涂大会组委会将于2004年5月份在日本大阪举行国际热喷涂大会期间,开会讨论决定在哪个国家举行。

目前,美国国际金属学会-热喷涂学会、德国热喷涂协会、日本热喷涂协会等对中国表面工程协会热喷涂专业委员会申办2007年国际热喷涂大会事宜态度积极。

如果国际热喷涂大会2007年能在北京举办,将对提高我国热喷涂工业在国际上的影响力,促进我国热喷涂工业与国际上的交流合作,扩大热喷涂在我国的广泛应用等大有好处。

热喷涂行业标准

（部分）

中华人民共和国国家标准

UDC 621.793
:620.178.1

金属热喷涂层表面洛氏硬度试验方法

GB 8640—88

Thermal sprayed metallic coatings
—Rockwell hardness test

中国有色金属工业总公司 1988－01－11 批准

1989－01－01 实施

1 适用范围

本标准适用于金属热喷涂层的表面洛氏硬度(N 和 T 标尺)的测定。

2 引用标准

GB 3773 表面洛氏硬度计 技术条件

GB 3774 二等标准表面洛氏硬度块

3 符号说明

本标准中使用的符号及其说明见表 1 和图 1,表 2 和图 2。

表 1 用金刚石圆锥(N 标尺)试验

序号	符号	说明
1	α	金刚石圆锥顶角(120°)
2	R	金刚石圆锥顶部曲率半径(0.200 mm)
3	F_o	初负荷 29.42 N(3 kgf)
4	F_1	主负荷 117.68、264.78、411.88 N(12、27、42 kgf)
5	F	总负荷(F_o+F_1)
6	h_o	在初负荷作用下的压入深度
7	h_1	在主负荷作用下的压入深度增量
8	e	卸除主负荷后,在初负荷作用下压入深度的残余增量,增量以 0.001 mm 为单位
9	HRFN[1)]	表面洛氏硬度(FN = 100 − e)

注:1)表示 HR15 N、HR30 N 或 HR45 N

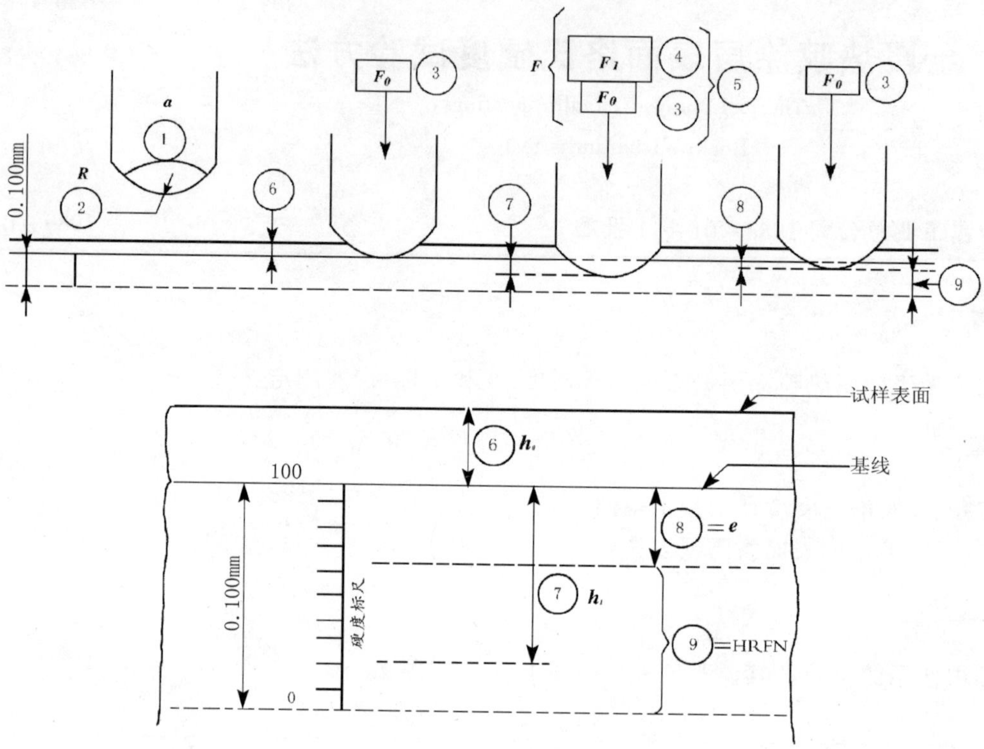

图 1　用金刚石圆锥(N 标尺)试验示图

表 2　用钢球(T 标尺)试验

序　　号	符　　号	说　　　　明
1	D	钢球直径(1.587 5mm)
3	F_o	初负荷 29.42N(3 kgf)
4	F_1	主负荷 117.68、264.78、411.88N(12、27、42 kgf)
5	F	总负荷(F_o + F_1)
6	h_o	在初负荷作用下的压入深度
7	h_1	在主负荷作用下的压入深度增量
8	e	卸除主负荷后,在初负荷作用下的压入深度的残余增量,增量以 0.001mm 为单位
9	HRFT1)	表面洛氏硬度(FT = 100 - e)

注:1)表示 HR15 T、HR30 T 或 HR45 T

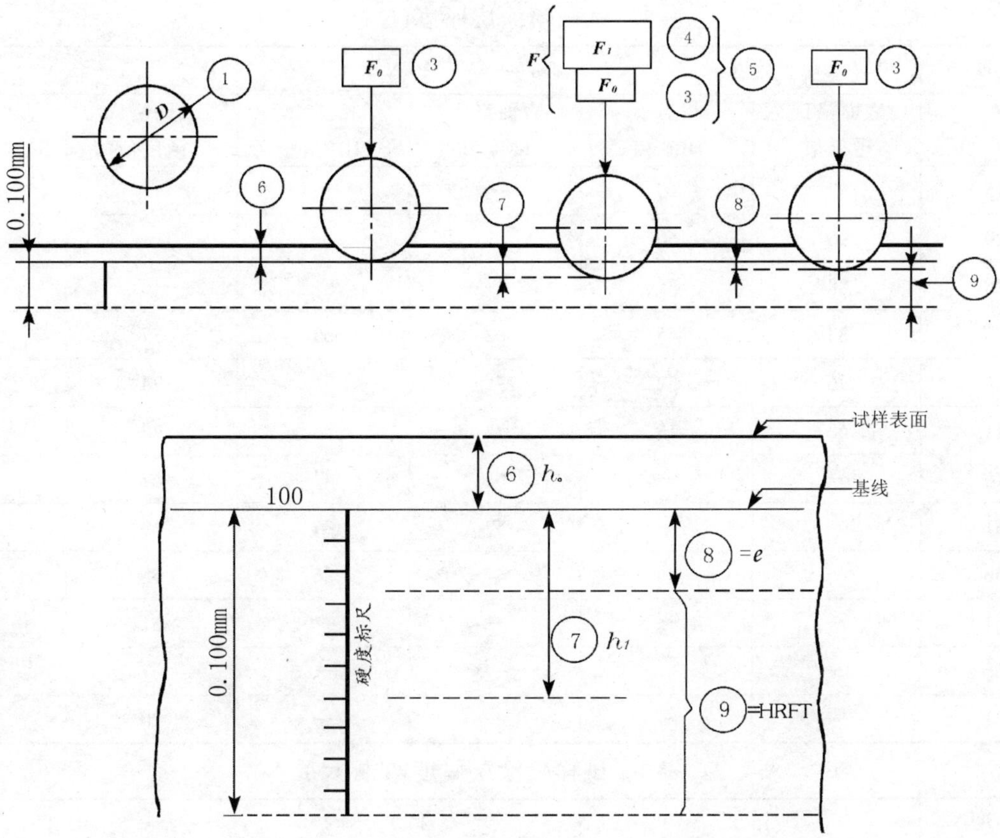

图 2　用钢球(T 标尺)试验示图

4　仪器

4.1　表面洛氏硬度计

应符合 GB 3773 规定的技术要求。

4.2　硬度块

用于检查硬度计的标准表面洛氏硬度块,应符合 GB 3774 规定的技术要求。

5　试样

5.1　试样尺寸

5.1.1　喷涂层厚度,应符合表 3、表 4 的规定。试验后,试样背面不得有明显变形。

表 3 试样喷涂层厚度(N 标尺)

厚 度 mm (不小于)	15 N		30 N		45 N	
	表面洛氏硬度值	相当于 HRC 值	表面洛氏硬度值	相当于 HRC 值	表面洛氏硬度值	相当于 HRC 值
0.15	92	65	—	—	—	—
0.20	90	60	—	—	—	—
0.25	88	55	—	—	—	—
0.30	83	45	82	65	77	69.5
0.36	76	32	78.5	61	74	67
0.41	68	18	74	56	72	65
0.46	—	—	66	47	68	61
0.51	—	—	57	37	63	57
0.56	—	—	47	26	58	52.5
0.61	—	—	—	—	51	47
0.66	—	—	—	—	37	35
0.71	—	—	—	—	20	20.5

表 4 试样喷涂层厚度(T 标尺)

厚 度 mm (不小于)	15 T		30 T		45 T	
	表面洛氏硬度值	相当于 HRB 值	表面洛氏硬度值	相当于 HRB 值	表面洛氏硬度值	相当于 HRB 值
0.25	91	93	—	—	—	—
0.30	86	78	—	—	—	—
0.36	81	62	79	95	—	—
0.41	75	44	73	84	71	99
0.46	68	24	64	71	62	90
0.51	—	—	55	58	53	80
0.56	—	—	45	43	43	70
0.61	—	—	34	28	31	58
0.66	—	—	—	—	18	45
0.71	—	—	—	—	4	32

5.1.2 其他尺寸,应满足下面要求:两压痕中心间的距离或任一压痕中心距试样边缘的距离不小于 3 mm,每个试样至少能够测量五个点。

5.2 试样制备

5.2.1 可直接采用制品或从制品上切取。

5.2.2 专制试样应符合表 5 的规定。

表 5

喷涂条件	基体材料	试样基体尺寸 mm		喷涂层厚度	
		圆柱形	方 形	机加工前	机加工后
由试样制备者确定或有关双方商定	低、中碳素钢,或由试样制备者确定	ϕ30×20	40×20×20	由试样制备者确定,或有关双方商定	符合表 3、表 4 规定

5．2．3　试样表面及其背面应为平面，且互相平行。

5．2．4　试样的试验面应光滑、洁净。

5．2．5　制备试样时，应避免由于冷、热加工引起表面物态发生任何变化。

6　试验步骤及要求

6．1　试验前，应使用与试样硬度值相近的二等标准表面洛氏硬度块对硬度计进行校验。

6．2　将试样稳固地放置在试样台上，确保在试验过程中不产生位移和变形。

6．3　试验时，必须保持负荷作用力与试样的试验面垂直。

6．4　在试验过程中，试验仪器不应受到任何冲击和震动。

6．5　在施加初负荷时，指针或指示线不超过硬度计规定标志，否则应卸除初负荷，在试样另一位置试验。

6．6　调整示值指示器于零点后，在 4～8 s 内施加完主负荷。

6．7　初负荷及主负荷应均匀平稳地施加于试样表面上，不得有跳动和冲击。

6．8　施加完主负荷后，总负荷的保持时间的长短应以示值指示器指针或指示线基本停止移动为准。总负荷保持时间推荐如下：

a．对于加载后不随时间继续变形的试样，保持时间不少于 2 s；

b．对于加载后随时间继续变形的试样，保持时间为 6～8 s；

c．对于加载后随时间明显变形的试样，保持时间为 20～25 s。

6．9　平稳地卸除主负荷后，保持初负荷，从相应的标尺刻度盘上读出硬度值。

6．10　试验应在 10～35℃温度范围内进行。

7　结果表示

7．1　表面洛氏硬度值用符号 HR 表示。硬度值位于其前，其后附以总负荷（以公斤力表示），与其一起的字母表示特定的硬度标尺。

例 1：70 HR30 N 是表示用金刚石圆锥压头在 294．2 N（30 kgf）的总负荷下，以标尺 N 测量的表面洛氏硬度值为 70。

例 2：62 HR45 T 是表示用钢球压头在 441．3 N（45 kgf）的总负荷下，以标尺 T 测量的表面洛氏硬度值为 62。

7．2　试验报告中给出的表面洛氏硬度值应精确到 0．5 个洛氏硬度单位。

7．3　试验报告中，对于喷焊层，每一个试样应给出连续五个点的表面洛氏硬度值。对于喷涂层，每一个试样可给出连续五个点的算术平均值，同时给出其中的最低值和最高值。

7．4　应按照附录表 A1 和表 A2 对圆柱形曲面试样测得的表面洛氏硬度值进行修正，修正值均为正值。

7．5　试验报告应包括下列内容：

a．本标准号；

b．试样编号；

c．试样的制备方式；

d．试验结果；

e．可能影响试验结果的任何细节。

附 录 A
硬 度 修 正 值
（补充件）

表 A1 圆柱形曲面试样表面洛氏硬度（N 标尺）修正值

刻度盘读数	圆柱形试样直径 mm					
	3．2	6．4	10	13	19	25
20	(6．0)	3．0	2．0	1．5	1．5	1．5
25	(5．5)	3．0	2．0	1．5	1．5	1．0
30	(5．5)	3．0	2．0	1．5	1．0	1．0
35	(5．0)	2．5	2．0	1．5	1．0	1．0
40	(4．5)	2．5	1．5	1．5	1．0	1．0
45	(4．0)	2．0	1．5	1．0	1．0	1．0
50	(3．5)	2．0	1．5	1．0	1．0	0．5
55	(3．5)	2．0	1．5	1．0	0．5	0．5
60	3．0	1．5	1．0	1．0	0．5	0．5
65	2．5	1．5	1．0	0．5	0．5	0．5
70	2．0	1．0	1．0	0．5	0．5	0．5
75	1．5	1．0	0．5	0．5	0．5	0
80	1．0	0．5	0．5	0．5	0	0
85	0．5	0．5	0．5	0．5	0	0
90	0	0	0	0．5	0	0

表 A2 圆柱形曲面试样表面洛氏硬度（T标尺）修正值

刻度盘读数	圆柱形试样直径 mm						
	3.2	6.4	10	13	16	19	25
20	(13.0)	(9.0)	(6.0)	(4.5)	(3.5)	3.0	2.0
30	(11.5)	(7.5)	(5.0)	(4.0)	(3.5)	2.5	2.0
40	(10.0)	(6.5)	(4.5)	(3.5)	3.0	2.5	2.0
50	(8.5)	(5.5)	(4.0)	3.0	2.5	2.0	1.5
60	(6.5)	(4.5)	3.0	2.5	2.0	1.5	1.5
70	(5.0)	(3.5)	2.5	2.0	1.5	1.0	1.0
80	3.0	2.0	1.5	1.5	1.0	1.0	0.5
90	1.5	1.0	1.0	0.5	0.5	0.5	0.5

注：这些近似的修正值，精确到0.5个表面洛氏硬度值。除非根据协议规定，一般不采用括号内给出的修正值。

对表A1、表A2范围的其他直径和硬度值，可用插入法求得修正值。

附加说明：

本标准由冶金工业部钢铁研究总院负责起草。

本标准主要起草人李碧君、姜振春。

中华人民共和国国家标准

UDC 621.793
:620.172
GB 8641—88

热喷涂层抗拉强度的测定

Thermal sprayed coatings—
Determination of tensile strength

中国有色金属工业总公司 1988-01-11 批准　　1989-01-01 实施

1 适用范围

本标准适用于热喷涂层抗拉强度的测定。

2 方法原理

将试样装在试验机上，在规定的拉伸条件下，均匀、连续地施加载荷，至试样破断，记录最大破断载荷，并计算抗拉强度。

3 设备

3.1 试验机

能够满足静态加载条件，用于拉伸试验的任何类型试验机。试验机的能力为 50~100 kN，精度 ±1%。

3.2 连接装置

采用适宜的连接装置，建议选用万向节连接装置（图 1）。

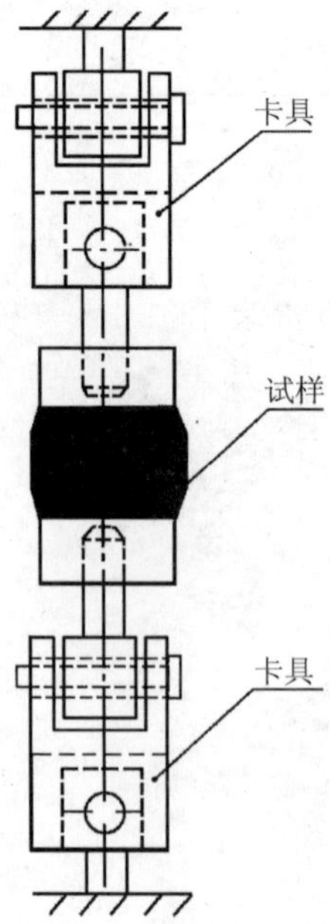

图 1　试样连接示意图

3．3　量具

游标卡尺或其他适宜的量具，精度为 0．02 mm。

4　试样及其制备

4．1　试样的形状和尺寸

试样的形状和尺寸要符合图 2a、图 2b 和图 3 的要求。

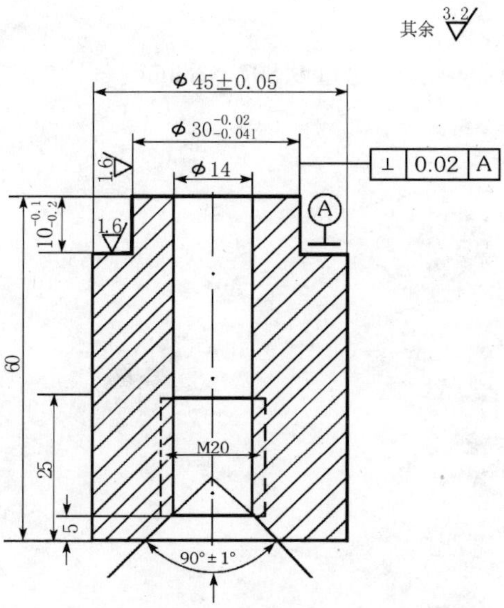

图 2a　A 件加工图

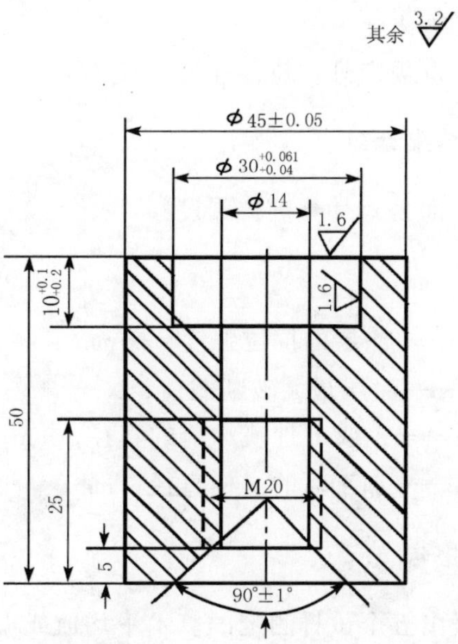

图 2b　B 件加工 7 图

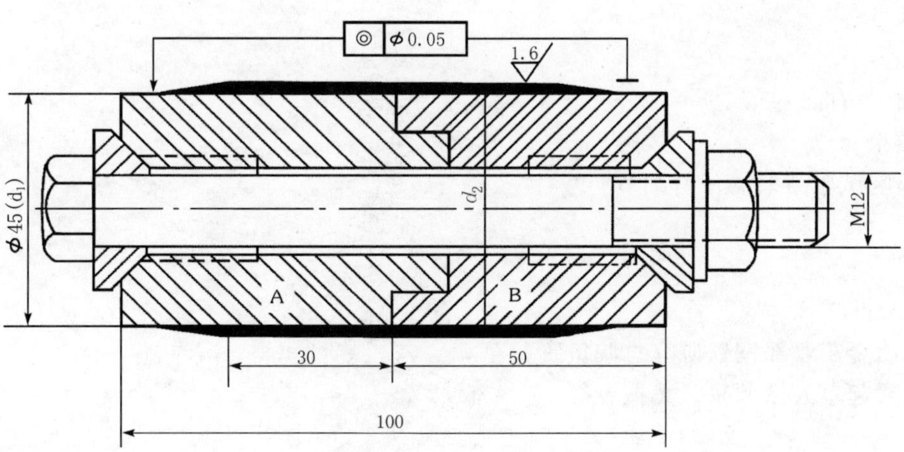

图 3　装配图

4．2　试样的制备

4．2．1　试样基体材料一般采用 A3 或 45 号碳素钢或由有关双方商定。

4．2．2 喷涂层的材质及喷涂工艺由试样制备者确定，或有关双方商定。试样数量为五个。

4．2．3 喷涂层厚度一般不小于1．2 mm，机加工后保留1．0 mm，或按有关协议执行。

4．2．4 喷涂层宽度不小于60 mm，即 A 和 B 件各不小于 30 mm。

5 试验步骤

5．1 试样的测量

测量喷涂前的试样直径（d_1）和加工后的直径（d_2）精确到0．02 mm。计算涂层的截面积。

5．2 试验速度

除另有规定外，拉伸速度一般不超过 1 mm/min 或加载速度不超过 9 807 N/min。

6 试验结果计算

用下面公式计算抗拉强度：

$$\sigma_b = \frac{4F}{\pi\left(d_2^2 - d_1^2\right)}$$

式中：σ_b——涂层的抗拉强度，N/mm^2；

F——涂层最大破断载荷，N；

d_1——A 或 B 件喷涂前的直径，mm；

d_2——加工后的试样直径，mm。

7 试验报告

7．1 报出五个试样测定的算术平均值或五个数据。

7．2 测定值按四舍六入五单双规则修约，精确到 1 N/mm^2。

7．3 试验报告应包括下列内容：

a．本标准号；

b．试样编号；

c．涂层加工情况；

d．试验结果；

e．可能影响试验结果的任何细节。

附加说明：

本标准由冶金工业部钢铁研究总院负责起草。

本标准主要起草人徐顺泉、姜振春。

中华人民共和国国家标准

UDC 621．793
：620．178
GB 8642—88

热喷涂层结合强度的测定

Thermal sprayed coatings—Determination of adhesion strength

中国有色金属工业总公司 1988－01－11 批准　　1989－01－01 实施

1 适用范围

本标准适用于热喷涂层结合强度的测定。

2 方法原理

将胶粘好的试样，装在试验机上，在规定的条件下，均匀、连续地施加载荷，至试样破断，记录最大破断载荷，并计算结合强度。

3 设备

3．1 试验机

能够满足静态加载条件，用于拉伸试验的任何类型试验机。试验机的能力一般为 50～100kN，精度为 ±1%。

3．2 连接装置

采用适宜的连接装置，建议选用万向节连接装置（图 1）。

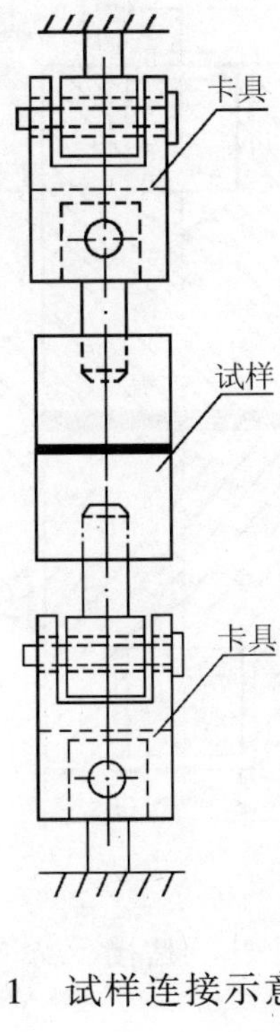

图 1 试样连接示意图

3．3 量具

游标卡尺或其他适宜的量具，精度为0．02 mm。

4 试样及其制备

4．1 试样的形状和尺寸

试样的形状和尺寸要符合图2a和图2b的要求。

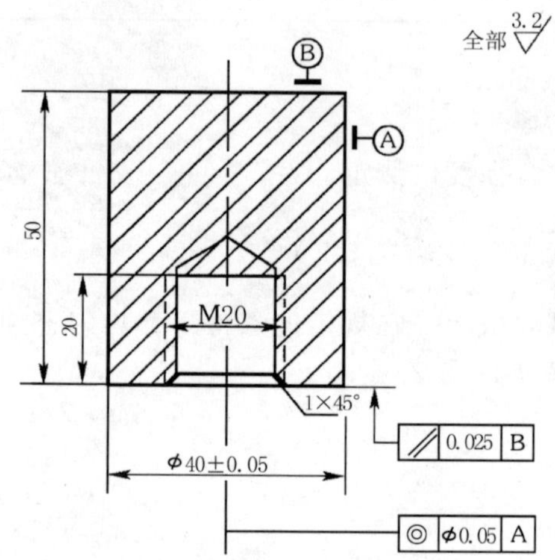

图2a 试样加工图

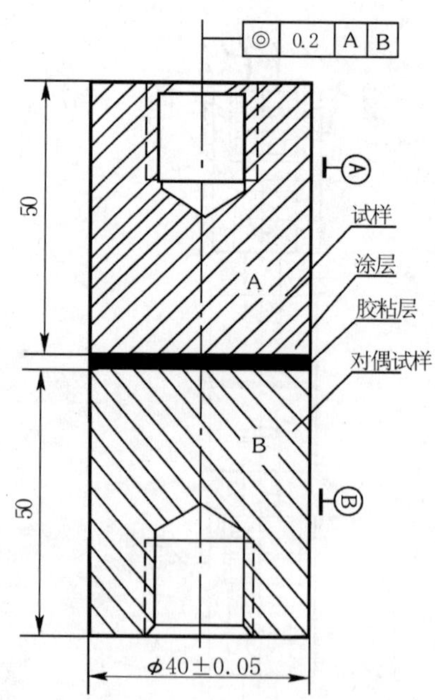

图2b 粘接示意图

4．2 试样的制备

4．2．1 试样的基体材料一般采用A3或45号碳素钢。必要时，A件应采用与欲测工件相同的基体材料。

4．2．2 喷涂层的材质和喷涂工艺由试样制备者确定，或有关双方商定。试样数量为五个。

4．2．3 试样的喷涂层厚度一般大于0.8 mm；涂层加工后，保留0.50 mm，最小厚度不小于0.40 mm，表面粗糙度 R_a 不大于1．6μm。

4．2．4 对偶试样胶粘面进行粗糙化处理。

4．2．5 试样须进行除油清洗，A、B件涂胶对接，加压固化，并将边缘多余的胶粘剂揩净。

4．2．6 胶粘剂在试验前应做强度试验。

5 试验步骤

5．1 试样验收

按图2a、图2b和4．2．3条的规定进行。

5．2 试样测量

测量试样直径，计算涂层面积。测量精确到0．02mm。

5．3 试验速度

除另有规定外，拉伸速度一般不超过1mm/min或加载速度不超过9 807N/min。

6 结果的计算和评定

6．1 结果的计算

用下式计算结合强度：

$$\sigma_b = \frac{F}{A_o}$$

式中：σ_b——涂层的结合强度，N/mm^2；

F——试样破断的最大载荷，N；

A_o——试样的涂层面积，mm^2。

6．2 评定

基本破断类型：

a．涂层从基体上全部脱落，此为结合强度；

b．涂层从基体上部分脱落，部分从胶层破断，此时，结合强度与胶粘强度相接近；

c．胶粘层破断，此时，结合强度高于胶粘强度；

d．涂层层间破断，此时，结合强度高于涂层自身强度。

7 试验报告

7．1 报出五个试样测定的算术平均值或五个数据。

7．2 计算值按四舍六入五单双规则修约，精确到$1N/mm^2$。

7．3 试验报告应包括下列内容：

a．本标准号；

b．试样编号；

c．试验结果；

d．试样破断类型；

e．可能影响试验结果的任何细节。

附加说明：

本标准由冶金工业部钢铁研究总院负责起草。

本标准主要起草人徐顺泉、姜振春。

中华人民共和国国家标准

GB 11373—89

热喷涂金属件表面预处理通则

The general principle of surface preparation of metallic substrate for thermal spraying

国家技术监督局 1989-06-29 批准　　1990-01-01 实施

1 主题内容与适用范围

本标准规定了热喷涂前对金属基体作表面预处理的一些基本准则。

本标准适用于新件生产，也适用于旧件修复。

2 引用标准

GB 8923 涂装前钢材表面锈蚀等级和除锈等级

GB 1031 表面粗糙度参数及其数值

GB 11375 热喷涂操作安全

3 表面预处理的意义和要求

基体金属表面的预处理状况，决定着热喷涂涂层与基体的结合性能，因此对其使用寿命有决定性的影响。

表面预处理包括除去金属表面的油脂、其他污物、锈、氧化皮、旧涂层、焊接熔粒[1)]以及对表面的粗化处理。

待喷涂表面必须进行粗化。喷砂粗化，是最常用的粗化处理方法之一，它能达到符合技术要求的粗糙度，使涂层与基体很好地啮合，并可去除油污、锈、氧化皮、旧涂层等。其他常用的粗化处理方法，如车螺纹、滚花、电拉毛（亦称镍拉毛）、喷钼和镍包铝等或上述方法的综合使用均可提高涂层与基体的结合强度。

各种粗化方法，对基体材料的疲劳强度有一定的影响。喷砂对低强度材料及未经淬火的零部件，其疲劳强度影响不大，但对高强度的淬火材料就有不同程度的损害；车螺纹、滚花和电拉毛，由于基体材料表面缺口处应力集中，其疲劳强度降低；承载的截面积相应减小，其承载能力下降。在粗化处理中，应注意此问题。

在表面预处理过程中，工件必须保持干燥，在不利的气候条件下要采用必要的保护措施。

预处理与喷涂工序之间，工件停留时间应尽可能缩短。晴天或湿度不大的气候条件下，其停留时间不得超过 12h；雨天、潮湿、盐雾或含硫的气候环境下，其停留时间不得超过 2h。

工作环境的大气温度至少应高于气温 5℃或基体的温度至少高于大气露点 3℃。

必要时，还应采取其他有效措施，如遮盖，加热或输入净化、干燥的空气，以便满足工作环境的要求。

注：1）除去焊接熔粒不属于本标准的范围，但凡需热喷涂的工件必须除去焊渣和飞溅的熔粒。

4 预处理方法

根据涂层的应用目的、涂层材料的种类和基体表面的原始状况，推荐采用以下方法。

4．1 脱脂净化

当工件按4．2条～4．6条进行处理之前，必须按下述方法仔细地清除油脂等污物。

a． 溶剂法 采用溶剂汽油、三氯乙烯或四氯化碳等擦洗、浸洗可有效地除去油脂。

b． 蒸气清洗 该法通常采用三氯乙烯等卤代烃系溶剂在一定设备中作蒸气清洗，此法可以把金属表面的油脂有效地除去。但应注意铝和锌作此处理以前，应仔细除去加工时留下的碎屑，以免与溶剂发生激烈反应。

c． 乳液清洗法 乳化清洗液通常由混有强乳化液和湿润剂的有机溶液配制而成，此法具有脱脂能力，且不会产生污染。可用热液浸洗工件，也可在冷态下应用，清洗后再用水漂洗去乳液。

d． 碱性清洗剂法 此清洗剂常以氢氧化钠、磷酸钠、碳酸钠和钠的硅酸盐为主，浸洗时浓度为50～75 g/L，温度为80℃，浸渍时间30min即可脱脂。亦可使用碱液作喷射清洗，浓度可低至10～20 g/L，温度为80℃，喷射1～2min可得到清洁的表面。

碱液清洗后的工浸，如未自干，应即作干燥处理。

e． 加热法 对于被油脂浸透了的铸铁或多孔隙的零部件，可用低温（约300℃）加热法将渗入的油脂驱除，表面的积炭可用细磨料（见4．2．3条）喷除。

4．2 喷砂粗化

喷砂处理后的清洁度应达到GB 8923第3章中规定的最高清洁度 $S_a 3$，即完全除去氧化皮、锈、污垢和旧涂层等附着物。

粗糙度应达到 R_z 25～100 μm，即在取样长度内5个最大轮廓峰高与5个最大轮廓谷深的平均值之和应达到上述值。

喷砂使用的压缩空气必须干燥、无油。压力式喷砂机喷口处压力一般为0．34～0．52 MPa，射吸式喷砂机压力一般为0．52～0．69 MPa，但对于壁厚小于4 mm的薄板件，压力可略低于下限；磨料的喷射方向与工作面法线之间的夹角一般取15°（不能超过30°），喷砂咀到工件的距离一般取100～300 mm，这些参数视工件具体情况而定。

4．2．1 喷砂方法 热喷涂常用喷砂方法如下：

a． 离心抛砂法 此法是采用装有回收磨料的循环抛射装置，可对工件连续进行离心抛射，效率最高。

b． 压力式喷砂法 此法是利用空气压力将磨料送入喷枪高速喷出，而使工件粗化的方法。可在喷砂室或喷砂厅内进行自由喷射，也可使用回收磨料的循环装置，还可在现场对已安装的钢结构件或较大的工件进行自由喷射，喷射磨料一般只用一次。必要时也可人工回收、分筛、干燥后继续使用，效率较高。

c． 射吸式喷砂法 此法是借助空气在喷砂枪内腔形成负压吸取磨料，高速喷出，使工件粗化。可在喷砂箱内连续喷射，效率不如上两法。

d． 无尘喷砂法 此法系一种能回收磨料的特殊喷砂方法。仅用于较小喷砂面及特殊场合。

4．2．2 喷砂磨料 喷砂粗化用磨料必须保持清洁、干燥。在制备功能性涂层时，喷砂粗化不允许使用废旧涂层、氧化皮、或油脂等污染了的磨料。

喷砂用磨料还必须有尖锐的棱角，推荐优先选用4．2．2．1条和4．2．2．2条规定的磨料。

4．2．2．1 熔融刚玉和碳化硅 熔融刚玉（白刚玉、棕刚玉等）和碳化硅，这类磨料除了有较高的硬度和棱角外，还具有较好的耐用性和极好的粗化效果。

4．2．2．2 冷硬铸铁 棱角形冷硬铸铁磨料有较高的使用寿命，一直可用至棱角磨钝才更换，但在非铁金属如铝锌及其合金上易造成电位腐蚀。

4．2．2．3　其他磨料　炼钢炼铜的炉渣也可使用。尖锐有棱角的石英砂虽也具同样功能，但除非有良好劳动保护措施，我国是禁止在敞开条件下使用的。

4．2．3　磨料粒度

熔融刚玉，碳化硅和冷硬铸铁磨料等都有不同的粒度，应根据不同情况予以选用。

一般壁厚大于或等于 4 mm 的构件，选用磨料粒度范围为0．5～1．5mm，若是矿渣则应选用0．5～2．0mm。

壁厚小于 4mm 的构件或白色金属如铝及其合金等，则应选用体积密度小的磨料。

对于轧制氧化皮的去除，可选用更细的磨料，喷射细磨料时，扫描面积大，效率也高。

4．2．4　喷砂表面的检验

清洁度　产品的清洁度检验，按有关标准制备基准样板进行目视比较，也可按 GB　8923 中规定的 S_a3 级标准片进行目视比较。

粗糙度　采用粗糙度样板与工件进行目视比较。粗糙度样板应通过光切显微镜检查，R_z 值应符合 GB　1031，以此作为基准样板。

4．2．5　喷砂的防护

喷砂处理的防护措施，系指工作场地和环境而言，尤其是对现场及周围人员的防护，具体措施按 GB　11375 实施。

4．3　下切

为了满足轴类或有公差配合的工件有足够的成型尺寸，保证涂层的均匀性及足够的强度，必须对工件进行下切加工。

下切角系指下切端部与轴线或平面的夹角，一般为 30°～45°，下切深度应根据工件使用环境而定。

下切加工时，车刀或刨刀要锐脂净化。加工过程中不允许采用冷却剂和润滑剂。

4．4　车螺纹、滚花

车螺纹和滚花都是为了粗化工件表面，增加基体的表面积，给涂层提供良好的啮合面。在切削螺纹后，螺纹的尖角应切除。滚花后的工件也要尽量避免形成凸起的尖角。

一般螺距 S 和螺纹深度 h，应根据工件尺寸、应用目的和基体材质而定，它们的关系为：

$$\frac{S}{h}=2 \text{ 或螺纹的啮合角为 } 90^\circ$$

上述粗化工序所用工具也应脱脂净化，且不允许采用冷却剂和润滑剂，以免污染净化的表面。

4．5　电拉毛

电拉毛是利用电弧熔化镍阳极，在经净化的有效表面上制备出一层均匀的、粗化的表面。它为涂层提供良好的啮合面，适用于厚壁工件和受静态应力的硬表面。

4．6　结合层

结合层亦称粘结层或打底层，在经净化和粗化处理的工件有效面上，先喷涂一层金属（如 Mo、Ta）、合金（如 Ni－Cr、Ni－Cr－Al 或 M[1)]－Cr－Al－Y）或复合材料（如 Ni/Al、Al/Ni）等自粘结材料，以提高涂层与基体的结合性能或增加其功能特性。

注：1）M 代表 Ni、Co 等金属。

5　工件预热

由于工件与喷涂材料的热膨胀系数不同，或若气温低、湿度大，为了驱除潮气和消除应力，在热喷涂前，对工件预热是很有必要的，尤其是内腔部位更有必要。预热温度一般控制在 95℃左右，火焰喷焊时，工件的预热温度可控制在 300℃左右。

6 遮蔽与保护

6．1 喷砂前的遮蔽

喷砂前，采用遮蔽带、金属薄板、套环、硬木板或橡胶等对非有效表面进行遮蔽保护。

6．2 喷涂前的保护

预处理和喷涂工序之间，需中间停留时，应对经预处理的有效表面采用干净牛皮纸、塑料膜等进行保护。

6．3 喷涂前对特殊部位的遮蔽

喷涂前，对有效表面上的楔槽、沟槽、油孔及其类似的槽孔等均应用耐热材料堵塞，如碳精棒是很有效的遮蔽材料。喷涂件精加工后，再清理堵塞的孔槽。

对于非有效面的遮蔽，采用遮蔽剂，有理想的保护效果，且易除去，也不会影响工件的光洁度。还可用6．1条中遮蔽方法进行保护。

附加说明：

本标准由中华人民共和国机械电子工业部提出。

本标准由全国金属与非金属覆盖层标准化技术委员会归口。

本标准由武汉材料保护研究所负责起草。

本标准主要起草人胡有权。

中华人民共和国国家标准

热喷涂涂层厚度的无损测量方法

Thermal spraying coating—Nondestructive methods for measurement of thickness

GB 11374—89

国家技术监督局 1989-06-29 批准　　　　1990-01-01 实施

本标准参照采用国际标准 ISO 2064《金属和其他非有机覆盖层　关于厚度测定的定义和惯例》和 ISO 2063《金属涂层钢铁抗蚀防护　喷铝、锌及其合金》。

1 主题内容与适用范围

1.1 主题内容

本标准规定了热喷涂涂层厚度测量的术语、测量方法的选择、基准面的确定及局部厚度的测量。

1.2 适用范围

本标准适用于所有热喷涂方法，包括火焰喷涂、电弧喷涂、等离子喷涂等所制备的各种磁性金属基体上非磁性涂层和非磁性金属基体上非导电涂层的厚度测量及评定。

2 引用标准

GB 4956　磁性金属基体上非磁性覆盖层厚度测量　磁性方法

GB 4957　非磁性金属基体上非导电覆盖层厚度测量　涡流方法

3 术语

3.1 有效表面

按使用和外观要求必须喷涂的表面，包括已喷涂和待喷涂的表面。

3.2 测量面

在有效表面上做单次测量的区域。对于无损法，是测头的面积或影响读数的区域。

3.3 基准表面

在有效表面上对涂层厚度进行规定次数的单次测量的区域。

3.4 局部厚度

在基准表面上进行规定次数测量所得涂层厚度的平均值。

3.5 最小局部厚度

一个试件的有效表面上所得各局部厚度中的最小值。

3.6 最大局部厚度

一个试件的有效表面上所得各局部厚度中的最大值。

3.7 平均厚度

均匀分布于有效表面上的规定次数的局部厚度值的平均值。

4 测量方法的选择

根据基体材料与涂层材料是否具有磁性与导电性选择测量方法。

4．1 磁性方法（GB 4956）

本方法适用于磁性金属基体上非磁性涂层的厚度测量，运用任何热喷涂工艺在磁性金属基体上制备的非磁性涂层均可采用此种方法进行无损测厚。

4．2 涡流方法（GB 4957）

本方法适用于非磁性金属基体上非导电涂层的厚度测量，运用任何热喷涂工艺在非磁性金属基体上制备的非导电涂层均可采用此种方法进行无损测厚。

5 基准表面的确定

5．1 基准表面的大小

5．1．1 有效表面小于 1 cm^2 的工件

用于测量局部厚度的基准表面应是试件的整个有效表面。

5．1．2 有效表面大于 1 cm^2 的工件

用于测量局部厚度的每个基准表面面积应取 1 cm^2（尽可能取边长 1cm 的正方形）。

5．1．3 有效表面大于 1 m^2 工件

用于测量局部厚度的每个基准表面面积允许增大到 1 dm^2。

5．2 基准表面的个数与位置的确定

基准表面个数的确定必须使基准表面的总面积不小于有效表面面积的 5%。

基准表面的位置应均匀分布在整个有效表面上。

6 局部厚度的测量

6．1 局部厚度测量的点数

6．1．1 对有效表面小于 1 cm^2 的工件，作 1～3 点测量。

6．1．2 对有效表面大于 1 cm^2 的工件，在选择的基准面内作 3～5 点测量。

6．1．3 对有效表面大于 1 m^2 的工件，在选择的基准面内作 9 点 10 次测量，第一次与第十次重合。

6．2 测量点的安排如下图：

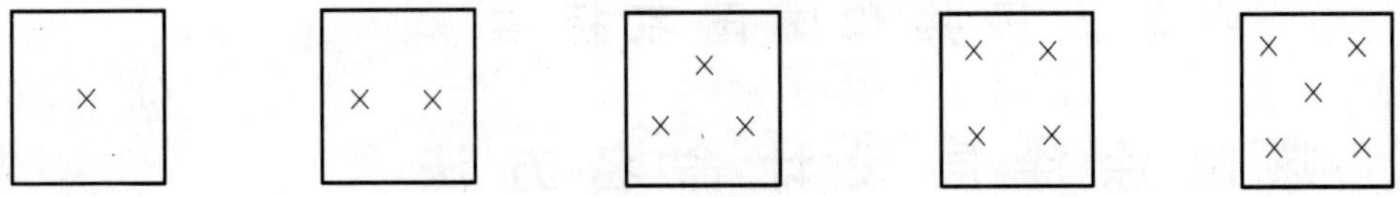

一点测量 二点测量 三点测量 四点测量 五点测量

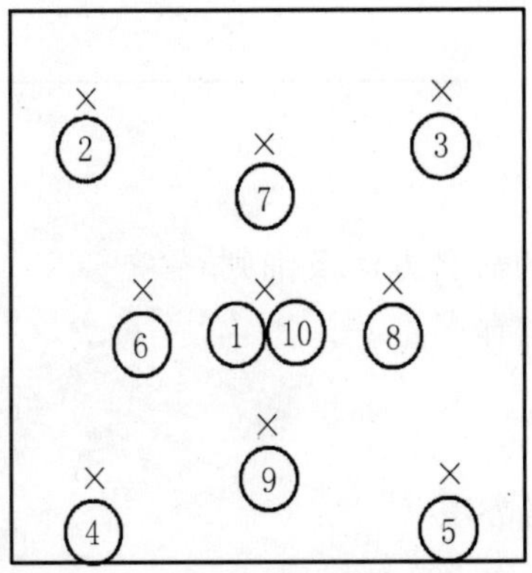

九点十次测量

注：×为测量点，○里数字为测量次序数。

7 厚度的报告

7.1 对于不同用途的涂层，可根据用户要求报告平均厚度、最小局部厚度或最大局部厚度。

7.2 如无专门规定，热喷涂涂层的厚度应报告有效表面上测得的最小局部厚度。

附加说明：

本标准由中华人民共和国机械电子工业部提出。

本标准由全国金属与非金属覆盖层标准化技术委员会归口。

本标准由武汉材料保护研究所负责起草，参加起草单位有船舶工业总公司七二五所、沈阳金属研究所。

本标准主要起草人汪洪生、张冀蜀。

中华人民共和国国家标准

GB 12607—90

热喷涂涂层设计命名方法

Designation for the design of thermal spraying coatings

国家技术监督局 1990 - 12 - 18 批准　　1991 - 12 - 01 实施

1　主题内容与适用范围

本标准规定了热喷涂涂层设计的命名方法及细则。

本标准适用于热喷涂涂层设计的命名。

2　引用标准

GB 12608　热喷涂涂层材料命名方法

3　热喷涂涂层设计的命名方法

热喷涂涂层设计的命名方法由四个部分组成，每个部分之间用圆点隔开。具体排列如下：

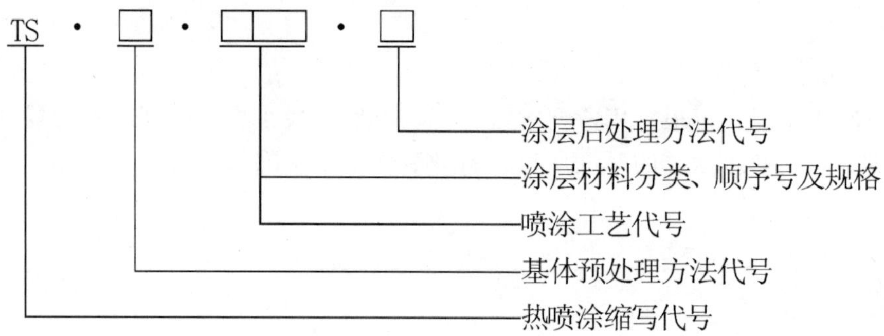

4　热喷涂涂层设计命名方法细则

4.1　热喷涂缩写代号

热喷涂缩写代号，用英文名称“thermal spraying”的字首大写字母“TS”表示。

4.2　基体预处理方法的表示

基体材料的预处理方法，用一位阿拉伯数字按表 1 规定表示。若需用两种或两种以上的预处理方法时，则依预处理的先后顺序，每位阿拉伯数字之间用斜线隔开表示之。

表 1

基体预处理方法	净化	喷砂	机加工〔车螺纹 下切 滚花〕	电拉毛	化学腐蚀	预热			其他
代号	1	2	3	4	5	6	7	8	9

4．3 喷涂工艺的表示方法

热喷涂工艺方法，采用一个或两个有代表性的英文单词字首大写字母表示（加线者），如表 2 所示。

表 2

喷 涂 工 艺	代号	英 文
粉末火焰喷涂	F	powder flame spraying
火焰喷焊	H	hardfacing by flame spraying
超音速火焰喷涂	U	ultrasonic flame spraying
爆炸喷涂	D	detonation flame spraying
陶瓷棒火焰喷涂	R	ceramic rod flame spraying
线爆喷涂	E	wire explosion spraying
高频感应喷涂	I	high frequency induction spraying
激光喷涂	L	laser spraying
熔体喷涂	M	melting spraying
电弧喷涂	A	arc spraying
低压（真空）电弧喷涂	LA	low pressure arc spraying
可控气氛电弧喷涂	CA	controlled atmosphere arc spraying
气稳等离子喷涂	P	gas plasma spraying
高能等离子喷涂	HP	high energy plasma spraying
空气等离子喷涂	AP	air plasma spraying
真空等离子喷涂	VP	vacuum plasma spraying
可控气氛等离子喷涂	CP	controlled atmosphere plasma spraying
水稳等离子喷涂	WP	water plasma spraying
高频等离子喷涂	FP	high frequency induction plasma spraying
线材气喷涂	W	wire flame spraying
等离子喷焊	T	plasma transferred arc process

4．4 涂层材料的表示方法

涂层材料部分，采用 GB 12608 中 2．2 条及 2．3 条规定的代号表示：

粉末涂层材料　××××⊗

线、带状涂层材料　×××⊗

棒状涂层材料　××⊗

4．5 阶梯涂层的表示方法

4．5．1　对于用同一种喷涂工艺，仅喷涂底层和面层涂层的阶梯涂层，按喷涂工艺顺序先后标出涂层材料代号并用斜线隔开。如气稳等离子两层阶梯涂层表示为：

P××××⊗/××××⊗

4．5．2　对于喷涂三层或三层以上的阶梯涂层，不论是用同一种工艺方法或不同的工艺方法，均用阶梯涂层专用符号“⊵”加表示阶梯层数的一位阿拉伯数字（3，4，5……），紧接在表示喷涂工艺方法的英文字母代号后表示之。其后的涂层材料代号只表示面层功能涂层材料。

阶梯涂层的详细表示，纳入具体技术要求中。

4．6　涂层后处理方法

喷涂层的后处理方法，采用一位阿拉伯数字代号按表3的规定表示。

使用两种或两种以上的涂层后处理表示方法时，按后处理工序排列，每个阿拉伯数字代号之间用斜线隔开。

表3

后处理方法	封孔处理	涂装	精饰[1]	重熔[2]	高能束重熔[3]	化学转化处理	热处理	热等静压处理	其他
代号	1	2	3	4	5	6	7	8	9

注：1）精饰，指涂层的机加工、滚压、抛光、研磨等。

2）重熔，包括火焰重熔、炉内重熔和感应重熔。

3）高能束重熔，指采用激光、电子束等高能束对涂层进行重熔。

5　热喷涂涂层设计命名方法示例

例1

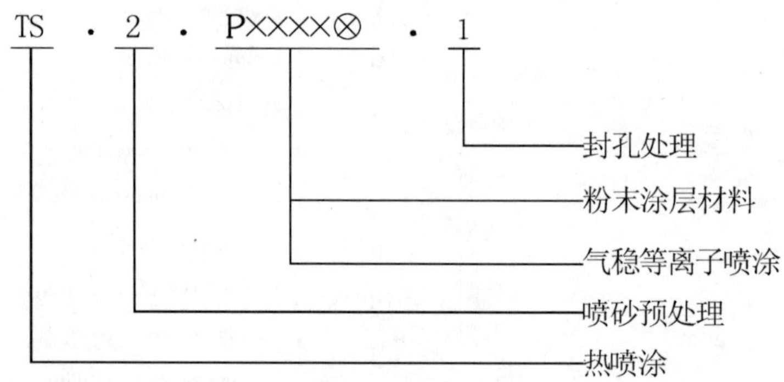

例2

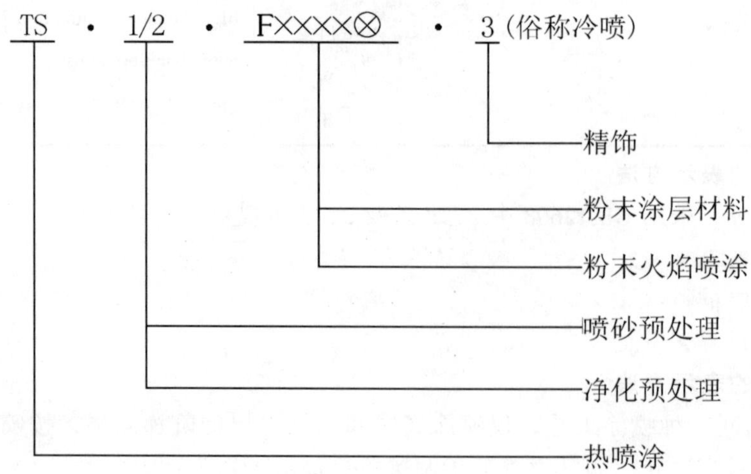

例 3

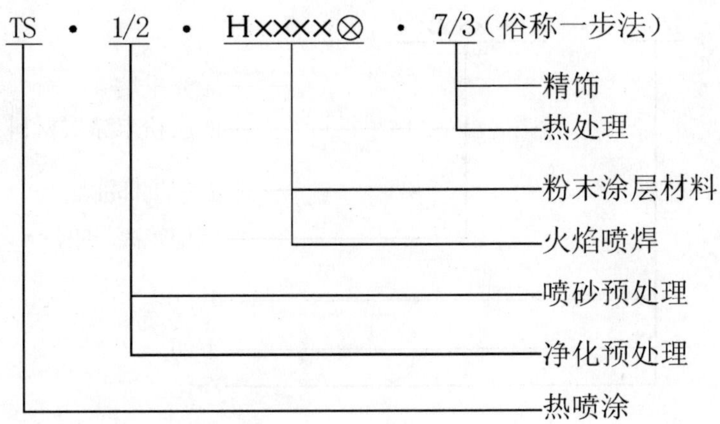
TS · 1/2 · H××××⊗ · 7/3（俗称一步法）
精饰
热处理
粉末涂层材料
火焰喷焊
喷砂预处理
净化预处理
热喷涂

例 4

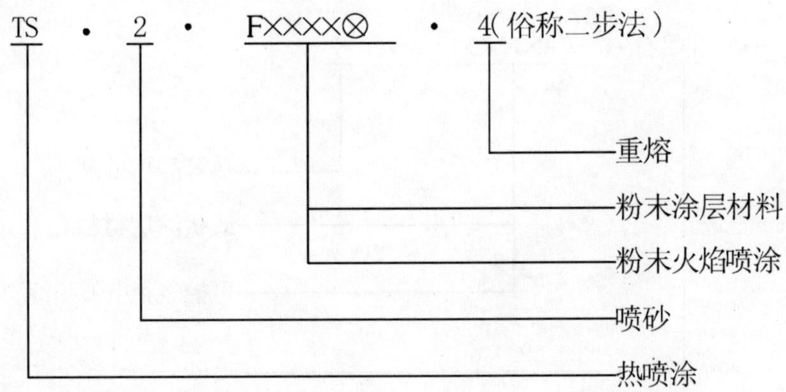
TS · 2 · F××××⊗ · 4（俗称二步法）
重熔
粉末涂层材料
粉末火焰喷涂
喷砂
热喷涂

例 5

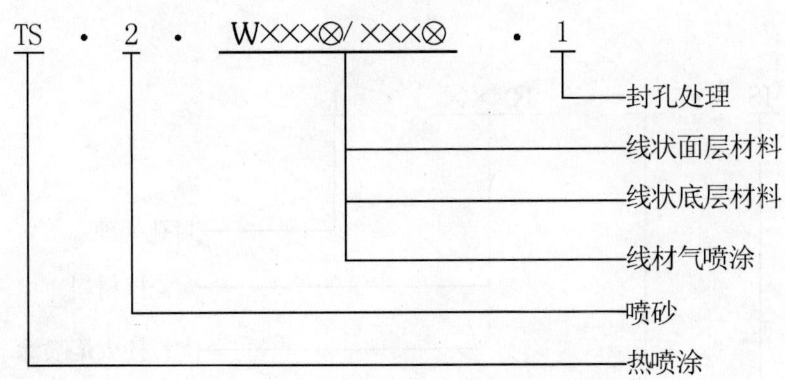
TS · 2 · W×××⊗/×××⊗ · 1
封孔处理
线状面层材料
线状底层材料
线材气喷涂
喷砂
热喷涂

例 6

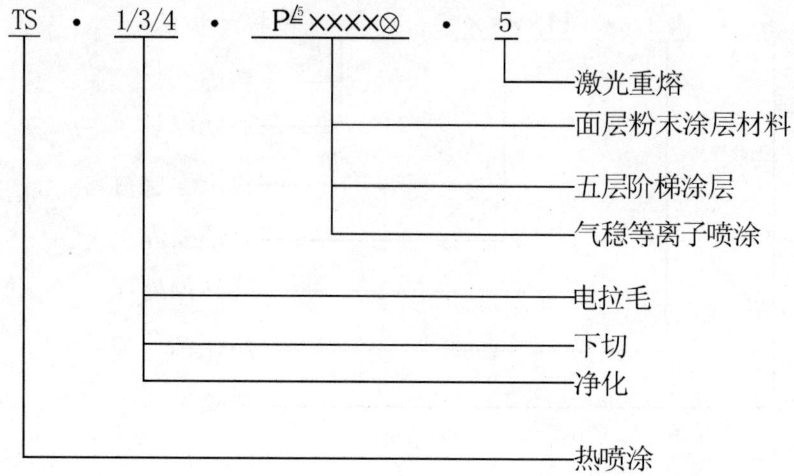
TS · 1/3/4 · P⁵××××⊗ · 5
激光重熔
面层粉末涂层材料
五层阶梯涂层
气稳等离子喷涂
电拉毛
下切
净化
热喷涂

例 7

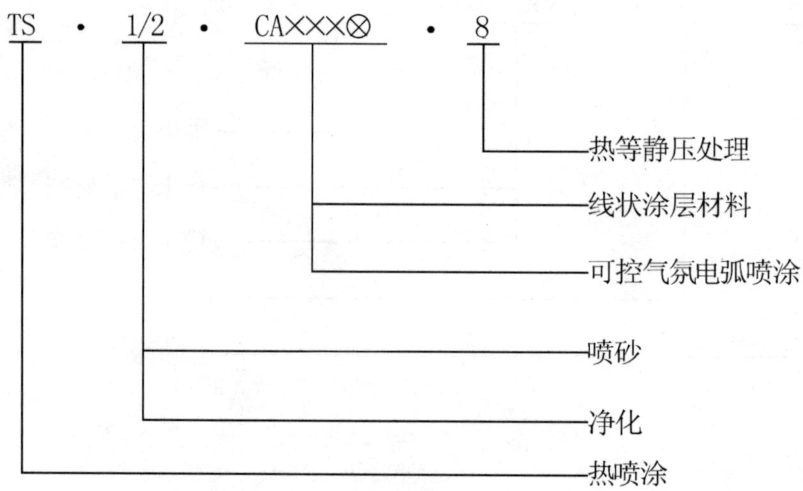
TS · 1/2 · CA×××⊗ · 8
热等静压处理
线状涂层材料
可控气氛电弧喷涂
喷砂
净化
热喷涂

例 8

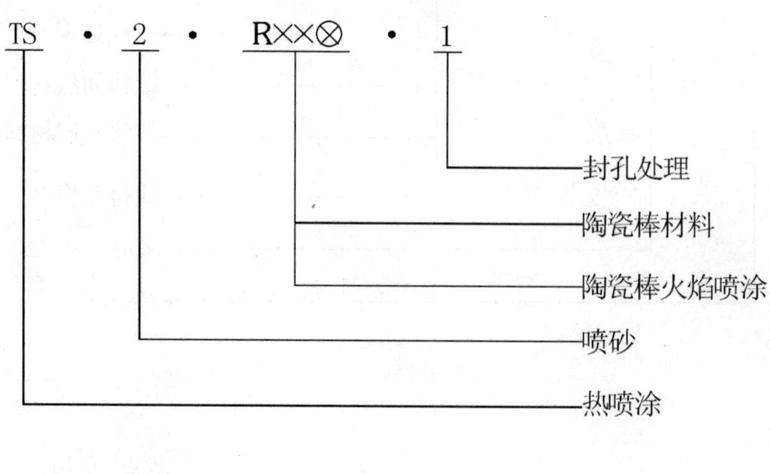
TS · 2 · R××⊗ · 1
封孔处理
陶瓷棒材料
陶瓷棒火焰喷涂
喷砂
热喷涂

附加说明:

本标准由中华人民共和国机械电子工业部提出。

本标准由全国金属与非金属覆盖层标准化技术委员会归口。

本标准由机械电子工业部武汉材料保护研究所负责起草。

本标准主要起草人陶翠红、邓世均、程旭东。

中华人民共和国国家标准

GB 12608—90

热喷涂涂层材料命名方法

Designation of the materials for thermal spraying coatings

国家技术监督局 1990－12－18 批准　　1991－12－01 实施

1　主题内容与适用范围

本标准规定了热喷涂涂层材料命名方法。

本标准适用于热喷涂涂层材料的命名。

本标准不提供任何热喷涂涂层材料的具体用途及各种性能数据。

2　涂层材料的命名方法

热喷涂涂层材料的命名方法由三个部分组成：

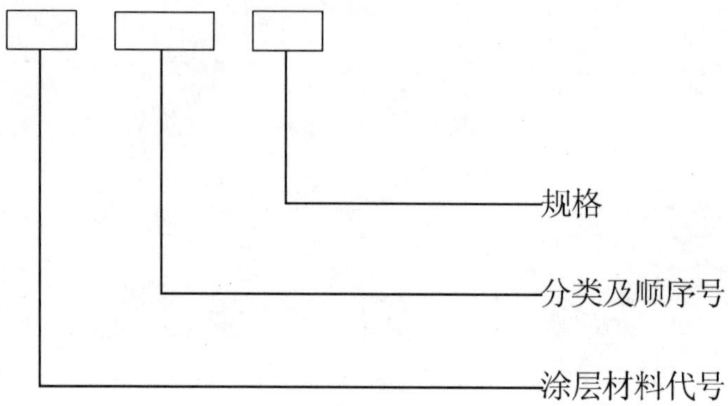

2．1　涂层材料代号

2．1．1　涂层材料代号用英文单词字首大写字母表示（表1）。

表 1

代　号	英 文 全 称	意　义
P	thermal spraying powders	热喷涂粉末状涂层材料
W	thermal spraying wires	热喷涂线、带状涂层材料
R	thermal spraying rods	热喷涂棒状涂层材料
A	thermal spraying auxitiary mater	热喷涂辅助材料

2．1．2　根据粉末状涂层材料适用的热喷涂工艺的不同，将粉末状涂层材料再分为四种，具体表示见表2。

表 2

代　号	英 文 全 称	意　义
PG	general powder	通用型粉末（喷涂喷焊）
PS	flame spraying powder	火焰喷涂粉末
PH	hardfacing powder by flame spraying	火焰喷焊粉末
PT	plasma transferred arc process powder	等离子喷焊粉末

2．2　**分类及顺序号**

分类及顺序号用阿拉伯数字表示，粉末状涂层材料为四位数；线、带状涂层材料和辅助材料为三位数；棒状涂层材料为两位数。

2．2．1　涂层材料的大类

第一位阿拉伯数字为涂层材料的大类，符号各大类所表示的涂层材料类型见表3。

表 3

符号	符 号 的 意 义			
	粉末状涂层材料	线、带状涂层材料	棒状涂层材料	辅助材料
1	Ni 基合金粉末	Ni 和 Ni 基合金线材	氧化铝棒	涂层封孔剂
2	Co 基合金粉末	Zn、Al 及其合金和低熔点合金线材	氧化铬棒	涂层面层涂料
3	Fe 基合金粉末	Fe 基合金线材	氧化锆棒	涂层抗粘剂
4	Cu 基合金粉末	Cu 和 Cu 基合金线材	锆硅酸盐棒	
5	其他合金粉末	难熔金属合金线材	镁尖晶石棒	
6	复合粉末	复合线材		
7	陶瓷型粉末	带材		
8	有机材料粉末	塑料包套的柔性喷涂丝		
9	其他非金属粉末	其他涂层线材		

2．2．2　涂层材料的小类

粉末状及线、带状涂层材料中，第二位阿拉伯数字为各大类涂层材料中的小类符号（表4、表5），棒状涂层材料及辅助材料无小类。

表 4

小类符号 \ 大类	粉末状涂层材料								
小类	1	2	3	4	5	6	7	8	9
名称	Ni基合金粉末	Co基合金粉末	Fe基合金粉末	Cu基合金粉末	其他合金粉末	复合粉末	陶瓷型粉末	有机材料粉末	其他非金属粉末
0	纯 Ni 粉末	纯 Co 粉末	纯 Fe 粉末	纯 Cu 粉末	其他纯金属粉末	自粘结型复合粉末			
1	Ni 基自熔性合金粉末	Co 基自熔性合金粉末	Fe 基自熔性合金粉末	Cu 基自熔性合金粉末	巴氏合金粉末	自粘结功能型复合粉末	氧化铝型粉末	热塑性塑料粉末	玻璃粉末
2	Ni 基自熔性合金+碳化钨粉末	Co 基自熔性合金+碳化钨粉末	Fe 基自熔性合金+碳化钨粉末	CuP 基合金粉末	Zn、Al 基合金粉末	金属型复合粉末	氧化锆型粉末	热固性塑料粉末	釉料粉末
3	NiCu 基合金粉末	CoCrW 基合金粉末	低合金钢粉末	CuAl 基合金粉末	Mo、W、Cr 基合金粉末	金属陶瓷型复合粉末	硅酸盐型粉末	其他有机材料粉末	固体润滑剂粉末
4	NiP 基合金粉末	Co 基高温合金粉末	不锈钢合金粉末	CuSi 基合金粉末	其他合金粉末	金属塑料型复合粉末	氧化铬型及其他氧化物粉末		其他非金属粉末
5	NiCr 基合金粉末		高 Cr 铸铁基合金粉末	CuSn 基合金粉末		陶瓷塑料型复合粉末	碳化物型粉末		
6	Ni 基高温合金粉末		FeNi 基合金粉末	CuZn 基合金粉末		混合粉末	氮化物型粉末		
7			FeCrMn 基合金粉末				硼化物型粉末		
8			FeCrMo 基合金粉末				硅化物型粉末		
9			其他铁基合金粉末						

表 5

大类 / 小类名称 / 小类符号	线、带状涂层材料								
大类	1	2	3	4	5	6	7	8	9
小类名称	Ni 和 Ni 基合金线材	Zn、Al 及其合金和低熔点合金线材	Fe 和 Fe 基合金线材	Cu 和 Cu 基合金线材	难熔金属合金线材	复合线材	带材	塑料包套的柔性喷涂丝	其他涂层线材
0	纯 Ni 线材	纯 Al 线材		纯 Cu 线材	纯 Mo 线材				
1	NiCr 基合金线材	纯 Zn 线材	低碳钢线材	铝青铜线材	其他难熔金属合金线材	包覆型复合线材			
2	NiCrAl 基合金线材	AlMg 基线材	中碳钢线材	锡青铜线材		绞股型复合线材			
3	NiCu 基合金线材	AlZn 基及其他 Al 基线材	高碳钢线材	磷青铜线材		填充型管状复合线材			
4		ZnAl 基及其他 Zn 基线材	低合金钢线材	黄铜线材					
5		纯 Sn 及 Sn 基线材	不锈钢线材						
6		纯 Pb 及 Pb 基线材							
7		巴氏合金线材							
8									
9		其他低熔点金属及合金线材							

2．2．3　涂层材料的顺序号

粉末状涂层材料和辅助材料的顺序号为后两位阿拉伯数（00～99），线、带状涂层材料和棒状涂层材料的顺序号为后一位阿拉伯数（0～9）。

2．3　规格

2．3．1　粉末状涂层材料的规格采用英文小写字母表示，其对应的粒度范围列于表 6。

表 6

μm

符　号	粉末粒度范围
a	75～250
b	60～150
c	45～100
d	45～75
e	37～50
f	＜50
g	5～15

2．3．2　线、带状涂层材料规格均采用阿拉伯数字直接表示。线、棒材规格为其直径；带材规格为其厚度×宽度。单位均为 mm，与前面的分类及顺序号用短横线隔开。

3　涂层材料的表示方法及示例

3．1　涂层材料的表示方法

3．1．1　粉末状涂层材料

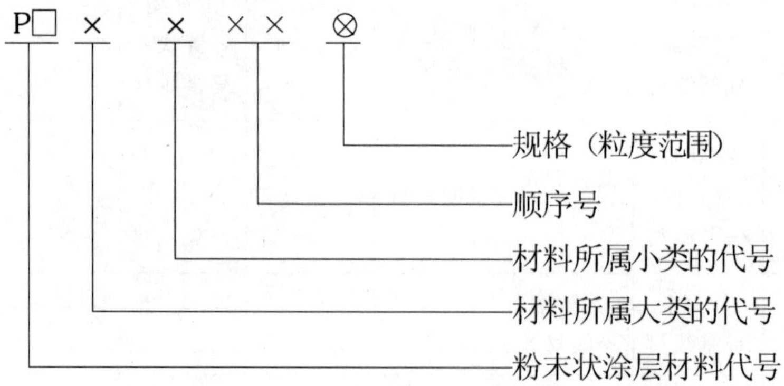

注："P□"表示表 2 中的四种适用热喷涂工艺不同的涂层材料。

3．1．2　线、带状涂层材料

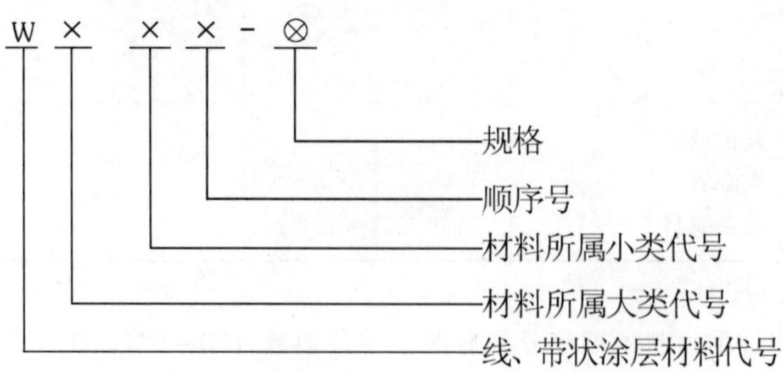

3．1．3 棒状涂层材料

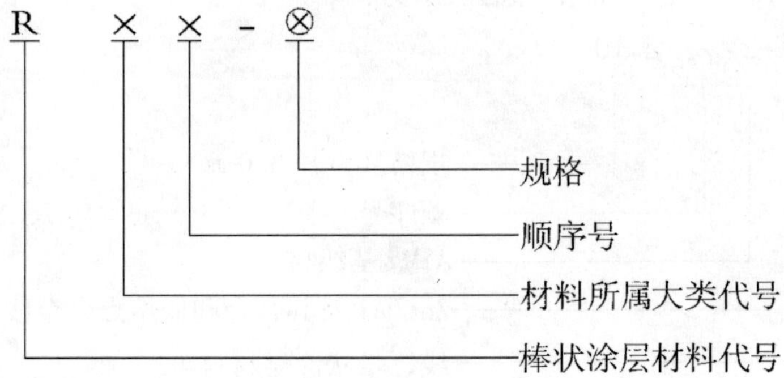

3．1．4 辅助材料

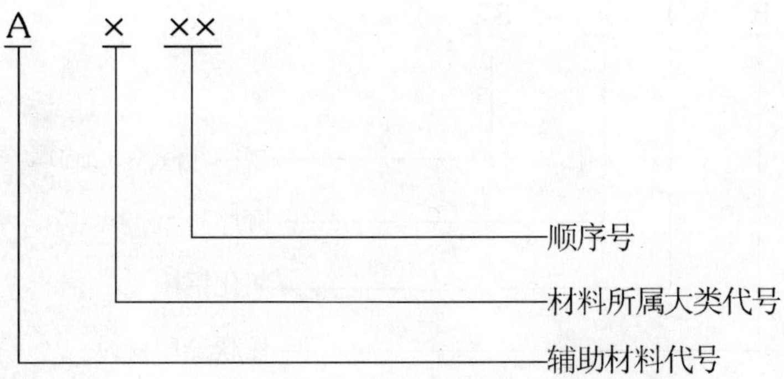

3．2 示例

例 1 Fe 基自熔性合金＋碳化钨火焰喷焊粉末，粒度范围 45～100μm，命名表示为：

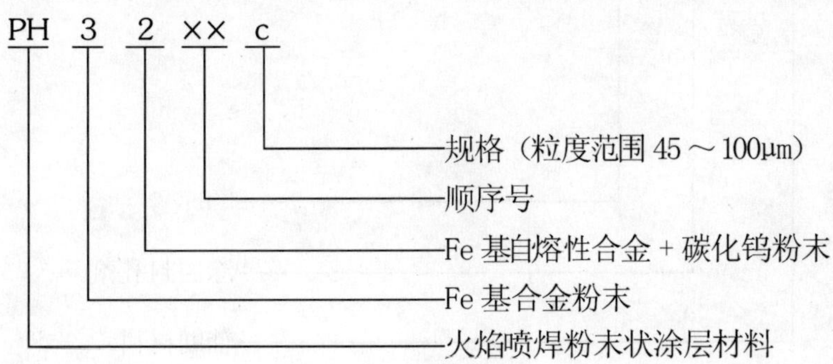

例 2　AlMg 基线材，线径为 3．0mm，命名表示为：

W 2　2 × - 3.0

- 3.0——规格（直径 3.0mm）
- ×——顺序号
- 2——AlMg 基线材
- 2——Zn、Al 及其合金和低熔点合金线材
- W——线、带状涂层材料

例 3　氧化铝棒材，棒直径为 3．2mm，命名表示为：

R　1　×　-　3.2

- 3.2——规格（直径 3.2mm）
- ×——顺序号
- 1——氧化铝棒
- R——棒状涂层材料

例 4　涂层封孔剂，命名表示为：

A　1　××

- ××——顺序号
- 1——涂层封孔剂
- A——辅助材料

4 材料的分类及命名的编制和管理

4．1 热喷涂涂层材料实行统一分类，统一编制牌号（即命名）和管理。

4．2 涂层材料的分类和命名由国家标准主管部门（或其授权单位）会同有关单位，按照本标准规定的原则和方法统一进行。

4．3 对于符合本标准规定的、需要统一命名的热喷涂涂层材料，由涂层材料的生产单位提出编制牌号（命名）的申请；国家标准主管部门（或其授权单位）负责审查核实，确定统一牌号（命名）。

4．4 各热喷涂涂层材料的生产单位，应在涂层材料的牌号（命名）前部加上注册商标代号。

附加说明：

本标准由中华人民共和国机械电子工业部提出。

本标准由全国金属与非金属覆盖层标准化技术委员会归口。

本标准由武汉材料保护研究所负责起草。

本标准主要起草人程旭东、邓世均、陶翠红。

中华人民共和国国家标准

GB/T 9793—1997
eqv ISO 2063：1991

金属和其他无机覆盖层 热喷涂 锌、铝及其合金

代替 GB 9793～9796—88

Metallic and other inorganic coatings—Thermal spraying—Zinc、aluminium and their alloys

国家技术监督局 1997－07－25 批准 1998－02－01 实施

前言

本标准等效采用 ISO 2063：1991《金属和其他无机覆盖层 热喷涂锌、铝及其合金》，编写规则符合 GB/T 1．1—1993。

本标准与 ISO 2063：1991 相比，引用标准有所增加，这是因为我国已制订的配套标准比 ISO 多，这些标准基本上都是参照采用国外先进标准的版本制订的，如 GB 11373—89（参照采用 DIN 8576—84)、JB/T 8427－96（参照采用 BS 5493—1997 和 BS 4479—1966）等。上述配套标准的引用使本标准可操作性强，方便了用户。

此外，本标准未采用 ISO 2063：1991 中的“引言”，原因是本标准的引用标准中已有关于热喷涂定义和涂层厚度的规定，已包含了 ISO 2063：1991“引言”的内容，无复述的必要。

本标准自发布实施之日起，代替以下四个国家标准，即：

GB 9793—88 热喷涂锌及锌合金涂层

GB 9794—88 热喷涂锌及锌合金涂层试验方法

GB 9795—88 热喷涂铝及铝合金涂层

GB 9796—88 热喷涂铝及铝合金涂层试验方法

本标准根据 ISO 2063：1991 的内容，不再列入上述四个国家标准中的有关耐蚀性、密度和抗高温氧化性能及其试验方法的内容。

本标准的附录 A 是标准的附录。

本标准的附录 B 是提示的附录。

本标准由中华人民共和国机械工业部提出。

本标准由全国金属与非金属覆盖层标准化技术委员会归口。

本标准负责起草单位：机械工业部武汉材料保护研究所。

本标准主要起草人：胡有权、李秉忠、张海成、董志红、胡箭星。

1 范围

本标准规定了防腐蚀用热喷涂锌、铝及其合金涂层的特性和试验方法。

本标准适用于对钢铁表面施加热喷涂锌、铝及其合金涂层进行防腐蚀保护。

本标准不适用于对损伤表面的修复。也不适用于热喷涂锌、铝及其合金之外的其他金属涂层，但其中的一些规定，对其他金属涂层也有效，若供需双方协商认可，也可采用。

2 引用标准

下列标准所包含的条文，通过在本标准中引用而构成为本标准的条文。本标准出版时，所示版本均为有效。所有标准都会被修订，使用本标准的各方应探讨使用下列标准最新版本的可能性。

GB 470—83 锌分类及技术条件

GB 1031—1995 表面粗糙度 参数及其数值（neq ISO 468—1982）

GB 3190—82 铝及铝合金加工产品的化学成分

GB 4956—85 磁性金属基体上的非磁性覆盖层厚度测量 磁性方法（eqv ISO 2178—1982）

GB 6462—86 金属和氧化物覆盖层 横断面厚度显微镜测量方法（eqv ISO 1463—1982）

GB 6819—85 溶解乙炔

GB 8923—88 涂装前钢材表面锈蚀等级和除锈等级（eqv ISO 8501/1—1988）

GB 11373—89 热喷涂金属件表面预处理通则（eqv DIN 8567—1984）

GB 11374—89 热喷涂涂层厚度的无损测量方法（neq ISO 2064—1990）

GB 11375—89 热喷涂操作安全

JB/T 5077—91 热喷涂常用术语

JB/T 6973—93 热喷涂操作人员考核要求

JB/T 8427—96 钢结构腐蚀防护热喷涂锌、铝及其合金涂层选择与应用导则

3 定义

本标准采用 GB 11374 中的下述定义：

3.1 主要表面

按使用和外观要求必须喷涂的表面，包括已喷涂和待喷涂的表面。

3.2 测量面

在主要表面上做单次测量的区域，对于无损法，是测头的面积或影响读数的区域

3.3 基准面

在主要表面上对涂层厚度进行规定的单次测量的区域。

3.4 局部厚度

在基准面上进行规定次数测量所得涂层厚度的平均值。

3.5 最小局部厚度

在一个工件主要表面上所测得各局部厚度中的最小值。

4 提出要求的方式

当要求工件按照本标准进行热喷涂时，用户除应提出本标准的标准号外，还可参照 JB/T 8427 中的使用环境提出涂覆金属的主要表面和典型环境中推荐的相应涂层最小局部厚度。

5 分类

本标准中所推荐的 Zn、Al 及 Zn－Al 合金涂层是按其厚度进行分类的，涂层的分类列于表 1。

表 1 金属涂层的分类

本分类给出了适于 Zn、Al 及 Zn－Al 合金涂层的系列厚度值，经供需双方认可亦可采用其中间值。每种涂层的相应代号均由该金属的元素符号（Zn＝锌，Al＝铝）后随最小局部厚度值所构成[1)]。

US：毫英寸　2　4　6　8　10　12

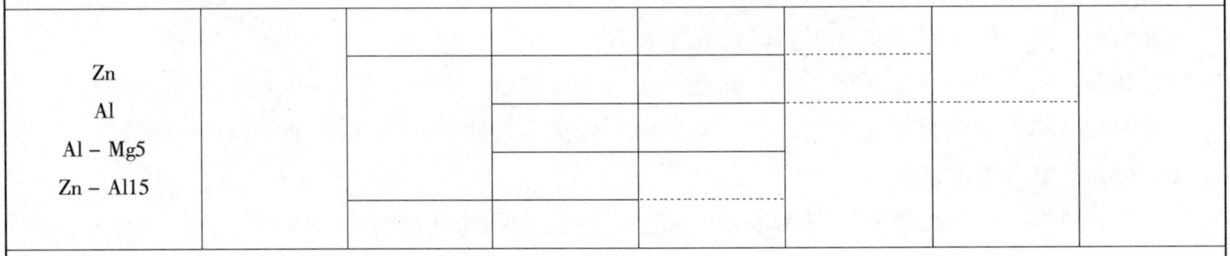

微米[2)]　50[3)]　100　150　200　250　300[4)]

1） 合金涂层以每种合金元素符号后面跟以数字表示该元素在合金中含量的质量百分数，如：含 85%Zn，15%Al，厚度为 120 μm 的 Zn－Al 合金涂层，其代号定为（Zn－Al 15）120，圆括号是识别合金成分所必不可少的。如果所用合金涂层的代号已在其他的 GB 中出现过，亦可选用该代号；如含 95%Al，5%Mg 的厚度为 150 μm 的合金涂层，则代号定为（GB 3190：LF5）150。

2） 采用国际单位制以便与我国推行的法定计量单位保持一致。

3） 供需双方协商提出涂层厚度时，要十分注意选用能获得均匀厚度的热喷涂技术，封闭剂和涂料及其试验方法。

4） 若涂层能达到本标准中规定的性能要求，经供需双方协商认可，也可选更大的“最小局部厚度”。如：本表中虚线及虚线以外的部分。

6 工艺

6.1 工件表面预处理

用适当的磨料连续喷射工件表面以充分清理和粗化，直至呈现出金属本色的外观和均匀的轮廓形貌，达到完全清洁和粗糙。

6.1.1 喷涂前工件表面状况

喷涂前，工件表面应该是干燥的，无灰尘、油脂、污垢、锈斑及其他包括可溶性盐类在内的污染。

6.1.2 粗糙度的检验

在所有的场合下，都要用参比样片对照检验喷砂处理后工件表面的粗糙度。参比样片的材质应与工件一致，并按供需双方协商的要求制备。

6.1.3 喷砂处理用磨料

除非另有规定，下述磨料可用于工件表面的喷砂处理：

冷硬低磷铸铁砂和刚玉砂。

在某些场合下，如不违犯有关安全和环保规定，经双方协商亦可选用其他磨料，但应达到足够的粗糙度，以保证涂层的结合强度。

6．1．4 磨料粒度

磨料颗粒一般为0．5～1．5 mm。

6．1．5 喷砂处理用磨料和空气

磨料应该清洁、干燥，特别是应无油污和可溶性盐类。用于喷砂处理的压缩空气也应清洁、干燥，以免污染磨料和工件表面。

6．1．6 工件表面清洁度

喷砂处理后，工件表面的清洁度应采用 GB 8923—88 中的“Sa 3”级图片对照检验。

6．2 喷涂材料

喷涂用金属材料应符合下列要求：

锌应符合 GB 470—83 中的 Zn－1 的质量要求，Zn≥99．99%；

铝应符合 GB 3190—82 中的 L2 的质量要求，Al≥99．5%；

锌合金中锌的成分应符合 GB 470—83 中 Zn－1 的质量要求，即 Zn99．99；铝的成分应符合 GB 3190—82 中 L1 的质量要求，即 Al99．7。合金的成分应按表 1 中的注 1 表示。除非另有规定，合金中金属的允许偏差量为规定值的 ±1%。也可选用不同比例的锌铝合金，例如 87%Zn－13%Al 到 65%Zn－35%Al（典型的锌铝合金是 85%Zn－15%Al）。同时应当使用相应的合金代号。

铝合金可以使用 GB 3190—82 中的 LF5，即含 5%Mg 的铝合金，其代号为 Al－Mg5 或 GB 3190：LF5。

6．3 热喷涂

热喷涂应在工件表面喷砂后尽快进行，在喷涂过程中，工件表面应一直保持清洁、干燥和无肉眼可见的氧化。

6．3．1 待喷涂的时间

根据地域情况应尽可能短，最长不超过 4 h。

6．3．2 喷涂的环境温度

当待喷涂工件表面处在凝露状态下时，不能进行喷涂。待喷工件表面的温度应保持在露点以上，且至少比露点温度高 3℃以上才能进行喷涂。

6．3．3 涂层缺陷

若喷涂时发现涂层外观有明显的缺陷应立即停止喷涂，对于缺陷部位必须按 6．1 重新进行喷砂预处理。

6．4 封闭或涂装

6．4．1 封闭

对金属涂层进行封孔，其目的是尽可能地将涂层孔隙堵住，并填平其凹坑，以延长涂层的使用寿命。

6．4．2 自然封闭

金属涂层暴露在正常环境中，通过金属涂层的自然氧化而使孔隙封闭，其前提条件是，所生成的氧化物、氢氧化物和（或）碱性盐在该环境中不会溶解。

6．4．3 人工封闭

通过使金属涂层表面化学转化（磷化、活性涂料涂装等）或选用适当的涂料体系进行封孔，而实现人工封闭处理。

6．4．4 涂装

为了美观或延长防护体系的使用寿命，可对已封闭或未封闭的金属涂层进行涂装。

6．4．5 自然封闭后不推荐涂装。

6．4．6 相容性

无论金属涂层封闭与否，涂装体系都应与金属涂层或封闭剂有相容性，便于保养且能持久地保持耐工况环境的要求。

7 性能要求

7．1 厚度

热喷涂层的厚度由其最小局部厚度确定（见3．5）

热喷涂层厚度的测量方法、测量位置和次数，应由供需双方商定。

7．1．1 面积为1 cm^2 至1 m^2 之间的涂层。

当涂层面积为1 cm^2 至1 m^2 之间时，任何给定点的局部厚度都应当是在大约为1 cm^2 的基准面上测得的涂层厚度。

由于各种适于测量涂层厚度的方法是在尺寸各不相同的测量面上实施的，因此采用下列方法测定涂层任何部位的局部厚度（见表2)：

——测量面不小于1 cm^2 时，仅作一次测量；

——在涂层的横截面上采用显微镜进行直线和曲线测量时，应在1～2 cm的距离内均匀测量十次，取其算术平均值；

——测量面的直径大于5 mm时，仅作一次测量；

——测量面的直径在3～5 mm之间时，应在1 cm^2 内作二次测量，取其算术平均值；

——测量面的直径小于3 mm时，应在1 cm^2 内作三次测量，取其算术平均值；

——采用点测量方法时，应在1 cm^2 内作五次测量，取其算术平均值。

7．1．2 面积大于1 m^2 的涂层

涂层面积大于1 m^2 时，任何给定部位的涂层局部厚度都应当是在约1 dm^2 的基准面上测量。

由于各种适于测量涂层厚度的方法是在尺寸各不相同的测量面上实施的，故规定采用下列方法测量任何给定部位的局部厚度：

——测量面不小于1 dm^2 时，作一次测量；

——测量面是点，或测量面积在点与几个平方厘米之间时，按图1所示在1 dm^2 基准面内作十次测量，取其算术平均值。

7．1．3 厚度测量位置

为了确定涂层的最小局部厚度，应在涂层厚度可能最薄的部位测量涂层的局部厚度。测量的位置和次数，可以由有关各方协商认可，并在协议中规定。建议测量位置应尽量按照有关产品标准中的规定选取。当协议双方没有任何规定时，则测量位置和次数按GB 11374中的规定选择。

7．1．4 测量方法

在所有的情况下，都可采用磁性法测量涂层的厚度（见8．1．2)，提供的涂层厚度值必须是算术平均值。

当有争议时，可以用横截面显微镜法进行仲裁（见8．1．3)。

表 2 在某一定点测量局部厚度的常规

测量的位置和次数		采用的试验方法的基准面尺寸
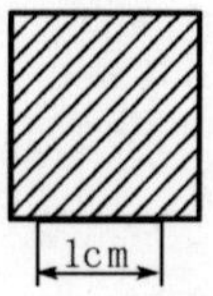	只一次测量	测量面大于 1 cm^2
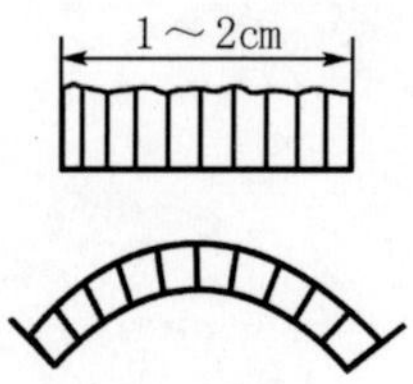	1 至 2 cm 的距离内均等测量十次的算术平均值	涂层的显微横截面上线性测量
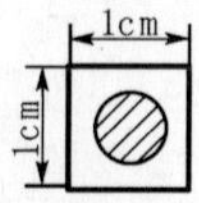	只一次测量	测量面的直径在 5～10 mm 之间
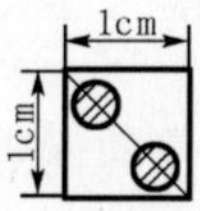	二次测量的算术平均值	测量面的直径在 3～5 mm 之间
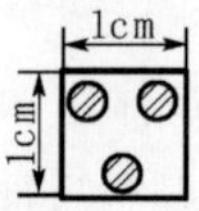	三次测量的算术平均值	测量面的直径小于 3mm
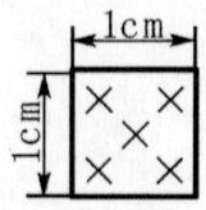	五次测量的算术平均值	测量面为点
局部厚度：在大约 1 cm^2 的基准面内最小厚度测量		

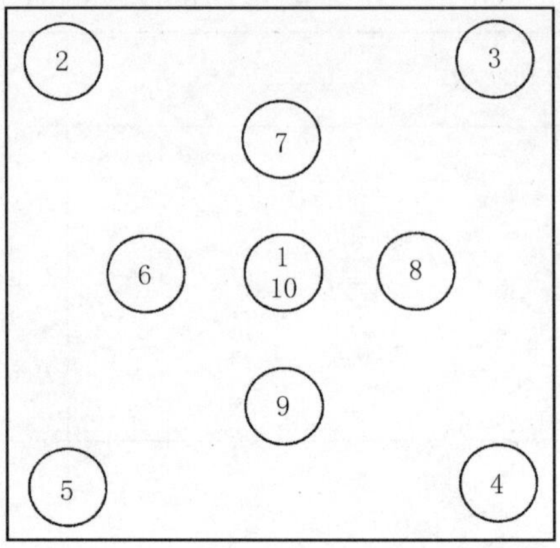

图 1　在 1 dm^2 基准面内测量点的分布

7．2　外观

涂层外观应均匀一致，无气孔或底材裸露的斑点，没有未附着或附着不牢固的金属熔融颗粒和影响涂层使用寿命及应用的一切缺陷。

7．3　结合性

按 8．2 试验后，如果没有出现涂层从基体上剥离或金属涂层层间分离，则认为结合强度试验合格。

8　试验方法

8．1　厚度测量

8．1．1　厚度测量方法及应用范围

8．1．1．1　磁性测量法具有无损、快速和能直接测量任何待测表面上的任何部位的优点。此外，喷涂在钢铁基体上的涂层（Zn、Al）性质及其标准厚度值，都有利于该方法达到满意的测量精度。因此，对于给定试样，只要按照本标准的规定和供需双方协议，正确校准磁性测厚仪，磁性测量就能提供有效、准确的验收检查结果。

8．1．1．2　横截面显微镜法可作为检验金属涂层厚度的参考方法。鉴于界面区基体金属和涂层金属表面存在着几何形状的不规则性，要正确地对金属涂层进行显微测量是困难的，也不可能获得所需要的精度。因此，仅在协议双方事先规定后才使用这种方法，并按照 8．1．3 的要求进行试验。

8．1．2　磁性测量

按 GB 4956 中的规定进行试验

8．1．3　横截面显微镜测量

原则上按 GB 6462 中的规定切割样品、制备试样，在显微镜下对横截面上的涂层进行测量。

说明：为防止涂层从基体和边缘剥离，试样必须采用合适的固定材料，如：用塑料或某种低熔点合金固定。检查面必须用合适的抛光剂仔细抛光。

每个试样应测十次，测量点须沿试样的一个边均匀分布，并在边长约 20 mm 的横截面上进行测量，取其算术平均值。

8．2　结合强度试验①

按双方协议选择结合强度试验方法和整理试验结果。具体方法见附录 A（标准的附录）

① 在适用于所有金属涂层的结合强度检验标准制定之前，此条是有效的。

附 录 A
(标准的附录)
结合强度试验方法

A1 栅格试验

A1.1 原理

将涂层切断至基体，使之形成一个具有给定尺寸的方形格子，涂层不应产生剥离。

A1.2 装置

具有硬质刃口的切割工具，其形状如图A1所示。

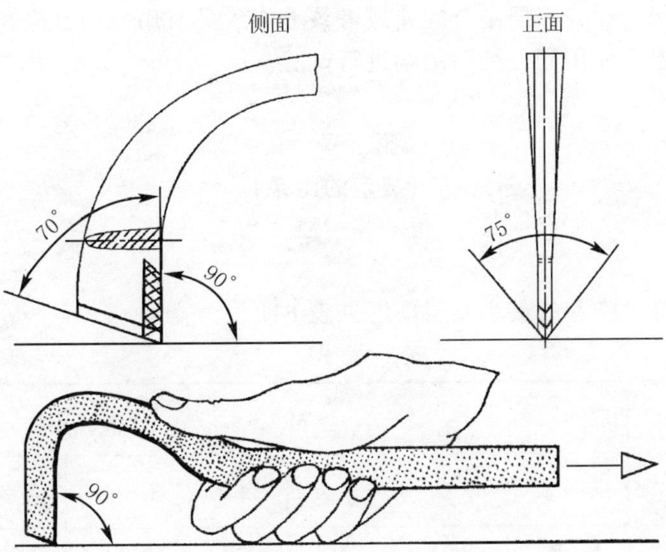

图A1 切割工具

A1.3 操作

使用图A1规定的刀具，切出表A1中的规定格子尺寸。

切痕深度，要求必须将涂层切断至基体金属。

如有可能，切割成格子后，采用供需双方协商认可的一种合适粘胶带，借助一个辊子施以5N的载荷将粘胶带压紧在这部分涂层上，然后沿垂直涂层表面的方向快速将粘胶带拉开。

如果不能使用此法，则测量涂层结合强度的方法就必须取得供需双方同意。

表A1 格子尺寸

覆盖格子的近似表面	检查的涂层厚度 μm	划痕之间距离 mm
15 mm×15 mm	≤ 200	3
25 mm×25 mm	> 200	5

A1.4 结果解释

应无涂层从基体金属上剥离。假如在每个方形格子内，涂层的一部分仍然粘附在基体上，而其余部分粘在粘胶带上，损坏发生在涂层的层间而不是发生在涂层与基体界面处，则认为合格。

A2 拉伸试验

用切割工具，沿着一个圆切割涂层直至基体金属，该圆的直径与用于试验的圆柱直径一致。

仔细地清理试验面，用粘结剂将圆柱粘到涂层上。采用的粘结剂对涂层的粘结力应比涂层与基体金属的结合力更大。在涂粘结剂前，先用蚀洗涂料覆盖在涂层上，并渗入涂层孔隙中，以免粘结剂渗透到基体。

当粘结剂固化后，将圆柱体周围的过量粘结剂去除。

在垂直于圆柱截面的方向，逐渐加力至圆柱体拉脱，以此测量涂层从基体上剥离的拉力。

由于这种试验在两个不同实验室很难重现，所以比较它们的试验结果是不实际的。因此这种试验方法仅用于同一实验室作为比较涂层结合规律或考核上岗人员时用。而且应在同样设备条件下，由同一个操作者在同类的涂层上使用同一种粘结剂进行试验。

附 录 B
（提示的附录）
推 荐 应 用

根据不同的使用环境，推荐的最小涂层厚度见表 B1。

表 B1

μm

涂层 / 环境	Zn		Al		Al－Mg5		Zn－Al15	
	未涂装	涂装	未涂装	涂装	未涂装	涂装	未涂装	涂装
盐水	N，R[1)]	100	200	150	250[2)]	200[2)]	N，R[1)]	100
淡水	200	100	200	150	150	100	150	100
城市环境	100	50	150	100	150	100	100	50
工业环境	N，R[1)]	100	200	100	200	100	150	100
海洋大气	150	100	200	100	250[2)]	200[2)]	150	100
干燥室内环境	50	50	100	100	100	100	50	50

注：表中推荐的最小涂层厚度是防止过早失效的限定值，不能作为选择涂层的准则，这是由于系统的行为和预期寿命未必一致。

1）N，R 不推荐。

2）海洋环境中应用。

中华人民共和国国家标准

GB/T 17456—1998
eqv ISO 8179-1：1995

球墨铸铁管 外表面喷锌涂层

Ductile iron pipes—External zinc-spray coating

国家质量技术监督局 1998-08-12 批准 1999-07-01 实施

前言

本标准等效采用 ISO 8179-1：1995《球墨铸铁管 外表面锌涂层 第1部分：带终饰层的喷锌涂层》。

本标准与 ISO 8179-1 相比主要差别在于：引用标准有所增加，这些引用标准都是参照采用国外先进标准的版本制订的，从而保证了本标准体系的完整性及配套性，方便了用户，增强了本标准的可操作性；增加了附录 A 以明确 ISO 2531：1991 和 ISO 7186：1996 对球墨铸铁管的定义。

本标准附录 A 是标准的附录。

本标准由国家机械工业局提出。

本标准由全国金属与非金属覆盖层标准化技术委员会归口。

本标准负责起草单位：武汉材料保护研究所、徐州光大新兴铸管有限公司。

本标准主要起草人：李秉忠、钱鸿基、黄广晶、胡有权、张海成。

1 范围

本标准提出了球墨铸铁管外表面喷锌的技术要求，适用于对由 GB 13294、GB 13295 及附录 A 定义的离心球墨铸铁管外表面提供保护涂层体系的预制方法，该体系由喷锌涂层及终饰涂层组成。

2 引用标准

下列标准所包含的条文，通过在本标准中引用而构成为本标准的条文。本标准出版时，所示版本均为有效。所有标准都会被修订，使用本标准的各方应探讨使用下列标准最新版本的可能性。

GB/T 13294—1991 球墨铸铁管件（neq ISO 2531：1986）

GB/T 13295—1991 离心铸造球墨铸铁管（neq ISO 2531：1986）

GB/T 17459—1998 球墨铸铁管 沥青涂层

3 材料

锌涂层材料的纯度不低于 99%（m/m），终饰涂层材料为沥青涂料或与锌涂层相容的合成树脂。

4 喷锌涂层

4.1 铸管表面状态

铸管表面应干燥、无灰尘、无任何附着不牢的颗粒或外来物质，如油或脂。

被氧化的或经喷砂清洁的或磨削后的铸管表面均可喷锌，由制造厂家自行决定。

4.2 涂覆方法

锌涂层采用热喷涂工艺制备，即借助喷枪将锌加热到熔融状态并以微滴状喷射到管壁上。

喷涂设备的设计及结构不包含在本标准范围内。

4．3 涂层要求

锌涂层应覆盖整个管外壁，无裸露斑点及附着不牢等缺陷。

只要锌涂层的质量符合 4．4 的要求，允许出现螺旋形外观。

操作造成的已喷锌涂层损伤，只要每平方米面积中累计损伤区域面积不超过 5 cm^2 及单个损伤区域的尺寸不超过 5 mm，可认为该涂层质量合格。

较大面积损伤应按 4．6 进行修补。

4．4 锌涂层质量

按 4．5 测定的锌涂层质量的平均值应不于小 130 g/m^2，局部最小值应不小于 110 g/m^2。

生产者应目视检查每根管涂层的状况及其均匀性，并应定期按 4．5 描述的方法实测锌涂层质量。

4．5 锌涂层质量的测量

在管子喷锌前，沿管轴向贴一矩形试片于管外壁上，经喷涂及修剪后该试片的最小尺寸应为以下任一种：

a）250 mm × 100 mm；

b）500 mm × 50 mm。

锌涂层平均质量可根据试片喷锌前后的质量差用下列公式计算得出：

$$m = \frac{C\ (m_2 - m_1)}{A}$$

式中：m——锌涂层平均质量，g/m^2；

m_1 和 m_2——试片喷锌前、后的质量，g（测量精确到 0．1g）；

A——试片面积，m^2；

C——反映试片表面粗糙度与管表面粗糙度之间差异因素的修正系数，取决于试片材料。当需要出具报告时，C 值应由生产厂家确定并加以说明。

注：对于喷砂钢板或聚酯板，C 值介于 1．0～1．2 之间（供参考）。

锌涂层均匀性靠对试片目测检查来判定。若不均匀，应在试片涂层较薄的区域切下 50 mm × 50 mm 的小片，然后测定锌涂层的最小局部质量。

4．6 锌涂层的修补

未喷到的区域，如被试片遮盖过的区域以及涂层损伤程度超过 4．3 所列的允许范围的区域均应予以修补。可选择下列一种方法：

a）喷锌使之符合 4．4；

b）涂覆富锌涂料进行修补，其干膜的锌含量（质量）应大于 85%，涂料平均用量不少于 150 g/m^2。

5 终饰涂层

铸管喷锌后，应选用符合 GB/T 17459 的沥青涂料或与锌涂层相容的合成树脂作为终饰涂层材料。

涂覆终饰涂层的工艺可由制造厂家选择，如喷涂或刷涂，终饰涂层应均匀覆盖锌涂层，无裸露斑点或附着不牢现象。

终饰涂层干膜的平均厚度应不小于 70 μm，局部最小厚度不小于 50 μm。

终饰涂层干膜厚度可采用下列方法之一进行测量：

a）直接测量，用适当测量仪器，如磁性测厚仪，或能显示干、湿膜厚度相互关系的“湿膜”测厚仪直接在管上测量；

b）间接测量，试样在涂覆前贴于管壁上，涂覆后选用适当方法如显微镜法、磁性测厚法或类似于 4．5 的称重法测量试样的干膜厚度。

注：测量方法由制造厂家选定。

附 录 A
（标准的附录）
球墨铸铁管及管件公称尺寸

A1 压力管道用球墨铸铁管

A1.1 本附录 A1 等效采用 ISO 2531：1991 相应部分。

A1.2 球墨铸铁管制造工艺

球墨铸铁管采用下列四种工艺之一制造：

1）采用生产线或非生产线的金属模离心铸造；

2）砂模离心铸造；

3）砂模铸造；

4）金属模铸造。

A1.3 最大工作压力和耐压试验

对于不同公称直径（DN）的管实际的试验压力不应超过以下数值：

——DN 100 ~ DN 300：$p = 10$ MPa；

——DN 350 ~ DN 600：$p = 8$ MPa；

——DN 700 ~ DN 1000：$p = 6$ MPa；

——DN 1200 ~ DN 2000：$p = 4$ MPa；

——DN 2200 ~ DN 2600：$p = 2.5$ MPa。

A2 非压力管道用球墨铸铁管

A2.1 本附录 A2 等效采用 ISO 7186：1996 相应部分。

A2.2 范围

本标准定义的球墨铸铁管指用于输送自由状态下或压力不高于 0.6 MPa 状态下的污水的球墨铸铁管。

如果需要更高的工作压力，供货方和定货方需另行商定管子的壁厚。

A3 管件公称尺寸

A3.1 本附录 A3 等效采用 ISO 6708：1995 相应部分。

A3.2 公称尺寸系列

管件公称尺寸系列如下：

DN 10 DN 15 DN 20 DN 25 DN 32 DN 40 DN 50 DN 60 DN 65 DN 80 DN 100 DN 125 DN 150 DN 200 DN 250 DN 300 DN 350 DN 400 DN 450 DN 500 DN 600 DN 700 DN 800 DN 900 DN 1000 DN 1100 DN 1200 DN 1400 DN 1500 DN 1600 DN 1800 DN 2000 DN 2200 DN 2400 DN 2600 DN 2800 DN 3000 DN 3200 DN 3400 DN 3600 DN 3800 DN 4000

中华人民共和国国家标准

金属和其他无机覆盖层 热喷涂 操作安全

GB 11375－1999

代替 GB 11375－1989

Metallic and other inorganic coatings—Thermal spraying—Safe practices

国家质量技术监督局 1999－08－10 批准　　2000－03－01 实施

前言

本标准根据 GB/T 15706－1995 中的原则和概念，对 GB 11375－1989 进行了技术修订，并取代第一版。

本标准在以下重要技术内容上有所改变：

——在范围中增加了火焰喷焊、等离子喷焊、高速火焰喷涂和爆炸喷涂等新的内容：

——在引用标准中，凡与本标准技术要素相关的内容引用了国家标准和劳动部、电力部以及职业安全与卫生等权威机构制订的具有法律效应的规程、规范、规则及规定；

——增加了预防、管理及监督的内容；

——增加了附录。

本标准的附录 A、附录 B 和附录 C 是标准的附录，附录 D 是提示的附录。

本标准从实施之日起，同时代替 GB 11375－1989。

本标准由国家机械工业局提出。

本标准由全国金属与非金属覆盖层标准化技术委员会归口。

本标准负责起草单位：武汉材料保护研究所。

本标准参加起草单位：国家冶金工业局钢铁研究总院、北京矿冶研究总院、航空工业总公司 625 所、上海喷涂机械厂。

本标准主要起草人：胡有权、苏启、李秉忠、贾永昌、刘会刚、陈惠国、张海成。

0 引言

本标准采用了 GB/T 15706．2－1995 中所确定的原则和概念，并符合有关法规规定。本标准所覆盖的危险范围，已表明于本标准范围。

1 范围

本标准规定了热喷涂的安全操作方法，其中包括对热喷涂设备安装、使用、维修的具体规定及对火灾、人身安全和工作环境污染的防范措施。

本标准所涉及的热喷涂设备包括：线（棒）材火焰喷涂、粉末火焰喷涂、火焰喷焊、爆炸喷涂、高速火焰喷涂、电弧喷涂、等离子喷涂及等离子喷焊等设备。

塑料火焰喷涂的操作安全也可参照本标准。

2 引用标准

下列标准所包含的条文，通过在本标准中引用而构成为本标准的条文。本标准出版时，所示版本均为有效。所有标准都会被修订，使用本标准的各方应探讨使用下列标准最新版本的可能性。

GB/T 1186－1992 压缩空气用橡胶软管（2．5 MPa 以下）
GB/T 2550－1992 焊接及切割用橡胶软管 氧气橡胶软管
GB/T 2551－1992 焊接及切割用橡胶软管 乙炔橡胶软管
GB/T 2626－1992 自吸过滤式防尘口罩通用技术条件
GB/T 3609．1－1994 焊接眼面防护具
GB 4674－1984 磨削机械安全规程
GB 4962－1985 氢气使用安全技术规程
GB 5083－1999 生产设备安全卫生设计总则
GB 5842－1996 液化石油气钢瓶
GB/T 7899－1987 焊接、切割及类似工艺用气瓶减压器
GB/T 8162－1987 结构用无缝钢管
GB 9448－1988 焊接与切割安全
GB 10892－1989 固定的空气压缩机 安全规则和操作规程
GB/T 10893－1989 压缩空气干燥器 规范与试验
GB/T 11651－1989 劳动防护用品选用规则
GB 12136－1989 溶解乙炔气瓶用回火防止器。
GB/T 13869－1992 用电安全导则
GB 14193－1993 液化气体气瓶充装规定
GB/T 15190－1994 城市区域环境噪声适用区划分技术规范
GB 15577－1995 粉尘防爆安全规程
GB 15579－1995 弧焊设备安全要求 第 1 部分：焊接电源
GB 15579．12－1998 弧焊设备安全要求 第 12 部分：焊接电缆耦合装置
GB/T 15706．2－1995 机械安全 基本概念与设计通则 第 2 部分：技术原则与规范
GB J16－87 建筑设计防火规范
GB 50028－1993 城镇燃气设计规范
GB 50030－1991 氧气站设计规范
GB 50031－1991 乙炔站设计规范
GB 50034－1992 工业企业照明设计标准
JB/T 5070－1991 热喷涂常用术语
JB/T 6973－1993 热喷涂操作人员考核要求
JB/T 9192－1999 等离子喷焊电源

3 定义

本标准除了采用 JB/T 5070 的术语外，还明确以下含义：

3．1 “必须”、“严禁”、“只允许”、“不允许”等均表示强制性的条款。

3.2 “应该”或“建议”不属强制性条文，仅作为推荐性的良好措施。
3.3 “认可”或“批准”等词句，均指有关权威机构的具有法律效力的认可或批准。如经国家劳动部及其授权的职业安全与健康管理部门；国家卫生部及其授权的职业安全与卫生防疫部门；国家公安部及其授权的预防机构及其他由法律授权的职业安全与培训部门等的认可或批准。
3.4 “热喷涂操作者”、“喷涂工”和“喷砂工”系指热喷涂或喷砂的具体操作者。
3.5 “有限空间”系指一种相对狭小或受限制的空间，如锅炉内腔，压力容器及贮罐（柜）、船舱等，由于其尺寸和空间形状而导致通风条件恶劣，并非指人员出入受限制。
3.6 “备用气瓶”系指在施工现场直立的各种备用压缩气体钢瓶（不含正在使用或接好气管待用的气体钢瓶）。

4 预防、管理及监督

4.1 热喷涂工程承包商必须对其施工人员进行严格的热喷涂操作培训，特别是操作安全培训，经培训合格者方可上岗施工。而且，委托方必须提醒承包商随时注意有关易燃、易爆及有毒物品的危害。
4.2 所有热喷涂设备必须保持良好的可随时启动的备用状态。为此，需加强检查与保养。当操作中发现可靠性不足时，必须立即停止使用并由合格的人员进行修理。
4.3 所有热喷涂设备的操作必须符合本标准的有关规定，或按制造商的使用说明进行，并且符合本标准的有关规定。
4.4 应明确规定热喷涂管理者、安检员和操作者的安全责任。
4.4.1 管理者的责任
4.4.1.1 管理者必须确保所有上岗的喷涂工、喷砂工及安检人员均已通过全面培训，并取得上岗资格。
4.4.1.2 管理者必须将设备制造商及材料制造商在使用说明书中给出的所有安全信息通告给有关人员，见附录A（标准的附录）警告标签。
4.4.1.3 管理者必须按热喷涂工序制订预处理区（含除油、喷砂工序）、喷涂区及后处理区（含封闭工序或精整工序）安全操作规程。确保每个有关人员对其所涉及的危害有清醒的认识，并且熟知要采取的相应的预防措施。
4.4.1.4 管理者必须确保所有使用的热喷涂设备（如各类喷枪、控制设备、电源及电气设备、汇流排、流量计、调节器、调压阀、乙炔发生器、喷砂罐、空气净化设备以及热喷涂操作人员使用的防护装置等）都经过认可。
4.4.2 安检员的责任

安检员必须从指定的管理机构获得监督热喷涂操作安全的许可证。必须对热喷涂设备的安全管理及热喷涂工艺的安全使用负责。

4.4.2.1 安检员必须对易燃、易爆物品采取以下一种或多种安全措施以确保工作区不会出现安全事故；

a) 将工件移至无易燃品的安全区进行清洗；

b) 如果工件不能移动，则将易燃品移至离开工件的安全距离或以适当的方式加以保护以免着火；

c) 适当地安排热喷涂作业区，使其易燃品不致于在操作过程中着火或爆炸。

4.4.2.2 安检员必须事先检查确认热喷涂工上岗资格。必须对进入不同工区的操作人员进行安全检查。检查包括以下内容：配戴并使用相应的防护用品，眼睛保护见7.2、呼吸保护见7.3、听力保护见7.4、工作服见7.5、有限空间保护见7.6。

4．4．2．3　安检员必须确认工作区内的环境安全。检查各工区现场配置的适当通风装置，普通热喷涂、喷砂见8．2，防火器材见附录D（提示的附录）。必须指派火灾警戒人员，并得到警戒人员检查、核准后才可开工。

当不需要火灾警戒人员时，安检员必须在热喷涂作业完成半小时后作最终检查，以扑灭暗火消除火灾隐患。

4．4．3　热喷涂操作者（含喷砂工、喷涂工）的责任

4．4．3．1　热喷涂操作者必须清楚不安全操作的危害性以及控制危害的程序，保证安全地使用设备，以防止对生命及财产构成的危险。

4．4．3．2　在开始操作之前，喷涂工、喷砂工必须获得安检员的操作允许，在获得允许的条件没有改变的前提下，热喷涂操作者可以继续其操作。

4．4．3．3　热喷涂操作者只有在已严格听从安全警告的情况下才可进行热喷涂作业。

4．4．3．4　在其他人员可能接触热喷涂的有毒材料、操作及设备的场所或施工现场，热喷涂操作者必须张贴警告或警告标志以示提醒。

5　热喷涂设备的安全操作

5．1　氧气和燃气瓶的储运和使用

5．1．1　总则

热喷涂容器的保管必须遵照劳动部《压力容器安全技术监察规程》、《溶解乙炔气瓶安全监察规程》、《气瓶安全监察规程》以及 GB 4962、GB 5842、GB J16、GB 50030、GB 50031、GB 50034 的有关规定。

5．1．1．1　氧气气瓶的储运和使用必须符合劳动部《气瓶安全监察规程》的规定。

5．1．1．2　氧气装置不允许接触油和油脂，只允许使用特殊的抗氧化润滑剂。若有问题，应向具有一定使用资格的专业人员或氧气装置制造厂的专业人员咨询。

5．1．2　多路使用

在热喷涂作业时，有时需要多个容器集中汇流，多路使用。汇流排的安全使用应符合以下规定。

5．1．2．1　汇流排的钢管必须符合 GB 8162 的规定，其安装必须按照 GB 9448 执行。

5．1．2．2　氧气汇流排必须符合 GB 50030 的有关规定。

5．1．2．3　乙炔汇流排必须符合 GB 50031 的有关规定。

5．1．2．4　液化石油气汇流排必须符合 GB J16 的有关规定。

5．1．2．5　低压汇流排不允许连接高压气瓶，应在低压汇流排上显著部位设置相应警示标志。

5．1．3　连结减压器与气瓶的出口阀，必须使用适当扳手。

5．1．3．1　氧气减压器不允许接触油和油脂。氧气、可燃气的减压器不允许混用。

5．1．4　流量计

流量计按 GB 9448 规定安装和使用。

5．1．4．1　为了避免不安全操作和保持火焰稳定状态，应按5．3．9条在流量计上同时安装回火防止器（见 GB 12136）与逆流防止器。

5．1．5　软管与软管的连接

5．1．5．1　软管应按照 GB/T 1186、GB/T 2550、GB/T 2551 和 GB 9448 的规定，必须根据用途分别采用压缩空气用橡胶管，氧气橡胶管和乙炔橡胶管。

5．1．5．2　软管的连接应符合 GB 9448 的相应规定，必须防止软管的损坏。不允许使用非专用软管。

5．2　压缩气体钢瓶（氮气、氩气和氦气）的储运和使用

5．2．1　从事现场热喷涂作业的每一个人必须遵守劳动部有关容器储藏、搬运和使用方法的规定。

5．2．2　现场备用的各种充满压缩气体的钢瓶必须分类储存，严禁混放。储存备用钢瓶的地点必须远离电梯、楼梯和过道，以避免备用钢瓶被其他物体碰倒或损坏。

5．3　热喷涂设备的安装

5．3．1　氧气和燃气瓶上的减压器和流量计的连接螺母要拧紧，但不能过紧，以免损坏螺纹和突出的密封件。如果接头配件不能很好的密封，则应更换。

5．3．2　在开启任何气阀之前，必须先对作业场地进行适当通风。

5．3．3　在开启钢瓶总阀之前应先对减压器进行排气，同时，必须完全旋松减压器的调节螺栓。

5．3．4　缓慢开启钢瓶总阀，同时操作者必须站在减压器的一侧。

5．3．5　为了防止流量计的玻璃管遭受高压气流的冲击，必须缓慢旋动压力调节器的调节螺栓。对软管吹气，以吹除残留在软管中的粉尘。对软管吹气时，必须避开火源。

5．3．6　将软管与喷枪连接，并且对该系统供给压缩空气，同时用肥皂水检验所有连接部位的气密性。严禁用明火检查漏气。

5．3．7　若发现连接处漏气，应按下列顺序操作，即：减压—松开接头—取出密封件并擦净—吹净软管、拧紧接头、再试压；如果仍然漏气，就应再减压，更换漏气的热喷涂装置，在有故障的装置上标记“危险——不许使用”的警示。

5．3．8　若仪表数据显示不正常，则表示气路系统有故障，必须立即停机，并迅速进行设备检修。

5．3．9　在回火保护和逆流保护装置与玻璃流量计同时使用时，回火保护装置必须安装在流量计和喷枪之间。

5．4　压缩空气

5．4．1　为了防止压缩空气与氧气和燃气混淆必须使用确切的名称。如氧气不应称空气或气体；可燃气（如乙炔、丙烷、天然气等）不应称气体。

5．4．2　不允许使用喷砂用的压缩空气清理工作服。亦不允许用氧气和燃气清理工作服。

5．4．3　空气压缩机的操作必须遵守 GB 10892 中的规定，若压缩空气的压力与设备制造厂推荐的压力不相符时，则不允许用其进行喷涂和喷砂作业。

5．4．4　压缩空气管路中必须配备适当的过滤器和冷凝器，并按设备制造厂的建议进行净化，以保证压缩空气中不含油和水。

5．5　火焰喷涂、火焰喷焊、高速火焰喷涂和爆炸喷涂装置

5．5．1　火焰喷枪、高速火焰喷枪和爆炸喷枪均应按制造厂建议进行保养。在每天工作前，应先对各种气体软管进行一次通气检查，以排除软管内的杂物。

5．5．2　热喷涂操作者，必须按 JB/T 6973 中的规定进行培训并熟悉操作规程后才能上岗操作。启用新喷枪前必须先熟悉喷枪制造厂的说明书。

5．5．3　喷枪上所有的气阀，都应能灵活开启和可靠关断。阀的润滑见 5．5．9。

5．5．4　为了防止烧伤手，不应用火柴给喷枪点火，而应用摩擦点火器或电弧点火器点火。

5．5．5　当喷枪发生回火或熄火时，应迅速关枪，并切断气源。在未查明原因之前，不允许重新点火。

5．5．6　不允许把喷枪或其软管挂在减压器或钢瓶的阀上，以免引起火灾和爆炸。

5．5．7　喷涂结束后，设备关闭、暂停使用或需拆卸时，应放出压力调节器和软管中的压缩气体。并按下列顺序操作：

a) 关闭喷枪总阀；

b) 关闭气瓶总阀；

c) 开启喷枪的总阀；

d) 将压力调节器的手柄旋松；

e) 关闭喷枪总阀；

f) 关闭减压器前面的汇流排总进气阀和所有分流阀。

5.5.8　在清洗火焰喷枪时，不得让油进入喷枪的气体混合室。

5.5.9　不允许使用普通润滑油和润滑脂润滑喷枪的阀类及其他与氧气或氧气与可燃气的混合气相接触的任何部位，只允许使用设备制造厂家推荐的特殊防氧化润滑脂。

5.5.10　与乙炔接触的零部件，不允许用含铜70%以上的铜合金制造。推荐用低合金钢、不锈钢或含铜70%以下的铜合金制造。

5.6　等离子喷涂、等离子喷焊和电弧喷涂装置

5.6.1　等离子喷涂、等离子喷焊和电弧喷涂中的高电压和大电流电气设备是火焰喷涂所不具备的，另有新的安全问题。操作者上岗操作前，必须按 JB/T 6973 的规定接受全面的培训，必须遵守制造厂说明书中的操作安全规定，还必须按 GB/T 13869 中的要求，实施电气设备的安全措施。使用氢气的安全规程参见 GB 4962。

5.6.2　等离子喷涂、等离子喷焊和电弧喷涂设备的电源必须满足 GB 15579、JB/T 9192 的安全操作条件，并按现行电力设备接地设计技术规程中的规定接地和适当绝缘。大功率工业用电钮、指示灯、插头和电缆等必须符合 GB 15579.12 规定的安全要求。

5.6.3　应定期检查电源线、绝缘物、软管和气路管线，有故障的设备应立即维修或更换。

5.6.4　在没有关掉整个系统，包括切断电源的情况下，不允许清洗和修理控制台或喷枪。

5.6.5　电弧喷枪应经常清扫，避免集积金属粉尘。

5.6.6　电弧喷涂设备线材调速装置应当接地。

5.6.7　等离子喷枪和电弧喷枪的金属吊具应绝缘。

5.6.8　等离子喷枪和电弧喷枪的非接地部分应避免与金属制作的喷涂操作室接触。

5.7　喷砂机

5.7.1　压力式喷砂机属压力容器，生产厂必须持有国家劳动部门颁发的压力容器生产许可证，其产品也必须经劳动部门认可，检验合格后才能出厂。

5.7.2　使用者应按设备制造厂的规定保养和检修，易损件也应按制造厂的规定修理或更新。

5.7.3　喷砂机和喷砂场地之间的喷砂软管应尽量放直。弯曲或成锐角状的软管会引起单边过度磨损，很快磨穿。如果必须弯典绕过某物体时，也应使软管弯曲的曲率尽量小。

5.7.4　喷砂软管应存放在阴凉干燥之外，避免其迅速老化。

5.7.5　不允许将喷砂嘴对着自己和他人。若喷砂嘴堵塞时应关闭气源并排除余气后方可进行清理。

5.7.6　喷砂罐内的空气压力不允许超过制造厂规定的工作压力。

5.7.7　喷砂软管的控制

操作者应通过活动阀杆使空气压力持续保持在要求的范围内，一旦压力下降，设备就自动调节停止工作。

6　防火

6.1　责任

热喷涂作业时的高温、高速（含熔融微粒）射流产生过热环境，所有从事热喷涂作业的操作人员、安检员、监理人员（包括承包商）及管理人员都必须执行以下防火安全要求，明确各自的防火安全责任。

6.2 热喷涂作业区

6.2.1 热喷涂作业区必须符合 GB J16 中规定的防火规范。

6.2.2 热喷涂作业必须在消除火灾隐患的区域内进行。

6.2.3 不允许将正在进行喷涂作业的喷枪对着人或易燃物。

6.3 有易燃物存在的区域

6.3.1 热喷涂作业场地内的纸、木柴、油布等可能引起火灾的易燃物必须清除。

6.3.2 有条件时，将工件移至指定的安全位置进行喷涂。

6.3.3 当工件不能转移时，必须对易燃物采取妥善的保护措施，将高温、高速射流限制在安全的范围内。

6.3.4 空气中漂浮的固体微粒或其他类似的物质蓄积后有爆炸危险，特别是一些有爆炸危险的特殊金属粉尘。必须遵守 GB 15577 中的规定，严格执行粉尘防爆安全规程。在喷涂工作间内必须提供有效的通风设备，推荐用水洗型湿式吸尘器收集喷涂粉尘，工作场地要妥善管理，要特别注意检查并清除房椽、房顶和地缝中的粉尘，防止蓄积。

6.4 灭火

6.4.1 灭火器及喷水器见附录 D。

6.4.2 在热喷涂作业区可能引发火灾的地点以及在下述条件下应派专职火灾警戒人员：

a）靠近易燃物的区域，如建筑结构材料中的易燃物距离作业点 10 m 以内；

b）在门、窗或地板等开口 10 m 范围内存放易燃物的区域；

c）在金属墙板、天花板及屋顶的另一侧受热辐射或热传导而可能引起火灾的区域；

d）在船上作业时舱壁背面是油箱或存放易燃物，由于热传导而可能引发火灾的区域。

6.4.3 火灾警戒人员必须履行以下职责：

a）必须进行灭火器使用培训，熟悉灭火器的使用和保养；

b）必须熟悉火灾报警设施的使用和维护；

c）必须监视所有暴露区域的火灾隐情，并且在现有灭火设备条件下，有能力组织扑灭火灾；

d）必须在喷涂作业完成半小时后撤离现场，以便检查并扑灭可能存在的火灾隐患；

e）如果被指定担任灭火警戒的人员另有兼职，则其兼职不得影响或干扰火灾警戒任务。

6.5 非固定地点热喷涂作业许可

在非固定地点进行热喷涂作业时，如现场施工及高空作业等，在开始作业前，必须由指定的人员进行防火安全检查，并经其核准后才可进行热喷涂作业。

6.6 装有易燃物容器及管道的热喷涂作业

当对装有易燃物的容器进行热喷涂时，存在着爆炸、火灾及毒气泄漏的危险。应按 7.6.2 中规定进行。

7 人身安全

7.1 总则

喷涂工的普通安全防护应按 GB/T 11651、GB/T 3609.1 和 GB/T 2626 中的规定选用眼、面及呼吸系统保护用品；用劳动部门认可的生产厂家生产的护耳器或耳罩进行听力保护。

7．2　眼睛的安全防护

7．2．1　在热喷涂或喷砂作业中热喷涂操作人员始终要用头盔、面罩以及护目镜保护头部和眼睛。参见 GB/T 3609．1 和 GB/T 11651 的有关规定。为了防止邻近作业中产生的光辐射或飞溅粒子的伤害。在喷涂和喷砂作业时，操作人员、辅助人员及所有进入现场的人员都必须对头部及眼睛进行防护。

7．2．2　在喷涂作业中，使用的头盔、面罩和护目镜均必须配以适当程度的滤光镜片，以保护眼睛不受强烈紫外线、红外线以及强烈的可见光线伤害。滤光镜片的选择和要求见附录 B（标准的附录）。

7．2．3　在敞开状态或在有足够通风的车床上进行热喷涂作业时，不必使用附加呼吸系统防护用品，戴上护目镜即可。在等离子喷涂和电弧喷涂时，应使用头盔式面罩代替护目镜，可同时防护面部、下颌和颈部，防止作业中产生的紫外线和红外线的伤害。

7．2．4　在喷砂作业时，应戴防尘面罩防止飞溅粒子对眼睛、面部、下颌和颈部伤害，应按 7．3．1 和 7．3．2 使用带呼吸系统防护装置的保护面罩防止喷砂粉尘的危害。

7．3　呼吸系统的安全防护

7．3．1　进行喷涂和喷砂作业时，操作者必须使用带呼吸系统的防护用具，并应根据热喷涂材料蒸发物和排放气体的状态、性质和量的大小选用。这些用具应符合 GB 2629 的规定。所有选用的用具都应是经劳动部及其授权的权威部门批准的劳动保护用品。这些用具的选择应符合 GB/T 11651 中的规定。

7．3．2　在敞开状态喷砂作业时，应使用 7．3．4 中所述的带机械过滤器的面罩，保护面部和呼吸系统。也可选用 7．3．3 中所述带空气输送管道的保护面具。

7．3．3　在有限空间进行喷砂作业时，必须使用由管道连续供给新鲜空气的呼吸器，它由带空气呼吸系统的面罩或防护头盔以及标准的空气管道组成，可以保护操作者的头部和颈部不受粉尘和磨料的伤害。防尘罩中要求至少通入流量为 0．11 m^3/min 的新鲜空气，防尘头盔中至少应通入流量为 0．17 m^3/min 的新鲜空气。气源应包括一个带空气过滤装置的空气压缩机或鼓风机，以便将压缩空气中的油雾、水雾和水锈粒子分离去除，确保供给呼吸器的空气无污染。为了防止空气的污染，如 CO 的污染，还要使用符合 GB/T 10893 中规定的压缩空气干燥器来提供净化的新鲜空气。

7．3．4　在敞开状态或抽风条件好的车床上进行热喷涂操作时，不必另外再用呼吸器。在某些条件下，如果只在短时间内接触非毒性物质和粉尘时，应使用机械式空气过滤器。

7．3．5　在有限空间进行喷涂作业时，应采用带空气管供气的防护装置。

7．3．6　喷涂大多数普通的热喷涂材料，要采用一个带管道连续供给空气的呼吸器。如果空气呼吸系统的空气源被堵，空气流量不足，在空间的污染物还不致于立即危害健康的情况下，喷涂工可以拔出气源管，直接呼吸空气管中送来的新鲜空气。但在有限空间内有污染，直接呼吸对健康有损害时，不能进行直接呼吸；在喷涂有剧毒材料时，如果空气源堵塞，喷涂作业者需要去掉头盔时，污染的空气对健康危害极大，也不能进行直接呼吸；在这种情况下，头盔必须事先和紧急辅助呼吸用气瓶相连接。当空气源发生故障时，喷涂作业者就能摘除空气供应管路，启用辅助空气源以呼吸新鲜空气。喷涂剧毒材料时，还可用空压机的空气软管通入急需时使用的呼吸保护气体。

7．4　听力保护

7．4．1　间断的喷涂或短时间的作业，或者是在使用盔式防护面罩时，可暂不用听力保护。但当长时间喷涂时，由于喷枪发出强烈的噪音，为防止操作者丧失听力，必须使用符合 7．1 要求的护耳器或耳罩，不允许用棉花球堵塞耳道，因为棉质物不能有效地隔离高分贝噪音。

7．4．2　所提供的耳部保护应能使每天 8 小时的噪音强度降低到 GB/T 15190 中规定的安全水平，如果护耳器不能达到这样的要求，就应停止喷涂操作，直到噪音被控制在 GB/T 15190 中所规定的安全水平，才可重新开始喷涂操作。

7．5　安全服

7．5．1　根据喷涂工作的轻重、性质、施工地点来选择适当的喷涂服和喷砂服。

7．5．2　在有限空间施工，应穿防火服，戴皮革、橡皮或石棉长手套。手腕和脚踝处的衣服应扎牢，避免有毒害的热喷涂材料和磨料损伤皮肤。

7．5．3　在室外施工，允许穿着非化纤材料制造的普通工作服，但不允许穿开襟衬衫或不扣紧封颈钮扣。

7．5．4　应穿长筒鞋，裤脚应无翻边并要遮住鞋筒。

7．5．5　在有限空间喷涂铅或其他高毒性材料时，操作工应每天更换衣服和呼吸系统保护用具。已用过的衣服和呼吸系统保护用具，必须彻底清洗并彻底清除铅粉尘或其他有毒材料后才能再使用。

7．5．6　当进行等离子喷涂时，应穿上防紫外线辐射的衣服，如：一般可穿厚实、牢固的毛织衣物。如果在更强的紫外光辐射条件下工作，则必须穿皮革披肩式铝制衣服。将铝制手套和黑色的防火服配合使用。铝制服装有遭受电击的危险，应注意防护。

7．5．7　电弧喷涂的防辐射实际上与普通电弧焊大体一样，但是大多数电弧喷枪装有电弧罩，操作者不是直接暴露于弧光下。护目镜的深度可降到4~5号，不过仍必须使用头盔，身体的每一部分也都不允许裸露。

7．6　在有限空间内操作。

7．6．1　有限空间的定义见3．5。

7．6．2　如果在曾使用过燃料的有限空间进行喷涂则应采取安全保护措施。按照GB 9448的有关燃料容器和船舱中的焊接和切割的安全操作标准进行。

7．6．3　通风是在有限空间中工作的必要条件，其通风要求见8．2。

7．6．4　在有限空间内进行热喷涂操作，气瓶应放在外面。

7．6．5　如果喷涂工和喷砂工必须通过舱口或其他小的开口进入有限空间，则要求具有紧急情况下能迅速转移操作者的安全措施。为此目的而使用安全带和救生带时，应将它们拴紧在操作者的身上，以保证他们能安全出来。至少应有一个经训练的救护人员始终等待在外边，并且在开始进行施工前应先进行试验以证明救护人员有能力把操作者从有限空间里救出来。

7．6．6　为了防止漏气，不用喷枪的时候，如进餐时和在夜间，应关闭喷枪和关掉有限空间外的气源，并将喷枪和软管从有限空间中取出。在某些情况下，应检查有限空间中的氧气量（这可以用火焰安全灯进行检查）。

8　防护通风

8．1　总则

8．1．1　热喷涂和喷砂工人的工作环境及污染情况由下列因素决定：

a）喷涂场地的大小；

b）现场喷涂工和喷砂工的人数；

c）有害烟气、气体或粉尘（由所用的磨料和所用的喷涂材料所决定）的量；

d）喷涂工人本身和喷涂过程产生的热量；

e）挥发性溶剂。

为了保护操作者的健康，为了给各种喷涂工作提供通风条件，要考虑上述各种因素。并采取相应的防护措施。

8．1．2　应提供局部抽风或总体通风系统，以控制操作现场毒性烟气、气体或粉尘，并且把这些物质从工作区排除，以保护操作者的健康。

8．1．3　在加工作业区内设有喷涂作业时，由于喷涂操作仅在局部范围内进行，这时生产设备的安全卫生应符合 GB 5083，主要是要防止作业区污染，故喷涂场所需使用局部抽风设备。

8．1．4　要细心保养个人使用的呼吸系统防护用具。未经清洁、消毒不要使用，更不要互相交换使用。

8．2　普通热喷涂和喷砂的通风

8．2．1　如果喷涂和喷砂操作不是在室外也不是在特殊设计和有通风条件的室内进行，则要求采用机械式通风设施。否则，在很短时间内粉尘会充满操作室或车间或局限性较大的空间。在某些情况下，室外也要采用机械式通风设施。

8．2．2　每个热喷涂操作程序的通风都应单独处理，并应考虑8．1中所列的影响因素。

8．2．3　在敞开条件下的热喷涂和喷砂工作现场的通风设备，由引擎或马达驱动的带挠性管路或导管的便携抽风器组成，以便工作区能尽快地清除粉尘。这种设备不妨碍操作者的工作视线。这时操作者需佩戴7．3所述的呼吸系统保护用具。

用便携式抽风吸尘器，应在抽风器上安装一个粉尘收集器（类似大的过滤器）以收集粉尘和防止周围环境的污染。收集喷涂粉尘，推荐使用6．3．4中的水洗型湿式吸尘器。收集喷砂粉尘，或喷涂非爆炸性金属和陶瓷粉末时，可选用布袋集尘器；当粉尘降低通风系统的效率时，要更换袋子。

8．2．4　如果在机床和车床上喷涂机械零件，则吸尘罩应装在托架的对面，并与托架相连。喷枪应对准吸尘罩。罩子的开口大小平均约为0．16 m^2。进入开口的空气速度应为60～90 m/min。罩子的开口应设计成能消除罩子边缘的涡流，以防粉尘进入喷涂工的呼吸区。在某些长期使用的结构上，除了正面操作的部位以外，车床转台或机械工具都应封闭起来。进入封闭空间的空气速度通常是25～30 m/min。封闭罩的顶板应做成可吊开的，以便起重机装夹。自动化喷涂作业的整个机械装置应完全封闭，把粉尘抽入粉尘清洗或收集系统中。

8．2．5　干磨和研磨喷涂后的涂层时，应提供合适的抽风设备，执行 GB 4674 的安全规程。同时也要注意挡砂罩、磨料、砂轮及其转速和护目镜的选用。

8．2．6　用于中小尺寸零部件喷涂作业的喷涂柜应装备排气通风装置，进入罩子的空气流速为45～120 m/min，热喷涂设备应对准罩子的正面进行操作。喷涂柜应能消除粉尘的涡流。喷涂毒性材料时，空气流速应达120 m/min。

8．2．7　喷砂房的照明设计应符合 GB 50034 的要求。通风设计应满足从下方抽风的要求，下方气流和纵向通风速度应为25～30 m/min。喷砂房应装备粉尘集收系统，使直接排入大气的污染物达到有关法规规定排放标准。喷砂房应尽量避免用来进行喷涂作业。偶尔在喷砂房进行热喷涂时，喷涂粉尘可很快填满喷砂房用的大多数布袋粉尘集收器，因此，应经常保养、更换粉尘集收器。在保养时应小心防止粉尘引起的爆炸和引起火灾（见6．3．4）。喷砂房工作的人员应提供7．3中所述的呼吸系统保护用具。

8．2．8　给有限空间通风时，换进的空气要清洁，可呼吸。如果使用便携式汽油机或柴油机驱动的通风机或空压机进行通风，应妥善安置这些设备，不允许使发动机中排出的废气进入通风系统。同样，不允许排出的废气进入压缩机的入口。

8．2．9　如果使用集尘器，则要求所有的封闭式集收器都要有出气窗或溢流板。通风管道应有出气道。

8．2．10　风机、管道、吸尘器和马达等均应先经运行检验，确认其正常后才安装于合格地基上。不允许将燃气或氧气的管道安装在地上。

8．2．11 在打扫工作间、管道等时，应开启通风机使之保持在工作状态，以免系统中集聚粉尘或烟气。铝和镁的粉尘有爆炸的危险，应特别注意收集。这两种金属的粉尘应选用合适的湿式集收器，并注意，这些金属的粉尘在水中能产生氢气，这种抽风系统应能防止氢气在其中的聚集。应经常进行清除工作，减少铝和镁的残留物。

8．2．12 在修理各种通风机械或集尘器时，未经彻底清除金属粉尘的修理设备，不允许进行焊接和切割。

9 毒性物质

9．1 总则

所有喷涂材料的微细粉尘都有害于呼吸系统，大多数粉尘对健康的危害很难立即显现或感觉，因此必须采取相应的防护措施。此外，还要随时清除地面、工作台、座椅和工作间等可能蓄积粉尘的区域或部位的粉尘，消除可能的危险因素。喷涂毒性材料的人员必须接受上岗培训和考核，设备和材料制造厂必须按本标准附录 A 对其产品提供警告标签。

9．2 喷涂毒性材料

9．2．1 经测量发现喷涂毒性材料作业区大气中的毒物浓度超过9．4中的最大允许的范围时，则无论室内、外或有限空间的作业，例如，喷涂铍及铍化合物、镉、铅及铅合金、铬和碲等，都应使用局部抽风器和空气管路呼吸器。通风机的废气应进行安全管理，直接排入安全地区。邻近的人亦应使用局部抽风器和空气管路呼吸器（见7．3和8．2）。

一些材料（例如：锡和锌）目前虽未发现其明显毒性，但其经常存在的氧化物（例如：氧化锌）会导致突发性疾病和身体的各种不适，亦应随时注意，并予以预防。例如：适当通风，配带适当的面罩呼吸器。一旦发现不适感觉，甚至采取适当防护措施后仍不能消除者，应暂停其工作，查明原因，作出适当处治。

9．2．2 进行毒性材料作业时，除应遵守相应的规定之外，还可向有关专家和部门进行咨询，接受他们提出的建议。

9．3 有害气体

必须认真注意，并采取措施防止喷涂过程中可能产生的有害气体的危害。例如，等离子喷涂和电弧喷涂的弧光会使有机溶剂迅速分解而产生有害气体（例如：三氯乙烯、过氯乙烯可能分解为碳酰氯），加剧溶剂对环境和健康的危害，应采取特别的措施，不让清洗溶剂载入喷涂作业区。等离子喷涂和电弧喷涂的紫外线辐射会产生臭氧，在有限空间，甚至会超过9．4中的最大允许浓度，必须予以注意和防范。

9．4 工作区间的有害材料积累不得超过规定的阈值或最大允许浓度，此最大允许浓度见附录 C（标准的附录）。

附 录 A
（标准的附录）
热喷涂警告标签

A．1 警告标签

A1．1 总则

热喷涂作业中的高压气体、高温射流、烟尘、烟气、弧光、噪声、热辐射及电等均会产生直接或潜在的危害。在实施热喷涂作业的地方，必须通过使用警告标签给出信息，使人们对这些危害有清楚的了解，下列章节给出了最基本的标签示例。

A1．2　线（棒）材及粉末火焰喷涂、火焰喷焊、高速火焰喷涂、爆炸喷涂、材料及设备的标签

图 A1 中所示的最基本的信息或与之等效的内容必须标志在火焰喷涂用线（棒）材及粉末材料的包装上或线（棒）材火焰喷涂、粉末火焰喷涂、火焰喷焊、高速火焰喷涂、爆炸喷涂的主要工艺设备上。这些信息必须清晰可读，可以制成标签、卡片或其他印刷表格。

已确认的危害内容按以下顺序排列；

a）高温、高速射流可烧伤人体，引起火灾；

b）热辐射（火焰或熔融金属及其他无机材料）可伤害眼睛和皮肤；

c）烟尘和烟气损害呼吸系统，对你的健康有害；

d）噪声可损伤你的听力和身心健康。

对于特殊要求或新技术需加以说明时，可以适当增加警告内容。

急救信息可有可无，一般仅对危害反应快、危害程度严重的生产工艺推荐急救信息。该信息应放在警告措施之后。

公司、企业名称及地址必须出现在标签上，或者在产品的显眼部位，并清晰可读。

标签上还必须有辨别条码。

A1．3　电弧喷涂、等离子喷涂、等离子喷焊材料及设备的标签

图 A2 中显示的最基本的信息或与之等效的内容必须标志在电弧喷涂用线材、等离子喷涂用粉末和等离子喷焊用粉末的外包装上，或者此类设备的电源、送丝机、送粉器上，或者与喷涂、喷焊相关的工艺控制台等主要设备上。这些内容必须清晰可读，可以制成标签、卡片或其他印刷表格。

已确认的危害内容按以下顺序排列：

a）高温、高速射流可烧伤人体，引起火灾；

b）弧光可灼伤你的眼睛和皮肤；

c）烟尘和气体可损害呼吸系统，对你的健康有害；

d）噪声可损伤你的听力和身心健康；

e）电击会致命。

对于特殊要求或者新技术需加以说明时，可以增加警告内容。

急救信息可有可无，一般仅对那些危害反应快、危害程度严重的生产工艺推荐急救信息。该信息应放在警告措施之后。

公司、企业名称及地址必须出现在标签上，或者在产品的显眼部位，并清晰可读。

标签上还必须有辨别条码。

A1．4　A1．2 和 A1．3 所涉及的警告标签，必要时也可标志在相应工作场所的醒目位置。

A1．5　危险材料标签

在热喷涂材料中使用了一些具有潜在危害的材料，如第 9 章中所列举的材料，在喷涂时这些材料烟气和烟尘会释放到周围的大气中，当其烟气的浓度超过 9．4 中的阈值是危险的。该阈值应在材料安全数据单上易于识别。这些材料也不局限于 9．4 中所列的材料。

A1．6　镉是剧毒的危险材料，若是含镉的线材应在丝盘及其包装上以标签的形式提供图 A3 所示的信息或其等效内容；若是含镉的粉末则标签应贴在盒子及其包装上。

A1．7　含铅的喷涂材料，其烟气有剧毒，应在其包装上以标签的形式提供图 A4 所示的信息或其等

效内容。

A1．8　材料安全数据单

热喷涂材料供货商必须提供该公司生产的热喷涂材料在喷涂或喷焊时可能产生的任何危险及材料使用的安全数据单或其等效物。

A1．9　标签上的图示符号

标签上的图示符号是警告信息的辅助部分。

A1．10　危害性的信息通知

业主或管理者必须确保将本章规定的内容无遗漏地通知到产品的最终使用者（见4．4．2)。

警告：保护自己和他人的健康，请阅读并理解本标签。 a）高温、高速射流可烧伤人体，引起火灾； b）热辐射可伤害眼睛和皮肤； c）烟尘和烟气损害呼吸系统，对你的健康有害； d）噪声可损伤听力和身心健康。 ——使用前请阅读并理解制造商的使用说明、材料安全数据单及本公司制订的安全规程； ——喷枪不要对着自己和他人，也不要对着易燃物； ——头部避开热辐射、烟尘和烟气； ——采用抽风或通风，将烟尘和烟气从你的呼吸区和工作区排除； ——对头、眼、耳及身体各部位必须配戴合适的防护用品和用具； ——参阅 GB 11375 中有关热喷涂操作安全的内容。 不要摘除本标签

图 A1　火焰喷涂、火焰喷焊及爆炸喷涂工艺设备警告标签

警告：保护自己和他人的健康，请阅读并理解本标签。 a）高温、高速射流可烧伤人体，引起火灾； b）热辐射和弧光可灼伤你的眼睛和皮肤； c）烟尘和烟气损害呼吸系统，对你的健康有害； d）噪声可损伤听力和身心健康； e）电击会致命。 ——使用前请阅读并理解制造商的使用说明、材料安全数据单及本公司制订的安全规程； ——喷枪不要对着自己和他人，也不要对着易燃物； ——头部避开热辐射、弧光、烟尘和烟气； ——采用抽风或通风，将烟尘和烟气从你的呼吸区和工作区排除； ——对头、眼、耳及身体各部位必须配戴合适的防护用品和用具； ——参阅 GB 11375 中有关热喷涂操作安全的内容。 不要摘除本标签

图 A2　电弧喷涂、等离子喷涂、等离子喷焊工艺设备警告标签

警告：保护自己和他人健康，请阅读并理解本标签。

含镉的烟气有剧毒并可致命。

——使用前应阅读并理解制造商的使用说明、材料安全数据单及本公司制订的安全规程；

——严禁呼吸含镉的烟气，喷涂工必须配戴专用防护用品和用具，非工作人员严禁在高浓度镉烟尘区停留；

——采用足够的抽风除尘，把烟尘和烟气从你的呼吸区及工作区排除。还必须配戴有新鲜空气供应的头盔；

——远离儿童；

——参阅 GB 11375 中有关热喷涂安全操作的内容。

不要摘除本标签

图 A3　含镉的热喷涂材料警告标签

警告：保护自己和他人健康，请阅读并理解本标签。

a) 含铅烟尘和烟气有剧毒危害人体健康；

b) 过量呼吸铅烟气会致命。

——使用前应阅读并理解制造商的使用说明、材料安全数据单及本公司制订的安全规程；

——严禁呼吸铅烟气，喷涂工必须配戴专用防护用品和用具，非工作人员严禁在高浓度铅烟尘区停留；

——采用足够的抽风除尘，把烟尘和烟气从你的呼吸区及工作区排除。还必须配戴有新鲜空气供应的头盔；

——远离儿童；

——参阅 GB 11357 中有关热喷涂安全操作的内容。

不要摘除本标签

图 A4　含铅的热喷涂材料警告标签

附　录　B
（标准的附录）
热喷涂作业用滤光镜片

B1　滤光镜片明暗度的选择

根据所用的热喷涂工艺按 GB/T 3609．1 选用的滤光镜片遮光号列于表 B1。

表 B1　热喷涂作业选用的滤光镜片遮光号

热　喷　涂　作　业　项　目	滤光镜片遮光号
线材火焰喷涂（除喷钼）	2－4
线材火焰喷涂（钼）	3－6
粉末火焰喷涂及高速火焰喷涂（金属及合金粉末）	3－6
粉末、线（棒）材火焰喷涂、高速火焰喷涂及爆炸喷涂（陶瓷）	4－8
等离子喷涂、等离子喷焊及电弧喷涂	9－14
等离子喷涂、等离子喷焊及电弧喷涂（设备本身配有滤光保护装置）	3－6
电火花拉毛作业	2－4
火焰喷焊的重熔作业	4－6

注：根据经验，使用太暗的镜片难以观察涂层的沉积，在选用镜片号时应以能清晰观察涂层的沉积为好，但不要低于下限值。在火焰喷焊时重熔产生黄色亮光，这时还应选用适当的滤光镜以吸收操作视野范围内的黄色光线。

B2　**滤光镜片和防护白玻璃镜片**

B2．1　护目镜及镜片必须能承受灭菌处理。

B2．2　头盔上供安装滤光片和防护白玻璃片的窗口必须设计成便于镜片的拆卸及安装。

B2．3　与人体接触的镜架材料必须保证对皮肤无刺激、无污染。

B2．4　护目镜必须要通风，以免镜片模糊。杯形镜框的通风部位必须有适当的遮蔽以防紫外光线射入。

B2．5　滤光镜和滤光片上必须有永久性标记，以便识别制造商及明暗度。

B2．6　滤光镜和滤光片必须满足 GB/T 3609．1 中关于紫外线、可见光及红外线的传输特性的要求及其他要求。

B2．7　护目镜必须妥善保存和保养，未经清洗和清毒不得转让他人使用。

附　录　C
（标准的附录）
热喷涂车间空气卫生标准阈值

C1　**车间空气卫生标准最高允许浓度**

热喷涂车间空气中毒性材料的最高允许浓度见表 C1。

表 C1　车间空气卫生标准对毒性材料的最高允许浓度（阈值）

材　料　名　称	8 h 最高允许浓度（mg/m^3）
三氧化铬、铬酸盐、重铬酸盐（换算成 CrO_3）	0．05
臭氧	0．3
氧化氮（换算成 NO_2）	5．0
氧化镉	0．1
铅烟	0．03
铅尘	0．05
铍及其化合物	0．001
钼（可溶性化合物）	4．0
钼（不溶性化合物）	6．0
氧化锌	5．0
锆及其化合物	5．0
锰及其化合物	0．2
铝、氧化铝、铝合金粉尘	4．0
含 10％以上游离二氧化硅的粉尘（石英、石英岩等）	2．0
其他粉尘	10
三氯乙烯	30
四氯化碳（皮）	25
注：有（皮）标记者为除经呼吸道吸收外，还易被皮肤吸收的有毒物质。	

C2 车间空气抽样检查

喷涂以上材料时，应尽可能抽取空气样品，以决定通风条件。在 8 h 工作时间内，工作区烟气和粉尘的浓度不允许超过规定的阈值。然而，即使粉尘或烟气浓度没有超过相应的阈值，但是引起操作者不适时，也应使用呼吸系统保护装置和抽风通风设备。

附 录 D
(提示的附录)
热喷涂作业 灭火

D1 灭火器及喷水器

热喷涂作业必须根据现场易燃物质的性质及数量配置足够的灭火设备，如水池、沙箱、水龙带或手提灭火器。灭火设备应处于随时可用的状态。选用的灭火器见表 D1。

表 D1 灭火器性能及使用方法

种类	泡沫灭火器	二氧化碳灭火器	1211 灭火器	干粉灭火器	红卫九一二灭火器
药 剂	碳酸氢钠发沫剂和硫酸铝溶液	液态二氧化碳	二氟氯－溴甲烷	小苏打或钾盐干粉	二氟二溴液体
用 途	扑灭油类火灾	扑救贵重仪器设备，不能用于扑救钾、钠、镁、铝等物质火灾	扑救各种油类、精密仪器、高压电器设备	扑救石油产品、有机溶剂、电气设备、液化石油气、乙炔气瓶等火灾	扑救天然石油产品和其他易燃、易爆化工产品等火灾
注意事项	冬季防冻，定期更换	防喷嘴堵塞	防潮及日晒，半年检查一次，充装药剂	干燥、通风、防潮，半年称重一次	在高温下分解产生毒气，注意现场通风和呼吸道防护

热喷涂　自熔合金喷涂与重熔

前言

本标准修改采用 ISO 14920：1999《热喷涂　自熔合金的喷涂和重熔》(英文版)。

本标准根据 ISO 14920：1999 重新起草，本标准与 ISO 14920 相比主要差异如下：

——取消 ISO 14920 的前言；

——直接引用了国际标准（ISO 14920 中引用的是相对应的欧洲标准)；

——在 7．5．2 中，将原 ISO 14920 的“每读数之间相距 8 mm”删去，因为在 10 mm × 10 mm 面上，不能按标准要求读出相距 8 mm 的 7 个读数，而且 ISO 6508 中另有规定；

——附录 A 增加了名称“镍基自熔合金重熔涂层近似硬度指南”；用“镍基自熔合金代号及预期硬度”代替“自熔合金和预期的硬度”；

——删去 ISO 14920 中附录 ZA（资料性附录）引用标准中与欧洲标准对应的国际标准；

——根据 GB/1．1 的要求，分别将 ISO 14920 中 3．1 和 7．5．1 的悬置段改为本标准的 3．1（原则）和7．5．1，分别将 ISO 14920 中的原 3．1 和 7．5．1 改为本标准的 3．2 和 7．5．2；

——在附录 A 表 A．1 中增加了“对应的国内代号”一栏。

本标准代替 GB/T 16744—1997《热喷涂　自熔合金涂层》，但根据我国实情，将其第 3 章内容缩写成本标准附录 B（资料性附录)。

本标准附录 A、附录 B 为资料性附录。

本标准由中国机械工业联合会提出。

本标准由全国金属与非金属覆盖层标准化技术委员会归口。

本标准起草单位：武汉材料保护研究所。

本标准主要起草人：伍建华。

1　范围

本标准规定了为获得均匀扩散结合的涂层而采用边喷边熔或先喷后熔的自熔合金热喷涂方法。

2　规范性引用文件

下列标准中的条款通过本标准的引用而成为本标准的条款。凡是注日期的引用文件，其随后所有的修改单（不包括勘误的内容）或修订版均不适用于本标准，然而，鼓励根据本标准达成协议的各方研究是否可使用这些文件的最新版本。凡是不注日期的引用文件，其最新版本适用于本标准。

ISO 6508　金属材料　硬度试验　洛氏硬度试验（A、B、C、D、E、F、G、H、K 标尺）

ISO 14232：2000　热喷涂　粉末　成分　供货技术条件

3　设计考虑

3．1　原则

设计时应考虑下列各因素，以确定喷涂重熔的合金涂层是否适合所确定的工程应用。

3．2　基体金属

3．2．1　当对涂层进行重熔时，应考虑加热过程对基体的热影响，包括：

——变形；

——氧化；

——产生应力；

——力学性能和（或）冶金性能的不可逆变化。

马氏体钢易产生应力开裂。碳、铝、钛、镁、硫、硫化物、磷和氮含量较高的合金可在涂层中产生孔隙，并可能使基体产生应力开裂倾向。

3.2.2 需喷涂重熔涂层处理的工件通常要减小设计尺寸，应考虑设计尺寸减小对所要求的物理性能的影响，同时还应考虑所制备的喷涂加重熔涂层可能具有不同的物理性能。

3.2.3 喷涂重熔涂层可能会影响工件的疲劳强度，耐冲击性和其他性能。

4 自熔合金选择

4.1 选择

涂层合金的选择将决定最终涂层的性能，例如：

——硬度；

——耐磨性和耐腐蚀性；

——机械加工性；

——适用性；

4.2 成分

涂层成分将决定最终涂层的性能，应考虑应力在使用中的影响。

经受马氏体相变的基体需要韧性高的涂层合金，应考虑随后热处理的需要。

镍基自熔合金重熔涂层的近似硬度指南见附录 A。

4.3 最后机械加工

4.3.1 在选择自熔合金时，应考虑其机械加工性能。

4.3.2 许多自熔合金涂层尤其是高硬度喷涂重熔涂层不能用标准切削刀具加工，只能采用合适的砂轮进行磨削。选择适用的机械加工工具，应征求制造者的意见。

4.3.3 当加热重熔时，对可能受加热影响的其他区域应在完成喷涂工序后再进行最后的机械加工。

5 工件预处理

5.1 准备工作

5.1.1 所有要处理的工件表面都应无油、脂等污染物。应特别注意多孔性工件孔隙中的油和脂可能会在预热或喷涂过程中渗出。

5.1.2 要进行热喷涂的表面上任何原来的表面处理层，例如氮化层、电镀层或其他防护涂层都应先除去之后才可进行表面预处理。

5.1.3 当把表面机械加工作为工件表面预处理的一部分时，该机械加工表面以及经这样预处理的区域的端部和边缘的轮廓应适合喷涂工艺。

若要求喷涂层的终止处不是工件端部或边缘，应将该处凹切的边缘机械加工成 30°～40°的角度，并与邻近表面均匀平滑过渡。

在涂层应精加工为方角边缘的部分，相关边缘应比建议的精加工总尺寸大，并在喷涂结束后，机械加工到最后尺寸。

5.2 表面预处理方法

5．2．1　表面应采用标准的棱角砂粒喷砂或其他相应的预处理方法处理。

5．2．2　喷砂操作应只限于要进行喷涂的区域，其邻接区应以最适合具体工件的方法进行遮蔽，采用的遮蔽材料应耐喷砂粒子冲击，并不污染已经预处理的邻近表面。

5．2．3　遮蔽材料应耐喷涂温度，必要时还要耐重熔温度，而且不污染要喷涂的表面。

5．2．4　要求不被外来物污染的孔和其他开口应堵塞起来。建议用钢塞或橡皮塞，塞子的形状和定位要使其不致遮蔽任何要进行预处理的表面。经过喷砂处理之后，应取出塞子，并换之以适当形状的碳棒，以防止涂层材料进入，碳棒要充分突出，以便在后续机械加工中露出其顶部表面。

5．3　**清洁度**

经过预处理后，要喷涂的表面不得再受污染。应确保经预处理的表面不再受油、脂、水或指印污染，若受到污染，则表面应重新进行预处理。

6　工艺

6．1　**边喷边熔**

这是采用氧－乙炔火焰喷焊枪的手工工艺。

将适用的自熔合金粉末由粉斗送入气流，通过火焰喷涂于工件上，同时在工件上原位熔化。这是利用火焰连续预热工件、供入并熔化粉末产生涂层的工艺。涂层的性能取决于所选择的自熔合金粉末。

6．1．1　**粉末粒度范围**

粉末粒度范围由喷焊枪制造厂选择和设计的送粉参数决定。为了避免送粉不畅或堵塞，应按喷焊枪制造厂推荐的粒度范围购置粉末。

6．1．2　**涂层厚度**

涂层厚度的限制取决于所选择的合金、所要求的涂层质量、以及可接受的残余应力水平，残余应力会随涂层厚度增加而增大，涂层越厚对操作人员的技术要求越高。

6．2　**先喷后熔**

利用粉末火焰喷涂枪或其他适合的喷涂方法将涂层材料喷涂于工件上，并达到所需厚度，然后对此喷涂层进行重熔。

涂层的重熔是独立操作工序，在喷涂之后应尽快采用以下方法完成：

——利用氧－乙炔火焰进行重熔；

——感应重熔；

——加热炉重熔（真空或惰性气体）；

——激光重熔；

——其他加热工艺。

6．2．1　**粉末粒度范围**

粉末粒度范围由火焰喷涂枪制造厂选择和设计的送粉参数决定。为了避免送粉不畅或堵塞，应按其推荐的粒度范围购置粉末。

6．2．2　**涂层厚度**

通常涂层厚度限为1．6 mm，最好为1 mm。喷涂态的涂层可能要加厚25%，以考虑重熔过程中发生的收缩。

6．3　**喷涂方法**

6．3．1　**总则**

经过表面预处理之后，应在表面发生任何肉眼可见的劣化之前尽快进行喷涂。

6.3.2 预热

要喷涂的表面应在喷涂前进行预热，预热温度取决于基体成分。进行预热操作时要避免表面污染或局部过热。

6.3.3 喷涂

喷涂应连续进行直到涂层达到足够的厚度，以考虑重熔过程中涂层的收缩。喷涂之后，不应出现涂层从基体上明显起皮或涂层开裂的情况。若发现此类缺陷，应除去涂层，重新进行预处理和喷涂工序。

6.3.4 重熔涂层

应将涂层加热到所选自熔合金熔化温度范围内进行重熔。应充分加热使涂层与基体金属界面达到此温度以确保发生扩散。可利用氧－燃料火焰，例如氧－乙炔火焰、感应加热、激光或加热炉（真空或惰性气体）进行重熔。

加热速度、时间及温度范围是重熔的关键，而且它们将随涂层合金成分、工件的尺寸和复杂程度而变化。应避免在熔化温度范围长时间加热，以防止涂层与基体金属之间的过度扩散、涂层变形和材料烧损。

合适的重熔温度可通过涂层呈现出通常称之为“镜面”的涂层外观变化来指示。喷涂表面的各部分都应呈现这种“镜面”，但用焊枪或感应圈加热时，“镜面”逐渐呈现；加热炉重熔时则同时呈现。重熔过程中发生的局部“热斑”外观是局部丧失附着力的结果，此涂层应予报废。

6.3.5 冷却

重熔之后，为避免不均匀应力产生裂纹和（或）变形，应将工件置于保温材料中或置于可控温度加热炉中延缓冷却。

易发生马氏体相变的基体喷涂重熔后，需采取特殊冷却程序，可能要进行后续热处理，以保持基体金属的设计性能。应采用膨胀系数低，延性高的粉末喷涂这类基体金属。

7 供粉状态和质量要求

7.1 化学成分

采用适当的试验方法确定自熔合金粉末的化学成分。

7.2 粉末粒度范围（见6.2.1）

典型粒度范围（见ISO 14232：2000的3.3）覆盖了适于自熔合金粉末喷涂的各种设备规范。当进行测定时，其粒度分布（PSD）最大可有2%数量的粉末粒度超过上限，它们的最大值可达到最接近上限值的上一号标准筛孔尺寸；同时可有5%数量的粉末粒度低于下限。

7.3 供货状态

粉末应干燥，无杂质。

粉末应盛于密封容器中。特殊包装要与粉末制造厂协商。

应根据相应的安全规定在粉末容器上标明“使用前拌匀”字样，粉末容器上还应明确标出粉末成分、重量和批号。

7.4 证书

制造厂应提供检验合格证以证明其每批产品都符合其说明书的技术要求。

7.5 硬度

7.5.1 通常认为符合规定的硬度范围比自熔合金准确的化学成分更重要。供需双方应通过协议来明确购货技术要求。在可能条件下，应用喷涂于待喷基体金属试样上的试验涂层进行硬度试验；若不可能，则应利用标准硬度试验程序对按特定硬度范围选用的粉末进行试验。

7．5．2　标准硬度试验

——试验试样：50 mm×50 mm×（6．0～6．5）mm 的碳钢。

——试验试样制备：

a）喷涂重熔涂层试样制备按 ISO 6508 进行；

b）试样边缘应具 2 mm 倒角。

粉末样品在所选择批次中应具有代表性。

——喷涂：采用喷涂枪的标准工艺规范，喷涂 1．0 mm～2．0 mm 厚的均匀涂层。

——重熔：喷涂涂层的重熔应采用最佳的方法进行（见 6．3．4）。

——冷却：允许自然冷却到至少 500℃。

——硬度试验准备：

a）磨试片的底面；

b）磨试验面，以准备至少 10 mm×10 mm 的面积，而且保证重熔涂层厚度至少有 1 mm。

最少读取 7 个读数，去除读数的最高值和最低值，取余下 5 个读数值的平均值，所得结果将构成产品证书（见 7．4）的一部分。

附　录　A
（资料性附录）
镍基自熔合金重熔涂层近似硬度指南

镍基自熔合金涂层的近似硬度见表 A．1。

注：若硬度是购货技术要求的必要部分，则需方应提出所要求的自熔合金涂层硬度范围，以及所采用的喷涂设备种类。

为了满足需方要求，可提出与 ISO 14232 所规定的成分允差不同的成分允差。

表 A．1　镍基自熔合金代号及预期硬度

符合 ISO 14232 的自熔合金代号	对应的国内代号	自熔合金涂层预期硬度 HRC
2．8 2．9 2．10 2．11	Ni30～Ni40	30～40
2．12	Ni40～Ni50	40～50
2．16 2．17 2．18 2．19 2．21	Ni50～Ni60	50～60

附 录 B
（资料性附录）
自熔合金涂层分类及标记

B.1 自熔合金涂层分类

自熔合金涂层可分为镍基、钴基及铁基三大系列。

B.2 涂层标记

T Ni(Co、Fe) ××

- ×× —— 表示自熔合金重熔涂层的表面硬度（HRC）
- Ni(Co、Fe) —— 表示镍（钴、铁）基自熔合金
- T —— 表示采用热喷涂方法

T Ni(Co、Fe) WC ××

- ×× —— 表示粉末中硬质相的质量分数
- WC —— 表示涂层中加入的硬质相为碳化钨
- Ni(Co、Fe) —— 表示涂层基相为镍（钴、铁）基自熔合金
- T —— 表示采用热喷涂方法

热喷涂　低压等离子喷涂 镍-钴-铬-铝-钇-钽合金涂层

前言

本标准的附录A是资料性的附录。

本标准由中国机械工业联合会提出。

本标准由全国金属与非金属覆盖层标准化技术委员会归口。

本标准负责起草单位：广州有色金属研究院、中国南方航空动力机械公司。

本标准主要起草人：洪瑞江、周克崧、吴颖、刁楚鹏、戴达煌。

1　范围

本标准规定了低压等离子喷涂镍-钴-铬-铝-钇-钽（NiCoCrAlYTa）合金涂层的技术要求及其试验方法。

本标准适用于航空发动机高温零部件抗高温氧化和热腐蚀的低压等离子喷涂的NiCoCrAlYTa涂层。

本标准也适用于MCrAlY（M代表Ni，Co，NiCo等）类低压等离子喷涂涂层。

2　规范性引用文件

下列文件中的条款通过本标准的引用而成为本标准的条款。凡是注日期的引用文件，其随后所有的修改单（不包括勘误的内容）或修订版均不适用于本标准，然而，鼓励根据本标准达成协议的各方研究是否可使用这些文件的最新版本。凡是不注日期的引用文件，其最新版本适用于本标准。

GB/T 6462　金属和氧化物覆盖层　横断面厚度显微镜测量方法（eqv ISO 1463）

GB/T 6524　金属粉末粒度分布的测定——光透法（neq ASTM B430）

GB/T 8642　热喷涂层结合强度的测定

GB/T 9790　金属覆盖层及其他有关覆盖层　维氏和努氏显微硬度试验（neq ISO 4516）

GB/T 13277　一般用压缩空气质量等级

GB/T 16545　金属和合金的腐蚀　腐蚀试样上腐蚀产物的清除（idt ISO 8407）

HB 5258　钢及高温合金的抗氧化性能测定试验方法

3　术语和定义

3.1

低压等离子喷涂　low pressure plasma spraying（LPPS）

在低压隔离室内进行的等离子喷涂。

3.2

转移弧清理　transferred arc cleaning

采用转移型电弧对工件表面进行清理处理，使其清洁和活化，并将工件预热到喷涂所需的温度。

3.3

检验批（简称：批）

为实施抽样检查汇集起来的粉末或工件。

在粉末检验时，指一次购回的总量。

在工件检验时，指一次的交货量。

4 设备

低压等离子喷涂设备应具备以下基本条件：

4.1 真空室压力应可以自动控制，以保证真空室压力的稳定；真空管道应配有粉尘过滤器，以减少粉尘对真空机组和大气环境的污染。

4.2 喷枪操作系统应具备三自由度的操作机；对于形状复杂的工件，如涡轮发动机叶片的喷涂，则必须具备六自由度的机器人。

5 粉末

NiCoCrAlYTa粉末的化学成分及粒度要求见表1。对购入的每一批（次）粉末，在喷涂前应进行复验，满足要求的粉末方可用于喷涂，其化学成分可采用ICP方法（电感耦合等离子体－原子发射光谱法）确认，粉末的粒度分布按GB/T 6524测定。

表1 NiCoCrAlYTa粉末成分及粒度

化学成分	Co	Cr	Al	Y	Ta	Ni
质量分数（%）	22～24	19～21	7.5～8.5	0.4～0.8	3.5～5.5	余量
粒度范围/μm	5～44					

6 工件预处理

6.1 喷涂前工件表面状态

待喷涂工件的表面必须无灰尘、油污及氧化皮，其粗糙度应与喷涂态涂层表面粗糙度要求相匹配，如有特殊需要须经供需双方协商确定。

6.2 清洁工件

用氯溶剂或其他除油剂浸泡，超声波清洗去油5 min～10 min。以零件表面水膜连续，油除净为准，然后用无水酒精清洗。

6.3 喷砂粗化

6.3.1 对非喷涂区表面进行遮蔽保护。

6.3.2 根据粗糙度要求，选择100号～140号粒度的清洁、干燥的白刚玉作喷射磨料。

6.3.3 压缩空气的油、水含量符合GB/T 13277规定的第三等级规定。空气压力0.2 MPa～0.3 MPa，如有特殊需要须经供需双方协商确定。

6.3.4 喷砂角度为60°～90°，喷砂距离为50 mm～100 mm。

6.3.5 用干净压缩空气吹掉粘附在基体表面的尘埃或磨料。

6.4 工件标记

按照工件编号进行登记。对于厚度及增重要求严格的工件，如涡轮发动机一、二级叶片，应逐一进行称重，并作登记。

6.5 遮蔽及防护

将工件装入喷涂工装中，对非喷涂部位及工装进行遮蔽及防护。

7 转移弧清理

7.1 预真空度

工件装好后，合上真空室，启动真空系统，使真空室内压力≤6．7 Pa。

7．2 **真空室工作压力**

当真空室达到预真空度后，关闭抽气阀门，向真空室内充入氩气，使压力增至 6 kPa ~ 10 kPa。

7．3 **喷枪功率**

启动喷枪，并使电弧功率控制在 15 kW ~ 30 kW，视转移弧电流的大小进行调节。

7．4 **转移弧电流**

调节转移弧电源，使其电流达到一定的水平，以工件棱角不产生烧损为原则。

7．5 **工件预热温度**

工件经转移弧清理后，其温度应达到 700℃ ~ 900℃。

7．6 **待喷涂时间**

工件经转移弧清理后，应尽快进行喷涂，间隙时间最长不超过 15s。

8 喷涂工艺

8．1 **真空室工作压力**

转移弧清理完毕，应继续向真空室充入氩气，使真空室压力增至 8 kPa ~ 12 kPa。

8．2 **喷涂工艺参数**

应选用合适的喷涂参数，这些参数包括电弧电流、电弧电压、喷涂距离、喷嘴类型、等离子气压力和流量、送粉速率等。通过金相分析，以涂层中所包含的未熔颗粒数量、微裂纹、孔隙率以及界面处的第二相或夹杂的数量最少时所对应的参数为准。

8．3 **工件冷却**

工件喷涂后，真空室应继续持惰性气氛，工件随炉自然冷却。

9 工件拆卸

工件和工装应能很方便地拆开，操作过程中不允许有任何撞击，如发生上述情况，应由技术人员和质量管理人员研究处理。

10 涂层返修

10．1 去除涂层。

10．1．1 去除涂层的槽液：盐酸（化学纯）、水（去离子水）以体积比 1：1 混合。

10．1．2 槽液温度：50℃（用于末扩散的涂层）；

槽液温度：70℃（用于扩散的涂层）。

10．1．3 浸泡时间：1．5 h~2．5 h。

10．1．4 对非喷涂区的关键部位进行遮蔽保护。

10．1．5 连续搅拌槽液，使温度均匀。

10．2 去除涂层后，对零件进行冲洗、刷洗、干燥。

10．3 重新进行表面处理和喷涂涂层。

按 6、7、8 章规定进行。

11 涂层后处理

11．1 **扩散处理**

喷涂后，经初步检验合格的涂层应进行扩散处理。扩散处理条件见表 2。其他材料的扩散处理，参照该合金的热处理条件。

表 2 扩散处理条件

工件材料牌号	处理温度及时间	真空室压力
DZ22B	1080℃ ± 5℃，4 h 和 870℃ ± 5℃，32 h	1.33×10^{-1}Pa ~ 1.33×10^{-2}Pa
K417	1080℃ ± 5℃，4 h	
DD402	1080℃ ± 5℃，4 h 和 870℃ ± 5℃，32 h	
DD3	1020℃ ± 5℃，2 h 和 980℃ ± 5℃，2 h	

11.2 **后加工**

在大多数情况下，由于尺寸要求或者表面粗糙度要求，涂层在喷涂及热处理完成后，需要进行精加工。可通过磨削加工达到所需的尺寸，加工参数见表 3；可通过液体喷砂或振动光饰处理使涂层达到所要求的表面粗糙度，液体喷砂工艺见表 4；振动光饰处理条件可以根据零件的具体形状和大小，由技术部门参考表 4 制定。

表 3 NiCoCrAlYTa 涂层磨削加工参数

砂轮	零件速度/（m/min）	砂轮速度/（m/s）	润滑剂	粗糙度 Ra/μm
60 号 SiC 砂轮	60 ~ 150	35	水混合液	0.8

表 4 NiCoCrAlYTa 涂层液体喷砂工艺参数

使用磨料	空气压力/MPa	喷砂距离/mm	时间/s
120 号刚玉砂	0.4	80 ~ 100	25 ~ 30

12 涂层技术要求

12.1 **外观**

喷涂态涂层应具有均匀的外观，涂层上应无裂纹、分层、剥落或起泡，无不当遮蔽。

12.2 **厚度**

涂层厚度符合设计图纸要求。

12.3 **增重**

对于有增重要求的零件，应根据试验结果，由供需双方讨论确定增重范围。由于增重值与涂层的厚度分布有一定的对应关系，所以，增重值也可作为涂层验收的根据。

12.4 **结合强度**

喷涂态涂层的平均结合强度应大于 50 MPa。

12.5 **杯突试验**

在试片上进行，未经扩散处理的涂层应不产生脱层。试验区附近涂层的毛细裂纹或龟裂是允许的。

12.6 **金相组织**

涂层组织均匀，涂层与基体应结合良好，界面无裂纹、空洞等缺陷。孔隙率 < 2%，未熔颗粒数量 < 2%，最大颗粒直径 $\phi_{max} < 10\ \mu m$。经扩散处理后，在涂层/基体界面处应有明显的扩散带。金相组织符合图 1 所示的典型组织。

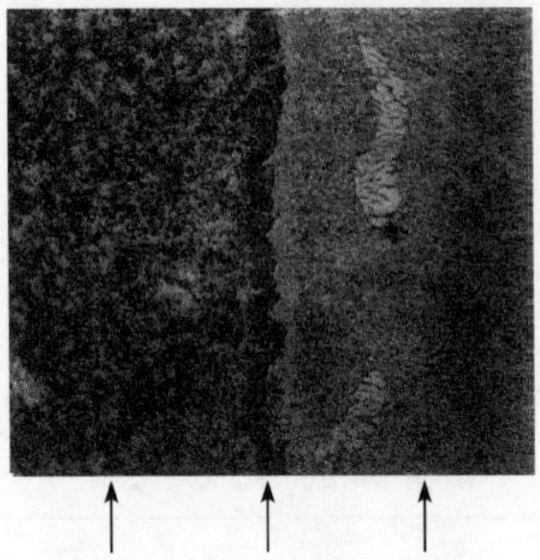

图1 涂层经扩散处理后的金相组织（×400）

12．7 **硬度**

涂层的显微硬度：喷涂状态为 530 HV0．2 ~ 580 HV0．2，扩散处理后为≥420 HV0．2。

12．8 **涂层化学成分**

目的是检验所用粉末的正确性，涂层材料的化学成分应与粉末材料的化学成分相吻合。

12．9 **抗氧化/腐蚀性能**

涂层抗氧化/腐蚀性能应满足设计要求。

13 涂层质量检验方法

13．1 **外观检验**

可用目察或 10 倍以下的放大镜对涂层表面进行观察，100%检查。着重检查涂层边缘部分，观察是否存在涂层起皮或漏喷。

13．2 **涂层厚度检查**

13．2．1 在每批零件喷涂前后各喷涂检验用试片或试件一件。

13．2．2 根据供检验用试片或试件的大小和形状，确定其解剖的部位和方向。

13．2．3 按 GB/T 6462 进行涂层厚度显微镜检查。

13．3 **增重测量**

对喷涂后的零件进行称重，并与原始重量比较，算出工件的增重，精确到 1 mg，100%检查。

13．4 **涂层结合强度测量**

在每批零件正式喷涂前，按 GB/T 8642 对供检验用试片或试件进行结合强度试验。

13．5 **杯突试验方法**

在每批零件喷涂前进行。采用 100 mm × 70 mm × 1．3 mm 试片，试片材料为 GH3030 或 1Cr18Ni9Ti。在试片的一面喷涂涂层，涂层厚度为 50 μm ~ 100 μm，喷涂面积最小应为 45 mm × 45 mm。试验时，用 ϕ22 mm 钢球压头，从无涂层的一面压下，压头压下深度为 5 mm。杯突试验后，在变形区域目察或用 10 倍以下放大镜检查涂层。

13．6 **金相检查**

13．6．1 在每批零件喷涂前后各喷涂检验用试片或试件一件。

13．6．2 根据供检验用试片或试件的大小和形状确定其解剖部位和方向。

13．6．3　夹持（镶嵌）试样，依次用预磨盘和砂纸轻磨，磨削方向与涂层约成45°，每换一道砂纸将试样旋转90°。

13．6．4　用涂层侵蚀剂显示涂层显微组织，侵蚀剂组成为：

硝酸：乙酸：水：氢氟酸＝33：33：33：1（体积比）或

硝酸：盐酸：甘油＝1：3：5（体积比）

以上所用试剂均为化学纯，水为去离子水。随配随用。

13．6．5　观察涂层组织、界面状态、测量孔隙率、未熔颗粒大小及数量。

13．7　涂层硬度

与金相检查同步进行。按 GB/T 9790 测量。

13．8　涂层化学成分检测

每批零件喷涂完成后，在试件上进行。采用 X－射线荧光光谱法或电子探针分析法或扫描电镜能镨分析法测量，确认所用粉末是否准确。

13．9　涂层的抗氧化性能测试

涂层的抗氧化性能测试按 HB 5258 进行。

13．10　涂层的抗高温燃气腐蚀性能测试

在燃气腐蚀试验器上进行。1 h 为一个循环，其中在试验器中加热 55 min，炉外压缩空气冷却 5 min。

13．10．1　试验温度：900℃±10℃。

13．10．2　燃油流量：0．2 L/h。

13．10．3　油气比：1/45。

13．10．4　海水浓度：10^{-5}，如有需要可以增加到 5×10^{-5}。

13．10．5　试验时间：150 h，如有需要试验时间可以增加到 200 h 以上。

13．10．6　涂层试验后，按 GB/T 16545 去除试样表面所形成的腐蚀产物，清除腐蚀产物后应保证目察或用十倍放大镜检查不能发现腐蚀产物痕迹为止。检查涂层的失重量、腐蚀前后外观和金相，记录试验结果。

附　录　A
（资料性附录）
参考文献

涂层的抗高温燃气腐蚀性能的试验方法，参考了中国航空工业总公司航空材料研究院企业标准：Q/6S 365－1983　高温燃气腐蚀试验方法。

热喷涂　术语、分类

前言

本标准修改采用 ISO 14917：1999《热喷涂　术语、分类》(英文版)。

根据热喷涂技术在我国应用的基本情况，本标准对 ISO 14917 做如下修改：

——取消了国际标准的前言；

——增加了目次；

——用“本标准”代替“本国际标准”；

——引用了采用国际标准的我国标准；

——将按英文直译的 4．3．6．2“室中等离子喷涂”术语，根据解释定义为“可控气氛等离子喷涂”；

——增加了部分术语，对 ISO 14917 第 5 章“一般术语”的内容，本标准按热喷涂材料、涂层、工艺进行了分类和补充；其中，“热喷涂材料”增加了 6 条术语，“热喷涂涂层”增加了 10 条术语，“热喷涂工艺”增加了 5 条术语；术语“喷涂枪”编入第 6 章“热喷涂设备　术语”中；

——增加附录 A。在附录 A 中列出了本标准章条编号与 ISO 14917 章条编号对照一览表；

——ISO 14917 中的“关键词索引”是按英文字母排序，为便于使用，本标准中的“关键词索引”按汉语拼音排序，并调整为附录 B。

本标准的附录 A、附录 B 为资料性附录。

本标准由中国机械工业联合会提出。

本标准由全国金属与非金属覆盖层标准化技术委员会归口。

本标准起草单位：武汉材料保护研究所、北京钢铁研究总院、西安交通大学。

本标准主要起草人：吴子健、曹庆、苏启、李长久。

1　范围

本标准规定了热喷涂工艺和常用热喷涂术语的定义。按喷涂材料、喷涂操作方法以及热源的种类对热喷涂工艺进行了分类。

本标准适用于热喷涂处理过程中所用术语和分类。

2　规范性引用文件

下列文件中的条款通过本标准的引用而成为本标准的条款。凡是注日期的引用文件，其随后所有的修改单（不包括勘误的内容）或修订版均不适用于本标准，然而，鼓励根据本标准达到协议的各方研究是否可使用这些文件的最新版本。凡是不注日期的引用文件，其最新版本适用于本标准。

GB/T 230　金属洛氏硬度试验方法（neq ISO 6508）

GB/T 5030　金属小负荷维氏硬度试验方法（eqv ISO 6507）

GB/T 8642　热喷涂　抗拉结合强度的测定（eqv ISO 14916）

3　术语和定义

3．1

热喷涂 thermal spraying

在喷涂枪内或外将喷涂材料加热到塑性或熔化状态，然后喷射于经预处理的基体表面上，基体保持未熔状态形成涂层的方法。

注1：液态或塑性膏态材料也可得到喷涂层。

注2：为获得特殊的涂层性能，可以采用喷涂后的热处理、机械处理或封闭处理等方法。

4 工艺种类

4．1 按热喷涂材料类型分类

可分为以下各类：

——线材喷涂 wire spraying；

——棒材喷涂 rod spraying；

——芯材喷涂 cord spraying；

——粉末喷涂 powder spraying；

——熔液喷涂 molten bath spraying。

4．2 按操作方法分类

4．2．1

手工喷涂 manual spraying

喷涂工艺所特有的全部操作均使用手工完成。

4．2．2

机械化喷涂 mechanized spraying

喷涂工艺所特有的全部操作均使用机械完成。

4．2．3

自动化喷涂 automatic spraying

喷涂工艺所特有的全部操作包括所有装卸，例如上、下工件均完全机械化并集成于一个程序系统自动完成。

4．3 按热源分类

4．3．1

熔液喷涂 molten－bath spraying

喷涂材料被加热到熔化状态并被预热的雾化气体（例如压缩空气或其他混合气体）雾化加速并喷到经预处理的基体表面的一种喷涂方法。大多数情况下，喷涂材料是在容器内被加热熔化的。见图1。

4．3．2

火焰喷涂 flame spraying

喷涂材料在氧－燃气焰中被加热，然后以雾化状喷向经预处理的基体表面的喷涂方法。初始喷涂材料可呈粉末状、棒状、柔性复合丝状或线状。可以只利用氧－燃气射流，也可以同时使用附加的雾化气体（例如压缩空气），将被加热的材料喷向基体。

4．3．2．1

线材火焰喷涂 wire flame spraying

线材火焰喷涂是将要沉积的线状材料不断输送给喷涂枪，利用氧－燃气焰将其加热到熔化状态，并借助于雾化气体（例如压缩空气）喷射到经预处理的基体表面的喷涂方法。见图2。

使用的主要燃料气体有：乙炔、丙烷、氢气和液化石油气等。

线材火焰喷涂还包括：棒材火焰喷涂、柔性复合丝火焰喷涂等。

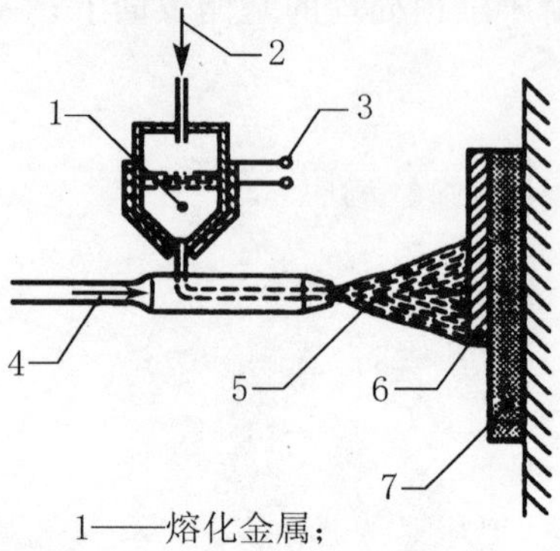

1——熔化金属；
2——气体入口；
3——电阻加热；
4——雾化气体；
5——喷雾流；
6——喷涂涂层；
7——基体。

图1 熔液喷涂

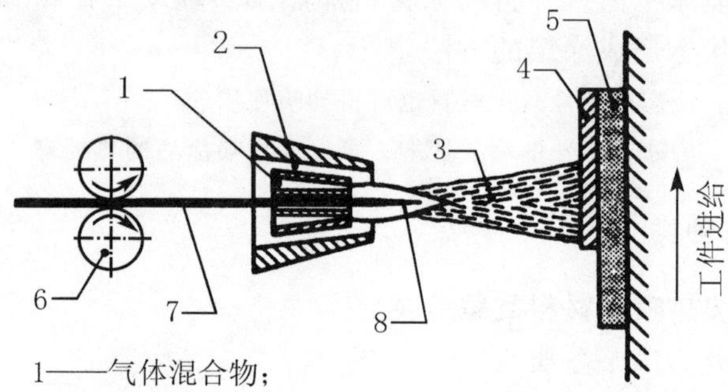

1——气体混合物；
2——压缩空气；
3——喷雾流；
4——喷涂涂层；
5——基体；
6——可调送丝机构；
7——喷涂丝；
8——熔化丝端。

图2 线材火焰喷涂

4．3．2．2

粉末火焰喷涂 powder flame spraying

粉末火焰喷涂是将要喷涂的材料以粉末状输送给喷涂枪，在氧－燃气焰中将其加热到塑性或熔化状态，并利用膨胀燃气流喷射于经预处理的基体表面上的喷涂方法；有时可利用附加的气体射流加速粉末粒子。见图3。

4．3．3

高速火焰喷涂 high velocity flame spraying

高速火焰喷涂时，助燃气体与燃烧气体在燃烧室中连续燃烧，燃烧的火焰在燃烧室内产生高压并通过与燃烧室出口联接的膨胀喷嘴产生高速焰流，喷涂材料送入高速射流中被加热，加速喷射到经预处理的基体表面上形成涂层的方法。见图4。

可使用乙炔、丙烷、丙烯、氢气等燃气，也可使用柴油或煤油等液体燃料。

4．3．4

爆炸喷涂 detonation spraying

爆炸喷涂是将一定量的粉末注入喷枪的燃爆室中，燃爆室中的气体混合物发生时间间隔可控的爆炸燃烧，所产生的高速热气流将粉末粒子加热到塑性或熔化状态并使粉末粒子获得加速，喷射到经预处理的基体表面上形成涂层的方法。

爆炸喷涂的喷涂枪由枪管和燃爆室所组成，利用电火花引爆注入的气体产生冲击波加速和加热输入枪管中的粉末粒子，直射到经预处理的基体表面上。每次爆喷后，用氮气冲洗燃爆室和枪管。见图5。

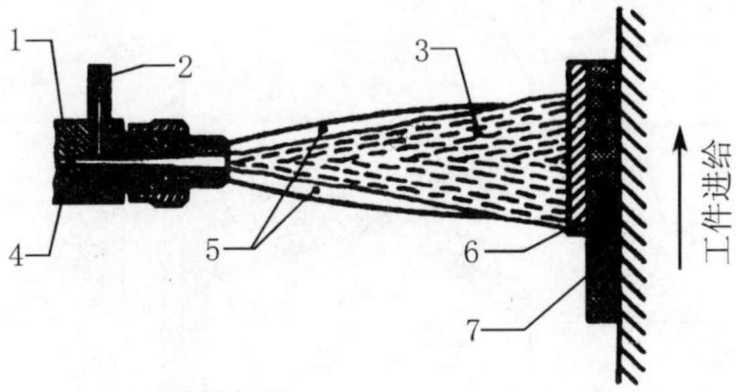

1——送粉气体；
2——粉末入口；
3——喷雾流；
4——气体混合物；
5——火焰；
6——喷涂涂层；
7——基体。

图3 粉末火焰喷涂

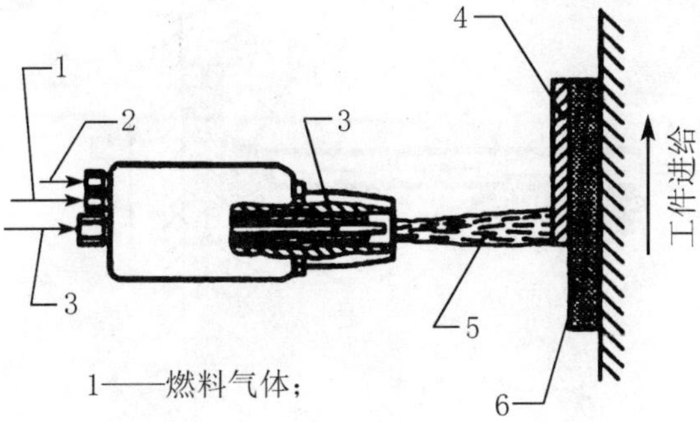

1——燃料气体；
2——氧；
3——粉末的送粉气；
4——喷涂涂层；
5——喷雾流；
6——基体。
注：吹管喷嘴用或不用水冷却。

图4 高速火焰喷涂

4．3．5

电弧喷涂 arc spraying

电弧喷涂是利用两根金属丝之间产生的电弧熔化丝的顶端，两根金属丝的成分可以相同，也可以不相同，经一束或多束气体射流（一般为压缩空气）雾化将已熔化的金属熔滴喷射到经预处理的基体表面上形成涂层的工艺方法。见图6。

4．3．6

等离子喷涂 plasma spraying

4．3．6．1

大气等离子喷涂 plasma spraying in air

大气等离子喷涂简称等离子喷涂，是利用等离子射流将喷涂材料加热到塑性或熔化状态，再将它喷射到经预处理的基体表面形成涂层的方法。可用送粉气将粉末从喷嘴内（内送粉）或外（外送粉）送入等离子射流中。

利用电极（阴极）和喷嘴（阳极）之间形成的电弧使等离子体形成气体部分或全部电离，产生等离子体，气体热膨胀从喷嘴喷出高速等离子射流。常用的等离子气体有氩气、氢气、氦气、氮气或它们的混合物。见图7。

4．3．6．2

可控气氛等离子喷涂 plasma spraying in chambers

在含有特定气体气氛的密封室中完成的等离子喷涂。

常用的等离子气体有氩气、氦气、氢气、氮气或它们的混合物，利用适当的控制系统操纵喷枪和工件，同时由符合规定条件喷涂室外的送粉器将粉末连续送入喷枪。见图8。

真空等离子喷涂是一种特殊方式，密封室中的气压可以降低。在密封室的气压升高的情况下也可进行等离子喷涂。通过控制密封室的气氛向密封室内喷射细小液滴的液化气体，同时对基体和涂层兼

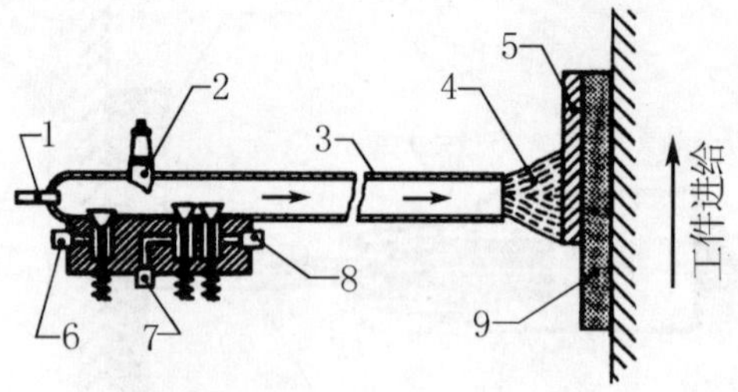

1——粉末入口;
2——点火装置;
3——枪管;
4——喷雾流;
5——喷涂涂层;
6——氮气;
7——乙炔;
8——氧;
9——基体。

图5 爆炸喷涂

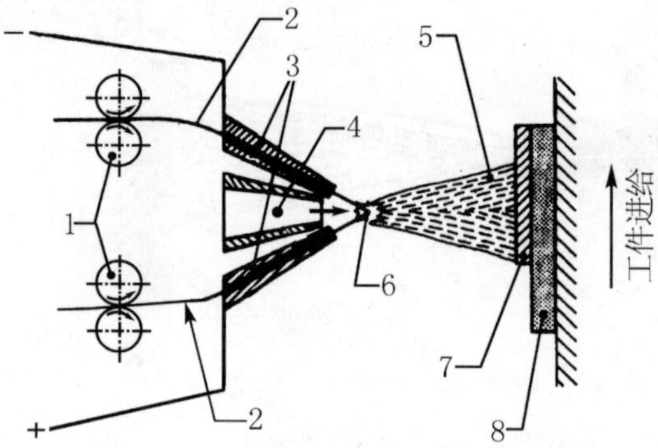

1——可调送丝机构;
2——喷涂丝;
3——接触管;
4——雾化气体;
5——喷雾流;
6——电弧中熔化的丝尖端;
7——喷涂涂层;
8——基体。

图6 电弧喷涂

有冷却的作用。

4.3.6.3

液稳等离子喷涂 liquid - stabilized plasma spraying

液稳等离子喷涂是以液体作为等离子体形成介质，例如水、乙醇或甲醇等。在石墨阴极和旋转水冷阳极之间产生电弧；液体以涡旋运动引入室内，以稳定电弧，并产生等离子射流；不断连续再生的液体罩与室壁形成绝缘、绝热，同时起冷却剂的作用。在室内高温的作用下，部分稳定电弧的液体发生蒸发离解产生等离子体。喷涂材料引入喷嘴外的高速等离子射流中，被加热到塑性或熔化状态，并喷射到经预处理的基体表面上形成涂层的方法。见图 9。

4.3.7

激光喷涂 laser spraying

激光喷涂是用适当的送粉管将粉末注入激光束中，利用激光束将粉末熔化，并靠送粉气和重力喷到基体表面形成涂层的方法。喷涂时，可用屏蔽气体保护涂层。见图 10。

5 一般术语

5.1

热喷涂材料 spray material

热喷涂材料具有不同的初始形态和（或）成分，以适应不同的工艺和应用类型。

5.1.1

喷砂介质或磨料 abrasive

使基体表面粗化和净化所使用的喷砂料。

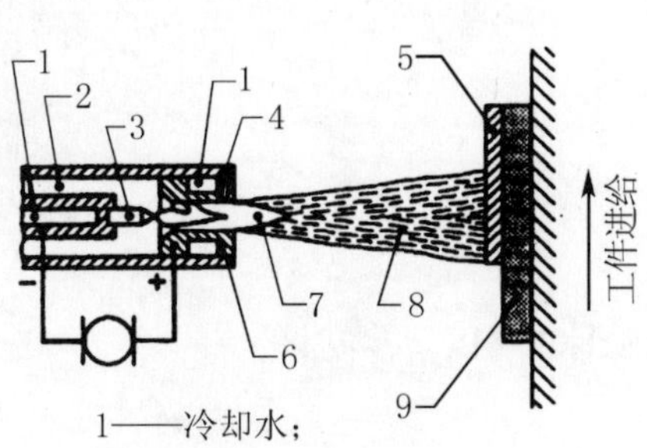

1——冷却水；

2——等离子气体；

3——阴极；

4——粉末入口；

5——喷涂涂层；

6——阳极；

7——等离子焰；

8——喷雾流；

9——基体。

图7 大气等离子喷涂

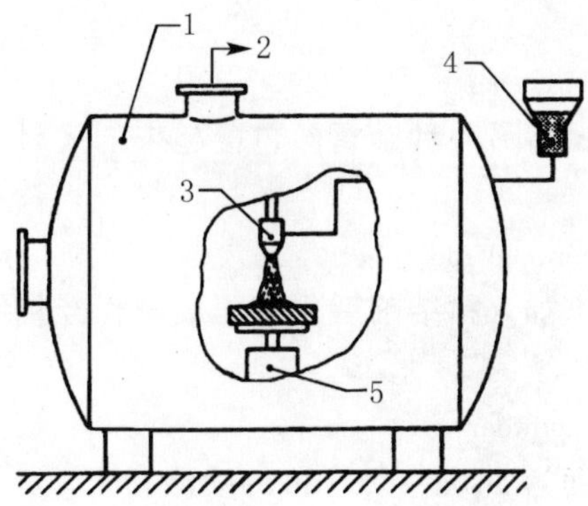

1——室；

2——泵；

3——等离子喷枪；

4——送粉室；

5——工件架。

图8 可控气氛等离子喷涂

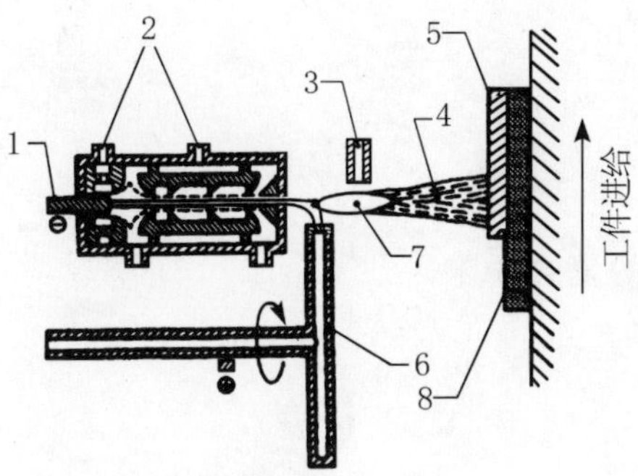

1——阴极；
2——液体入口；
3——粉末入口；
4——喷雾流；
5——喷涂涂层；
6——阳极；
7——等离子；
8——基体。

图9 液稳等离子喷涂

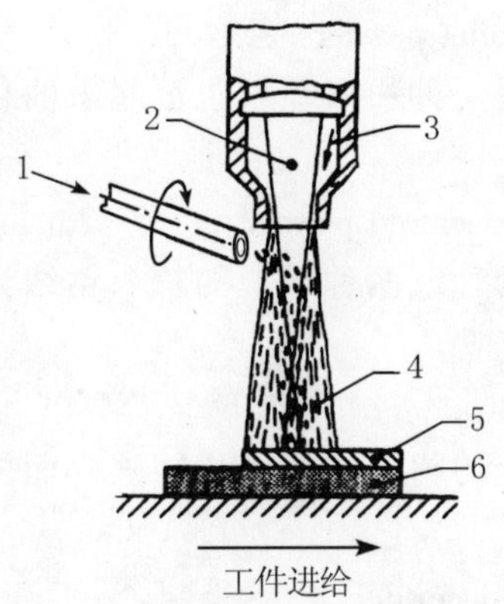

1——粉末；
2——激光束；
3——屏蔽气体；
4——喷雾流；
5——喷涂涂层；
6——基体金属。

图10 激光喷涂

5.1.2

柔性复合丝 cord

用塑料或金属包覆密实粉末的柔性线材。

5.1.3

包覆丝 wire clad

由一种金属将另一种金属丝包覆起来的线材。

5.1.4

陶瓷棒 ceramic rod

将陶瓷粉末加入粘结剂后，挤压成型，经烧结制成棒状的喷涂材料。

5.1.5

细粉 fine powder

一般指粒度为 5 μm ~20 μm 的喷涂粉末。

5.1.6

超细粉 superfine powder

极小的微细粉末，粒度通常小于 5 μm。

5.1.7

合金粉末 alloyed powder

由两种或两种以上元素经合金化的金属粉末。

5.1.8

复合粉末 composite powder

两种或两种以上性质不同的材料结合为一体所组成的粉末。有包覆型、团聚型、烧结型等。

5.1.8.1

包覆粉末 cladding powder

由一种材料将另一种粉末颗粒包覆起来的粉末。

5.1.8.2

团聚粉末 agglomerated powder

利用粘结剂将两种或两种以上的粉末粘结为一体而形成的复合粉末。

5.1.8.3

烧结粉末 sinter powder

两种或两种以上的粉末混合经烧结破碎而成的粉末。

5.1.9

混合粉末 mixed powder

两种或两种以上的粉末，经机械混合后而成的粉末。

5.1.10

自熔合金粉末 self - fluxing alloy powder

含有 B 和（或）Si 元素作为助熔剂，当加热到熔点时，合金本身就具有脱氧、造渣、除气和良好的浸润性等性能的合金粉末。

5.1.11

雾化粉末 atomized powder

用熔炼雾化法生产出来的粉末。

5.1.12

陶瓷粉末 ceramic powder

无机非金属粉末材料。

5．1．13

自粘结材料 self - bonding material

喷涂时能与基体表面产生良好粘结，能产生微区冶金结合特性的喷涂材料，如钼、镍包铝复合粉等。

5．1．14

自润滑涂层材料 self - lubrication coating material

含有固体润滑组分的涂层材料。

5．1．15

涂层封孔剂 coat sealer

用以渗入和封闭喷涂层孔隙的材料。

5．1．16

防粘剂 anti - bonding agent

用于防止喷涂层粘结的遮蔽材料。

5．2

热喷涂涂层 thermal sprayed coating

用热喷涂方法在基体表面制备的覆盖层，简称喷涂层或涂层。

5．2．1

基体 substrate

用来沉积热喷涂涂层的物体。

5．2．2

底层 undercoat

为了改善涂层与基体结合性能或其他性能，首先喷涂在基体表面的涂层。又称为粘结底层。

5．2．3

面层 surface coating

表面工作喷涂层。

5．2．4

中间层 interlayer，inter coating

处于面层与底层之间的喷涂层。

5．2．5

复合涂层 composite coating

由两种或两种以上不同材料所组成的喷涂层。

5．2．6

梯度涂层 graduated coating

在厚度方向涂层材料的成分呈逐渐变化的复合涂层。

5．2．7

喷涂态涂层 as - sprayed coating

未进行后处理的喷涂层，又称为原始涂层。

5．2．8

喷熔层 Spraying and fusing coating

用喷涂重熔的方法在基体表面制备的涂层。

5．2．9

强化涂层 strengthened coating

增强基体材料抗环境损伤能力的喷涂层。如耐蚀涂层、耐磨涂层、耐磨蚀涂层等。

5．2．10

功能涂层 function coating

使基体材料表面增加某种功能作用的喷涂层。如自润滑涂层、绝缘涂层、导电涂层等。

5．3

热喷涂工艺 thermal spraying processes

热喷涂过程中所使用的处理方法及其参数。

5．3．1

表面预处理 surface preparation

喷涂前对基体待喷涂部位的表面进行净化、粗化等以形成所希望的或规定的表面状态而进行的工作，又称表面制备。

5．3．2

喷涂距离 spray distance

喷嘴端面沿喷涂射流到工件表面间的距离。

5．3．3

喷涂角度 spray angle

喷涂射流中心轴线与工件表面间的夹角。

5．3．4

喷涂速率 spray rate

单位时间内喷枪喷出的涂层材料的质量。

5．3．5

喷涂效率 spray efficiency

喷涂涂层的总重量与所喷涂的喷涂材料的总重量之比。

5．3．6

送丝速度 wire feed speed

喷涂材料为线材时，单位时间内送进喷枪的线材长度，单位为 m/min。

5．3．7

送粉速率 powder feed rate

喷涂材料为粉末时，单位时间内送入焰流粉末的质量，单位为 g/min。

5．3．8

送粉气 carrier gas

输送粉末状喷涂材料的载运气体。

5．3．9

雾化气 atomizing gas

对熔化状喷涂材料雾化并加速的气体。

5．3．10

加速气 propellant gas

用于加速并推进喷涂粒子的气体。

5．3．11

遮蔽 masking

对工件不需喷涂区域采取的保护措施。

5．3．12

喷涂粒子 spray particles

喷枪喷出的塑性或熔化粒子。

5．3．13

未熔粒子 unmelted particles

因加热不足等原因，未能产生变形而夹杂在涂层中的粒子。

5．3．14

喷涂损失 spray losses

喷涂过程因蒸发、烧损，在所要求基体区域之外和反弹回所造成的喷涂材料的总损失，即与热源发生作用但未用于生产涂层的喷涂材料。

5．3．15

热处理 thermal treatment

热喷涂操作之前、之中和（或）之后进行的受控热处理。

5．3．16

喷涂涂层重熔 fusing of sprayed deposits

将喷涂态涂层（见5．2．11）加热到熔化温度范围以得到均匀的涂层，并使喷涂涂层自身以及与基体之间形成扩散结合的处理。重熔主要用于自熔合金。

5．3．17

喷涂射流 spray stream

喷枪喷出的喷涂粒子流。

6 热喷涂设备术语

6．1

喷涂枪 spray gun

用于将喷涂材料加热到塑性状态或熔化状态，使之加速并喷涂到经预处理的基体表面的装置。

6．2

喷嘴 spray nozzle

喷嘴是带有喷涂射流出孔的喷枪部件。

6．3

辅助喷嘴 supplementary nozzle

辅助喷嘴用于控制喷涂射流的形状和方向。可用于加宽喷涂层，或用于冷却。

6．4

导电嘴（管） contact tube

导电嘴（管）是电弧喷涂枪喷嘴系统的导电部件（电导线管），丝材通过接触管按所要求的角度沿电触点引向相交点并短路。

6．5

送丝机构 wire feed mechanism

送丝机构是用于控制线状喷涂材料送入的机械操作装置。

6.6

送粉器 powder feeder

送粉器是在喷涂过程中输送粉末状喷涂材料的系统。

6.7

送粉嘴 powder injector

送粉嘴是送给并导引喷涂粉末进入射流的装置，它们可为喷涂枪的组成部分，也可安装在喷涂枪的外部。

7 热喷涂涂层的性能术语

7.1

抗拉结合强度 tensile adhesive strength，R_H

抗拉结合强度 R_H 指涂层与基体之间的结合强度。由抗拉试验所获得的最大载荷 F_m 与试样在断裂表面的横截面积的商计算出。可按 GB/T 8642 测定抗拉结合强度。

7.2

硬度 hardness

确定热喷涂涂层硬度的试验方法优先推荐选用维氏硬度试验方法，见 GB/T 5030。极软涂层应选用 GB/T 230 中规定的洛氏表面硬度试验方法。

7.3

其他性能 other properties

热喷涂层的其他典型性能，例如有：

a）耐腐蚀性 corrosion resistance；

b）耐热性 heat resistance；

c）减摩性 frictional resistance；

d）耐磨性 wear resistance；

e）隔热和电绝缘性 thermal and electrical insulation；

f）导热率和导电率 thermal and electrical conductivity；

g）热膨胀性 thermal expansion；

h）可磨耗性 abradability；

i）表面粗糙度 surface roughness；

j）抗热震性 thermal shock resistance；

k）渗透性 permeability；

l）孔隙率 porosity。

8 热喷涂工艺导图

按热喷涂所采用的热源进行分类，见图 11。

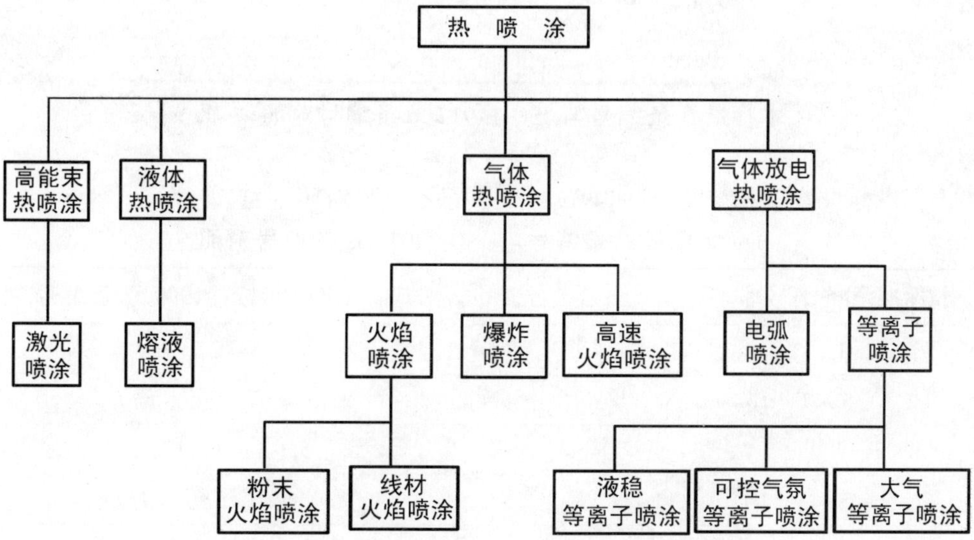

图11 按热喷涂所采用的热源分类

附录 A
（资料性附录）
本标准章条编号与 ISO 14917 章条编号对照

表 A．1 给出了本标准章条编号与 ISO 14917：1999 章条编号对照一览表。

表 A．1　本标准章条编号与 ISO 14917 章条编号对照

本标准章条编号	对应的 ISO 14917：1999 章条编号
5．1	5．2
5．1．1～5．1．16	无对应（补充术语）
5．2	5．3、5．13
5．2．1～5．2．10	无对应（补充术语）
5．3	无对应（补充术语）
5．3．1	无对应（补充术语）
5．3．2	5．7
5．3．3	5．8
5．3．4	无对应（补充术语）
5．3．5	5．12
5．3．6～5．3．7	无对应（补充术语）
5．3．8	5．4
5．3．9	5．5
5．3．10	5．6
5．3．11	5．9
5．3．12	5．10
5．3．13	5．17
5．3．14	5．11
5．3．15	5．14
5．3．16	5．15
5．3．17	5．16
6．1	5．1
6．2～6．7	6．1～6．6
关键词索引（按汉语拼音排列）	关键词索引（按英文字母排列）
附录 A	无对应
注：表中的章条以外的本标准其他章条编号与 ISO 14917：1999 其他章条编号均相同且内容相对应。	

附　录　B
（资料性附录）
关键词索引

A

按操作方法分类…………………………4.2
按热源分类……………………………4.3
按喷涂材料类型分类…………………4.1

B

爆炸喷涂 ……………………………4.3.4
包覆丝 ………………………………5.1.3
包覆粉末……………………………5.1.8.1
表面预处理 …………………………5.3.1

C

超细粉 ………………………………5.1.6

D

大气等离子喷涂…………………4.3.6.1
导电嘴（管）…………………………6.4
电弧喷涂 ……………………………4.3.5
等离子喷涂 …………………………4.3.6
底层 …………………………………5.2.2

F

粉末火焰喷涂……………………4.3.2.2
复合粉末 ……………………………5.1.8
防粘剂………………………………5.1.16
复合涂层 ……………………………5.2.5
辅助喷嘴………………………………6.3

G

高速火焰喷涂 ………………………4.3.3
功能涂层……………………………5.2.10

H

火焰喷涂 ……………………………4.3.2
合金粉末 ……………………………5.1.7
混合粉末 ……………………………5.1.9

J

机械化喷涂 …………………………4.2.2
激光喷涂 ……………………………4.3.7
基体 …………………………………5.2.1

K

可控气氛等离子喷涂……………4.3.6.2
抗拉结合强度 R_H ……………………7.1

M

面层 …………………………………5.2.3

P

喷砂介质或磨料 ……………………5.1.1
喷涂态涂层 …………………………5.2.7
喷熔层 ………………………………5.2.8
喷涂距离 ……………………………5.3.2
喷涂角度 ……………………………5.3.3
喷涂速率 ……………………………5.3.4
喷涂效率 ……………………………5.3.5
喷涂粒子……………………………5.3.12
喷涂损失……………………………5.3.14
喷涂涂层重熔………………………5.3.16
喷涂射流……………………………5.3.17
喷涂枪…………………………………6.1
喷嘴……………………………………6.2

Q

强化涂层 ……………………………5.2.9
其他性能………………………………7.3

R

热喷涂…………………………………3.1
热喷涂材料……………………………5.1
热喷涂涂层……………………………5.2
热喷涂工艺……………………………5.3

热处理 ……………………………… 5.3.15
热喷涂设备 ……………………………… 6
热喷涂涂层的性能 ……………………… 7
热喷涂工艺导图 ………………………… 8
柔性复合丝 ……………………… 5.1.2
熔液喷涂 ………………………… 4.3.1

S

手工喷涂 ………………………… 4.2.1
烧结粉末 ……………………… 5.1.8.3
送丝速度 ………………………… 5.3.6
送粉速率 ………………………… 5.3.7
送粉气 …………………………… 5.3.8
送丝机构 ……………………………… 6.5
送粉器 ………………………………… 6.6
送粉嘴 ………………………………… 6.7

T

陶瓷棒 …………………………… 5.1.4
陶瓷粉末 ……………………… 5.1.12
梯度涂层 ………………………… 5.2.6
团聚粉末 ……………………… 5.1.8.2
涂层封孔剂 ……………………… 5.1.5
推进气 ………………………… 5.3.10

W

雾化粉末 ……………………… 5.1.11
雾化气 …………………………… 5.3.9
未熔粒子 ……………………… 5.3.13

X

线材火焰喷涂 ………………… 4.3.2.1
细粉 ……………………………… 5.1.5

Y

液稳等离子喷涂 ……………… 4.3.6.3
一般术语 ……………………………… 5
硬度 ………………………………… 7.2

Z

自动喷涂 ………………………… 4.2.3
自熔性合金粉末 ……………… 5.1.10
自粘结材料 …………………… 5.1.13
自润滑涂层材料 ……………… 5.1.14
中间层 …………………………… 5.2.4
遮蔽 …………………………… 5.3.11

中华人民共和国机械行业标准

JB/T 5070—91

热喷涂常用术语

中华人民共和国机械电子工业部 1991－06－11 批准　　1992－07－01 实施

1　主题内容与适用范围

本标准规定了热喷涂科学技术领域的方法、涂层、工艺、涂层材料及有关装备的常用术语。

本标准适用于热喷涂专业。

2　方法

2．1　热喷涂　thermal spraying

利用热源将金属或非金属材料熔化、半熔化或软化，并以一定速度喷射到基体表面，形成涂层的方法。

2．2　热喷涂技术　thermal spraying technique

用热喷涂方法制备涂层的技术，包括工艺、材料、装备、检测及基础理论等。

2．3　火焰喷涂　flame spraying

利用可燃气体与助燃气体混合后燃烧的火焰为热源的热喷涂方法。

2．4　线材火焰喷涂　wire flame spraying；wire metallizing

喷涂材料为线状（丝材）的火焰喷涂方法。

2．5　陶瓷棒火焰喷涂　ceramic rod flame spraying

喷涂材料为棒状陶瓷的火焰喷涂方法。

2．6　粉末火焰喷涂　powder flame spraying

喷涂材料为粉末的火焰喷涂方法。

2．7　超音速火焰喷涂　hypersonic flame spraying

燃烧火焰流速度超过音速的粉末火焰喷涂方法。

2．8　电弧喷涂　arc spraying；electric arc spraying

利用两根形成涂层材料的消耗性电极丝之间产生的电弧为热源，加热熔化消耗性电极丝，并被压缩气体将其雾化和喷射到基体上，形成涂层的热喷涂方法。

2．9　低压电弧喷涂　low pressure arc spraying

在低于大气压的气氛环境中进行的电弧喷涂方法。

2．10　等离子喷涂　plasma spraying

利用非转移型电弧等离子体（等离子弧）为热源的热喷涂方法。

2．11　气稳等离子喷涂　gas plasma praying

采用气体产生并稳定等离子弧的等离子喷涂方法。

2．12　液稳等离子喷涂　liguid plasma spraying

采用液体产生并稳定等离子弧的等离子喷涂方法。

2．13　水稳等离子喷涂　water plasma spraying

采用水产生并稳定等离子弧的等离子喷涂方法。

2．14 低压等离子喷涂（真空等离子喷涂） low pressure plasma spraying；vacuum plasma spraying

在低压隔离室内进行的等离子喷涂。

2．15 高频等离子喷涂 high freguency induction plasma spraying

利用高频等离子体为热源的热喷涂方法。

2．16 高频喷涂 high freguency induction spraying

利用高频磁场在金属丝里产生感应电流为热源使材料熔化，被压缩气体雾化并喷射到基体上，形成涂层的热喷涂方法。

2．17 爆炸喷涂 detonation flame praying

利用可燃气体和氧气混合物的爆炸作热源的热喷涂方法。

2．18 线爆喷涂 wire explosion spraying

利用电熔放电形成强的冲击电流使金属线材过热熔化并爆炸成微粒，高速喷射到基体表面形成涂层的热喷涂方法。

2．19 金属喷涂 metal spraying

喷涂材料为金属的热喷涂。

2．20 喷焊 hardfacing，spraying welding

在热喷涂过程中同时对基体加热，使热层在基体表面熔化，形成熔敷层的方法。

2．21 火焰喷焊 flame spray welding

利用气体燃烧火焰为热源的喷焊方法。

2．22 等离子喷焊（粉末等离子弧喷焊） plasma transferred arc

利用转移型等离子弧为主要热源的喷焊方法。

2．23 重熔 fusion

利用热源对热喷涂涂层加热熔化的工艺过程。

2．24 火焰重熔 flame fusion

采用气体燃烧火焰作热源的重熔方法。

2．25 感应重熔 inducting fusion

采用感应加热使涂层重熔的方法。

2．26 炉内重熔 fusion in furnace

在加热炉内使涂层重熔的方法。

2．27 激光重熔 laser fusion

采用激光加热使涂层重熔的方法。

2．28 电子束重熔 electron ray fusion

采用电子束加热使涂层重熔的方法。

3 涂层

3．1 热喷涂涂层 thermal spraying coating，thermal spraying deposit

用热喷涂方法在基体表面制备的覆盖层，简称喷涂层或涂层。

3．2 基体 substrate

用来沉积热喷涂涂层的物体称为基体。

3．3 底层 undercoat

为了改善涂层与基体结合性能或其它性能，首先喷涂在基体表面的涂层。又称粘结底层。

3．4 面层 surface coating

在复合涂层或阶梯涂层中处于外表面的喷涂层。

3．5 中间层 interlayer，inter coating

处于面层与底层之间的喷涂层。

3．6 金属涂层 metallic coating

涂层材料为金属的喷涂层。

3．7 陶瓷涂层 ceramic coating

涂层材料为陶瓷的喷涂层。

3．8 塑料涂层 plastics coating

涂层材料为塑料的喷涂层。

3．9 复合涂层 composite coating

由两种或两种以上不同材料所组成的喷涂层。

3．10 阶梯涂层 graduated coating

在厚度方向涂层材料的成分呈阶梯形变化的复合涂层。

3．11 自粘结涂层 self - bonding coating

用自粘结材料制备的喷涂层。

3．12 喷涂态涂层 as - sprayed coating

未进行后处理的喷涂层，又称原始涂层。

3．13 喷焊层 hardfacing coating，spray welding coating

用喷焊方法在基体表面制备的覆盖层。

3．14 防护涂层 preventive coating，protective coating

对基体材料能起某种保护作用的喷涂层，又称保护涂层。

3．15 强化涂层 strengthened coating

增强基体材料抗环境损伤能力的喷涂层。如耐蚀涂层、耐磨涂层、耐磨蚀涂层等。

3．16 功能涂层 function coating

使基体材料表面增加某种功能作用的喷涂层。如自润滑涂层、绝缘涂层、导电涂层等。

3．17 阳极涂层 anodic coating

电极电位对于基体金属为负的金属喷涂层。

3．18 阴极涂层 cathodic coating

电极电位对于基体金属为正的金属喷涂层。

3．19 耐蚀涂层 corrosion - resistant coating

提高基体抗腐蚀能力的喷涂层。

3．20 抗氧化涂层 oxidation - resistant coating

提高基体抗氧化能力的喷涂层。

3．21 耐磨涂层 wear - resistant coating

提高基体耐磨损能力的喷涂层。

3．22 耐磨蚀涂层 abrasive corrosion - resistant coating

提高基体耐磨蚀能力的喷涂层。

3．23 自润滑涂层 self - lubricating coating

含有固体润滑组分的喷涂层。

3．24 可磨密封涂层 abradable sealing coating

在相对运动需保证气密性的摩擦副中，在固定件表面喷涂一层能被运动件表面磨削，从而形成理想间隙的喷涂层。又称可磨封严涂层。

3．25 耐热涂层 heat – resistant coating

具有耐热作用的喷涂层。

3．26 热障涂层 thermal barrier coating，thermal insulation coating

具有隔热作用的喷涂层。

3．27 绝缘涂层 insulation coating

具有电绝缘作用的喷涂层。

3．28 导电涂层 conductance coating；conductible coating

具有导电性能的喷涂层。

3．29 屏蔽涂层 shielding coating

具有屏蔽电磁波作用的喷涂层。

3．30 催化涂层 catalysis coating

能对化学反应起催化作用的喷涂层。

3．31 热辐射涂层 heat radiation coating

具有较高辐射率性能的喷涂层。

3．32 假合金涂层 pseudo – alloy coating

由两种或两种以上不同成分的金属或合金相嵌组成的喷涂层。

3．33 粘结 adhesion

喷涂层和基体表面之间的结合。

3．34 机械结合 mechanical bond

喷涂层和粗化的基体表面，以颗粒的机械联锁形成的粘结。

3．35 物理结合 physical bond

涂层和基体以范德华力形成的结合。

3．36 冶金结合 metallurgical bond

金属涂层和基体金属之间产生的冶金反应的结合。

3．37 结合力 bonding force

喷涂层和基体粘结的力。

3．38 结合强度 bond stregth

单位面积上的结合力。

3．39 涂层强度 coating strength

喷涂层自身的结合强度。

3．40 涂层硬度 coating hardness

涂层的软硬程度。

3．41 涂层密度 coating density

喷涂层单位体积的质量。

3．42 涂层孔隙率 coating porosity

喷涂层中孔隙的体积与涂层总体积之比。

3．43 涂层显微结构 coating micro structure

喷涂层结构中的显微状况。

3.44 涂层层状结构 coating laminal structure

涂层显微结构中呈现的片状组织结构。

3.45 涂层应力 coating stress

热喷涂过程中在涂层内所形成的应力。

4 工艺

4.1 表面预处理 surface preparation

喷涂前对基体待喷涂部位的表面进行净化、粗化等以形成所希望的或规定的表面状态而进行的工作，又称表面制备。

4.2 净化 cleaning

通过清洗、脱脂、喷砂等手段，使基体待喷涂表面达到洁净的处理。

4.3 粗化 roughening

使基体待喷涂表面形成一定的粗糙度的处理。

4.4 电拉毛 fuse - bond

利用金属电极（常用镍）与基体（作另一极）产生放电，将金属电极熔化粘结到基体表面进行粗化处理的方法。

4.5 车螺纹粗化 rough threading

用车刀加工出螺纹，使其表面粗糙的方法。

4.6 滚花粗化 rotary roughening

用滚花刀加工出粗糙表面的方法。

4.7 下切 undercutting

利用机械加工将基体表面切削到预定的尺寸。

4.8 喷砂 blasting, grit blasting

利用压缩气体或离心力将有尖锐棱角的磨料喷射到基体表面，使之净化和粗化的方法。

4.9 喷砂距离 blasting distance

喷砂枪的喷嘴端面与基体表面落砂处之间的直线距离。

4.10 喷砂角度 blasting jet angle

喷砂枪的喷嘴轴线与基体平面的夹角。

4.11 喷涂 spray, spraying

用热喷涂的方法向基体喷射熔化、半熔化或软化微粒的过程。

4.12 喷涂距离 spray distance

自喷枪喷嘴端面沿喷涂方向到被喷基体表面的直线距离。

4.13 喷涂角度 spray angle

喷嘴轴线与基体表面的夹角。

4.14 喷枪移动速度 spray gun speed

单位时间内喷枪行走的路程。

4.15 喷涂顺序 spraying sequence

喷涂不同涂层的顺序。

4.16 喷涂速率 spray rate

单位时间内喷枪喷出的涂层材料的质量。

4．17 沉积速率 deposition rate

单位时间沉积涂层的质量。

4．18 沉积效率 deposition efficiency

沉积速率与喷涂速率之比。常用百分数表示。

4．19 喷嘴积聚 nozzle accumulation

喷涂材料在喷嘴的内表面，或在喷嘴出口处的堆积。

4．20 燃气 fuel gases

火焰喷涂中用于和氧燃烧的气体。

4．21 助燃气 combustion supporting gas

参与燃气燃烧的气体。

4．22 燃烧堆 cone

火焰喷枪紧靠喷嘴小孔含氧燃气火焰的圆锥形的焰芯。

4．23 雾化 atomization，pulverization

用高速射流将熔化的金属击碎成微细熔滴的过程。

4．24 送丝速度 wire feed speed

喷涂材料为线材时，单位时间送进喷枪的长度。

4．25 送粉速率 powder feed rate

喷涂材料为粉末时，单位时间内送入喷枪的粉末的质量。

4．26 等离子气 plasma gas

产生等离子体的气体，简称离子气。

4．27 主气 primary gas

输送到喷枪中形成等离子体的主要气体。

4．28 辅气 secondary gas

输送到喷枪中形成等离子体的次要的、或者辅助的气体。

4．29 送粉气 carrier gas，powder carrier gas

输送粉末的载气。

4．30 保护气 shielding gas

为减少或防止大气污染所使用的保护气体，也称屏蔽气体。

4．31 稳定气体 stabilizing gas

在等离子喷枪中，使电弧产生热收缩效应，稳定等离子射流的气体。

4．32 等离子射流 plasma jet，plasma stream，plasma flame

从喷嘴喷射出的高温高速等离子焰流。

4．33 镜面 slick up

自熔性合金涂层，在重熔过程中开始发亮的部位。

4．34 后处理 post treatment

喷涂完毕后，对涂层进行处理的工作。

4．35 涂层封孔 coating sealing

将封孔剂渗入到涂层孔隙中使其封闭的涂层后处理方法。

5 材料

5．1 喷砂介质或磨料 abrasive

使基体表面粗化和净化所使用的喷砂料。

5.2 柔性复合丝 cord

用塑料或金属包复密实粉末的柔性线材。

5.3 包复丝 wire clad

由一种金属将另一种金属丝包复起来的线材。

5.4 陶瓷棒 ceramic rod

将陶瓷粉末加入粘结剂后，挤压成型，经烧结制成棒状的喷涂材料。

5.5 细粉 fines

一般指粒度小于44μm（325目）的喷涂粉末。

5.6 超细粉 superfines

极小的微细粉末，粒度通常小于5μm。

5.7 合金粉末 alloyed powder

由两种或两种以上元素经合金化的金属粉末。

5.8 复合粉末 composite powder

两种或两种以上性质不同的材料结合为一体所组成的粉末。有包覆型、团聚型、烧结型等。

5.9 混合粉末 mixed powder

两种或两种以上的粉末，经机械混合后而成的粉末。

5.10 自熔性合金粉末 self-fluxing alloy powder

含有B和（或）Si元素作为助熔剂，当加热到熔点时，合金本身就具有脱氧、造渣、除气和良好的润滑性等性能的合金粉末。

5.11 雾化粉末 atomized powder

用熔炼雾化法生产出来的粉末。

5.12 包覆粉末 powder clad

由一种材料将另一种粉末颗粒包覆起来的粉末。

5.13 团聚粉末 agglomerated powder

利用粘结剂将两种或两种以上的粉末粘结为一体而形成的复合粉末。

5.14 烧结粉末 sinter powder

两种或两种以上的粉末混合经烧结破碎而成的粉末。

5.15 金属陶瓷 ceramet, cermet, ceramal

陶瓷和金属的机械混合物。

5.16 自粘结材料 self-boning material

喷涂时无需粘结底层就能与基体表面产生良好粘结，能产生微区冶金结合特性的喷涂材料，如钼、镍包铝复合粉等。

5.17 放热性复合材料 exothermic material

喷涂过程中能产生放热反应的热喷涂复合材料。

5.18 弥散强化材料 dispersion strengthened coating material

含有不熔于母体金属或非金属的弥散强化组分所组成的涂层材料。

5.19 自润滑涂层材料 self-lubrication coating material

含有固体润滑组分的涂层材料。

5.20 涂层封孔剂 seal coat

用以渗入和封闭喷涂层孔隙的材料。

5.21 防粘剂 anti-bonding agent

用于防止喷涂层粘结的遮蔽材料，以使不需要喷涂的部位不受涂层粘连。

6 装备

6.1 工件冷却器 workpiece cooler

在喷涂过程中，为防止喷涂层和基体过热，使用冷却介质对涂层和基体进行冷却的装备，也称辅助冷却器。

6.2 热喷涂枪 thermal spraying gun

加热热喷涂材料，能喷射熔化、半熔化或软化微粒的器具，简称喷枪。

6.3 喷枪接长管 gun extension

喷枪的延伸部件，用于喷涂内孔或受限制区域的表面。

6.4 焊矩 torch

产生火焰用来熔化涂层的器具。

6.5 控制台（箱、柜） control console

监控和操纵喷涂过程及工艺参数的装置。

6.6 送粉器 powder feeder

输送热喷涂粉末的装置。

6.7 线材输送装置 wire feeder device

输送热喷涂线材的装置。

6.8 热喷涂机床 machine tool for thermal spraying

为热喷涂操作提供机械动作的专用机械装置。

6.9 隔音室 acoustical room

用隔音的材料将热喷涂设备，有时也将其有关的辅助设备屏蔽起来，以防止热喷涂设备（及其辅助设备）在工作过程中的噪声传向屏蔽室以外的周围环境。

6.10 抽风罩 exhaust booth

用于排除工作区域内的烟雾、气体和固体微尘，将工作区域半包围的机械通风装置。

6.11 眼保护罩 eye protection

在热喷涂操作时，用合适的头盔、面罩或护目镜来保护眼睛，防止紫外线和红外线的照射。

6.12 面罩 hand shield

在热喷涂操作时，用于遮住眼睛、脸和颈部的保护器具。

6.13 头盔 helmet

为保护眼睛、脸部和颈部等不受电弧照射、辐射热、飞溅物和其它有害物质微粒的损伤，而设计成戴在头上的器具。

6.14 压缩空气面罩 compressed air mask

在热喷涂操作者带的面罩内，强制通入能由操作者调节的压缩空气，以给热喷涂操作者提供新鲜的空气。

6.15 保护屏 protective barriers

用幕布或便携式耐火的帆布，防止热喷涂过程中产生的有害因素对人体危害的屏障。

6.16 保护衣 protective clothing

用皮革或镀金属的物品作工作服，目的是防止紫外线辐射和杂散的飞行颗粒烧伤人体。

附加说明：

本标准由机械电子工业部武汉材料保护研究所提出并归口。

本标准由武汉材料保护研究所负责起草。

本标准主要起草人江维姚、高荣发。

中华人民共和国机械行业标准

JB/T 6070—92

热喷涂自熔合金涂层　试验方法

中华人民共和国机械电子工业部 1992 - 05 - 05 批准　　1993 - 07 - 01 实施

1　主题内容与适用范围

本标准规定了热喷涂自熔合金涂层性能的试验方法。

本标准适用于在碳钢、合金钢、铸铁、镍及镍合金、铜及铜合金或其他基体上，为提高其耐磨、耐蚀及耐热性能，采用热喷涂工艺制备的自熔合金涂层。

2　引用标准

GB 4340　金属维氏硬度试验方法

GB 8640　金属热喷涂层表面洛氏硬度试验方法

GB 8641　热喷涂层抗拉强度的测定

GB 8642　热喷涂层结合强度的测定

GB 9790　金属覆盖层及其他有关覆盖层　维氏和努氏显微硬度试验

GB 11374　热喷涂涂层厚度的无损测量方法

JB 3170　喷焊合金粉末　化学成分分析方法

3　试验项目

自熔性合金涂层的试验项目应根据热喷涂工件的形状、尺寸及使用要求选择。涂层化学成分分析项目按涂层材料标准选择。

涂层的主要试验项目如下：

a.　涂层材料的化学成分分析；

b.　涂层的厚度测定；

c.　涂层的抗拉强度试验；

d.　涂层与基体的结合强度试验；

e.　涂层的硬度试验；

f.　耐腐蚀性能试验；

g.　抗高温氧化性试验。

4　试验方法

4.1　涂层材料的化学成分分析

根据热喷涂涂层所用的自熔合金材料应符合的标称化学成分，按照 JB 3170 进行化学成分分析。

4.2　涂层的厚度测定

涂层的厚度测定可根据涂层和基体的性能，分别选择显微镜测定法、工程量具测量法或测厚仪法进行测定。其中以显微镜法为仲裁方法。

涂层厚度测量的位置应由热喷涂工件的形状、尺寸及使用情况确定。

涂层厚度根据用户要求可报告最小局部厚度、平均厚度或最大局部厚度。

4．2．1　显微镜测定法

4．2．1．1　试样

可用喷涂后的工件或其一部分作为试样。也可用与工件同样材料，以相同工艺制备的面积约 100 cm^2，厚约 5mm 的试片作为试样。

4．2．1．2　测量方法

在确定测量厚度的位置上，垂直于基体表面切断涂层和基体。按照制备金相试样方法研磨断面。研磨中，应保持研磨表面与基体表面垂直。用显微镜观察并测量涂层厚度。一般选择放大倍数时应使视场直径为覆盖层厚度的 5 倍左右。在一个视场中作 5 个等距离的厚度测量。取平均值作为其局部厚度 t。并按下式进行计算：

$$t=(t_1+t_2+t_3+t_4+t_5)/5$$

式中：t——该处局部厚度；

t_1，t_2，t_3，t_4，t_5——分别为一个视场内各点的厚度测量值，如图 1。

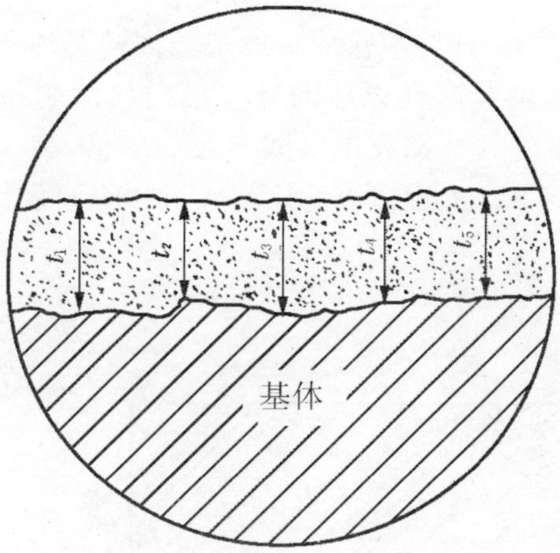

图 1　显微镜测厚

4．2．2　工程量具测量法

4．2．2．1　试样

一般直接采用喷涂的工件作为试样。也可用与工件同样材料，以相同工艺制备的面积约 100 cm^2 的试片或从工件上剥离下的涂层作为试样。

4．2．2．2　测量器具

测量器具为千分尺、游标卡尺或其他能测量工件轮廓尺寸的量器具。

量器具的精度应高于 0．05mm。

4．2．2．3　测量方法

在试样的同一位置，用量器具分别测量喷涂前后的尺寸。以其尺寸差为涂层厚度。对于剥离下的涂层，则直接测量涂层厚度。

4．2．3　测厚仪测定法

按 GB 11374 规定。

4．3　涂层的抗拉强度试验

按 GB 8641 规定。

4．4　涂层与基体的结合强度试验

按 GB 8642 规定。

4．5　涂层的硬度试验

涂层的硬度试验方法是测定涂层的表面硬度。一般采用表面洛氏硬度试验。根据用户要求也可采用维氏硬度或显微维氏硬度试验。

4．5．1　表面洛氏硬度试验

按 GB 8640 规定。

4．5．2　维氏硬度试验

按 GB 4340 规定。

4．5．3　显微维氏硬度试验

按 GB 9790 规定。

4．6　耐腐蚀性试验

4．6．1　试样

试样为直径 ϕ20mm，长 50mm 的圆柱体，按图 2 加工。试样基体采用与工件相同的材料制成，用与工件相同的涂层材料、工艺和涂层厚度在试样的环形槽内喷涂制备涂层。喷涂后按图 2 进行精加工。按用户要求，也可用工件或工件的一部分作为试样。

根据涂层的使用环境或用户要求，可用适当的涂料将试样无涂层部位遮蔽。

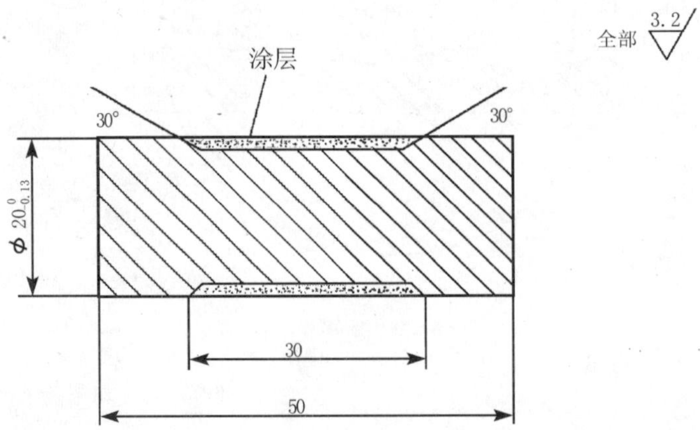

图 2　耐腐蚀和抗高温氧化试样

4．6．2　试验方法

耐腐蚀性试验采用浸泡试验。浸泡试验的溶液成分、浸泡的温度和时间应根据工件的使用条件或用户的要求确定。每一个容器只浸泡一个试样，溶液应有 300mL 以上。将试样轴线垂直浸入试验溶液中，试样的浸入深度约 30mm。浸泡至规定时间后，取出试样，用肉眼观察涂层的鼓泡、锈蚀、剥离等腐蚀状况。

4．6．3　试验报告

耐腐蚀试验的报告应包括试验条件，如溶液成分、试验温度、浸泡时间等，试验结果为试样浸泡后用肉眼观察到的任何腐蚀状况。

4．7　抗高温氧化试验。

4．7．1　试样

试样与4．6．1条相同。

4．7．2　试验方法

将试样放入加热炉内加热，保温一定时间冷却至室温后取出。观察涂层的锈蚀、裂纹及剥离等状况。加热保温的温度、气氛、加热时间、升温和冷却速度，均按工件使用条件或按用户的要求确定。

4．7．3　试验报告

试验报告应包括全部试验条件、试验过程和试验后的试样状况。

附加说明：

本标准由机械电子工业部武汉材料保护研究所提出并归口。

本标准由武汉材料保护研究所负责起草。

本标准主要起草人张冀蜀、汪洪生。

中华人民共和国机械行业标准

JB/T 6973—93

热喷涂操作人员考核要求

中华人民共和国机械工业部 1993-07-27 批准　　1994-07-01 实施

1 主题内容与适用范围

本标准规定了热喷涂工艺操作人员和质量检验人员在取得上岗资格前，必须进行的技术培训和考核的基本要求。

本标准适用于喷涂工艺操作人员和质量检验人员应知、应会的基本考核要求。

2 引用标准

GB 8640 金属热喷涂层表面洛氏硬度试验方法
GB 8641 热喷涂层抗拉强度的测定
GB 8642 热喷涂层结合强度的测定
GB 9793 热喷涂锌及锌合金涂层
GB 9794 热喷涂锌及锌合金涂层试验方法
GB 9795 热喷涂铝及铝合金涂层
GB 9796 热喷涂铝及铝合金涂层试验方法
GB 11373 热喷涂金属件表面预处理通则
GB 11374 热喷涂涂层厚度的无损测量方法
GB 11375 热喷涂操作安全
JB/T 5070 热喷涂常用术语
JB/T 6070 热喷涂自熔合金试验方法
JB/T 6974 线材喷涂碳钢及不锈钢
JB/T 6975 自熔性合金喷焊技术条件
ZB J64 014 等离子喷焊枪技术条件
ZB J64 015 等离子喷焊电源

3 热喷涂操作人员分类

3.1 工艺操作人员

3.1.1 线材火焰及电弧喷涂操作人员。

3.1.2 粉末火焰喷涂（焊）操作人员。

3.1.3 等离子喷涂操作人员。

3.1.4 等离子喷焊操作人员。

3.2 质量检验人员

3.2.1 喷涂质量检验人员。

3.2.2 喷焊质量检验人员。

4 热喷涂操作人员考核要求

4.1 工艺操作人员考核要求

4.1.1 线材火焰及电弧喷涂

a. 了解线材火焰及电弧喷涂的基本原理、特点、工艺过程及其适用范围；

b. 能熟练使用线材火焰及电弧喷涂设备，并能做到一般的维护保养及故障排除；

c. 能按工艺和标准要求掌握表面预处理的基本技术条件。具体按 GB 11373 中的技术指标进行考核；

d. 能按工艺设计要求进行喷涂施工，所得涂层均匀、致密、结合性能良好。具体按 GB 9793、GB 9795、JB/T 6974 等标准考核；

e. 能按涂层设计要求进行涂层后处理，例如封闭处理等；

f. 熟悉热喷涂操作安全的基本知识和要求，能进行热喷涂安全操作。具体按 GB 11375 中的技术指标进行考核。

4.1.2 粉末火焰喷涂（焊）

a. 了解粉末火焰喷涂（焊）的基本原理、特点、工艺过程及其适用范围；

b. 能熟练使用粉末火焰喷涂（焊）设备，并能做到一般的维护保养及故障排除；

c. 能按工艺和标准要求掌握表面预处理的基本技术条件。具体按 GB 11373 中的技术指标进行考核；

d. 能按工艺设计要求进行喷涂（焊）施工，所得涂层均匀、致密、结合性能好，具体按 JB/T 6975 考核；

e. 能按涂层设计要求掌握涂层后处理的基本技术条件。例如封闭处理等；

f. 懂得热喷涂操作安全的基本知识和要求，能进行热喷涂（焊）安全操作，具体按 GB 11375 中的技术指标进行考核。

4.1.3 等离子喷涂

a. 了解等离子喷涂的基本原理、特点、工艺过程及其适用范围；

b. 能熟练使用等离子喷涂设备，并能做到一般的维护保养及故障排除；

c. 能按工艺和标准要求掌握表面预处理的基本技术条件。具体按 GB 11373 中的技术指标进行考核；

d. 能按工艺设计要求进行喷涂施工，所得涂层均匀、致密、结合性能好；

e. 能按涂层设计要求掌握涂层后处理；

f. 懂得等离子喷涂操作安全的基本知识和要求，能进行安全操作。具体按 GB 11375 中的技术指标进行考核。

4.1.4 等离子喷焊

a. 了解等离子喷焊的基本原理、特点、工艺过程及其适用范围；

b. 能熟练使用等离子喷焊设备，并能做到一般的维护保养及故障排除。具体按 ZB J64 014、ZB J64 015 中的技术指标进行考核；

c. 能按工艺和标准要求掌握表面预处理的基本技术条件。具体按 GB 11373 中的技术指标进行考核；

d. 能按工艺设计要求进行喷焊施工，所得喷焊层均匀、致密、结合性能好；

e. 能按喷焊层设计要求掌握喷焊层后处理；

f. 懂得等离子喷焊操作安全的基本知识和要求，能进行安全操作，具体按 GB 11373 中的技术指标进行考核。

4.2 质量检验人员考核要求

4.2.1 喷涂质检人员

a. 了解涂层制备过程，熟悉各种喷涂层的不同性能要求、检验项目与方法；

b. 熟悉各种喷涂层检测仪器的使用维护和保养；

c. 能根据设计要求熟练检测涂层主要性能，且试验结果可靠。具体按 GB 8640、GB 8641、GB 8642、GB 11373、GB 11374、GB 9794、GB 9796、JB/T 6070、JB/T 6974 等标准考核。

4.2.2 喷焊质检人员

a. 了解粉末火焰及等离子喷焊过程，熟悉各种喷焊层的不同性能要求、检验项目与方法；

b. 熟悉各种喷焊层检测仪器的使用、维护和保养；

c. 能根据喷焊层设计要求熟练检测喷焊层主要性能，试验结果可靠，具体按 GB 8640、GB 11374、JB/T 6070、JB/T 6975 等标准考核。

5 热喷涂操作人员技术培训要求

5.1 培训目的

通过培训，使各类喷涂（焊）操作人员掌握其相应知识与技能，达到第 4 章所列的考核要求。

5.2 参加培训人员的基本条件

a. 身体健康，无色盲、深度近视及其它不宜进行热喷涂（焊）操作的疾病；

b. 热喷涂操作人员应具有初中以上文化程度，质检人员应具有高中以上文化程度。

5.3 培训内容

5.3.1 线材火焰及电弧喷涂工艺操作人员应进行以下技术与标准内容的培训：

a. 热喷涂概论；

b. 线材火焰及电弧喷涂装备（原理，使用，维护及故障排除）；

c. 热喷涂表面预处理通则；

d. 线材火焰及电弧喷涂工艺；

e. 线材火焰及电弧喷涂材料；

f. 线材火焰及电弧喷涂层基本技术性能及要求；

g. 线材火焰及电弧喷涂层后处理；

h. 热喷涂操作安全；

i. 实际操作。

5.3.2 粉末火焰喷涂（焊）工艺操作人员应进行以下技术与标准内容的培训：

a. 热喷涂概论；

b. 粉末火焰喷涂（焊）装备（原理，使用，维护及故障排除）；

c. 热喷涂表面预处理通则；

d. 粉末火焰喷涂（焊）工艺；

e. 粉末火焰喷涂（焊）材料；

f. 粉末火焰喷涂（焊）层基本技术性能和要求；

g. 粉末火焰喷涂（焊）层后处理；

h. 热喷涂操作安全；

i. 实际操作。

5.3.3 等离子喷涂工艺操作人员应进行以下技术与标准内容的培训：

a. 热喷涂概论；

b. 等离子喷涂装备（原理，使用，维护及故障排除）；

c. 热喷涂表面预处理通则；

d. 等离子喷涂工艺；

e. 等离子喷涂材料；

f. 等离子喷涂层基本技术性能和要求；

g. 等离子喷涂层后处理；

h. 热喷涂操作安全；

i. 实际操作。

5．3．4　等离子喷焊工艺操作人员应进行以下技术与标准内容的培训：

a. 热喷涂概论；

b. 等离子喷焊装备（原理，使用，维护及故障排除）；

c. 热喷涂表面预处理通则；

d. 等离子喷焊工艺；

e. 等离子喷焊材料；

f. 等离子喷焊层后处理；

g. 热喷涂操作安全；

h. 实际操作。

5．3．5　质检人员应进行以下技术与标准内容的培训：

a. 喷涂质检人员：除进行5．3．1~5．3．4中a~h条的内容培训外，还应进行喷涂层性能检验方法、标准、仪器使用及喷涂层质量管理等方面的培训。

b. 喷焊质检人员：除进行5．3．1~5．3．4中a~h条的内容培训外，还应进行喷焊层检验方法、标准、仪器使用及喷焊层质量管理等方面的培训。

5．4　培训方式

5．4．1　培训必须理论与实践相结合，具体分基础课，专业课及实际操作三部分。

5．4．2　培训既可由主管部门或标委会组织培训班进行，也可由工厂选派合适人员到技术归口单位进行代培。无论采取何种形式，都必须进行考核。

6　考核

培训结束后，按第4章要求对各类人员分别进行考核，考核分理论和操作考试两部分。考试合格者，由上级机关或有关部门发放合格证书。

附加说明：

本标准由机械工业部武汉材料保护研究所提出并归口。

本标准由机械工业部武汉材料保护研究所负责起草。

本标准主要起草人胡有权、李秉忠、张海成、董志红。

中华人民共和国机械行业标准

JB/T 6974—93

线材喷涂碳钢及不锈钢

中华人民共和国机械工业部 1993－07－27 批准　　1994－07－01 实施

1 主题内容与适用范围

本标准规定了线材火焰喷涂和电弧喷涂碳钢、低合金钢及不锈钢工艺，涂层主要技术要求及测试方法。

本标准适用于提高耐磨性、耐蚀性及恢复尺寸为目的的热喷涂碳钢及不锈钢。

2 引用标准

GB 231　金属布氏硬度试验法

GB 8641　金属热喷涂涂层抗拉强度的测定

GB 11373　热喷涂金属件表面预处理通则

GB 11374　热喷涂涂层厚度的无损测量方法

3 主要喷涂材料

3.1 工作层材料

工作层材料的选择应满足工件的使用要求及热喷涂的工艺性，或由供需双方商定。主要喷涂材料种类、钢号及应用范围见附录 A（补充件）中表 A1。

3.2 粘结底层材料

在需要提高涂层结合强度时可喷涂粘结底层。主要粘结层材料见附录 A 中表 A2。

4 喷涂工艺通则

4.1 工件预处理

喷涂件待喷涂面必须进行严格的净化和粗化处理。视具体工件表面状况可选择喷砂、镍拉毛、车螺纹一滚花等粗化方法，一般预处理应按 GB 11373 规定的要求进行。曲轴、机床导轨等特定工件，应采取相应的预处理工艺和遮蔽措施，使喷涂过程不损伤工件，确保涂层质量和便于涂层加工。

4.2 喷涂条件

4.2.1 压缩空气

喷涂用压缩空气必须经净化处理，防止油或水污染已预处理表面和涂层，在喷涂过程中发现压缩空气中含有油或水，应立即中止喷涂。

4.2.2 喷涂机具

喷涂前必须检查喷涂机具是否完好，确保喷涂工艺参数在要求的范围内控制和调节，保持调定规范的稳定性。应尽可能实现机械化喷涂操作。

4.2.3 喷涂部位应保持空气流通，排除未粘结的粉尘，风速一般控制在 1～2 m/s 范围内，在喷涂大型工件时，应采用干燥的压缩空气吹风，排除工件表面未粘结的粉尘和防止局部过热。

4．3　**喷涂**

4．3．1　预处理至喷涂停留时间

工件预处理完毕后，一般应在 1 h 之内开始喷涂，如超过此限制时间，工件待喷涂面应用干净的塑料薄膜保护或置于干燥箱内，即使在空气干燥的情况下，工件放置的时间也不应超过 4 h。

4．3．2　预热及温度控制

喷涂件待喷涂表面应快速预热到 100～150℃，在预热过程中避免污染及过热。

在喷涂过程中，工件不能过热，温度控制在 100～200℃。

4．3．3　喷涂粘结底层

在需要喷涂粘结层时，应采用对提高底层结合强度和底层表面粗糙度的工艺参数连续喷涂完粘结底层。粘结层厚度一般控制在 0．1～0．2mm 范围内。

4．3．4　喷涂工作层

在喷涂完粘结层后 1h 之内开始喷涂工作层，在喷涂过程中应维持工艺参数稳定，控制每遍涂层的厚度及均匀性。当发现有粗颗粒粘结在涂层上，应用洁净有刃口的工具除去粗颗粒，连续不断出现粗颗粒时，应中止喷涂，排除故障后方可继续进行。在喷涂过程中，应避免表面有积尘，如有灰尘则应在喷涂下遍涂层之前用洁净的钢刷去除。

4．3．5　火焰喷涂工艺参数

一般采用中性焰喷涂。氧气－乙炔压力和流量，送丝速度应按喷枪使用要求调节，以粒束密集为准。操作参数应使每遍涂层均匀，不产生局部过热并应具有高的沉积效率，一般选择范围见表 1，雾化空气压力一般不低于 0．5MPa。

表 1　火焰喷钢工艺操作参数选择范围

喷涂距离 mm	喷涂角度	工件线速度 m/min	喷枪移动速度 mm/r
120～150	≥60°	7～12	7～10

4．3．6　电弧喷涂工艺参数

应选择适当的电弧电压和送丝速度，应具有足够的雾化空气压力，使粒束密集，颗粒细，以及避免过度氧化和合金元素烧损。一般电弧喷钢工艺参数选择范围见表 2。

表 2　电弧喷钢工艺参数选择范围

电弧电压 V	电弧电流 A	喷涂距离 mm	喷涂角度	工件线速度 m/min	喷枪移动速度 mm/r
35～38	120～200	150～200	≥60°	10～15	10～15

5　涂层后处理加工

5．1　**涂层后处理**

5．1．1　渗油处理

需要渗油处理的喷钢涂层在喷涂完毕后，当涂层冷却到 40℃时，将工件浸入油中几小时，让润滑油渗入涂层孔隙中，最好在 80℃以上的热油中浸 8h 以上。大件可涂刷 2～3 层润滑油。

5．1．2　封孔处理

用于耐蚀的不锈钢涂层在喷涂完毕后，可立即涂刷封孔剂，使封孔剂渗入到涂层孔隙中，必要时，在涂层机械加工完毕后再次涂刷封孔剂。

5．2　**涂层加工**

针对不同的喷涂材料和涂层硬度，可对涂层进行切削和磨削加工。刀（磨）具选择及加工工艺，应避免因加工应力和局部过热损伤涂层。车削时，涂层不能产生掉块。磨削时，涂层表面不应变色和产生龟裂，在磨削过程中，要加强冷却和注意修整砂轮。

6　涂层技术要求

6．1　**外观**

涂层表面应平整，色泽一致，不允许有裂纹、粘附的粗大熔粒和过热的痕迹等缺陷。

6．2　**涂层材料化学成分**

涂层材料主要化学成分应与喷涂材料主要化学成分相吻合，对于火焰喷涂，主要合金元素的烧损量不应大于15%。对于电弧喷涂，主要合金元素的烧损量不应大于30%。

6．3　**厚度**

涂层最小厚度应满足涂层设计要求，涂层最大厚度不应超过最小厚度的30%，对于轴类零件，涂层最小厚度应保证在机加工后的厚度不小于0．3mm。

6．4　**涂层结合强度**

6．4．1　涂层与基体必须结合良好，不应出现剥离、翘皮的现象。

6．4．2　涂层的结合强度大于10MPa，方为合格涂层，结合强度大于15MPa为良好涂层。拉伸强度大于20MPa为优质涂层。

6．5　**涂层硬度**

对于要求耐磨损的高碳钢、碳素工具钢、高碳合金钢、不锈钢涂层，涂层表面硬度应不低于表3的规定。

表3　涂层表面硬度下限

喷　涂　材　料		硬度 HB 10/3000
优质碳素结构钢	低　碳　钢	140
	中　碳　钢	200
	高　碳　钢	280
碳　素　工　具　钢		290
低　合　金　钢	低　碳	200
	中　碳	280
	高　碳	300
Cr13 型不锈钢		300
18－8 型不锈钢		200

7　涂层性能试验方法

7．1　涂层厚度的测定

涂层厚度应在冷态下测定，可采用机械测量工具检测或按 GB 11374 无损测量方法进行。

7．2　涂层结合强度的拉伸试验

涂层结合强度拉伸试验按 GB 8641 规定进行。

7．3　涂层硬度试验方法

测定涂层的布氏硬度，按 GB 231 金属布氏硬度试验方法进行。制备试样时，涂层厚度一般应不小于 3 mm。

附 录 A
线材喷钢热喷涂材料
(补充件)

A1 线材喷钢主要工作层材料和粘接底层材料分别见表 A1 和 A2。

表 A1 主要工作层材料

种类		钢号	应用范围
优质碳素结构钢	低碳钢	10 10F 15 15F 20 25 25F	含碳 0.1% ~ 0.25% 的碳素钢，涂层易于切削，耐磨性优于同种钢材，但涂层收缩率大，适于轴类铸件填孔
	中碳钢	30 35 40 45 50 55 60 65	含碳 0.25% ~ 0.65% 的碳素钢，涂层易于切削，耐磨性好，涂层收缩率较大，适于轴类零件，恢复尺寸。
	高碳钢	70 75 80 85	含碳 0.65% ~ 0.9% 的碳素钢，涂层硬度高，耐磨性好，易磨削，涂层收缩率小，适于轴类零件及内表面喷涂耐磨涂层
碳素工具钢		T7 T8 T9	含碳 0.65% ~ 0.9% 的碳素工具钢，涂层硬度高，耐磨性好，收缩率低，适于作耐磨涂层，多用于轴类喷涂
碳素弹簧钢		65Mn	含碳 0.62% ~ 0.7% 的碳素锰钢，涂层硬度高，耐磨性好，收缩率低，适于作耐磨涂层，多用于轴类喷涂
低合金钢	低碳低合金钢	12CrNi2 12CrNi3 12Cr2Ni4 20Cr2Ni4	含 Cr、Ni 低碳合金钢，涂层易切削，收缩率低，涂层粒子间的结合强度比碳钢涂层要高，能喷涂厚的涂层
	中碳低合金钢	40CrNi 45CrNi 40CrNiMo 45CrNiMoV	含 Cr、Mn 的中碳低合金钢，涂层耐磨性好，可切削，收缩率低，涂层粒子间的结合强度高，适于作耐磨涂层
	高碳低合金钢	Cr2 9Cr2 9SiCr	含 Cr、Mn 的高碳低合金钢，涂层硬度高，耐磨损，收缩率低，易于磨削，与喷涂高碳钢相比，涂层粒子间的结合强度高
马氏体不锈钢		2Cr13 3Cr13 4Cr13	Cr13 型高碳马氏体不锈钢，涂层自淬硬性好，硬度高，耐磨损，收缩率低，可切削，易磨削，涂层粒子间结合强度高，对较大接触面的冲击韧性好，适于轴类，内表面喷涂

续表 A1

种类		钢号	应用范围
奥氏体不锈钢	18－8型	0Cr18Ni9　1Cr18Ni9Ti　1Cr18Ni11Mo	低碳 Cr18－Ni9 型奥氏体不锈钢，涂层耐蚀、耐磨性好，易切削，但涂层收缩率大，喷涂厚涂层和内表面时要注意
		1Cr18Mn8Ni	含 Mn 低碳 Cr－Ni 奥氏体不锈钢，涂层耐蚀、耐磨性好，收缩率低，适于喷涂厚涂层和内表面
		0Cr18Ni12Mo2Ti 0Cr17Ni14Mo3	含 Mo、Ti 低碳 Cr－Ni 奥氏体不锈钢，涂层耐蚀性好，适合于对耐蚀性有特殊要求的表面

表 A2　粘结层材料

材料代号	使用范围
Mo	钝钼丝，自粘结材料，用于火焰喷涂碳钢、低合金钢、Cr13 型不锈钢的粘结层
Ni－Al	镍铝复合丝，放热型自粘结材料，用于喷涂碳钢，低合金钢、不锈钢的粘结底层
QA17 QA19－2 QA19－4 等	含 6%～10% A1 的铝青铜线材，用于在铜基体上电弧喷涂碳钢及不锈钢的粘结底层

附加说明：

本标准由机械工业部武汉材料保护研究所提出并归口。

本标准由机械工业部武汉材料保护研究所负责起草。

本标准由王敬、高荣发起草。

中华人民共和国机械行业标准

JB/T 6975—93

自熔合金喷焊技术条件

机械工业部 1993 - 07 - 27 批准　　　　1994 - 07 - 01 实施

1　主题内容与适用范围

本标准规定了在碳钢、合金钢、铸铁、镍及镍合金、铜及铜合金等的基体上，采用火焰喷焊工艺制备自熔合金喷焊层的通用技术条件。

本标准适用于镍基、钴基、铁基自熔合金及含有碳化钨等硬质颗粒的上述合金。

本标准也适用于其他有效方法喷涂的自熔合金涂层，并随后采用其他有效加热方式如感应加热、炉熔、电子束、激光等进行重熔处理的技术条件。等离子喷焊也可参照使用。

2　引用标准

GB 5315　Ni - B - Si 系自熔合金粉

GB 5316　Ni - Cr - B - Si 系自熔合金粉

GB 8549　Fe - Cr - B - Si 系自熔合金粉

GB 11373　热喷涂金属件表面预处理通则

JB 3168　喷焊合金粉末　技术条件

JB 3170　喷焊合金粉末　化学成分分析方法

JB/T 6070　热喷涂自熔合金层　试验方法

3　信息和资料

加工方应掌握以下信息和资料；

a.　JB/T 6975 自熔合金喷焊技术条件；

b.　基体金属的材质；

c.　修复的工件原始尺寸可减少的最大限度；

d.　原始表面强化层的详细情况；

e.　工件的使用工况；

f.　喷焊材料；

g.　喷焊作业的面积和部位；

h.　喷焊层的有效厚度，是否需要对喷焊层进行后加工；

i.　喷焊层后加工要求；

j.　检验要求；

k.　其他特殊要求。

4　自熔性合金喷焊材料

4.1　镍基

应符合 GB 5315、GB 5316 中对有关材料的要求。

4．2 钴基

应符合 JB 3168 中对有关材料的要求。

4．3 铁基

应符合 GB 8549 中对有关材料的要求。

4．4 碳化钨自熔合金

即含有碳化钨粒子的上述合金，应符合 JB 3168 中表 2 的代表性材料的要求。

5 喷焊层质量和性能要求

5．1 外观

喷焊层工作面一般必须完整，不得有气孔、裂纹等缺陷。

对下述情况供需双方进行商定；

a．　可存在个别少量的、孤立的微气孔。

b．　单纯耐磨喷焊层，根据工况允许存在的裂纹或网状裂纹。

5．2 喷焊层的化学成分

喷焊层的化学成分应与喷涂材料的化学成分基本一致。

5．3 厚度

喷焊层厚度由供需双方根据使用目的和条件商定。一个经济合理的厚度应由允许磨损量加 0．20 ~0．30mm 所构成。

5．4 结合

喷焊层与基体必须是冶金的结合，并且能够在显微镜下观察到结合界面形成的合金层。

5．5 硬度

应达到标定硬度，其误差应在 ± 5HRC 的范围内。

5．6 耐磨性

供需双方按不同工况商定。

5．7 耐腐蚀性

应符合 JB/T 6070 中的 4．6 条要求。

5．8 耐热性

应符合 JB/T 6070 中的 4．7 条要求。

6 工件预处理

6．1 工件表面原有的强化层如电镀层、渗碳层、氮化层、喷涂（焊）层等均应彻底去除。若原有喷焊层与所选用的喷焊层材料相匹配，则经商定可保留。

6．2 净化

按 GB 11373 中的 4．1 条进行。

6．3 粗化

6．3．1 喷砂

参照 GB 11373 中的 4．2 条进行。

6．3．2 车螺纹和滚花

参照 GB 11373 中的 4．4 条进行。

6．4 喷砂前对非喷焊区重要表面的遮蔽保护按 GB 11373 中的 6．1 条进行。

6．5　经净化、粗化处理后的表面不得重新被污染，若不能立即进行喷涂，应按 GB 11373 中的6．2条规定进行保护。

6．6　在喷涂（焊）前应按 GB 11373 中的6．3条规定对工件的特殊部位如键槽、沟槽、油孔等进行遮蔽。

6．7　喷焊工作面交接处应尽可能过渡圆滑，防止在棱角部位出现应力裂纹。

7　喷涂

7．1　喷涂厚度的确定

实际的喷涂层厚度，由规定厚度加根据下述因素考虑的厚度增量所构成。

a．　当喷焊层需要后加工时，则根据工件直径的大小和长度的不同，增加0．25～1．25mm的加工余量；

b．　考虑到在重熔处理中，喷涂泣子间发生的重熔会导致整个喷涂层厚度有20%～25%的收缩，应增加相应的厚度。

7．2　喷涂前的预热

预热条件根据不同的工件尺寸、形状、导热率和膨胀系数而定，预热温度约控制在100～200℃范围，厚工件的预热温度可提高到200～250℃，但必须防止预热温度过高而导致表面氧化污染。

7．3　喷涂操作

正确地调整火焰状态、喷涂距离（一般为100～250mm）、送粉量、喷枪与工件的相对移动速度。喷涂操作应连续进行，直达到预定的厚度要求为止。

7．3．1　平面工件的喷涂

喷涂角度应尽可能保持90°，使前后喷涂厚度均匀一致，每道喷涂厚度控制在0．07～0．10mm，然后旋转90°方向继续喷涂，使各层之间的喷涂走向相互垂直交叉叠加直至所需要的厚度。

7．3．2　圆形工件喷涂

将工件夹持在车床或适当的转台上，以6～8m/min的线速度旋转。喷枪以一定的速度移动。

7．3．3　内孔喷涂

喷涂角应尽可能接近90°，不允许喷涂角小于45°，小孔内壁则采用专门装置进行喷涂。

8　重熔

在选用的自熔合金所规定的熔化温度范围内加热喷涂层，使喷涂粒子间发生熔合，涂层与基体间发生冶金结合，从而形成连续、致密、属于冶金结合的涂层，重熔一般在喷涂结束后，工件尚未冷却之前立即进行为宜。

8．1　重熔前的预热

为防止喷涂层急骤的重熔加热所导致的涂层膨胀剥离，必须对工件进行预热，使涂层与基体的温度尽可能同步地升高。

8．2　重熔

预热到适当温度时，重熔炬可靠近涂层继续加热到合金的熔化温度，此时重熔区呈现"镜面"反光，在保持"镜面"反光的前提下，将重熔炬逐步移动扩展到整个涂层。

8．3　重熔时，若有局部位置过早出现明亮的"热点"，则表明该喷涂层结合不充分，应予报废。

8．4　重熔的关键是控制加热速度、时间和温度范围，任何在合金熔化温度或高于熔化温度下的长时间加热，都可能导致喷焊层塌陷、流失和硬度下降。重熔过度的标志是熔池保护膜破裂而呈现的"亮线"。

9 冷却

自熔合金的塑性较差，膨胀系数大，在冷却时易产生裂纹，因此，根据工件的材质、厚度以及形状等不同情况，要采取适当的缓冷措施。当基体壁厚大于 50mm 时，即使是低合金钢也应在石灰或石棉中缓冷或随炉缓冷。基体为高碳钢、镍钢时必须以 10～37℃/h 的冷却速度随炉缓冷。马氏体钢更需采取特殊的缓冷方法。

10 一步法喷焊

喷涂和重熔同时进行，边喷边熔，可进行一层或多层喷焊，直达到所规定的厚度为止。

11 后加工

11．1 车削

大多数的自熔合金喷焊层，可用硬质合金刀具切削。

11．2 磨削

一般应在有磨削液的条件下进行磨削。当加工精度要求高时，以用碳化硅砂轮磨削为宜。用金刚石砂轮和立方氮化硼砂轮可获得更好的磨削效果。

12 检验

12．1 外观

12．1．1 可用目视或放大镜对经过清洗的喷焊层工作面进行观察，观察其气孔、裂纹等缺陷的形态和分布情况。

12．1．2 要求精密的表面，可根据双方商定，用表面着色探伤或磁粉探伤进行检查。

12．2 喷焊层化学成分

从喷焊层中直接取样，按 JB 3170 中规定的方法进行化学成分分析。

12．3 喷焊层厚度

按 JB/T 6070 中的 4．2 条进行测量。

12．4 喷焊层硬度

按 JB/T 6070 中的 4．5 条进行检测。

12．5 耐磨性

按零部件的使用工况条件，双方商定试验方法。

12．6 耐腐蚀性

按 JB/T 6070 中的 4．6 条进行检验。

12．7 耐热性

按 JB/T 6070 中的 4．7 条进行检验。

12．8 其他特殊的检验由供需双方商定进行。

附加说明：

本标准由武汉材料保护研究所提出并归口。

本标准由天津机械涂层研究所、武汉材料保护研究所负责起草，天津工程机械研究所参加起草。

本标准主要起草人汪行恺、马小雄、伍建华、陈惠国、孙政国。

中华人民共和国机械行业标准

JB/T 7509—94

热喷涂涂层孔隙率试验方法
铁 试 剂 法

机械工业部 1994－10－25 批准　　　　1995－10－01 实施

1 主题内容与适用范围

本标准规定了热喷涂涂层贯穿性孔隙测试的一种试验方法。

本标准适用于测试钢铁基体上，各种不与氯化钠和铁氰化钾溶液发生化学作用的热喷涂涂层，如铝、锡、铅、铜等有色金属，塑料和陶瓷等热喷涂涂层。

2 试验原理

热喷涂涂层一般是有孔隙的。如果涂层具有从表面到达基体的贯穿孔隙，则试验溶液通过贯穿孔隙渗透到基体与铁发生化学反应。反应物迁移到与涂层表面紧密接触的试纸上。当试纸浸入铁氰化钾溶液时，有铁离子的地方会出现蓝色斑点。这些蓝色的斑点就表示涂层相应的位置有孔隙存在。斑点的数量表示涂层中的孔隙量。

3 试样

试样可为已喷涂好的工件，也可采用与工件相同工艺和材料喷涂制备的平板试样。试验表面积一般应在 25～100cm^2 之间。

4 试验溶液的配制

4．1 试验用品

所有使用的化学药品均为分析纯的。试验用水为蒸馏水。试验用纸应在湿润时具有一定强度，如滤纸。纸在试验前应保持清洁、干燥、特别是不得被铁离子污染。

4．2 氯化钠溶液

将 50g 氯化钠和 1g 非离子型润湿剂，如乳化剂 OP－10，溶入 1L 蒸馏水中，用盐酸或氢氧化钠调节到 pH6±0．2 备用。

4．3 氯化钠凝胶液

将 50g 氯化钠，50g 明胶或琼脂，1g 非离子型润湿剂溶入 1L 不低于 85℃的蒸馏水中，用盐酸或氢氧化钠调节至 pH6±0．2。溶液冷却后会凝胶化。使用时，需加热至 35～50℃。

4．4 铁氰化钾溶液

将 10g 铁氰化钾溶入 1L 蒸馏水中，用盐酸或氢氧化钠调节至 pH6±0．2。

注：溶液一般应随用随配。如需保存溶液，应装入棕色玻璃瓶中，密封存放在阴暗处。如发现溶液变色或有悬浮物时，应停止使用。

5 试验步骤

5.1　需测试的涂层表面应用适当的有机溶剂，如汽油、四氯化碳、苯等进行仔细的清洗去油。选择的清洗溶剂不得改变涂层的原始状态。

5.2　剪出稍大于试验表面的试纸浸入加热的氯化钠凝胶液中，当试纸完全湿透后，取出试纸，滴去过量的溶液。

5.3　将湿润的试纸紧贴在试验表面上。试纸与涂层表面间不应有气泡。试验中如果试纸变干，应适当添加氯化钠溶液，使试纸和试验表面保持润湿。

5.4　十分钟后，从试验表面上取下试纸并立即浸入到铁氰化钾溶液中。试纸上相对于涂层有孔隙的地方将会出现蓝色的斑点。取出试纸进行干燥。

5.5　目测计算试纸上的斑点数目。

5.6　如果需要在同一区域重复进行本项试验，应使用热的蒸馏水仔细清洗试验表面，除去前次试验残留在试验涂层表面上的反应产物。将清洗的试样充分干燥后进行。

6　试验结果

孔隙率用试验区域内单位面积孔隙个数的平均值表示，单位为：个/cm^2。如果用户需要，还应测出试验区域内最大单个孔隙斑点的面积，单位为：mm^2；标出试验区域内，孔隙密度最大的位置及其孔隙率，单位为：个/cm^2。

7　试验报告

试验报告应包括如下内容：

a. 本标准号；

b. 试验区域的位置；

c. 有关的涂层或产品标准；

d. 试验结果。

附加说明：

本标准由机械工业部武汉材料保护研究所提出并归口。

本标准由武汉材料保护研究所负责起草。

本标准主要起草人汪洪生、熊钟书。

中华人民共和国机械行业标准

JB/T 7703—95

热喷涂陶瓷涂层技术条件

机械工业部 1995-06-20 批准　　　　1996-01-01 实施

1　主题内容与适用范围

本标准规定了热喷涂陶瓷粉末材料、工艺及涂层设计表示方法，陶瓷涂层质量检验，喷涂陶瓷涂层制品的包装与运输及喷涂安全操作规则。给出了热喷涂陶瓷涂层工艺流程的通用技术条件的指南。

本标准适用于等离子喷涂工艺喷涂陶瓷粉末材料，制备耐蚀、耐磨、耐热、绝热、热障、绝缘、辐射等表面功能涂层，以改善制品的性能。本标准对火焰喷涂、超音速火焰喷涂及爆炸喷涂制备陶瓷涂层，亦有指导作用。

2　引用标准

GB 6462　金属和氧化物覆盖层　横断面厚度显微镜测量方法

GB 8642　热喷涂层结合强度的测定

GB 9790　金属覆盖层及其他有关覆盖层　维氏和努氏显微硬度试验

GB 11373　热喷涂金属件表面预处理通则

GB 11374　热喷涂涂层厚度的无损测量方法

GB 11375　热喷涂操作安全

GB 12607　热喷涂涂层设计命名方法

GB 12608　热喷涂涂层材料命名方法

3　热喷涂陶瓷材料、工艺及涂层设计表示方法

3.1　热喷涂常用陶瓷涂层材料

根据 GB 12608 的规定，热喷涂陶瓷粉末材料以 P7××× 表示，7 为陶瓷涂层大类代号，第二位阿拉伯数字为分类代号，后两位阿拉伯数字为顺序号。

常用的热喷涂陶瓷粉末材料的牌号、成分及性能列于附录 A（补充件）表 A1。

3.2　热喷涂陶瓷涂层的工艺方法

适用于陶瓷粉末材料的热喷涂工艺有六类，按 GB 12607 的规定，其标记列于附录 B 表 B1。

3.3　热喷涂陶瓷涂层设计表示方法

热喷涂陶瓷涂层系统的设计表示方法，按 GB 12607 的规定执行。

以钢质基体上等离子喷涂 $Al_2O_3+13\%TiO_2$，陶瓷复合粉末（P7112），喷砂预处理，NiCr 合金粉末（P1501）打底，封孔，磨削精加工的热喷涂涂层系统为例，其涂层设计表示方法如下：

TS · 2 · P 1501 / 7112 · 1 / 3

- 3 ——涂层精加工，磨削
- 1 ——涂层后处理，封孔
- 7112 ——面层陶瓷涂层材料
- 1501 ——粘结底层材料
- P ——气稳等离子喷涂
- 2 ——喷砂预处理
- TS ——热喷涂代号

4 热喷涂陶瓷涂层工艺通则

热喷涂陶瓷涂层是一个工艺流程系统。首先，应根据制品的服役条件或失效分析，确定对涂层的性能要求，据以选择恰当的热喷涂材料、设备及工艺。然后，实施热喷涂工序施工，包括：基体的表面预处理，热喷涂工艺，涂层封孔及精加工，涂层质量检验。每道工序都必须严格按操作规程进行，检验合格，方能进行下一道工序。

本标准只提供热喷涂陶瓷涂层的工艺通则。特定制品、特定涂层、特定工艺，其具体指标参数应由专项标准确定。

4.1 涂层系统设计

4.1.1 确定对涂层的功能要求

应确切了解欲喷涂制品的服役条件，或制品在使用过程中的失效原因，确定对涂层的功能要求。

4.1.2 涂层材料的选择

只有熟悉并掌握丰富、全面的材料科学知识，才能做到正确合理地进行涂层系统设计，选择涂层材料。有关这方面的资料，可参考“机械制造工艺材料技术手册”第九篇“热喷涂材料技术手册”(机械工业出版社，1993，第一版)。

4.1.2.1 陶瓷涂层材料的选择：某一特定用途的陶瓷涂层材料的选择，应根据涂层的服役条件所确定的对涂层功能的要求，综合考虑不同陶瓷材料的多种性能，如硬度、熔点、热导率、耐蚀性、耐磨性及电学性能等，加以比较选择。常用的热喷涂陶瓷材料见附录 A 表 A1。

4.1.2.2 打底涂层材料的选择：当被喷涂的基体材料与陶瓷涂层材料的粘附性能不好时，常用打底涂层来改善基体与涂层的结合性能。

打底涂层材料具有下述一个或多个特性：

a.“自粘结”效应——在热喷涂火焰的高温下，涂层材料不同组分能发生放热化学反应，使涂层与基体形成微区冶金结合。最典型和应用最广的“自粘结”打底涂层材料是镍铝复合粉末。

b.“粗化”效应——粘结底层的表面比喷砂粗化处理的基体表面更不规则，因而陶瓷涂层能与之形成更强的机械嵌合。

c.“帘栅屏蔽”效应——打底涂层具有比基体材料更好的抗氧化能力和耐蚀性能，在陶瓷涂层与基体之间起屏蔽帘栅作用，能将热喷涂陶瓷涂层固有的孔隙引起的基体氧化或腐蚀降至最小。

d.“缓冲”效应——打底涂层的热胀系数，介于基体和陶瓷涂层之间，且在机械及热负荷下具有足够的韧性，能对因基体与陶瓷涂层的膨胀系数不同而产生的应力起“缓冲”作用。

常用的“自粘结”打底涂层材料是 Ni－Al 复合粉末，此外，还有 NiCrAl、NiCrAlY、CoCrAlY 复合粉末。其他打底涂层材料有 Mo（不适用于400℃以上氧化性气氛中工作），NiCr 合金（在 1000℃高温下满意地用作陶瓷涂层的粘结底层）。在塑料之类的低熔点材料上喷涂陶瓷涂层，常采用锡、锌、铝、铜作打底涂层材料。

4.1.2.3 阶梯涂层：当金属基体与陶瓷涂层界面间的物理性能，如韧性、热膨胀性及晶体结构等的差异很大时，可能导致陶瓷涂层的内应力增大，与基体的粘附性很差，引起涂层失效。解决这类难题的办法是采用阶梯涂层结构，以实现基体与面层陶瓷涂层间的成分配比及性能的逐渐过渡。

阶梯涂层系统示例如下：

a. 约 0.1mm 厚的打底涂层；

b. 按 65/35 比例，喷涂打底涂层材料/面层陶瓷材料的混合物，涂层厚度约 0.1mm；

c. 按 35/65 比例，喷涂打底涂层材料/面层陶瓷材料的混合物，涂层厚度约 0.1mm；

d. 0.1mm 厚的面层陶瓷涂层。

此阶梯涂层系统亦可用三层来改进，采用 50/50 混合物涂层作中间层。

4.1.3 基体材料选择

作为热喷涂陶瓷涂层的基体材料，通常是金属基材料，如钢、铝、钛、铜、青铜及难熔金属等。然而，其他无机材料如陶瓷、金属陶瓷、甚至有机材料，简言之，几乎所有的固体材料都可作为基体，其性能均可通过喷涂陶瓷涂层加以改善。

4.1.4 热喷涂工艺及设备的选择

4.1.4.1 热喷涂工艺选择：适合于喷涂陶瓷涂层的热喷涂工艺有六种，如附录 B 表 B1 所示。喷涂工艺的确定，应根据陶瓷涂层材料的熔点、热导率、耐热震性及涂层与基体的结合强度要求，结合生产效率、成本等综合考虑。

气稳等离子喷涂工艺是喷涂各种陶瓷涂层最常用的工艺。粉末火焰喷涂工艺广泛用于零部件维修和少量产品生产。超音速火焰喷涂是正在兴起、发展迅速的工艺。

4.1.4.2 热喷涂设备的选择：根据对陶瓷涂层的功能要求，涂层材料及喷涂工艺选择，选定相应的热喷涂设备。设备的调节和操作须严格按照制造厂家的各项说明进行。

4.2 喷涂陶瓷的基本程序

以等离子喷涂陶瓷涂层为例，其操作基本程序列于表 1。

表 1 喷涂陶瓷的基本程序

步骤	操作	说明
1	清洁工件	基体表面粗化处理前，根据要求，采用溶剂清洗、脱脂、加热等方式，除去待喷涂表面上的所有污物
2	遮盖工件	使用橡胶、钢、遮蔽带等合适的遮蔽方法，保护所有不需表面预处理的部位
3	基体表面预处理	使用清洁、锐利的适当磨料进行喷砂，达到要求的粗糙度。根据需要，亦可续喷粘结底层
4	陶瓷材料选择	根据对涂层的功能要求，选定陶瓷涂层材料（参考附录 A 中表 A1），确定合适的粒度及粒度分布
5	工装	根据基体的形状和尺寸，选用夹具、机械转台及移动装置
6	装喷枪	根据需要选用直枪头、带角枪头或加长枪头，选用旋转或可移动式喷枪支架
7	调节水源系统	按设备使用说明书要求，调节水源及冷却系统。喷枪出口水温以下不高于 15℃为宜
8	调节气源系统	按程序打开主气、辅气及送粉气源，调节至需要参数
9	装料	将粉末装入送粉器粉斗或喷头中
10	启动电气系统	启动电源，开动抽风机，调节各项电参数

续表 1

步 骤	操 作	说 明
11	点枪、调枪	按规程点枪、起弧、调节各项参数，达到射束稳定、集中，获得最佳焰流，使陶瓷粒子处于充分熔融或至少充分软化状态，具有最佳的粒子速度，形成最佳涂层质量
12	喷涂	尽可能保证喷枪行走速度均匀，保持喷涂距离不变。根据基体的热敏性、涂层特性及厚度，选择喷枪的行走速度和喷距，选择最佳送粉速率
13	封孔处理	对于耐蚀、绝缘之类涂层，喷涂后应即时进行封孔处理
14	精饰	如需要，可进行磨削加工，磨削加工前亦常进行封孔处理

4.3 基体表面的制备与预处理

4.3.1 基体表面的加工要求

具体制品对基体表面的设计加工要求（如表面粗糙度、形位公差、倒角、下切等），由特定制品的专项标准规定执行。

4.3.2 基体表面的预处理

基体表面预处理的质量，直接影响涂层与基体的结合性能，是整个热喷涂工艺过程成功的关键环节之一，应予高度重视。需要特别强调指出，喷砂及喷涂用压缩空气，必须是干燥、无油的；喷砂用磨料应是清洁、锐利的，以保证基体表面达到清洁、充分粗化、新鲜活化。预处理后表面不允许再被污染。

基体表面预处理按 GB 11373 的规定执行。欲喷涂陶瓷涂层的钢铁制件基体表面喷砂预处理，应达到最高级“出白”，即 Sa3 级。

4.4 热喷涂工艺

正确的热喷涂工艺，应使被喷涂的陶瓷粉末颗粒呈熔化或很软的状态高速喷射到经预处理的基体表面上，形成优质涂层。

影响热喷涂工艺的因素很多，主要包括涂层材料方面（陶瓷材料的熔点、热容、热导率及粉末的粒度与粒度分布）；热源方面（焰流的温度与温度分布、焰流速度及速度分布、焰流对陶瓷粒子的传热速率、粒子速度及粒子在焰流中的停留时间）；基体方面（基体的性质及几何尺寸、要求的涂层厚度）及涂层性能方面（涂层孔隙率要求等），应综合考虑。

4.4.1 基体的遮蔽及温度控制

4.4.1.1 基体的遮蔽：喷涂前，应对与喷涂部位邻接的区域进行遮蔽防护，以避免这些部位粘附喷涂粒子。

常用的遮蔽材料有钢带、铜带、热喷涂专用工程带或其他等效材料。在产品生产中，使用永久性的遮蔽件（如护罩）更经济。也可使用水基防粘遮蔽涂料均匀涂覆在不需喷涂的部位。

4.4.1.2 基体的预热：在喷涂前，可以基体均匀预热至不小于 120℃，以除去湿气。但必须细心控制基体温度，不得超过 250℃，否则易导致基体表面的氧化而降低粘结性能。

4.4.1.3 基体过热的控制：在薄壁制件或易产生变形及组织变化的基体（如某些铝合金）上喷涂陶瓷涂层时，应小心避免基体过热。

当喷涂厚陶瓷涂层时，由于已喷涂涂层的隔热效应和涂层积集的温度梯度，都可能使涂层产生问题。

工件过热可能使其在冷却至室温后涂层产生层状裂纹或分层剥落。

调整喷枪至基体的距离，调节喷枪的移动速度及工件的线速度，使基体充分散热和冷却，有利于防止因基体过热而产生的失效出现。也可提供辅助的冷却空气以防止工件过热。

4.4.2 热喷涂工艺参数控制

4.4.2.1 喷涂设备：不同的热喷涂设备所产生的焰流的温度和速度不同；不同的喷枪结构甚至喷嘴型号，亦影响焰流的特性。因此，应根据选定的陶瓷涂层材料，选定相应的喷涂设备、喷枪及喷嘴结构。

4.4.2.2 电源功率：等离子喷涂工艺的电功率，直接影响等离子焰流的温度和速度，从而影响陶瓷粒子的熔化状态和粒子速度。调节主气及辅气的流量和压力，保证等离子体的电功率最佳化，对获得优质涂层至关重要。

4.4.2.3 喷涂距离：当喷射焰流中的陶瓷粒子处于最大速度时撞击到基体表面，此时喷嘴口与基体间的距离为最佳喷涂距离。等离子喷涂工艺的喷涂距离变化在6～20cm之间。喷距小，涂层致密，结合强度好，但基体易过热；喷距大，涂层孔隙率增加，结合强度下降。最佳喷涂距离，应经试验确定并保持。

尽可能采用机械装置进行喷涂，固定安装喷枪，有利于减少人为的影响，保持喷涂距离不变，喷枪移动速度均匀。

4.4.2.4 喷枪移动速度与工件线速度：喷枪移动速度与工件运动线速度的合理匹配，对于每道涂层的厚度、涂层的均匀性及基体的受热情况，有重要影响，应通过试验确定并保持。

4.4.2.5 送粉速率与涂层厚度控制：送粉速率应根据陶瓷粉末材料的密度、熔点、热容、热导率、粒度等因素而适当调整，总之，应以能使几乎所有的陶瓷颗粒能在等离子焰流中熔化的最大送粉量为宜。送粉速率过大，会产生一些未熔化的“生粒”，影响涂层质量；送粉速率过小，则降低沉积速率并易使基体过热。最佳送粉速率应由试验确定并保持。

等离子喷涂陶瓷涂层的厚度可在几十微米至数毫米之间调节。水稳等离子喷涂陶瓷涂层的厚度可达20mm。喷枪在基体表面走一单道一般以沉积0.025mm左右为宜，而要保证完全覆盖基体，最小平均厚度通常约为0.075mm。对特定陶瓷涂层的厚度要求，应根据服役条件的要求由试验确定。

4.4.2.6 操作人员的经验：除了现代化的计算机控制的等离子喷涂机器人之外，热喷涂工艺还在很大程度上受操作人员的经验和技能的影响，而且陶瓷材料的热喷涂遇到到的问题与传统的金属喷涂不同。因此，应对有关人员进行比较系统的培训，充分熟悉工艺规程，方能上岗实际操作。

4.5 陶瓷涂层的封孔处理和精加工

4.5.1 封孔处理

所有热喷涂陶瓷涂层都多少有点气孔。气孔率的变化范围很大，爆炸喷涂和超音速火焰喷涂的气孔率仅占涂层体积的1%，而特种多孔陶瓷涂层，气孔率可高达30%。

这些孔隙的大多数是相互贯通的。因此涂层对液体和气体是可渗透的。要防止液体和气体对基体可能产生的渗透或腐蚀，就必须封闭这些孔隙。封孔剂的选择应根据涂层的使用条件（耐蚀、绝缘、耐热等）来确定。

对于不同服役温度的耐蚀涂层，有一系列封孔材料可供选择：低于60℃的工况，可使用微晶石蜡封孔；60～250℃的使用工况，一些树脂基封孔剂是有效的；某些硅酮基树脂封孔剂，能在450℃长期使用，温度超过450℃，可试验用无机耐高温涂料封孔。要正确选择适于特定条件的封孔剂，最好向有关制造厂家咨询，获得所有相关的理化性能。

涂敷封孔剂的方法有真空浸渍法、喷涂法和刷涂法等。对于热喷涂陶瓷涂层中的孔隙，通常用喷涂和刷涂法即能有效地封闭。

4.5.2 精加工

热喷涂陶瓷涂层的表面粗糙度 R_a 值，一般超过3.75μm。而许多应用要求更小的表面粗糙度，这可采用磨削精饰来达到。陶瓷涂层的磨削精饰，是喷涂陶瓷涂层制品工艺流程的最终关键环节，处理不当，就会前功尽弃。

由于陶瓷涂层具有质脆、与基体的结合强度较低、涂层薄、涂层含有一定的气孔等特点，因此，陶瓷涂层的磨削与整体材料的磨削有显著的区别：

4．5．2．1 磨削设备：传统的磨床都可用于陶瓷涂层的磨削，但更要求磨床刚性好，震动小。

4．5．2．2 磨料磨具：为了达到最佳磨削效率和经济性，最好采用金刚石砂轮粗磨，再用细绿碳化硅砂轮精磨。砂轮用磨料粒度、粘结剂，应根据具体用途选择。

4．5．2．3 磨削液：陶瓷涂层磨削时，为防止任何局部过热，应使用大流量的冷却液。最好选用含缓蚀剂的水作冷却液，不要使用水基乳化油冷却液，后者易使涂层污染变色。

4．5．2．4 磨削工艺参数：磨削陶瓷涂层时，应避免出现砂轮挤压涂层而产生微裂纹或发裂。因此，砂轮线速度和进给量都以较小为宜。具体参数应通过试验确定。

5 陶瓷涂层质量检验

5．1 检验项目及检验方法

5．1．1 外观

目检有效表面，应色调均一，不允许有龟裂、疙瘩、结合力不牢以及异物的附着或其他对使用上有害的缺陷。

5．1．2 厚度

采用量具直接测量涂层的厚度，或用金相法测量涂层横断面的厚度，或用无损测厚仪测量。按 GB 6462 或 GB 11374 的规定执行。厚度应满足协议要求。

5．1．3 结合强度

涂层与基体的结合强度，按 GB 8642 进行测试，应达到协议要求。

5．1．4 硬度

耐磨用陶瓷涂层的硬度，按 GB 9790 的规定测量，应符合协议要求。

5．1．5 孔隙率

耐腐蚀涂层经封孔后的涂层孔隙率，按铁试剂法进行检查，涂层表面应没有通向基体的气孔。

5．1．6 热震性

耐热涂层的抗热震性，按下述方法试验，涂层不允许有龟裂、剥离或翘起。

试验方法：用制品为试样，或采用同等材质，与制品同等条件制备试样。基体尺寸为长 50mm、宽 50mm、厚 5～6mm。调好试验温度，即氧化铝为 800℃，氧化锆为 900℃。然后，将试样和托架一起放入加热炉中加热，到温后保温 10min 取出，再一起放入常温的清水中激冷。观察试样表面涂层有无裂纹、剥离或翘起。加热炉用电阻炉，温度波动范围 ±5℃。托架最好用不锈钢作支架并用不锈钢丝网作支撑面。

5．1．7 其他性能

陶瓷涂层的其他性能，如摩擦系数、辐射率、介电系数、对显微组织的要求等，可按协议规定的方法进行检测。

5．2 要求检验的项目

所有的陶瓷喷涂层，除外观必须符合 5．1．1 条的要求外，依其应用的不同，建议按协议检验如下的有关项目。

5．2．1 用于耐磨的陶瓷涂层

要求检验厚度、结合强度和硬度。分别按 5．1．2、5．1．3 和 5．1．4 条的规定进行，并满足要求。

5．2．2 用于耐腐蚀的陶瓷涂层

要求检验厚度、结合强度和孔隙率。分别按5．1．2、5．1．3和5．1．5条的规定进行，并满足要求。

5．2．3 用于耐热的陶瓷涂层

要求检验厚度和耐热震性。分别按5．1．2和5．1．6条的规定进行，并满足要求。

6 热喷涂陶瓷涂层的操作安全

热喷涂陶瓷涂层是采用可燃气体或惰性气体进行高温喷涂作业的，必须严格按照高压、易燃、易爆气体的有关规定，储存、运输和使用。操作人员必须熟悉并掌握有关热喷涂设备、工艺的安全操作规程，取得合格证，方能实施作业。喷涂陶瓷涂层的安全作业按 GB 11375 的规定执行。

7 热喷涂陶瓷涂层制品的标志、包装与储运

7．1 标志

热喷涂陶瓷涂层制品，应有标志牌，至少有如下内容：制品名称、涂层设计代号、生产日期、生产批号、检验合格证、生产厂家。

7．2 包装与储运

热喷涂陶瓷涂层制品，应采用防震泡沫塑料等单件分隔包装，用木箱或集装箱运输。严禁摔打。包箱上应有“易碎”品标志。

附 录 A
常用热喷涂陶瓷粉末材料
(补充件)

A1 常用热喷涂陶瓷粉末材料见表 A1。

表 A1 常用热喷涂陶瓷粉末材料(P7×××)

类别	牌号	名义成分(Wt%)											主要性能及应用	国外相应牌号
		Al_2O_3	ZrO_2	SiO_2	Cr_2O_3	TiO_2	CaO	MgO	Y_2O_3	NiO	Nb_2O_5	其他		
氧化铝基(P71××)	P7100	>98.00		≤1.0								余	白色涂层,耐磨,耐热,绝缘,反射率较高,发射率较低	Metco 105
	P7111	余				3.0							灰色涂层,耐磨,耐蚀,耐热,绝缘	Plasmatex 1009
	P7112	余				13.0							黑色涂层,耐磨,耐蚀,绝缘,耐纤维磨损	Metco 130
	P7113	余				20.0							耐磨,耐蚀,耐纤维磨损,磨擦系数小	
	P7114	余				40.0							耐磨,耐蚀,摩擦系数小,耐纤维磨损,有半导体性能	Plasmatex 1025
	P7115	余				50.0							硬度适中偏硬,涂层细密,耐纤维磨损,并能"起绒",有半导体性能	Metco 110
	P7141	余			2.0								高耐磨,耐蚀,耐热	Plasmatex 1075
	P7151	余					24~26						高耐磨,耐蚀,绝缘,抗热震,抗熔融玻璃及 SiO_2 侵蚀	Plasmatex 1071
	P7161	余										10	高温下涂层质软,多孔,可磨耗,耐燃气冲蚀,1000~1100℃可磨密封	

续表 A1

类别	牌号	名义成分（Wt%）											主要性能及应用	国外相应牌号
		Al_2O_3	ZrO_2	SiO_2	Cr_2O_3	TiO_2	CaO	MgO	Y_2O_3	NiO	Nb_2O_5	其他		
氧化锆基（P72××）	P7211		93.9				4.0~6.0					余	隔热，高温下绝缘性好，抗多种熔融金属浸润	Metco201
	P7221		余					24.0					热障，抗多种熔融金属浸润，特别适合石墨坩埚内衬	Metco210
	P7231		余						8.0				热障屏蔽，抗多种熔融金属浸润	Plasmatex 1085
	P7232		余						20.0				热障屏蔽，抗热震性极好	Metco202
	P7251		余	32.5								≤1.0	耐高温，耐酸，耐热震，不溶于水，电绝缘性好，热导率较高	Plasmatex 1043
	P7263		$Y_2O_3-ZrO_2$ 85									15	涂层多孔，质软，耐高温燃气冲蚀，1000~1100℃高温可磨密封涂层	
	P7261		80~95			5~20					1		辐射率＞0.8，远红外涂层	相应国内牌号 ZTN
硅酸盐基（P73××）	P7331	余		30									热强度高，抗热冲击性好，绝缘性特好，抗多种溶融金属浸蚀	
	P7332	余		22~29									热强度高，抗热震性好，绝缘，耐多种熔融金属和酸性炉渣侵蚀	

续表 A1

类别	牌号	名 义 成 分 （Wt%）											主要性能及应用	国外相应牌号
		Al_2O_3	ZrO_2	SiO_2	Cr_2O_3	TiO_2	CaO	MgO	Y_2O_3	NiO	Nb_2O_5	其他		
氧化铬及其他氧化物基（P74××）	P7400				>98.0								耐磨性极好，耐蚀，耐热	Metco 106
	P7411	0.61		8.17	91.0								耐磨性极好，耐蚀	
	P7412			5．0	余	3．0							涂层极致密，耐磨性极好，耐蚀	Metco 136 Plasmatex 1067
	P7414				余	30．0						30.0	耐磨，耐蚀，抗热震性好，辐射率高（λ=0．89）	
	P7420					>97.5						余	孔隙度最小，与基体粘结性极好，硬质耐磨，半导体性	Plasmatex 1033
	P7421		20			77.0					3		辐射率>0．8，远红外涂层	国内厂家牌号 TZN 红-2
特种陶瓷	P7911								Y 13.3	Ba 41.2	Cu 28.9	0 余量	电阻温度>90K，磁转变温度>96K，超导陶瓷涂层	

附 录 B
喷涂陶瓷粉末材料的热喷涂工艺
(补充件)

B1 喷涂陶瓷粉末材料的热喷涂工艺见表B1。

表B1 喷涂陶瓷粉末材料的热喷涂工艺

喷 涂 工 艺	英 文	代 号
粉末火焰喷涂	Powder flame spraying	F
超音速火焰喷涂	Supersonic flame spraying	U
爆炸喷涂	Detanation flame spraying	D
气稳等离子喷涂	Gas Plasma spraying	P
水稳等离子喷涂	Water plasma spraying	WP
高能等离子喷涂	High energy plasma spraying	HP

附加说明:

本标准由全国金属与非金属覆盖层标准化技术委员会提出。

本标准由武汉材料保护研究所归口并负责起草。

本标准主要起草人邓世均、李志宏、程旭东。

中华人民共和国机械行业标准

钢结构腐蚀防护热喷涂锌、铝及其合金涂层选择与应用导则

JB/T 8427—96

机械工业部 1996－09－03 批准　　　　1997－07－01 实施

前言

本标准参照国外下列标准中有关热喷涂锌、铝及其合金涂层钢结构腐蚀防护的内容：

——BS 5493—1977《钢结构防腐蚀涂层的实施法规》；

——BS 4479—1969《被涂覆金属件设计的推荐意见》。

本标准由全国金属与非金属覆盖层标准化技术委员会提出并归口。

本标准起草单位：武汉材料保护研究所。

本标准主要起草人：胡有权、辛肇清、李秉忠、张海成、董志红。

1　范围

本标准规定了常见的各种腐蚀环境条件下钢结构腐蚀防护的热喷涂涂层体系，适用于钢结构设计人员、用户及用户代表作为选择和应用钢结构腐蚀防护涂层的指南，不适用于本标准未推荐的特殊腐蚀环境。

2　引用标准

下列标准所包含的条文，通过在本标准中引用而构成为本标准的条文。本标准出版时，所示版本均为有效。所有标准都会被修订，使用本标准的各方应探讨使用下列标准最新版本的可能性。

GB 8923—88　涂装前钢材表面锈蚀等级和除锈等级

GB 9793—88　热喷涂锌及锌合金涂层

GB 9794—88　热喷涂锌及锌合金涂层试验方法

GB 9795—88　热喷涂铝及铝合金涂层

GB 9796—88　热喷涂铝及铝合金涂层试验方法

GB 11373—89　热喷涂金属件表面预处理通则

GB 11373—89　热喷涂操作安全

JB/T 6973—93　热喷涂操作人员培训与考核要求

3　钢结构设计中对腐蚀防护应考虑的一些问题

3．1　一般原则

3．1．1　确保要求腐蚀防护的全部表面均能按质量要求进行表面预处理和施加涂层，不允许有死角。

3．1．2　尽可能避免有利于潮气和尘埃沉积和滞留的形貌。

3．1．3　便于对构件进行检查、清理和维修。

3．2　设计建议

3．2．1　腐蚀防护表面的正前方至少应有 300mm 的操作区。

3．2．2 应避免出现狭窄的间隙。小截面的“E”或“T”形结构及深而窄的通道，尽量用平板或圆角平板来代替，见图1和图2。

3．2．3 封闭空间（如槽、罐、箱体等）应留有工艺孔，并在槽、罐内留有足够（对整个内表面进行处理）的操作空间，还应有第二出口以便配备必要的通风装置。

3．2．4 槽、罐和封闭空间内的挡板及配件尽量设计成易装拆形式。

3．2．5 尽量采用连续焊固定加强筋，避免两个角钢背靠背连接，见图3和图4。

3．2．6 与搭接相比宜优先选用对接，除非在搭接时能用连续光滑的焊缝将接头封死，见图5。

3．2．7 拐角处应优先选用圆角，见图6。

3．2．8 在连接缝隙、狭窄的间隙、搭接点、凹陷处、孔以及水平表面等部位，用适当的结构形式进行调整或加排放孔，使水分易于蒸发或排泄，见图7和图8。

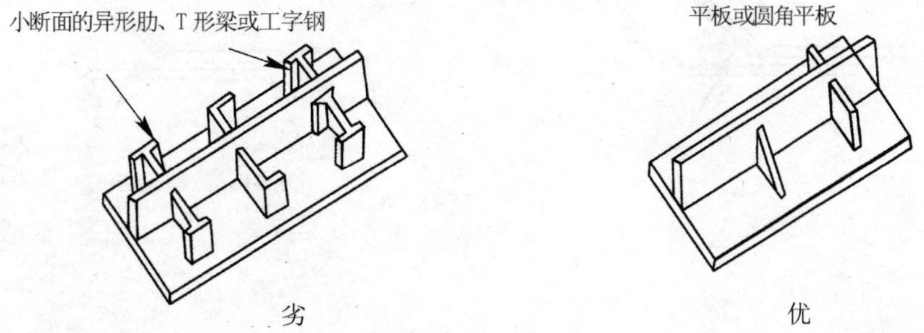

图1 内脱角

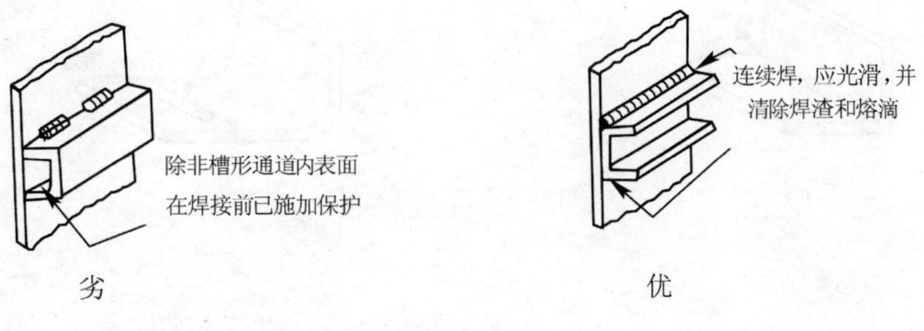

图2 连接缝焊

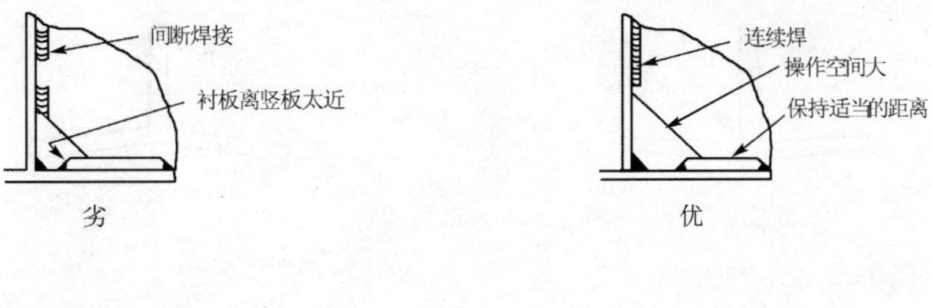

图3 狭窄的间隙

图4 缝隙

图5 搭接

图6 角

图7 平表面

图 8 凹陷部

4 典型腐蚀环境种类

表 1 列出典型腐蚀环境种类。

表 1 典型腐蚀环境种类

类型	种类	环境条件
户外	非污染内陆 污染内陆 非污染海岸 污染海岸	非污染的大多数乡村和城郊 工业和城市居民区及一些污染严重的内陆地区 除能检测到盐分之外，其他条件同非污染内陆 除能检测到盐分之外，其他条件同污染内陆
户内	室内常干 常结露或常湿	建筑物内 大量的凝结水或水雾，如室内游泳池
海水	海水全浸飞溅区 或经常性盐雾	海水（含其他盐水和入海处的河口水）浸没 海面和海上及经常性盐雾环境中的构筑物
其他	淡水	非盐水，如河水中的构筑物、污水处理池和居民供水系统

5 封闭剂及封闭涂料、涂装涂料的种类

常用封闭剂和封闭涂料、涂装涂料的类型列于表 2。

封闭剂封孔的热喷涂复合涂层体系一般优于采用封闭涂料封孔的热喷涂复合涂层体系。采用封闭涂料，应注意封闭涂料与金属涂层之间的相容性，特别是含氯离子环境区的热喷涂铝及其合金涂层，否则会加速涂层体系失效。

表 2 常用的封闭剂、封闭涂料、涂装涂料

类别	代号	成膜粘结剂	主颜料	主要性能
封闭剂	L1	双组份 聚乙烯醇缩丁醛	四盐基铬酸锌	为磷化底漆，能形成磷化－钝化膜，可提高封闭层及封闭涂料的相容性及防蚀性能，其干膜厚一般小于 10μm
	L2	双组份 聚乙烯醇缩丁醛/酚醛	四盐基铬酸盐	性能同 L1，干漆膜较厚，可达 20μm，与 F2、F5 配套
	L3	双组份 环氧聚氨基甲酸酯	锌铬黄或磷酸锌	性能同 L1，与 F3 配套
	L4	双组份 聚氨基甲酸酯	锌铬黄或磷酸锌	性能同 L1，与 F4 配套
封闭涂料和涂装涂料	F1	氯乙烯－醋酸乙烯共聚物	清 Al 粉色	成膜性，柔韧性及耐候性均较好，可用于一般大气环境，但在水中易鼓泡脱层故不宜用于水环境，与 L1 配套
	F2	双组份 酚醛	清 Al 粉色	耐酸性较好，可用于一般酸性气氛及水环境，但其耐碱性差，不宜用于碱性环境
	F3 或 Q1	双组份 环氧	清 Al 粉色	耐潮、耐水、耐化学品性能优良（强碱性环境除外），但耐候性差，易粉化，故宜用于户内及水环境，而不宜用于户外大气
	F4 或 Q2	双组份 聚氨基甲酸酯	清 Al 粉 Zn 粉色	综合性能优良，耐潮、耐水、耐化学品均好，且漆膜具有良好的硬度，弹性及耐磨性，有些品种耐候性亦好，可用于户内、外各种大气及水环境
	F5 或 Q3	改性国漆	清色	耐水及耐化学品好，有的固化后漆膜无毒性，可用于食品工业钢结构设施的防蚀，漆膜耐候性差，不宜用于户外环境，施工中漆酚可能引起过敏反应，应注意防护

6 典型腐蚀环境中推荐的喷涂层

6.1 非污染内陆大气推荐的涂层类型见表 3。

表 3 非污染内陆大气使用的涂层

第一次维修寿命[1)]	涂层类型[2)]	标号	总厚度[3)]，μm
很长（20 年以上）	喷铝	Al160	160
	喷锌	Zn160	160
	喷铝＋封闭	Al120LF	120
	喷锌＋封闭	Zn160LF	160
长（10～20 年）	喷铝	Al120	120
	喷锌	Zn120	120
	喷锌＋封闭	Zn120LF	120
	喷铝＋封闭＋涂装	Al120LQA	120＋（30～100）
	喷锌＋封闭＋涂装	Zn120LQA	120＋（30～100）

注

1）指涂层施加至首次涂层大修的时间。

2）指涂层施加方案。

3）最小局部厚度（见 GB 9793～9796），括号内数字为涂装层厚度。

6.2 污染内陆大气推荐的涂层类型见表 4。

表 4 污染内陆大气户外使用的涂层

第一次维修寿命[1]	涂层类型[2]	标号	总厚度[3]，μm
很长（20 年以上）	喷铝 喷锌 喷铝＋封闭 喷锌＋封闭	Al160 Zn300 Al160LF Zn160LF	160 300 160 160
长（10～20 年）	喷铝 喷锌 喷铝＋封闭 喷锌＋封闭 喷铝＋封闭＋涂装 喷锌＋封闭＋涂装	Al120 Zn160 Al120LF Zn120LF Al120LQB Zn120LQB	120 160 120 120 120＋（60～100） 120＋（60～100）
中长（5～10 年）	喷锌	Zn120	120
注：1)、2)、3) 同表 3 注。			

6.3 非污染海岸大气推荐的涂层类型见表 5。

表 5 非污染海岸大气户外使用的涂层

第一次维修寿命[1]	涂层类型[2]	标号	总厚度[3]，μm
很长（20 年以上）	喷铝 喷锌 喷铝＋封闭 喷锌＋封闭	Al160 Zn300 Al160LF Zn160LF	160 300 160 160
长（10～20 年）	喷锌 喷铝＋封闭 喷锌＋封闭 喷铝＋封闭＋涂装 喷锌＋封闭＋涂装	Zn160 Al120LF Zn120LF Al120LQA Zn120LQA	160 120 120 120＋（30～100） 120＋（30～100）
中长（5～10 年）	喷锌	Zn120	120
注：1)、2)、3) 同表 3 注。			

6.4 污染海洋大气推荐的涂层类型见表6。

表6 污染海洋大气户外使用的涂层

第一次维修寿命[1)]	涂层类型[2)]	标　号	总厚度[3)]，μm
很长（20年以上）	喷铝 喷锌 喷铝+封闭 喷锌+封闭	Al300 Zn400 Al160LF Zn300LF	300 400 160 300
长（10~20年）	喷铝 喷锌 喷铝+封闭 喷锌+封闭 喷铝+封闭+涂装 喷锌+封闭+涂装	Al160 Zn300 Al120LF Zn160LF Al120LQB Zn160LQB	160 300 120 160 120+（60~100） 120+（60~100）
中长（5~10年）	喷锌 喷锌+封闭	Zn160 Zn120LF	160 120
注：1)、2)、3) 同表3注。			

6.5 干燥建筑物内推荐的涂层类型见表7。

表7 室内常干环境使用的涂层

第一次维修寿命[1)]	涂层类型[2)]	标　号	总厚度[3)]，μm
很长（20年以上）	喷铝 喷锌	Al120 Zn120	120 120
长（10~20年）	喷铝+涂料 喷锌+涂料	Al80LQA Zn80LQA	80+（30~100） 80+（30~100）
注：1)、2)、3) 同表3注。			

6.6 常结露和常湿环境推荐的涂层类型见表8。

表8 经常结露和常湿环境使用的涂层

第一次维修寿命[1)]	涂层类型[2)]	标　号	总厚度[3)]，μm
很长（20年以上）	喷铝 喷锌 喷铝+封闭 喷锌+封闭	Al160 Zn160 Al120LF Zn120LF	160 160 120 120
长（10~20年）	喷铝 喷锌 喷铝+封闭+涂料 喷锌+封闭+涂料	Al120 Zn120 Al120LQA Zn120LQA	120 120 120+（30~100） 120+（30~100）
注：1)、2)、3) 同表3注。			

6.7 海水全浸推荐的涂层类型见表9。

表9 海水全浸涂层

第一次维修寿命[1]	涂层类型[2]	标号	总厚度[3]，μm
很长（20年以上）	喷铝+封闭 喷锌+封闭	Al160LF Zn300LF	160 300
长（10~20年）	喷锌 喷锌+封闭 喷铝+封闭+涂料 喷锌+封闭+涂料	Zn300 Zn200LF Al160LQB Zn200LQB	300 200 160+（60~100） 200+（60~100）
中长（5~10年）	喷锌 喷锌+封闭 喷铝+封闭	Zn160 Zn120LF Al120LQB	160 120+（60~100） 120+（60~100）
短（5年以下）	喷锌	Zn120	120
注：1）、2）、3）同表3注。			

6.8 海水飞溅区或经常性盐雾环境推荐的涂层类型见表10。

表10 海水飞溅区或经常性盐雾环境使用的涂层

第一次维修寿命[1]	涂层类型[2]	标号	总厚度[3]，μm
很长（20年以上）	喷铝+封闭 喷锌+封闭	Al160LF Zn300LF	160 300
长（10~20年）	喷锌 喷锌+封闭 喷铝+封闭+涂料 喷锌+封闭+涂料	Zn300 Zn200LF Al160LQB Zn200LQB	300 200 160+（60~100） 200+（60~100）
中长（5~10年）	喷锌 喷铝+封闭 喷锌+封闭	Zn160 Al120LF Zn160LF	160 120 160
短（5年以下）	喷锌	Zn120	120
注：1）、2）、3）同表3注。			

6.9 淡水环境推荐的涂层类型见表11。

表11 淡水环境使用的涂层

第一次维修寿命[1)]	涂层类型[2)]	标　　号	总厚度[3)]，μm
很长（20年以上）	喷铝 喷锌	Al160 Zn200	160 200
长（10~20年）	喷铝+封闭 喷锌+封闭 喷铝+封闭+涂料 喷锌+封闭+涂料	Al120LF Zn160LF Al120LQA Zn160LQA	120 160 120+（30~100） 160+（30~100）

注

1 1)、2)、3）同表3注。

2 与食品接触的表面喷涂锌、铝涂层保护时，应注意锌、铝涂层及其上述封闭剂或涂装层可能造成的污染与毒害，必须征求专家的意见后方可使用，饮用水设备只推荐喷锌。

中华人民共和国机械行业标准

JB/T 9191—1999

代替 ZB J64 014—89

等离子喷焊枪技术条件

Specification for plasma surfacing gun

国家机械工业局 1999-06-28 批准　　2000-01-01 实施

前言

本标准是对 ZB J64 014—89《等离子喷焊枪技术条件》进行的修订。修订时，对原标准作了编辑性修改，主要技术内容没有变化。

本标准自实施之日起代替 ZB J64 014—89。

本标准由全国金属与非金属覆盖层标准化技术委员会提出并归口。

本标准起草单位：武汉材料保护研究所。

本标准主要起草人：詹祖保　吴子健　童向阳

1　范围

本标准规定了等离子喷焊枪的型号、零部件的统一命名、技术要求、试验方法和验收规则。

本标准适用于粉末等离子喷焊枪，该枪供金属工件内、外表面熔敷粉末合金之用。

2　型号、结构名称

2.1　等离子喷焊枪的型号表示着其最大转移弧工作电流、送粉方式等。型号由下述部分顺序组成：

a) 等离子喷焊枪的代号 QL;

b) 等离子喷焊枪的系列品种序号由厂家自定；

c) 最大转移弧工作电流，安培数；

d) 等离子喷焊枪的类型代号，N 表示深孔或内圆等离子喷焊枪，省略表示平面或外圆等离子喷焊枪；

e) 等离子喷焊枪的送粉方式的代号，W 表示外送粉方式，省略表示内送粉方式。

例 1　QLA-400NW 代表最大转移弧工作电流为 400A，深孔或内圆式，外送粉方式的等离子喷枪，其产品系列品种序号由厂家定为 A。

例 2　QLB-600 代表最大转移弧工作电流为 600A，平面或外圆式、内送粉方式的等离子喷焊枪，其产品系列品种序号由厂家定为 B。

2.2　等离子喷焊枪的结构和零部件的统一命名如图 1 和表 1。

表 1　等离子喷焊枪的结构和零部件的统一命名表

序　号	名　称	序　号	名　称	序　号	名　称
1	喷嘴	5	阴极头	9	上压盖
2	下压盖	6	绝缘体	10	送粉管
3	下枪体	7	阴极杆	11	水电接头
4	分气环	8	调节螺母	12	离子气管

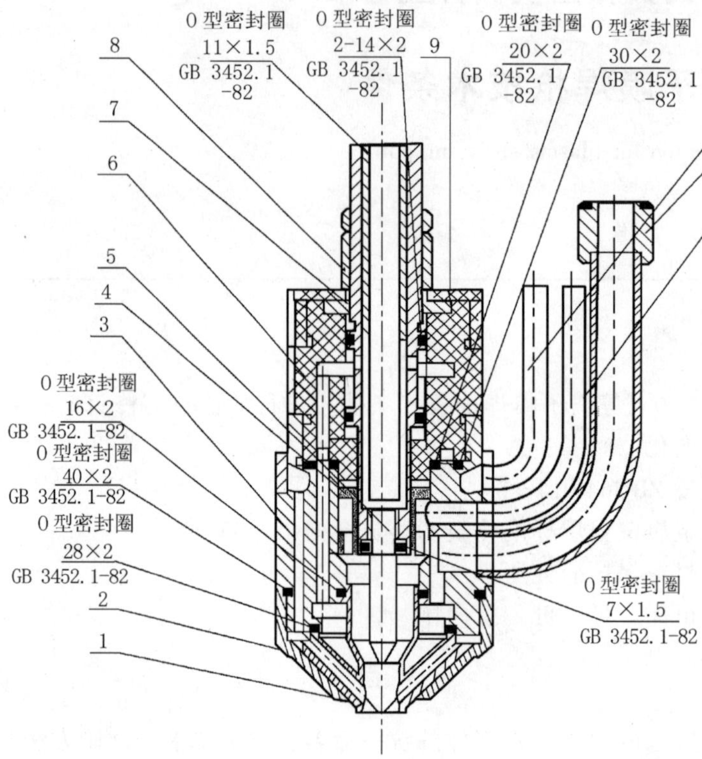

图 1

3 技术要求

喷焊枪的易损件应有互换性。喷焊枪水电接头螺纹必须在 M12×1、M16×1 螺纹中选用。氩气消耗指标规定于表 2。上、下压盖及可调零件必须滚花或铣防滑槽。

表 2 氩气消耗指标

最大允许转移弧电流 A			100	200	300	400	500	600
氩气消耗量 L/h	送粉气	内送粉	180	250	330	380	400	480
		外送粉	250	350	400	500	550	600
	离子气		150	220	320	350	380	450

3.1 喷焊枪外表应美观整洁，焊接部位应均匀，无明显机械损伤和表面缺陷。

3.2 喷焊枪冷却水的水电接头处，在水压为0.4 MPa 表压时，用 4.1.2 方法检验，不得出现任何渗漏现象。

3.3 阴极头外圆与喷嘴孔径同轴度误差不得大于0.3 mm。

3.4 在离子气瓶低压表指示（输气管内径不小于 6mm，长度不大于 5m）大于或等于0.15 MPa 时，等离子喷焊枪的引弧与稳定电弧的最小电流列于表 3，引弧的电弧长度伸出喷嘴外不得短于 5mm。

表 3　等离子喷焊枪引弧与稳弧最小电流　A

喷焊枪最大转移弧工作电流	100	200	300	400	500	600
引弧最小电流	15	25	35	45	55	65
稳弧最小电流	10	20	30	40	50	60

3．5　喷焊枪在工作气体压力符合本标准 3．4 要求，工作气流量不超过本标准表 2 “氩气消耗指标”要求下，额定工作电流范围内使用—80～＋180 目自熔性合金粉末时，要求至少一小时中不堵枪、不出现滴珠，阴极头不得有明显烧损。

3．6　等离子喷焊枪的允许熔敷率规定于表 4。

表 4　喷焊枪允许溶敷率

喷焊枪最大转移弧工作电流，A	100	200	300	400	500	600
允许熔敷率，kg/h	1．5	2．7	4．5	6．0	9．0	12．0

3．7　自熔性合金粉末粒度为—80～＋180 目时，内送粉式等离子喷焊枪沉积效率不得低于 95%，外送粉式等离子喷焊枪沉积效率不得低于 85%。

3．8　水电接头处的进水压力大于或等于 0．2MPa，进水水温不高于 30℃时，喷焊枪在允许的工作电流范围内工作 10min，冷却水进、出水温差不得超过 30℃。

3．9　喷焊枪装配之前，所有零件必须进行脱脂处理，装配完成后，阴、阳极之间的直流电阻应大于 5MΩ（用万用表测量）。

4　试验方法及验收规则

4．1　试验方法

4．1．1　外观质量检查见表 5。

4．1．2　水密性试验

喷焊枪在水电接头处进水压力 0．4MPa 时，堵住出水，10min 内不得有渗漏。

4．1．3　阴极头与喷嘴孔道同轴度检查。

喷焊枪在送入离子气时用反射镜观察高频火花，在孔道圆截面上分布不得少于 3/5。

4．1．4　引弧与稳弧性能检查

连续起弧衰减三次，其引弧与稳弧的电流值应符合表 3 规定。

4．1．5　允许熔敷率检查

在喷焊枪引弧后，在最大转移弧工作电流下，按本标准 3．6 表 4 规定的允许熔敷率，送入允许的最大送粉量形成正常焊层工作 15min 不堵枪，不滴珠。

4．1．6　沉积效率检查

在喷焊枪引弧后，送入允许的最大送粉量，在称重后的试样上喷焊成型工作 3min，则：

$$沉积效率 = \frac{焊层重量}{送粉重量} \times 100\%$$

表5　外观质量要求及检查方法

序号	项　目	内　容	检查部位	质量要求	检查方法
1	机械损伤与碰伤	工件在加工和工艺流程中所产生的机械损伤和碰伤	加工及非加工表面	不允许有明显损伤和碰伤	目测
2	去　毛　刺	加工部位周围所形成的刺状物或飞边	全部表面和喷嘴压缩孔道内	不允许	目测
3	电镀或化学处理	处理后的零部件的表面色泽	零部件表面	表面应光洁、不许有花斑、瘤痕现象	目测
4	弯曲度	各电极管、工作气管与枪体焊接后管的弯曲不正，下陷程度	阴、阳电极送粉气离子气管	弯曲均匀，不得有任何下陷现象	目测

4.1.7　冷却水的进、出水温度检查

喷焊枪在允许的最大工作电流下连续工作10min后，直接测量冷却水的进出水口处水的温度。

4.2　验收规则

4.2.1　出厂产品必须附有产品合格证和使用说明书。

4.2.2　外观、水密性试验、同轴度、引弧性能应逐项检查。

4.2.3　用户有权对所交产品，按本标准所规定的试验方法和验收规则进行检查。

5　标志与包装

5.1　标志

喷焊枪应标明：制造厂名或商标、型号、制造年月以及有阴极、阳极、送粉气、离子气的进气部位的标志。

5.2　供货时，内包装用塑料袋和纸盒，外包装用木箱或瓦楞纸箱，并标明品名、型号、数量、毛质量、体积、制造年月和厂名、字迹端正、清晰。

中华人民共和国机械行业标准

JB/T 9192—1999

等离子喷焊电源

代替 ZB J64 015—89

power for plasma surfacing

国家机械工业部 1999-06-28 批准　　　　2000-01-01 实施

前言

本标准是对 ZB J64 015—89 进行的修订。

本标准与 ZB J64 015—89 相比，主要技术内容改变如下：

——引用标准增加了 GB 15579；

——原引用标准 ZB J64 003—87 已废止，由 JB/T 7835—1995 取代；

——参照 JB/T 7835 第 5 章规定，修改了 4．2，4．3，5．1，5．2 的内容，参照 JB/T 7835 第 8 章规定，修改了 7．1 的内容。

——根据 JB/T 7835 的修订内容，删去了原标准的 6．8 条，和表 2 中原序号 4、11、12、13 的内容。

本标准自实施之日起代替 ZB J64 015—89。

本标准由全国金属与非金属覆盖层标准化技术委员会提出并归口。

本标准起草单位：武汉材料保护研究所。

本标准主要起草人：童向阳、詹祖保。

1　范围

本标准规定了等离子喷焊电源的技术性能要求及使用条件。

本标准适用于与等离子喷焊设备配套的专用硅整流弧焊电源，也适用于将整流弧焊机经改制后用作等离子喷焊的电源。其它类型的整流弧焊机，凡用于等离子喷焊的，亦应参照使用。

2　引用标准

下列标准所包含的条文，通过在本标准中引用而构成为本标准的条文。本标准出版时，所示版本均为有效。所有标准都会被修订，使用本标准的各方应探讨使用下列标准最新版本的可能性。

GB/T 8118—1995　电弧焊机通用技术条件

GB 15579—1995　弧焊设备安全要求第 1 部分：焊接电源

JB/T 7835—1995　弧焊整流器

3　电源规格、基本参数

电源规格及基本参数见表 1。

表 1

电源规格	基本参数			
	额定焊接电流 A	额定工作电压 V	电流调节范围 A	
			min	max
100	100	32	≤10	≥100
160	160	34	≤16	≥160
200	200	36	≤20	≥200
250	250	38	≤25	≥250
315	315	40	≤30	≥315
400	400	44	≤40	≥400

空载电压：≤90V

负载持续率：100%

工作周期：连续

4 使用环境条件

4．1 海拔高度不超过1000m。

4．2 空气相对湿度：在40℃时≤50%，在20℃时≤90%。

4．3 环境空气温度不得超过下列温度限制：

a）在焊接时，—10～40℃；

b）在运输和贮存过程中，—25～55℃。

4．4 电源的使用场所应无严重影响电源使用的蒸汽、化学沉积、尘垢、霉菌及其它腐蚀性物质，并无剧烈震动和颠簸。

5 供电要求

5．1 电源的供电网络应为额定频率50Hz，单相或三相交流电。其额定电压为220V或380V。

5．2 电网供电品质条件：

a）三相电压不平衡率小于5%；

b）电网电压波动小于±10%；

c）供电电压波形应为实际的正弦波，频率波动小于±2%。

6 技术条件

6．1 电源应有起动冷却风扇的开关。

6．2 电源在符合供电要求下应能正常工作。

6．3 电源输入端三相电流不对称率，应满足如下要求：

在供电电网实际对称的条件下，对于额定焊接电流，每相电流与三相电流的平均值之差的绝对值不得大于平均值的10%。

6．4 温升限值应符合GB 15579中7．3的规定。

6．5 电流调节及变化允差

6．5．1 焊接电流应保证在最大值与最小值范围内调节，最小焊接电流应不大于额定焊接电流的

10%，最大焊接电流应不小于额定焊接电流。

6．5．2　电流调节应为无级，能连续平滑地调节。

6．5．3　当初级电压为额定值，工作电压符合表 1 中相应的规定时，在电流调节范围内已调定的任一焊接电流，因温升或其它变异所引起的焊接电流冷热态变化率应不大于 ±5%。

6．5．4　在电流调节范围内已调定的任一焊接电流，当电网电压在 ±10%额定电压内波动时，焊接电流变化应不大于 ±5%。

6．5．5　电流调节装置可置于电源内，亦可置于控制柜内。

6．5．6　电源应有可靠的焊接电流或电压指示装置，其电流或电压刻度指示正确度为刻度值的 ±10%，如装有焊接电流或电压表，其精度不低于 2．5 级。

6．6　电流递增与衰减调节

6．6．1　在电流调节装置中应有电流起始递增与熄弧时电流自动衰减的功能。

6．6．2　电流递增速率应在 50 ~ 300A/s 范围内连续调节；电流衰减速率应在 25 ~ 150A/s 范围内连续调节。

6．6．3　电流递增与电流衰减之速率以相对刻度值表示。

6．6．4　电流递增与电流衰减速率调节旋纽可置于电源面板上，亦可置于控制柜面板上。

6．7　在用户提出要求的情况下，可设置起始电流陡升调节装置，但陡升幅值应能调节，最大陡升幅值不超过额定焊接电流的 1．5 倍。

6．8　电源中的主变压器空载电流应不大于额定初级电流的 10%。

6．9　当初级电压为额定值、在额定电流调节范围内，电源静外特性应呈陡降外特性曲线，其工作段上曲线的斜率应大于 7V100A，并应平滑连续。

其稳态短路电流 I_{wd}，与焊接电流 I_n 之比应符合式（1）：

$$\frac{I_{wd}}{I_n} < 2 \qquad (1)$$

6．10　动特性

6．10．1　用作非转移弧电源，当电流调定在额定值的 50%时，借助高频引燃电弧，其瞬态电流峰值不应超过额定值的1.5 倍，持续时间小于0.1 s。

6．10．2　用作转移弧电源，当初级电压为额定值、工作电压符合表 1 的规定、电流调定值为额定值的 50%时，借助非转移弧弧焰引燃电弧，其瞬态电流峰值不应超过额定值的0.5 倍，当需要在引燃转移弧瞬间有电流冲击时，不受此限制，但必须在电源或控制柜面板上设置选择开关。

6．10．3　用作非转移弧电源，借助高频引弧，在等离子焊枪和工艺参数调整到正常值。高频火花正常的情况下，应能顺利地引燃电弧，10 次引弧平均时间小于或等于0.5 s。

6．10．4　在规定的电流调节范围内，接入无感电阻时的稳态焊接电流脉动率应不大于 25%。

a）焊接电流脉动率按式（2）计算：

$$\frac{I_{2max} - I_{2min}}{I_{2max} + I_{2min}} \times 100\% \qquad (2)$$

式中：I_{2max}——焊接电流波峰值，A；

I_{2min}——焊接电流波谷值，A。

b）焊接电流脉动示意图如图 1 所示。

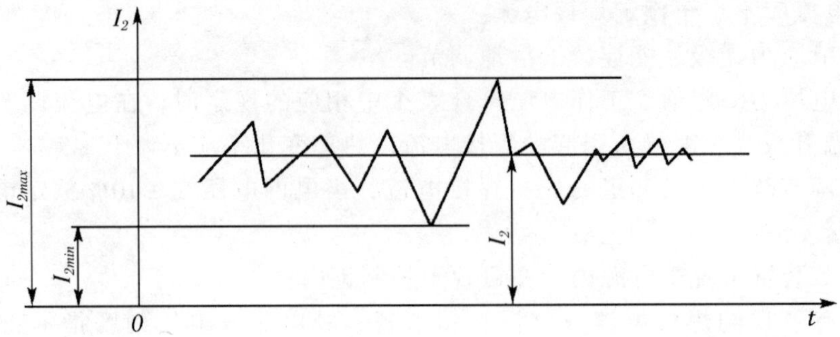

注：I_2—焊接电流平均值，A。

图 1　焊接电流脉动示意图

6．11　电源的控制操作的开关及控制按（旋）钮可装置在控制柜面板上，电源应设置遥控电缆插座并附插头。在电源上设置的控制开关及控制按（旋）钮应集中装在电源面板上。

电源的控制板上所有控制功能应有清晰可辨、永久性的标记，除焊接输出端外，所有电气接线端应置于壳体内部。

6．12　电源的结构应保证有足够的强度和刚度，并便于操作与维修。内部零件应安装牢固，所有紧固件应有防松措施。

6．13　电源应有可靠的吊运和搬移装置。吊运装置所能承受的重量应不小于电源重量的 2．5 倍。

6．14　安技防护应符合 JB/T 7835 中第 6 章规定。

6．15　产品漆层应平整光滑、厚度均匀、无裂纹、气泡及网痕脱皮现象。

7　试验方法及验收规定

7．1　仪表正确度与负载电阻选择

电流表、电压表和功率表：0．5 级；

半导体点温计：±0．5K

负载电阻，功率因素不小于 0．99。

7．2　仪表类型

应根据电流或电压的纹波因素正确地选用仪表。纹波因素大于 10% 的整流电流，用交流有效值电流表测量均方根值；纹波因数小于 10% 的整流电流，用直流电流表测量平均值。

7．3　试验分类

7．3．1　检查试验

每台电源制造后必须按 7．4．1 条中规定的项目试验，用以判明产品质量是否合格。

7．3．2　型式试验

同型号电源中选择代表性电源，应按 7．4．2 条规定进行全面性能试验，用以判明产品设计和制造质量是否符合全面技术性能要求。

凡属下列情况之一者应进行型式试验，每次不少于 2 台电源。

a）试制的新电源；

b）经较大改制的电源；

c）电源在设计、工艺、使用材料上有重大变更；

d）不经常生产的电源，再次生产时；

e）电源的检查试验结果与以往的型式试验结果发生不允许的偏差者；

f）批量生产进行定期抽验，每两年不少于一次。

7．4　试验项目及要求

7．4．1　检查试验

每台电源应按表2项目进行检查试验。其中除6～10项目外，应先在额定负载下（允许折合为连续负载）运行半小时，无异常情况发生后方可进行。

表2

序　号	项　　目	要　　求
1	装配质量及标志检查	装配质量、各种标志及铭牌上的数据应符合图纸及GB 15579要求
2	绝缘电阻	符合GB 15579中6．1．2规定
3	介电强度	符合GB 15579中6．1．3规定
4	空载电压	符合产品设计要求
5	空载电流	符合6．9规定
6	电流调节范围和级差	符合6．5规定
7	电流指示精度	符合6．5．6规定
8	电流递增速率及电流衰减速率调节范围	符合6．6规定
9	输入端电流不对称率	符合6．3规定
10	引弧电源冲击值	符合6．11．1、6．11．2和6．7规定

7．4．2　型式试验

型式试验除包括所有检查试验项目外，尚需进行表3所列的试验项目。

型式试验的每一个项目必须符合本标准要求，如初试不合格，应另抽加倍数量的产品复试。复试全部合格，则认为该批产品符合标准；复试中仍有一台产品不合格，则认为该批产品不符合标准。

表3

序　号	项　　目	要　　求
1	温　　升	符合GB 15579中7．3规定
2	效　　率	符合产品设计指标
3	功率因素	符合产品设计指标
4	静外特性	符合6．10条规定
5	动特性	符合6．11条规定
6	电流脉动	符合6．11．4条规定
7	引弧性能	符合6．11．3条规定
8	焊接电流冷热态变化率	符合6．5．3条规定
9	焊接电流稳定性	符合6．5．3和4．5．4条规定

7．5　试验方法

7．5．1　空载试验

电源的空载试验系指输入端接额定电压、额定频率，输出端不接负载，测量其整机的空载输出电压、空载输入电流和空载输入功率。

7．5．1．1　空载电压有效值测定：

外部焊接回路阻抗在5kΩ±5%的条件下用I级有效值表测量。

7．5．1．2　空载电压峰值采用图2线路进行测量。

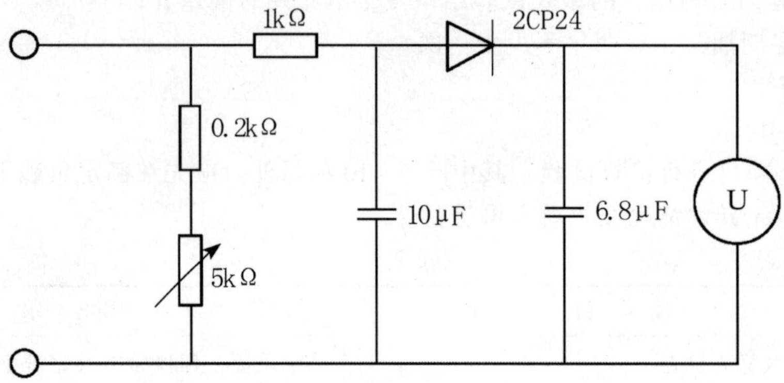

图2　空载电压峰值测量

注：电压表指示平均值正确度应达到±1%。选用的量程应尽可能接近空载电压实验值，电压表应有至少1MΩ的内阻，测量回路中各元件参数值的误差不得超过±5%。测量时，电位器在零至5kΩ之间变化，以获得在0.2～5.2kΩ负载下测量的最高峰值电压，转换极性重复测量。

7．5．1．3　其他空载参数的测定按照GB 8118中有关规定进行。

7．5．2　其他项目的试验方法，应符合GB 8118中有关规定。

8　标志、包装、运输及保管

8．1　标志

8．1．1　每台电源应在适当的明显位置固定产品铭牌，型式和内容应符合GB 15579规定，其内容应包括：

a）制造厂名；
b）产品名称；
c）产品型号；
d）初级电压V；
e）相数与接法；
f）频率Hz；
g）空载电压V；
h）电流调节范围A；
i）额定负载持续率%；
j）额定工作电压V；
k）输入容量kVA；
l）冷却方式；
m）绝缘等级；
n）重量kg；
o）产品编号；
p）制造年月。

8．1．2　产品输出端标明“+”“-”极性，机壳口应装钉接地标牌，并需装置电源通断指示灯。如采用强迫风冷，除单相风机外，应表明风向或风扇转向。

8．1．3　产品铭牌、标志牌所用材质及制造方法，均应保证在使用时间内，具有清晰的字迹图象。

8．2　包装

8．2．1　产品中的附件、备件，在装箱时应加以包装保护、固定，以防在运输时损坏或丢失。

8．2．2　除在特殊情况下征得用户同意可以不装箱外，产品通常必须用箱罩包装，并适合露天存放及运输条件。

8．2．3　包装产品的箱罩上，应标出下列各项：

a）制造厂名及地址；

b）收货单位名称及地址；

c）产品名称、型号、工厂编号；

d）净重、毛量、箱的外形尺寸以及注明“轻放”、“怕湿”、“不许倒置”等字样；

e）装箱年、月。

8．2．4　随同产品供应的技术文件有：

a）产品出厂合格证明书；

b）产品使用说明书；

c）装箱清单。

8．3　保管

8．3．1　包装后的产品应储放在有顶盖的仓库中，库内相对温度不大于85%，周围环境温度为-25～55℃，且不得有腐蚀性有害气体存在。

8．3．2　凡经拆箱检查后仍需继续储存的产品，应按原有要求重新包装。

中华人民共和国机械行业标准

JB/T 4108—1999

热喷涂设备　分类及型号编制方法

代替 JB 4108—95

Equipment for thermal spraying—Compile method for classification and model number

国家机械工业部 1999-06-28 批准　　2000-01-01 实施

前言

本标准是对 JB 4108—85《热喷涂设备　分类及型号编制方法》进行的修订。

本标准与 JB 4108—85 相比，主要技术内容改变如下：

——热喷涂设备分类增加了“燃气爆炸喷涂”（见 2．2，2．3，2．4．1，2．4．3，表 2，表 3，表 5，表 7）；

——表 3 中对（序号 1～7）喷涂枪的第五字位增加了“高速喷枪”；

——表 6 的粉末输送装置增加了“混合式”。

本标准自实施之日起，代替 JB 4108—85。

本标准由全国金属与非金属覆盖层标准化技术委员会提出并归口。

本标准起草单位：武汉材料保护研究所。

本标准主要起草人：伍建华。

1　范围

本标准规定了热喷涂成套设备分类方法及热喷涂设备组成部分分类方法及其设备型号编制规则。

2　热喷涂设备分类方法

2．1　热喷涂设备定义

热喷涂设备系指利用不同热源，在工件表面上制备各种热喷涂层所用装置的总称。

2．2　适用范围

本方法所规定的热喷涂设备分类及其型号的编制规则适用于以下热喷涂工艺方法；

a）火焰线材喷涂；

b）火焰粉末喷涂；

c）火焰粉末喷焊；

d）电弧线材喷涂；

e）等离子喷涂；

f）等离子喷焊；

g）燃气爆炸喷涂。

2．3　成套设备分类

成套设备分以下七类：

a）火焰线材喷涂成套设备；

b）火焰粉末喷涂成套设备；

c）火焰粉末喷焊成套设备；

d）电弧线材喷涂成套设备；

e）等离子喷涂成套设备；

f）等离子喷焊成套设备；

g）燃气爆炸喷涂成套设备。

2．4　热喷涂设备的组成分类

热喷涂设备组成部分按其作用可分为以下六类：

2．4．1　喷涂、喷焊枪

a）火焰线材喷涂枪；

b）电弧线材喷涂枪；

c）火焰粉末喷涂枪；

d）火焰粉末喷焊枪；

e）火焰加热重熔枪；

f）等离子喷涂枪；

g）等离子喷焊枪；

h）爆炸喷涂枪。

2．4．2　整流电源

2．4．3　控制装置

a）火焰线材喷涂控制装置；

b）电弧线材喷涂控制装置；

c）火焰粉末控制装置；

d）等离子喷涂控制装置；

e）等离子喷焊控制装置；

f）燃气爆炸喷涂控制装置。

2．4．4　材料输送装置

a）粉末输送装置；

b）线材输送装置。

2．4．5　机械装置

a）通用机械；

b）专用机械。

2．4．6　辅助装置

a）前处理装置；

b）气体净化装置；

c）增压水冷装置；

d）防护装置；

e）机械附件。

3　热喷涂设备型号编制方法

3．1　本标准适用的设备型号编制范围为本方法第 2 章中的七大类产品。

3．2　产品型号采用国务院正式颁布的汉语拼音字母和阿拉伯数字组成，分为首、尾两部分，中间以短横“-”隔开，型号诸元素的函义、排列顺序及表示方法规定见本标准第3．4．1～3．4．4款。

3．3　汉语拼音字母的选用根据下列原则：

3．3．1　选用所代表产品第一个（或代表产品特征的）汉字的第一个字母。

3．3．2　如同一部位字母重复时，可选用所代表产品的非第一音节字母，必要时亦可采用其他拼音字母，以简明不重复为原则。

3．4　产品型号的编排次序

3．4．1　成套设备型号的编排次序

3．4．2　成套设备型号的表示方法

3．4．2．1　型号中1 4用汉语拼音字母表示。

3．4．2．2　型号中2 3用阿拉伯数字表示。

3．4．2．3　系列品种序号用于区别系列的不同品种，依生产先后编号。

3．4．2．4　附加特征用于代表同工艺类别的不同品种，代号暂时保留。

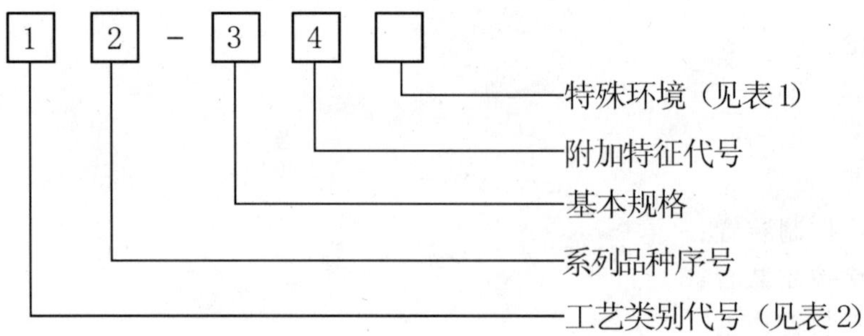

3．4．2．5　特殊环境的代表符号，按统一的电工产品规定，见表1。非特殊环境则不标注。

表1　特殊环境代表符号

特殊环境名称	代　表　符　号
热　　带	T
温　热　带	TH
干　热　带	TA
高　　原	G

3．4．2．6　成套设备产品名称及工艺类别代号见表2。

表2　成套设备及工艺类别代号

序　号	名　　称	工艺类别代号	基　本　规　格
1	火焰线材喷涂成套设备	X	按枪的基本规格标注
2	火焰粉末喷涂成套设备	T	按枪的基本规格标注
3	火焰粉末喷焊成套设备	H	按枪的基本规格标注
4	电弧线材喷涂成套设备	D	按枪的基本规格标注
5	等离子喷涂成套设备	P	按枪的基本规格标注
6	等离子喷焊成套设备	L	按枪的基本规格标注
7	燃气爆炸喷涂成套设备	b	按枪的基本规格标注

3．4．3　设备的组成部分型号的编排次序。

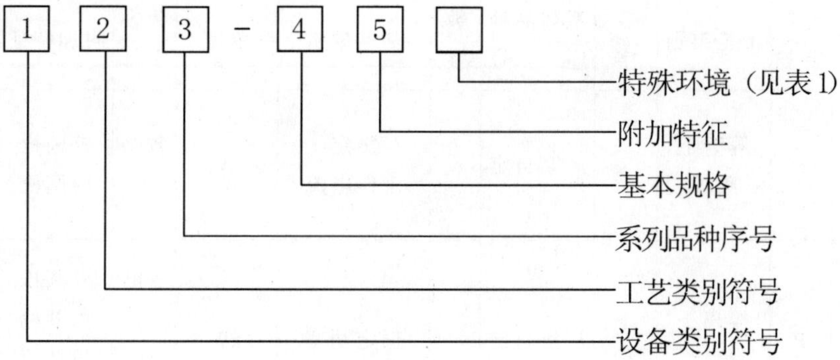

3．4．4　设备的组成部分型号的表示方法

3．4．4．1　1 2 5用汉语拼音字母表示。

3．4．4．2　3用阿拉伯数字表示，4除“火焰线材喷涂枪”、“电弧线材喷涂枪”采用Ⅰ、Ⅱ表示外，其余用阿拉伯数字表示。

3．4．4．3　型号中3 4 5项不用时其他各项紧排。

3．4．4．4　系列品种序号用于区别系列不同品种，依生产先后编号。

3．4．4．5　同3．4．2．4。

3．4．4．6　同3．4．2．5。

3．5　设备的组成部分产品型号的编制排列见表3～表8。

表3　喷涂、喷焊枪

序号	第一字位		第二字位		第三字位		第四字位			第五字位		第六字位		全称
	代表字母	设备分类	代表字母	工艺类别	数字	系列品种序号	数字	基本规格	单位	代表字母	附加特征	代表字母	特殊环境	
1	Q	喷涂枪	X	火焰线材喷涂		厂家自定		每小时喷丝量	kg/h	省略 J G	手持式 机装式 高速喷枪			火焰线材喷涂枪
2	Q	喷涂枪	T	火焰粉末喷涂		厂家自定		每小时送粉量（Ni基粉）	kg/h	省略 P G	圆型枪 排型枪 高速喷枪			火焰粉末喷涂枪
3	Q	喷焊枪	H	火焰粉末喷焊		厂家自定		每小时送粉量（Ni基粉）	kg/h	省略 P	圆型枪 排型枪			火焰粉末喷焊枪
4	Q	加热枪	R	火焰加热重熔		厂家自定		加热直径（或宽度）	mm	省略 P	圆型枪 排型枪			火焰加热重熔枪

序号	第一字位		第二字位		第三字位		第四字位			第五字位		第六字位		全称
	代表字母	设备分类	代表字母	工艺类别	数字	系列品种序号	数字	基本规格	单位	代表字母	附加特征	代表字母	特殊环境	
5	Q	喷焊枪	L	等离子喷焊		厂家自定		额定工作电流	A	省略 N	外圆枪 内圆枪			等离子喷焊枪
6	Q	喷涂枪	P	等离子喷涂		厂家自定		额定功率	kW	省略 N J G	外圆枪 内圆枪 机装枪 高速喷枪			等离子喷涂枪
7	Q	喷涂枪	D	电弧线材喷涂		厂家自定		额定工作电流	A	省略 J G	手持式 机装式 高速喷枪			电弧线材喷涂枪
8	Q	喷涂枪	b	燃气爆炸喷涂		厂家自定		每小时送粉量	kg/h	省略 N	外圆枪 内圆枪			燃气爆炸喷涂枪

表 4　整流电源

序号	第一字位		第二字位		第三字位		第四字位			第五字位		第六字位		全称
	代表字母	设备分类	代表字母	工艺类别	数字	系列品种序号	数字	基本规格	单位	代表字母	附加特征	代表字母	特殊环境	
1	Z	整流电源	D	电弧线材喷涂		厂家自定		额定电流	A	省略 K J	普通整流器 可控硅 晶体管			整流电源
2	Z	整流电源	P	等离子喷涂		厂家自定		额定电流	A	省略 K J C	普通整流器 可控硅 晶体管 抽头式			整流电源
3	Z	整流电源	L	等离子喷焊		厂家自定		额定电流	A	省略 K J C	普通整流器 可控硅 晶体管 抽头式			整流电源

注：非热喷涂专用电源仍用电工局产品编号。

表 5　控制装置

序号	第一字位		第二字位		第三字位		第四字位			第五字位		第六字位		全称
	代表字母	设备分类	代表字母	工艺类别	数字	系列品种序号	数字	基本规格	单位	代表字母	附加特征	代表字母	特殊环境	
1	K	控制装置	X	火焰线材喷涂		厂家自定		按枪的基本规格标注		S Z W	手动 自动 多用			火焰线材喷涂控制装置
2	K	控制装置	H	火焰粉末喷涂（焊）		厂家自定		按枪的基本规格标注		S Z W	手动 自动 多用			火焰粉末控制装置
3	K	控制装置	D	电弧线材喷涂		厂家自定		按枪的基本规格标注		S Z W	手动 自动 多用			电弧线材喷涂控制装置
4	K	控制装置	P	等离子喷涂		厂家自定		按枪的基本规格标注		S Z W	手动 自动 多用			等离子喷涂控制装置
5	K	控制装置	L	等离子喷焊		厂家自定		按枪的基本规格标注		S Z W	手动 自动 多用			等离子喷焊控制装置
6	K	控制装置	b	爆炸喷涂		厂家自定		按枪的基本规格标注		S Z W	手动 自动 多用			爆炸喷涂控制装置

表 6　输送装置

序号	第一字位		第二字位		第三字位		第四字位			第五字位		第六字位		全称
	代表字母	设备分类	代表字母	工艺类别	数字	系列品种序号	数字	基本规格	单位	代表字母	附加特征	代表字母	特殊环境	
1	S	输送装置	F	送粉器		厂家自定	—	—	—	B	刮板式			粉末输送器
2	S	输送装置	F	送粉器		厂家自定	—	—	—	C	电磁振动式			粉末输送器
3	S	输送装置	F	送粉器		厂家自定	—	—	—	J	机械振动式			粉末输送器
4	S	输送装置	F	送粉器		厂家自定	—	—	—	Q	气动式			粉末输送器
5	S	输送装置	F	送粉器		厂家自定	—	—	—	Z	转轮式			粉末输送器
6	S	输送装置	F	送粉器		厂家自定	—	—	—	H	混合式			粉末输送器
7	S	输送装置	X	线材装置		厂家自定	—	—	—	D	电动式			线材输送器
8	S	输送装置	X	线材装置		厂家自定	—	—	—	Q	气动式			线材输送器

表7 机械装置

序号	第一字位		第二字位		第三字位		第四字位			第五字位		第六字位		全称
	代表字母	设备分类	代表字母	工艺类别	数字	系列品种序号	数字	基本规格	单位	代表字母	附加特征	代表字母	特殊环境	
1	J	机械装置	W	通用机械		厂家自定		最大回转直径或最大工件长度	mm	省略 L H	卧式 立式 回转式			通用机械
2	J	机械装置	X	火焰线材喷涂		厂家自定		最大回转直径或最大工件长度	mm	A	特殊			火焰线材喷涂机械装置
3	J	机械装置	T	火焰粉末喷涂		厂家自定		最大回转直径或最大工件长度	mm	A	特殊			火焰粉末喷涂机械装置
4	J	机械装置	H	火焰粉末喷焊		厂家自定		最大回转直径或最大工件长度	mm	A	特殊			火焰粉末喷焊机械装置
5	J	机械装置	D	电弧线材喷涂		厂家自定		最大回转直径或最大工件长度	mm	A	特殊			电弧线材喷涂机械装置
6	J	机械装置	P	等离子喷涂		厂家自定		最大回转直径或最大工件长度	mm	A	特殊			等离子喷涂机械装置
7	J	机械装置	L	等离子喷焊		厂家自定		最大回转直径或最大工件长度	mm	A	特殊			等离子喷焊机械装置
8	J	机械装置	b	爆炸喷涂		厂家自定		最大回转直径或最大工件长度	mm	A	特殊			爆炸喷涂机械装置

表 8 辅助装置

序号	第一字位		第二字位		第三字位		第四字位			第五字位		第六字位		全称
	代表字母	设备分类	代表字母	工艺类别	数字	系列品种序号	数字	基本规格	单位	代表字母	附加特征	代表字母	特殊环境	
1	F	辅助装置	D	电拉毛		厂家自定		电流	A					拉毛机
2	F	辅助装置	C	喷砂		厂家自定		喷嘴喉径	mm					喷砂机
3	F	辅助装置	U	换热排污		厂家自定		处理气体量	m^3/min					换热排污器
4	F	辅助装置	S	油水分离		厂家自定		处理空气量	m^3/min					油水分离器
5	F	辅助装置	Y	乙炔干燥		厂家自定		处理空气量	m^3/h					乙炔干噪器
6	F	辅助装置	R	热交换器		厂家自定		处理介质流量	m^3/h					热交换机
7	F	辅助装置	F	防护装置		厂家自定								
8	F	辅助装置	J	机械附件		厂家自定		按公称直径系列	mm	K Y	快速接头 乙炔干式回火防止器			快速接头 乙炔干式回火防止器

3．6　编制“统一型号”示例

3．6．1　成套设备“统一型号”编制示例。

P 4 - 50

- 50——表示配用等离子喷涂枪功率 50kW
- 4——表示是第四种系列设计
- P——表示等离子喷涂成套设备

即是第四种系列设计功率为 50kW 的等离子喷涂设备。

3．6．2　设备组成部分“统一型号”编制示例

Q H - 2 P

- P——表示排形火焰粉末喷焊枪
- 2——表示每小时送粉量为 2kg(2kg/h)
- H——表示火焰粉末喷焊
- Q——表示喷枪

即是第 1 种系列设计每小时送粉为 2kg 的排形火焰粉末喷焊枪。

K L 2 - 300 Z

- Z——表示控制设备是自动操作
- 300——表示配用等离子喷焊枪额定电流为 300A
- 2——表示是第二种系列设计
- L——表示等离子喷焊
- K——表示控制装置

即是第二种设计配用 300 安培等离子喷焊枪的等离子喷焊控制装置。

注：如果系列品种序号为 1 则不标注。

中华人民共和国国家标准

金属粉末中可被氢还原氧含量的测定

Metallic powders – Determination of hydrogen – reducible oxygen content

GB/T 4164—2002
idt ISO 4491 – 3:1997

代替 GB/T 4164—1984

中华人民共和国国家质量监督检验检疫总局 2002 – 04 – 09 批准　　2002 – 10 – 01 实施

前言

本标准等同采用 ISO 4491 – 3:1997《金属粉末　还原法测定氧含量　第 3 部分:可被氢还原氧》对 GB/T 4164 – 1984 进行修订。

本版标准与前版标准的不同是增加了金属粉末的种类。

本标准自实施之日起代替 GB/T 4164 – 1984。

本标准由中国机械工业联合会提出。

本标准由机械工业粉末冶金制品标准化技术委员会归口。

本标准起草单位:北京市粉末冶金研究所。

本标准主要起草人:薄雅贤、陈　涤、尹凤霞、贾桂珍。

本标准于 1984 年首次发布。

ISO 前言

本国际标准 ISO 4491(ISO 4491 – 3:1989)第一版更新了国际标准(ISO 4493:1981),描述了进行可还原氧测定的专用仪器装置和试验步骤。然而自本标准建立以后,其将同样给出有效的结果,故在它方法也 ISO 4491 该部分对此予以说明。

此外,本方法的适用范围已被扩大到包括含碳的粉末。

如果粉末中存在碳,碳会还原一部分原本将被氢还原的氧,产生一氧化碳或二氧化碳。这些生成物用卡尔·菲休试剂无法滴定测量。因为该试剂测定的是生成的水含量。因此用氢还原氧含量法会得到偏低的结果。

这种干扰可以通过下述方法排除,即由还原炉中产生的气体通过一种触媒,该触媒根据下列方式使 CO 和 CO_2 转化成甲烷和水:

$$CO + 3H_2 \rightarrow CH_4 + H_2O$$

$$CO_2 + 4H_2 \rightarrow CH_4 + 2H_2O$$

转化反应于镍触媒存在时于 380℃下发生。

注:某些氧化物可以被碳部分还原,但不能被氢还原。在此情况下,对结果的分析应当谨慎(见 ISO 4491 – 1:1989 4.1.2 款)

1　范围

ISO 4491 的本部分说明了氧含量(质量分数)在 0.05% ~ 3%之间的金属粉末中可被氢还原氧的测

定方法。

本方法适用于非合金化、部分合金化和完全合金化的金属粉末，也适用于碳化物和粘结金属的混合物。它不适用于含有润滑剂或者有机粘结剂的粉末。

通过使用专用催化装置，本方法可以扩大到用于测量含碳粉末。

ISO 4491 应与 ISO 760 和 ISO 4491-1 一同阅读。

2 引用标准

下列标准所包含的条文，通过在本标准中引用而构成为本标准的条文。本标准出版时，所示版本均为有效。所有标准都会被修订，使用本标准的各方应探讨使用下列标准最新版本的可能性。IEC 和 ISO 成员是现行在有效的国际标准化的注册机构。

ISO 760:1978　水的确定　卡尔·菲休方法(通用方法)

ISO 4491-1:1989　金属粉末　用还原法确定氧含量　第 1 部分:总则

3 原理

试样在干燥的氮气或氩气下于低温(170℃)干燥。

在给定温度下于纯净干燥氢气流中对试样加热。氧化物与氢发生反应，所生成的水被甲醇吸收。用卡尔·菲休试剂滴定，通过视觉观察颜色的变化或用双电极电测量方法(死停点)来确定终点。

对于含碳的粉末，由镍触媒在 380℃将生成的一氧化碳和二氧化碳转化成甲烷和水。

4 试剂

在分析过程中，只能用已确认的分析纯试剂，所用水为蒸馏水或同等纯度的水。

警告:卡尔·菲休试剂含有 4 种有毒化合物:碘、二氧化硫、吡啶和甲醇，要避免直接接触，特别是避免吸入。意外溢出时，用大量水冲洗。

4.1　无水甲醇。

4.2　卡尔·菲休试剂，每毫升溶液相当于 1 mg 氧。

用下列任一种方法可以测定卡尔·菲休试剂的滴定度:

a) 向滴定瓶中加入 20～30 mg 水，精确至 0.1 mg;

b) 加入 100～200 mg 的磨成粉末并在 105℃±5℃下干燥成质量稳定的酒石酸钠[合格的材料理论上含(质量分数)15.16%的水，相当于(质量分数)13.92%的氧]。精确至 0.1 mg。

c) 按第 7 章所示方法，取 100～200 mg 纯的酒石酸钠，称重精确至 0.1 mg，作为标准样品，必须在 170℃下加热使其释放所含结晶水，随后滴定所生长之水。

详细标准过程见 ISO 760。

4.3　氢气:含氧量不超过(质量分数)0.005%，露点不大于-45℃。

4.4　氮气或氩气:含氧量不超过(质量分数)0.005%，露点不大于-45℃。

4.5　干燥剂:粒状无水硅酸铝钠，活化硅胶或高氯酸镁。

5 仪器

注:可选用的仪器安装方法分别见图 1(方法 1)和图 2(方法 2)。

5.1　氢气源(A)装有压力调节阀，流量控制阀及流量计。

5.2　净化器(B)，用于氢气，包括一个触媒脱氧器和一个干燥器。

5.3 氮气或氩气源(C),装有压力调节阀,流量控制阀及流量计。

5.4 气体选择阀(D)。

5.5 气体干燥装置(E),包括干燥剂(4.5)。

5.6 还原管(F),由气密性好的,石英或耐火材料(如致密的氧化铝)制成,应满足下列技术标准系列之一:

a) 内径 27~30 mm,长为 400 mm 的一端封闭的管,另外包括直径 5~6 mm,长度分别为 60~80 mm 和 200~240 mm 的两根小石英管,如图 3 所示。将这种装置插入干燥炉内,然后再插入还原炉内;

b) 内径约 20 mm,长 1 m,以及有一个进气口和一个出气口的两端不封闭的管。该管应永久地插入在这两个炉内。

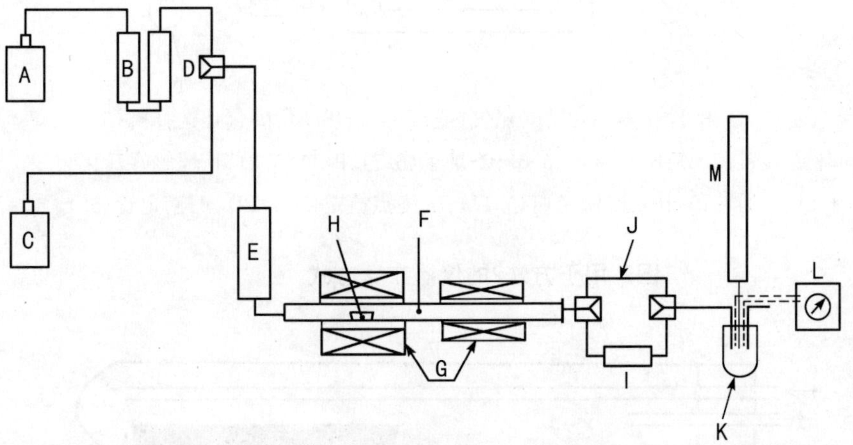

A-氢气源(5.1); B-净化器(5.2); C-氮气(或氩气)源(5.3); D-气体选择阀(5.4); E-气体干燥装置(5.5);F-还原管(5.6);G-炉子(5.7);H-舟(5.8);I-镍触媒转化装置(5.9);J-直通管(5.10);K-滴定瓶(5.11);L-终点检定仪(5.12);M-滴定管(5.13)

图1 用于方法1的仪器布置方式

5.7 两个炉子(G),其一用于标准样品脱水,另一用于氧的还原,利用温度控制系统,能使放置舟(5.8)的部位的温度保持在规定的温度范围内。

5.8 舟(H),舟的材质最好是高氧化铝陶瓷,并带有抛光表面,大小应以试样装填不到一半为宜,在使用前必须于 900~1 100℃的氢气中焙烧至少 1 h,使用前储存在干燥器中。

5.9 触媒转化装置(I),由装镍触媒的玻璃管和带有能使玻璃管内保持 380℃的控制系统的炉子组成。该触媒应一直置于氢气中。

5.10 直通管(J),当不需触媒转化装置(5.9)时使用,另一功能是使空气无法接触镍触媒。

5.11 滴定瓶(K),容量 200~300 mL,装有磁力搅拌器或类似装置,如果使用的是电子自动检测终点方法,还应装有两个铂金电极。

5.12 终点检定仪(L),用于电子自动检测的情形(见图 4)。

5.13 滴定管(M),容量为 25 mL,刻度精确到 0.05 mL,用装有 4.5 规定中的任一种干燥剂的防护管,以防止大气中的水分。

可以改动 5.11、5.12 以及 5.13 中所述的设备,只要满足 ISO 760 操作要求的卡尔·菲休滴定装置都可以使用。

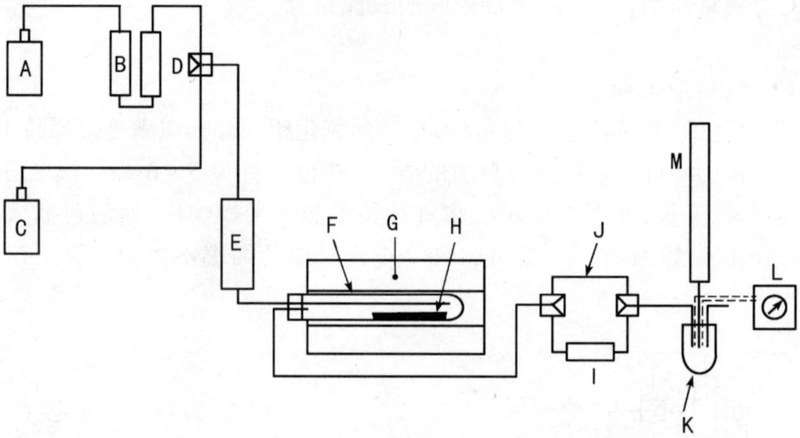

A-氢气源(5.1);B-净化器(5.2);C-氮气(或氩气)源(5.3);D-气体选择阀(5.4);E-气体干燥装置(5.5);F-还原管(5.6);G-炉子(5.7);H-舟(5.8);I-镍触媒转化装置(5.9);J-直通管(5.10);K-滴定瓶(5.11);L-终点检定仪(5.12);M-滴定管(5.13)

图2 用于方法2的仪器布置方式

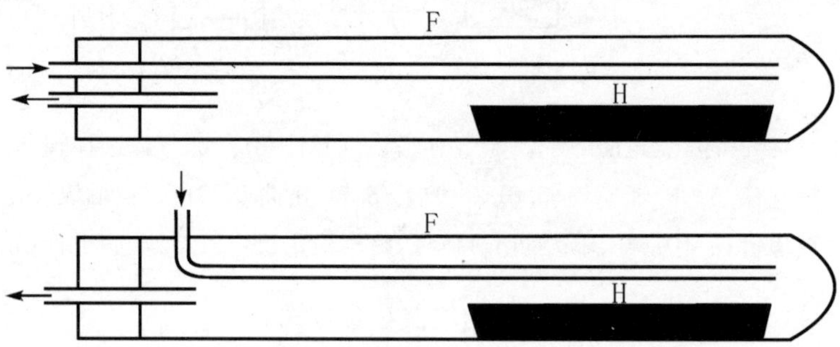

F—还原管(5.6); H—舟(5.8)

图 3 还原管实例

6 试样

粉末应当在标准状态下测试。

7 步骤

7.1 试料

称重,按预计的可被氢还原氧含量称取试料量于表1,精确至0.1 mg。

表 1

预计可被氢还原氧含量(质量分数)/%	试料质量/g
0.05~0.5	5
0.5~2.0	2
2.0~3.0	1

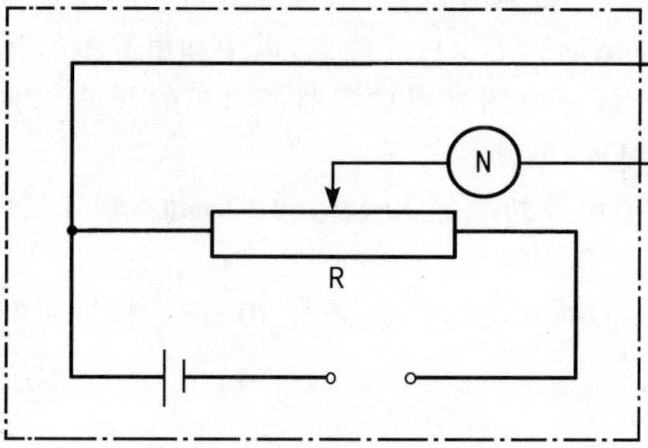

N—微电表；R—可变电阻；S—开关

图4 电测终点检定器的线路简图(见7.3.4)

7.2 试验条件

使用的还原温度见表2。

在下列温度下的还原时间约20 min，对每一种仪器和每一种粉末，使其完全还原的最佳保温时间应由试验确定。

表2 还原温度

金属粉末	还原温度/℃
锡青铜	750±15
铅青铜	600±10
铜铅	600±10
铅	500±10
锡	425±10
银	550±10
铜	850±15
铁和钢	1 100±20
钴	1000±20
镍	1 000±20
钨	1 000±20
钼	1 100±20
铼	1 150±20
硬质合金混合料	1 000±20

7.3 仪器准备

7.3.1 将仪器按图1所示方法1或图2所示方法2布置。将还原炉(见5.7)温度调至还原温度。按方法1布置时，还应将还原管(5.6 a)放至炉外。

7.3.2 用卡尔·菲休试剂(4.2)冲洗滴定管(5.13)以确保不存在能改变试剂滴定度的水分，排除冲洗液，在滴定管中放入卡尔·菲休试剂。

7.3.3 将甲醇(4.1)加入滴定瓶(5.11),小心调整液面,液面在进气口以上,(如用电极,液面应在电极以上)。起动磁力搅拌器,用卡尔·菲休试剂滴定至可见终点,以中和甲醇中的微量水。

7.3.4 如使用电测终点检测(见图4),接通电测终点检定器(5.12)的开关S,使电极短路,并调节可变电阻器R,使微安计N上通过120 μA电流,断开开关S。

7.3.5 对于两种方法,都要将氮气流量调节到至少30 L/h,通10 min。利用气体选择阀(5.4)将氮气换成氢气,重新调节流量至少25 L/h。

按方法1操作时,需将还原管(5.6 a)插入还原炉中,放置10 min。将气流由氢气改回氮气。抽出还原管并冷却至室温。

7.3.6 再一次滴定甲醇至可见终点。

7.3.7 用7.4规定的空白试验检查仪器的状态和气密性。

警告:当管子还是热的时候,除非已改回通氮气,否则不要停止通氢气。

7.4 空白试验

空白试验是使用一个空舟(5.8),按试验部分规定的程序进行每一步试验。

注:处于良好状态的仪器在20 min的加热周期中的空白试验,产生的氧约1 mg,如结果较高或得到不同结果,则应检查仪器是否漏气。

7.5 测定

如有必要消除碳的影响,使用上述两种方法,都需要通过将触媒转换器(5.9)予加热至380℃±10℃,在放入舟前打开转换装置。

在测定结束时,应在氢气转换氮气之前,确保触媒转换器处在直通管部位。

注:如需要知道试样中的水分,可以通过在干燥过程中消耗的卡尔·菲休试剂的体积来计算。

7.5.1 方法1:终端密封还原管

打开还原管(5.6a))放入装有称量过被测样品的舟,关闭管道,用干燥氮气以最少30 L/h的流速冲洗,以排除随着试样带入的空气。如过去尚未确定冲洗时间,可允许10 min。

将甲醇滴定到可见终点,调整氮气流为25 L/h,并将管子插入温度为170℃±10℃的炉中。干燥结束时,用目测或电测终点检定器将甲醇滴定到终点,这是在7.3.4中的调整之后进行的。记录滴定管中卡尔·菲休试剂的体积和干燥时间。利用气体选择阀,将气体由氮气换成氢气,调整流速至25 L/h,并将管子插入保温在还原温度的还原炉中,还原结束时,以上述同样的终点测定法用甲醇滴定。读出并记录滴定体积的毫升数V_1,并记录时间,利用气体选择阀,将气流由氢气换成氮气,把管子从炉中拨出,将管子冷却至室温,如需要可用吹风机冷却,打开管子取出舟。

7.5.2 方法2:终端开口还原管

应保证炉温设置正确,用干燥氮气冲洗,然后打开还原管(5.6 b))将含有试料的舟放入,用不锈钢钩将舟推入干燥区,用气密塞将管塞严。在干燥过程结束时,用卡尔·菲休试剂滴定甲醇。

将氮气转成氢气,将舟推入还原炉的高温区,在还原过程结束时,用卡尔·菲休试剂滴定,记录所消耗试剂体积的毫升数V_1。

将氢气转成氮气,将舟移入低温区,1 min后将其从管内取出。

7.6 同样的检测至少进行两次。

8 试验结果的计算和表示

8.1 可被氢还原氧的含量以质量分数(%)表示,由式(1)计算:

$$\omega(O_{还原}) = 100n\frac{V_1 - V_2}{m} \qquad (1)$$

式中：V_1——用于滴定试料的卡尔·菲休试剂体积，mL；

V_2——用于空白试验的卡尔·菲休试剂体积，mL；

m——试料的质量，mg；

n——卡尔·菲休试验剂对氧的滴定度，mg/mL。

8.2 试验结果的计算和表示见表3。

表3

可被氢还原氧含量（质量分数）/%	试验结果计算精确至以下数值	两次测定之间的最大允差	结果表示精确至以下数值
≤0.2	0.01%	0.01%（绝对值）	0.01%
>0.2≤0.5	0.01%	平均值的5%	0.02%
>0.5≤1.0	0.01%	平均值的5%	0.05%
>1.0	0.01%	平均值的5%	0.1%

9 试验报告

试验报告应包括以下内容：

a) 参照本标准；

b) 鉴定试样所需的一切细节；

c) 干燥时间及温度；

d) 还原时间及温度；

e) 是否使用触媒转换装置；

f) 所得结果；

g) 本标准中未规定的操作；

h) 可能影响结果的任何细节。

中华人民共和国国家标准

焊条用铝及铝合金线材

Aluminium and alumium alloy wires for welding purpose

GB/T 3197—2001
代替 GB/T 3197—1982

中华人民共和国国家质量监督检验检疫总局 2001-07-10 批准　　2001-12-01 实施

前言

本标准是对 GB/T 3197—1982《焊条用铝及铝合金线材》的修订。

本标准与 GB/T 3197—1982 相比,主要有如下变动:

——采用国家新颁布的四位字符体系合金牌号及状态代号并增加了常用国外合金牌号;

——线材直径允许偏差分为两级:普通级和高精级。

本标准自实施之日起代替 GB/T 3197—1982。

本标准由中国有色金属工业协会提出。

本标准由中国有色金属工业标准计量质量研究所负责归口。

本标准由东北轻合金有限责任公司、西北铝加工厂负责起草。

本标准主要起草人:王铭霁、王国军、吕新宇、姜文举、潘　哲、戴维臣。

本标准由全国有色金属标准化技术委员会负责解释。

1　范围

本标准规定了焊条用铝及铝合金线材的要求、试验方法、检验规则及标志、包装、运输、贮存、合同内容等。

本标准适用于焊条用铝及铝合金拉制线材。

2　引用标准

下列标准所包含的条文,通过在本标准中引用而构成为本标准的条文。本标准出版时,所示版本均为有效。所有标准都会被修订,使用本标准的各方应探讨使用下列标准最新版本的可能性。

GB/T 3190—1996　变形铝及铝合金化学成分

GB/T 3199—1996　铝及铝合金加工产品　包装、标志、运输、贮存

GB/T 6987—2001　铝及铝合金化学分析方法

GB/T 17432—1998　变形铝及铝合金化学成分分析取样方法

3　要求

3.1　产品分类

3.1.1　焊条线供应的牌号、状态、规格应符合表 1 的规定。

表 1

<table>
<tr><th>牌号</th><th>状态</th><th>直径,mm</th></tr>
<tr><td rowspan="2">1070A、1060、1050A、1035、1200、8A06</td><td>H18、O</td><td>0.80 ~ 10.00</td></tr>
<tr><td>H14、O</td><td>> 3.00 ~ 10.00</td></tr>
<tr><td rowspan="3">2A14、2A16、3A21、4A01、5A02、5A03</td><td>H18、O</td><td rowspan="2">> 0.80 ~ 10.00</td></tr>
<tr><td>H14、O</td></tr>
<tr><td>H12、O</td><td>> 7.00 ~ 10.00</td></tr>
<tr><td rowspan="3">5A05、5B05、5A06、5B06、5A33、5183</td><td>H18、O</td><td rowspan="2">0.80 ~ 7.00</td></tr>
<tr><td>H14、O</td></tr>
<tr><td>H12、O</td><td>> 7.00 ~ 10.00</td></tr>
<tr><td colspan="3">注:经双方协商,可提供表中规定之外的焊条线</td></tr>
</table>

3.1.2 标记示例

用 3A21 合金制造的,H18 状态、直径为 3.00 mm 的线材标记为:

线 3A21 - H18 3.00 GB/T 3197—2001

3.2 化学成分

线材的化学成分应符合 GB/T 3190 的规定。

3.3 外形尺寸及允许偏差

线材直径及允许偏差应符合表 2 的规定。

表 2 mm

直 径	允 许 偏 差	
	普通级	高精级
0.80 ~ 1.50	± 0.03	± 0.02
> 1.50 ~ 3.00	± 0.04	± 0.03
> 3.00 ~ 4.50	± 0.05	± 0.04
> 4.50 ~ 7.00	± 0.07	± 0.05
> 7.00 ~ 10.00	± 0.09	± 0.07
注:线材的直径允许偏差要求高精级时需在合同中注明		

3.4 外观质量

3.4.1 焊条线表面应光滑,不允许有裂纹、气泡、腐蚀斑点,以及超过直径允许负偏差的划伤、擦伤、压陷和机械损伤缺陷。

3.4.2 线材表面允许有退火后未烧尽的油斑。

3.5 其他要求

线材不得折弯和缠绕混乱。

4 试验方法

4.1 化学成分仲裁分析方法

焊条线材的化学成分仲裁分析方法按 GB/T 6987 中的规定进行。

4.2 尺寸测量方法

焊条线材的直径用精度不小于 0.01 mm 的量具测量。

4.3 表面检验方法

焊条线材的表面质量用目视检测，允许对表面缺陷进行检验性打磨，但必须保证最小直径。

5 检验规则

5.1 检查和验收

5.1.1 焊条线应由供方技术监督部门进行检验，保证产品质量符合本标准要求，并填写质量证明书。

5.1.2 需方可对收到的焊条线，按本标准的规定进行复验。如复验结果与本标准(或订货合同)不符，应在收到焊条线之日起 3 个月内向供方提出，由供需双方协商解决。如需仲裁，仲裁取样在需方，由供需双方共同进行。

5.2 组批

5.2.1 线材应成批提交验收，每批应由同一合金、同一状态、同一熔次(纯铝除外)，同一直径的线材组成。

5.2.2 线材应成盘供应，每盘应由一根线材组成。

5.2.3 线材每盘交货质量不应超过 40 kg。

5.3 检验项目

每批线材均应进行化学成分检验；每盘进行尺寸及允许偏差和表面质量的检验。

5.4 取样位置和数量

线材取样位置和取样数量应符合表 3 的规定。

表 3

检验项目	取样位置	取样数量	要求的章条号	检查或试验方法的章条号
化学成分	按 GB/T 17432	每熔次 1 个	3.2	4.1
尺寸偏差	任意部位	逐盘	3.3	4.2
表面质量	任意部位	逐盘	3.4	4.3
注：供方在铸造时取熔体试样分析化学成分，不对线材进行取样分析				

5.5 检验结果的判定

5.5.1 化学成分不合格时，判该熔次(或批次)不合格。

5.5.2 尺寸不合格时，判该线盘不合格，但允许供方逐盘检验，合格者交货。

5.5.3 表面不合格时，判该线盘不合格，但允许供方切除不合格部分重新检验，合格者交货。

6 标志、包装、运输、贮存

6.1 标志

每盘焊条线均应拴上打有合金牌号、规格、批号和检印的金属牌。

6.2 包装、运输和贮存

焊条线的包装、运输和贮存应符合 GB/T 3199 的规定。

6.3 质量证明书

每批焊条线应附有符合本标准要求的质量证明书,其上注明:

a) 供方名称;

b) 合金牌号;

c) 供货状态;

d) 规格;

e) 批号;

f) 净重;

g) 技术监督部门印记;

h) 本标准编号;

i) 包装日期。

7 合同内容

订购本标准所属材料的合同中应包括下列内容:

a) 产品名称;

b) 牌号;

c) 状态;

d) 规格;

e) 重量;

f) 本标准编号;

g) 包装;

h) 其他特殊要求。

中华人民共和国国家标准

金属粉末松装密度的测定 第3部分:振动漏斗法

GB/T 5061—1998

代替 GB/T 5061—1985

Metallic powders— Determination of apparent density—Part 3:Oscillating funnel method

国家质量技术监督局 1998-12-07 批准　　1999-07-01 实施

前言

本标准是对 GB/T 5061—1985《金属粉末松装密度的测定　第3部分:振动漏斗法》进行修订的。

本标准增加了5.3条:“视粉末流动情况,预先适度地调节振动器的振幅,避免粉末成堆的流入圆柱杯中”。在实施 GB/T 5061—1985 过程中发现,某些粉末,当振动装置的振幅调节过大时,会成堆地流入圆柱杯中,使其松装密度的测定值偏高。

针对不同性能的粉末,其松装密度的测定有3种方法,在《金属粉末松装密度的测定》总标题下,有以下3个标准与之相对应:

第1部分(即 GB/T 1479):漏斗法

第2部分(即 GB/T 5060):斯科特容量计法

第3部分(即 GB/T 5061):振动漏斗法

本标准自实施之日起,同时代替 GB/T 5061—1985。

本标准由国家有色金属工业局提出。

本标准由中国有色金属工业标准计量质量研究所归口。

本标准由国家冶金工业局钢铁研究总院负责起草。

本标准主要起草人:陈木兰、李忠全、李玉莲。

1　范围

本标准规定了采用振动漏斗测定金属粉末松装密度的方法。该方法适用于不能自由流过漏斗法中孔径为5mm漏斗的金属粉末。

本标准不适用于在振动过程中易于破碎的金属粉末,如团聚颗粒、纤维状和针状的粉末。在 GB/T 5060 中规定了测定含有这种颗粒粉末松装密度的方法。

2　原理

将粉末装入带有振动装置的漏斗中,在一定条件下进行振动。粉末借助于振动,从漏斗中按一定高度自由落下,以松装状态充满已知容积的圆柱杯。用单位体积松装粉末的质量表示粉末的松装密度。

3　试验装置

3.1　漏斗

小孔直径为 7.5 mm $^{+0.2}_{0}$ mm(见图1)。

3.2 振动器

电源频率为 50 Hz,漏斗以 100 Hz 的频率水平振动,振幅为 100 μm ± 15 μm(见图 2)。

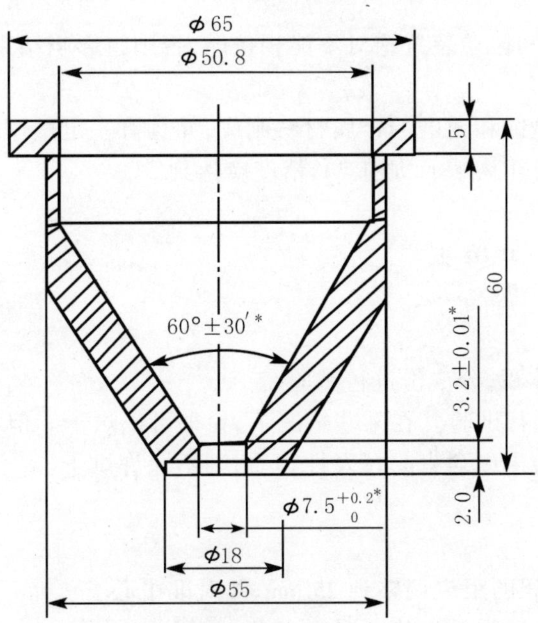

图1 漏斗

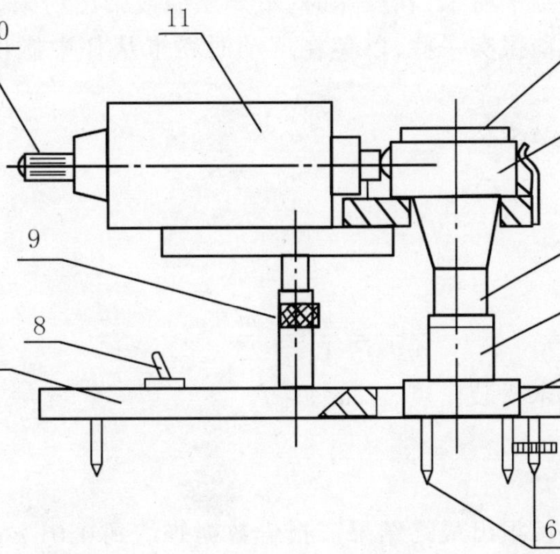

1—漏斗；2—滑块；3—定位块；4—圆柱杯；5—杯座；6—调节螺钉；

7—底座；8—开关；9—振动器支座；10—振幅调节钮；11—振动器

注:* 这些数据是保证数据。

图2 振动装置示意图

3.3 圆柱杯

容积为 25 $cm^3 \pm 0.05$ cm^3，内径为 30 mm ± 1 mm。

3.4 杯座

用来支撑圆柱杯，操作时杯座和振动装置绝对不能相接触，否则将影响结果。

3.5 漏斗和圆柱杯的制作

圆柱杯和漏斗应由非磁性抗腐蚀和耐磨的金属材料制成，并且有一定壁厚和硬度，以防变形和过度磨损，一般采用黄铜。圆柱杯和漏斗内表面加工$\overset{0.4}{\nabla}$精度应达到。

3.6 天平

应有足够的称量范围，精度为 ± 0.05 g。

4 取样

4.1 每种样品至少取 100 cm^3 的体积，分 3 份进行试验。

4.2 通常，金属粉末按收样状态进行试验。在某些情况下，粉末可以烘干。但如果粉末易氧化，烘干应在真空或惰性气氛下进行。如果粉末中含有易挥发性物质，则不允许烘干。

5 步骤

5.1 用定位块将圆柱杯和漏斗之间的距离调整到 25 mm，并对准中心。

5.2 用手指堵住漏斗小孔，然后将试验粉末装入漏斗中。

5.3 视粉末流动情况，预先适度地调节振动器的振幅，避免粉末成堆地流入圆柱杯中。

5.4 启动振动装置，并松开手指，使粉末流入杯中，直到粉末溢出时为止。

5.5 用非磁性和不带静电的直尺刮平粉末，在操作时，不要压缩或带出粉末，更不要震动圆柱杯。

5.6 粉末刮平后，轻敲杯壁，使其稍振实一些，以免在挪动时粉末从杯中撒出。然后，将圆柱杯外壁的粉末清理干净，并确保不沾有粉末。

5.7 称量杯内粉末质量，精确到 0.05 g。

6 结果表示

松装密度由下式计算：

$$\rho_{ao} = \frac{m}{V} = \frac{m}{25}$$

式中：ρ_{ao}——振动漏斗法测得的粉末松装密度，g/cm^3；

m——粉末质量，g；

V——圆柱杯容积，cm^3。

取 3 次测量结果的算术平均值，报出最终结果。报告数据修约到 0.01 g/cm^3。当 3 次测量结果之间的差值超过平均值的 1% 时，应报出最高和最低值。

7 试验报告

试验报告应包括下列内容：

a) 本标准编号；

b) 鉴别试样的必要说明；

c) 样品处理情况，如果样品被烘干，应注明烘干工艺；

d) 试验结果；

e) 本标准未作规定的操作；

f) 可能影响结果的任何情况。

中华人民共和国国家标准

金属粉末粒度组成的测定 干筛分法

Determination of particle size for metallic powders – Dry sieving

GB/T 1480 – 1995

代替 GB 1480 – 84

国家技术监督局 1995 – 04 – 18 批准

1995 – 12 – 01 实施

1 主题内容与适用范围

本标准规定了测定金属粉末粒度组成的干筛分法。

本标准适用于干的、不含润滑剂的金属粉末。

本标准不适用于明显不等轴的金属粉末(如片状粉末)及颗粒尺寸全部或大部分小于 45 μm 的金属粉末。

2 引用标准

GB 5329 试验筛与筛分试验 术语

GB 6003 试验筛

GB 6005 试验筛 金属丝编织网、穿孔板和电成型薄板 筛孔的基本尺寸

3 原理

利用按照筛孔尺寸依次组合的一套试验筛,借助震动把金属粉末筛分成不同的筛分粒级。称量每个筛上和底盘上的粉末量,计算出每个筛分粒级的百分含量,从而得出粉末的粒度组成。

4 设备

4.1 试验筛

试验筛应由非磁性的金属丝编织网和筛框组成。金属丝编织网装在筛框上,并应张紧,筛面与筛框接缝处不得有缝隙。试验筛初次使用前须除油和清洗干净。试验筛的技术条件应符合 GB 6003 规定。

筛框的基本直径为 200 mm,基本深度为 25 ~ 50 mm。试验套筛配合应保证互换性,在便于拆卸的前提下,间隙应尽量小,以保证筛分时不漏粉末。

所用一套试验筛的基本孔径应从 GB 6005 表 2 中选出,并应尽量从基本尺寸 R20/3 系列中选出。如果这些筛孔尺寸不合适,可以部分或全部从补充系列 R20 或 R40/3 的任一系列中选出。但不能同时从两个补充尺寸的系列中选出。试验筛基本孔径和个数的选择要保证能够测定试验样品的粒度组成。

注:如果供需双方同意,可以选用标准中未规定的试验筛。

4.2 震筛机

规定为偏心振动式震筛机，即在振筛过程中，能使试验筛按圆周摇动和上下振动，摇动次数为 270 ~ 300 次/min，振动次数 140 ~ 160 次/min。

震筛机应装在牢固的基础上，最好装配一个自动按时启闭的电动开关，以保证准确的试验时间。

4.3 天平

至少能称量 100 g，精度 0.1 g。

4.4 软毛刷

5 试样的准备

5.1 通常金属粉末按接受状态进行试验。在某些情况下，粉末可以进行干燥。但是，如果粉末容易氧化，干燥应在真空或惰性气氛下进行。

5.2 当金属粉末松装密度大于 1.5 g/cm^3 时，称取样品 100 g，当松装密度等于或小于 1.5 g/cm^3 时，称取样品 50 g。

6 步骤

6.1 将选好的一套筛子，依筛孔尺寸大小从上到下套在一起，底盘放在最下部，试样放在顶部的最大孔径的筛子上，然后装上盖子。

6.2 将整套试验筛牢固地装在震筛机上，借助震筛机的振动，把粉末筛分成不同的筛分粒级。

6.3 筛分过程可以进行到筛分终点，也可以进行到供需双方商定的时间。对于一般粉末，筛分时间规定为 15 min。难筛的粉末，筛分时间可适当延长。

筛分进行到每分钟通过最大组分筛面上的筛分量小于样品量的 0.1% 时，取为筛分终点，参见 GB 5329。

6.4 筛分后，称量每个筛面和底盘上的粉末量，称量精确到 0.1 g。

每个筛面上的粉末量按如下方法收集：

从一套筛子上取出一个筛子，把它里面的粉末倾斜到一边。倒在光滑的纸(如描图纸)上，再把附在筛网和筛框底部的粉末，用软毛刷扫到相邻的下一个筛子中，然后把筛子反扣在光滑纸上，轻轻地敲把筛框，清出筛子中所有的粉末。

6.5 每次筛分测定的所有筛子和底盘上的粉末量总和应不小于试样的 98%，否则须重新测定。

6.6 当筛子用过数次后，发现筛孔堵塞严重时，应及时用超声波清洗。一般情况下，筛子用过 10 次后，就应该进行清洗 。

7 结果的表示

设筛分时所用筛子数目为 n 个，则可分为 n+1 个筛级，用每个筛级称量得到的粉末量除以粉末量总和，计算出该筛级粉末的百分含量，精确到 0.1%。任何小于 0.1% 的筛分量以“痕量”报出筛分结果举例见下表。

筛分结果举例

筛孔尺寸范围 μm	筛分量	
	g	%
≥180	痕量	痕量
<180~150	0.5	0.5
<150~106	8.5	8.6
<106~75	16.0	16.1
<75~63	14.2	14.3
<63~45	28.4	28.6
<45	31.7	31.9
总　量	99.3	100.0
试样量	100.0	
损失量	0.7	

8 试验报告

试验报告应包括下列内容：

a. 本标准号；

b. 鉴别试样的必要说明；

c. 样品处理情况，如果粉末被干燥，应注明干燥过程；

d. 震筛机详细情况；

e. 筛分时间；

f. 计算结果；

g. 本标准未规定的操作；

h. 可能影响结果的任何情况。

附 录 A
试验筛的修正
（参考件）

经常使用的试验筛，用过一段时间后，由于筛孔变形或被堵塞，不再符合原来的尺寸规格而逐渐失去标准性。因此一般应具有另外一套经过检定的试验筛作为校验试验筛，其校验方法如下：

用同一种粉末，分别在校验筛和被校验筛上做粒度组成的测定试验，从式(A1)求出被校验筛的修正系数。

$$X = \frac{J}{G} \qquad \cdots\cdots\cdots\cdots (A1)$$

式中：X——被校验筛的修正系数；

J——校验筛上的粉末百分含量，%；

G——被校验筛上的粉末百分含量，%。

以后测定时，每级被校验筛所得数据，都应分别乘以对应的修正系数，再报出结果。修正系数的计算方法举例见表 A1。

表 A1 筛子修正系数计算实例表

筛孔基本尺寸 μm	校验筛上粉末量 J，%	被校验筛上粉末量 G，%	被校验筛的修正系数 X
≥180	0.1	0.1	0.1/0.1 = 1.00
<180～150	5.0	5.0	5.0/5.0 = 1.00
<150～106	25.0	24.0	25.0/24.0 = 1.042
<106～75	30.0	28.0	30.0/28.0 = 1.071
<75～45	23.0	24.0	23.0/24.0 = 0.958
<45	16.9	18.9	16.9/18.9 = 0.894

附加说明：

本标准由中国有色金属工业总公司提出。

本标准由冶金部钢铁研究总院，中国有色金属工业总公司标准计量研究所负责起草。

本标准主要起草人李玉莲、李忠金、李秋娟。

中华人民共和国国家标准

GB/T 4295－93

代替 GB 4295－84

碳 化 钨 粉

Tungsten carbide powder

国家技术监督局 1993－03－20 批准　　1993－12－01 实施

1 主题内容与适用范围

本标准规定了碳化钨粉的产品分类、技术要求、试验方法、检验规则以及标志、包装、运输与贮存。

本标准主要适用于生产硬质合金等用的碳化钨粉。

2 引用标准

GB 3249 难熔金属及化合物粉末粒度的测定方法 费氏法

GB 4324 钨化学分析方法

GB 5124 硬质合金分析方法

GB 5314 粉末冶金用粉末的取样方法

3 产品分类

3.1 碳化钨粉根据化学成分不同分为 FWCA、FWCB 两个牌号。

3.2 碳化钨粉按其平均粒度范围分为十二个规格。

3.3 产品牌号、规格表示方法。

示例：

FWC A 100-140

100-140——表示 10.0 ～ 14.0um 规格的平均粒度范围

A——碳化钨含量为 99.8% 以上的牌号

FWC——碳化钨粉

4 技术要求

4.1 碳化钨粉的外观呈深灰色，颜色应均匀一致，无机械夹杂物。

4.2 碳化钨粉的化学成分应符合表 1 规定。

表 1

产品牌号	化学成分,%												
	主含量	碳含量			杂质含量,不大于								
	WC	总碳	化合碳	游离碳	Fe	Si	Mg	Al	K	Na	Ca	S	Mo
FWCA	≥99.8	6.13±0.05	≥6.07	≤0.06	0.02	0.003	0.002	0.002	0.0015	0.0015	0.002	0.002	0.01
FWCB	≥99.7	6.13±0.05	≥6.07	≤0.08	0.03	0.005	0.005	0.002	0.003	0.003	0.005	0.003	0.03

注:①碳化钨粉含量系100%减去各杂质(气体杂质除外)及游离碳含量之差。

②用于国内橡胶生产工艺的碳化钨粉总碳、化合碳允许调整。

③化合碳系总碳与游离碳之差。

4.3 碳化钨粉的费氏平均粒度范围及氧含量应符合表2规定。

表 2

产品规格	平均粒度范围 F·SSS μm	氧含量 % 不大于	产品规格	平均粒度范围 F·SSS μm	氧含量 % 不大于
FWCA 08－10 FWCB 08－10	≥0.80～1.00	0.18	FWCA 40－50 FWCB 40－50	>4.00～5.00	0.08
FWCA 10－14 FWCB 10－14	>1.00～1.40	0.15	FWCA 50－70 FWCB 50－70	>5.00～7.00	0.08
FWCA 14－18 FWCB 14－18	>1.40～1.80	0.15	FWCA 70－100 FWCB 70－100	>7.00～10.0	0.05
FWCA 18－24 FWCB 18－24	>1.80～2.40	0.12	FWCA 100－140 FWCB 100－140	>10.00～14.00	0.05
FWCA 24－30 FWCB 24－30	>2.40～3.00	0.10	FWCA 140－200 FWCB 140－200	>14.00～20.00	0.04
FWCA 30－40 FWCB 30－40	>3.00～4.00	0.08	FWCA 200－260 FWCB 200－260	>20.00～26.00	0.04

4.4 碳化钨粉应当过筛。费氏平均粒度<2 μm的粉末,筛网孔径不得低于150 μm;平均粒度为2～10 μm的粉末,筛网孔径不得低于75 μm;平均粒度>10 μm的粉末,筛网孔径不得低于180 μm。

5 试验方法

5.1 碳化钨粉的化学成分分析参照GB 4324的规定进行。

5.2 碳化钨粉的碳含量(总碳和游离碳)测定按GB 5124的规定进行。

5.3 碳化钨粉的平均粒度测定按GB 3249的规定进行。

6 检验规则

6.1 产品由供方技术监督部门进行质量检验。保证产品质量符合本标准要求,并填写质量证明书。

6.2 需方可对收到的产品按本标准规定进行检验。如检验结果与本标准的规定不符时,则应在收到产品之日起一个月内向供方提出,供需双方协商解决。如需仲裁时,由供需双方在需方共同取样。

6.3 产品应成批提交验收。每批由同一工艺制度生产的粉末组成,批量不少于 1 000 kg 或按供需双方商定的要求。

6.4 仲裁取样方法按 GB 5314 的有关规定进行,取样数量按表 3 的规定。

表 3

一批粉末的装粉容器数,个	应取份样的容器数,个
1 ~ 5	全部
6 ~ 11	5
12 ~ 20	6
21 ~ 35	7
36 ~ 60	8

6.5 仲裁检验结果如有一项不符合本标准的规定,则在该批产品中对该项加倍取样复验,复验结果仍不符合本标准规定时,则该批产品为不合格。

7 标志、包装、运输、贮存

7.1 产品采用铁桶包装,内衬聚乙烯塑料袋密封,每件净重不超过 50 kg,亦可按供需双方商定的包装要求。

7.2 外包装上应注明:供方名称、产品名称和牌号、规格、批号和净重。并附有“防潮”、“向上”等字样或标志。

7.3 每批产品应附有质量证明书,注明:

a. 供方名称;

b. 产品名称;

c. 产品牌号与规格;

d. 产品批号和净重;

e. 名项分析检验结果及检验部门印记;

f. 本标准编号;

g. 出厂日期。

7.4 产品运输时,应防止潮湿,不得剧烈碰撞。

7.5 产品应存放于干燥、通风、无酸或碱气氛之处,严防氧化。存放期不宜超过半年。

附加说明:

本标准由中国有色金属工业总公司提出。

本标准由自贡硬质合金厂负责起草。

本标准主要起草人姚永安。

中华人民共和国国家标准

UDC 669.018.41
-492.2

GB 8549-87

Fe-Cr-B-Si 系自熔合金粉

Metallic powder material - Self - fluxing
Fe - Cr - B - Si alloy powder

中国有色金属工业总公司 1987-12-21 批准　　1988-12-01 实施

本标准适用于氧-乙炔和等离子焰喷焊用 Fe-Cr-B-Si 系自熔合金粉。

1　名词术语

1.1　自熔合金　指含硼和硅元素、熔点低、自脱氧、与基材湿润性好的合金。

1.2　氧-乙炔焰喷焊　指以氧-乙炔焰为热源，将自熔合金粉经火焰区后呈熔融或半熔融态喷射到工件表面上，加以重熔，使涂层与基材熔焊结合的表面强化技术。

1.3　等离子焰喷焊　指以等离子焰为热源，将自溶合金粉经焰区后呈熔融或半熔融态喷射到工件表面上，加以重熔，使涂层与基材产生熔焊结合的表面强化技术。

1.4　重熔　指喷射到工件表面上的自熔合金粉重新熔融，使涂层致密化并与基材产生熔焊结合的工艺。

2　品种和规格

2.1　铁-铬-硼-硅系自熔合金粉按化学成分和性能分成十七个牌号，见表 1。

表 1

序号	合金牌号	熔融温度，℃	喷焊层硬度，HRC	喷焊层特性
1	FZFeCr05-25H	1000~1170	25~35	具有优良的耐磨性和坚韧性
2	FZFeCr05-35H	1035~1205	35~45	
3	FZFeCr05-40H	1000~1150	40~50	
4	FZFeCr05-50H	1035~1205	50~60	
5	FZFeCr07-50H	1035~1205	50~60	
6	FZFeCr10-50H	1000~1150	50~60	
7	FZFeCr13-20H	1150~1220	20~30	具有优良的耐酸、耐腐蚀和耐磨性
8	FZFeCr15-25H	1035~1205	25~35	
9	FZFeCr17-35H	1040~1165	35~45	
10	FZFeCr17-45H	980~1100	45~55	
11	FZFeCr17-50H	1110~1270	50~60	
12	FZFeCr19-30H	1200~1300	30~40	具有优良的耐热、耐氧化、耐蚀和耐磨性
13	FZFeCr22-35H	1137~1218	35~45	
14	FZFeCr23-30H	1172~1250	30~40	
15	FZFeCr30-50H	1110~1260	50~60	
16	FZFeCr30-55H	1150~1250	55~65	
17	FZFeCr48-60H	1160~1280	60~65	

2.2 牌号表示方法示例

FZ FeCr 05 - 35 H

- H——合金粉末特性（“H”表示喷焊用合金粉）
- 35——喷焊层硬度（“35”表示喷焊层硬度为 HRC35）
- -——分隔短线
- 05——铬平均百分含量（“05”表示铬含量为 4 ～ 6%）
- FeCr——铁－铬－硼－硅系
- FZ——自熔合金粉

3 技术要求

3.1 粉末的化学成分应符合表 2 的规定。

3.2 粉末的粒度范围应符合下面规定：

a. 氧－乙炔焰喷焊用粉为 104 ~ 38 μm。粒度为 104 ~ 124 μm 的粉末不大于 3%；不允许有大于 124 μm 的粉末颗粒存在；粒度小于 38 μm 的粉末不大于 5%。

b. 等离子焰喷焊用粉为 250 ~ 74 μm。粒度为 250 ~ 295 μm 的粉末不大于 2%；不允许有大于 295 μm 的粉末颗粒存在；粒度小于 74 μm 的粉末不大于 5%。

3.3 粉末流动性不大于 25 s/50 g。

3.4 粉末松装密度不小于 3.5 g/cm^3。

3.5 粉末的熔融温度范围应符合表 1 规定。

3.6 粉末喷焊层的硬度范围应符合表 1 规定。

3.7 粉末不得有肉眼可见的外来夹杂物。

4 试验方法

4.1 粉末的化学成分分析方法，按 GB 223.1 ~ 223.50《钢铁及合金化学分析方法》中有关规定进行。

4.2 粉末粒度范围的检测方法按 GB 1480－84《金属粉末粒度组成的测定　干筛分法》进行。

4.3 粉末流动性的测定方法按 GB 1482－84《金属粉末流动性的测定　标准漏斗法（霍尔流速计）》进行。

4.4 粉末松装密度的检测方法按 GB 1479－84《金属粉末松装密度的测定　第一部分　漏斗法》进行。

4.5 粉末熔融温度范围的测定方法按 GB 6526－86《自熔合金粉末固－液相线温度区间的测定方法》进行。

4.6 粉末喷焊层硬度的测定方法和试样制备按 GB 8640－88《金属热喷涂层表面洛氏硬度试验方法》进行。

表 2

序号	合金粉牌号	化 学 成 分,%										
		Cr	B	Si	Ni	Mo	W	V	Mn	C	O	Fe
1	FZFeCr05-25H	4.0~6.0	1.0~1.5	2.5~4.5	28~32	—	—	—	—	0.4~0.8	≤0.12	余量
2	FZFeCr05-35H	4.0~6.0	1.5~2.0	1.5~2.0	3.0~4.0	1.0~1.5	1.5~2.0	0.6~1.2	—	0.15~0.3	≤0.12	余量
3	FZFeCr05-40H	4.0~6.0	3.5~4.5	3.0~5.0	28~32	—	—	—	—	0.4~0.8	≤0.12	余量
4	FZFeCr05-50H	4.0~6.0	2.0~3.0	3.0~4.0	2.0~4.0	2.0~3.0	8.0~10	—	—	0.4~0.8	≤0.12	余量
5	FZFeCr07-50H	6.0~8.0	2.0~3.0	3.0~4.0	—	—	8.0~10	—	—	0.4~0.8	≤0.12	余量
6	FZFeCr10-50H	8.0~12	3.5~4.5	3.0~5.0	28~32	4.0~6.0	—	—	—	1.0~1.5	≤0.12	余量
7	FZFeCr13-20H	12~14	1.0~2.0	2.0~3.5	30~34	4.0~6.0	—	—	—	0.3~0.6	≤0.12	余量
8	FZFeCr15-25H	14~16	2.5~3.5	2.5~3.5	18~22	2.0~3.0	—	—	—	0.15~0.25	≤0.12	余量
9	FZFeCr17-35H	16~18	3.0~4.0	3.0~4.0	10~14	—	—	—	—	0.6~1.0	≤0.12	余量
10	FZFeCr17-45H	15~19	2.6~4.2	2.6~4.2	34~37	—	—	—	—	1.0~1.8	≤0.12	余量
11	FZFeCr17-50H	16~18	3.0~4.0	3.0~4.0	6.0~9.0	—	—	—	—	0.8~1.0	≤0.12	余量
12	FZFeCr19-30H	18~21	1.5~2.0	3.5~4.5	10~14	3.5~4.5	0.6~1.2	0.6~1.2	—	≤0.2	≤0.12	余量
13	FZFeCr22-35H	21~23	1.5~2.5	3.0~4.0	10~14	2.0~3.0	—	0.6~1.2	1.0~1.5	0.3~0.6	≤0.12	余量
14	FZFeCr23-30H	21~25	1.5~2.5	4.0~5.0	12~15	2.0~3.0	1.5~3.0	—	—	≤0.2	≤0.12	余量
15	FZFeCr30-50H	28~32	2.5~3.5	3.0~4.0	—	—	—	0.6~1.2	—	2.0~3.0	≤0.12	余量
16	FZFeCr30-55H	28~32	1.5~2.5	1.5~2.5	4.0~6.0	3.0~4.0	—	—	—	3.0~3.5	≤0.12	余量
17	FZFeCr48-60H	45~50	1.5~2.5	1.0~2.0	—	—	—	—	—	4.0~4.5	≤0.12	余量

5 检验规则

5.1 产品由供方技术监督部门进行检验,保证产品质量符合本标准要求,并填写质量证明书。

5.2 抽检取样方法按 GB 5314 - 85《粉末冶金用粉末的取样方法》进行。

5.3 需方收到产品后应及时检验,如检验结果与本标准规定不符合时,从收到产品之日起三个月内向供方提出,供需双方协商解决。如需仲裁时,应由供需双方在需方共同取样。

5.4 产品应成批提交检验,每批由同一牌号、同一规格的粉末组成,批重不大于 400 kg。

5.5 检验结果不符合本标准规定时,则在该批中对不合格的项目加倍取样复检。若其中仍有一个结果不符合标准要求时,则该批产品为不合格。

6 包装及标志

6.1 产品装入硬质容器前必须是干燥的。包装要严密,防止受潮、散漏。

6.2 每个容器内产品的净重不大于 10 kg。

6.3 包装容器上应标明供方名称和商标、产品名称、牌号及“防潮”字样或标志。

6.4 每批粉应附有产品质量证书,其中注明:

a. 供方名称和商标;

b. 产品名称;

c. 牌号;

d. 批号;

e. 净重;

f. 各项检验结果及技术监督部门印记;

g. 包装日期;

h. 本标准编号。

附加说明:

本标准由冶金工业部钢铁研究总院负责起草。

本标准主要起草人姜振春、朱瑞珍、柳春兰、李忠全。

中华人民共和国国家标准

UDC 669.245－492.2
：621.793.7
GB 8548－87

镍基喷涂合金粉

Metallic powder material

Nickel－based alloy powder for spraying

中国有色金属工业总公司 1987－12－21 批准　　1988－12－01 实施

本标准适用于氧－乙炔火焰喷涂用镍基合金工作层粉。

1 名词术语

1.1 镍基喷涂合金粉　指以镍为基含有适量的碳、铬、铁、硅、硼、铝等元素，喷涂后不经重熔而形成涂层的合金粉。

1.2 氧－乙炔火焰粉末喷涂　指以氧－乙炔火焰为热源，使喷涂粉末经火焰区后呈熔融、半熔融或软化态喷在工件表面形成以机械结合为主的涂层的表面修复与强化技术。

2 品种

2.1 镍基喷涂合金粉按化学成分和性能分成 FPTN－150、FPTN－200、FPTN－250 三个牌号，见表 1。

表 1

牌号和类别	熔融温度，℃	喷涂层硬度，HB	喷涂层特性
FPTN－150A FPTN－150B	≦1400	150～200	加工性能好，韧性好，耐蚀性好
FPTN－200A FPTN－200B	≦1400	200～250	加工性能好，硬度适中，耐蚀、耐磨
FPTN－250A FPTN－250B	≦1400	250～350	适宜用硬质合金刀具车削，耐磨、耐蚀

2.2 每个牌号按不含铝和含铝相应地分成 A、B 两类。

2.3 牌号和类别表示方法示例

3 技术要求

3.1 粉末的化学成分应符合表 2 规定。

表 2

牌号和类别	化学成分，%							
	C	Si	B	Cr	Ni	Al	Fe	O
FPTN－150A	≦0.3	0～1.0	－	14～16	余量	－	≦7	≦0.1
FPTN－150B	≦0.3	0～1.0	－	14～16	余量	0.1～0.5	≦7	≦0.2

续表

牌号和类别	化 学 成 分,%							
	C	Si	B	Cr	Ni	Al	Fe	O
FPTN－200A	0.3～0.5	1.0～2.0	0.5～1.0	13～15	余量	－	≤9	≤0.08
FOTN－200B	0.3～0.5	1.0～2.0	0.5～1.0	13～15	余量	1.0～3.0	≤9	≤0.2
FOTN－250A	0.5～1.0	2.0～3.0	1.0～2.5	9～12	余量	－	≤10	≤0.08
FOTN－250B	0.5～1.0	2.0～3.0	1.0～2.5	9～12	余量	2.0～5.0	≤10	≤0.2

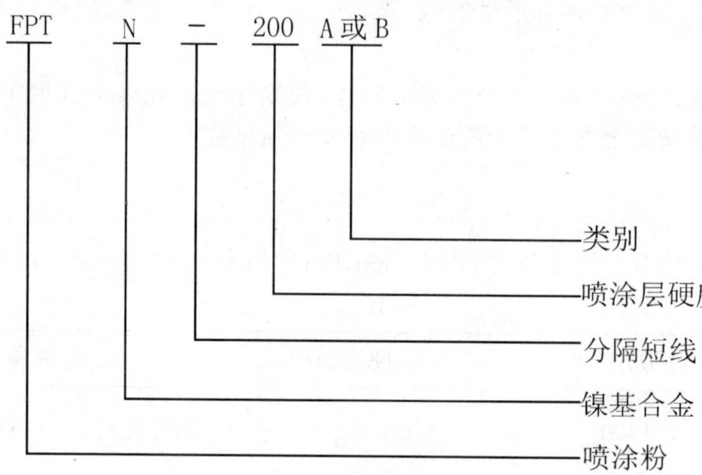

3.2　粉末的粒度范围应符合下列规定：

粒度范围：104～38 μm

其中粒度小于38 μm的粉末不大于5%；104～124 μm范围的粉末不大于3%；不允许有大于124 μm的粉末颗粒存在。

3.3　粉末喷涂层硬度应符合表1规定。

3.4　粉末流动性：

A类粉末的流动时间不大于25 s/50 g；B类粉末的流动时间不大于50 s/50 g。

3.5　熔融温度应符合表1规定，并定期抽检。

3.6　粉末中不得有肉眼可见的外来夹杂物。

4　试验方法

4.1　粉末的化学成分分析按下列规定进行：

碳按GB 223.1－81《钢铁及合金中碳量的测定》进行。

氧、铬、硅、硼、铁、铝按GB 8638－88《镍基合金粉化学分析方法》进行。

4.2　粉末喷涂层硬度试验方法按GB 231－84《金属布氏硬度试验方法》进行。试样制备应符合表3规定。

表 3

喷 涂 条 件	基 材	试样尺寸,mm	喷涂层厚度,mm	
			加工前	加工后
氧-乙炔火焰喷涂、自然冷却	A3 或 45 号碳素钢	$\phi 30 \times 20$	≧2.5	≧2

4.3 粉末粒度范围试验方法按 GB 1480—84《金属粉末粒度组成的测定 干筛分法》进行。

4.4 粉末流动时间测定方法按 GB 1482—84《金属粉末流动性的测定 标准漏斗法(霍尔流速计)》进行。

4.5 粉末熔融温度试验方法按 GB 6526—86《自溶合金粉末固-液相线温度区间的测定方法》进行。

5 检验规则

5.1 产品由供方技术监督部门进行检验,保证产品质量符合本标准要求,并填写质量证明书。

5.2 需方收到产品后应及时检验。如检验结果与本标准规定不符时,从收到产品之日起三个月内向供方提出,由供需双方协商解决。若需仲裁时,由供需双方在需方共同取样。

5.3 产品应成批提交检验,每批应由同一牌号、同一类别的粉末组成,批量不大于 400 kg。

5.4 抽检取样方法按 GB 5314—85《粉末冶金用粉末的取样方法》进行。

5.5 检验结果不符合本标准规定时,则在该批中对不符合本标准要求的项目加倍取样复验。若其中仍有一个结果不符合本标准要求时,则该批产品为不合格。

6 包装、贮运、标志及质量证明书

6.1 产品装入硬质容器前必须是干燥的。包装要严密,防止受潮、散漏。

6.2 产品应按 1 kg、2 kg、5 kg、10 kg 四种规格包装。

6.3 包装容器上应标明供方名称和商标、产品名称、牌号和类别及“防潮”字样或标志。

6.4 每批粉末应附有产品质量证明书,其中注明:

a. 供方名称和商标;

b. 产品名称;

c. 牌号和类别;

d. 批号;

e. 净重;

f. 各项检验结果及技术监督部门印记;

g. 包装日期;

h. 本标准编号;

6.5 产品运输时应注意防潮。

6.6 产品应存放在干燥、通风和无酸、碱气氛处,严防氧化。

附加说明:

本标准由湖南省冶金材料研究所负责起草。

本标准主要起草人张萍、吴和元、张乃平、梁振亚。

中华人民共和国国家标准

UDC 669－492.2
：620.168

金属粉末粒度分布的测定——光透法

Determination of particle size distribution of metallic powders by method of photosedimentation

CB 6524－86

国家标准局 1986－06－23 发布　　　　1987－05－01 实施

本标准规定了用光透法测量金属粉末的粒度分布。

本标准的粒度测定范围一般为 1～100 μm。对于给定的所测粉末与测定中所用的液体介质，可测的粒度范围，其上限由斯托克斯公式适用的层流条件（即雷诺数 $Re < 0.25$）具体决定，下限则受布朗运动干扰的影响所制约。

本标准不适用于颗粒形状偏离球形太远的金属粉末，即片状、纤维状及其他形状复杂的金属粉末。本标准不适用于在液体中难以分散的粉末，例如磁性强的金属粉末。由两种以上密度不同的金属粉末形成的混合粉也不适用。

一般来说，非金属粉末粒度分布的测定，亦可参考本标准。

1 原理

在沉降开始时刻（$t=0$），粉末悬浮液处于均匀状态，其质量浓度为 C_0。

在液面以下深度 h 处，令一束平行光通过悬浮液。颗粒在沉降初期，在光束平面处的各种粒径的颗粒都被从上面到达光束平面的颗粒代替，故在光束平面处的浓度保持不变。当悬浮液中存在的最大颗粒已从液面越过光束平面后，就不再有最大的颗粒到达光束平面，因此，在该处的浓度开始减小。

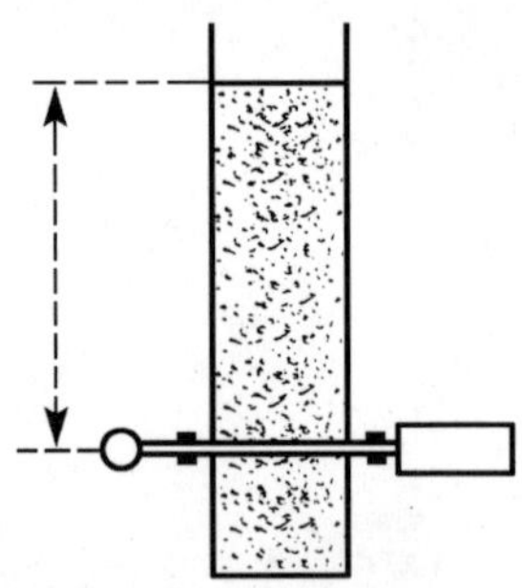

图1 方法原理示意图

在时刻 t（从悬浮液为均匀的瞬间算起），光束平面处（深度 h）的悬浮液中只含有直径小于由斯托克斯公式决定的 d 的那些颗粒，见公式（1）：

$$d = \sqrt{\frac{18\eta h}{(\rho_e - \rho_l)gt}} \qquad (1)$$

式中：η—液体粘度，N·s/m^2；

h—沉降高度，m；

ρ_e—固体粉末的有效密度，kg/m^3；

ρ_l—液体介质的密度，kg/m^3；

g—重力加速度(取 9.81)，cm/s^2；

t—沉降时间，s。

当光束通过悬浮液时，除液体本身对光有吸收作用外，悬浮液中的粉末颗粒还对光有散射和吸收作用，因而产生光的强度的额外衰减，根据兰伯特－比尔定律：

$$log(I_{\circ}/I) = K_m A \cdot C_o \cdot L$$

式中：$I_{\circ}$，I——分别为强度相同的入射光透过液体介质后光的强度和在时刻 t 透过悬浮液的光的强度；

K_m——消光系数，设为常数。

若经过时间间隔$\triangle t = t_j - t_i (j = i + 1)$后，通过悬浮液的光的强度由 I_i 变化到 $I_j(I_i < I_j)$，由于在时刻 t_i 和时刻 t_j 所有粒径大于 d_i 和 $d_j(d_j < d_i)$的颗粒已沉降到光束平面处，颗粒质量见公式(2)：

$$\triangle m_{ji} \propto d_m(logI_j - logI_i) \quad \cdots\cdots (2)$$

$$d_m = \frac{d_i + d_j}{2} \quad \cdots\cdots (3)$$

式中：$\triangle m_{ji}$——样品中粒径在 d_j 至 d_i 间隔的颗粒质量；

d_m——粒径 d_i 和 d_j 的平均值。

对选定的每一粒径间隔算出 $d_m(logI_j - logI_i)$。然后，就所有粒度间隔求其和。则样品中粒径为 d_j 至 d_i 的颗粒的质量百分数见公式(4)：

$$M_{ji}(\%) = \frac{d_m(logI_j - logI_i)}{\Sigma d_m(logI_i - logI_i)} \times 100 \quad \cdots\cdots (4)$$

2 试样的制备和要求

2.1 选取样品按 CB 5314－85《粉末冶金用粉末的取样方法》进行。

2.2 试样在 105±2℃的温度下，在真空干燥箱中烘干 lh。取出试样，放在干燥器内冷却至室温。

2.3 当试样中含有大于 100μm 的粗颗粒时，在测定以前，须经过筛分析，使颗粒粒径≤100μm 再进行测定。

3 试验的仪器和设备

3.1 光透法测定粒度分布的仪器由光源 、测定部和记录部组成。

应用光透法测定粒度分布的商业仪器有多种型号*，凡符合本标准原理的均可采用。

3.2 应备有超声波清洗器、温度计、液体比重计和粘度计。

4 试验条件和步骤

4.1 试验条件

* 推荐使用北京电子管厂产“WID、C 301 型”粒度分布测定仪和丹东仪表研究所产“GXG 203 型”光定点扫描式粒度分布仪。

4.1.1 液体介质选择的原则：

a. 对粉末颗粒具有好的润湿性和分散性。

b. 粘度应适当。因为由斯托克斯公式成立的条件 Re < 0.25 可以推出能测定的最大颗粒直径的表示为公式(5)：

$$d_{max} = \sqrt[3]{\frac{4.5\eta^2}{\rho_e(\rho_e - \rho_l)g}} \quad \cdots\cdots (5)$$

因此，若液体的粘度太小，则将使能测定的最大粒径减小。而若液体的粘度太大，会不必要地增加测量时间，并且对试样中的细颗粒，沉降受布朗运动的干扰也会较为显著。

c.选用的液体介质应不溶解试样，并不发生化学反应。

d.毒性和腐蚀性小，挥发性不宜太大。

4.1.2 分散剂

为使介质液体对粉末有好的分散性，须加入适量的分散剂。

要得到一种合适的液体介质、分散剂及其用量，必须做条件试验。

在附录 A 中列出了常用金属粉末用的液体介质和分散剂表，供参考选用。

4.2 试验步骤

4.2.1 接通电源，使仪器处于正常工作状态。

4.2.2 悬浮液的制备

对已经选用的介质，需在手册中查出其在测定温度下的密度和粘度值或直接测量。

取一定量的样品，放入烧杯中。缓慢地加入适量液体介质调拌成糊状，然后用液体介质稀释成悬浮液。

将盛有悬浮液的烧杯置入超声波清洗器中进行分散。超声波分散的时间和条件以能使团聚的颗粒充分分散为宜。

4.2.3 测量

将盛有不含粉末试样的液体介质的沉降皿平稳垂直地放入测量仪器中，测量其透光强度，调至仪器规定的满度。

将已制备好的悬浮液倒入沉降皿中调至合适的浓度，使透光强度在满度的 15～30%之间。在测量计时开始前应搅拌约 1 min，注意保持液面在刻度位置。

在测定过程中，应使沉降皿尽可能保持在恒定温度，以防止悬浮液由于温差太大而引起热对流，并应保持仪器不受任何震动。

4.2.4 粒径间隔

建议 10 μm 以下的粉末间隔选取 1μm；50 μm 以下取 5 μm；100 μm 以下取 10 μm。

5 结果表示

对各个粒度间隔 d_j 至 d_i 的质量百分数经过处理换算成小于各粒径的累积质量百分数，列表表示。也可用图表示，横坐标为粒径，纵坐标为小于该粒径的累积质量百分数，在 50%处的粒径为中位径。表示方法实例如表 1 和图 2 所示。

5.1 用表格形式表示

样品名称：钨粉

介质液体：异丁醇

表 1

粒径间隔,μm	0~1	1~3	3~5	5~7	7~9	9~11	11~13	13~15	15~17
累积百分数,%	1.18	6.34	17.8	26.4	50.1	71.2	88.9	98.4	100

5.2 用粒度分布曲线表示

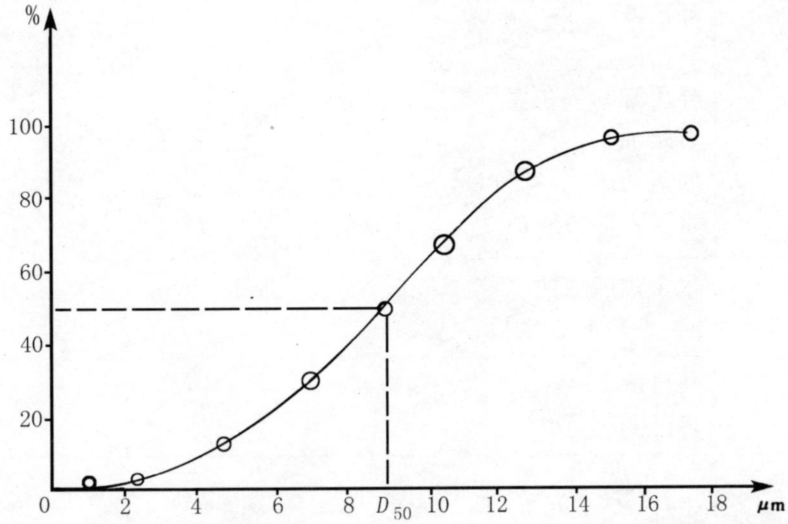

$D_{50}=9.0\mu m$

图2 结果表示方法

6 试验报告

试验报告应包括以下内容：

a. 本标准号；

b. 辨别试样所需的详细情况；

c. 使用的仪器；

d. 试样的处理方法(干燥、分散条件)；

e. 介质的粘度值、密度值、分散剂的名称及用量；

f. 测试结果；

g. 能影响测试结果的任何细节。

附　录　A

一些金属粉末适用的液体介质和分散剂(见下表)。

金属粉末	液体介质和分散剂(浓度约 0.5g/L)
铝	环已醇 环已酮 异丙醇 石蜡油 四氯化碳 水 + 六偏磷酸钠
碳化硼	水 + 焦磷酸钠 n－丁醇 + 乙醇
青铜	环已醇 环已酮
铬	n－丁醇 煤油
钴	乙醇 n－丁醇 异丁醇
铜	水 + 焦磷酸钠 乙醇 丙酮 水 + 多偏磷酸钠或多烷基磺酸盐表面活性剂
镍	水 + 甘油 乙醇 环已酮
硅	水 + 芳基磺酸盐表面活性剂 乙醇
碳化硅	水 + 焦磷酸钠 n－丁醇
银	水 + 甘油 乙醇
钽	环已醇 环已酮

续表

金属粉末	液体介质和分散剂(浓度约 0.5g/L)
锡	n－丁醇 异丁醇
钛	水＋焦磷酸钠或羟乙基盐表面活性剂
钨	水＋多烷基磺酸盐表面活性剂或多偏磷酸钠 丙酮 环己醇 n－丁醇 异戊醇 水＋甘油(1:1)
石墨	水＋烷基磺酸盐表面活性剂或丹宁酸或油酸钠 乙醇 n－丁醇
铁和钢	水＋多偏磷酸钠或羟乙基盐表面活性剂
铅	环己醇 环己酮 丙酮 n－丁醇
镁	乙醇 n－丁醇
锰	环己醇 异丁醇
钼	乙醇 水＋甘油 乙醇 n－丁醇
碳化钨	水＋甘油 水＋焦磷酸钠 水＋多烷基磺酸盐表面活性剂或多偏磷酸钠
锌	乙醇 环己醇 n－丁醇 水＋多偏磷酸钠 HCl(0.01g/L)

续表

金属粉末	液体介质和分散剂(浓度约 0.5g/L)
锆	异丁醇 甲醇 水 + 乙醇(1:1)
铁、铁合金	菜子油 + 丙酮 大豆油 + 丙醇(1:1) 水
钽	环己醇 环己酮

附加说明：

本标准由中华人民共和国冶金工业部和中国有色金属工业总公司共同提出。

本标准由上海钢铁研究所起草。

本标准主要起草人周龙云、黄双顶、达云。

中华人民共和国国家标准

UDC 669.058:531
.717.1
GB 6463—86

金属和其它无机覆盖层厚度测量方法评述

Metallic and other non - organic coatings—Review of methods of measurement of thickness

国家标准局 1986 - 06 - 11 发布　　1987 - 05 - 01 实施

本标准评述了金属或非金属基体上的金属和其它无机覆盖层厚度的测量方法。

测量方法分为无损法和破坏法两类。

本标准介绍了不同方法的工作原理,允许测量误差以及某些仪器测量方法的适用范围。

标准中列出的方法,只包括国家标准中规定的一些试验方法,不包括某些特殊情况下使用的方法。

本标准可以作为选择金属和其它无机覆盖层厚度测量方法的依据。

本标准等效采用国际标准 ISO 3882—1986《金属和其它无机覆盖层—厚度测量方法评述》。

1　测量方法

1.1　无损法

1.1.1　磁性法

本方法使用的仪器有两种类型:一种是测量一磁体与基体金属之间的磁引力,该磁引力由于覆盖层的存在而受到影响;另一种是测量通过覆盖层和基体金属磁通路的磁阻。

本方法的测量误差通常小于待测厚度的 10% 或 1.5 μm 两个数值中较大的一个数。

实际上,本方法只用于测量磁性基体上非磁性覆盖层的厚度和磁性或非磁性基体上电镀镍层的厚度。

国家标准 GB 4956—85《磁性金属基体上非磁性覆盖层厚度测量　磁性方法》,说明了使用磁性测厚仪,无损测量磁性基体金属上非磁性(包括釉瓷和搪瓷)覆盖层厚度的方法和要求。

1.1.2　涡流法

本方法使用的仪器其工作原理是,仪器的测头装置产生了一个高频磁场,使置于测头下的导体产生涡流,涡流的振幅是测头和导体之间的非导电覆盖层厚度的函数。本方法主要用于测量非磁性金属上非导电覆盖层的厚度以及非导体上单层金属覆盖层的厚度。

本方法的测量误差通常小于待测厚度的 10% 或 1.5 μm 两个数值中较大的一个数。

国家标准 GB 4957—85《非磁性金属基体上非导电覆盖层厚度测量　涡流方法》,说明了使用涡流测厚仪无损测量非磁性基体金属上非导电覆盖层厚度的方法和要求。

1.1.3　X 射线光谱测定法

本方法利用发射和吸收 X 射线光谱的装置确定金属覆盖层的厚度。其仪器的工作原理是,使 X 射线照射到一定面积的覆盖层表面时,覆盖层要发射二次射线,或者是由基体发射而被覆盖层减弱了的二次射线。该射线的强度可以被测量到。利用 X 射线的二次射线强度和覆盖层厚度之间存在的一定关系,确定覆盖层的厚度。

X 射线法在一般情况下是适用的,但在下述情况下其精度偏低:

a. 当基体金属中存在覆盖层的成分或者覆盖层中存在基体金属成分时;

b．覆盖层多于两层时；

c．当覆盖层的化学成分与标定样品的成分有大的差异时。

本方法的测量误差通常小于10%。

1.1.4 β射线反向散射法

本方法使用的β射线仪，有一个β射线发射源及一个检测器，用来测量被试样反向散射的β射线的强度。被反向散射的β射线的强度是覆盖层反向散射强度和基体金属反向散射强度的中间值。只有当覆盖层材料的原子序数和基体材料的原子序数明显不同时，才能用本方法测量。仪器用标定的样品校准。样品应和待测试样具有相同的镀层和基体。根据试样反向散射的β射线强度的测量值，计算覆盖层单位面积的质量。如果覆盖层的密度是均匀的，则质量与厚度成正比。

本方法既可用于测量薄覆盖层的厚度；也可用于测量厚覆盖层的厚度。可测最大厚度是覆盖层原子序数的函数。

通常，本方法在较大的厚度范围内其测量误差都小于待测厚度的10%。

1.1.5 光切显微镜法

本方法使用的仪器主要用于测量表面粗糙度，也可用于测量透明和半透明覆盖层的厚度，特别是铝上的阳极氧化膜。

仪器的工作原理是，将一光束以45°的入射角照射到覆盖层表面上。光束的一部分从覆盖层表面反射回来；而另一部分穿透覆盖层并从覆盖层—基体的界面上反射回来。在显微镜的目镜中，可以看见两条分离的图像，其距离与覆盖层的厚度成正比并且可以调节刻度标尺的控制旋钮对该距离进行测量。

只有当覆盖层—基体界面上有足够的光线被反射回来，在显微镜内得到清晰的图象时，才能使用本方法。

对于透明或半透明的覆盖层，例如阳极氧化膜，本方法是无损的。为了测量不透明覆盖层的厚度，必须去掉一小块覆盖层，使覆盖层表面和基体之间形成一个能对光束进行折射的台阶，因此能测出覆盖层的绝对值。而在这种情况下，该方法属于破坏法。

本方法的测量误差通常小于10%。

1.2 破坏法

1.2.1 溶解法

1.2.1.1 称重法

该方法测量的不是覆盖层的局部厚度，而是试样上覆盖层的平均厚度。

使用的方法是将试样在适当的溶液中溶解，，可以只溶解覆盖层，对基体不浸蚀，对溶解前和溶解后的试样分别称重，确定覆盖层的质量；也可以只溶解基体，对覆盖层不浸蚀，溶解后对覆盖层称重。覆盖层的密度应该是均匀的，根据质量、密度和面积的关系，计算出试样上覆盖层的平均厚度。

在较大的厚度范围内，称重法的测量误差通常小于5%。

1.2.1.2 分析法

无论基体材料是否溶解，当覆盖层溶解后，用化学分析法测定覆盖层的金属量即可确定覆盖层的质量。根据覆盖层的质量、密度和面积的关系，计算出试样上覆盖层的平均厚度。覆盖层的密度应该是均匀的。

如果在覆盖层和基体材料中存在同一种金属，该方法可能不准确。在较大的厚度范围内，分析法的测量误差通常小于5%。

1.2.1.3 库仑法

本方法的工作原理是，配备必要的装置，以试件作阳极置于适当的电解液中，对精确限定面积的覆盖层进行溶解。使用的电解液应具有如下性能：

a．不外加电流时，电解液不应与覆盖层发生反应；

b．覆盖层的阳极电流效率应为100%或接近100%的恒定值；

c．当覆盖层被溶透，且露出的基体面积增大时，阳极电极电位应发生明显的变化，可以此来指示溶解的终点。

测量溶解过程所消耗的电量，根据法拉第定律，即可确定金属覆盖层的厚度。

本方法既可用于金属基体，也可用于非金属基体上金属覆盖层的厚度测量。

本方法的测量误差通常都小于10％。

国家标准GB 4955—85《金属覆盖层厚度测量　阳极溶解库仑方法》，说明了本方法的应用和要求。

1.2.2　金相显微镜法

本方法的操作过程是，按金相制备试样的要求，制备覆盖层的横断面，要求对覆盖层进行必要的镶嵌、抛光和适当的浸蚀，利用金相显微镜，在放大了的覆盖层横断面图象上测量覆盖层的厚度。

通常，在绝对误差为0.8 μm时，本方法的测量误差小于10％。

国家标准GB 6462—86《金属和氧化物覆盖层　横断面厚度显微镜测量方法》，说明了本方法应用和要求。

1.2.3　轮廓仪法

本方法又称触针法，其操作过程是，使基体和覆盖层表面形成一个小台阶，为此，可在覆盖层制备的过程中对基体的一小面积进行掩蔽，或者使覆盖层溶解而不浸蚀基体。轮廓仪的触针扫描通过这一台阶，利用电气测量和记录触针的运动确定台阶的高度。

在较大的厚度范围内，本方法的测量误差通常都小于10％。

1.2.4　干涉显微镜法

本方法的工作原理是，使基体和覆盖层表面形成一个小台阶，为此，可以在沉积前掩蔽一小块基体的面积或在溶解一小块覆盖层之前掩蔽周围的覆盖层。用一单色光束直接照到沉积层的台阶上。台阶使干涉条纹图形产生一个位移，位移一条完整条纹的距离，相当于垂直移动了单色光波长一半的距离。干涉条纹移动的间隔数和不足一间隔的部分，可由目镜测微计观察测量。

本方法对薄覆盖层的厚度测量较适宜。

多光束干涉法的测量误差通常都小于0.01 μm。

2　测量方法的选择

2.1　类型的选择

根据试样在进行覆盖层厚度测量时是否允许受到破坏，对测量方法的类型即无损法或破坏法进行选择，表1对各种测厚方法进行了简明的分类。

表1　覆盖层厚度测量方法一览表

无　损　法	破　坏　法
磁性法	溶解法
涡流法	称重法
X射线光谱法	分析法
β射线反向散射法	库仑法
光切显微镜法*	金相显微镜法
	轮廓仪法**
	干涉显微镜法**

* 某些情况下可能是破坏的。

** 可以是无损的。

2.2 适用范围的选择

表 2 列出了覆盖层厚度最通用的仪器测量方法及其适用的覆盖层与基体的组合。各种仪器的实际应用范围应以仪器制造厂的说明书为指南。

某些可能用库仑仪测量厚度的组合尚未列于表中。除了表列的这些方法外,下述方法也能应用到大多数的覆盖层—基体的组合中测量覆盖层的厚度;即金相显微镜法、X 射线光谱法、轮廓仪法、干涉仪法、光切显微镜法、称重法和分析测定法。

表 2 各种覆盖层厚度常用仪器测量方法的适用范围

覆盖层 基体	铝及其合金	阳极氧化层	镉	铬	铜	金	铅	镍	自催化镀镍	非金属	钯	铑	银	锡	锡铅合金	釉瓷和搪瓷	锌
铝及其合金	—	E	BC	BC	BC	B	BC	BCM*	BC** E**	E	B	B	BC	BC	B*** C***	E	BC
铜及其合金	—	E	BC	C	C(仅在黄铜和铍铜上)	B	BC	CM*	C** M*	BE	B	B	BC	BC	B*** C***	E	C
镁及其合金	—	E	B	B	B	B	B	BM*	B	E	B	B	B	B	B***	—	B
镍	—	—	BC	BC	C	B	BC	—	—	BE	B	B	BC	BC	B*** C***	—	C
镍钴铁合金(例如Kovar****)	—	—	BM	M	M	BM	BCM	CM*	C** M*	BM	BM	BM	BM	BM	B*** C*** M	—	BM
非金属	BE	—	BC	BC	BC	B	BC	BCM*	BC**	—	B	B	BC	BC	B*** C***	—	BC
银	—	—	—	B	B	B	BC	BM*	B	BE	—	—	—	—	B***	E	B
钢、(磁性)	BM	—	BCM	CM	CM	BM	BCM	CM*	C** M*	BM	BM	BM	BCM	BCM	B*** C*** M	M	BCM
钢、(非磁性)	B	—	BC	C	C	B	BC	CM*	B** C** M*	BE	B	B	BC	BC	B*** C***	E	BC
钛	—	—	B	—	B	B	B	BM*	B	BE	B	B	B	B	B***	—	B
锌及其合金	—	—	B	B	C	B	B	M*	—	BE	B	B	B	B	B***	—	—

注:B—β 射线反向散射仪;C—库仑仪;E—涡流仪;M—磁性仪。

* 此方法对覆盖层导磁率变化敏感。

** 此方法对覆盖层中磷或硼的含量变化敏感。

*** 此方法对合金的成分敏感。

**** Kovar 铁钴镍合金(镍 29%,钴 17%,铁 54%)。

2.3 厚度范围的选择

表 3 列出了覆盖层厚度测量仪器适用的厚度范围。指定的厚度范围应满足下列要求：

a. 仪器应是市场销售的标准型号；

b. 应使用有足够面积、平直、光滑的试样；

c. 用于普通的电镀层、自催化沉积层、阳极氧化层或陶瓷覆盖层；

d. 应按规定的注意事项及措施进行操作。

仪器适用的实际厚度范围与试样的尺寸、形状、覆盖层和基体的材料操作方式以及仪器的型号诸因素有关，由于仪器和操作技术的改进，规定的厚度范围常常可以放宽；但是，表 3 所列的某一类仪器的厚度测量范围往往不可能由同一台仪器完成。

表 3 覆盖层厚度测量仪器可测厚度的范围

仪器类型	厚度范围(μm) (测量误差应小于 10%)
磁性仪，对于钢上的非磁性覆盖层	5 ~ 7500
磁性仪，对于镍覆盖层	1 ~ 125
涡流仪	5 ~ 2000
X 射线光谱仪	0.25 ~ 65
β射线反向散射仪	0.1 ~ 100
光切显微镜	5 ~ 数百
库仑仪	0.25 ~ 100
金相显微镜	8 ~ 数百
轮廓仪	0.01 ~ 100

注：当待测厚度为厚度范围下限的 1/10 时，其测量误差可达约 100%。因此，金相显微镜法的绝对误差则是 8 μm 的十分之一即 0.8μm。

附加说明：

本标准由中华人民共和国机械工业部提出，由机械工业部武汉材料保护研究所归口。

本标准由机械工业部武汉材料保护研究所负责起草。

本标准主要起草人陶维正、孙友松。

中华人民共和国国家标准

UDC 669.058:531
.717.1
GB 6462—86

金属和氧化物覆盖层 横断面厚度显微镜测量方法

Metallic and oxide coatinmgs—Measurement of coating thickness—Microscopical method

国家标准局 1986-06-11 发布　　1987-05-01 实施

本标准详细说明了运用金相显微镜对金属镀层、氧化物覆盖层的局部厚度作横断面显微测量的方法。

本标准还可以测量釉瓷或搪瓷覆盖层的局部厚度及测量薄的厚度，用金相显微镜进行测量，其绝对精度可达到 0.8 μm。

本方法可作为金属镀层、氧化层厚度测量的仲裁方法。

本标准等效采用国际标准 ISO 1463-1982《金属和氧化物覆盖层　横断面厚度显微镜测量方法》。

注：局部厚度：在试样上指定的部位内，作规定次数的测量，其厚度取平均值。

1　方法概述

从待测件上指定的位置切割一块试样，镶嵌后，对横断面进行适当的研磨、抛光和浸蚀。用校正过的标尺测量覆盖层横断面的厚度。

2　影响测量精度的因素

2.1　表面粗糙度

若覆盖层或覆盖层的基体表面是粗糙的，则与覆盖层横断面接触的一条或两条界面线也是不规则的，以致不能精确测量〔见附录 A（补充件）中 A.4〕。

2.2　横断面的斜度

横断面必须垂直于待测覆盖层，若有偏差，则测得的厚度将大于真实厚度。如垂直度偏差 10，则测量值比真实厚度大 1.5%。

2.3　覆盖层变形

镶嵌试样和制备横断面的过程中，过高的温度和压力将使软的或低熔点的覆盖层产生变形，在制备脆性材料横断面时，过度的打磨也同样会产生变形。

2.4　覆盖层边缘倒角

制备试样时，不正确的镶嵌、研磨、抛光和浸蚀都会引起覆盖层横断面的边缘倒角，或者不平整，采用显微镜测量则得不到真实厚度，因此在镶嵌之前，试样常要附加镀层，这样可以使边缘倒角减至最小（见 A.1）

2.5　附加镀层

在制备横断面时为了保护覆盖层的边缘，以避免测量误差，常应在试样上附加镀层。附加镀层前，应注意不要损坏待测量的镀层并避免因除油、酸洗或形成合金而使镀层减薄。

2.6　浸蚀

适当的浸蚀能在两种金属的界面线上产生暗细而清晰的界面线；过度的浸蚀会使界面线不清晰或线条变形，使测量产生误差。

2.7 遮盖

不适当的抛光会使一种金属遮盖在另一种金属上，造成两种金属的真实界面线模糊或不规则，达不到平直分明的要求。为了证实遮盖是否存在，可反复地进行抛光、浸蚀和测量厚度。若测量结果有比较明显的变化，则说明测量中存在遮盖。

2.8 放大倍数

对于待测定的任何一个覆盖层厚度，测量误差一般是随放大倍数减小而增大，一般选择放大倍数时应使视场直径为覆盖层厚度的1.5至3倍。

2.9 载物台测微计的标定

载物台测微计若未经比较严密的标定，则会产生百分之几的误差，而测微计标定的误差都将反映到试样的测量中。常用的标定方法是：以满标尺的长度为正确，然后使用螺丝游动测微计测量每格长度，根据比例算出每格刻度值。

2.10 目镜测微计的标定

螺丝游动测微计可提供精确的测量结果。目镜的标定应高于测量精度，目镜的标定应由测量厚度的操作者完成。

目镜测微计重复标定误差应小于1%。标定载物台测微计的两条线的间距应在0.2 μm或0.1%以内(有些载物台测微计的精度是经制造厂验证过的；有些载物台测微计在测量距离为2 mm时，误差为1或2 μm，当测量距离为0.1 mm和0.01 mm时，其误差为0.4 μm或者更大。若载物台测微计未作精度验证，则应标定)。

目镜测微计具有非线性特性，也能使短距离的测量误差达1%。

2.11 对位

目镜测微计移动的回程间隙也能引起测量误差。若在对位过程中，始终朝同一方向移动，该误差就会消除。

2.12 放大倍数的一致性

放大倍数在整个视场内可能不一致，因此如果没有将界面处于光轴中心，就对视场的同一段进行标定和测量，也会出现误差。

2.13 透镜的质量

图象不清晰也是产生不正确测量值的因素之一，质量差的透镜难于作出精确的测量。可用单色光束改善图象清晰度。

2.14 目镜的方位

目镜的准线在对线时移动的过程中必须与覆盖层横断面的界面线垂直，若偏离10其误差为1.5%。

2.15 镜筒的长度

镜筒长度的变化会引起放大倍数的变化，若此变化发生在标定和测量过程中，则测量不准。

目镜在镜筒内重新定位时，改变目镜镜筒焦距时，以及在进行显微镜微调时，镜筒长度均可能发生变化。

3 横断面的制备

在镶嵌、研磨、抛光、浸蚀试样过程中其要求为：

3.1 横断面垂直覆盖层；

3.2 覆盖层表面平整，其图象的整个宽度应在测量时所取的放大倍数下同时聚焦；

3.3　由于切割和制备横断面所引起的变形材料要清除掉。

3.4　覆盖层横断面上的界面仅由外观反差就能明显地确定或由一条易于分辨的细线确定。

制备横断面的方法除上述内容外，在附录 A 中有详细叙述。一些典型的浸蚀剂列于附录 B(补充件)。

4　测量

4.1　应注意第 2 章和附录 A 中所列的各种因素对测量的影响。

4.2　用验证或标定过的载物台测微计校准显微镜及其测量装置。

4.3　测量覆盖层横断面图象的宽度，在显微断面上，沿长度至少取五点测量。

5　精度要求

对于显微镜及其附件的使用与标定，以及横断面的制备方法都应加以选择，使待测覆盖层厚度的误差在 1 μm 或真实厚度的 10% 中较大的一个值之内，在良好的条件下，使用一台金相显微镜，本法能得到 0.8 μm 的绝对测量精度，当厚度大于 25 μm 时，合理的误差均为 5% 或者更小。

6　试验报告

试验报告应包括下列内容：

a. 所取横断面在镀件上的位置；

b. 每点上测量的厚度(见 4.3)以微米计，若大于 1 mm 以毫米计；

c. 局部厚度，根据测量值计算的算术平均值；

d. 横断面上测量点分布的长度。

附 录 A
关于横断面制备及测量厚度的指南
(补充件)

试样的制备和覆盖层厚度的测量受各个工序的影响很大。适用的工艺方法很多,仅仅规定采用某一工艺方法是不合理的。但是要包括所有运用的工艺方法也不可能。本附录中叙述的技术只是作为一种指南。供金相工作者作覆盖层厚度测量时使用。

A.1 镶嵌

为了防止覆盖层横断面边缘倒角,应支撑覆盖层的外表面,覆盖层与支撑物之间不应留间隙。为此,常在试样上镀覆硬度与覆盖层硬度相近的一种金属,作为附加镀层,厚度至少为 10 μm。对于硬的,脆的覆盖层(如氧化物或铬镀层),镶嵌前可将试样紧紧地裹上一层软铝箔。

如果覆盖层较软,则不能附加更软的金属镀层,因为金属越软就越容易被抛光掉。

锌和镉镀层上不能附加铜镀层,因为在浸蚀过程中,铜会被溶解沉积到锌和镉镀层上。锌镀层上应附加镀镉,反之亦然。

A.2 研磨和抛光

保持镶嵌的横断面与覆盖层垂直是一个关键。塑料镶嵌时,在外表面边缘处必须夹持几片相似金属的薄片。

研磨前,在镶嵌好的边缘刻上一参考标记,就容易测定出偏离水平的倾斜度。研磨操作方向与覆盖层表面成 45°角,每更换一次砂纸,研磨方向应与前次方向成 90°,研磨时间不宜过长,压力应保持最小。

镶嵌试样的研磨应选用合适的砂纸和油滑剂,一般选用 100 号或 180 号砂纸、水和无色酒精。当磨去所有变形的部位,试样的真实轮廓显现出来时,就可依次换用 240、320、500、600 号的砂纸进行研磨。每次研磨时间不宜超过 30 ~ 40 s,最后在抛光盘上抛光 2 ~ 3 min。抛光盘上粘有金刚砂粒为 4 ~ 8 μm 的研磨膏,以无色酒精作润滑剂消除划痕,便于观察。如对表面抛光等级要求特别高时,可选用金刚砂粒为约 1 μm 的研磨膏进行抛光。

在制备很软的金属试样时,研磨过程中砂粒容易被嵌入金属表面,这时应将砂纸全部浸入润滑剂中,或采用循环流动润滑剂,使嵌入量减至最小。如果砂粒已经嵌入,清除的方法是:在研磨后和金刚石精抛前这段时期,采用轻度短时间精工抛光,或进行几次浸蚀、抛光交替循环处理。

A.3 浸蚀

为了提高金属层间的反差,除去金属遮盖的痕迹并在覆盖层界面处显示一条细线,采用浸蚀的方法通常是适宜的。一些典型的浸蚀剂列于附录 B。

A.4 测量

测量仪器一般采用螺丝游动测微计或目镜测微计,后者精度较差。将图象投影到毛玻璃板上的测量方法通常是不能令人满意的,因为图象的清晰度和标定的读数都比较差。

测量仪器在测量前和测量后至少要标定一次,标定和覆盖层测量时,都应同一操作者完成。载物台测微计和覆盖层应放在视场中央,每测量一点至少要进行两次。测量值取平均值。

对于严格的仲裁性的测量，必须采用最佳技术和精度高的仪器，并且制备平滑的覆盖层和基体表面的试样。制备横断面和覆盖层厚度测量的所有步骤，从粗砂纸研磨直到测量至少都应进行两次。其重现性在2%或0.5 μm之内。

某些显微镜容易发生载物台相对于物镜的自发移动，一般是光源热效应的不均匀引起的，在测量厚度中选用中、高倍放大倍数时，这种移动会产生测量误差。消除误差的方法是每一间隔测两次，一次从左到右，一次从右到左，使误差减至最小，迅速完成整个测量。

附 录 B
室温下使用的一些典型浸蚀剂
(补充件)

浸蚀剂

浸蚀剂	适用范围和说明
B.1 硝酸溶液(比重1.42g/mL):5mL 95%乙醇(V/V)溶液:95mL	用于钢铁上的镍或铬镀层浸蚀钢 这种浸蚀剂应是新配制的
B.2 六水合三氯化铁($FeCl_3 6H_2O$):10g 盐酸溶液(比重1.16g/mL):2mL 95%乙醇(V/V)溶液:98mL	用于钢、铜、铜合金基体上的金铅、银、镍和铜镀层 浸蚀钢、铜和铜合金
B.3 硝酸溶液(比重1.42 g/mL):50mL 冰醋酸:50mL	用于钢和铜合金上镀多层镍,显示组织及分辨 每一层镍浸蚀镍,过度腐蚀钢和铜合金
B.4 过硫酸铵:10g 氢氧化铵溶液(比重0.8g/mL):2mL 蒸馏水:90mL	用于铜和铜合金上的锡和锡合金镀层 浸蚀铜和铜合金 这种浸蚀剂应是新配制的
B.5 硝酸溶液(比重1.42 g/mL):5mL 氢氟酸溶液(比重1.14 g/mL):2mL 蒸馏水:93mL	用于铝和铝合金的镍和铜镀层 浸蚀铝及其合金
B.6 铬酐:(CrO_2):20g 硫酸钠:1.5g 蒸馏水:100g	用于钢上锌和镉镀层,以及锌合金上的镍和铜镀层 浸蚀锌、锌合金和镉
B.7 氢氟酸溶液:(比重1.14 g/mL):2mL 蒸馏水:98mL	用于铝合金的阳极氧化 浸蚀铝及其合金

注:在制备、使用、贮运和清除这些浸蚀剂要小心谨慎。

附加说明:

本标准由中华人民共和国机械工业部提出,由机械工业部武汉材料保护研究所归口。

本标准由机械工业部武汉材料保护研究所负责起草。

本标准主要起草人李汉莲。

中华人民共和国国家标准

UDC 669.71524
-492.2

GB 5774-86

铝包镍复合粉

Aluminum - coated nickel composite powders

国家标准局 1986-01-16 发布　　　　1986-11-01 实施

本标准适用于供火焰喷涂和等离子喷涂用铝包镍复合粉。

1 名词术语

铝包镍复合粉是以镍颗粒为核心,周围为铝粉的粘附层所组成的粉末。

2 品种和规格

2.1 铝包镍复合粉按化学成分和物理性能分为 FF 06·01,FF 06·02,FF06·03,FF06·04 四个牌号。

2.2 牌号表示法

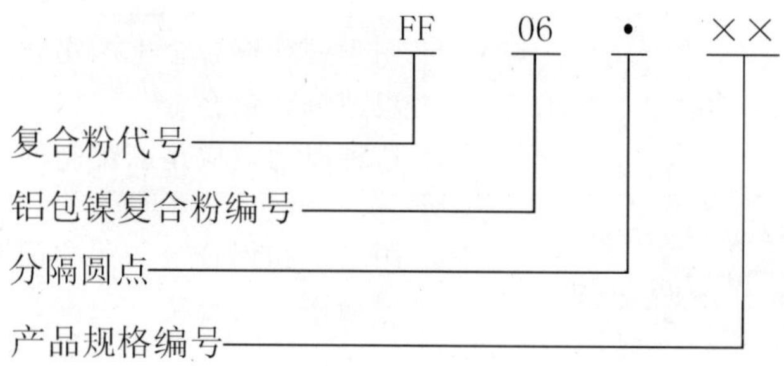

3 技术要求

3.1 铝包镍复合粉化学成分应符合表 1 的规定。

表 1　　%

<table>
<tr><th rowspan="3">产品牌号</th><th colspan="5">化学成分</th></tr>
<tr><th rowspan="2">Al</th><th rowspan="2">Ni</th><th rowspan="2">C</th><th colspan="2">杂质
小于</th></tr>
<tr><th>S</th><th>O</th></tr>
<tr><td>FF 06·01
FF 06·02</td><td>4.5~6.0</td><td rowspan="2">余量</td><td rowspan="2">0.5~2.0</td><td rowspan="2">0.05</td><td rowspan="2">0.90</td></tr>
<tr><td>FF 06·03
FF 06·04</td><td>6.0~8.0</td></tr>
</table>

3.2 需方对化学成分如有其他要求时可由供需双方商定。

3.3 铝包镍复合粉物理性能应符合表2规定。

表2

产品牌号	粒度组成		流动时间 S/50g 小于	松装密度 g/cm^3 大于
	目	%		
FF 06·01	+140 +160 +320	<0.5 <10 >95	25	3.20
FF 06·02	+140 +160 +260	<0.5 <15 >93	25	3.25
FF 06·03	+140 +160 +320	<0.5 <10 >95	25	3.20
FF 06·04	+140 +160 +260	<0.5 <15 >93	25	3.25

3.4 铝包镍复合粉粘附状况是每个镍颗粒的表面粘有数个铝粒。复合粉中,游离铝的含量应不超过含铝总量的4%。

3.5 铝包镍复合粉外观呈灰色或青灰色,无肉眼可见的夹杂物。

3.6 铝包镍复合粉在630~660℃发生放热反应。

4 试验方法

4.1 铝包镍复合粉化学成分分析方法由供需双方商定。

4.2 铝包镍复合粉松装密度测量方法按GB 1479—84《金属粉末松装密度的测定 第一部分 漏斗法》进行。

4.3 铝包镍复合粉粒度组成测量方法按GB 1480—84《金属粉末粒度组成的测定 干筛分法》进行。

4.4 铝包镍复合粉流动时间测量方法按GB 1482—84《金属粉末流动性的测定 标准漏斗法(霍尔流速计)》进行。

4.5 铝包镍复合粉放热反应测量方法由供需双方商定。

4.6 铝包镍复合粉粘附状况和游离铝的测量方法由供需双方商定。

5 检验规则

5.1 检查和验收

5.1.1 铝包镍复合粉由供方技术监督部门进行质量检验,保证产品质量符合本标准要求,并填写质量证明书。

5.1.2 需方在收到铝包镍复合粉后,可按本标准规定进行检验。如检查结果与本标准的规定不符时,应在收到产品之日起3个月内,向供方提出,由供需双方协商解决。如需仲裁时,应由供需双方在需方共同取样,到双方确认的部门进行检验。因保管不善而造成检验结果不符合本标准要求时,应由所涉及部门负责。

5.2 组批

铝包镍复合粉应成批提交验收,每批由同一生产方法制取的同一牌号粉混合组成。批量不超过100kg。

5.3 取样规则和数量

5.3.1 每批铝包镍复合粉应于包装前进行取样检验。试样应具有代表性。试样重量每批不少于500g。

5.3.2 从包装件(瓶或筒)中取样:每批在两件以内时,取样件数为100%;两件以上时,取样件数不少于两件。将所取的各件试样混合均匀后,多点取出约500g,然后按四分法缩分至试验所需重量。

5.4 重复试验

检验结果如有一项不符合本标准的规定,则在该批铝包镍复合粉中对该项加倍取样复验,复验结果仍不符合本标准规定时,则该批铝包镍复合粉为不合格。

6 包装、标志、运输和贮存

6.1 铝包镍复合粉装入加盖的塑料瓶或内有塑料袋密封的铁桶内,每瓶(筒)净重分1kg、2kg两种。

6.2 包装瓶(筒)表面应标明:供方名称、产品名称、牌号、批号、重量及"防潮"字样或标志。

6.3 每批铝包镍复合粉应附有加盖公章的质量证明书,注明:

a.供方名称;

b.产品名称;

c.产品牌号、批号;

d.各项分析检验结果;

e.检验日期;

f.本标准编号。

6.4 产品运输时,应防止受潮。必要时,可将包装瓶(筒)置于木箱内,并在木箱外注明:产品名称、牌号、重量、收件人(或单位)。

6.5 产品应存放于干燥、通风和无酸、碱气氛处,严防氧化。

附加说明:

本标准由中国有色金属工业总公司提出。

本标准由上海冶炼厂负责起草。

本标准主要起草人谭泽钧。

中华人民共和国国家标准

UDC 669.018
41 - 492.2
: 621.791

Ni - B - Si 系自熔合金粉

GB 5315 - 85

Metallic powder material - Self - fluxing
Ni - B - Si alloy powder

国家标准局 1985 - 08 - 24 发布　　　　1986 - 07 - 01 实施

本标准适用于氧 - 乙炔喷焊用 Ni - B - Si 系自熔合金粉。

1 名词术语

1.1 自熔合金—系指含硼和硅元素且熔点低、自脱氧、与基材浸润好的合金。

1.2 氧 - 乙炔焰喷焊—系指以氧 - 乙炔火焰为热源,将自熔合金粉末经火焰区后呈熔融或半熔融态喷到工件表面上,或加以重熔,使涂层与基材产生熔焊结合的表面强化技术。

2 品种和规格

2.1 Ni - B - Si 系自熔合金粉按化学成分和性能分成 FZN - 15、FZN - 20、FZN - 25 三个牌号,见表 1。

表 1

牌号和规格	熔融温度,℃	喷焊沉积层硬度 HV	备注(喷焊沉积层特性)
FZN - 15A FZN - 15B	1050 ~ 1150	176 ~ 224	很容易加工,浸润性良好,易焊合铸件中的裂缝和凹洼处
FZN - 20A FZN - 20B	1070 ~ 1140	204 ~ 254	容易加工,耐热冲击性最好,适用于玻璃用的铸铁模具的修复
FZN - 25A FZN - 25B	1050 ~ 1120	224 ~ 289	容易加工,耐磨,适用于铸铁、钢和合金钢部件修复。也可作钎焊材料

2.2 牌号按铁含量分成 A、B 两个等级。

2.3 牌号和规格表示方法示例。

FZ　N　-　15　A或B

- FZ —— 自熔合金粉
- N —— Ni-B-Si 系
- \- —— 分隔短线
- 15 —— 喷焊沉积层硬度(HRC)
- A或B —— 级别

3 技术要求

3.1 粉末的化学成分应符合表2规定。

3.2 各牌号的氧含量由供需双方商定。

3.3 粉末的粒度范围应符合下列规定。

粒度范围：102～20μm

其中 >102μm≤3%；

<20μm≤3%。

表2

牌号和规格	化学成分，%					
	C	Si	B	Ni	Cu	Fe
FZN－15A	≤0.1	1.6～2.4	0.8～1.4	余量	19～21	≤1.5
FZN－15B	≤0.1	1.6～2.4	0.8～1.4	余量	19～21	≤6.0
FZN－20A	≤0.1	2.0～3.0	1.0～1.5	余量	－	≤1.5
FZN－20B	≤0.1	2.0～3.0	1.0～1.5	余量	－	≤6.0
FZN－25A	≤0.1	3.0～4.0	1.0～2.0	余量	－	≤1.5
FZN－25B	≤0.1	3.0～4.0	1.0～2.0	余量	－	≤8.0

注：B级的铁是根据需方要求采用硼铁合金生产允许的含量。

3.4 粉末的喷焊沉积层硬度应符合表1规定。

3.5 粉末熔融温度应符合表1规定。

3.6 粉末不得有肉眼可见的外来夹杂物。

3.7 粉末应呈球形和似球形。

4 试验方法

4.1 粉末的化学成分分析按下列规定方法进行。

碳、镍的分析方法按 GB 223.1～223.7—81 和 GB 223.8～223.24—82《钢铁及合金化学分析方法》进行。

硅、硼、铜、铁、氧的分析方法由供需双方商定。

4.2 粉末粒度范围试验方法按 GB 1480—84《金属粉末粒度组成的测定—干筛分法》进行。

4.3 粉末喷焊沉积层硬度试验方法按 GB 4340—84《金属维氏硬度试验方法》进行。

试样制备应符合表3规定。

表3

喷焊条件	基材	试样尺寸，mm	喷焊沉积层厚度，mm	
			加工前	加工后
氧－乙炔一步法喷焊自然冷却	A3或25号碳素钢	ϕ30×20	≥2.5	≥2

4.4 熔融温度测定方法由供需双方商定。

5 检验规则

5.1 产品由供方技术监督部门进行检验,保证产品质量符合本标准要求,并填写质量证明书。

5.2 产品应成批提交检验,每批应由同一牌号、同一等级的粉末组成。批重不大于 400 kg。

5.3 抽检取样方法按 GB 5314—85《粉末冶金用粉末的取样方法》进行。

5.4 需方收到产品后应及时检验。如检验结果与本标准规定不符时,从收到产品之日起三个月内向供方提出,双方协商解决。若需仲裁时,应由供需双方在需方共同取样。

5.5 检验结果不符合本标准规定时,则在该批中对不符合本标准要求的项目加倍取样复验。若其中仍有一个结果不符合本标准要求时,则该批产品为不合格。

6 包装及标志

6.1 产品装入硬质容器前必须是干燥的。包装要严密,防止受潮、散漏。

6.2 每个容器内产品的净重不大于 10 kg。

6.3 包装容器上应标明:供方名称和商标、产品名称、牌号和规格及“防潮”字样或标志。

6.4 每批粉末应附有产品质量证明书,其中注明:

a. 供方名称和商标;

b. 产品名称;

c. 牌号和规格;

d. 批号;

e. 净重;

f. 各项检验结果及技术监督部门印记;

g. 包装日期;

h. 本标准编号。

附加说明:

本标准由中华人民共和国冶金工业部提出。

本标准由冶金部钢铁研究总院负责起草。

本标准主要起草人杨春明、王瑞莉、朱瑞珍、艾宝仁。

中华人民共和国国家标准

UDC 669.018
41－492.2
：621.791

Ni－Cr－B－Si系自熔合金粉

Metallic powder material－Self－fluxing
Ni－Cr－B－Si alloy powder

GB 5316－85

国家标准局1985－08－24发布　　1986－07－01实施

本标准适用于氧－乙炔喷焊用Ni－Cr－B－Si系自熔合金粉。

1 名词术语

1.1 自熔合金——系指含硼和硅元素且熔点低、自脱氧、与基材浸润好的合金。

1.2 氧－乙炔焰喷焊——系指以氧－乙炔火焰为热源，将自熔合金粉末经火焰区后呈熔融或半熔融态喷到工件表面上，或加以重熔，使涂层与基材产生熔焊结合的表面强化技术。

2 品种和规格

2.1 Ni－Cr－B－Si系自熔合金粉按化学成分和性能分成FZNCr－25、FZNCr－35、FZNCr－45、FZNCr－55、FZNCr－60五个牌号，见表1。

表1

牌号和规格	熔融温度，℃	喷焊沉积层硬度 HRC	备注（喷焊沉积层特性）
FZNCr－25A FZNCr－25B	1050～1120	20～30	易于切割，韧性很好，耐强冲击、耐蚀、耐热性好
FZNCr－35A FZNCr－35B	1010～1080	30～40	可用硬质合金和高速钢刀具切割，韧性好，耐强冲击、耐蚀、耐热性好
FZNCr－45A FZNCr－45B	980～1050	40～50	可用硬质合金工具切削，但磨削为宜。韧性好，耐强冲击、耐蚀、耐热性好
FZNCr－55A FZNCr－55B	970～1070	50～60	切削困难，适于湿式磨削，适用于耐磨、耐蚀、耐热的部件
FZNCr－60A FZNCr－60B	970～1040	55～65	难以切削，适于湿式磨削，耐磨性好，耐蚀和耐滑动磨损性好

2.2 牌号按铁含量分成A、B两个等级。

2.3 牌号和规格表示方法示例

FZ NCr － 25 A或B

自熔合金粉 —— FZ
Ni-Cr-B-Si 系 —— NCr
分隔短线 —— －
喷焊沉积层硬度（HRC）—— 25
级别 —— A或B

3 技术要求

3.1 粉末的化学成分应符合表2规定。

表 2

牌号和规格	化学成分,%								
	C	Si	B	Cr	Ni	Cu	Mo	Fe	O
FZNCr－25A	≤0.2	2.0～3.5	1.0～2.0	5～10	余量	—	—	≤4	≤0.08
FZNCr－25B	≤0.2	2.0～3.5	1.0～2.0	5～10	余量	—	—	≤10	≤0.08
FZNCr－35A	≤0.4	2.0～3.5	1.5～2.5	7～10	余量	—	—	≤4	≤0.08
FZNCr－35B	≤0.4	2.0～3.5	1.5～2.5	7～10	余量	—	—	≤10	≤0.08
FZNCr－45A	0.3～0.6	3.0～4.5	2.0～3.0	11～15	余量	—	—	≤5	≤0.08
FZNCr－45B	0.3～0.6	2.0～3.5	2.0～3.0	11～15	余量	—	—	≤17	≤0.08
FZNCr－55A	0.4～0.9	3.5～5.0	2.5～4.0	14～17	余量	2～4	2～4	≤5	≤0.8
FZNCr－55B	0.4～0.9	3.5～5.0	2.5～4.0	14～17	余量	2～4	2～4	≤17	≤0.8
FZNCr－60A	0.5～1.1	3.5～5.5	3.0～4.5	15～20	余量	—	—	≤5	≤0.08
FZNCr－60B	0.5～1.1	3.5～5.0	3.0～4.5	15～20	余量	—	—	≤17	≤0.08

注:B级的铁是根据需方要求采用硼铁合金生产允许的含量。

3.2 粉末的粒度范围应符合下列规定。

粒度范围:102～20μm。

其中 >102μm≤3%,

<20μm≤3%。

3.3 粉末的喷焊沉积层硬度应符合表1规定。

3.4 粉末的熔融温度应符合表1规定。

3.5 粉末不得有肉眼可见的外来夹杂物。

3.6 粉末外貌呈球形和似球形。

4 试验方法

4.1 粉末的化学成分分析按下列规定方法进行。

碳、铬、镍、钼的分析按 GB 223.1 ~ 223.7—81 和 GB 223.8 ~ 223.24—82《钢铁及合金化学分析方法》。

硅、硼、铜、铁、氧的分析由供需双方商定。

4.2 粉末粒度范围试验方法按 GB 1480—84《金属粉末粒度组成的测定——干筛分法》进行。

4.3 粉末喷焊沉积层硬度试验方法按 GB 230—83《金属洛氏硬度试验法》进行。

试样制备应符合表 3 规定。

表 3

喷焊条件	基　　材	试样尺寸,mm	喷焊沉积层厚度,mm	
			加工前	加工后
氧－乙炔一步法喷焊自然冷却	25 号或 45 号碳素钢	ϕ30 × 20	≥2	≥1.8

4.4 熔融温度测定方法由供需双方商定。

5 检验规则

5.1 产品由供方技术监督部门进行检验,保证产品质量符合本标准要求,并填写质量证明书。

5.2 产品应成批提交检验,每批应由同一牌号、同一等级的粉末组成。批重不大于 400 kg。

5.3 抽检取样方法按 GB 5314—85《粉末冶金用粉末的取样方法》进行。

5.4 需方收到产品后应及时检验。如检验结果与本标准规定不符时,从收到产品之日起三个月内向供方提出,双方协商解决。若需仲裁时,应由供需双方在需方共同取样。

5.5 检验结果不符合本标准规定时,则在该批中对不符合本标准要求的项目加倍取样复验。若其中仍有一个结果不符合本标准要求时,则该批产品为不合格。

6 包装及标志

6.1 产品装入硬质容器前必须是干燥的。包装要严密,防止受潮、散漏。

6.2 每个容器内产品的净重不大于 10 kg

6.3 包装容器上应标明:供方名称和商标、产品名称、牌号和规格及“防潮”字样或标志。

6.4 每批粉末应附有产品质量证明书,其中注明:

a. 供方名称和商标;

b. 产品名称;

c. 牌号和规格;

d. 批号;

e. 净重;

f. 各项检验结果及技术监督部门印记;

g. 包装日期;

h. 本标准编号。

附加说明：

本标准由中华人民共和国冶金工业部提出。

本标准由冶金部钢铁研究总院负责起草。

本标准主要起草人杨春明、王瑞莉、朱瑞珍、艾宝仁。

中华人民共和国国家标准

UDC 669－492.2
：620.168

金属粉末粒度分布的测定—沉降天平法

GB 5157—85

Metallic powders – Determinetion of particle size distribution by method of sedimentation balance

国家标准局 1985－05－08 发布　　1986－02－01 实施

本标准规定了金属粉末粒度分布的测定方法—沉降天平法。

本标准适用于在液体介质中,能够分散的金属粉末,包括难熔金属及合金粉末,如钨、钼、铜、铁粉末。

一般来说,非金属粉末粒度分布的测定,亦可参考本标准。

本标准不适于片状、纤维状及其他形状极不规则的粉末,不适于含有润滑剂或粘结剂的粉末。对于结团现象严重或组元的密度不同的混合粉末,也不宜采用本标准。

本标准的粒度测定范围为 2～80μm。根据金属粉末密度不同,上、下限允许有变化,但粉末试样中最大颗粒与最小颗粒的直径之比,以小于 15 倍为宜。

1 方法原理

在静止液体中,粉末颗粒由于自身的质量在重力作用下,逐渐向下自由降落,在层流条件下,自由降落速度与球形颗粒直径的平方成正比,可用斯托克斯公式(1)表示：

$$V = \frac{(\rho_1 - \rho_2) g D^2}{18\eta} \quad \cdots\cdots (1)$$

式中：V ——自由降落速度,cm/min；

g ——重力加速度,cm/s^2；

ρ_1 ——粉末试样的固体密度,g/cm^3；

ρ_2 ——沉降介质的密度,g/cm^3；

D ——粉末颗粒的直径,cm；

η ——沉降介质的粘度,Pa·s。

公式(1)说明：根据自由降落速度 V,即可求得颗粒直径 D。与此同时,天平直接测出了不同时间降落到天平盘上粉末的质量,这样,就可测出试样的粒度分布。

2 试样的制备和要求

2.1 试样的制备

2.1.1 试样在 105±2℃的温度下,在真空干燥箱中烘干 1h,取出试样,放在干燥塔内冷却至室温。

2.1.2 将试样铺开,在不同部位取样,按下式计算并称取需要的试样量 m：

$$m = \frac{\rho_1}{\rho_1 - \rho_2} m_0 \quad \cdots\cdots (2)$$

式中：m ——试样量,g；

m_0 ——记录纸满刻度时的试样量,g；

其他同公式(1)。

2.2 对试样的要求

本标准进行粒度分布测定时，必须确定试样中量大颗粒的直径。为此，先将部分试样放在介质中，经超声波分散后进行淘析，去掉细颗粒部分。粗颗粒部分经清洗、烘干后，用显微镜或沉降法测定最大颗粒的直径。

3 试验的仪器和设备

3.1 沉降天平仪*

由天平装置、沉降筒、记录仪及平衡系统四个部分组成。主要技术要求：粒度测量范围为 1～150μm；每沉降 2 mg 粉末，记录笔跳动一次；沉降高度为 5，10，20cm；记录纸速为 60，120，300 mm/h。

3.2 分析天平

感量为 0.1mg。

3.3 精密恒温水浴

在测试温度下，温度变化应小于 ±0.5℃。

3.4 其他

a. 生物显微镜，400～600 倍；

b. 超声波发生器；

c. 旋转粘度计，测定范围：0～0.30Pa.s；

d. 比重计，测量精度为 $0.001g/cm^3$；

e. 秒表，精度为 0.01s。

4 试验条件和步骤

4.1 试验条件

4.1.1 沉降介质粘度的确定。如果最大颗粒的直径为 D_{max}，并规定最大颗粒的自由降落速度为 15～25 cm/min，用公式(1)计算介质的粘度。

4.1.2 验证雷诺数，以判断沉降试验是否层流条件。雷诺数由公式(3)决定：

$$R_e = \frac{\rho_2 VD_{max}}{\eta} \leqslant 0.25 \quad (3)$$

式中：Re——雷诺数；

$D\,max$——试样中最大颗粒的直径，cm；

其他符号同公式(1)。

4.1.3 沉降介质选择的原则

a. 沉降介质不能改变粉末颗粒的形状、大小和密度；

b. 不易挥发，对粉末颗粒有良好的润湿性。加分散剂后，粉末试样应能良好地分散在介质中，不出现凝聚现象；

c. 沉降介质粘度要合适；

d. 毒性、腐蚀性小。

4.1.4 沉降介质密度的测定②。用比重计（精确至 $0.001g/cm^3$）、比重瓶或用比重天平测定沉降介质的密度。

4.1.5 沉降介质密度的测定**。用旋转粘度计或毛细管粘度计测定沉降介质的粘度。实测粘度应和计算值一致。

---

* 推荐使用 KCT－1 型沉降天平。

② 测定沉降介质密度和粘度时的温度，应和粒度测定时的温度相同。

4.2 试验步骤

4.2.1 试样在介质中的分散。将适量恒温的介质，加入称好的试样中，采用超声波法、机械搅拌法或摇动法，将试样分散。

必要时，在负压下排除悬浮液中的气泡。

4.2.2 接通各设备的电源，使恒温设备处于工作状态。

4.2.3 待仪器性能稳定后，对各设备进行仔细的调试，包括在测试条件下沉降天平除皮重的调试，使仪器处于工作状态。

4.2.4 将沉降筒内介质倒出大部分，然后将分散好的、已恒温的悬浮液，倒入沉降筒内，用沉降介质稀释至沉降高度，并进行搅拌。

4.2.5 悬浮液搅拌均匀后，将沉降筒放到沉降位置，天平盘挂在天平上。

4.2.6 开启天平及记录仪，测量工作正式开始。

4.2.7 到达规定时间后，试验即告结束。

注：①在沉降过程中，天平盘及连接杆、已降落的粉末上和悬浮液中均不能出现气泡。

②在整个测量过程中，温度变化应小于±0.5℃。

5 结果计算及表示

5.1 结果计算

5.1.1 计算理论沉降总质量 M

5.1.1.1 天平盘的直径大于沉降筒的直径，沉降筒安装在天平盘上的情况，将称取的试样量做为理论沉降总质量。

5.1.1.2 天平盘的直径小于沉降筒的直径，天平盘放在沉降筒内的底部，按下述方法处理：

a.用公式(4)计算 M

$$M = \frac{H}{H+h} \cdot \frac{D_p^2}{D_d^2} \cdot m \quad \cdots\cdots (4)$$

式中：H —沉降高度，cm；

h —天平盘与沉降筒底之间的距离，cm；

D_p —天平盘的直径，cm；

D_d —沉降筒的直径，cm；

其他符号同前。

b.用经验公式计算 M

$$M = K \cdot m \quad \cdots\cdots (5)$$

式中：K —常数。

c.用实测法确定 M

5.1.2 大于某粒度的粉末颗粒累积质量 M_i（i＝1、2、3……n，以下同）的计算。如图1所示，根据试验得到的 $W=f(t)$ 曲线，用图解法即可得到 M_i，步骤如下：

a.根据需要，将时间坐标轴 t 划分为若干区间，得到若干个点 t_i，利用公式(1)求出 D_i；

b.在 $W=f(t)$ 曲线上找到与 t_i 或 D_i 相对应的点 P_i；

c.在 P_i 各点画切线，使与沉降质量坐标轴 W 相交，其截距即为 M_i；

d.在曲线与 t 坐标轴基本平行的部分，用公式(6)计算 M_i，例如，在 P_n 点，有：

$$M_n = W_n - \frac{dW_n}{dt_n} \cdot t_n \quad \cdots\cdots (6)$$

式中：M_n—直径大于 D_n 的粉末颗粒的累积质量，g；

W_n—$W = f(t)$曲线上 P_n 点的实际沉降质量，g；

t_n—直径为 D_n 的颗粒，从液面降落到天平盘上所需的时间，min；

$\frac{dW_n}{dt_n}$—在 t_n 时刻，直径小于 D_n 的颗粒的质量亩积速率，即 $W = f(t)$ 曲线经过 P_n 点的斜率。

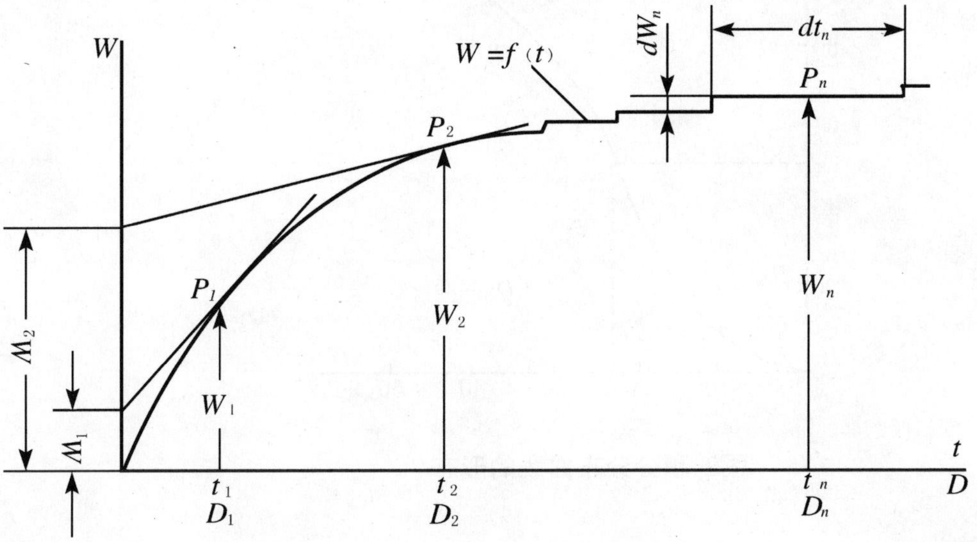

图1　图解法求M_i

5.1.3　累积百分数 Q_i 的计算

$$Q_i = \frac{M_i}{M} \times 100\% \quad \cdots\cdots (7)$$

式中：Q_i——直径大于 Q_i 的粉末颗粒的累积百分数；

其他符号同前

5.1.4　粒度分布$\triangle Q_i$ 的计算

$$\triangle Q_i = Q_i - Q_{i-1} \quad \cdots\cdots (8)$$

5.2　结果表示

5.2.1　用表格形式表示

1 时间 t_i min	2 颗粒直径 D_i μm	3 理论沉降总质量 M g	4 直径大于某粒度的累积质量 M_i g	5 累积百分数 Q_i %	6 粒度组成 $\triangle Q_i$ %
t_1	D_1	M	M_1	Q_1	$\triangle Q_1$
⋮	⋮		⋮	⋮	⋮
⋮	⋮		⋮	⋮	⋮
t_n	D_n		M_n	Q_n	$\triangle Q_n$

5.2.2 用粒度分布曲线表示

5.2.2.1 积分分布曲线表示法。用直角坐标图表示，以上表中第五栏的 Q_i 做纵坐标，以第二栏的颗粒直径做横坐标，即可绘制积分分布曲线，如图 2 所示。曲线上与 $Q_i = 50\%$ 相对应的颗粒直径叫做 D_{50}。

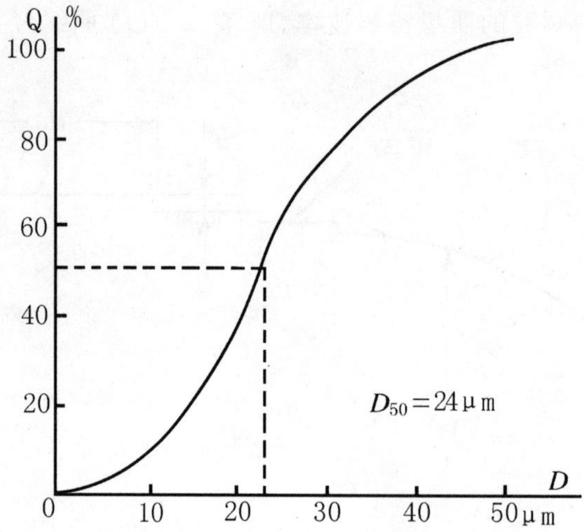

图2 积分分布曲线的形态

5.2.2.2 微分分布曲线表示法。在积分曲线的粒度范围内，根据情况划分为若干个相等的区间，并将积分曲线也分为相应的若干部分，每部分的百分含量为△Q′ᵢ，然后以△Q′ᵢ/△.Dᵢ 做纵坐标，以直径 D 做横坐标，绘出直方图，最后用曲线将原点与平行于横坐标那些线段的中点联接起来，即为微分分布曲线，如图 3 所示。

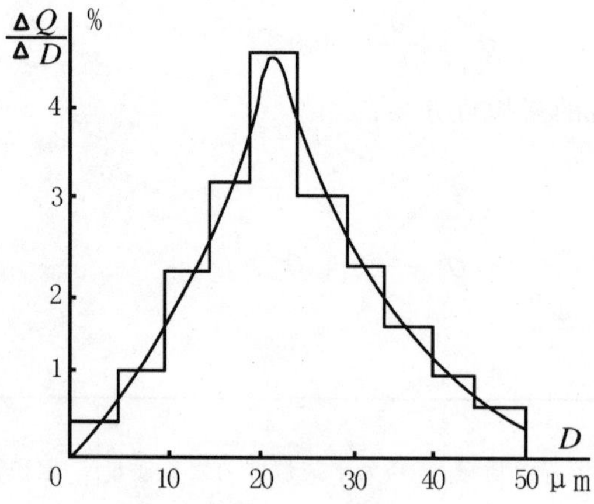

图3 微分分布曲线的形态

6 **试验报告**

试验报告应包括以下内容：

a. 本标准号；

b．试样标志；

c．测定结果；

d．仪器型号；

e．本标准未做规定或认为是附加的各种操作；

f．可能影响结果的任何事件发生的详细情况。

附 录 A
一些金属粉末适用的沉降介质和分散剂
（参考件）

金属粉末	沉降介质和分散剂
铝	环已酮、环已醇、异丙醇、石蜡油、四氯化碳、水＋六偏磷酸钠、水＋酒石酸钠、水＋草酸钠
铜	水、丙酮、乙醇、丁醇、异戊醇、水＋甘油(1:1)、菜子油
青铜	环已醇、环已酮
钴	乙醇、异丁醇、丙酮＋菜子油
铬	异丁醇、煤油
石墨	乙醇、丁醇、水＋0.5g/1丹宁酸、水＋5g/1亚油酸钠＋0.88～3.5ml/1氨水
铁、铁合金	菜子油＋丙酮、大豆油＋丙醇(1:1)、水
铁和钢	乙醇、丁醇、水＋甘油、水＋多偏磷酸钠
铅	水、丙酮、丁醇、异戊醇、环已醇、环已酮
镁	乙醇、丁醇、异丁醇
锰	异丁醇、环已酮
钼	丙酮、乙醇、水＋多偏磷酸钠、水＋甘油、水＋乙二醇
镍	乙醇、丙酮、丁醇、丙酮＋菜子油、环已酮、水＋甘油
硅	乙醇、二甲苯、水、水＋乙醇(1:1)、水＋0.133％或0.05M/1焦磷酸钠、水＋0.01N草酸钠、水＋0.1％六偏磷酸钠
银	乙醇、水＋甘油
钽	环已醇、环已酮
锡	丁醇、异丁醇
钛	水＋0.1％六偏磷酸钠、水＋焦磷酸钠
钨	乙醇、丁醇、乙二醇、丙酮＋菜子油、水＋多偏磷酸钠、水＋甘油、甘油
锌	丙酮、乙醇、丁醇、环已醇、水＋多偏磷酸钠
锆	异丁醇、甲醇、水＋乙醇(1:1)、水＋0.005M/1焦磷酸钠、水乙醇＋丁醇、水＋焦磷酸钠
碳化硼	乙醇＋丁醇、水＋焦磷酸钠
碳化硅	丁醇、水＋焦磷酸钠、水＋乙二醇＋焦磷酸钠
碳化钨	植物油、乙二醇、水＋乙二醇＋焦磷酸钠、水＋多偏磷酸钠

附加说明：

本标准由中华人民共和国冶金工业部、中国有色金属工业总公司提出。

本标准由中南矿冶学院粉末冶金研究所负责起草。

本标准主要起草人胡大兴、李永胜

中华人民共和国国家标准

UDC 669－492.2
：531.754

GB 5060—85

金属粉末松装密度的测定
第二部分：斯柯特容量计法

Metallic powders—Determination of
apparent density—Part 2：Scott volumeter method

国家标准局 1985－04－15 发布　　1986－01－01 实施

本标准规定用斯柯特容量计法测定金属粉末的松装密度。该方法适用于不能自由流过漏斗法中孔径为 5mm 的漏斗和用振动漏斗法易改变特性的金属粉末。

本标准等效采用国际标准 ISO 3923/2《金属粉末松装密度的测定—第 2 部分：斯柯特容量计法》。

1 原理

金属粉末放入上部组合漏斗中的筛网上，自然或靠外力流入布料箱，交替经过布料箱中的四块倾斜角为 25°的玻璃板和方形漏斗，最后流入已知体积的圆柱杯中，呈松散状态。然后称量圆柱杯中的金属粉末的质量。

2 仪器

2.1 斯柯特容量计(如图)包括：

2.1.1 上部组合漏斗——由两个圆锥形漏斗装配而成，其间由一段圆柱隔开，并放入一个孔径为 1.18 mm 的黄铜筛网。

2.1.2 布料箱——横断面为正方形，内有四块玻璃板斜镶嵌在铝制的框架上，框架前后两壁面是玻璃挡板，并易于清洗时拆装。

2.1.3 方形漏斗——为 60°的方锥体，下端口径为 12.5 mm × 12.5 mm。

2.1.4 圆柱杯——容积为 25 ± 0.05 cm^3，内径为 ϕ30 ± 1 mm。

2.1.5 溢料盘——用于盛装多余的金属粉末。

2.1.6 台架——用于支撑上部组合漏斗、布料箱、方形漏斗、圆柱杯、溢料盘，并使它们同轴地处于下图中所示的高度。用台架的三个螺钉(两个可调，一个不可调)调节水平。

2.2 天平——用于称量金属粉末样品，精确到 0.05 g。

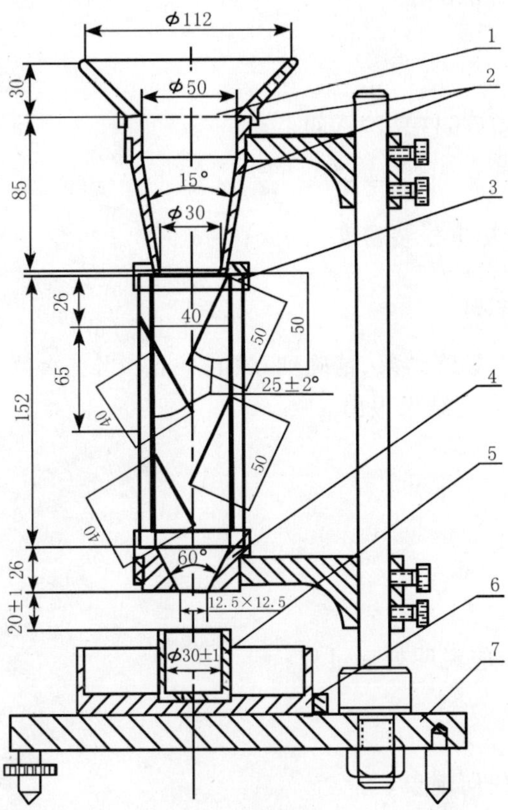

斯柯特容量计

1-黄铜筛网；2-组合漏斗；3-布料箱；4-方形漏斗

5-圆柱杯；6-溢料盘；7-台架

注：圆柱杯和所有漏斗均应用非磁性、耐磨和耐腐蚀金属材料制成，一般多采用黄铜。为防止变形和过度磨损，应具有一定的厚度和硬度。圆柱杯和漏斗内表面应抛光。

3 取样

3.1 测定每一种金属粉末松装密度时，应至少取 100 cm^3 体积的样品，分三份进行。

3.2 通常，金属粉末按接收状态测定，在某些情况下，金属粉末应进行烘干。但如果粉末容易氧化，应在真空或惰性气氛保护下进行烘干。若金属粉末含有易挥发性物质，则不允许烘干。

4 操作

4.1 用勺细心地将金属粉末放在上部组合漏斗的筛网上，经过布料箱、方形漏斗，流入圆柱杯中，直到装满，并有粉末溢出为止。

4.2 如果粉末不能自由地通过筛网，可用软毛刷子刷一刷，使金属粉末通过筛网。如果无效，则该种金属粉末就不适用于斯柯特容量计法测定松装密度。

4.3 圆柱杯有粉末溢出后，用不锈钢板尺刮平。但不要使杯内的粉末压缩或带出，更不要使杯子摇晃或振动。

4.4 刮平后，轻轻敲打杯子，使粉末下沉，避免在挪动过程中粉末散失，在杯子的外表面上也不能沾有粉末。

4.5 称量圆柱杯内的金属粉末,精确到0.05 g。

5 试验结果的计算

金属粉末质量与体积之比为松装密度,计算公式如下:

$$\rho_{as} = \frac{m}{V} = \frac{m}{25}$$

式中:ρ_{as}—斯柯特容量计法测得的金属粉末松装密度,g/cm^3;

m—金属粉末质量,g;

V—松装金属粉末的体积,cm^3。

取三次测定结果的算术平均值报出最终结果,精确到0.01g/cm^3。当三次测量结果之间的差值超过平均值的1%时,其最大值和最小值也要随结果报出。

6 试验报告

试验报告应包括下列内容:

a. 本标准号;

b. 鉴别试样的必要说明;

c. 如果粉末经过烘干或其他处理,应说明处理过程;

d. 计算结果;

e. 本标准没有规定的其他操作;

f. 详细说明可能影响试验结果的任何现象。

附加说明:

本标准由中华人民共和国冶金工业部、中国有色金属工业总公司提出。

本标准由冶金工业部钢铁研究总院负责起草。

本标准主要起草人张文义。

中华人民共和国国家标准

UDC 621.793:531
.717.1:666
.293/.295

磁性金属基体上非磁性覆盖层厚度测量 磁性方法

GB 4956—85

Non - magnetic coatings on magnetic substrates
—Measurement of coating thickness
—Magnetic method

国家标准局 1985 - 02 - 14 发布　　　　1985 - 12 - 01 实施

本标准规定了使用磁性测厚仪器无损测量磁性金属基体上非磁性(包括釉瓷和搪瓷)覆盖层厚度的方法。

该方法适用于平试样上的测量。不适用于非磁性基体上覆盖层的测量。

本标准等效采用国际标准 ISO 2178—1982《磁性金属基体上非磁性覆盖层厚度的磁性测量方法》。

1 原理

磁性测厚仪是测量永久磁铁(测头)和基体金属之间由于存在覆盖层而引起磁引力的变化;或者是测量通过覆盖层与基体金属磁路磁阻的变化。

2 影响测量精度的因素

2.1 覆盖层厚度

测量精度随覆盖层厚度的变化而变化,并与所选用的测厚仪器的设计有关。对于薄的覆盖层,其测量精度是一个常数,与覆盖层厚度无关;对于厚的覆盖层,其精度与覆盖层厚度近似成正比。

2.2 基体金属磁性

磁性法测厚受基体金属磁性变化的影响(在实际应用中,低碳钢磁性的变化可以认为是轻微的),为了避免热处理和冷加工因素的影响,应使用与试样基体金属具有相同性质的校准标准片对仪器进行校准;亦可用待镀复试样进行校准。

2.3 基体金属厚度

对每一种仪器都有一个基体金属的临界厚度,这个临界厚度视不同型号的仪器而异。若基体金属厚度超过这一临界厚度值,测量值将不受基体金属厚度增加的影响。临界厚度值取决于仪器的测头和基体金属的性质。如果仪器制造厂未提供临界厚度值,则应通过试验确定。

2.4 边缘效应

本方法对试样表面形状的陡变敏感,因此太靠近边缘或内转角处进行测量是不可靠的,除非仪器对此测量进行了专门的校准。这种边缘效应大约可以延伸到离边缘 15 毫米处,但视仪器而定。

2.5 曲率

试样的曲率对测量有影响,曲率的影响与仪器的制造和类型有关,但这种影响总是随着曲率半径的减小而明显地增大。

如果使用双极测头仪器时,测头沿着或垂直于圆柱体的轴向表面测量,可能得到不同的读数。

因此在弯曲试样上进行测量是不可靠的,除非仪器对此测量进行了专门的校准。

2.6 表面粗糙度

如果在粗糙表面上的同一参考面积内所测得的一系列数值明显地超过仪器固有的重现性,则要求测量的次数至少增加到5次。

2.7 基体金属机械加工方向

当使用双极式测头或被磨损而不平整的单极式测头测量时,仪器的读数会受到磁性基体金属机械加工(如滚轧)方向的影响,随着测头在被测试样表面上的取向不同而变化。

2.8 剩磁

基本金属的剩磁对使用固定磁场仪器所测得的数值可能有影响,但对使用交变磁场磁阻型仪器进行测量时,这种影响小得多。

2.9 磁场

周围各种电气设备所产生的强磁场,会严重地干扰磁性测厚仪的工作。

2.10 附着物质

由于磁性测厚仪对那些妨碍测头与覆盖层表面紧密接触的附着物质是十分敏感的,所以必须清除附着物质以保证仪器测头和被测试样表面直接接触。

2.11 覆盖层的电导率

有些磁性测厚仪器在200~2000赫兹频率范围内工作,在这一频率范围内,高电导率的厚覆盖层中会产生涡流,影响读数。

2.12 测头压力

对测头置于试样上所施加的压力会影响测量读数。所以施加在测头上的压力必须是恒定的、适当的,且不使软覆盖层变形。软覆盖层也可以用箔覆盖测量,但要从测量结果中减去箔的厚度。测量磷化膜厚度时也必须这样操作。

2.13 测头取向

应用磁引力原理测厚仪,测量读数可能受测头相对于地球重力场方向的影响,因此仪器测头在水平或倒置上位置进行测量时,仪器应作相应的校准。

3 仪器的校准

3.1 概述

测量前,每台仪器应按制造厂的说明书,选择适当的校准标准片进行校准,或者选择有覆盖层的待测试样,用磁性法测得的厚度值与适用于有关特殊覆盖层的国标方法测得的厚度值进行比较。

仪器在使用期间,每隔一段时间要进行校准。并注意第2章中所列举的影响因素以及第4章中所规定的操作程序。

3.2 校准标准片

可采用已知厚度的箔或已知覆盖层厚度的试样作为校准标准片。

3.2.1 校准箔

"箔"是指非磁性金属或非金属的箔或垫片。

一般可采用箔作校准标准片。为了保证良好的接触,通常不推荐用箔来校准磁引力原理的仪器,如果采取了一些必要措施,在某些情况下还是可以采用箔作校准标准片。

"箔"有利于曲面上的校准,而且比用有覆盖层的标准片更合适。

为了避免测量误差,必须保证箔与基体金属的紧密接触,避免使用有弹性的箔。校准箔易形成压痕,因此要经常更换。

3.2.2 有覆盖层的标准片

在基体金属上覆盖一层均匀的、已知厚度的，并与基体金属牢固结合的覆盖层作为标准片。

3.3 检验

3.3.1 校准标准片的基体金属的磁性和表面粗糙度，应当与试样基体金属的磁性和表面粗糙度相似。为了证实标准片的适用性，可用校准标准片的基体金属与被测试样基体金属上所测得的读数进行比较。

3.3.2 为了有效地排除基体机械加工方向的影响和剩磁的影响，在校准仪器时必须将测头旋转 90 度。

3.3.3 如果试样的基体金属厚度没有超过 2.3 中所规定的临界厚度，则试样与校准标准片的基体金属厚度须相同。

一般用足够厚度的相同材料来加厚校准标准片或试样，使其读数与基体金属厚度无关。

3.3.4 如果待测覆盖层的曲率已达到不能在平面上校准，则有覆盖层的标准片的曲率或置于校准箔下的基体金属的曲率，应与试样的曲率相同。

4 操作程序

4.1 概述

每台仪器应按照制造厂说明书进行操作，并应当注意第 2 章中所列举的影响因素。

每次测量前，要在测试场所对仪器进行校准，在间断使用中也要经常对仪器进行校准，以确保仪器处于正常的工作状态。

操作时应当遵守下列条款的规定。

4.2 基体金属厚度

检查基体金属厚度是否超过临界厚度，如果没有，就应按照 3.3.3 中所叙述的方法进行校准。

4.3 边缘效应

不应在靠近试样的突变处如边缘、孔洞和内转角等处进行测量，除非已验证对此测量所作的校准是可靠的。

4.4 曲率

不应在试样的弯曲表面上进行测量，除非已验证对此测量所作的校准是可靠的。

4.5 读数的次数

通常由于仪器每次读数并不完全相同，因此必须在每一测量面积内取几个读数。覆盖层厚度的局部差异，也要求在任一给定的面积内进行多次测量，表面粗糙时更应如此。

4.6 机械加工方向

如果机械加工方向明显地影响读数，则在试样上进行测量时，要使测头的方向与校准时的取向一致，或者将测头在四个互为 90 度的方向上进行四次测量。

4.7 剩磁

如果基体金属存在剩磁，在使用固定磁场双极式测头仪器测量时，必须在互为 180 度的两个方向上进行测量。

为了得到可靠的测量结果，必须除去试样的磁性。

4.8 表面清洁度

测量前，应清除表面上的附着物质，如灰尘、油脂及腐蚀产物等，但不要除去任何覆盖层。测量时，应避免在有明显且不易去除的缺陷部位上进行测量，如在焊渣、酸蚀斑、毛刺和氧化物等处进行测量。

4.9 铅覆盖层

使用磁引力型仪器测量铅覆盖层厚度时，测头会粘附覆盖层，遇此情况，可以在覆盖层表面涂一层很薄的油膜，以提高测量读数的重现性，但应该擦掉过量的油。如使用拉力型仪器测量时，应保持覆盖层表面呈干燥状态。除铅覆盖层外,涂油不能用于其它覆盖层。

4.10 技巧

测量读数取决于操作者的技巧,例如,每个人对测头所施加的压力或平衡力的速率是不同的。若由同一操作者进行校准和测量,或使用恒压力测头,都可以使这种影响降低,或减至最小。本方法应尽量使用恒压装置测头,或使用测量架进行测量。

4.11 测头定位

一般仪器的测头应垂直于试样表面上的测量面,对磁引力型仪器更是必要。但对于某些仪器则希望将测头略微倾斜,并选择获得最小读数的倾斜角。在光滑表面上测量,如果仪器的读数明显地随倾斜角的变化而变化,则说明测头可能已经磨损,需要更换。

如果磁性测厚仪的测头是在水平或从下往上倒置进行测量时,如果没有克服测量系统所受的重力,应分别在那些位置上进行校准。

5 精度要求

测量精度取决于仪器的性能、操作和校准情况。此方法能使所测得的覆盖层厚度值与真实厚度值的误差在 ±10% 或 1.5 微米以内,两个误差取其较大的。

附加说明:

本标准由中华人民共和国机械工业部提出,由机械工业部武汉材料保护研究所归口。

本标准由机械工业部武汉材料保护研究所负责起草。

本标准主要起草人胡铁骑、钟立畅。

自本标准实施之日起,原部标准 JB 2119－77《金属覆盖层厚度试验方法　磁性法》作废。

中华人民共和国国家标准

UDC 621.762:539
.215.9

金属粉末流动性的测定 标准漏斗法(霍尔流速计)

CB 1482－84
≈ISO 4490—1978

Metallic powders－determination of flowability by means of a calibrated funnel (Hallflowmeter)

代替 CB 1482－79

国家标准局 1984－01－17 发布

1984－12－01 实施

本标准适用于用标准漏斗法测定金属粉末的流动性。凡能自由流过孔径为 2.5mm 标准漏斗的粉末,均可采用本标准。

本标准等效采用 ISO 4490—1978《标准漏斗法(霍尔流速计)测定金属粉末的流动性》。

1 原理

金属粉末的流动性,以 50g 金属粉末流过规定孔径的标准漏斗所需要的时间来表示。

2 取样

2.1 至少取 200g 样品,分三份进行试验。

2.2 通常,金属粉末按接收状态进行试验。在某些情况下,粉末可以进行干燥。但是,如果粉末容易氧化,干燥应在真空或惰性气氛中进行。若粉末含有挥发性物质,则不允许干燥。

3 仪器*

3.1 漏斗

漏斗应由非磁性耐腐蚀的金属材料制成,且具有足够的壁厚和硬度,以防变形和过度磨损。通常选用黄铜材料制作,其尺寸如图 1 所示。

* 推荐采用冶金部北京钢铁研究总院生产的 FL_4－1 型流动性测定仪。

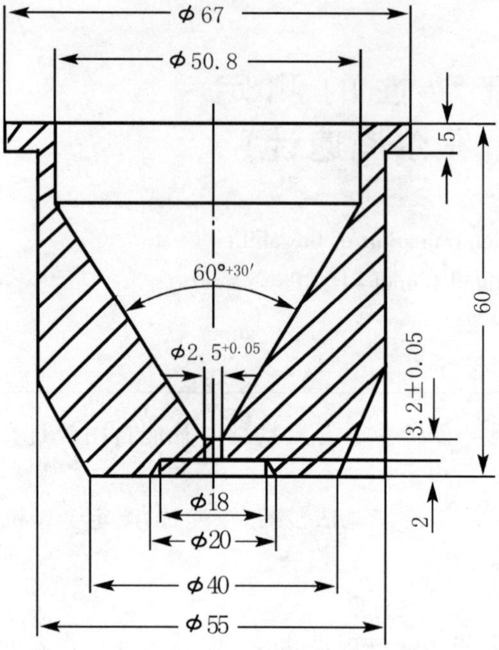

图1 标准漏斗

3.2 支架、底座和接收器

支架用以固定漏斗。底座用于安装支架和接收器，必须水平、稳固和无振动。接收器用来收集粉末，可使用任何能容纳 50 g 金属粉末的干净杯或盘，也可用光滑的腊纸代替。各部件之间的连接如图 2 所示。

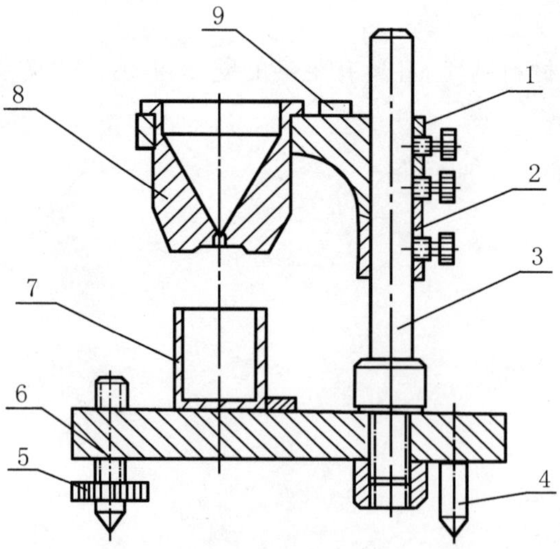

图2 流动性测定仪

1-支架；2-支撑套；3-支架柱；4-定位销；
5-调节螺钉；6-底座；7-接收器；8-漏斗；9-水准器

3.3 天平

最大称量 100 g;精度 0.05 g

3.4 秒表

测量时间能精确到 0.2 s。

4 步骤

4.1 称量 50 g 一份的样品。精确到 ±0.1 g。

4.2 堵住漏斗底部小孔,把称量好的 50 g 样品倒进漏斗中,注意粉末必须充满漏斗下端整个小孔。

4.3 当启开漏斗小孔时,开始计时,漏斗中粉末一经流完,立即停止计时。

4.4 记录漏斗中全部样品流完所需时间,并重复三次,取其算术平均值,时间记录精确到 0.2 s。

4.5 如果当小孔启开时,粉末不流动,则可在漏斗上轻敲一下,以使粉末开始流动。但是,即使这样做了,粉末仍不流出或在测量过程中粉末停止流动,则应认为这种粉末不具有流动性。

5 漏斗的校准

5.1 标准样品选用金刚砂,其粒度约小于 106 μm。按照本标准所规定的方法在标准漏斗上进行试验时,该标准样品的流动性应为 40±0.5 s/50 g。

5.2 漏斗在出厂前和用户在开始使用前都要用标准样品进行校准,测定校正系数。标准样品应预先在空气中于 105±10℃温度下干燥 30 min,然后置于干燥器中冷却到室温。再按测量样品步骤测量标准样品的流动性,反复测量 6 次,除第一次外,其它 5 次测量结果取算术平均值。一般情况下,要求各次测量结果之间的最大差值不得超过 0.4 s。假定 50 g 标准样品从标准漏斗中流完的时间是 40 s,则该漏斗的校正系数为 40.0 除以 5 次测量结果的算术平均值。50 g 标准样品在新漏斗上的流动时间应在 40±0.5 s 以内。

5.3 漏斗在使用过程中应定期用标准样品校对,如果标准样品在该漏斗中的流动时间有所变化,则应以新测得的时间平均值计算出新的校正系数。

建议在新校正系数被采用以前,要研究变化的原因。如果时间缩短了,说明由于漏斗的重复使用,小孔因粉末的磨损而变大了,证明采用新的校正系数是正确的。相反,流动时间延长了,说明有软的粉末附在小孔壁上,应把这些附着物仔细地清除,然后重复试验。

当漏斗使用一段时间后,用 50g 标准样品测得的流动时间缩短到 37 s 以下时,这个漏斗应予报废,换用新漏斗。

6 结果

三份样品测量结果的算术平均值乘以漏斗的校正系数,以 s/50g 报出数据,报告数据精确到 0.5 s。

7 试验报告

试验报告应包括下到内容:

a. 本标准号;

b. 鉴别试样的必要说明;

c. 样品的处理情况,如果粉末被干燥,则应注明干燥过程;

d. 如果粉末的流动是由于敲打漏斗所引起的,应予注明;

e. 计算结果;

f. 本标准未规定的操作;

g. 可能影响结果的任何情况。

附加说明：

本标准由中华人民共和国冶金工业部提出。

本标准由冶金部钢铁研究总院负责起草。

本标准主要起草人李忠全。

中华人民共和国国家标准

UDC 669.3
: 669.248
: 621.762

镍包铜复合粉

Nickel - coated copper composite powders

GB 3993 - 83

国家标准局 1983 - 12 - 12 发布

1984 - 11 - 01 实施

本标准适用于供火焰喷涂及等离子喷涂用镍包铜复合粉。

1 名词术语

镍包铜复合粉是以金属铜粉为核心,周围为镍的包覆层所组成的粉末。

2 品种和规格

2.1 镍包铜复合粉按化学成分和物理性能分为三种牌号:FF04·01、FF04·02、FF04·03。

2.2 牌号表示法

FF 04 . ××

复合粉代号 —— FF

镍包铜复合粉编号 —— 04

分隔圆点 —— .

产品规格编号 —— ××

3 技术要求

3.1 镍包铜复合粉化学成分应符合表 1 的规定。

表 1

产品牌号	化学成分,%			
	Cu	Ni	杂质	
			Fe + C + S + O	总量
FF04·01	30.0 ~ 33.0	余量	<1.0	<1.5
FF04·02	30.0 ~ 33.0	余量	<1.0	<1.5
FF04·03	68.0 ~ 72.0	余量	<1.0	<1.5

注:钴量计入镍内。

3.2 镍包铜复合粉物理、工艺性能应符合表2的规定。

表2

产品牌号	粒度范围		包覆层完整程度,%	流动时间 s/50g	松装密度 g/cm³
	目	%			
FF04·01	-140～+320	>95	>85	<30	>3.0
FF04·02	-180～+320	>90	>85	<32	>2.8
FF04·03	-140～+320 -320	>90 <5	>70	<40	>2.0

3.3 镍包铜复合粉外观呈银灰色,无肉眼可见的夹杂物。

3.4 镍包铜复合粉的核心—金属铜粉为树枝状或球形。

4 试验方法

4.1 镍包铜复合粉化学成分分析方法由供需双方商定。

4.2 镍包铜复合粉松装密度测量方法按 GB 1479-83《金属粉末松装密度的测定　第一部分:漏斗法》进行。

4.3 镍包铜复合粉粒度组成测量方法按 GB 1480-83《金属粉末粒度组成的测定—干筛分法》进行。

4.4 镍包铜复合粉流动时间测量方法按 GB 1483-83《金属粉末流动性的测定—标准漏斗法(霍尔流速计)》进行。

4.5 镍包铜复合粉包覆层完整程度的测量方法由供需双方商定。

5 检验规则

5.1 镍包铜复合粉由供方技术监督部门进行质量检验,保证产品质量符合本标准要求,并填写质量证明书。

5.2 需方收到镍包铜复合粉后,可按本标准规定进行检验。如检验结果与本标准的规定不符时,应在收到产品之日起三个月内,向供方提出,由供需双方协商解决。如需仲裁时,应由供需双方在需方共同取样,到双方确认的部门进行检验。

5.3 镍包铜复合粉应成批提交验收,每批由同一生产方法制取的,同一牌号粉混合组成。

5.4 取样规则和数量

5.4.1 每批镍包铜复合粉应于包装前进行取样检验。试样应具有代表性。试样重量为批重的0.5～1%,但不少于500 g。

5.4.2 从包装件(瓶或筒)中取样:每批在两件以内,取样件数为100%,两件以上时,取样件数不少于两件。将所取的各件试样混合均匀后,多点取出约500g,然后按四分法缩分至试样所需重量。

5.5 检验结果如有一项不符合本标准的规定,则在该批镍包铜复合粉中对该项加倍取样复验,复验结果仍不符合本标准规定时,则该批镍包铜复合粉为不合格。

6 标志、包装、运输和贮存

6.1 镍包铜复合粉装入加盖的圆塑料瓶或内有塑料袋密封的铁筒里,每瓶(筒)净重分1、2、5 kg,三种。

6.2 包装瓶(筒)表面应标明:供方名称、牌号、批号、重量及“防潮”字样或标志。

6.3 每批镍包铜复合粉应附有质量证明书，其中注明：

a. 供方名称；

b. 产品名称；

c. 产品牌号、批号；

d. 各项分析检验结果；

e. 检验日期；

f. 本标准编号。

6.4 产品运输时，应防止受潮。必要时，可将包装瓶（筒）置于木箱中，并在木箱外注明：产品名称、牌号、重量、收件人（或单位）。

6.5 产品应存放在干燥、通风和无酸、碱气氛处，严防氧化。

附加说明：

本标准由中国有色金属工业总公司提出。

本标准由冶金部矿冶研究总院负责起草。

本标准主要起草人肖全贵。

中华人民共和国国家标准

UDC 669.26.669
: 248:621.762

镍包铬复合粉

GB 3992—83

Nickel - coated chromium composite powders

国家标准局 1983 - 12 - 12 发布　　1984 - 11 - 01 实施

本标准适用于供火焰喷涂及等离子喷涂用镍包铬复合粉。

1 名词术语

镍包铬复合粉是以金属铬粉为核心,周围为镍的包覆层所组成的粉末。

2 品种和规格

2.1 镍包铬复合粉按化学成分和物理性能分为三种牌号:FF 05·01、FF 05.02、FF 05·.03。

2.2 牌号表示法

3 技术要求

3.1 镍包铬复合粉化学成分应符合表 1 的规定

表 1

产品牌号	化学成分,%			
	Cr	Ni	杂质	
			Fe + Cu + C + S + O	总量
FF05·01	18.0 ~ 22.0	余量	< 1.0	< 1.5
FF05·02	18.0 ~ 22.0	余量	< 1.0	< 1.5
FF05·03	58.0 ~ 62.0	余量	< 1.0	< 1.5

注:钴量计入镍内。

3.2 镍包铬复合粉物理、工艺性能应符合表2的规定。

表2

产品牌号	粒度范围		包覆层完整程度%	流动时间 s/50g	松装密度 g/cm^3
	目	%			
FF05·01	－140～＋320	>90	>95	<40	>3.0
FF05·02	－180～＋400	>90	>90	<45	>2.9
FF03·03	－140～＋320	>90	>80	<50	>2.4

3.3 镍包铬复合粉外观呈灰色，无肉眼可见的夹杂物。

4 试验方法

4.1 镍包铬复合粉化学成分分析方法由供需双方商定。
4.2 镍包铬复合粉松装密度测量方法按GB 1479—83《金属粉末松装密度的测定第一部分：漏斗法》进行。
4.3 镍包铬复合粉粒度组成测量方法按GB 1480—82《金属粉末粒度组成的测定—干筛分法》进行。
4.4 镍包铬复合粉流动时间测量方法按GB 1482—83《金属粉末流动性的测定—标准漏斗法（霍尔流速计）》进行
4.5 镍包铬复合粉包覆层完整程度的测量方法由供需双方商定。

5 检验规则

5.1 镍包铬复合粉由供方技术监督部门进行质量检验，保证产品质量符本标准要求，并填写质量证明书。
5.2 需方在收到镍包铬复合粉后，可按本标准规定进行检验。如检验结果与本标准的规定不符时，应在收到产品之日起三个月内，向供方提出，由供需双方协商解决。如需仲裁时，应由供需双方在需方共同取样，到双方确认的部门进行检验。
5.3 镍包铬复合粉应成批提交验收，每批由同一生产方法制取的，同一牌号粉混合组成。
5.4 取样规则和数量
5.4.1 每批镍包铬复合粉应于包装前进行取样检验。试样应具有代表性。试样重量为批重的0.5－1%，但不少于500 g。
5.4.2 从包装件（瓶或筒）中取样：每批在两件以内，取样件数为100%，两件以上时，取样件数不少于两件，将所取的各件试样混合均匀后，多点取出约500 g，然后按四分法缩分至试样所需重量。
5.5 检验结果如有一项不符合本标准的规定，则在该批镍包铬复合粉中对该项加倍取样复验，复验结果仍不符合本标准规定时，则该批镍包铬复合粉为不合格。

6 标志、包装、运输和贮存

6.1 镍包铬复合粉装入加盖的圆塑料瓶或内有塑料袋密封的铁筒内。每瓶（筒）净重分1、.2和5KG三种。
6.2 包装瓶（筒）表面应标明：标方名称、产品名称、牌号、批号、重量及“防潮”字样或标志。
6.3 每批镍包铬复合粉应附有质量证明书，其中注明：

A. 供方名称

B. 产品名称

C．产品牌号、批号；

D．各项分析检验结果；

E．检验日期

F．本标准编号。

6.4 产品运输时，应防止受潮。必要时，可将包装瓶（筒）置于木箱内，并在木箱外注明：产品名称、牌号、重量、收件人（或单位）

6.5 产品应存放在干燥、通风和无酸、碱气氛处，严防氧化。

附加说明：

本标准由中国有色金属工业总公司提出。

本标准由冶金部矿冶研究总院负责起草

本标准主要起草人肖全贵。

UDC 661.878.62
: 669.248
: 621.762

中华人民共和国国家标准

钴包碳化钨复合粉

Cobalt – coated tungsten carbide composite powders

GB 3991 – 83

国家标准局 1983 – 12 – 12 发布　　1984 – 11 – 01 实施

本标准适用于供火焰喷涂、等离子喷涂及爆炸喷涂用钴包碳化钨复合粉。

1　名词术语

钴包碳化钨复合粉是以碳化钨粉为核心，周围为钴的包覆层所组成的粉末。

2　品种和规格

2.1　钴包碳化钨复合粉按化学成分和物理性能分为七种牌号：FF02·01、FF02·02、FF02·03、FF02·04、FF02·05、FF02·06、FF02·07。

2.2　牌号表示法

```
FF   02   •   ××
│    │    │   └── 产品规格编号
│    │    └────── 分隔圆点
│    └─────────── 钴包碳化钨复合粉编号
└──────────────── 复合粉代号
```

3　技术要求

3.1　钴包碳化钨复合粉化学成分应符合表 1 的规定。

表 1

产品牌号	化学成分，%					
	钴	总碳	游离碳	钨	杂质	
					铁 + 碳	总量
FF02·01	8.5 ~ 9.5	5.3 ~ 5.6	< 0.1	余量	< 1.0	< 1.5
FF02·02	11.5 ~ 13.5	5.3 ~ 5.6	< 0.1	余量	< 1.0	< 1.5
FF02·03	11.5 ~ 13.5	5.3 ~ 5.6	< 0.1	余量	< 1.0	< 1.5
FF02·04	16.0 ~ 18.0	4.85 ~ 5.15	< 0.1	余量	< 1.0	< 1.5
FF02·05	16.0 ~ 18.0	4.85 ~ 5.15	< 0.1	余量	< 1.0	< 1.5
FF02·06	16.0 ~ 18.0	4.85 ~ 5.15	< 0.1	余量	< 1.5	< 2.0
FF02·07	20.0 ~ 22.0	4.6 ~ 5.1	< 0.1	余量	< 1.5	< 2.0

3.2 钴包碳化钨复合粉物理、工艺性能应符合表2的规定。

表 2

产品牌号	粒度范围		包覆层完整程度,%	流动时间,s/50g	松装密度,g/cm^3
	目	%			
FF02·01	-200~+400	>95	>75	<15	>5.3
	其中-260~+360	>80			
FF02·02	-200~+400	>95	>75	<15	>5.1
	其中-260~+360	>80			
FF02·03	-150~+400	>95	>75	<15	>5.1
FF02·04	-200~+400	>95	>75	<15	>5.0
	其中-260~+360	>80			
FF02·05	-400~5μ	>90	>75	-	>2.4
	其中<5μ	>3			
FF02·06	-150~+400	>95	>75	<15	>5.0
FF02·07	-200~+400	>95	>80	<15	>4.0
	其中-260~+360	>80			

3.3 钴包碳化钨复合粉外观呈灰色,无肉眼可见的夹杂物。

4 试验方法

4.1 钴包碳化钨复合粉化学成分分析方法由供需双方商定。

4.2 钴包碳化钨复合粉松装密度测量方法按 GB 1479—83《金属粉末松装密度的测定 第一部分:漏斗法》进行。

4.3 钴包碳化钨复合粉粒度组成测量方法按 GB 1480—83《金属粉末粒度组成的测定——干筛分法》进行。

4.4 钴包碳化钨复合粉流动时间测量方法按 GB 1482—83《金属粉末流动性的测定——标准漏斗法(霍尔流速计)》进行。

4.5 钴包碳化钨复合粉包覆完整程度的测量方法由供需双方商定。

5 检验规则

5.1 钴包碳化钨复合粉由供方技术监督部门进行质量检验,保证产品质量符合本标准要求,并填写质量证明书。

5.2 需方收到钴包碳化钨复合粉后,可按本标准规定进行检验。如检验结果与本标准的规定不符时,应在收到产品之日起三个月内,向供方提出,由供需双方协商解决。如需仲裁时,应由供需双方在需方共同取样,到双方确认的部门进行检验。

5.3 钴包碳化钨复合粉应成批提交验收,每批由同一生产方法制取的、同一牌号粉混合组成。

5.4 取样规则和数量

5.4.1 每批钴包碳化钨复合粉应于包装前进行取样检验。试样应具有代表性。试样重量为批重的0.5~1%,但不少于500g。

5.4.2 从包装件(瓶或筒)中取样:每批在两件以内,取样件数为100%,两件以上时,取样件数不少于两件。将所取的各件试样混合均匀后,多点取出约500g,然后按四分法缩分至试样所需重量。

5.5 检验结果如有一项不符合本标准的规定,则在该批钴包碳化钨复合粉中对该项加倍取样复验,复验结果仍不符合本标准规定时,则该批钴包碳化钨复合粉为不合格。

6 标志、包装、运输和贮存

6.1 钴包碳化钨复合粉装入加盖的圆塑料瓶或内有塑料袋密封的铁筒内。每瓶(筒)净重分1、2和5kg三种。

6.2 包装瓶(筒)表面应标明:供方名称、产品名称、牌号、批号、重量以及“防潮”字样或标志。

6.3 每批钴包碳化钨复合粉应附有质量证明书,其中注明:

a.供方名称;

b.产品名称;

c.产品牌号、批号;

d.各项分析检验结果;

e.检验日期

f.本标准编号。

6.4 产品运输时,应防止受潮,必要时可将包装瓶(筒)置于木箱内,并在木箱外注明:产品名称、牌号、重量、收件人(或单位)。

6.5 产品应存放在干燥、通风和无酸、碱气氛处,严防氧化。

附加说明

本标准由中国有色金属工业总公司提出。

本标准由冶金部矿冶研究总院负责起草。

本标准主要起草人肖全贵。

中华人民共和国国家标准

UDC 661.862.22
: 669.248
: 621.762

镍包氧化铝复合粉

GB 3990—83

Nickel - coated alumina composite powders

国家标准局 1983 - 12 - 12 发布　　1984 - 11 - 01 实施

本标准适用于供火焰喷涂及等离子喷涂用镍包氧化铝复合粉

1 名词术语

镍包氧化铝复合粉是以氧化铝为核心,周围为镍的包覆层而组成的粉末。

2 品种和规格

2.1 镍包氧化铝复合粉按化学成分和物理 性能分为五种牌号:FF 03.01、FF 03·02、FF 03·03、FF 03·04、FF 03·05。

2.2 牌号表示法

FF 03 · ××

复合粉代号 —— FF

镍包氧化铝复合粉编号 —— 03

分隔圆点 —— ·

产品规格编号 —— ××

3 技术要求

3.1 镍包氧化铝复合粉化学成分应符合表 1 的规定。

表 1

产品牌号	化学成分%			
	Al_2O_3	Ni	杂质	
			Fe + Fu + C + S + Si	总量
FF03·01	20.0 ~ 25.0	余量	< 1.0	< 1.5
FF03·02	40.0 ~ 45.0	余量	< 1.0	< 1.5
FF03·03	60.0 ~ 65.0	余量	< 1.0	< 1.5
FF03·04	60.0 ~ 65.0	余量	< 1.0	< 1.5
FF03·05	80.0 ~ 85.0	余量	< 1.0	〈1.5

注:钻量计入镍内。

3.2 镍包氧化铝复合粉物理、工艺性能应符合表2的规定。

表2

产品牌号	粒度范围		包覆层完整程度%	流动时间 s/50g	装密度 g/cm³
	目	%			
FF03·01	-140~+320	>95	>90	<35	>2.3
FF03·02	-140~+320	>95	>85	<40	>1.4
FF03·03	-140~+320	>90	>70	<45	>1.2
FF03·04	-180~+400	>95	>70	<80	>0.8
FF03·05	-140~+320	>90	>50	<60	>1.0

3.3 镍包氧化铝复合粉外观呈灰色,无肉眼可见的夹杂物。

3.4 镍包氧化铝复合粉的核心一氧化铝粉,为白色的颗粒状,其中 $\alpha-Al_2O_3$ 含量不小于90%。

4 试验方法

4.1 镍包氧化铝复合粉化学成分分析方法由供需双方商定。

4.2 镍包氧化铝复合粉松装密度测量方法按 GB 1479—83《金属粉末松装密度的测定第一部分:漏斗法》进行。

4.3 镍包氧化铝复合粉粒度组成测量方法按 GB 1480—83《金属粉末粒度组成的测定—干筛分法》进行。

4.4 镍包氧化铝复合粉流动时间测量方法按 GB 1482—83《金属粉末流动性的测定—标准漏斗法(霍尔流速计)》进行

4.5 镍包氧化铝复合粉包覆层完整程度的测量方法由供需双方商定。

5 检验规则

5.1 镍包氧化铝复合粉由供方技术监督部门进行质量检验,保证产品质量符合本标准要求,并填写质量证明书。

5.2 需方收到镍包氧化铝复合粉后,可按本标准规定进行检验。如检验结果与本标准的规定不符时,应在收到产品之日起三个月内,向供方提出,由供需双方协商解决。如需仲裁时,应由供需双方在需方共同取样,到双方确认的部门进行检验。

5.3 镍包氧化铝复合粉应成批提交验收,每批由同一生产方法制取的,同一牌号粉混合组成。

5.4 取样规则和数量

5.4.1 每批镍包氧化铝复合粉应于包装前进行取样检验。试样应具有代表性。试样重量为批重的0.5-1%,但不少于500 g。

5.4.2 从包装件(瓶或筒)中取样:每批在两件以内,取样件数为100%,两件以上时,取样件数不少于两件,将所取的各件试样混合均匀后,多点取出约500 g,然后按四分法缩分至试样所需重量。

5.5 检验结果如有一项不符合本标准的规定,则在该批镍包氧化铝复合粉中对该项加倍取样复验,复验结果仍不符合本标准规定时,则该批镍包氧化铝复合粉为不合格。

6 标志、包装、运输和贮存

6.1 镍包氧化铝复合粉装入加盖的圆塑料瓶或内有塑料袋密封的铁筒内。每瓶(筒)净重分 1、.2 和 5 kg 三种。

6.2 包装瓶(筒)表面应标明:供方名称、产品名称、牌号、批号、重量以及"防潮"字样或标志。

6.3 每批镍包氧化铝复合粉应附有质量证明书,其中注明:

a. 供方名称

b. 产品名称

c. 产品牌号、批号;

d. 各项分析检验结果;

e. 检验日期

f. 本标准编号。

6.4 产品运输时,应防止受潮。必要时可将包装瓶(筒)置于木箱内,并在木箱外注明:产品名称、牌号、重量、收件人(或单位)

6.5 产品应存放在干燥、通风和无酸、碱气氛处,严防氧化。

附加说明:

本标准由中国有色金属工业总公司提出。

本标准由冶金部矿冶研究总院负责起草

本标准主要起草人肖全贵。

中华人民共和国国家标准

UDC 669.71:669.248:621.726

GB 3989—83

镍包铝复合粉

Nickel - coated aluminum composite powders

国家标准局 1983 - 12 - 12 发布　　　　1984 - 11 - 01 实施

本标准适用于供火焰喷涂和等离子喷涂用镍包铝复合粉。

1 名词术语

镍包铝复合粉是以铝粉为核心,周围为镍的包覆层所组成的粉末。

2 品种和规格

2.1 镍包铝复合粉按化学成分和物理性能分为四种牌号:FF 01·01、FF 01·02、FF 01·03、FF 01·04。

2.2 牌号表示法

FF 01 · ××

复合粉代号 —— FF

镍包铝复合粉编号 —— 01

分隔圆点 —— ·

产品规格编号 —— ××

3 技术要求

3.1 镍包铝复合粉化学成分应符合表 1 的规定。

表 1

产品牌号	化学成分,%			
	Al	Ni	杂质	
			Fe + Cu + C + S + O	总量
FF01·01	9.00 ~ 11.00	余量	< 0.80	< 1.00
FF01·02	17.00 ~ 20.00	余量	< 0.80	< 1.00
FF01·03	17.00 ~ 20.00	余量	< 0.08	< 1.00
FF01·04	17.00 ~ 20.00	余量	< 0.08	< 1.00

注:钴量计入镍内。

3.2 镍包铝复合粉物理、工艺性能应符合表2的规定。

表2

产品牌号	粒度范围		包覆层完整程度	流动时间	松装密度
	目	%	%	s/50g	g/cm^3
FF01·01	+140 +160 +320	<0.5 <10 >95	≥95	<30	>3.2
FF01·02	+140 +160 +260	<0.5 <5 >93	≥95	<35	>2.9
FF01·03	+200 +320	<2 >93	≥90	<37	>2.6
FF01·04	+140 +160 +320	<0.5 <10 >95	≥90	<37	>2.7

3.3 镍包铝复合粉外观呈银灰色或灰色,无肉眼可见的夹杂物。

3.4 镍包铝复合粉在550~700℃产生放热反应。

4 试验方法

4.1 镍包铝复合粉化学成分分析方法由供需双方商定。

4.2 镍包铝复合粉松装密度测量方法按GB 1479—83《金属粉末松装密度的测定第一部分:漏斗法》进行。

4.3 镍包铝复合粉粒度组成测量方法按GB 1480—83《金属粉末粒度组成的测定—干筛分法》进行。

4.4 镍包铝复合粉流动时间测量方法按GB 1482—83《金属粉末流动性的测定—标准漏斗法(霍尔流速计)》进行。

4.5 镍包铝复合粉放热反应测量方法由供需双方商定。

4.6 镍包铝复合粉包覆层完整程度的测量方法由供需双方商定。

5 检验规则

5.1 镍包铝复合粉由供方技术监督部门进行质量检验,保证产品质量符合本标准要求,并填写质量证明书。

5.2 需方在收到镍包铝复合粉后,可按本标准规定进行检验。如检验结果与本标准的规定不符时,应在收到产品之日起三个月内,向供方提出,由供需双方协商解决。如需仲裁时,应由供需双方在需方共同取样,到双方确认的部门进行检验。

5.3 镍包铝复合粉应成批提交验收,每批由同一生产方法制取的、同一牌号粉混合组成。

5.4 取样规则和数量。

5.4.1 每批镍包铝复合粉应于包装前进行取样检验。试样应具有代表性。试样重量为批重的0。5~1%,但不少于500 g。

5.4.2 从包装件(瓶或筒)中取样:每批在两件以内,取样件数为100%,两件以上时,取样件数不少于两件。将所取的各件试样混合均匀后,多点取出约500g,然后按四分法缩分至试样所需重量。

5.5 检验结果如有一项不符合本标准的规定,则在该批镍包铝复合粉中对该项加倍取样复验,复验结果仍不符合本标准规定时,则该批镍包铝复合粉为不合格。

6 标志、包装、运输和贮存

6.1 镍包铝复合粉装入加盖的圆塑料瓶或内有塑料袋密封的铁筒内。每瓶(筒)净重分1kg、2kg、5kg三种。

6.2 包装瓶(筒)表面应标明:供方名称、产品名称、牌号、批号、重量及“防潮”字样或标志。

6.3 每批镍包铝复合粉应附有质量证明书,其中注明:

a. 供方名称;

b. 产品名称;

c. 产品牌号、批号;

d. 各项分析检验结果;

e. 检验日期;

f. 本标准编号。

6.4 产品运输时,应防止受潮。必要时,可将包装瓶(筒)置于木箱内,并在木箱外注明:产品名称、牌号、重量、收件人(或单位)。

6.5 产品应存放在干燥、通风和无酸、碱气氛处,严防氧化。

附加说明:

本标准由中国有色金属工业总公司提出。

本标准由冶金部矿冶研究总院负责起草。

本标准主要起草人肖全贵。

中华人民共和国国家标准 UDC 669.28-492.2

钼粉技术条件

GB 3461—82

Technical requirements of molybdenum powders

国家标准局 1982-12-31 发布　　1983-10-01 实施

本标准适用于用氢还原三氧化钼或钼酸铵法制得的钼粉。

1　技术要求

1.1　外观

1.1.1　钼粉呈灰色。

1.1.2　产品无肉眼可见的夹杂物。

1.2　产品牌号和化学成分。

1.2.1　根据化学成分和使用要求的不同，产品划分为 FMo-1、FMo-2 两个牌号。

1.2.2　各牌号的化学成分按下表规定：

产品牌号		FMo-1	FMo-2
杂质含量% 不大于	Pb	—	0.001
	Bi	—	0.001
	Sn	—	0.001
	Sb	—	0.001
	Cd	—	0.001
	Fe	0.006	0.030
	Ni	0.003	0.005
	Cu	0.001	—
	Al	0.002	0.005
	Si	0.003	0.010
	Ca	0.002	0.004
	Mg	0.003	0.005
	P	0.001	0.005
杂质含量% 不大于	C	0.010	0.020
	O	0.25	0.25
用　途　举　例		大型板坯、硅化钼电热元件原料	可控硅圆片、钼顶头等原料

1.3 物理性能

1.3.1 FMo－1 应通过 160 目筛网；FMo－2 应通过 120 目筛网。

1.3.2 钼粉的松装比重、费氏平均粒度提供实测数据。

1.4 需方如有特殊要求时，供需双方协商议订。

2 试验方法

2.1 钼粉的化学成分仲裁分析方法按 YB 896－77《钼化学分析方法》进行。

3 检验规则

3.1 产品由供方技术监督部门进行检验，保证产品符合本标准要求，并填写质量证明书。

3.2 需方可对收到的产品进行检验。如检验结果与本标准规定不符时，在收到产品之日起三个月内向供方提出，双方协商解决。如需仲裁时，仲裁取样在需方共同进行。

3.3 每批由同一混合料组成。

3.4 每批仲裁取样按如下规定；

3.4.1 每批在二件以内，取样数量为 100%；二件以上，取样数量为 10%，但不得少于二件。

3.4.2 在每件中大致均匀地取出三点试样，混匀后按四分法缩分至试样所需要求。

3.5 检验结果不合格时，则加倍取样复验。若其中仍有一个结果不合格时，则该批产品为不合格。

4 包装、标志、运输、贮存

4.1 将产品装入干净的塑料瓶内，拧紧瓶盖，将塑料瓶置于木箱中，四周固紧；或将产品装入衬塑料袋的铁桶中。每件重不得大于 30kg。

4.2 塑料瓶、木箱或铁桶上应标明：产品牌号、批号和净重。木箱或铁桶上应有"防潮"、"易碎"和"向上"字样或标志。

4.3 产品运输时，应防止潮湿，不得剧烈碰撞。

4.4 产品应存放于干燥、通风和无酸、碱气氛之处，严防氧化。钼粉存放期不宜超过半年。

4.5 每批产品应附有质量证明书，注明：

a.供方名称；

b.产品牌号；

c.产品批号；

d.各项分析检验经果及检验部门印记；

e.本标准编号；

f.检验日期。

附加说明：

本标准由中华人民共和国冶金工业部提出。

本标准由株洲硬质合金厂负责起草。

本标准主要起草人徐松林。

自本标准实施之日起，原冶金工业部部标准 YB 1522－78《钼粉》作废。

中华人民共和国国家标准

UDC 66.9.27
-492.2

钨 粉 技 术 条 件

GB 3458-82

Technical requirements of tungsten powders

国家标准局 1982-12-31 发布　　1983-10-01 实施

本标准适用于用还原三氧化钨和蓝色氧化钨法制得的钨粉。

1 技术要求

1.1 外观：

1.1.1 钨粉呈深灰色，喷镀钨粉呈亮灰色。

1.1.2 产品无肉眼可见的夹杂物。

1.2 产品牌号和化学成分

1.2.1 根据化学成分和使用要求不同，产品划分为 FW-1、FW-2、FWP-1 三个牌号。

1.2.2 各牌号的化学成分按下表规定：

产品牌号		FW-1	FW-2	FWP-1
杂质含量%不大于	Pb		0.001	0.001
	Bi		0.001	0.001
	Sn		0.001	0.001
	Sb		0.001	0.001
	As		0.002	0.002
	Fe	0.005	0.030	0.030
	Ni	0.003	0.005	0.005
	Cu	0.001	—	—
	A1	0.002	0.005	0.005
	Si	0.003	0.010	0.010
	Ca	0.003	0.005	0.005
	Mg	0.002	0.005	0.005
	Mo	0.010	0.20	0.20
	P	0.001	0.005	0.005
	C	0.005	0.010	0.010
	O	0.20	0.25	0.20
用 途 举 例		大型板坯、钨铼电偶原料	触头合金、高比重屏蔽原料	等离子喷镀材料

1.3 物理性能：

1.3.1 FW-1、FW-2应通过200目筛网。

1.3.2 FWP-1粒度为：-200目+320目，具有良好的流动性，松装比重不大于6g/cm^3。

1.3.3 钨粉的松装比重、费氏平均粒度提供实测数据。

1.4 需方如有特殊要求时，供需双方协商议订。

2 试验方法

2.1 钨粉的化学成分仲裁分析方法按YB 895-77《钨化学分析》进行。

2.2 FWP-1的粒度检验按供需双方商定的方法进行。

3 检验规则

3.1 产品由供方技术监督部门进行检验，保证产品符合本标准要求，并填写质量证明书。

3.2 需方可对收到的产品进行检验。如检验结果与本标准规定不符时，在收到产品之日起三个月内向供方提出，双方协商解决。如需仲裁时，仲裁取样在需方共同进行。

3.3 每批产品由同一混合料组成。

3.4 每批仲裁取样按如下规定：

3.4.1 每批在两件以内，取样数量为100%；二件以上，取样数量为10%，但不得少于二件。

3.4.2 在每件中大致均匀地自三点取出试样，混匀后按四分法缩分至试样所需要求。

3.5 检验结果不合格时，则加倍取样复验。若其中仍有一个结果不合格时，则该批产品为不合格。

4 包装、标志、运输、贮存

4.1 产品装入干净的塑料瓶内，拧紧瓶盖，将塑料瓶置于木箱中，四周固紧；或将产品装入衬有塑料袋的铁桶中。每件重不得大于30kg。

4.2 塑料瓶、木箱或铁桶上应标明：产品牌号、批号和净重。木箱或铁桶上应有“防潮”、“易碎”和“向上”字样或标志。

4.3 产品运输时，应防止潮湿，不得剧烈碰撞。

4.4 产品应存放于干燥、通风和无酸、碱气氛之处，严防氧化。FW-1、FW-2存放期不宜超过半年；FWP-1存放期不宜超过一年。

4.5 每批产品应附有质量证明书，注明：

a.供方名称；

b.产品牌号；

c.产品批号；

d.各项分析检验结果及检验部门印记；

e.本标准编号；

f.检验日期。

附加说明：

本标准由中华人民共和国冶金工业部提出。

本标准由株洲硬质合金厂负责起草。

本标准主要起草人徐松林。

自本标准实施之日起，原冶金工业部部标准 YB 1520－78《钨粉》作废。

优秀企事业单位

高新工艺、设备材料介绍

高功率高速电弧喷涂系统（DZ300、DZ400、 DZ630）

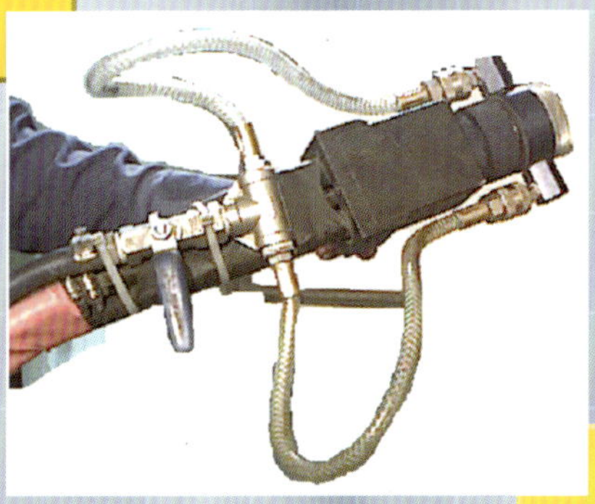

保护气氛低氧化物喷涂枪（SGA400）

内孔喷涂枪（ID400）

电火花堆焊修复汽轮机转子磨损轴径

标准型电火花沉积/堆焊机（DZ1400）

高功率电火花沉积/堆焊机（DZ2000）

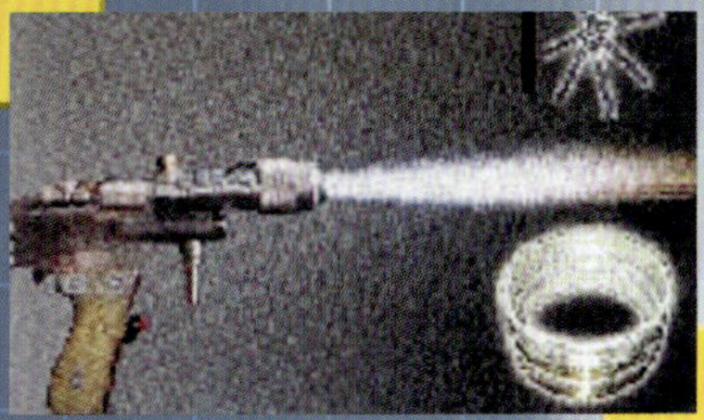

高能氧乙炔火焰喷涂枪

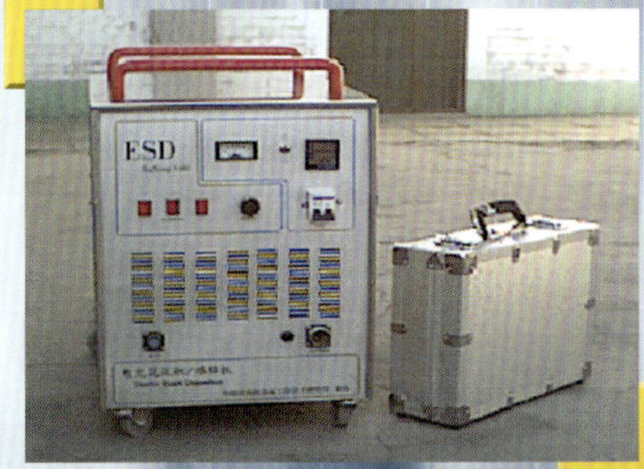

增强型电火花沉积/堆焊机（DZ1600）

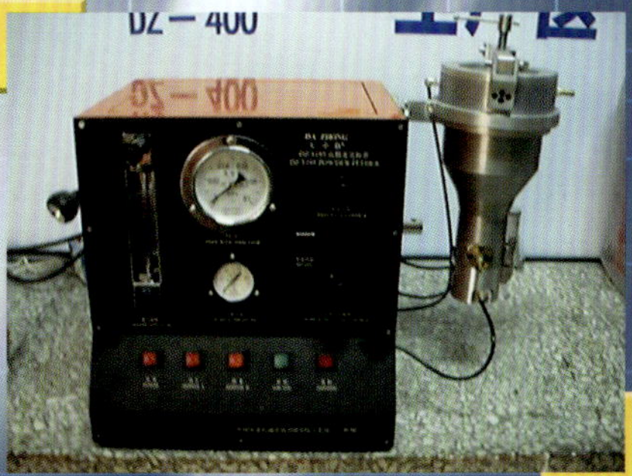

高精度、大容量送粉器DZ1195系列（2.5L、14L）

宝钢机械
BAOSTEEL MACHINERY

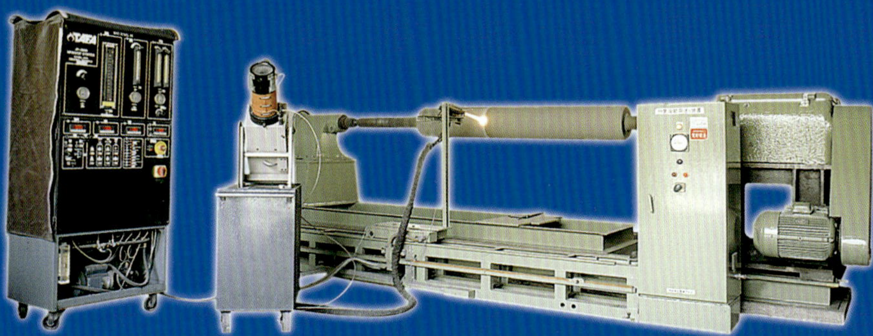

宝钢机械厂喷焊工程技术中心现有美国Praxair公司JP8000、JP5000超音速喷涂设备、3620等离子喷涂设备和Metco公司电弧、火焰粉末(丝材)喷涂设备，以及与之相配套的自动喷砂房、可控气氛炉、重熔炉、各类机械加工、热处理设备，可以为用户提供各种喷涂产品和技术服务。

为保证涂层质量和重现性，工厂建立了喷涂试验室，形成了从粉末检测、喷涂过程数据自动采集到涂层检测全过程闭环控制。

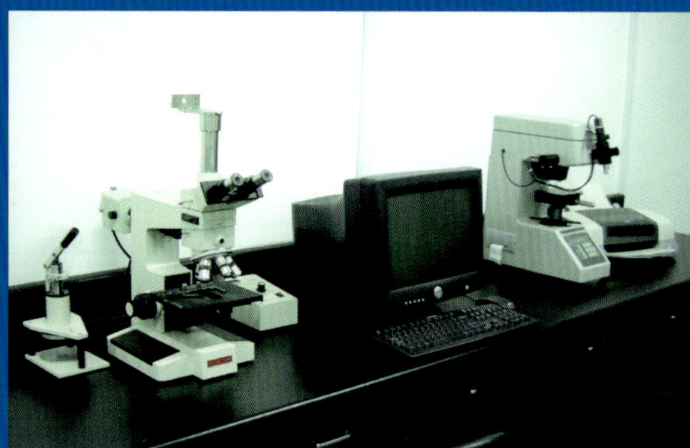

工厂加强了同国内外科研院所和企业的合作、交流。同德国阿亨大学、中国农机院表面工程技术研究所、广州有色金属研究院、宝钢技术中心、日本三岛光产株式会社、台湾汉泰熔研有限公司等建立了长期合作关系，工厂聘请国际热喷涂大会二主席之一、德国热喷涂协会理事长、阿亨大学ERICH LUGSCHEIDER教授、中国热喷涂专业委员会黄小鸥秘书长为工厂顾问。

铁岭永兴石油机械有限责任公司

该公司是从事热喷涂技术开发、设备研制、加工、修复作业的专业公司。公司主要产品有超音速火焰喷涂设备、大功率超音速等离子喷涂设备、中功率等离子喷涂设备、氧，乙炔多功能火焰喷涂设备等热喷涂专用设备，设计制造各种热喷涂专用立式、卧式回转工作台和CNC控制2-6轴热喷涂专用机械手，并承揽热喷涂用各种吹砂室，喷涂室的设计和制造。

公司现有职工50余人，大中专以上学历占48%。各类管理人员18人，其中工程技术人员12人，中级以上技术职称10人，有一批多年从事喷涂技术研究的科技人员在设备研制，涂层设计，易损零部件的预保护、修复、防腐强化处理等领域有着三十多年的丰富经验。

公司总经理王泰兴同志是中国表面工程协会常务理事，热喷涂专业委员会副理事长，该同志从事热喷涂工作三十多年，参与了七五，八五规划项目的技术攻关并在宝钢二期高炉，烧结、焦化等设备的研制工作中作出了重要贡献，申报并获得各种发明。实用新型专利三十多项，多次在国内外喷涂行业发表论文，是国内热喷涂行业的专家。

公司研制生产的超音速火焰喷涂设备已于2001年荣获国家重点新产品证书，被国家经贸委列入以国经贸技术（2001）431号文件下达的2001年度国家重点新产品计划。据省科技情报所提供的查新报告，该产品已达到国际同类产品先进水平和单项技术达到国际领先水平。

2003年该公司成功研发了轴向送粉超音速火焰喷涂设备（T_{I-II} 3200CY），彻底解决了切向送粉方式粘结，划伤喷枪枪管的工艺难题。目前，该公司为适应国内热喷涂市场的需要又研制了具有国际先进水平的氧、乙炔火焰多功能喷涂系统，该系统不但可使用4-8mm各种规格的陶瓷棒材材料（硬，软）还可以喷涂各种粉末材料和各种金属线材，控制方式采用了步进系统，液晶显示，PLC和质量闭环控制。

CNC控制回转工作台

简　介

JW02-1000L型立式数控工作台是该公司开发研制的三轴立式CNC工作台，它采用步进电机开环控制，可实现平面、外圆、内孔等多种复杂工件的喷涂工作。回转控制采用松下电工变频器可实现无级调速，并通过数控系统任意设定。编程采用传统的G代码。

特　点

功能丰富完善，工作可靠度高，价格合理，适用范围广，易操作，维护简单方便，编程容易方便。

技术参数

工作台回转直径	1000mm	工作台承载重量	1t
工作台回转速度	3-100r/min	机械手垂直行程	1000mm
机械手水平行程	600mm	枪架旋转角度	-90° — +90°
机械手垂直移动的速度	0-3000mm/min	枪架负载	20kg
机械手水平移动速度	0-3000mm/min		

普通型回转工作台

● 简　介

此工作台采用分体结构。枪架配有可锁紧式角轮，工作稳定、移动灵活；工作台通过变频器无级变速，便于喷涂不同直径的工件；枪架水平移动为手动、垂直为电动、无级调速为电子显示速度。

● 组　成

由转胎、枪架、控制柜等部件组成。

● 特　点

工作可靠、灵活、操作方便、容易、维护简单方便、价格合理、适用范围广。

● 技术参数

工作台承重	1t	工作台直径	1000mm
工作台转速	3—100rpm	枪架移动速度	0—6mm/r
丝杠转速	1—60rpm	工作电压	～380V

该公司还可按照您的要求，设计和生产各种热喷涂生产线及全面的技术服务。

轴向送粉式超音速火焰喷枪

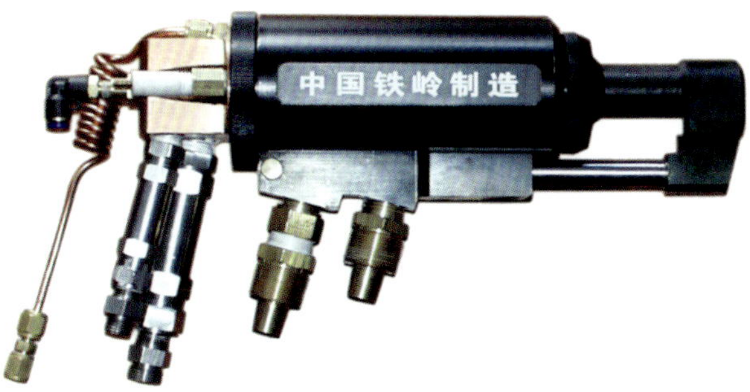

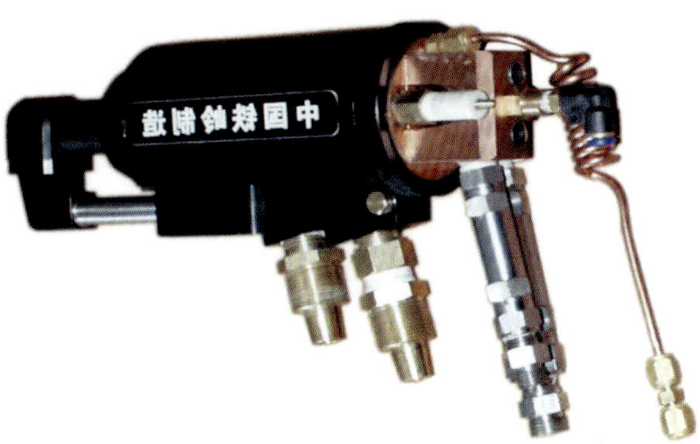

● 简　介

一种以液体燃料为能源轴向送粉式超音速火焰喷枪是该公司自行研制开发的目前国际首创的产品。在喷枪尾座沿轴线方向设有插入燃烧室内的水冷送粉管，此管周围平行均布设有2支液体燃料喷射管。燃烧室内壁和送粉管外表面涂有耐热涂层，此喷枪具有粉料流速大、粉末熔化充分、制备涂层质量好等优点。

● 特　点

拉瓦尔喷管内部曲线更适用于高速流体运动，燃烧室耐高温，温度、压力场分布均匀，粉末流速大，直达高温、低压高速区，熔化充分，送粉率高。涂层致密度高、结合力强、沉积效率高、热损耗小、节省燃料，对粉末粒度、形态要求不高，适用范围广，可喷涂金属粉末、碳化物陶瓷粉末和氧化物陶瓷粉末。

联系人： 王泰兴　　**电话：** 0410－4603505　　**传真：** 0410—4690046　　http://www.wtxing.com
地　址： 辽宁省铁岭市银州区铜钟街　　**邮编：** 112002　　E—mail：wxp—1000@163.com

永兴

铁岭永兴石油机械有限责任公司

中国航天科技集团公司材料及工艺研究所 第七O三所

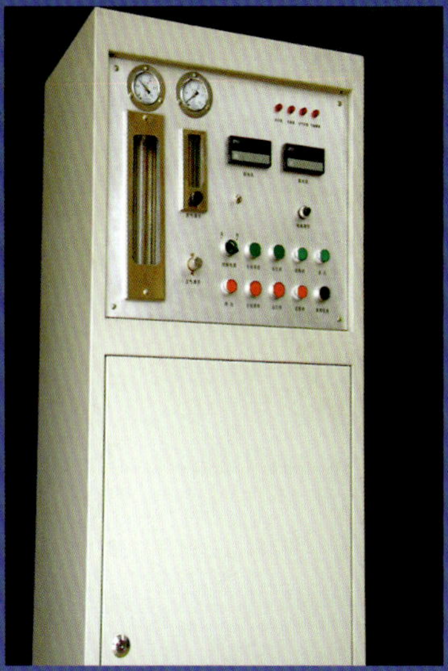

HT—80K 控制柜

HT—80F 送粉器

HVOF 控制柜

七O三所是隶属于中国航天科技集团公司的材料及工艺研究所，从一九六O年就开始从事热喷涂工艺及设备的研究和开发，该所设备先进、工艺精湛、技术力量雄厚。目前，专业人员中有研究员两名、国家级特级技师一名、高级工程师四名、工程师和技师各四名。目前该所拥有 600m^2 的热喷涂专用厂房和 400m^2 的机加工配套厂房；热喷涂设备以 SULZER METCO 公司的设备为主，拥有 7M 和 9M 等离子喷涂设备各一套、DJ—2700 超音速、1 4E 和 6P 等火焰喷涂设备以及多套国产电弧喷涂设备等。

目前，七O三所在热喷涂领域主要从事下述两方面的工作：

一、 热喷涂生产

1. 服务于航天的军品生产
   - (1) 等离子喷涂热障涂层和电绝缘涂层：如 ZrO_2、Al_2O_3 涂层等。
   - (2) 等离子喷涂的金属氧化物耐磨涂层：Cr_2O_3、Al_2O_3/Ti 涂层等。
   - (3) 超音速火焰喷涂耐磨耐蚀涂层：WC—Co、WC—Co—Cr、NiCr—CrC 等。
   - (4) 高温辐射涂层：特种金属氧化物
   - (5) 电弧喷涂的 Zn、Al 长效防腐涂层。
2. 服务于社会的民品生产
   - (1) 电弧喷涂不锈钢丝修复印机辊。
   - (2) 等离子喷涂陶瓷柱塞、机械动密封环等。
   - (3) 等离子喷涂成型高温烧结炉“钨管”。
   - (4) 超音速火焰喷涂硬质合金涂层强化拔丝罐、瓦楞辊等。

二、 热喷涂设备研发

1.HT—80 型等离子喷涂系统

该设备与 MILLER—3600 或 METCO 9M 等离子喷涂系统技术水平相当。电源采用可控硅整流，最大输出功率 80KW，最大电流 1000A，采用“软起弧”，喷嘴、电极寿命长；控制系统有继电器、可编程控制器等多种配置，具有水、电、气安全报警功能，可实现喷涂自动程序控制。

HT—200 热交换器

▲ HT—200D 喷涂电源

联系人：吴朝军、许仁撑　电话：(010) 68383587　013901315650
传　真：(010) 68383237　E-mail：wuchaojun@vip.sina.com
地址：北京丰台南大红门路1号　邮编：100076

2.HT-200 型超音速等离子喷涂设备

近期研制成功了 HT-200 型超音速等离子喷涂设备。该设备具有“一机多用”的特点。选用低档功率则与 HT-80 系统相当；中档功率喷枪工作电压 100 ~ 160V、电流 400 ~ 600A；高档功率则可实现超音速等离子喷涂，类似于“PLAZ JET”，即最大输出功率 200KW，工作电压：300 ~ 400V，工作电流：350 ~ 500A。

试验表明：该系统的中、高档功率适于喷涂金属氧化物涂层如：ZrO_2、Al_2O_3、Cr_2O_3 涂层等，尤其适合批量生产，其喷涂效率可达 8 ~ 14Kg/h；涂层孔隙率≤1%、显微硬度≥HV1600。

3.HT-2000 型高速火焰喷涂设备

该设备由控制柜、流量计、送粉器、喷枪组成。以丙烷为燃气，拉伐尔喷管外壁通水冷却；适于喷涂金属碳化物、金属合金等粉末；其喷涂的 WC/12Co 涂层显微硬度≥HV_{300} 1200，孔隙率≤2%，粉末沉积率≥40%。

目前七〇三所分别是中国表面工程协会热喷涂专业委员会和全国热喷涂协会的常务理事单位，积极参与国内外热喷涂技术的交流与协作，常年免费为国内用户提供热喷涂技术咨询和技术培训；做为设备销售的一部分，七〇三向国内热喷涂同行提供等离子喷涂、超音速火焰喷涂设备的各种零配件，物美价廉。热枕欢迎国内热喷涂界朋友来我所参观、指导。

◀ 各种型号等离子喷枪

各种喷枪配件 ▶

低能耗、高效率等离子喷涂系统（Plasma LE-15）

常用的大气等离子喷涂采用在喷枪外部将粉末垂直输送到等离子燃流中，电能消耗大多在40～80kW，这样的等离子喷涂存在着如下的缺陷：

- 电能消耗大，而用真正于加热粉末的能量只占10～20%，其余的热量被水冷却或者散失到周围空气中。粉末在工件表面的沉积率低。
- 由于能量高对喷涂工件的热影响大，要求喷涂距离远，而增加喷涂距离又会降低涂层的硬度，增加涂层中的气孔率和氧化物的含量。
- 电极使用寿命短。当使用氮气或者氢气为等离子气体时，过大的电流会降低阴、阳极的寿命。
- 设备庞大，不利于移动和现场喷涂作业。噪音大、紫外光线辐射等污染。

为了克服以上等离子喷涂的不足，我们开发了低能耗、高效率等离子喷涂系统。

低功率等离子喷涂特征：

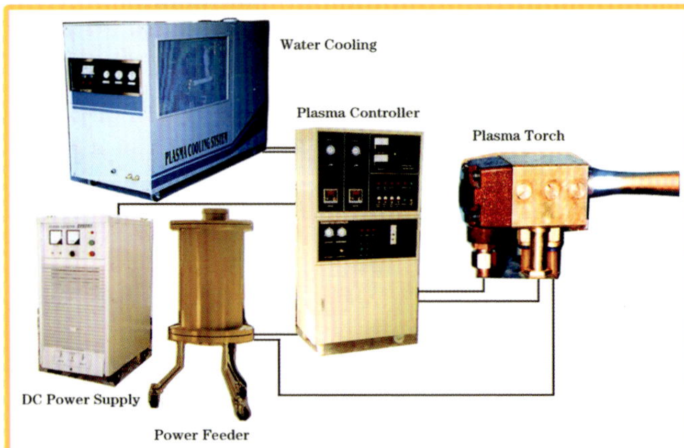

- 粉末被直接送到喷嘴内部，能够充分加热，并与等离子气流方向一致喷涂到基体表面。在电源消耗4～12kW下可喷涂金属和陶瓷材料，喷涂效率高。金属和碳化物粉末的喷涂沉积率可达80%以上。
- 喷枪出口到工件间的喷涂距离为30～50mm，等离子流集中，粒子飞行速度高，减少融化粒子飞行过程中的氧化。涂层的致密性高，
- 设备价格和运行成本低。
- 等离子气体为氩气/氢气或者氩气/氮气。
- 选择合理的喷涂工艺参数可获得高密度、高硬度的涂层，例如氧化铝涂层的气孔率小于3%，硬度可达1500kg/cm^{2}以上。氧化铬涂层气孔率小于2%，硬度Hv.3=1400–1600。
- 喷枪长度为90mm、可直接喷涂直径140mm以上的内表面。
- 操作中噪音低（85db），适合于安装在实验室和现场喷涂。

气体流量及控制台

采用PLC和计算机控制喷涂工艺参数，显示冷却水温、等离子电流、电压。具有自动保护和报警功能，确保设备安全。采用气体质量流量控制、喷涂再现性和涂层质量得到了保证。

制冷–热交换

采用不锈钢双级水泵和压缩机制冷，为等离子喷枪提供高压，定温度冷却水。保证喷枪长期连续工作。

送粉器

高精度电子控制送粉器，送粉精度在±2/g/min以内，最大送粉量150 g/min。能够充分保证涂层的均匀性。

等离子电源

具有低功率稳弧控制，使电压的波动处于最小值。高频、高压发生器组装在一起，实现了设备的小型化。输入电压：380V，交流三相。

等离子喷枪

主要为内送粉（也可外送粉），等离子束与粉末飞行轨迹一致。喷嘴交换简单，电极寿命长。

低功率等离子喷涂氧化物涂层组织和喷涂参数

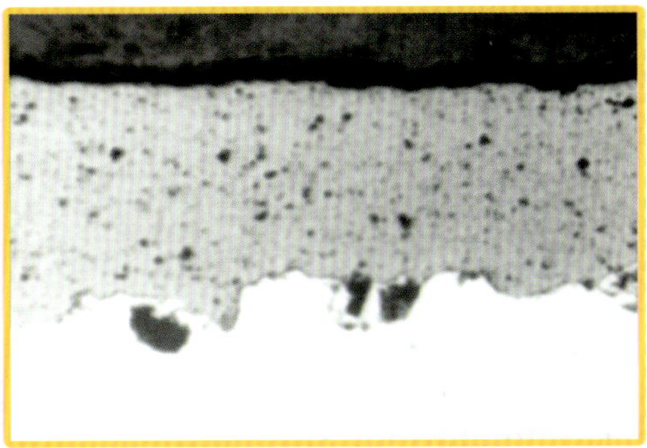

Cr_2O_3 涂层

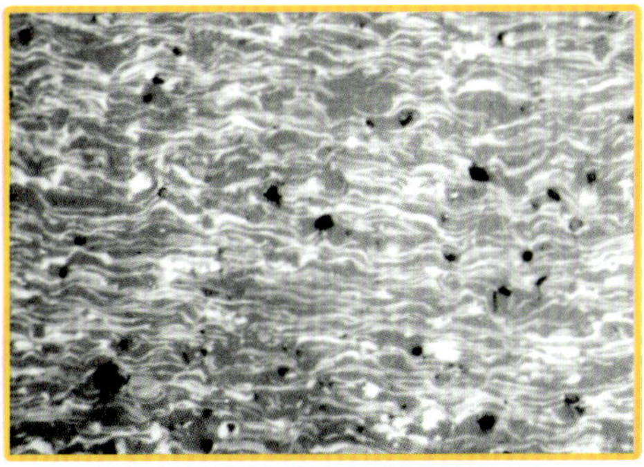

Al_2O_3–13TiO_2

低功率、内送粉等离子部分材料的喷涂参数和涂层性能

材　料	喷涂参数				涂层性能		
	电流 (A)	电压 (V)	气体	沉积效率 (%)	送粉量 (g/min)	气孔率 (%)	硬度 (Hv.3)
Al_2O_3	100	70	Ar/H_2	60–70	35	3	>1200
ZrO_2–8Y_2O_3	200	60	Ar/H_2	50–60	40	3–5	500–700
Cr_2O_3	150	70	Ar/H_2	50–60	40	2–4	1400–1600
WC–14CoCr	70	50–60	Ar/N_2	70–80	70	5	700–900
NiCrAlY	50	60	Ar/H_2	70–80	50	3	320

低功率等离子喷涂的应用

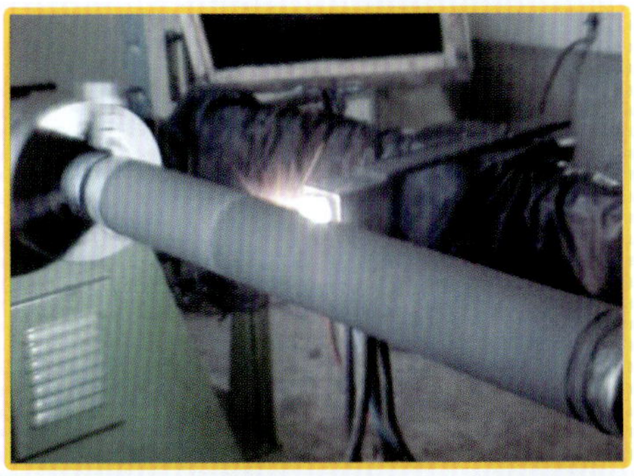

低功率等离子喷涂WC–12Co轴类零件
用于耐磨损

低功率、内送粉等离子喷涂氧化铝（辊套）
用于耐磨损和腐蚀

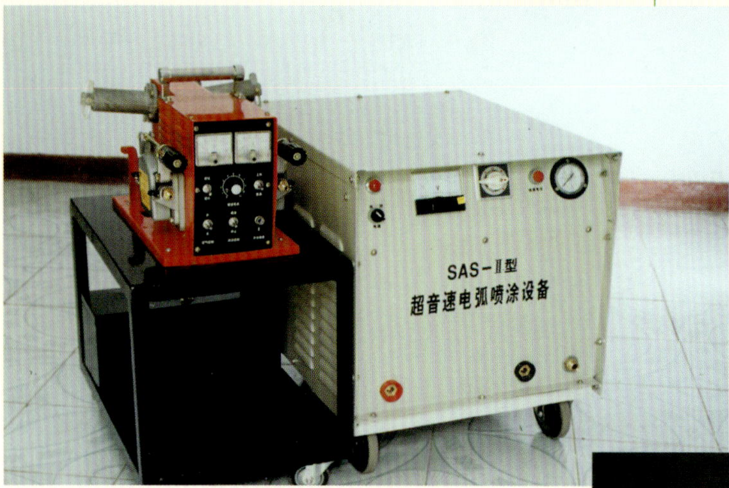

超音速电弧喷涂设备

SAS－Ⅱ型超音速电弧喷涂设备

超音速电弧喷涂技术是一项高新技术，1998年通过国家技术鉴定，专家一致认为其喷涂粒子的速度，粒子的雾化效果，涂层与基体的结合强度、涂层孔隙率等性能指标，在当前电弧喷涂领域中处于国际领先水平。该成果于2000年获军队科技进步一等奖、西安市专利一等奖，2001年获国家科技进步二等奖。可广泛应用于船舶、桥梁、矿井支架、锅炉管道的防腐处理；轧辊、柱塞、模具的修复；机械制造中零件尺寸超差的恢复、零件表面强化、零件特殊涂层的制备和模具的快速制造等。

设备组成

超音速电弧喷涂喷枪
送丝机构
超音速电弧喷涂电源
最大功率：15KW
最大电流：400A
工作电压：28－36V

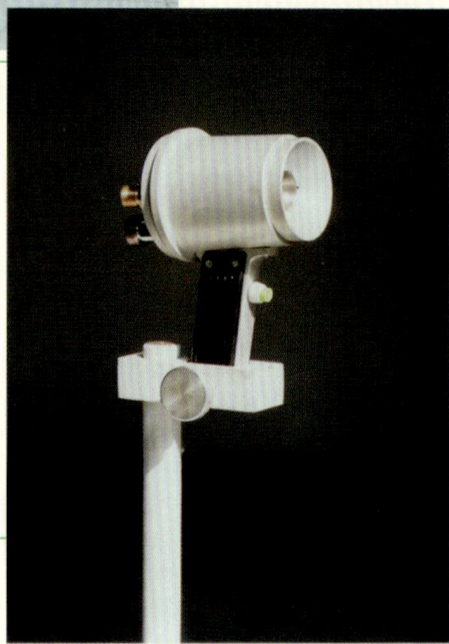

超音速电弧喷涂枪

性能特点

1. 超音速电弧喷涂粒子速度高，喷涂铝时粒子最高速度387.5m/s，普通电弧喷涂100m/s；
2. 涂层结合强度高，喷涂3Cr13涂层平均结合强度达60 Mpa，普通电弧喷涂20 Mpa；
3. 涂层孔隙率低，喷涂3Cr13时孔隙率为0.9%；
4. 喷涂颗粒细小而均为，喷涂3Cr13时平均粒度为4.32μm；
5. 喷涂效率高、喷涂不锈钢丝沉积效率达75%.

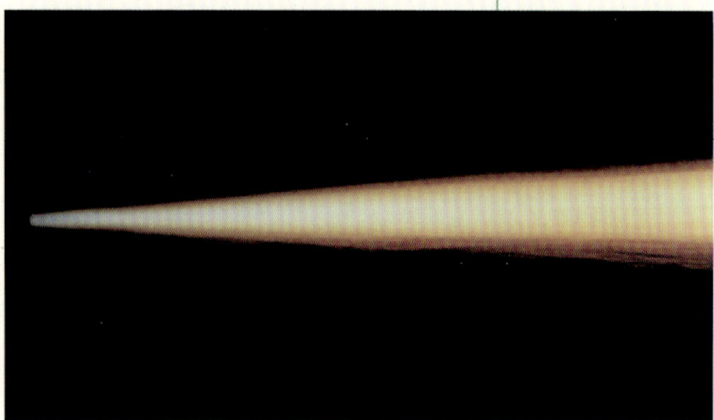

超音速电弧喷涂射流

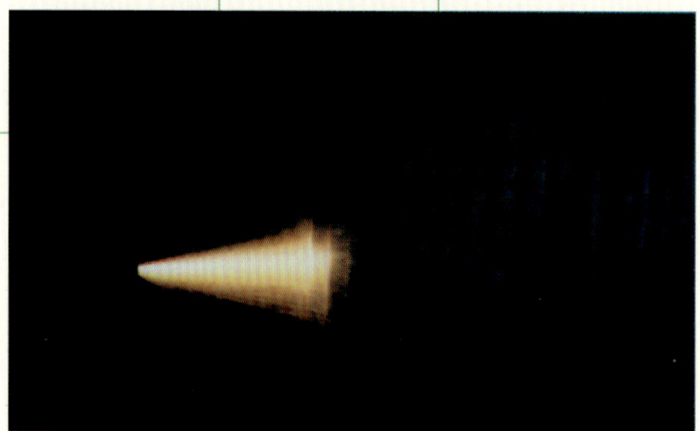

电厂锅炉高温防腐—超音速电弧喷涂

我们热忱为社会各界提供设备和技术及优质服务

一流的技术　一流的产品　一流的服务

学院维修工程研究所

超音速喷涂的典型应用

KY—HVO/AF多功能超音速火焰喷涂设备

KY—HVO/AF多功能超音速火焰喷涂设备是一种高性能的超音速火焰喷涂，具有氧气煤油超音速火焰喷涂（HVOF）和空气煤油超音速火焰喷涂（HVAF）的双重功能，实现了超音速火焰喷涂焰流温度、速度在大范围内连续可调。获发明专利一项，实用新型专利三项，具有独立自主的知识产权，达到国际领先水平，2002年获军队科技进步一等奖。该技术在机械制造、航空航天、水利电力、矿山冶金、石油化工等领域有着广阔的应用。

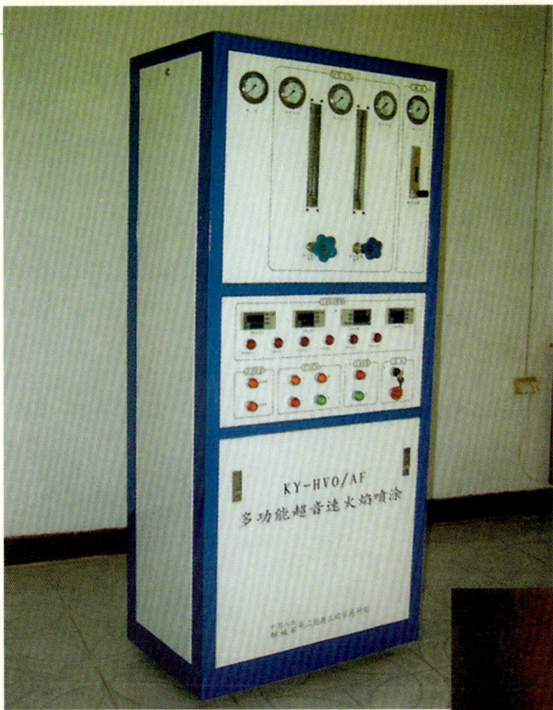

多功能超音速火焰喷涂控制系统

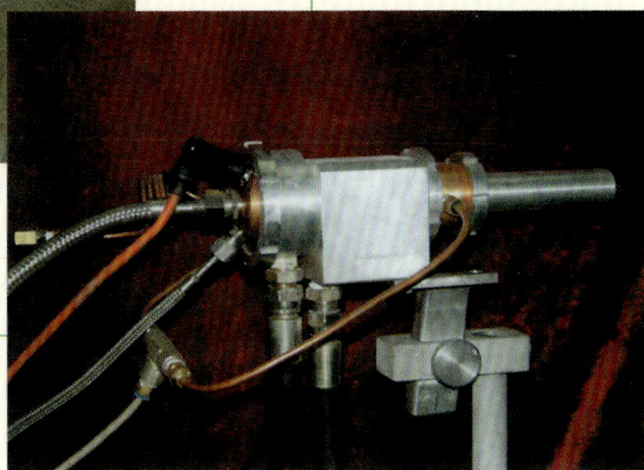
多功能超音速火焰喷涂枪

设备组成

多功能超音速火焰喷涂喷枪
多功能超音速火焰喷涂控制系统
冷水机组
送粉器

性能特点

1. 具有HVOF和HVAF喷枪功能，实现超音速射流的同时，火焰焰流温度、速度在大范围内连续可调；
2. 涂层结合强度高，喷涂WC涂层平均结合强度达70 Mpa；
3. 涂层孔隙率低，孔隙率低于1%.

汽轮机叶片修复—多功能超音速火焰喷涂

地址：陕西省西安市第二炮兵工程学院501室
邮编：710025
电话：029—3344100　3312675　3343901
传真：029—3343901
E-mail：wang_hangong@163.com

超音速火焰流

欢迎国内外同行惠顾

一流的效益

德阳市东汽表面

DE YANG DONG QI

创新奋发 追求卓越

该公司从美国进口超音速喷涂设备

中国工程院士、
原机械工业部
总工程师姚福生同志
来现场指导

德阳市东汽表面工程技术有限公司是东方汽轮机厂根据现代企业制度，对所属表面工程研究所改制重组而成的工厂控股、经营者持股、员工参股的产权多元化有限责任公司。公司拥有30余名高级技术人才，是拥有国家发明专利和重大技术创新项目的高科技企业。

公司在老一代领导、专家的带领下，求实努力，奋发创业，坚持以核心技术的开发为先导，应用为驱动力形成了一批先进技术项目，赢得了各级领导，专家的支持与肯定。公司在涂层技术、镀层技术及表面处理工艺、引进装备的维修翻新及本地化、先进装备的研发等领域积累了丰富的经验，成效卓著，形成了成套防腐、环保、表面工程技术与施工的工程服务能力及先进装备研发创造能力，尤其在电站工程防腐，大型户外结构防腐，现场修复施工引进装备本地化卓有专长，公司可为用户提供工程咨询、设计及施工服务。

公司主要业务：

- 长效重防腐工程，电化学保护工程
- 磷化前处理及涂装
- 化学镀，电刷镀，常规电镀
- 特种涂层，火焰、等离子及超音速喷涂
- 螺杆泵、离心分离机、透平及整机等零部件修复及国产化
- 技术咨询及现场服务

石油钻探用离心分离机

螺杆泵转子国产化

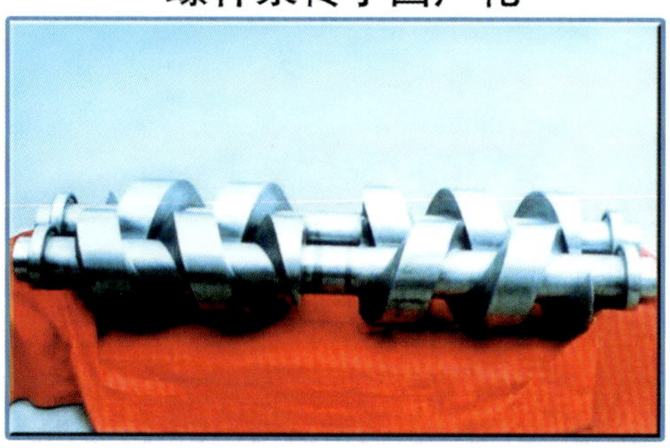

工程技术有限公司

SURFACING ENGINEERING CO.LTD.

德阳市东汽表面工程技术有限公司
执行董事、总经理：胡蕴成
地址：四川省德阳市　　邮编：618201
电话：0838—6355541　6355040
传真：0838—6355541　2826419
化工防腐分公司：
电话：0838—6354423
传真：0838—6354423（Fax）

萝茨风机

利用热喷涂技术修复冶金输送辊

φ400×8000镗杆表面刷制硬质涂层

镗杆正在喷涂

电厂防腐工程

化工用氨泵曲轴修复

让用户满意，
是我们永恒的追求！

大连特种涂

本中心是以辽宁省重点热浸镀锌企业、大连市明星企业——大连鑫峰金属表面镀层厂为母体发展起来的，从事热喷涂、电刷镀等多种表面技术开发工作的高新技术企业。其母厂大连鑫峰金属表面镀层厂与台湾永尚股份有限公司、易宏工业等企业建立了经济技术发展的联合体。

一九九六年，经国家质量技术监督部门批准，母厂生产上等同采用本行业国际先进标准—JISH标准，产品技术水平与质量等级达到世界先进水平。质量管理已通过ISO 9001—2000体系认证，纳入了国际标准的规范轨道，并获得了国家、省、市各级质量确认证书。母厂的生产设备先进、规格各异，可以满足多种大型钢结构件及中小零部件的热浸锌需要，年生产能力为8000—10000吨，是目前东北地区大型的热浸锌专业厂家之一，已同国内外100余家企业建立了良好的合作关系。

大连特种涂层技术发展中心以母厂优秀企业文化为依托，在热喷涂技术领域发展迅速，成为东北地区独树一帜的新型企业。

本中心拥有以美国9MB为代表的等离子喷涂系统、超音速喷涂系统和电弧喷涂系统、火焰喷涂系统、流化床涂塑系统、电刷镀、化学镀系统。等离子喷涂设备和陶瓷棒喷涂设备所制造的陶瓷涂层，以其特有的耐蚀、耐磨、耐高温的特性，广泛地应用于电工、纺织、船舶、机械及熔融金属等行业。

本中心拥有国内最先进的涂层抛光机，可以使涂层表面加工光洁度达到镜面。近年来，本中心自行研制的平面双向自动喷涂走枪系统及质量控制与监测系统，克服了热喷涂行业传统的人工手动喷涂所造成的质量弊端，使热喷涂表面加工生产走上了超凡脱俗的自动化轨道。本中心的超音速等离子喷涂项目被国家科委批准为国家火炬计划项目。本中心以此为龙头的各种表面工艺技术正向本技术领域的高层次、高起点冲击。

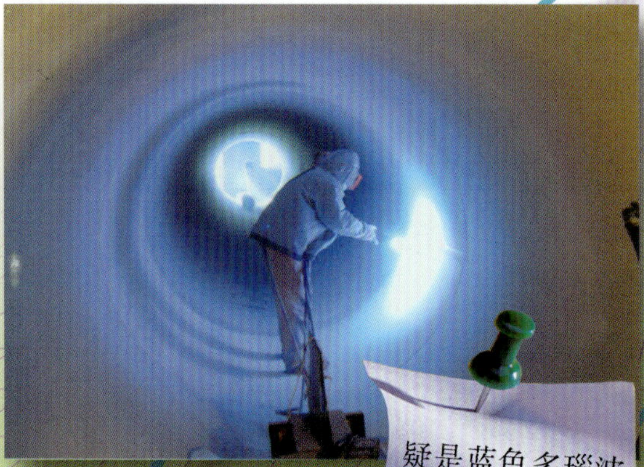

疑是蓝色多瑙波（为美国CONOCO石油公司FPSO月亮池喷涂）

本中心与美国PRAXAIX公司、香港AMS公司、成都420厂及戚墅堰机车车辆工艺研究所、烟台宏海表面技术发展有限公司等5家国内外技术领先单位建立了联合体，成为长期合作的忠诚伙伴。本中心以此为依托，业已形成以技术专家为带头人，以青年技术人员为骨干的表面涂层科研生产队伍。其所具有专业生产、综合加工能力，已经为机械、电力、冶金、石化、矿山、汽车、造纸、纺织、模具、铁路等行业提供全方位的服务，成功的解决了各种机械零部件的耐磨、防腐、抗高温、耐氧化、隔热、导电、绝缘等难题。本中心以其优良的产品质量和诚信的售后服务，赢得了众多企业的信赖。目前已与大连浦金钢板有限公司和鞍钢—蒂森克虏伯镀锌钢板有限公司等企业建立了长期生产协作关系。特别是本中心通过ISO 9001—2000国际质量管理体系认证以后，产品技术和产品质量稳步提高，涂层质量达到国内外用户的满意，并得到国家质量技术监督部门的认证。

中美协奏歌一曲
（自制机械手、监控系统与美制9MB喷涂系统完美配套）

声声悦耳　编磬合鸣
（涂层锤击检验）

层技术发展中心

层技术发展中心

本中心创新能力独特。在投标美国CONOCO石油公司20万吨油轮特大管件大面积长效防腐涂层的热喷铝工程中，本中心独特的技术质量，在多家投标企业中独占鳌头，以一次性达到行业国际标准的优异成绩一举中标。在施工期间，整个加工过程经历了船级社的全过程严密监督检查，全面达到SSPC－23国际标准，得到船东厂家的好评。除此以外，本中心还成功地将热镀锌与热喷涂两种防腐技术复合应用，分别为日本NKK公司、普利司通公司以及中德合资的吉粮赛力事达玉米深加工基地等国内外企业圆满地解决了大型钢结构件长效防腐的难题。2000年，本中心首次将热喷涂技术应用于处在超高温、高速流恶劣环境中的钢结构件的防腐蚀、抗冲刷试验，取得突破性的创新成果，成功地为大化集团热电厂、大连热电集团春海热电厂、华能大连电厂、大连开发区电厂等热电企业的热电设备涂以耐高温、耐磨蚀涂层，提高设备寿命2－3倍，解决了长期困扰热电系统的历史性课题。

让爱住我家
人人呵护她
（职工大专毕业典礼暨集体婚礼）

弧光交响乐
（电弧喷涂）

随着中国加入WTO的大好机遇，本中心正以与时俱进的姿态，在继续做好国内市场的同时，积极拓展国际业务。以涂层加工为基础，发展多种经营，使本中心成为国内外各种产品、零件表面技术加工、推广和示范的基地。

本中心的迅速崛起缘于中心领导群体卓而不凡的发展思路和勇于开拓的进取精神，同时也离不开各界朋友的真诚帮助和热情支持。在新的世纪里，我们要始终以顾客为关注焦点，把客户满意作为我们永远追求的目标，真诚欢迎和期盼国内外同仁的精诚合作与共同发展。

心心相印　镜泊新歌
（镜面涂层）

北国冬日别样绿
（大型钢结构热浸镀锌）

轻松小夜曲
（全自动等离子喷涂）

联系人：杜玉锋
加工基地：大连市金州区站前街道吴家村　　邮编：116100
电话：0411－7669036　7667009　　传真：0411－7662557
http://www.dl-coatings.com　　E-mail:dscc@mail.dlptt.ln.cn

以一流的技术，提供一流的产品

电弧喷涂中

QX-I型金属线材气喷枪

HVOF喷涂中

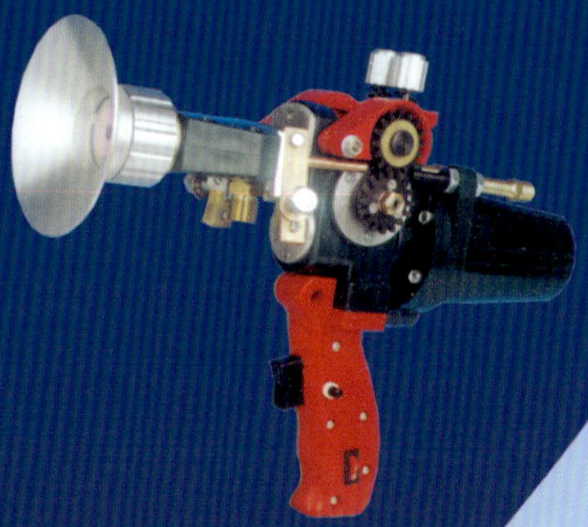

QDⅢ-250型高速电弧喷涂枪

标准型压送式喷砂机

公司座落于浦东新区，厂房占地面积三千多平方米。公司下设技术开发部、生产制作部、销售服务部和喷涂工程部。该公司凭借其自身雄厚的技术力量和生产能力，不断地开发出适合各行业应用的热喷涂设备及涂装设备。目前，新业公司已成为国内热喷涂设备制造及应用的主要生产基地。

公司产品有：超音速火焰喷涂设备、大功率等离子喷涂设备、氧-可燃气火焰线材气喷枪、火焰粉末喷枪、超音速电弧喷涂枪、推、拉式高速电弧喷枪、全自动电弧喷涂设备、电火花拉毛机、空气过滤器、压送式及箱式喷砂机等系列产品。此外还专业生产喷涂用高纯度锌、铝丝、并代理销售各种热喷涂线材、粉末及包履材料。

公司拥有一批熟练掌握热喷涂工艺技术的专业人才和施工队伍和各种先进的热喷涂加工设备，可喷涂各种硬面材料及高熔点材料。如$WC-C_o$、Cr_3C_2-NiCr、Al_2O_3等材料，不仅用于磨损的修复，而且更多的是用作OEM的新装设备的性能强化。在钢结构防腐方面为国内许多重点工程作出了应有的贡献。如：三峡永久船闸、连云港核电站、上海信息大厦、东方明珠电视塔、上海磁悬浮功能件等钢结构防腐工程，树立了良好的形象。

TM

上海新业喷涂机械有限公司

天津市机械涂层研究所有限责任公司

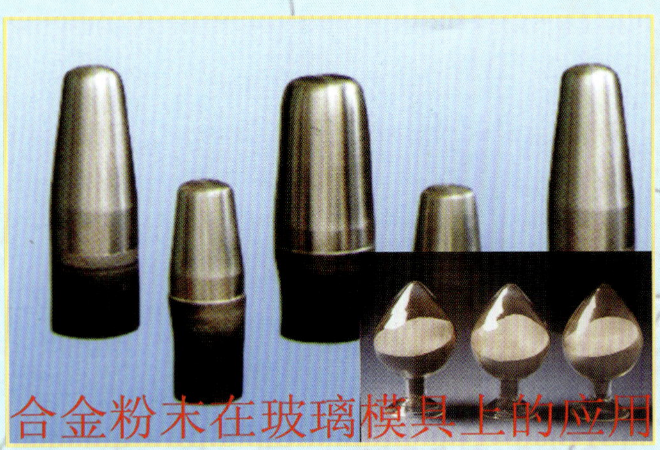
合金粉末在玻璃模具上的应用

天津市机械涂层研究所始建于1965年，是国内最早从事热喷涂技术研究的单位之一。该所占地面积3066m²，建筑面积4646m²。主要从事金属表面强化、防护技术的研究开发，并研制生产与技术工艺配套的自熔性合金粉末、电刷镀镀液及设备，同时，从事表面强化工艺加工。主要产品有：Fe、Ni、Co基系列自熔性合金粉末；激光设备、超音速喷涂设备专用合金粉末；满足用户特殊需求的合金粉末；电刷镀镀液；耐高温封孔剂；内燃机排气阀低真空感应堆焊设备；阀门座圈低真空感应堆焊设备；喷砂机等。

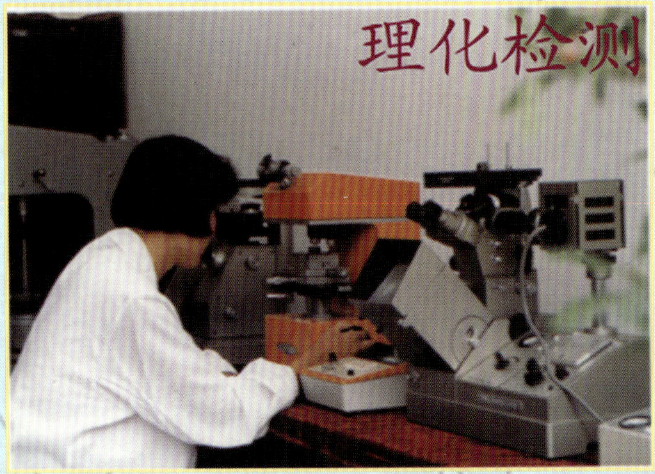
理化检测

天津市机械涂层研究所70年代初期开始从事热喷涂技术研究，通过多年的努力，工艺手段不断增加，应用范围逐步扩大，作为新材料的自熔性合金粉末产品也逐渐形成铁、镍、钴基三大系列，并广泛应用于交通、能源、化工、冶金、机械、轻工、纺织等国民经济行业，产品遍布国内20多个省、市、自治区，享有很高的知名度，拥有一批固定的用户，由于粉末材料的高耐磨、耐蚀和可替代一些贵重金属材料的性能，因此有很好的市场前景。

随着所内诸如荣获国家三等发明奖的“内燃机排气阀真空感应堆焊工艺”、获天津市科技进步奖的“适合氧-乙炔火焰喷焊用铁基粉末研究”和“泥浆泵缸套强化工艺及材料研究”，市自然科学基金项目“高耐磨耐蚀金属复合涂层材料及工艺的研究”等几十项成果的开发，为研究所创造了巨大的经济和社会效益，也极大地促进了所内中试产品的生产、销售。该所这种工艺-材料-设备的成龙配套成为同行业中少有的优势。

天塔钢结构防腐工程

几十年的科研生产活动，为该所造就了一批具有献身精神和较高技术水平的专家、高中级专业技术人员及技术工人。同时，拥有了一系列的专用技术和专利。

该所下设涂层材料研究室、涂层设备研究室、涂层工艺研究室、理化分析室和图程新技术公司。分别专业从事表面涂层材料的研制；表面涂层设备的研制；表面涂层工艺的开发及加工服务；涂层材料及涂层表面物理化学性能检测。表面涂层工艺、设备、材料的推广及成套供水设备的研制、推广应用。

天津市机械涂层研究所为不断创新，更好地满足客户及市场需求，于2002年完成了产权管理制度的改革，更名为天津市机械涂层研究所有限责任公司，并将以全新的机制、全新的面貌为客户提供更优质的服务。

所长：宋桂强

副所长：周　杰

电话：022-24304524　传真：022-24305676

网址：Tjmachinerycoating.com

邮箱：Tjmachinerycoating@bf2000.net

地址：天津市河东区八纬路20号　邮编：300012

无锡科特金属喷涂厂

无锡科特金属喷涂厂

该厂创建于1996年，系中国表面工程协会热喷涂专业委员会理事单位。

该厂拥有乌克兰产爆炸喷涂，美国产陶瓷棒喷涂，国产等离子喷涂、氧乙炔火焰粉末喷涂、线材喷涂等设备，并拥有相关的后加工设备，可制造多种陶瓷、合金涂层。

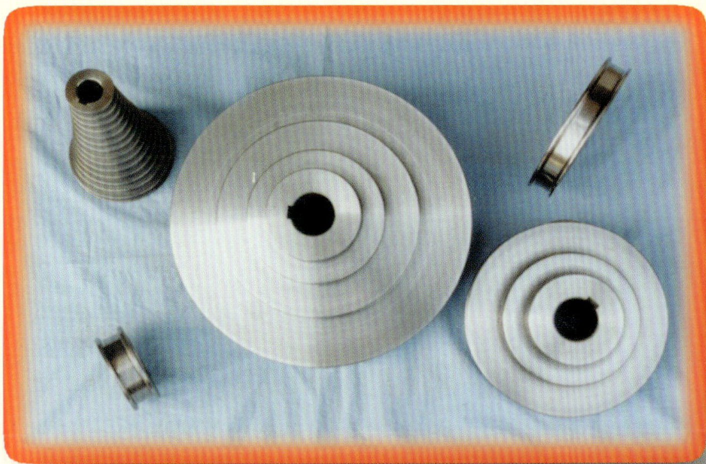

该厂主要产品有:

1. 漆包机各种导轮、助力轮、定速轮的制造和喷涂
2. 拉丝机各种塔轮、定速轮、钢圈的制造和喷涂
3. 冷轧连续退火炉炉辊、冷轧热涂锌机组沉没辊、炼钢连铸机组输送辊、大型轴类的修复、强化、钢结构防腐。

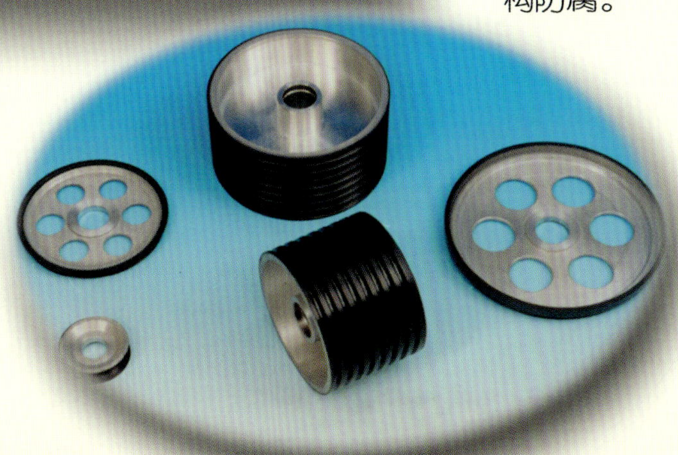

该厂愿以一流的质量、合理的价格、优质的服务为您创造崭新的效益。

地址：江苏省无锡市滨湖区华庄镇
邮编：214134
电话：0510-5604481
传真：0510-5604481

青铜峡市特鑫焊接热喷涂有限公司

TEXIN

宁夏青铜峡市特鑫焊接热喷涂有限公司，是宁夏首家规模化、专业化的喷涂（焊）企业。不但设备齐全、工艺先进，而且与全国大专院校、科研院所、热喷涂协会有着密切的技术交流和技术协作关系，而且在材料、工艺和检测方面拥有经验丰富的高级工程技术人员。

热喷涂（焊）是工件及表面修复、防护和强化的新技术。对于各种钢铁构件和机械零件，都可以采用热喷涂（焊）制备各种性能的涂层，使其具备各种工况下的使用条件，如耐腐蚀、耐磨损、耐高温、抗氧化或其它所需的特殊性能，达到提高产品质量，延长使用寿命，修旧利废、装饰表面、节材节能的目的。

公司成立以来，已先后为石油、冶金、电力、水利、煤炭、化工、造纸、机械、纺织、造酒等行业进行了热喷涂防护及修复，取得良好的社会效益和经济效益。

水泵轴喷涂层机加工

化工厂进口齿轮喷涂修复

电厂水冷壁喷涂防腐

公司主要承揽以下业务:

各类大型水轮机过流部件，修复，堆焊喷涂（焊）、防护；
电站锅炉"四管"进出口风机叶轮的耐磨防腐喷涂；
各种机械（冶金、纺织、造纸、印刷等）辊类、轴类热喷涂；
大型阀门密封面、造纸烘缸、大型柱塞的耐磨防腐喷涂；
化工、石化工业中的耐化学介质、腐蚀的喷涂。
大型钢结构件、水工闸门、铁塔桥梁等长效防腐；
各种磨损机械零部件喷涂（焊）修复；
各种装饰材料的喷涂（黄铜或各种塑料）；
各种轴承瓦的修复（喷涂巴氏合金）；
大型铸铁件、有色金属焊接。
各种高硬度、高耐磨性的堆焊及焊条销售。

地址：宁夏青铜峡市河西转盘路（109国道旁）
邮编：751601
电话：0953-3042846
手机：(0)13909553333　　(0)13995033734

水电厂转轮叶片磨蚀情况

水电厂转轮叶片补焊修复

公司宗旨：追求领先技术　建立良好信誉

star

哈尔滨四达热喷涂技术有限责任公司
Harbin Star Thermal Spray Co.,Ltd.

该公司是哈尔滨焊接研究所中德哈尔滨焊接技术培训中心与德国合作成立的一家以热喷涂技术开发应用为主的高科技公司。公司目前拥有国际一流的各种热喷涂设备和检测手段，公司的业务骨干人员均来自国内著名的专业研究所和高校，并在德国经过专门的培训。自公司成立以来，已先后为中国第二重型集团、鞍山钢铁集团公司、宝山钢铁公司、大庆油田、哈尔滨城建公司等单位进行了热喷涂生产线的设计建造，特殊条件下工作的热喷涂层的研究开发、大型热喷涂防腐现场施工等工作。

该公司的经营理念是：充分利用专业公司的人才、技术和国际一流设备的优势，以及与德国合作的有利条件，致力于热喷涂技术的开发应用和市场开拓，为推动我国的热喷涂技术发展竭诚尽力。

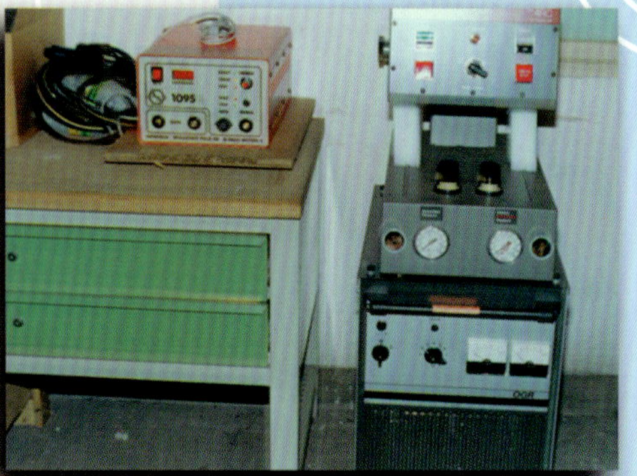

该公司主要业务:

1. 提供用于冶金、纺织、印刷、机械、石化等行业热喷涂及堆焊成套技术并设计制造各类专用设备。
2. 提供国内、外热喷涂设备（超音速、等离子、电弧喷涂、丝材和粉末火焰喷涂、火焰喷塑）和各种辅助设备、专用热喷涂材料。
3. 加工服务：按客户要求提供各种经喷涂或堆焊强化处理过的机械零件及备件。
   各种磨损机械零部件的修复。
   耐磨、防腐等工程施工。
4. 热喷涂技术咨询服务，按德国、欧洲标准进行各种类型人员培训。

地址：黑龙江省哈尔滨市动力区进乡街7号　　邮编：150046
电话：0451-82689003　82924004　　传真：0451-82682433　82689003
http://www.harbinstar.com　　E-mail:harbinstar@sohu.com

同力

设备主要性能:

设备有TLAS-Ⅰ、Ⅱ、Ⅲ型，设备的主要技术参数:

电源功率可选15KW、20KW，输入电压为三相对称380V，电源输出电压范围为30~40V(分6档调节),额定电流分别为300A、400A;一把喷枪可喷涂φ2mm和φ3mm规格的各种金属丝材。

TLAS-Ⅲ型高性能电弧喷涂设备在公路桥梁防腐工程中的应用

西安市同力液压机电技术有限责任公司

是由留德学者、原第二炮兵工程学院维修工程研究所副所长、维修工程教研室主任刘学元副教授创办的一个集新产品、修理、技术服务、技术咨询为一体的高科技开发公司。刘学元副教授是SAS-1型超音速电弧喷涂的发明者之一，经过一年的艰苦努力和近百次的试验，成功研制出了TLAS型系列高性能电弧喷涂设备，该系列设备喷涂粒子速度高，涂层结合强度高，雾化效果好，喷涂颗粒细小，均匀，涂层孔隙率低，在超音速电弧喷涂设备的基础上，操作更方便，价格更合理。

TLAS-Ⅲ型高性能电弧喷涂设备在电厂锅炉水冷壁高温防腐中的应用

热喷涂技术工程部的经营范围:

①设计、制造与销售高性能新型电弧喷涂枪、电源及其成套设备②承接电厂锅炉水冷壁的高温防腐工程③承接桥梁、船舶、矿井支架、贮罐等在大气、海水等各种环境中的防腐工程④承接曲轴、轧辊、电机轴等各种磨损件的修复⑤用热喷涂技术制作各种模具和强化零件表面⑥对普通电弧喷涂设备进行改造⑦热喷涂技术特殊用途的开发与工艺设计⑧经销喷砂设备及喷涂材料。

TLAS-Ⅲ型高性能电弧喷涂设备在辊子防腐耐磨喷涂中的应用

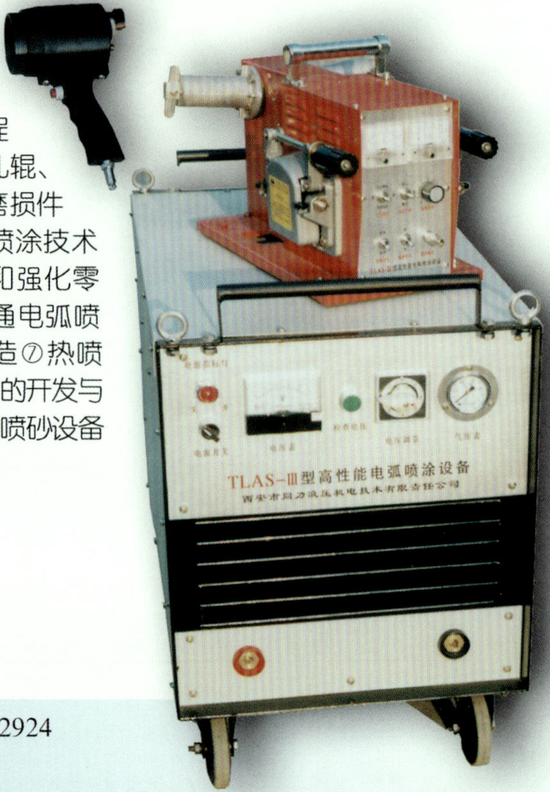

TLAS-Ⅲ型高性能电弧喷涂设备

地址：陕西省西安市洪庆镇二炮西
联系人：刘学元
E-mail: xatongli@163.net
电话：029-3313463　13909182924
传真：029-3313463
邮编：710025

烟台东星（集团）首钢备件修复公司

烟台东星(集团)首钢备件修复公司，是隶属于首钢系统的、专门从事备件修复和产品预保护的专业厂家。公司于1993年引进瑞士卡斯特林—厄特蒂国际公司的焊接与保养技术及设备，开始消化应用表面工程技术。经过十年的发展，形成了专门制造表面强化涂层—喷涂层、喷焊层和堆焊层的专业化企业。主要面向黑色和有色冶金工业、能源和化工工业等行业。以修复大中型机械部件为主，并将该技术产业化。形成了自己专有的特色产品如冲渣沟衬板、Y型自清洗过滤器、大型中高温阀门等。提高了产品的使用寿命和档次，增强了产品的竞争能力。

公司现拥有固定资产1040万元，职工198人，其中专业工程技术人员21人，年销售收入1100多万元。拥有国内外先进的HOVF超音速喷涂、等离子喷涂喷焊、大型埋弧焊机、TIG焊机、MIG焊机、MAG焊机、电弧喷涂、电刷镀、ESD表面强化机等热喷涂设备和焊接设备，以及与之相配套的大型机加设备和热处理设备。拥有一支高素质的技术施工队伍，可以对外承接大型室内外钢结构防腐工程，各类大型机械零部件的修复与强化，以及高温热障保护、耐磨、耐腐蚀等预保护工程。并拥有Y型自清洗过滤器、无油润滑轴承等专利产品，可广泛应用于冶金、矿山、化工等各行业。

衬板现场

公司现为中国表面工程协会热喷涂委员会理事、中国焊接协会会员、北京热喷涂协作组成员单位、山东省高新技术企业、ISO9002国际质量体系认证单位。质量第一和信誉第一是企业的服务宗旨，竭诚欢迎国内外用户与我们协作，公司将以高质量的产品和服务与您携手共创美好明天。

风机转子

车　间

法人代表：黄福田
联系电话：0535-6377913　6371096
传　　真：0535-6371341　6371457
通讯地址：山东省烟台开发区珠江路20号
邮　　编：264006
E-mail：www.futianH@sohu.com

公司全貌

大连重工集团有限公司

特种焊接加工厂

阀门堆焊

BUILT-UP WELDING OF VALVE

3.8米气化炉阀门等离子堆焊

辊子堆焊技术

ROLLER BUILT-UP WELDLING TECHNOLOGY

采用近年开发的新型堆焊材料(0Cr13Ni4MoN)对连铸辊进行堆焊，辊子的耐磨、耐热疲劳性能及抗裂性大大提高。

辊子喷焊技术

ROLLER SPRAY WELDING TECHNOLLOGY

采用先进的火焰喷焊系统，可进行热连轧设备的各类输送辊喷焊，喷焊层厚度可达0.4～2mm,喷焊层硬度达到HRC55～62，喷焊后辊子的寿命可比原辊提高5倍以上。

螺旋叶片火焰喷涂

FLAME COATING OF HELICAL BLADE

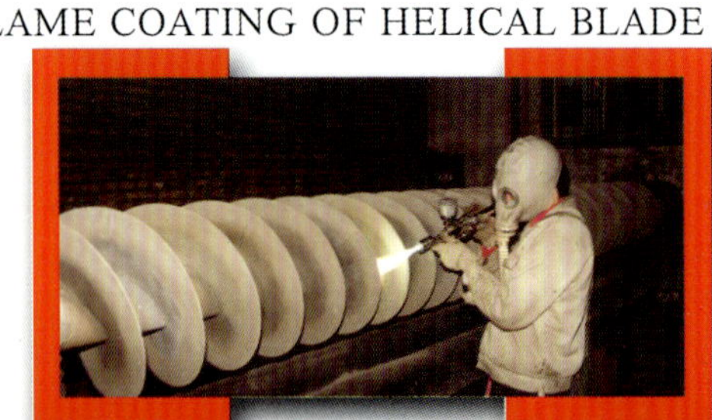

卸船机螺旋叶片火焰喷涂

大连重工集团有限公司是中国520家重点企业和中国机械工业百强之一，特种焊接加工厂是大连重工集团有限公司所属的全资国有企业，是专门从事特种焊接加工制造的专业化工厂，是中国焊接学会、中国表面工程学会、中国焊接协会常务理事单位。

特种焊接加工厂生产作业面积5000平方米，有高级工程师6人，国际焊接工程师3人，高级技师2人。目前该厂拥有世界一流的各种热喷涂、喷焊、堆焊设备和先进的检测手段，有雄厚的技术力量从事冶金、电站、水泥等行业的各类辊子及其它零件的表面强化技术的开发，先后为各钢厂提供了高质量的热轧工作辊、热轧输送辊、支撑辊、夹送辊、连铸辊等万余支，辊子生产已形成序列化。

特种焊接加工厂的经营理念是：充分利用专业化工厂的人才、技术和设备优势，致力于金属表面强化与改性技术的开发，以一流的管理、一流的技术为广大用户提供一流质量的产品和一流的服务。

特种焊接加工厂的主要经营项目:

各类轧辊的堆焊

采用高效率的丝极或带极堆焊技术，提供各类轧辊堆焊修复及新轧辊堆焊制造。由于采用抗裂性、耐磨性、耐冷热疲劳性良好的堆焊材料，辊子的寿命成倍提高。

各类输送辊喷焊

由于采用了先进的大功率火焰焊技术，可进行大型热连轧设备输送辊及其它各种输送辊的表面喷焊及修复。可完成壁厚40mm、长4m的辊子喷焊、喷焊层厚度可达1.5－2mm，经过该工艺制造的辊子寿命可比原辊提高5倍以上。

各类零件的火焰喷焊和等离子喷焊

采用成熟的火焰喷焊和等离子喷焊技术可对各类阀门，模具、栓塞等进行Ni基、Co基、Fe基合金的等离子耐磨堆焊。

各类零件的等离子喷涂

采用等离子喷涂技术对各类零件进行Ni基、Co基、Fe基合金和陶瓷的喷涂，采用该技术处理的零件可显著提高其耐磨、耐蚀性能。

各类零件的电弧喷涂技术

采用电弧喷涂技术提供各类零件的防腐喷涂，采用的主要涂层材料为锌、铝、铜等。大连市人民广场27米高旗杆即采用特种焊接加工厂的电弧喷铝工艺制造。

厂长：王 晖　　电话：0411-4604201-2181　　传真：0411-4609151

地址：辽宁省大连市沙河口区汉阳街10号　　邮编：116022

武汉立泰科技有限公司

法人代表 董事长 傅正生

火焰喷涂的托辊、曲轴

该公司成立于1994年5月，是武钢（集团）公司实业公司下属的控股公司，该公司是专门从事金属热喷涂技术的研究，开发和应用的专业厂家，拥有高能等离子喷涂、自动控制等离子喷焊、喷镀、电弧喷涂、火焰喷涂、火焰喷焊和高效预处理等高精密专业设备。现有职工60余人，技术力量雄厚，能提供机械设备备件加工，金属结构制作及相关表面处理修复等服务。

该公司始终注重技术和管理，他们长期贯彻“坚持以人为本，依靠科技进步，用不断完善的质量体系作保证，追求表面质量与内在质量的和谐统一”的质量方针。通过了ISO9002质量管理体系认证。是武汉市“管理效益先进企业”，湖北省“重合同、守信用”企业。

高炉漏斗

董事长傅正生潜心研究热喷涂技术，并有较高造诣，是全国热喷涂协作委员会高级会员。他对热喷涂技术在武钢及其他企业的研究、开发、应用和推广方面做了大量卓有成效的工作，享有较高的知名度，曾获武钢（集团）公司“十大杰出青年岗位能手”、“武钢劳动模范”、武汉市“优秀企业家”的称号。

火车轮（与铁轨之间不产生火花）

武汉立泰科技有限公司采用先进的生产工艺流程，经过严格的质量控制生产的热喷涂产品，具有较强的耐磨耐腐蚀、耐高温、抗氧化等多种性能，可广泛地应用于冶炼、轻工、军工、矿业、造船业等领域。由武汉立泰科技有限公司开发出的武钢高炉INBA系统喷焊备件完全替代了进口，开发的内衬喷焊称量漏斗，不但改变了过去高炉称量漏斗使用橡皮内衬易脱落、频繁更换且称量精度不高等诸多不足之处，而且还延长了称量漏斗数倍的使用寿命，既为用户降低了生产成本，又提高了生产效率。武汉立泰科技有限公司还先后为武钢热轧厂、冷轧厂、武汉461厂、武汉武昌造船厂、湖南湘潭电机集团公司等提供热喷涂技术服务，并以优质的产品和优良的服务受到用户的好评。

高能等离子喷焊设备

联系人：符素纯　　刘红
地址：湖北省武汉市青山区厂前环厂西路1-4#
邮编：430083
电话：027-86899862　　86899607
传真：027-86892473

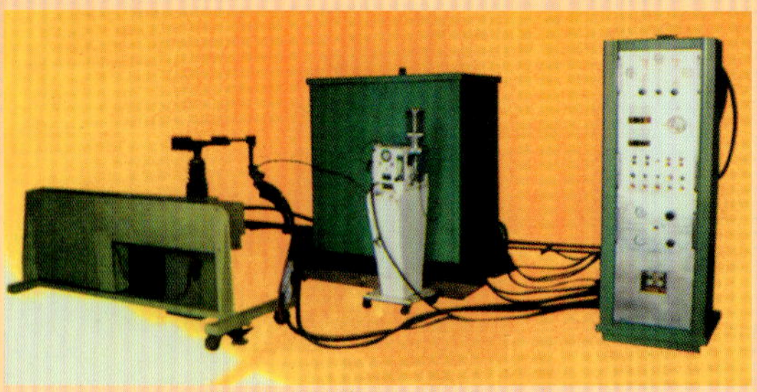

高能等离子喷涂设备

喷涂耐磨衬板

中日
合资

德清荣泰热喷涂有限公司

Deqing Rongtai Hot Spray-coating Co.Ltd

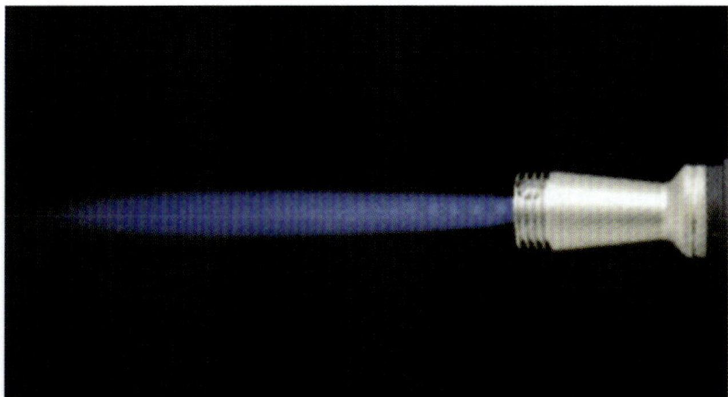

中日合资浙江德清荣泰热喷涂有限公司是德清县众城新材料研究所与日本 Plasma 技研工业株式会社合资和技术合作的合营公司，是荣泰实业总公司的支柱企业。专业从事热喷涂加工、生产、制造各类纺织机械配件——倍捻机锭子转杯(加捻盘)。94 年度省级新产品，并通过技术鉴定，填补省内空白，是 96 年纺织总会唯一推荐产品。

90 年代公司领导锐意改革，大胆尝试，引进了美国米勒 miner 公司高能等离子喷涂设备，美科 MELCO9MB 喷枪和日本的成套自动化生产设备。新世纪初，又建立了一条有国际水准的生产流水线，为荣泰优质产品奠定了精湛的技术基础和生产能力。雄厚的技术力量和先进的工艺装备为企业同国际经济接轨创造了优越的条件。

公司地处江、浙、沪“长三角”经济区之中心，浙江莫干山经济技术开发区，距杭州市北郊四十公里，国家级风景名胜——莫干山南麓，距上海 180 公里，距苏、锡、常 150 公里。交通便捷、气候宜人、风景秀丽、环境优雅。欢迎广大新老顾客光临、指导、共商开拓之路。

董事长、总经理：吴根荣　　手机：13706828438
电话：0572-8281438　　传真：0572-8281456
地址：浙江省德清县武康镇北湖街 251#　　邮编：313200

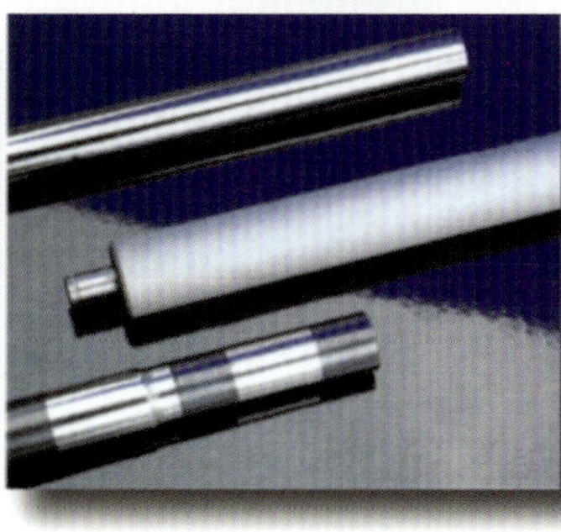

中南机械有限公司

工件正在进行高频重熔处理

中南机械有限公司机械修复中心是一个集焊接、热喷涂、激光处理、热处理、电镀和精密加工于一体的柴油机零配件修复的专业厂家。公司拥有一整套从德国、瑞士、瑞典、美国、日本进口的具有现代先进水平的CNC加工设备、表面强化设备、焊接设备及检测设备。如等离子喷焊、等离子喷涂、电弧喷涂、高速火焰喷涂、气喷焊、电火花沉积、气体保护焊、自动埋弧焊、交直流氩弧焊、脉冲电镀电源等设备。国内先进设备有：超音速喷涂设备、大功率CO_2激光器、真空淬火炉、深冷处理设备、离子氮化炉、全微机气体渗碳炉、高、中频淬火设备等。

该公司用一流的设备，一流的技术，一流的管理，修复各种气缸盖、缸套、活塞顶、气阀、阀座、阀壳、增压机轴等等的柴油机零配件（如缸盖热补漏、缸套衍磨内壁、刮碳环改造、阀壳换阀座、活塞环槽修复等），修旧如新，为各电厂提供快捷、高质的专业修复业务。

正在进行阀座等离子自动堆焊合金处理

地址：广东省佛山市南海区盐步广佛公路横江路段
电话：0757-5770888　5778708
邮编：528247
http://www.znum.com
E-mail：znum@znum.com

气缸套刮碳环超音速喷涂改造,油耗降低明显

轧辊表面进行超音速喷涂修复处理

工件正在进行激光重熔处理

阀壳换头修复如新
（修复后表面经超音速喷涂处理）

沈阳恒信表面技术发展有限公司

经理：那忠爱

沈阳恒信表面技术发展有限公司是采用国际先进技术、专业化、多品种、大批量生产热喷涂材料的高科技公司。生产与经营陶瓷粉末、金属陶瓷粉末、各种复合粉末、合金丝材。是国内外陶瓷粉末主要生产基地，产品率先进入国际市场，每月均有出口订单，占有国内市场主要份额，及时供应全国各个喷涂厂与科研院所使用。公司技术力量雄厚，聚集一批专业技术人员的精英，他们积累有三十余年的生产技术经验，能根据喷涂的需要较快地搞出新产品新规格、及各种复合粉。我们使用的原料化学成份纯度高、杂质少，配比计量准确，采用成熟的先进的生产工艺制造技术，利用精良的大型设备生产，加之严格的质量控制程序，保证了产品质量的稳定性，高水平，每批与每批产品质量无差异。比如：陶瓷粉原料每炉投入20吨，48小时即可冶炼完成。后序的电控汽流磨设备每小时产出300Kg粉末。产量大、库存多、品种齐全、制造成本低、售价合理、供货及时是该公司的光荣传统，深受国内外客户赞誉。

产品品种

（一）氧化物陶瓷粉末：

型　号	名　称	主要成份%	粒度范围(μm)
PT7100	氧化铝粉	$\alpha-AL_2O_3$	15~45
PT7150	氧化铝、镁粉	$AL_2O_3\cdot 28\%MgO$	15~45
PT7180	氧化铝、硅粉	$AL_2O_3\cdot 24\%SiO_2$	15~45
PT7140	氧化铝、铬粉	$AL_2O_3\cdot 5\%Cr_2O_3$	15~45
PT7120	氧化铝、锆粉	$AL_2O_3\cdot 30\%ZrO_2$	15~45
PT7401	氧化钛粉	TiO_2	15~45
PT7101	氧化铝/氧化钛粉	$3\%TiO_2\cdot AL_2O_3$	15~45
PT7102	氧化铝/氧化钛粉	$13\%TiO_2\cdot AL_2O_3$	15~45
PT7103	氧化铝/氧化钛粉	$20\%TiO_2\cdot AL_2O_3$	15~45
PT7104	氧化铝/氧化钛粉	$40\%TiO_2\cdot AL_2O_3$	15~45
PT7105	氧化铝/氧化钛粉	$50\%TiO_2\cdot AL_2O_3$	15~45
PT7400	氧化铬粉	Cr_2O_3	15~45
PT7484	氧化铬、硅、钛粉	$Cr_2O_3\cdot 5\%SiO_2\cdot 3\%TiO_3$	15~45
PT7440	氧化铬、镁粉	$Cr_2O_3\cdot 20\%MgO$	15~45
PT7200	氧化锆粉	$ZrO_2\cdot 13\%Y_2O_3$	15~45
PT7300	硅酸锆粉	$ZrSiO_4$	15~45
PT7500	碳化硅粉	$\beta-Sic$	15~45

（二）复合粉

各种不同配比的复合陶瓷粉末及颗粒尺寸范围的大小，均可按用户需求生产。

（三）金属陶瓷粉

AL_2O_3（Ni20Al）、$MgOZrO_2$26Ni7Cr2Al、$Cr_3C_2$25(Ni20Cr)

（四）合金丝材：

镍铬合金丝材、镍铜合金丝材

锌白铜合金丝材、白铜丝材

产品的性能特点及应用范围

公司生产的陶瓷粉末特点是：采用电融高温法制成，晶体结构稳定化学成份纯度高，密度大。颗粒尺寸范围控制的规范、流动性好，沉积效率高。涂层坚硬致密、耐磨、耐热、耐蚀。

适用于等离子喷涂、氧一乙炔火焰喷涂、高速火焰喷涂、爆炸喷涂等各种喷涂工艺。

产品应用于冶金、机械、电子、化工、电力、石油、石化、煤炭、铁道、船舶、汽车、纺织、轻工、航空、航天等领域。

技术力量、生产线与产量

公司拥有高级工程师6名、工程师8名、注册会计师2名、技师与工人12名、共28名。

公司有冶炼用的3000KVA电弧炉、制粒的全套设备、制粉用的电控汽流磨、激光颗粒公布测试仪等检验设备。

公司根据国内外喷涂用户的需求，具备年生产能力在50吨～100吨能力。

经理：那忠爱（订购粉末请与经理那忠爱联系）
手机：13644017948
电话：024-24121564
传真：024-24121564
地址：辽宁省沈阳市和平区三好街72号
邮编：110003
财务电话：024-23911424
传真：024-24121564
会计师：李桂凤
开户行：建行新兴分理处
帐号：451-2213000163
税号：210102243777682

电熔炉

电控汽流磨生产线

产品

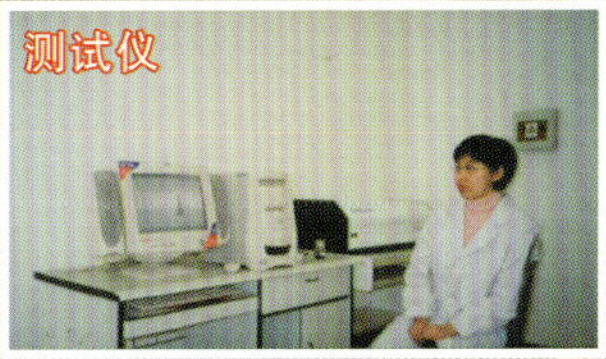

测试仪

上海雀石机电有限公司

四件组套A

四件组套B

公司拥有整套进口热喷涂喷涂设备和软件技术，为能源、交通、石油、化工、纺织、化纤、印刷、金属拉丝、精密机械、制鞋、市政等领域提供技术服务。热喷涂技术在加强硬度耐磨腐蚀和精确的摩擦系数方面已显示出它的卓越性，能在各个领域起到关键作用。

公司崇尚“务实 、创新、 敬业 、守约”的经营理念，坚持“质量第一，用户至上”的经营原则，其产品及服务得到国内外客商的广泛赞扬。

让你我携手合作，

共创美好未来！

罗拉

槽筒

塔轮

总经理:朱晓明

地址: 上海市嘉定宝嘉公路澄桥东埫

邮编:201822

电话:021-59992630

传真:021-59992632

http://www.quizzer.cn

E-mail:quizzer@quizzer.cn

北京市金甲喷涂技术公司

北京市金甲喷涂技术公司是隶属于北京有色金属研究总院的全资子公司，是注册于海淀高新技术试验区的高新技术企业，是一家涉及工艺研究、材料开发、能够解决复杂技术难题、承担国家重大军工配套及民用项目的高科技企业。

在公司的现有职工中，具有博士学位的员工占20%，硕士学位的占20%，具有高级职称的占40%。自1993年成立以来，承担军工课题及民用项目十多项，获国家科技进步二等奖一项，部级科技进步奖多项，申请发明专利四项。为国防科技领域和国民经济建设提供了一些新材料、新工艺、新技术。近几年来，公司发挥自身的优势，独立开发了具有自主知识产权的火焰喷涂打底丝—镍铝复合丝、一步耐磨复合丝、电弧喷涂专用打底丝—镍铝合金丝、锅炉“四管”防护用高铬镍基合金丝—PS45、防滑复合丝、含陶瓷粉的高硬度粉芯丝—JCW系列。此外，还生产开发了蒙乃尔合金丝、巴氏合金丝、Zn–A1合金丝、Zn–A1–Mg合金丝等。在喷涂工艺研究方面，为航空部门提供了超音速喷涂硬质合金、钴基高温耐磨合金等涂层的工艺标准及涂层质量检验标准。另外，为超音速喷涂其它合金和复合材料及其应用提供了有实用价值的喷涂工艺。

锅炉“四管”高温防护专用丝

规格：ϕ3.0mm　ϕ2.0mm　ϕ1.6mm

名义成分：45%Cr　4%Ti　Ni:51%

主要特点及性能

这种材料相当于美国TAFA公司的45CT。喷涂后的涂层中含有Cr_2O_3，且涂层致密，涂层能耐高温硫化物及氧化钒冲蚀，涂层的膨胀系数与普通碳钢及低合金钢的膨胀系数相近。

产品用途

锅炉水冷壁管，锅炉下部炉壁的熔体底部区域、沸腾器过渡区、过热器管、沸腾器管及端部拱形部分的抗高温腐蚀及抗高温粒子流冲刷、造纸厂的黑液锅炉等的防护均可采用PS45材料进行电弧喷涂。建议采用电弧喷涂。

镍铝合金丝

镍铝合金丝

规格：ϕ3.0mm　ϕ2.0mm　ϕ2.3mm　ϕ1.6mm

成分：95%Ni　5%Al

主要特点及性能

涂层致密，涂层具有抗高温氧化、耐热冲击和抗擦伤的性能，结合强度在50MPa以上。对于洁净的光滑金属表面（即可以不喷砂）包括退火或淬火碳钢、退火或淬火合金钢、不锈钢、铝、镍、铸铁、钛、钼等都具有自结合性能，对铜基合金和钨不表现出自结合性能。此外，涂层也可作装饰用。

产品用途

可用于曲轴、其它轴类零件、飞机发动机零部件等的喷涂强化用底层材料。建议使用电弧喷涂。由于用电弧喷涂效率高，因此特别适合于大面积喷涂打底，若被喷涂件表面无氧化皮时，只要对喷涂面进行除油、除酯，不必喷砂就可直接用镍铝合金丝打底，然后便可直接喷涂工作层。

镍铝复合丝

成分：80%Ni，20%Al

主要特点及性能

因喷涂瞬间元素间发生放热反应，故可与多种金属基体形成“微冶金”结合。涂层致密，抗氧化，耐高温，耐热冲击，结合强度在35MPa以上。

产品用途

可用于多种曲轴、轴类零件、柱塞等部件修复时喷涂层的结合底层，又称万能底层材料，建议使用火焰喷涂。

锡基巴氏合金

规格：ϕ3.0mm　名义成分：3.5%Cu　7.5%Sb，Sn　balance

主要特点及性能

熔点低，喷涂后涂层致密，有良好的吸附油膜和储油能力，涂层硬度低，摩擦系数小，导热性好，耐蚀性好。

产品用途

主要用于滑动轴承涂层，特别适合于高速低负荷轴承。如压缩机、鼓风机、汽轮机及船用内燃机轴瓦修复。建议使用火焰喷涂或特制电弧喷涂枪喷涂。

地址：北京市新街口外大街二号209室　邮编：100088
电话：(+86)010–82241259　82241255　传真：(+86)010–62376971
Http://www.jinjiaspray.com.cn
联系人：秦颢　杨中元　李学峰　周贻茹

上海田岛热喷涂有限公司

SHANGHAI TAJIMA SPRAY WELDNG CO.,LTD

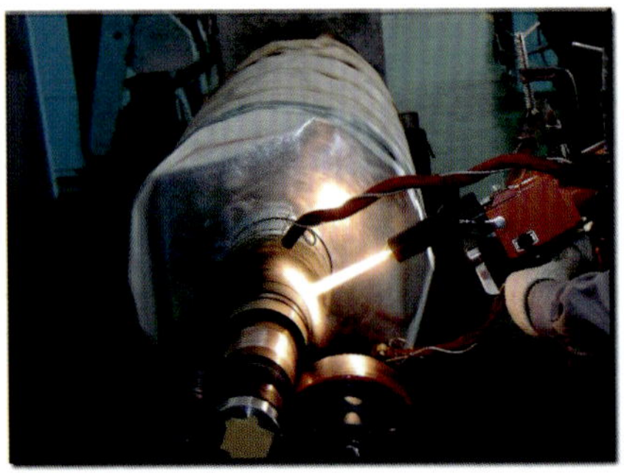

上海田岛热喷涂有限公司是日本大阪WELDING工业株式会社100%投资的独资子公司，是专门从事热喷涂工艺及机械加工的企业。主要喷涂设备有普通火焰粉末喷枪、火焰线材喷枪、电弧喷枪、陶瓷棒材喷枪及超音速喷枪（HVAF及HVOF各一台）等，并且拥有普通及数控车、磨、铣等后加工设备及高温处理炉。从2002年上半年开始试生产，目前已能稳定地向客户提供高质量的具有各种耐磨、耐热、耐蚀性能的机械零部件，产品绝大部分销往国外。

地址：上海市嘉定区黄渡镇罗家村　邮编：201804
法人代表：田岛明良　总经理：鱼谷礼保
电话：021–59597488　传真：021–59597488
E–mail：owstowst@online.sh.cn

天津市铸金表面工程材料科技开发有限公司
（天津市北方涂层材料有限公司）

产品样品

该公司系热喷涂（焊）表面工程材料开发研究、生产、推广应用于一体的科技型企业，专业性很强。公司拥有一支高素质、高学历、懂管理的科技人员队伍，且在金属材料方面有一定造诣。同时有精通热喷涂（焊）工艺的专家，还有冶炼实际操作的高级技师。

公司选用的设备是国内外一流的加工设备，采用高、中频感应加热，惰性气体雾化，真空脱水，红外低温干燥方法制取高纯度（氧含量小于300PPM）适用于热喷涂（焊）各种工艺要求的球形合金粉末其颗粒范围可达200μm-5μm具有高松装密度（>3.8-4.2g/cm3）和优异的流动性（<20秒/50g）在材料检测方面有齐备的化学分析、物理性能测定的全套精密仪器。

公司开发、研究、生产的天塔牌硬面合金粉末材料有三大系列即钴基、镍基、铁基（不锈钢型、高铬耐磨铸铁型、粉末冶金母合金型）几十个品种规格，适用于等离子喷涂，等离子堆焊、感应堆焊、真空熔烧、激光熔敷、火焰喷涂、火焰喷焊、超音速喷涂等工艺要求粉末，且已广泛应用于航空、冶金、矿山、机械、汽车、机车、石油、化工、玻璃、塑料、纺织、粉末冶金以及大型桥梁、铁塔等领域。

公司的精神——倡导全体员工以敬业、务实、创新的精神不断进取开拓研制更新、更优的产品，立足国内、放眼世界。

公司的宗旨——创一流品牌、一流质量、价格合理、服务快捷、诚信于客户。热诚欢迎国内外朋友光临指导，洽谈业务！

生产及检测设备

天 塔

电话：022-26635599　　传真：022-24391459
联系人：钱铸　　手机：13011301918
地址：中国天津市河北区南口路40号　　邮编：300232

新港船厂修船分厂特修服务站

特修服务站是集多种专业、全方位服务的专业技术团体。拥有美国METCO公司生产的5P型、12E型火焰喷枪，以及国产先进的电弧、火焰一系列喷涂、喷焊成套设备，加工检测设备、瑞典ESAB公司全套埋弧焊设备，日本大坂二氧化碳焊，国产氩弧焊等系列设备。可进行喷涂、喷焊、电刷镀及各种焊接的修理和加工业务。

全站人员均经过美国METCO公司和国内专家培训，并持有合格操作证书。各种修复手段都具有一套成熟的技术工艺和严格的质量保证体系。

1986年巴氏合金薄壁瓦喷涂技术通过部级鉴定。

1996年取得了中国船舶检验局（CCS）对热喷涂技术的工艺认可证书。该站竭成为船舶、石油、化工、机械制造、纺织、汽车等各个领域的用户，提供优质服务。

采用METCO-12E型线材喷枪进行巴式合金喷涂作业
Processing spray by Babbit Metal with METCO-12E line material spray gun

培训合格证
Certificate of Training

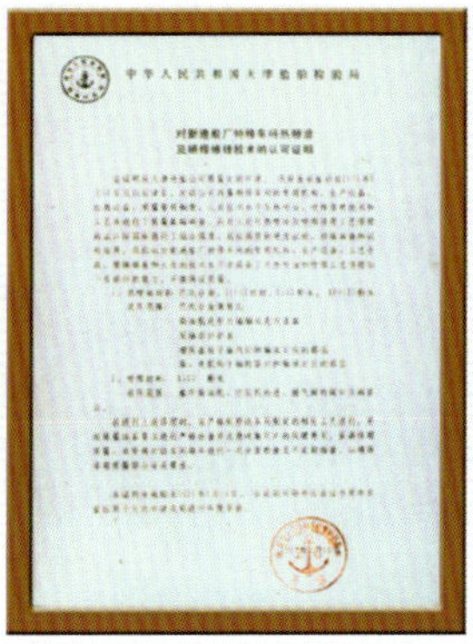

地址：天津市塘沽区新港机厂街1号
邮编：300456
电话：022-25795931 转2859
传真：022-25795860

R型电弧喷涂适用于轴类，套类零部件表面强化及尺寸恢复
Type Reletric arc spray and spread is suit of parts surface strengthen and size reconditioning of axles and sleeves

成都大光热喷涂材料有限公司

成都大光热喷涂材料有限公司是专门从事热喷材料的研制和生产的高新技术企业，公司是中国表面工程协会和全国热喷涂协作组的理事单位，并通过了ISO9001：2000质量保证体系的认证。公司从日本引进先进的雾化技术，并与日本的合作伙伴建立有稳定的技术和信息交流体制。主要产品有镍基、钴基、铁基、铬基和铜基合金粉体及纯金属粉和复合粉体材料，可广泛地应用在热喷涂（焊）领域和粉末冶金方面，部分产品远销日本。

目前，不管是在产品的质量上还是在产品的数量上，公司都处于国内同行业的前列。2001年公司热喷涂粉体材料的产值已超过1千万元。近期公司又投入800万元进行5000平米的新厂房和研发中心的建设，在2003年底以前就能全部投入使用。公司董事长兼总经理王多博士坚信：国内著名的金属材料专家涂铭旌院士为终身顾问的技术开发班子，能不断开发出新的产品，以满足国内外客户的需求，使公司成为国内同行业的领导者。

地址：四川省成都市高新区高朋东路8号
邮编：610041
电话：028-85197523　　85174221
传真：028-85199219
http://www.cd-dg.com
E-mail:wd@cd-dg.com

成都振兴金属粉末厂

金属粉末及金属合金粉末材料广泛地应用于航空、石油、机械、化工、煤矿、交通、电力、冶金等工业部门；近年来，随着科学技术的发展，对金属粉末及金属合金粉末的要求更高，应用领域更加广泛。

该厂为股份合作制企业，有从事热喷涂（焊）粉末材料和粉末冶金压制粉末材料生产近二十年的经验和人员，有成熟的工艺和先进的雾化设施，生产的粉末氧含量低，使用性能好等特点。

厂　长：周振峰

该厂根据国内市场需要，针对不同用途的金属粉末及金属合金粉末材料，采用不同的生产工艺条件，加上对产品质量的追求，满足市场需要，生产严格按照国际标准、国家标准、行业标准和企业标准执行，主要生产振兴牌镍基、铁基、钴基、铬基、铜基和铝基等系列产品，主要用于热喷涂（焊）、粉末冶金压制、催化剂、添加剂、磁性材料等范围。

该厂可以根据您的要求，共同研制开发特殊用途金属粉末及金属合金粉末材料，同时对外承接金属零部件（热喷涂、焊）表面强化和修复，并提供热喷涂（焊）技术培训和咨询服务，欢迎来人、来电、来函洽谈业务。

该厂宗旨：同等产品比质量、同等质量比价格、同等价格比服务

联系人：王春华
手　机：13708051187
电　话：028-86080279　83268777
传　真：028-83262268
Http://www.cdzxmp.com
邮　编：610051
地　址：四川省成都市府青路三段14号附3号
E-mail:cdzxmp@cdzxmp.com

上海凯林新技术实业公司

Shanghai kailin New Technology Industrial Co

总经理：林惠令

公司是上海市高新技术企业，地处上海"漕河泾新兴技术开发区"，是专门从事热喷涂技术领域中各项工作，在防腐涂层、耐磨涂层修复各种进口设备零配件及机械零件加工的尺寸超差等方面一系列技术难题。经过多年来的开拓经营，公司已经发展成加工、开发研究、粉末制造等方面的联合企业，几年来为全国上百家企业解决生产上的急需的任务。

公司目前有两套Sulzer Metco公司生产的全自动等离子喷涂设备（一台IOMB型，一台F-4型），以及相关的热喷涂设备和辅助机械加工设备。

公司还成立喷涂材料研究所，进行研究开发和生产各种陶瓷粉末材料、硬质合金粉末及其它特殊的耐磨、耐热和隔热材料。

公司的优势产品包括热辊、糟筒、激光雕刻陶瓷网纹辊、螺杆、金属密封圈、柱塞等。涉及航天、航空、电力、汽车、化工、冶金、纺织、印刷、船舶、机械、煤炭等行业。

为了配合钢铁工业的发展，解决钢材制作中抗高温氧化腐蚀及镀锌薄板中抗高温浸沉物的腐蚀等原因，公司成立中、低温传动、转向、炉辊的子公司，使用CoCrALY材料及四钛酸钾等取得预期的效果，受到用户的好评。

公司除拥有先进的技术设备之外，还配备有经验、有技术的各级技术人员和技术工人以保证在喷涂领域中处于先进行列，解决了许多进口设备的疑难技术，在热障涂层和耐磨腐蚀的喷涂和材料上有重大的突破，在相关技术上填补国内的空白。

总经理：林惠令　　手机：13901772988　　13901750558

地址：上海市漕宝路86号903室（光大会展中心F座）

邮编：200235

电话：021-64326600　64756442

传真：021-64325123

Http://www.kailinsh.com

E-mail: Linjingyj@sh163.net

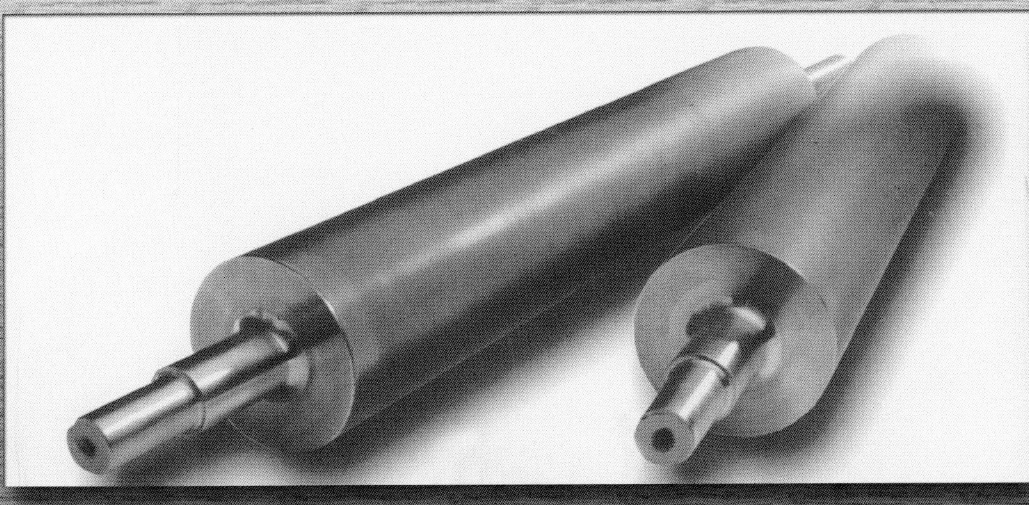

印刷网纹辊

先导（益阳）等离子粉末有限公司

PRECURSOR (YIYANG) PLASMA POWDERS CO.,LTD.(PPPC)

先导（益阳）等离子粉末有限公司是采用当代国际先进工艺技术，专业化生产热喷涂材料的高科技公司。其前身是1995年成立于北京的中国有色金属实业技术开发公司热喷涂材料生产部，1998年实行资产调整，由该公司收购并易地生产。公司的生产设备比较完善，管理制度严谨，专业技术力量雄厚，是中国表面工程协会热喷涂专业分会成员单位和全国热喷涂协作组会员单位。

公司生产、经营的热喷涂材料包括金属粉末、合金粉末、陶瓷粉末、金属陶瓷粉末和各种复合粉末，适用于等离子喷涂（Plasma Spray—Air Plasma Spray and Vacuum Plasma Spray or Low Pressure Plasma Spray）、氧—乙炔火焰喷涂（Flame Spray or Combustion Spray or LVOF）、高速火焰喷涂（HVOF and HVAF）、爆炸喷涂 Detonation Spray）等各种热喷涂工艺（Thermal Spray Process）和等离子喷焊（Plasma Spray Welding）或堆焊（Surfacing），目前公司的主导产品有等离子喷涂钼粉、钼－镍基合金复合粉末；碳化钼－钼、碳化钨－钴及碳化铬－镍铬合金复合粉末；氧化铝、氧化钛、氧化铬及部分稳定氧化锆陶瓷粉末等。产品的应用范围涵盖冶金、机械、电子、化工、电力、石油、石化、煤炭、铁道、船舶、汽车、纺织、轻工、航空、航天等领域。产品除满足中国市场外，还出口国外。公司已于2001年12月全面通过了新版ISO9001：2000质量管理体系标准的认证与考核工作，顺利获得了最新版本的ISO9001：2000质量管理体系标准认证书。

公司自成立以来一直瞄准热喷涂领域的国际前沿，致力于涂层新材料的研究与开发，并将国际先进技术、相关行业发展动态、国内外市场信息与公司的研究开发密切结合，创造出全新的工艺技术，研究开发出适应市场需求的新型材料。董事长兼总经理郭吉平先生长期潜心于先进热喷涂材料的研究开发和涂层设计工作，具有丰富的实践经验和坚实的理论基础，技术精湛，态度严谨，精益求精。该公司部分新材料的开发得到了中国科技部、财政部《科技创新基金》的支持和当地政府部门的支持。

公司的发展目标是：以各类人才为基础，以市场经济为中心，以科学技术为先导，以现代管理为保障，不断开发新产品、开拓新市场，把公司发展成为工艺技术先进、品种数量齐全、生产规模合理的国内外知名的热喷涂材料产业基地。

先导（益阳）等离子粉末有限公司
Precursor(Yiyang)Plasma Powders Co.,Ltd.(PPPC)
地址：湖南省益阳市秀峰路72号
邮编：413000
电话：(+86) 737—6185160
传真：(+86) 737—6185153
E—mail:iypretech@mail.iy.hn.cn

总部：先导国际技术公司
Precursor International Technologies Company(PITC)
Add:306 Gladstone Avenue, Toronto Ontario,M6J 3L6,Canada
Tel:(+1)905—8239842,(+1)416—4334584
Fax:(+1)905—8239842
E—mail:pretech@globalserve.net
URL:http://www.precursortech.com

恒久科技

西安恒久科技发展有限公司

西安恒久科技发展有限公司是西安高新技术产业开发区留学生创业园内登记注册的高新企业。专业从事热喷涂设备的生产与销售，热喷涂工艺的工程与生产应用。

公司下设新产品研究中心、工程部、产品营销部、技术服务部、生产工厂等部门。公司自成立以来，注重加强技术骨干的培养和自身企业形象的建设，现已发展成为集科研、生产、营销为一体的经济实体。

公司主要业务范围：

- ●钢结构长效防腐蚀工程施工
- ●高速电弧喷涂设备
- ●热喷涂修复机械零部件和表面强化
- ●超音速火焰喷涂设备
- ●系列热喷涂材料
- ●各类热喷涂及涂装生产线的设计与安装

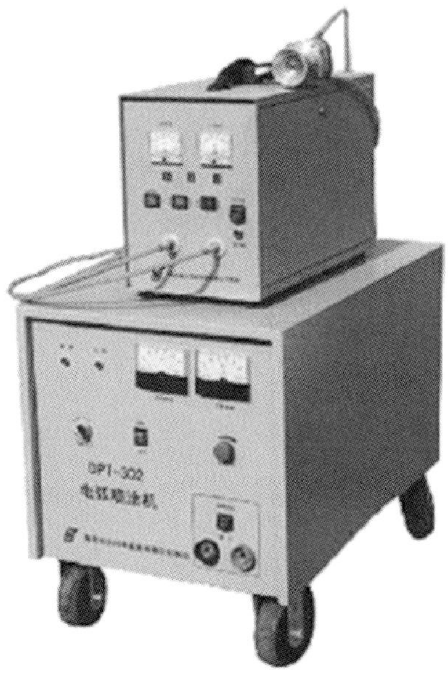

自行研制开发的DPT-302型高速电弧喷涂设备

★ DPT—302、303型高速电弧喷涂设备是该公司根据电弧喷涂长效防腐工程的实践经验，通过系统优化设计和试验，自行研制生产的一种新型高速电弧喷涂设备。它除了高效、低耗、高性能、高可靠性、轻便、灵活等特点外，还在以下几个方面做了大的改进，从而使整机性能达到国内先进水平。

电流特性：平直的静特性和优良的动特性，从而保证喷涂过程不易断弧。

电弧喷枪：增加集束气流，增强雾化效果，从而保证涂层质量更加提高。

送丝机构：重量更轻，移动方便，从而提高喷涂效率，适合现场施工。

★ 该公司设备配件大部分为标准件，费用低廉，优良的售后服务是您的首选；同时我公司拥有一支专业的钢结构件长效防腐工程施工队伍，有着丰富的施工经验和先进管理体制，在国内同行业中处于领先水平，热忱欢迎您的加盟，真诚希望与您合作。

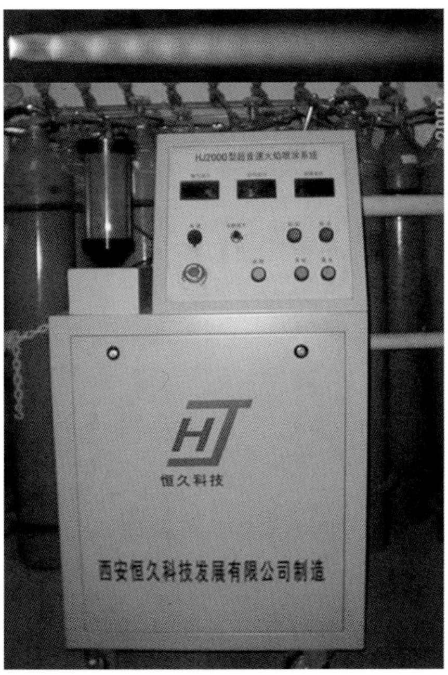

自行研制开发的HJ2000型超音速火焰喷涂系统

★ HJ2000型超音速火焰喷涂系统是该公司科研人员吸收国外先进经验，经过近一年的开发研究，研制出的新型超音速火焰喷涂系统。该系统采用氧气煤油燃烧体系，主机集控制台与送粉器于一身，体积小巧，移动方便，可在厂内固定使用，也可现场施工作业。该系统为内循环式水冷系统，同时提供氧气汇流排装置，用户只需提供自来水接口和氧气瓶即可工作。

HJ2000型超音速火焰喷涂系统主要用于碳化钨系、Ni-Cr碳化铬、钴基、镍基、铁基粉末以及低熔点氧化物陶瓷粉末的喷涂。

本系统适用于喷涂电厂水冷壁管；钢厂炉底辊耐高温、抗结瘤涂层；铝、铜轧辊表面硬化层；造纸厂压光辊硬化层；油田抽油机柱塞耐磨层；内燃机曲轴轴颈修复及其它各种轴类、柱塞、叶片耐磨耐蚀涂层制备和修复等。

地址：陕西省西安市高新五路创拓大厦203室(710075)　电话：029-8325239　8323499　传真：029-8323499

Http://www.hengjiu.com.cn　E-mail:hnjv@hengjiu.com.cn　联系人：高先生（13909203009）

纳米热喷涂材料的先锋

湖南百富瑞材料有限责任公司位于麓山之东、湘江之滨的长沙国家高新技术开发区内，是一家专业从事纳米热喷涂材料的研究开发、生产及应用的高科技公司。

纳米材料是当今世界新材料领域的重点方面之一，但是怎样将纳米材料推广到实际生产应用当中则是重中之重的问题。就像纳米材料应用到热喷涂行业时，也遇到了不少的问题，国内外试验研究表明：小于300nm的粉末不能直接用来进行热喷涂。因为常规纳米粉末的流动性极差，无法输入等离子中或高速火焰中，即使能勉强送进去一些，这些质量极小的颗粒也难以有效沉积在工件表面，另外，由于常规纳米粉末具有比表面积大和单个颗粒质量小的特点，在热喷涂时物理、化学性能会发生某些改变，造成涂层质量很差。

公司以留美归国博士蒋显亮教授为技术核心，潜心研发纳米技术在热喷涂行业的应用，目前已获重大突破，生产的球形团聚纳米热喷涂陶瓷粉末（见图）填补了我国纳米材料在热喷涂应用领域的空白，在由湖南省科技厅组织的科技成果鉴定会上，经中科院、工程院闻立时院士、刘大响院士及行业资深专家段绪海、黄小鸥、赵维勋等联合鉴定，该成果达到世界先进水平。该粉末产品球形大颗粒为10－150μm，颗粒内部为结合紧密的纳米颗粒，粒径在5－300nm之间，100nm以下纳米相可控制在80%以上，该产品流动性好，振实密度高，呈球状，能像传统微米粉末一样输入等离子体中，制备出组织结构均匀，性能优良的陶瓷涂层，且由于具备了纳米结构，同常规微米粉末制作的涂层有很大的区别，在使用过程中不会以层状形式脱落。经沈阳黎明公司试验证实：纳米氧化铝/氧化钛涂层的硬度比常规微米涂层提高50%以上，耐磨性能提高五倍，而在热震对比试验（20℃ $\rightleftharpoons$ 1000℃）中，纳米涂层可抗热冲击16次以上，而常规涂层仅2次即脱落，显示纳米涂层在诸多应用领域卓越的性能。

球形团聚纳米陶瓷粉末电镜图片

目前，该公司已形成年产100吨球形团聚纳米陶瓷粉末的能力，主要有Al_2O_3/TiO_2、ZrO_2/Y_2O_3、Cr_2O_3/TiO_2、WC/Co、$Cr_3C_2/NiCr$五大系列四十多种产品，广泛应用于耐高温、耐磨损、耐腐蚀、抗氧化的航空航天、电力、汽车、纺织、化工、冶金、机械等行业。

公司真诚的希望与各位客户、同仁一起创造热喷涂行业辉煌的明天。

电话：0731－8926300　8903299　　**传真**：0731－8926300

网址：www.bestful.com　　E-mail：market@bestful.com

地址：湖南省长沙高新产业开发区创业大厦（M0栋）北三楼　　**邮　编**：410013

长兴县华峰喷焊材料电炉有限公司

地址：浙江省长兴县林城镇　　　邮编：313112
电话：0572-6087381　传真：0572-6870584　手机：013905822079

长兴县华峰喷焊材料电炉有限公司位于长江三角洲的杭（州）嘉（兴）湖（州）平原的浙江省长兴县林城镇，始创于 1989 年 6 月，是采用液体连铸法生产热喷涂防腐材料——锌丝、铝丝、锌铝合金丝等其它合金丝材的专业公司，是中国腐蚀与防护学会，中国表面工程协会团体会员单位，浙江省的热喷涂中试与生产原地。

该公司一贯秉承“质量第一、信誉至上、价格合理”的企业宗旨，十分重视企业的技术革新与研制开发，聘请了数名专家作为公司的技术顾问，公司拥有先进的生产和检测设备，有连铸生产线 2 条，连续拉丝生产线 4 条，年生产能力锌丝达 2250 吨，铝丝达 580 吨，锌铝合金丝达 650 吨以上。公司强化企业的质量管理，在同行业中率先顺利通过了 ISO9001-2000 国际质量体系认证，产品畅销全国各地，部分出口。

为了产品技术的不断进步和适应市场的新需求，1999 年起该公司先后与国内多所高等院校和科研单位共同合作，研制开发了新型防腐材料——锌铝合金丝，该产品已于 2003 年 1 月通过省级新产品鉴定，专家一致认为该产品的技术性能处于国内领先水平，武汉科技大学对其各方面的性能进行了测试，证明该产品的防腐性能大大优于单纯的锌丝材或铝丝材，经国家重点工程——三峡工程防腐项目等工程的现场使用后，也证明该产品确实独具优特点。

“不断追求进步”是该公司的企业精神，董事长徐峰热忱欢迎广大新老朋友来该公司交流技术、洽谈业务。该公司愿与您们真诚合作，共谋发展，携手同创辉煌明天。

热喷涂线材目录

产品名称	材　　质	规格 mm	用　　途
锌　丝	0#Zn≥99.99%	Φ1.6-5	钢结构件防腐等
铝　丝	AooAl≥99.6%	Φ1.6-3	钢结构件防腐等
锌铝合金丝	Al≤15%	Φ2-3	钢结构件防腐等
铝镁合金丝	Mg:2.3-2.8%	Φ1-3	钢结构件防腐等标准件及铆钉
高温镍铬丝	Ni70Cr30 Ni80Cr20	Φ2-3	锅炉管道高温保护及防腐
铁铬铝丝	Cr25Al5	Φ2-3	耐高温防腐，耐温 1100℃
不锈钢丝	3Cr13 1Cr18Ni9Ti	Φ2-3	化工、造纸设备保护及防腐
高纯铝丝	Al≥99.95%	Φ1.6-3	食品包装真空涂膜
铅锡合金丝	Sn38Pb57Zn5	Φ1.6-2	电容器喷焊料

葫芦岛市龙港锦海有色金属新材料厂

葫芦岛市龙港锦海有色金属新材料厂，是生产热喷涂防腐材料（金属丝材）的专业化工厂，主产品为（铜牛牌）锌丝、铝丝、锌铝合金丝及各种合金丝材系列，并生产热镀用锌合金锭，铸造锌合金锭，压铸锌合金锭等产品，该厂依靠丰富的生产经验，先进的生产工艺装备和现代化管理，不断的技术进步，保证了产品在国内外市场的占有率。

该厂拥有冶炼、水平连铸、挤压、拉拔、热处理等一套完整的生产工艺、生产的热喷涂金属丝材广泛的应用于船舶、桥梁、通讯、广播电视、高压线铁塔、集装箱、海洋工程、水电力工程、离心球墨铸管、石油储罐、石油管道，电子产品等各个领域。是目前抗腐蚀最为理想的工程材料。

各种产品规格齐全，金属丝材直径、公差可根据用户需要生产。

产品包装分为：工字轮塑料盘包装、捆包装、铁桶、纸板筒包装等方式，根据用户需要生产。

该厂地处辽西走廊的滨海城市葫芦岛，环境优美，气候宜人，欢迎国内外客户惠顾。

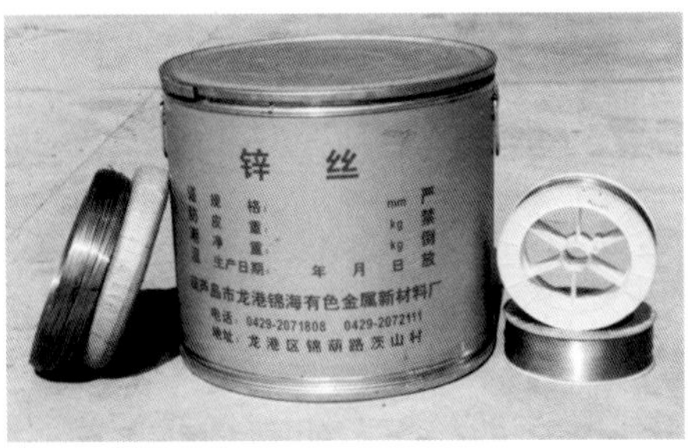

"铜牛"牌锌、铝、锌铝合金丝材

● **产品特点：**

热喷涂锌、铝具有优异的抗腐蚀性能，在不同的大气环境、不同的水质中，喷涂厚度仅有 0.08 ～ 0.4mm 时，就可保证构件耐用寿命分别达到 20 ～ 40 年以上，是目前抗腐蚀最为理想的工程材料。

● **产品性能、规格及主要技术指标：**

化学成份符合 GB470——1997 中 #1 锌质量标准

序号	丝材直径 (mm)	牌　号	允许偏差 (mm)	抗拉强度 (Mpa)	伸长率 (%)
1	3. 0	ZnΦ3.0	0.06	90 ～ 120	40 ～ 50
2	2. 0	ZnΦ2.0	0.04	90 ～ 120	40 ～ 50
3	1. 6	ZnΦ1.6	0.04	90 ～ 120	40 ～ 50

化学成份符合 GB1196—1997 中一级铝质量标准

序号	丝材直径 (mm)	牌　号	允许偏差 (mm)	抗拉强度 (Mpa)	伸长率 (%)
1	3. 0	AlΦ3.0	0.06	>157	>10.5
2	2. 0	AlΦ2.0	0.04	>157	>10.5
3	1. 6	AlΦ1.6	0.04	>157	>10.5

厂址：辽宁省葫芦岛市龙港区锦葫路茨山段　　邮编：125003

电话：0429—2071808　　传真：0429—2072111

厂长：郭强　手机：13909898183　　联系人：张晓飞　　手机：13309898183

驻京办事处：北京市朝阳区双桥中路咸宁侯

中国表面工程协会
热喷涂专业委员会

会员名录

企业基本情况及会员名录

北 京 市

中国农业机械化科学研究院表面工程技术研究所

法人代表:黄小鸥　　企业性质:国有大型科技型企业
电　　话:010－64882554　13901358778　　传　　真:010－64872316
联 系 人:卢乐松　汪瑞军　罗洪军
电　　话:010－64882552　64879323　64883274　　传　　真:010－64879322　64872316
手　　机:(0)13801233251　010－86008298
地　　址:北京德胜门外北沙滩一号　　邮　　编:100083
E－mail:xiaoou@public.bta.net.cn　lulesong@263.net　　http://www.caams.org.cn

单位情况简介

中国农业机械化科学研究院表面工程技术研究所,是以表面工程技术为特色的集科工贸于一体的生产、开发科技型企业。中国农机院表面工程技术研究所下设热喷涂装备与技术部、保养焊接技术部、机电系统研发制造部、贸易及技术协作部、瑞士卡斯特林－厄特蒂集团公司北京维修服务站、日本大同特殊钢北京信息中心等,同时也是中国表面工程协会热喷涂专业委员会的挂靠单位。

中国农机院表面工程技术研究所具有多年从事保养焊接和表面工程技术的技术队伍,有与瑞士、美国、日本、英国、瑞典、荷兰、意大利等国著名表面工程及保养焊接技术公司合作多年的研究员、高级工程师、工程师、高级技师等多人,全面掌握并熟悉当代先进的表面工程技术及保养焊接技术。拥有等离子堆焊(德国/日本)、高速电弧喷涂(美国、自制)、火焰粉末喷涂系统(瑞士、自制)、火焰喷焊(瑞士、美国)、氩弧焊(日本、中国)、CO_2 气保护焊(日本)、药芯焊丝自保护焊(瑞士)、电火花沉积/堆焊(日本、自制)、手工电弧堆焊(瑞士)等先进的保养焊接及表面工程技术设备。可向用户提供国内外先进的保养焊接及表面工程技术设备和材料,以及技术服务、技术咨询、技术培训、技术开发和技术转让等服务。

主要业务:

1. 提供自行研制开发的大中－5000 高能火焰喷涂系统、大中－8000 亚音速火焰喷涂系统;
2. 提供自行研制开发的大中－1195 高精度系列送粉器,包括高压、低压、单筒双路、双筒以及大容量等系列送粉器;
3. 提供自行研制开发的大中－400、大中－630 高能电弧喷涂系统以及大中－300 拉丝电弧喷涂系统及系列产品;
4. 提供自行研制开发的大中－1400、大中－2000 电火花沉积/堆焊设备及系列产品;
5. 提供自行研制开发的大中－1011 立式重载高精度变频自控热喷涂转台;
6. 提供广泛的保养焊接及表面工程技术服务、技术咨询、技术培训、技术开发、技术转让;
7. 提供各类模具(包括压铸模、冷冲模、塑料模具及高精度镜面塑料模具、热锻模具、铸铁模具、橡胶模具、拉延模具、剪切模具等)及精密零部件修复及表面强化技术服务、技术转让;
8. 提供耐磨、防腐、大面积堆焊、有色金属焊接、无变形焊接等各种焊接、电火花表面沉积强化/堆焊及热喷涂服务;
9. 提供各种模具及精密零部件堆焊修复及表面强化设备及材料;

10. 提供各种表面工程及保养焊接设备、焊条(耐磨焊条、铸铁焊条、模具堆焊焊条、高强啡焊条、有色金属焊条、特种焊条等)焊丝、粉末(金属、合金、自熔合金、陶瓷及金属陶瓷、混合粉、复合粉和自粘粉、等离子及超音速火焰喷涂粉末、MCrAlY 合金系列粉末、特种粉末等)、喷涂丝材(锌丝、铝丝、锌铝合金丝、铝镁合金丝、不锈钢丝、3Cr13、7Cr13 药芯丝材、45CT、NiAl 合金丝、低碳马氏体合金丝、NiCr - Cr_3C_2 抗高温耐磨合金丝、高 CrAl 抗高温耐磨合金丝、超硬抗高温耐磨合金丝、FeCrAl、70Ni30Cr、80Ni20Cr、喷涂钼丝等)、药芯焊丝、电火花沉积/堆焊电极等材料及技术服务;

11. 承接保养焊接及表面工程项目,提供现场施工等技术服务;

12. 协助建立保养焊接及表面工程技术中心;

13. 代理瑞士卡斯特林集团公司的 EUTRONIC(r) PLASMA 5000 等离子喷涂设备、EUTRONIC GAP(r) 375 移动式等离子喷焊设备、CASTODYN DS 8000 火焰喷涂喷焊设备、CASTODYN SF LANCE 高速高温火焰喷焊设备、TERODYN 2000 火焰喷涂喷焊设备、TERODYN 3000 火焰喷涂喷焊系统、ROTOTEC 80 火焰喷涂设备、SUPERJET EUTALLOY 喷焊设备、半自动药芯焊丝自保护焊设备、内壁自动堆焊设备、便携式氩弧焊设备、手工电弧焊等保养焊接设备以及各类焊条、焊丝、粉末、钎料、焊剂、药芯焊丝、粘接剂等材料;

14. 代理 FST 火焰喷涂技术公司(荷、英、意国际集团公司)的 MP - 100 - APS/HVOF 等离子/超音速喷涂系统、第二代 HV - 空气 - 燃料(HV - AF)喷涂系统、HV - PW 高速粉末/线材喷涂系统、M - APS 45 等离子喷涂设备、M - APS 15 等离子喷涂设备、FWS - 20 火焰线材喷涂设备、超音速火焰喷涂(HVOF)设备、电弧喷涂设备、喷涂机器人、等离子和 HVOF 喷涂系统控制装置、喷涂辅助设备、交钥匙工程等以及各类粉末、线材等热喷涂材料;还可提供该公司独立开发的在冶金、能源、阀门、造纸、纺织、石油、化工、航空、航天等行业应用的涂层成套技术;

15. 代理德国 GRILLO - WERKE 公司的锌丝、电弧喷涂设备以及锌制品;

16. 代理日本大同特殊钢公司的等离子喷焊设备、粉末以及各种模具钢;

17. 代理铁岭永兴石油机械公司的 TI - I3200CY 超音速火焰喷涂(HVOF)设备;

18. 代理国内外先进的保养焊接及表面工程设备,如超音速火焰喷涂(HVOF)设备、等离子喷涂设备、等离子喷焊设备、火焰线材喷涂设备、电弧喷涂设备、火焰喷涂喷焊设备等以及各种保养焊接设备;

详情参见:卷首 4、P383、P403 页

中国航天科技集团公司材料及工艺研究所第七 O 三所

联 系 人:吴朝军　许仁撑　　手　　机:(0)13901315650　　企业性质:国有

电　　话:010 - 68383587　　传　　真:010 - 68383237

地　　址:北京市丰台南大红门路 1 号　　邮　　编:100076

E - mail:wuchaojun@vip.sina.com

单位情况简介:

详情参见:P388 页

中国航空工业第一集团公司北京航空制造工程研究所(625 所)

联 系 人:张东辉　　企业性质:事业

电　　话:010 - 85701491　　手　　机:(0)13501348683　　传　　真:010 - 85701588

通讯地址:北京市 340 信箱 104 室　　邮　　编:100024

http://www.bamtri.com

单位情况简介:

详情参见:P405 页

北京市金甲喷涂技术公司

联 系 人:杨中元　　企业性质:国有
电　　话:010－82241259/55　　传　　真:010－62376971
地　　址:北京市新街口外大街二号209室　　邮　　编:100088
http://www.jinjiaspray.com.cn

单位情况简介:

详情参见:P428页

北京廊桥表面技术发展有限公司

法人代表:贾永昌　　企业性质:有限责任公司
电　　话:010－88550612/13　　传　　真:010－88550708
地　　址:北京市海淀区紫竹院路33号美林花园4－26F　　邮　　编:100089
http://www.thermalspray.com.cn　　E－mail:brg@public.bta.net.cn

单位情况简介:

详情参见:P406页

钢铁研究总院工程中心

联 系 人:吴子健　　企业性质:全民
电　　话:010－62182731　　传　　真:010－62182572
地　　址:北京市海淀区学院南路76号　　邮　　编:100081
E－mail:Wuzijian@206sohu.com

单位情况简介:

钢铁研究总院工程中心热喷涂工程部是国内最早从事热喷涂设备、工艺、材料、研究开发应用的单位之一,是中国表面工程协会热喷涂专业委员会常务理事单位和全国热喷涂协作组副理事长单位。共有研究生产人员9人,其中研究员2人,高级工程师2人,工程师5人。拥有PT—50型等离子喷涂设备2台套,JetKoetⅡ高速火焰喷涂设备1台套。

主要从事涂层设计,涂层制备,喷涂粉末材料,等离子喷涂设备的研制,工艺应用技术和等离子喷涂成型等技术的研究与应用。先后完成国家科技攻关项目20余项,完成参与制定国家标准5项,培养硕士研究生2人,博士研究生1人。为解决我国冶金行业关键零部件的表面强化与防护作出杰出贡献。

主要涂层技术有:

热喷涂粉末材料。自蔓燃特种陶瓷粉末材料;
抗高温氧化、高温磨损、高温腐蚀涂层;
耐磨损、耐腐蚀防护涂层;
阻渗碳和其他特殊功能涂层;
大型钨管发热体管坯成型制造技术。

北京丹斯泰克科贸有限公司

法人代表:周　静　　联系人:闫薇　翟岗　刘孟林　　企业性质:有限责任公司
电　　话:010－65812785/2788/2855　　传　　真:010－65812784
地　　址:北京市朝阳区东三环北路42号
新东方写字楼B座4020室　　邮　　编:100020
E－mail:densecoat@sina.com

单位情况简介:

详情参见:P407 页

德国 GTV 公司北京办事处/服务中心

联 系 人:冯慧芳　　企业性质:外商独资

电　话:010－64313991　64314485　　传　真:010－64314490

地　址:北京市朝阳区机场辅路草场地 325 号　　邮　编:100015

http://www.gtv－mbh.de　　E－mail:saackebi@china.com

单位情况简介:

详情参见:P398 页

全军装备维修表面工程研究中心

联系人:李长青　　企业性质:军队单位

电话:军线:0201－718873　718874　　民　线:010－66718873　66718874

传真:军线:0201－718871　　民　线:010－66718871

地　址:北京市丰台区长辛店杜家坎 21 号　　邮　编:100072

E－mail:cse1988@263.net

单位情况简介:

详情参见:P408 页

北京矿冶研究总院金属材料研究所

法人代表:孙传尧　　联系人:曾克里　　企业性质:国有

电　话:010－68333366－2803　68324908　　传　真:010－88385389

地　址:北京市西直门外文兴街 1 号　　邮　编:100044

http://www.KF－BGRIMM.com　　E－mail:info@KF－BGRIMM.com.cn

postmaster@chinaspraying.com

单位情况简介:

详情参见:P400 页

北京市熵科尔应用技术研究所

法人代表:沈肖镇　　企业性质:股份合作制

电　话:010－85701889　　传　真:010－68024177

地　址:北京市西城区阜外大街甲 6 号 306 室　　邮　编:100037

单位情况简介:

详情参见:P440 页

北京有色金属研究总院
北京翠铂林有色金属技术开发中心

联 系 人:雷　宏　　手　机:(0)13641161342　　节假日:010－62388221

电　话:010－62044835　82241774　　传　真:010－62044835

地　址:北京市新街口外大街 2 号　　邮　编:100088

http://www.Leihong3731.ebigchina.com

单位情况简介：

金属热喷涂丝材介绍：

高温防腐蚀系列：F－45 镍/铬合金丝（电厂锅炉管防护用）、铁铬铝丝

常温防腐蚀系列：镍丝、蒙乃尔合金丝、奥氏体系列不锈钢丝、锌丝、铝丝、铅丝

自结合底层系列：F－75 镍/5 铝合金丝、钼丝

工作层修复系列：马氏体系列不锈钢丝、铬锰（7Crl3）合金丝、高硬度合金丝、巴氏合金丝

根据用户要求定制各种金属丝

承接各种金属热喷涂工程

北京麦特斯普瑞电力设备有限公司

法人代表：郭双宁　　企业性质：有限责任公司

电　　话：010－87771808　87771884　　传　　真：010－67742202

地　　址：北京市朝阳区广渠东路唐家村 5 号　　邮　　编：100022

单位情况简介：

北京麦特斯普瑞电力设备有限公司以现场热喷涂施工为主营业务，现为美国 Metalspray 公司中国独家总代理。METALSPRAY 公司自成立之日起致力于为纸浆造纸、能源、石油化工及钢铁工业设备提供全面的腐蚀、磨损解决方案。METALSPRAY 核心技术是专业热喷涂设备制造、材料科学应用及相关表面技术研究，主要服务领域是现场热喷涂工程的设计和施工。

北京麦特斯普瑞公司与美国 Metalspray 公司主要在电厂锅炉“四管”热喷涂领域开展合作。Metalspray 的 45CT 防腐涂层可以在高硫环境下为锅炉受热面提供 5～8 年的防护；而 Metalspray 的 HVOF 超音速氧燃喷涂 UTEx1－014 涂层（碳化物）则可以有效减缓锅炉磨损，目前在 CFB 循环流化床锅炉中获得了广泛应用。

该公司现有 4 套 Excalibur 4000 HVOF 超音速氧燃喷涂系统和 4 套 Excalibur 2000 超音速电弧喷涂系统，所有设备系美国 Metalspray 公司设计制造，其独特的便携式设计使之可以方便地用于任何锅炉的现场施工。

公司现有技术人员 2 名，喷涂施工人员 10 名。所有人员都在 Metalspray 总部进行培训，可以为各领域客户喷涂高质量涂层。

铁道科学研究院金属及化学研究所

联 系 人：董宏伟　（0）13701142466

　　　　　李东文　（0）13910784113

电　　话：010－51874018　51874113　　传　　真：010－51849414

地　　址：北京市海淀区大柳树路 2 号　　邮　　编：100081

http://www.rails.com.cn　www.carmc.com　　E－mail：pentu@rails.com.cn

单位情况简介：

铁道科学研究院金属及化学研究所是铁道部下属集金属材料和应用化学科研与开发于一体的、具有强大科研实力的综合研究所。金化所提供的各种型号电弧喷涂机已广泛应用到：电弧喷 Al、Zn 复合涂层的钢结构长效防腐；机械零部件的表面强化、修复以及喷涂减磨；电站和工业锅炉的抗热腐蚀；钎焊中填充焊料；制造防滑涂层等。金化所同时提供各种高效率喷砂机，多种型号电弧喷涂丝材和相关技术服务，承接大型钢结构防腐施工。

北京职工技协热喷涂委员会

法人代表：刘永坚　　手　　机：（0）13521377770　　联 系 人：王卫卫

电　　话:010－63564033　　传　　真:010－63564033
地　　址:北京市宣武区虎坊路13号　　邮　　编:100052

北京颐鑫安科技发展有限公司

联 系 人:钮立耘　　企业性质:有限公司
电　　话:010－84928866　　传　　真:010－84928866
地　　址:北京市朝阳区北苑大羊坊5号院4区　　邮　　编:100012
E－mail:YXAKJ@sina.com

北京科技大学海特公司

联 系 人:孙金贵
电　　话:010－62333309　　手　　机:(0)13801012183
地　　址:北京市海淀区学院路30号海特公司　　邮　　编:100083

北京理工大学

联 系 人:王全胜　　手　　机:(0)13691489728
电　　话:010－68912709　　传　　真:010－68913951
地　　址:北京理工大学四院材料加工系　　邮　　编:100081
E－mail:qsh_wang@bit.edu.cn

北京化工研究院

联 系 人:白尔仪　　电　　话:010－64216131－269
地　　址:北京市和平里北口　　邮　　编:100013

北京汽车摩托车联合制造公司设备厂

联 系 人:布玉庄
地　　址:北京市东三环北路32号　　邮　　编:100020

北京工业大学科学技术总公司热喷涂中心

联 系 人:胡传忻
电　　话:010－67711177－493　　传　　真:010－67711408
地　　址:北京市平乐园100号工业大学九系　　邮　　编:100022

北京北重汽轮电机有限责任公司电机技术部

联 系 人:石玉环
电　　话:010－68631199－3158　　传　　真:010－68655070
地　　址:北京市西郊吴家村　　邮　　编:100040

北人印刷机械股份有限公司技术处

联 系 人:徐　良　　手　　机:(0)13011210708
地　　址:北京市朝阳区广渠路南侧44号　　邮　　编:100022

北京瑞达安喷涂技术开发中心

联 系 人:刘广海
电　　话:010－68425718
传　　真:010－68425718
地　　址:北京市海淀区增光路44号　　邮　　编:100037

北京中航技气动液压设备有限责任公司

法人代表:李建平　手　　机:(0)13301371988　　联 系 人:刘恒君
电　　话:010－64072241　　传　　真:010－64072241
地　　址:北京市东城区亮果厂5号106室　　邮　　编:100010

北京朝阳广播电视设备配套厂

联 系 人:梁大明　　电　　话:010－65895588－649
地　　址:北京市朝阳区双桥街42号　　邮　　编:100024

北京双桥热喷涂厂

联 系 人:田邱娣　　电　　话:010－65762332
地　　址:北京市双桥中路咸宁侯　　邮　　编:100024

中国矿业大学(北京校区)矿山机械研究室

联 系 人:张增志
电　　话:010－62331246－8230
地　　址:北京市海淀区学院路丁11号　　邮　　编:100025

冶金部北京冶金设备研究院

联 系 人:于　平
电　　话:010－64267986
地　　址:北京市9821信箱　　邮　　编:100029

冶金部北京冶金设备研究院五室

联 系 人:姚书典
电　　话:010－64269911－2045　　传　　真:010－64268649
地　　址:北京市9821信箱五室　　邮　　编:100029

煤炭科学研究总院

联 系 人:雷　钧
电　　话:010－64214931－2684/2805
地　　址:北京市朝阳区和平里　　邮　　编:100013

北京弗戈咨询有限公司

联 系 人:李增山
电　　话:010－68993306－18　　传　　真:010－68326337

地　　址:北京市百万庄路22号十层　　邮　　编:100037

机械工人杂志社

联 系 人:于淑香
电　　话:010－88379797　　传　　真:010－68327225
地　　址:北京市百万庄大街22号　　邮　　编:100037

机械科学研究院技术计划处

联 系 人:安桂华
电　　话:010－68340088－2909　68340831　　传　　真:010－68340825
地　　址:北京市首体南路2号　　邮　　编:100044

中国纺织机械工业总公司

法人代表:梅在森　　联 系 人:邱礼安
电　　话:010－67012223－408　　传　　真:010－67015103
地　　址:北京市天坛路85号　　邮　　编:100050

北京苏工技术有限责任公司

联 系 人:邹仲元
电　　话:010－63172652
地　　址:北京市宣武区槐柏树街一号4门4室　　邮　　编:100053

国电电力建设研究所焊接室

联 系 人:包乐庆
电　　话:010－63438352　　手　　机:(0)13901202005　　传　　真:010－63438352
地　　址:北京市宣武区广安门南滨河路33号　　邮　　编:100055

北京二七机车工厂工艺处

联 系 人:夏伦初
地　　址:北京市丰台区长辛店　　邮　　编:100072

88352部队装甲兵装备技术研究所

联 系 人:鲍明远　　电　　话:010－63886783
地　　址:北京市丰台区长辛店88352部队53号　　邮　　编:100072

北京天工表面材料技术有限公司

联 系 人:彭日辉　　电　　话:010－63886914
地　　址:北京市丰台区长辛店杜家坎21号　　邮　　编:100072

装甲兵工程学院材料科学与工程系

联 系 人:朱　胜　　手　　机:(0)13611107058
电　　话:010－66717650　　传　　真:010－66718613

地　　址:北京市丰台区长辛店杜家坎 21 号　　邮　　编:100072

北京清新高科技开发公司

联 系 人:蒋　迪　　电　　话:010 - 68377362

地　　址:北京市 7201 信箱 43 分箱　　邮　　编:100074

航天工业总公司 701 所

联 系 人:张嘉祥　陆兴煜

电　　话:010 - 68740704　6837563

地　　址:北京市 7201 信箱 15 分箱　　邮　　编:100074

北京友谊配合饲料厂

联 系 人:胡展仪　　电　　话:010 - 67228908

地　　址:北京市永定门外角门路 18 号　　邮　　编:100075

北京首都航天机械公司

联 系 人:杨晓刚

电　　话:010 - 68750490　　传　　真:010 - 68750487

地　　址:北京市 34 信箱 96 分箱　　邮　　编:100076

北京市粉末冶金研究所

联 系 人:李　耕

电　　话:010 - 67645330　　传　　真:010 - 67634067

地　　址:北京市丰台区永定门外宋庄路 11 号　　邮　　编:100078

北京金辛合科贸有限公司

联 系 人:高保华

电　　话:010 - 62554559　　手　　机:(0)13910816162　　传　　真:010 - 62635786

地　　址:北京市中关村北二条 1 号中科院过程工程研究所　　邮　　编:100080

北京刘毅设计室

联 系 人:刘　毅　　手　　机:(0)13910058858

地　　址:北京市西城区什坊小街丰融园 8 号楼 3 门 101 室　　邮　　编:100036

北京科技大学粉末系

联 系 人:刘长松

电　　话:010 - 62332474

邮　　编:100083

北京科技大学表面纳米技术与工程中心

联 系 人:樊自拴

电　　话:010 - 62332548　　传　　真:010 - 62332548

地　　址:北京市海淀区学院路 30 号　　邮　　编:100083

北京瑞佩尔技贸有限责任公司

联 系 人:肖旭东
电　　话:010－62787352
地　　址:北京清华大学东 15 楼 4－201　　邮　　编:100084

清华大学精密仪器及机械学系

联 系 人:索双富
电　　话:010－62796125
地　　址:北京清华大学 9003 大楼 3307 室　　邮　　编:100084

清华大学机械工程系

联 系 人:刘家浚　王昆林
电　　话:010－62785057　62781346
地　　址:北京海淀清华园　　邮　　编:100084

清华大学工程力学系

联 系 人:赵文华
电　　话:010－62595596(O)　62595393(H)　　传　　真:010－62562768
邮　　编:100084

二炮司令部装备部

联 系 人:李光武
地　　址:北京市清河大楼甲 6 号　　邮　　编:100085

时代集团公司销售中心

法人代表:彭伟民　　联 系 人:李永燕
电　　话:010－62961805　　传　　真:010－62961646
地　　址:北京市海淀区上地信息产业基地西路 38 号　　邮　　编:100085

信福贸易有限公司

联 系 人:周　军
电　　话:010－62116951　62116952　62116953　　传　　真:010－62116950
地　　址:北京市北三环西路甲 18 号中鼎大厦 B 座 588 室　　邮　　编:100086

北京有色金属研究总院 301 室

联 系 人:胡永海
电　　话:010－2104488－3116
地　　址:北京市新外大街 2 号　　邮　　编:100088

中冶集团建筑研究总院焊接研究所

联 系 人:刘景凤
电　　话:010－82227305　　传　　真:010－82227319
地　　址:北京市海淀区西土城路33号　　邮　　编:100088

北京中欧美特铁高新技术有限公司

联 系 人:刘建卡
电　　话:010－68714551　　手　　机:(0)13901238436　　传　　真:010－68714550
地　　址:北京市海淀区紫竹院路31号华澳中心2号楼10E　　邮　　编:100089

北京市海淀区香山综合金属加工厂

联 系 人:刘和平
电　　话:010－62591619　(0)13601009432
地　　址:北京市海淀区香山北辛村后街　　邮　　编:100093

89000部队五室

联 系 人:王建军　　电　　话:010－66763629－2153
地　　址:北京市海淀区香山　　邮　　编:100093

北京博方生物医用材料有限公司

联 系 人:邓新建
电　　话:010－62964133　　手　　机:(0)13910582390
地　　址:北京市海淀区东北旺南路31号　　邮　　编:100094

北京钛得新工艺材料有限公司

联 系 人:傅长文
电　　话:010－62489202　　传　　真:010－62489208
地　　址:北京市95－020信箱　　邮　　编:100095

北京航空材料研究院

联 系 人:唐建新
电　　话:010－62456622－5350　　传　　真:010－62458218
地　　址:北京市81信箱5分箱　　邮　　编:100095

北京市忠诚大业热喷涂技术服务中心

联 系 人:任春玉
电　　话:010－62452066　　传　　真:010－62488565
地　　址:北京市海淀区温泉太舟坞钢管厂(403号)　　邮　　编:100095

中科院感光所402室

联 系 人:张敬杰
电　　话:010－64888147

地　　址:北京市朝阳区大屯路甲 3 号　　邮　　编:100101

北京安东奥尔工程技术有限责任公司

法人代表:罗　林　　联 系 人:贺志刚
电　　话:010 - 64759203　64759204　　传　　真:010 - 64713191
地　　址:北京市朝阳区花家地东路 5 号利景名门 3 层　　邮　　编:100102

北京飞机维修工程有限公司

联 系 人:尹程远　　手　　机:(0)13693039425
电　　话:010 - 64561122 - 6515　　传　　真:010 - 64595595
地　　址:北京市首都机场 563 # 信箱　　邮　　编:100621

中国核工业总公司核燃料局

联 系 人:刘　延
电　　话:010 - 8012211 - 3376
地　　址:北京市三里河一巷一号(2102 信箱 10 分箱)　　邮　　编:100822

空军航空工程部航空工厂管理部技术处

联 系 人:于希平
电　　话:010 - 66785396
地　　址:北京市复兴路 14 号 29 分队　　邮　　编:100843

顺义陈坨喷涂厂

联 系 人:于长启
电　　话:010 - 69451416
地　　址:北京市顺义区李各庄乡陈坨村　　邮　　编:101309

冶金部第一地质勘察局超硬材料研究所

法人代表:胡树波　　联 系 人:黄成富
电　　话:010 - 69548455 - 268　69546420 - 2224　　传　　真:010 - 69546876
地　　址:北京市东燕郊　　邮　　编:101601

北京奇特威咨询服务有限公司

联 系 人:张文奇
电　　话:010 - 69703554　　传　　真:010 - 69703554
地　　址:北京市昌平区南环路 55 号外经大楼　　邮　　编:102200

北京首钢吉泰安合金材料有限公司

联 系 人:田伟克
电　　话:010 - 80718910　　传　　真:010 - 80718910
地　　址:北京市昌平区沙河镇富生路 9 号　　邮　　编:102206

北京电力设备总厂研究所综合技术室

联 系 人:任立昀
电　　话:010－69352050－2709　　传　　真:010－69352288
地　　址:北京市房山区良乡镇昊天大街12号　　邮　　编:102401

电力建设研究所

法人代表:王光华　　联 系 人:陈红菊
电　　话:010－89354827　　传　　真:010－89351155
地　　址:北京市房山区良乡昊天北大街3号　　邮　　编:102401

北京燕山石化公司化工一厂机修车间

联 系 人:李同喜
电　　话:010－69343644
地　　址:北京市房山区　　邮　　编:102500

北京燕化新安设备维修服务公司

联 系 人:贺　斌
电　　话:010－69346666－57183
地　　址:北京市房山区燕化公司化工二厂机修车间　　邮　　编:102501

燕山石化公司炼油厂金工车间

联 系 人:徐春明
电　　话:010－69343550
地　　址:北京市房山区　　邮　　编:102503

北京市嘉之源科贸有限责任公司

法人代表:张伟鹏　　电　　话:010－69247202
地　　址:北京市大兴区火车站南巷4号　　邮　　编:102600

天　津　市

天津市铸金表面工程材料科技开发有限公司 (天津市北方涂层材料有限公司)

联 系 人:钱　铸　　手　　机:(0)13011301918　　企业性质:股份有限公司
电　　话:022－26635599　24391459　　传　　真:022－24391459
地　　址:天津市河北区南口路40号　　邮　　编:300232
http://www.tj－168.com/beifang

单位情况简介:

详情参见:P429页

天津市机械涂层研究所有限责任公司

法人代表:宋桂强　　联系人:周　杰　　企业性质:有限责任公司
电　　话:022-24304524　　传　　真:022-24305676
地　　址:天津市河东区八纬路20号　　邮　　编:300012

单位情况简介:

详情参见:P410页

天津新港船厂修船分厂特修服务站

联 系 人:张进和　　企业性质:国有
电　　话:022-25795931-2859　　传　　真:022-25795860
地　　址:天津市塘沽区新港机厂街1号　　邮　　编:300456

单位情况简介:

详情参见:P429页

大港油田集团新世纪机械制造有限公司立科喷涂材料厂

联 系 人:付太康　　企业性质:国有
电　　话:022-25965514　　手　　机:(0)13821068209　　传　　真:022-25965514
地　　址:天津市大港油田　　邮　　编:300280

单位情况简介:

详情参见:P432页

天津开发区欣特涂层技术有限公司

法人代表:葛汇业　　联系人:孙志刚　　企业性质:民营
电　　话:022-28340550　(0)13032287244　　传　　真:022-28113408
地　　址:天津市河西区怒江道27号　　邮　　编:300220
Http://www.tjxttc.com　　E-mail:many@tjxttc.com

单位情况简介:

该公司是一家民办高新技术企业。拥有多名从事涂层技术的专职高级专业人才。公司以先进的技术、丰富的经验向您提供所需要的合金、陶瓷、塑料等各种喷涂材料以及工艺加工和技术服务。

该公司的主营业务有:

1.热喷涂工艺加工:用于要求防腐蚀、耐磨损、抗高温、耐氧化等性能的各种机械零部件表面强化涂层及尺寸超差修复。公司具有丰富的涂层制备经验,常年从事涂层加工及技术咨询服务。

2.生产气门及阀门堆焊设备及工艺和专用的粉末材料。

3.热喷涂(焊)用自熔合金粉末包括铁基、镍基、钴基三大系列合金粉末。

4.承揽大型钢结构喷锌、喷铝长效防腐涂层施工。

5.各种阀门(阀板、阀体)表面的尼龙及其它塑料涂层加工。

6.氟塑料涂层的加工:氟塑料涂层具有不粘性、耐热性、耐腐蚀性、耐磨损性、耐候性,广泛应用于厨房用具、食品加工、机械模具、化工设备、纺织、印染及塑料橡胶加工等行业。

天津工程机械研究院

联 系 人:刘俊英　　企业性质:国有
电　　话:022-26370088-236　26375115　　传　　真:022-26370600

地　　址:天津市丁字沽三号路　　邮　　编:300131

天津大学焊接教研室

联 系 人:喻　群
地　　址:天津市　　邮　　编:300072

天津洪格尔液压工程有限公司

法人代表:鲍尔斯　　联 系 人:刘　萍
电　　话:022-27021366　27373070　　传　　真:022-27373018
地　　址:天津市南开区三纬路63号　　邮　　编:300100

天津化工研究设计院

法人代表:李玉祥　　联 系 人:梅海军
电　　话:022-26374929-2292　　传　　真:022-26370175
地　　址:天津市红桥区丁字沽3号路85号　　邮　　编:300131

解放军运输工程学院表面技术应用所

联 系 人:王瑞坤　　电　　话:022-24564242-5330
地　　址:天津市东局子1号　　邮　　编:300161

天津理工学院

联 系 人:孙家枢　　电　　话:022-23363463-2695
地　　址:天津市红旗南路　　邮　　编:300191

天津市化工防腐工程联合公司

联 系 人:张恩义
电　　话:022-28355324　　传　　真:022-28360662
地　　址:天津市河西区友谊路11号　　邮　　编:300201

天津津南合金实验厂

法人代表:薛秉岐　　联 系 人:薛瑞钢
电　　话:022-28343660
地　　址:天津市津南双港北马集　　邮　　编:300222

水利部天津设计研究院科研所

法人代表:刘　英　　联 系 人:姚　光
电　　话:022-28343977-2405　　传　　真:022-28343991
地　　址:天津市河西区洞庭路60号　　邮　　编:300222

天津碱厂热处理分厂

法人代表:刘英福　　联 系 人:章月华
电　　话:022-25892160-3480

地　　址:天津市塘沽新华路　　邮　　编:300450

河北工业大学

法人代表:颜威利　　联 系 人:何继宁

电　　话:022－26564579　(0)13032272680

地　　址:天津市河北工业大学南院579#　　邮　　编:300132

塘沽中海热喷涂线材厂

联 系 人:杨桂才

地　　址:天津市塘沽杭州路25号　　邮　　编:300451

上　海　市

上海宝钢工程技术有限公司宝钢机械厂

联 系 人:李益明　　手　　机:(0)13311658718　　企业性质:全民

电　　话:021－56933460　　传　　真:021－56933460

地　　址:上海市宝山区宝钢厂区内纬一路经五路路口　　邮　　编:201900

单位情况简介:

详情参见:封二、P384页

上海新业喷涂机械有限公司

法人代表:冯国志　　企业性质:合资

电　　话:021－50393000　　传　　真:021－58735205

地　　址:上海市浦东南路2232号　　邮　　编:200127

http://www.xy－pt.cn　　E－mail:x－y@xy－pt.cn

单位情况简介:

详情参见:卷首1、P404页

上海君山表面技术工程有限公司

法人代表:李康中　　企业性质:民营

电　　话:021－56680878　　手　　机:(0)13801769116　　传　　真:021－56197962

地　　址:上海市宝山区杨行工业园区共悦路151号　　邮　　编:201901

单位情况简介:

详情参见:封底、P409页

中国科学院上海硅酸盐研究所

法人代表:施剑林　　联系人:郑学斌　　企业性质:科研

电　　话:021－52414104　　传　　真:021－52413903

地　　址:上海市定西路1295号　　邮　　编:200050

http://www.siccas.ac.cn　　E－mail:xbzheng@sh163.net

单位情况简介:

详情参见：P436 页

上海凯林新技术实业公司

法人代表：林惠令　　手　　机：(0)13901772988　　企业性质：股份制
电　　话：021－64326600　64756442　　传　　真：021－64325123
地　　址：上海市漕宝路 86 号 903 室（光大会展中心 F 座）　　邮　　编：200235
http://www.kailinsh.com　　E－mail：Lg－kl@kailinsh.com

单位情况简介：

详情参见：P437 页

上海田岛热喷涂有限公司

法人代表：田岛明良　　企业性质：外商独资
电　　话：021－59597488　　传　　真：021－59597488
地　　址：上海市嘉定区黄渡镇罗家村　　邮　　编：201804

单位情况简介：

详情参见：P428 页

比利时贝卡尔特亚洲上海代表处

联 系 人：余　峥　　企业性质：外商代表处
电　　话：021－62952233　　传　　真：021－62952234
地　　址：上海市遵义南路 88 号协泰中心 1603 室　　邮　　编：200336
http://www.bekaert.com

单位情况简介：

详情参见：P426 页

上海雀石机电有限公司

法人代表：王爱华　　联系人：朱晓明　　企业性质：民营
电　　话：021－59992630　　传　　真：021－59992632
地　　址：上海市嘉定区宝嘉公路澄桥东堍　　邮　　编：201822

单位情况简介：

详情参见：P427 页

Shanghai Sumat Ltd

上海史美贸易有限公司

联 系 人：朱才福　　企业性质：民营
电　　话：86－21－62660311　　手　　机：(0)13901976319　　传　　真：86－21－62989523
地　　址：上海市常德路 1349 号银座花苑 C 座 501 室　　邮　　编：200060
E－mail：smshcaifu@hotmail.com

单位情况简介：

SULZER METCO 代表着热喷涂工业的最高水平，涵盖航天航空、汽车制造、燃汽轮机、机械、冶金、造船、石油化工，电子通讯等工业领域。目前在我国的上述领域里已拥有 SULZER METCO 超过二百余台套的各种热喷涂设备在运行中。

上海史美贸易有限公司(Shanghai Sumat Ltd)是经由 SULZER METCO 授权的一家专门经营 SULZER METCO 各项业务的民营企业。

上海史美贸易有限公司所辖中国华东地区的业务范围为：

供应成套设备：火焰粉末、线材喷涂(6P、14E、5K)，电弧喷涂(ValuArc，SmartArc)，等离子喷涂(9M、Unicoat，Multicoat，TRIPLEX)，超音速火焰喷涂(HVOF DJ2600，DJ2700)，真空，低压等离子喷涂(VPS，LPPS，LVPS，CAPS)，供应上述设备的备品备件，供应超过 700 余种的 SULZER METCO 生产的各种涂层材料，提供热喷涂技术咨询，技术服务，设备维护和调试安装等服务。

上海联强热喷涂材料有限公司

联 系 人：栾连祥　　企业性质：私营
电　　话：021－52912293　　手　　机：(0)13701854228　　传　　真：021－52912293
地　　址：上海市光复西路 683 弄 2 号乙　　邮　　编：200063

单位情况简介：

上海联强热喷涂材料有限公司建于一九九四年，是以热喷涂用复合粉末，自熔性合金粉末为主导产品的技、工、贸一体化的高科技企业。

该公司以热喷涂材料制造，喷涂工艺为专业领域，承接新产品研制，技术咨询，技术转让，热喷涂设备等项目的服务。一九九六年成功开发了《PS 感光液》防腐专用包装容器，现已具备了水雾化水冷，气雾化水冷合金粉末制造技术，机械团聚法复合粉末和氢还原包复粉末制造技术，可向市场批量供应：

一、NICr/cr_3c_2 高温耐磨合金粉末，该项目荣获上海市 2001 年度优秀产学研工程项目二等奖。

二、A1/Ni、A1/NiCr、铝包不锈钢系列复合粉末。

三、以 Ni65A、Ni65B 为主导的各类自熔性合金粉末。

四、粉末冶金用中间合金。

五、提供 SO 型火焰重熔设备。

该公司以上海翔发热喷涂材料经营部为窗口，全面对外服务，为全国广大的热喷涂工作者提供优质的热喷涂材料和设备，为进一步推广热喷涂技术作出更大的贡献。

上海金刚冶金材料有限公司

法人代表：樊小平　　联系人：王俊明　　企业性质：民营
电　　话：021－56608870　　传　　真：021－56608870
地　　址：上海市宝山区友谊路 316 号　　邮　　编：201900
http://www.shjingang.com　　E－mail：shjingang@bsbsc.com

单位情况简介：

该公司于 2001 年由上海金刚冶金材料厂转制而成。属有限责任公司。

该公司现有职工 140 人，其中各类专业技术人员 27 名(包括高级工程师 3 名、工程师 8 名、助理工程师 3 名、技术员 3 名及会计师、经济师若干名)。公司占地面积 1.5 万平方米，建筑面积 1 万平方米，固定资产总值为 1342 万元。2002 年产值 2500 万。利润 100 多万元。

该公司是生产焊接材料和冶金材料的专业公司。生产马氏体合金钢、马氏体不锈钢等四大类管状焊丝及配套的熔炼焊剂、烧结焊剂；主要供应宝钢、武钢、包钢、邯钢等大型钢厂，用于各类轧辊的堆焊修复工艺。

该公司现有年产 120 吨的合金粉生产线一条，主要产品有镍基、钴基、铁基、碳化钨型、铜基合金粉。管丝中间合金不锈钢等。广泛应用于冶金、矿山、石油、化工、汽车、铁路等各类工业领域，硬质合金粉末冶金行业。

该公司 1999 年 6 月通过 GB/T 19002－1994idt ISO 9002:1994 质量体系认证，取得了由中国冶金工业质量体系认证中心颁发的质量体系认证证书。2002年3月通过ISO 9001:2000版转版,取得QEC颁发的质量体系认证证书。

该公司技术力量雄厚,生产管理科学,生产工艺先进,质量控制严格,产品质量稳定,热诚欢迎广大用户选用该公司的产品,承接产品研制、提供优制服务。

上海国嘉光电有限公司热喷涂厂

联系人:徐　军

电　　话:021-69987229　　69987293　　　　传　　真:021-69987399

地　　址:上海市嘉定环城路2280号　　　　邮　　编:201800

单位情况简介:

该公司是集科研、生产、经营于一体的中外合资股份制企业。

自一九八六年创立以来,年年被评为技术先进型企业,一九九一年首批被授于知识密集,技术密集型企业称号至今。

该公司引进美国美科公司全套METCO-DJFW超音速粉末喷涂设备,全套METCO-12E线材喷涂设备、全套METCO-9MB等离子喷涂设备以及硬度仪,粗糙度仪,测厚仪等进口检测设备,并拥有一支经验丰富、技艺精湛的技术骨干和操作能手。

多年来该公司热喷涂厂一直为德国卡尔迈耶及篱巴公司的纺织机械产品配套,并成功地为巴马格、帝人、东丽、村田等外国进口纺机修复了大量的槽筒、喂入轮、牵伸辊、分丝辊、罗拉等纺机部件,也为国内冶金、电力等行业的有关企业修复了浸没辊、冷轧辊、炉底辊、柱塞电机轴颈、锅炉水冷壁管等部件,均受到用户的好评。

欢迎四方宾客前来洽谈业务,公司将热忱为您服务。

上海梅山科技发展有限公司

联 系 人:王孝建、潘留俊　　　　企业性质:国有

电　　话:025-6701887-3853/6017　　　　传　　真:025-6722862

地　　址:南京市中华门外新建　上海梅山有限公司技术中心　　邮　　编:210039

电　　话:021-53085418　　　　传　　真:021-53085418-11

公司地址:上海市北京东路668号科技京城西10楼1座　　邮　　编:200001

单位情况简介:

宝钢集团上海梅山有限公司技术中心,近二十年来一直从事表面堆焊、热喷涂(焊)、电刷镀等表面技术和特殊耐磨件的研究开发,先后开发了一系列成熟表面技术和耐磨件产品,拥有多项专利和技术秘密。上海梅山科技发展有限公司负责技术中心的科研成果转化,是一家以表面技术和耐磨材料开发应用为主的科技型公司,拥有各种优良的堆焊、热喷涂、电刷镀和冶炼等设备以及先进的检测分析手段。多年来,先后为梅山集团、上海港机、上海罗泾码头等单位提供了各类冶金轧辊的堆焊修复、特殊工况条件的涂层开发应用等技术服务、并研制开发了各种磨球、工程用铲齿、抓斗、新型复合喷煤枪、热电偶套管、耐磨合金衬板等优质产品,使用寿命成倍提高,深受用户的欢迎。

主要业务:

1.各类冶金轧辊,包括支撑辊、初轧辊、连铸辊、输送辊、型材辊等辊类的堆焊修复与表面强化;

2.各类阀门密封面、大型柱塞及钢构件的耐磨防腐喷涂;

3.各种磨损机械零部件表面修复与强化;

4.各种常温和高温耐磨、耐蚀铸件和衬板等;

5.特殊工件的表面修复技术开发;

6.特殊磨损件的长寿技术开发。

上海大豪英佛曼纳米材料喷涂有限公司

法人代表:徐文华　　联系人:董永庆　　企业性质:民营
电　　话:021－58893042　(0)13501902047　　传　　真:021－58707357
地　　址:上海市青浦区华新镇嘉松中路1835号　　邮　　编:201708
http://www.dahao－inframat.com
E－mail:Webmaster@dahao－inframat.com

上海精诚表面技术有限责任公司

联 系 人:瞿建中　　企业性质:国有
电　　话:021－62514636　　传　　真:021－62514636
地　　址:上海市定西路1295号　　邮　　编:200050

上海沁月贸易有限公司

联 系 人:戴　明　　企业性质:私营
电　　话:021－59921480　　手　　机:(0)13301825898　　传　　真:021－59991021
地　　址:上海市嘉定区北大街108弄1号101室　　邮　　编:201800
E－mail:qinyuesh@Hotmail.com

上海中集冷藏箱有限公司设备科

联 系 人:金树范　　手　　机:(0)13611656634
电　　话:021－56010088－251　　传　　真:021－56011111
地　　址:上海市宝山区沪太路6888号　　邮　　编:201908

上海硬面技术行业协会

联 系 人:黄双顶　　电　　话:021－63260707
地　　址:上海市中山东二路22号328室　　邮　　编:200002

拜耳公司上海代表处

联 系 人:朱骏有　　电　　话:021－63868282
地　　址:上海市淮海中路333号瑞安广场21楼　　邮　　编:200021

上海所罗门技术公司

联 系 人:蔡云青
电　　话:021－58411563　(0)13907926339　　传　　真:021－50845109
地　　址:上海市浦东南路2232号　　邮　　编:200127

上海斯米克焊材有限公司

联 系 人:江薇华　　电　　话:021－64315805
地　　址:上海市中山南一路893号　　邮　　编:200023

上海轻工业焊接技术研究所

联 系 人:刘海宗

电　　话:021－64310310

地　　址:上海市华山路1954号　　邮　　编:200030

先进机械设备有限公司

联 系 人:李志刚

电　　话:021－64471955　　传　　真:021－64475388

地　　址:上海市虹桥路808号A栋8506室　　邮　　编:200030

上海开升机械有限公司

联 系 人:李　萌

电　　话:021－56307772　(0)13801741229　　传　　真:021－56307772

地　　址:上海市汶水路649弄16号601室　　邮　　编:200436

上海林德二氧化碳有限公司

联 系 人:郁　春

电　　话:021－64672283　　传　　真:021－64726849

地　　址:上海市肇嘉浜路768号欧江大厦16C1　　邮　　编:200030

圣戈班陶瓷材料有限公司上海代表处

联 系 人:周常军

电　　话:021－62489922－234　(0)13817682559　　传　　真:021－62497205

地　　址:上海市华山路620号奥力孚利华大厦2楼　　邮　　编:200040

圣戈班(上海)陶瓷材料有限公司

联 系 人:童小平

电　　话:021－62493640　62489922　　传　　真:021－62497205

地　　址:上海市华山路620号奥利孚利华大厦2楼　　邮　　编:200040

上海康阜实业有限公司

联 系 人:舒　晶

电　　话:021－32100419　(0)13901642268　　传　　真:021－62178750

地　　址:上海市北京西路605弄57号嘉发大厦A幢22楼E座　　邮　　编:200041

上海钢铁工艺技术研究所

联 系 人:吴志根

地　　址:上海市定西路1118号　　邮　　编:200050

上海大力热喷涂生产服务部

联 系 人:马振荣

电　　话:021－56650077

地　　址:上海市闸北区广中路701号　　邮　　编:200072

上海鼓风机厂

联 系 人:邵玉明
地　　址:上海市共和新路 3000 号　　邮　　编:200072

上海冶金矿山机械厂技术科

联 系 人:盛洪祥
地　　址:上海市汶水路 210 号　　邮　　编:200072

宝钢技术中心设备所

联 系 人:颜永根
电　　话:021 - 26649343
地　　址:上海市宝山区富锦路　　邮　　编:201900

上海先锋电机厂

联 系 人:沈裕祥
电　　话:021 - 56650666 - 55/228
地　　址:上海市闸北区灵石路 702 号　　邮　　编:200072

上海纺织瓷件厂

联 系 人:单泉芳　　电　　话:021 - 56662147
地　　址:上海市中山北一路 50 号　　邮　　编:200083

海军技术装备研究所上海室

联 系 人:汤正龙　　电　　话:021 - 56665342
地　　址:上海市水电路 522 号　　邮　　编:200083

上海焊割工具厂

联 系 人:王海源　　电　　话:021 - 65419032
地　　址:上海市海伦路 160 号　　邮　　编:200086

上海润馨化学工程技术发展有限公司

联 系 人:张政权　　手　　机:(0)13301639090
电　　话:021 - 50785725　50785727　　传　　真:021 - 50785726
地　　址:上海市北艾路 1638 号 605 - 607　　邮　　编:200125

上海良时涂装设备有限公司

联 系 人:凌建民
电　　话:021 - 58200321　58202504　　传　　真:021 - 58200321
地　　址:上海市浦东南路 1454 号　　邮　　编:200122

优美科金属国际贸易(上海)有限公司

联 系 人:李泓高

电　　话:021－64401100－226　　传　　真:021－34240969
地　　址:上海市中山西路1800号兆丰环球大厦18A1室　　邮　　编:200233

华东理工大学华昌聚合物有限公司

联 系 人:蔡　欣　应晨琦
电　　话:021－64253377　64253164　64250770－8042　　传　　真:021－64250084
地　　址:上海市梅陇路130号华东理工大学352信箱　　邮　　编:200237

上海第二纺织机械厂

联 系 人:周路加
地　　址:上海市场中路265号　　邮　　编:200434

上海金江金属粉末材料有限公司

联 系 人:孙维康
电　　话:021－56919145　　传　　真:021－56832395
地　　址:上海市江杨南路354号　　邮　　编:200434

华东电力试验研究院

法人代表:徐保勋　　联 系 人:张健勇
电　　话:021－5420175－2302
地　　址:上海市邯郸路171号　　邮　　编:200437

上海紧固件和焊接材料技术研究所

法人代表:冯金光　　联 系 人:刘汉光
电　　话:021－65440639
地　　址:上海市松花江路2747号　　邮　　编:200437

上海石化机械制造公司

法人代表:周孝先　　联 系 人:傅建国
电　　话:021－7943943－220/420　　传　　真:021－7941343
地　　址:上海市金山卫经一路91号　　邮　　编:200540

上海顺隆有色金属制品有限公司

联 系 人:史永伟
电　　话:021－62200438　　传　　真:021－62203885
地　　址:上海市上海县闵行区华漕镇吴漕路667号　　邮　　编:201106

上海民恩热喷涂厂

法人代表:石杰民　　联 系 人:马春恩
电　　话:021－57833665　　传　　真:021－57830032
地　　址:上海市松江县环城路80号　　邮　　编:201600

上海司太立有限公司

联 系 人:陈永凯
电　　话:021－59556515　　传　　真:021－59553961
地　　址:上海市嘉定区宝加公路1779号邮政800－233信箱　　邮　　编:201800

上海科太新型陶瓷技术有限公司

联 系 人:徐　怡
电　　话:021－59565491　　传　　真:021－59575828
地　　址:上海市嘉定区安亭镇米泉路701号　　邮　　编:201805

上海宝寿硬面有限公司

联 系 人:叶安德
电　　话:021－56691448　56691063　　传　　真:021－56691063
地　　址:上海市宝山区富锦路635号　　邮　　编:201900

宝山钢铁集团公司上海机械加工厂

法人代表:王　哲　　联 系 人:张建宏
电　　话:021－6648648－6683
地　　址:上海市宝山区宝钢纬二东路设备制造公司　　邮　　编:201900

上海富驰高科技有限公司

法人代表:于立刚　　联 系 人:于玉营
电　　话:021－56494523　　传　　真:021－56494525
地　　址:上海市宝山区富扬路655号　　邮　　编:201901

河　北　省

石家庄开发区中成表面工程技术有限责任公司

法人代表:聂洪海　　企业性质:有限责任公司
电　　话:0311－3859431　　传　　真:0311－3805354
地　　址:河北省石家庄市新石北路368号　　邮　　编:050091
http://www.zhongshi－test.com.cn　　E－mail:zhongshi@heinfo.net

单位情况简介:

石家庄开发区中成表面工程技术有限公司,是隶属于河北省高新技术产业开发区的合资企业,专业从事热喷涂以及涂层工艺研究。对防腐、耐磨、装饰、修复等多种涂层有着很深入的研究和应用。该公司技术力量雄厚,与陕西科技大学腐蚀与防护研究所长年合作,取得了多项国家专利。该公司本着科技第一,诚信至上的原则,愿于各界人士合作,共创美好未来。

河北省沧州市科星焊接喷涂厂

法人代表:刘洪贵　　企业性质:个体
电　　话:0317－3064785　　手　　机:(0)13001443257　　传　　真:0317－3064785

地　　址：河北省沧州市东外环中段白酒厂东门北 300 米　　　　邮　　编：061000

单位情况简介：

该厂拥有电气焊设备，先进的氩弧焊、等离子切割机，自动切割机，热喷涂设备，及重型剪板机、折弯机、卷筒机、车床等，工艺装备齐全。

该厂宗旨是：采用最先进的设备，选用最合理的材料，最适当的工艺流程，最娴熟的技术，最热情的服务，做好任何一种加工产品，让顾客满意。

服务加工业务：

1.为用户设计、制造钢结构、铝合金、不锈钢等任何焊接构件、设备及焊接工程。

2.为用户解决电气焊、氩弧焊、堆焊领域的各种技术难题。

3.焊补汽车缸体、缸盖、修复各种模具、焊接铝、不锈钢、铸铁及各种有色金属。

4.对外剪板、折弯、套裁下料。等离子切割铝板、不锈钢板，零售各种规格板材。

5.对外进行大面积热喷锌防腐施工工程。如桥梁、水工闸门、输变电铁塔、水罐、油罐等。防腐效果可保证 30 年不锈蚀。

该厂诚挚欢迎各厂、矿、部门与我们合作，定会给您带来成功的喜悦。

河北廊坊市中科天源机械涂层有限公司

联 系 人：韩宝新

电　　话：0316－2059541　　　　传　　真：0316－2059541

手　　机：(0)13323260907　6883582

地　　址：河北省廊坊市站南道 1 号内(光明西道东头)　　　　邮　　编：065000

邯郸市邯钢附属企业公司冶金备件堆焊厂

法人代表：于为民　　　联系人：李桂生　　　企业性质：集体

电　　话：0310－6072671　　　　传　　真：0310－6072671

地　　址：河北省邯郸市邯钢东路 11 号　　　　邮　　编：056001

三河市三强金属表面技术工程有限公司

联 系 人：寇友强　　手　　机：(0)13703162937　　　企业性质：民营

电　　话：010－61594182　　　　传　　真：010－61595293

地　　址：河北省三河市燕郊开发区迎宾南路　　　　邮　　编：065201

故城县晨光特种焊接材料厂

法人代表：李广振　　手　　机：(0)13932878599　　　联 系 人：张树杰

电　　话：0318－5321798　　　　传　　真：0318－5320599

地　　址：河北省故城县工业路 29 号　　　　邮　　编：253800

http://www.hebcg.yeah.net

军械工程学院地炮教研室

联 系 人：周彦江

电　　话：0311－7041971

地　　址：河北省石家庄市北马路 7 号　　　　邮　　编：050003

石家庄内燃机配件总厂

法人代表:迟龙秀　　联 系 人:周福臣

地　　址:河北省石家庄市和平东路 8 号　　邮　　编:050031

石家庄市天兴管业有限公司复合管厂

联 系 人:吴玉柱

电　　话:0311－6981552

地　　址:河北省石家庄市华新路 34 号　　邮　　编:050041

石家庄铁道学院机械工程研究所

法人代表:易新乾　　联 系 人:赵田臣

电　　话:0311－6039025－5238

地　　址:河北省石家庄市北环东路 15 号　　邮　　编:050043

北京金普瑞科工程股份有限公司

法人代表:吴益民　　手　　机:(0)13832516308　　联系人:张　宏

地　　址:河北省唐山市智源里 3# 楼 1 门 401 室　　邮　　编:063000

唐山市路北区建华机械厂

联 系 人:王学增

电　　话:0315－2814982　　传　　真:0315－2033937

地　　址:河北省唐山市路北区雷庄上坡　　邮　　编:063020

河北省电刷镀技术推广服务站

联 系 人:葛树林

地　　址:河北省石家庄市仓安路 51 号　　邮　　编:050051

鑫达工贸有限公司

联 系 人:孙中华

电　　话:0311－8712399

地　　址:河北省正定县　　邮　　编:050800

河北衡水宏远泵业制造有限公司

联 系 人:董茂民

电　　话:0318－2031093　　传　　真:0318－2068829

地　　址:河北省衡水市大庆路 34 号　　邮　　编:053000

邯郸纺织机械厂科协

联 系 人:于敏英

地　　址:河北省邯郸市邯钢路 3 号　　邮　　编:056019

九三学社邯郸市科技咨询服务部

联 系 人:袁鸣云
地　　址:河北省邯郸市1号信箱　　邮　　编:056027

解放军第四七二三工厂

联 系 人:孙相臣
电　　话:0310-3024109-346
地　　址:河北省永年县811信箱　　邮　　编:057150

沧州化肥厂机械分厂

联 系 人:杨结实　　电　　话:0317-2046519
地　　址:河北省沧州市北环路66号　　邮　　编:056001

河北南皮机械制造有限责任公司

法人代表:潘小平　　联 系 人:汪　锐
电　　话:0317-8851108　(0)13931728678　　传　　真:0317-8855307
地　　址:河北省南皮县城光明西路72号　　邮　　编:061500

唐钢机制公司

联 系 人:宋志刚
电　　话:0315-2703089
地　　址:河北省唐山市　　邮　　编:063000

河北迁安首钢重型汽车公司

联 系 人:张秋林　　电　　话:0315-7713574
地　　址:河北省迁安县

首钢矿业公司经理办

法人代表:毕　群　　联 系 人:杨俊祥
电　　话:0315-3252833-834812　　传　　真:0315-2811017
地　　址:河北省迁安县　　邮　　编:064404

石油管道机电制造工业公司

法人代表:何森章　　联 系 人:张　唏
电　　话:0316-2074432　2070731　　传　　真:0316-2070200
地　　址:河北省廊坊市永兴路2号　　邮　　编:065000

燕京矿山设备有限公司

联 系 人:陈　穹
电　　话:010-61594724　　传　　真:010-61594732
地　　址:河北省三河市燕郊开发区燕高路　　邮　　编:065201

山海关燕山热喷涂厂

联 系 人:王佩秋　　电　　话:0355－3050489
地　　址:河北省秦皇岛市西盐务建安里 9－15　　邮　　编:066001

燕山大学材料工程系表面工程研究室

联 系 人:王玉林
地　　址:河北省秦皇岛市河北大街西段 169 号　　邮　　编:066004

秦皇岛开发区宏维表面工程技术研究所

法人代表:田兆普　　联 系 人:田新华
电　　话:0335－8056670　　传　　真:0335－8051760
地　　址:河北省秦皇岛市经济技术开发区珠江道普达楼　　邮　　编:066004

首钢长白机械厂开发处

法人代表:王宪龙　　联 系 人:徐殿林
电　　话:0335－4053316　　传　　真:0335－4050878
地　　址:河北省抚宁县南戴河　　邮　　编:066310

承德钢铁公司小型轧钢厂机动科

联 系 人:郑国安
电　　话:0314－4073859
地　　址:河北省承德市　　邮　　编:067002

张家口市石油机械厂

联 系 人:邓世森　　电　　话:0313－2015891－3021
地　　址:河北省张家口市胜利南路 19 号　　邮　　编:075000

山　西　省

经纬纺织机械股份有限公司榆次分公司

法人代表:关学峰　　联系人:许志林　　企业性质:股份制
电　　话:0354－2492251　　手　　机:(0)13834189181　　传　　真:0354－2492245
地　　址:山西省晋中市经纬路 150 号　　邮　　编:030601

太重配件厂

联 系 人:白玉珠
地　　址:山西省太原市太原重型机械公司　　邮　　编:030024

太原理工大学焊接材料研究所

联 系 人:杨世杰
地　　址:山西省太原市迎泽西大街 11 号　　邮　　编:030024

山西矿业学院热喷涂技术服务中心

法人代表:刘玉枋　　联 系 人:袁庆龙
电　　话:0351－6061340
地　　址:山西省太原市迎泽西大街23号　　邮　　编:030024

山西台光表面工程研究所

法人代表:梁玉芳　　联 系 人:郭治安
电　　话:0351－6043644
地　　址:山西省太原市迎泽西大街23号山西矿业学院　　邮　　编:030024

太原重型机器厂焊接处

联 系 人:潘秋萍
地　　址:山西省太原市　　邮　　编:030024

山西煤电铝集团镁业有限公司

联 系 人:宋长俊
电　　话:0358－7610409　　手　　机:(0)13133087814
地　　址:山西省孝义市第二中学于桂萍转　　邮　　编:032300

太原重机金属表面工程公司

联 系 人:郭　平
电　　话:0351－6366620　　传　　真:0351－6831009
地　　址:山西省太原市万柏林区玉河街53号　　邮　　编:030024

山西矿业学院矿机系

联 系 人:刘俊玲
电　　话:0351－6043201－34541
地　　址:山西省太原市　　邮　　编:030024

化纺厂劳动服务公司电刷镀热喷涂厂

联 系 人:吴彩霞
地　　址:山西省大同市工农路14号　　邮　　编:037008

山西省临汾市纺织厂新技术研究推广中心

联 系 人:韩　勇
电　　话:0357－3016920－8427　(0)13835711634
地　　址:山西省临汾市解放东路105号　　邮　　编:041000

内蒙古自治区

内蒙古电力科学研究院

法人代表:徐润生　　联系人:吴子晨　　企业性质:国有
电　　话:0471－6942430　　传　　真:0471－6942430
地　　址:内蒙古呼和浩特市锡林南路211号　　邮　　编:010020

单位情况简介:

内蒙古电力科学研究院座落于美丽的草原青城——呼和浩特市,是内蒙古电力(集团)有限责任公司下设的集生产、科研、技术监督、培训为一体的高科技企业,该院自开展热喷涂工作以来,先后投入巨额资金,目前具有等离子喷涂、电弧喷涂、火焰喷涂(焊)等喷涂设备,喷涂手段完善,同时拥有一支由享受政府津贴专家、教授级高工、高工、硕士等组成的人才队伍,和专业配套、实践经验丰富的表面工程施工队伍,技术力量雄厚。该院是中国表面工程协会会员单位。

该院以高新技术为先导,本着服务社会的宗旨,专业从事设备部件的耐磨处理及长效防腐工作,多年来,他们以科学的管理、优良的施工质量通过在社会各行业,尤其是电力系统的成功应用,解决了困扰企业的难题,为企业节约了维修资金,提高了效益,受到服务单位的一致赞誉。

主要业务范围:

1.电站设备的耐磨、防腐喷涂工程
2.石化、造纸行业耐化学介质腐蚀的钢表面防腐喷涂工程
3.大型钢结构件的长效防腐工程
4.热喷涂修复机械零部件及表面强化
5.腐蚀、磨损的科研工作

该院秉承“科技为先、以人为本、诚信服务、创新发展”的质量方针,竭诚为客户提供优质服务,他们愿以自己的智慧和辛勤工作实现客户的理想,展现自我风采,内蒙古电科院人愿与国内外各界朋友携手共创美好明天。

内蒙古精实工程技术有限责任公司

联 系 人:李为冬　　企业性质:有限责任公司
电　　话:0471－2277164
地　　址:内蒙古呼和浩特钢铁路西村前街
　　　　金园小区10号楼3单元302　　邮　　编:010030

呼和浩特市瑞米克特种焊接技术中心

法人代表:康建清　　联 系 人:白富平
电　　话:0471－4956701
地　　址:内蒙古呼和浩特市乌兰察布东路631号　　邮　　编:010000

机械部呼和浩特畜牧机械研究所

联 系 人:卞一丁
地　　址:内蒙古呼和浩特市昭乌达路1号　　邮　　编:010010

包钢集团机械制造有限公司金属表面工程公司

法人代表:白洪钢　　联系人:赵世权
电　　话:0472－2182330　　手机:(0)13304720372　　传　　真:0472－2182330
地　　址:内蒙古包头市昆区　　邮　　编:014010

辽　宁　省

铁岭永兴石油机械有限责任公司

联 系 人:王泰兴　　企业性质:股份制
电　　话:0410－4603505　　传　　真:0410－4690046
地　　址:辽宁省铁岭市银州区铜钟街　　邮　　编:112002
http://www.wtxing.com　　E－mail:Wt1000@hotmail.com

单位情况简介:

该公司是从事热喷涂技术开发、设备研制、加工、修复作业的专业公司。公司主要产品有超音速火焰喷涂设备、大功率超音速等离子喷涂设备、中功率等离子喷涂设备、氧－乙炔多功能火焰喷涂设备等热喷涂专用设备,设计制造各种热喷涂专用立式、卧式回转工作台和CNC控制2－6轴热喷涂专用机械手,并承揽热喷涂用各种吹砂室,喷涂室的设计和制造。

公司现有职工50余人,大中专以上学历占48%。各类管理人员18人,其中工程技术人员12人,中级以上技术职称10人,有一批多年从事喷涂技术研究的科技人员在设备研制,涂层设计,易损零部件的预保护、修复、防腐强化处理等领域有着三十多年的丰富经验。

公司总经理王泰兴同志是中国表面工程协会常务理事,热喷涂专业委员会副理事长,该同志从事热喷涂工作三十多年,参与了七五,八五规划项目的技术攻关并在宝钢二期高炉,烧结、焦化等设备的研制工作中作出了重要贡献,申报并获得各种发明。实用新型专利三十多项,多次在国内外喷涂行业发表论文,是国内热喷涂行业的专家。

公司研制生产的超音速火焰喷涂设备已于2001年荣获国家重点新产品证书,被国家经贸委列入以国经贸技术(2001)431号文件下达的2001年度国家重点新产品计划。据省科技情报所提供的查新报告,该产品已达到国际同类产品先进水平和单项技术达到国际领先水平。

2003年该公司成功研发了轴向送粉超音速火焰喷涂设备(T_{I-II}3200CY),彻底解决了切向送粉方式粘结,划伤喷枪枪管的工艺难题。目前,该公司为适应国内热喷涂市场的需要又研制了具有国际先进水平的氧－乙炔火焰多功能喷涂系统,该系统不但可使用4－8mm各种规格的陶瓷棒材材料(硬,软)还可以喷涂各种粉末材料和各种金属线材,控制方式采用了步进系统,液晶显示,PLC和质量闭环控制。

详情参见:封三、P386页

大连特种涂层技术发展中心

法人代表:杜洪祥　　联系人:杜玉锋　　企业性质:股份制
电　　话:0411－7669036　　传　　真:0411－7662557
地　　址:辽宁省大连市金州区站前街道吴家村　　邮　　编:116100
http://www.dl－coatings.com

单位情况简介:

详情参见:P396页

大连重工集团有限公司特种焊接加工厂

法人代表:王　晖　　　　企业性质:国有

电　　话:0411－4604201－2181　手　　机:(0)13904118295　　传　　真:0411－4609151

地　　址:辽宁省大连市沙河口区汉阳街10号　　邮　　编:116022

http://www.dhi.com.cn　　E－mail:dhi@dhi.com.cn

单位情况简介:

详情参见:P420页

沈阳恒信表面技术发展有限公司

联 系 人:那忠爱　　企业性质:有限责任公司

电　　话:024－24121564　　手　　机:(0)13644017948　　传　　真:024－24121564

地　　址:辽宁省沈阳市和平区三好街72号　　邮　　编:110003

单位情况简介:

详情参见:P425页

大连海事大学金属材料工艺所

联 系 人:高　阳　　企业性质:国有

电　　话:0411－4726895　　手　　机:(0)13704267678　　传　　真:0411－4726895

地　　址:辽宁大连市凌水桥　　邮　　编:116026

http://www.dl－plasma.com

单位情况简介:

详情参见:P390页

东港市宏伟硼合金有限公司

联 系 人:田　耕　(0)13704199678　(0)13941964666

　　　　黄湛良　(0)13304011869　0415－7804003　　企业性质:有限责任公司

电　　话:0415－7804003　7802927　　传　　真:0415－7802224

地　　址:辽宁省东港市黄土坎镇　　邮　　编:118308

http://www.chinaferroboron.com

E－mail:hongwei@chinaferroboron.com

单位情况简介:

详情参见:P435页

葫芦岛市龙港锦海有色金属新材料厂

法人代表:郭　强　手　　机:(0)13909898183

联 系 人:张晓飞　手　　机:(0)13309898183　　企业性质:个人独资

电　　话:0429－2071808　　传　　真:0429－2072111

地　　址:辽宁省葫芦岛市龙港区锦葫路茨山段　　邮　　编:125003

单位情况简介:

详情参见:P444页

沈阳市新光热喷涂厂

法人代表:王　祝　　联系人:王从夫　　企业性质:集体
手　　机:(0)13804979811　(0)13609874480
电　　话:024－24325182　24832900－6904　　传　　真:024－24341693
地　　址:辽宁省沈阳市大东区东塔街一号　　邮　　编:110043
http://www.ht－xinguang.com　　E－mail:repentu@163.com

单位情况简介:

详情参见:P433页

沈阳双实磨料磨具有限公司(沈阳砂轮厂)

法人代表:吴淑华　　企业性质:股份制
电　　话:024－88320674　　传　　真:024－88322458
地　　址:辽宁省沈阳市东陵区观泉路298号　　邮　　编:110045

单位情况简介:

沈阳双实磨料磨具有限公司(沈阳砂轮厂)系机械部磨料磨具行业骨干企业,具有40多年的生产历史。现有职工1500名,厂区占地面积七万平方米,固定资产8000万元。主导产品有:热喷涂用的氧化物陶瓷粉末、铝镁尖晶石、白刚玉磨料、砂轮。技术水平高、设备先进、管理严格、产品畅销全国二十九个省市自治区,并且出口美国、日本、韩国等。产品质量好,深受国内外用户赞誉,产品全部执行国家标准并通过国际先进标准认证。

氧化物陶瓷粉末有:α——Al_2O_3、TiO_2、Cr_2O_3、ZrO_2四种常用材质和复合粉,颗粒尺寸任取所需。粉末的特点:粒度均匀、晶体结构稳定、流动性好、化学成份纯度高。喷涂工艺性好,适用等离子喷涂和火焰喷涂,涂层硬度高、致密、耐磨、耐蚀、应用广泛。企业采用先进的设备和工艺手段,生产出的陶瓷粉末性能优于烧结法和团聚法所产粉末。产量大、供货及时、重合同、守信誉、价格优惠,竭诚欢迎国内外用户使用,该公司全体员工将热情为您服务。

沈阳电科热喷涂有限公司

联 系 人:刘传玉　　企业性质:有限责任公司
电　　话:024－23102130　23102362　　传　　真:024－23102362
地　　址:辽宁省沈阳市和平区四平街39号　　邮　　编:110006

单位情况简介:

沈阳电科热喷涂有限公司是辽宁电力科学研究院金属材料研究所与辽宁电力有限公司节能公司的合股公司。该公司董事长兼总经理由电科院金属材料所所长教授级高工孙永莹担任,副董事长由节能公司副总经理高级工程师郭建宇担任,生产技术副经理由金属材料研究所教授级高工、中国电力企业联合会标准化技术委员会委员、中国电机工程学会焊接专业委员会常务理事刘传玉担任。公司现有教授级高工3人,高工7人,工程师8人,固定资产300万,固定厂房400平方米配15吨吊车。拥有JP5000超音速火焰喷涂系统、亚音速火焰喷涂、电弧喷涂、普通火焰喷涂、手工电弧焊、氩弧焊、二氧化碳气体保护焊设备,锅炉受热面管氧化皮检测与寿命评估系统、涂层测厚仪及金相、硬度、高温持久与爆破等检测仪器。

该公司以辽宁电科院金属材料研究所技术实体为依托,可对火电厂水电厂叶片、省煤器等四管、转轮室、阀类件、轴类件、泵类件、引(排)风叶片、制粉系统磨损件、煤碳、冶金、轻纺及印刷、石化、机械制造行业机械设备部件的磨损、腐蚀、高温氧化与腐蚀、冲蚀、汽蚀等进行硬面涂(焊)层的设计、制做、检测、试验及研究,可承揽锅炉受热面氧化层检测与寿命评估业务。

鞍钢附企金属表面技术开发公司

法人代表:王　聪　　企业性质:集体
电　　话:0412-8233358　　传　　真:0412-8215388
地　　址:辽宁省鞍山市铁西经济开发区创建街1号　　邮　　编:114014

单位情况简介:

该公司是鞍钢定点修复厂家,十几年来,为鞍钢的节能降耗做出巨大贡献。该公司现有员工204人,专业技术人员39人,拥有瑞士卡斯特林公司设计生产的5000型高能等离子喷涂系统、移动式等离子喷涂系统,主要用于铁基、镍基合金及钴、铬、钨系列高温合金和陶瓷系列等喷涂材料;2000型和3000型火焰喷涂系统,常用合金、陶瓷和喷涂铜、锌、铝、巴氏合金等有色金属材料;GAP375型等离子喷焊系统,采用各种喷焊合金粉末材料。

该公司曾经承揽过鞍钢燃气厂(16吨)大型收缩段、(8余吨)中型收缩段工程等预保护处理,受到用户的好评。

辽宁省轻工科学研究院(辽宁省硅酸盐研究所)

联 系 人:杨秋生　　手　　机:(0)13940434816　　企业性质:事业
电　　话:024-86749667　86876979　　传　　真:024-86872663
地　　址:辽宁省沈阳市皇姑区崇山西路3号　　邮　　编:110036
E-mail:LNQKY@SINA.COM

单位情况简介:

辽宁省轻工科学研究院(辽宁硅酸盐研究所)是从事陶瓷材料科研与生产的专业研究院,在传统陶瓷和精细陶瓷方面有较为雄厚的技术积累。二十世纪八十年代以来,为了适应热喷涂技术在国内的快速发展以及航空、航天部门对于陶瓷喷涂材料的迫切需求,该院先后承担并完成了多个省部级相关科研项目,成功研制出热障、耐磨、耐腐蚀、隙控等陶瓷涂层材料。目前已形成氧化锆、氧化铝及氧化铬三大系列十几个粉末品种,取得了良好的社会效益和经济效益。科研成果多次获得部级、省级奖励,并于1995年,被国家科委、国家经贸委、国防科工委联合授与“国防军工先进配套单位”的荣誉称号。

“工欲善其事,必先利其器”。2002年,该院引进了一套等离子喷涂设备,建立了热喷涂实验室。从而既为粉末材料的研发创造了有利的条件,同时也介入到实际应用当中。

热喷涂技术在不断进步,应用领域在不断拓展。在充满希望的二十一世纪,该院愿与热喷涂界的各位朋友在材料的研究与开发、热喷涂的实际应用等方面进行真诚的交流与合作!

沈阳市热喷涂厂

联 系 人:赵九智　　企业性质:集体
电　　话:024-86388483　　传　　真:024-86388483
地　　址:辽宁省沈阳市大东区锦园路积安巷2号　　邮　　编:110041

单位情况简介:

尼龙、塑料喷涂技术

沈阳市热喷涂厂,是中国表面工程协会热喷涂专业委员会理事单位。

早在60年代,我们国家还未成立热喷涂协会之前,该厂就协同组织过多次民间全国性200人以上的热喷涂技术经验交流会。为全国开展热喷涂技术打下了良好基础。

该厂除一般热喷涂技术之外,几年来在尼龙、塑料喷涂方面,做了大量试验与研究工作。在国内可以说,该厂是全国尼龙、塑料喷涂设备专业生产厂家。几年来,取得了可喜成果。

尼龙塑料喷涂技术,早已列入国家八五重点推广项目,90年国家经委拨专款20万元,在全国全面推广。它确实是一项投资少、见效快、用途广、收益大、经济效益高等一系列优点。

为满足广大用户的需要，目前该厂已发展了五个型号，九个品种的喷枪，三种型号的送粉装置。其结构简单实用可靠。并已标准化、系列化、尤其是扁嘴喷枪、样式新颖、高效、为国内首创。90年代批准专利。

一、尼龙、塑料喷枪：

产品型号	喷嘴结构形式	适 用 范 围
NSP-4型	圆 嘴	特殊用的小型零件。
NSP-6型	圆嘴及扁嘴二用	一般零部件。如：轴、销、套、轴Φ200米，长2000以内平板。
NSP-12型	圆嘴及扁嘴二用	一般中型零部件。Φ200~300米，长3000内，平板1~10M^{2}内，结构件。
NSP-20型	圆嘴及扁嘴二用	一般大型零部件。中小型容器、槽子、小型桥梁、大型构件等。
NSP-40型	扁 嘴	一般较大型零部件。大型构件、大型化工容器大槽子、大型桥梁等。

二、送粉装置：

产品型号	产品规格	容 积	适 用 范 围
NSP-1型	筒直径Φ100高150	半公斤	配备NSP-4型枪用
NSP-2型	筒直径Φ160高250	2公斤	配6型、12型、20型枪用
NSP-3型	筒直径Φ300高500	5公斤	配40型枪专用

沈阳工业大学热喷涂室

联 系 人：张忠礼　　企业性质：国有
电　　话：024-25691331　　传　　真：024-25691335
地　　址：辽宁省沈阳市铁西区兴华南街58号　　邮　　编：110023

单位情况简介：

沈阳工业大学的热喷涂研究工作开始于七十年代初，当时集中于等离子喷涂技术，曾圆满完成机械部下达的80千瓦等离子喷涂枪的攻关课题，获得了部技术进步二等奖。1983年以来在我国率先对电弧喷涂的工艺，设备及其应用进行了研究和开发工作，所研制的XDP-1新型电弧喷涂设备在1985年通过技术鉴定，同年投放市场。该设备的研制成功对我国电弧喷涂技术的应用起了重要的推动作用，缩短了我国电弧喷涂技术与国外的差距。十九年来，电弧喷涂技术领域的研究发展工作是我们的中心工作，设备定型商品化，并不断进行改进更新。现在拥有多项相关专有技术，有充足的技术储备。除电弧喷涂设备开发以外，近年来完成的主要课题还有：

电弧喷涂层的自结合机理研究及新型自结合材料开发

管状丝才电弧喷涂冶金学研究及专用管状丝材开发

电弧喷涂快速制造塑料加工模具技术的开发研究

液体燃料压缩空气超音速燃烧器的开发研究

电火花表面强化技术与设备的研制

中国科学院金属研究所国家材料工程研究中心材料表面改性研究室

联 系 人：金花子、楼志飞　　企业性质：国有
电　　话：024-23971743　　传　　真：024-23971719
地　　址：辽宁省沈阳市文化路72号　　邮　　编：110016

单位情况简介：

中国科学院金属研究所国家材料工程研究中心材料表面改性研究室拥有火焰喷涂等离子喷涂、爆炸喷涂、冷气动力喷涂和物理气相沉积设备和技术手段，在耐磨涂层、抗氧化涂层、热障涂层及高温封严涂层等功能涂层制备、性能研究方面开展了大量工作，承担和完成了多项国家攻关、863计划、省市基金以及企业委托项目。该部门现有职工16名，其中具有大学以上学历的科技人员9名。

等离子喷涂是该所于60年代初，在国内最早研制成功的，先后研制了长寿命耐磨耐蚀涂层用于钢厂轧钢机油膜轴承的密封系统和化纤厂进口纺丝机的主要备件上，研制的烟机叶片和地面燃机的导向叶片热障涂层，使叶片的使用寿命提高一倍以上，取得了可观的经济效益和社会效益。

2000年该所有俄罗斯引进了冷气动力喷涂、爆炸喷涂技术和关键设备、在消化、吸收的基础上，不断创新，先后研制了PTC电极涂层、NdFeB防护涂层以及多种减磨、耐磨和防护等功能涂层，并且研制成功可用于工业生产的固定式和可移动式冷气动力喷涂设备。

沈阳新光机械制造有限公司

联 系 人：张禹竹　　企业性质：有限责任公司
电　　话：024－88429833　　传　　真：024－23253258
地　　址：辽宁省沈阳市大东区东塔安居小区　　邮　　编：110043

大连热电集团检修分公司

法人代表：冷少宏　　联系人：林茂峻　　企业性质：国有
电　　话：0411－6642089－2180　　传　　真：0411－666483
地　　址：辽宁省大连市沙河口区香周路210号　　邮　　编：106021
E－mail：linmaojun@163.com

辽河油田光达石油机械厂

联 系 人：庞琦波　　企业性质：集体
电　　话：0427－7813046　(0)13904273618　　传　　真：0427－7811372
地　　址：辽宁省盘锦市兴隆台渤海供应　　邮　　编：124012

辽宁电力科学研究院金属材料研究所

法人代表：孙玉莹　　手　　机：(0)13709830053　　联 系 人：刘传玉
电　　话：024－23102481　23102130　　传　　真：024－23102362
地　　址：辽宁省沈阳市和平区四平街39号　　邮　　编：110006

中科院沈阳金属腐蚀与防护研究所

法人代表：吴维安　　联 系 人：富家骏
电　　话：024－3915907
地　　址：辽宁省沈阳市文萃路62号　　邮　　编：110015

中国科学院金属研究所

联 系 人：熊天英
电　　话：024－23971746　　传　　真：024－23843686
地　　址：辽宁省沈阳市文化路72号　　邮　　编：110016

中国科学院金属研究所一室

联 系 人:常新春

电　　话:024 - 23971865　(0)13804032381　　传　　真:024 - 23891320

地　　址:辽宁省沈阳市文化路 72 号　　邮　　编:110016

沈阳纺织机械厂

联 系 人:刘长德

地　　址:辽宁省沈阳市铁西区景星北街 44 号　　邮　　编:110021

沈阳化工研究院

联 系 人:张树仁　　电　　话:024 - 5874850

地　　址:辽宁省沈阳市铁西区沈辽东路 8 号　　邮　　编:110021

沈阳阀门研究所

联 系 人:王德权　　手　　机:(0)13700042252

电　　话:024 - 25872517 - 2085　　传　　真:024 - 25875015

地　　址:辽宁省沈阳市铁西区云峰北街 3 号　　邮　　编:110025

沈阳高压开关厂科协

联 系 人:刘　哲

地　　址:辽宁省沈阳市铁西区景星北街 38 号　　邮　　编:110025

沈阳市热喷涂刷镀厂

联 系 人:邢世军

地　　址:辽宁省沈阳市大东区小河沿路 144 号　　邮　　编:110042

黎明航空发动机集团公司热喷涂中心

联 系 人:肇　洋

电　　话:024 - 24382684　(0)13130219789　　传　　真:024 - 24831926

地　　址:辽宁省沈阳市大东区东塔街 6 号　　邮　　编:110043

沈阳黎明航空发动机(集团)公司技术中心

联 系 人:赵维勋

电　　话:024 - 24383057　(0)13940103133　　传　　真:024 - 24326643

地　　址:辽宁省沈阳市大东区东塔街 6 号　　邮　　编:110043

沈阳东普冶金热喷涂厂

联 系 人:杨恩庆　　电　　话:024 - 25877886

地　　址:辽宁省沈阳市沈辽路 2 号沈阳有色冶金机械总厂热喷涂厂　　邮　　编:110141

沈阳市辉硕表面工程有限公司

法人代表:王新绵　　联 系 人:焉　辉
电　　话:024－23819182
地　　址:辽宁省沈阳市东陵区营盘路38号　　邮　　编:110168

中国石油辽阳机电仪研修中心新技术研究所

联 系 人:郎亚非
电　　话:0419－5157476　　传　　真:0419－5157475
地　　址:辽宁省沈阳市宏伟区光华街28号　　邮　　编:111003

解放军6409厂配件厂

联 系 人:冉献珍
地　　址:辽宁省抚顺市　　邮　　编:113105

鞍山钢铁公司附属企业公司总工办

联 系 人:葆永刚
电　　话:0412－5561391　6320627
地　　址:辽宁省鞍山市铁东区南胜利路路东10栋19号　　邮　　编:114000

鞍山市矿冶设备制造公司

联 系 人:刘跃东
电　　话:0412－6455998
地　　址:辽宁省鞍山市　　邮　　编:114000

鞍山钢铁公司劳服机械制造厂

联 系 人:申　渝
电　　话:0412－6354849　　传　　真:0412－6354849
地　　址:辽宁省鞍山市铁东区园林路187栋1号　　邮　　编:114001

鞍山领高表面工程新技术研究所

联 系 人:李　明
电　　话:0412－6726338　(0)13050067890
地　　址:辽宁省鞍山市园林路205甲－1号　　邮　　编:114001

鞍钢劳服机械制造厂热喷涂厂

联 系 人:靳延林　　电　　话:0412－6354849
地　　址:辽宁省鞍山市铁东区园林路178栋6号　　邮　　编:114001

鞍钢机械开发总公司热喷涂厂

联 系 人:韩喜祥
电　　话:0412－6724708　(0)13941276351
地　　址:辽宁省鞍山市和平桥岗西100米　　邮　　编:114021

鞍山钢铁公司第二初轧厂机动科

联 系 人:高　原
电　　话:0412－6752885
地　　址:辽宁省鞍山市　　　　邮　　编:114021

鞍钢附企金属表面技术总厂

联系人:徐光民
电　　话:0412－6723249
地　　址:辽宁省鞍山市　　　　邮　　编:114021

辽宁省鞍钢第二初轧厂

联 系 人:陈祥斌
电　　话:0412－6752475
地　　址:辽宁省鞍山市　　　　邮　　编:114021

鞍山正发耐磨技术有限公司

联 系 人:张新宇
电　　话:0412－5420008　　　　传　　真:0412－5422377
地　　址:辽宁省鞍山市千山区七岭子镇　　　　邮　　编:114044

万宝至马达大连有限公司

法人代表:西村祥二　　　　联 系 人:阎福玉
电　　话:0411－7611111－432　　　　传　　真:0411－7611127
地　　址:辽宁省大连市开发区哈尔滨路 41 号　　　　邮　　编:116000

鞍钢附企公司技术部

联系人:张恒毅
电　　话:0412－6325971　6724083
地　　址:辽宁省鞍山市立山区北胜利路 3 号　　　　邮　　编:114031

大连机车车辆工厂机械三车间

联 系 人:苑文斌
地　　址:辽宁省大连市　　　　邮　　编:116021

大连华联耐磨技术研究中心

联 系 人:傅德强
电　　话:0411－4214962　(0)13332269798　　　　传　　真:0411－4247080
地　　址:辽宁省大连市大连铁道学院 77 号信箱　　　　邮　　编:116022

大连理工大学材料工程系

联 系 人:周继扬
电　　话:0411－4671511－244/449

地　　址:辽宁省大连市　　邮　　编:116023

大连海事大学船机修造及材料工艺研究所

联 系 人:王　鹏
电　　话:0411-4727932　4729896　　传　　真:0411-4671395
地　　址:辽宁省大连市凌水桥　　邮　　编:116026

大连化学工业公司动力厂防腐车间

联 系 人:李鼎奎　　电　　话:0411-662312-2311
地　　址:辽宁省大连市甘井子　　邮　　编:116032

大连市万能焊接服务公司

联 系 人:付学俊　　电　　话:0411-7684786
地　　址:辽宁省大连市金州区于洼邮电服务站78-07信箱　　邮　　编:116100

辽宁桓仁热电有限责任公司

法人代表:丛振林　　联 系 人:邹本生
电　　话:0414-8913733　(0)13704240708　　传　　真:0414-8913566
地　　址:辽宁省桓仁县桓仁镇　　邮　　编:117200

辽宁省丹东市焊条线材厂

法人代表:丁　毅　　联 系 人:张仁林
电　　话:0415-6161268　　传　　真:0415-6164322
地　　址:辽宁省丹东市　　邮　　编:118000

锦州市迅达喷涂机械厂

联 系 人:曹春华
电　　话:0416-5176880　(0)13941636782　　传　　真:0416-5176880
地　　址:辽宁省锦州市太和区东太平里270-1号　　邮　　编:121000

锦州市电力应用技术研究所

联 系 人:田结实
电　　话:0416-2523630　(0)13604164003
地　　址:辽宁省锦州市太和区营盘乡亮甲山203号　　邮　　编:121017

锦西杨家仗子矿务局机动处

联 系 人:张恩贵
电　　话:0416-441025-3854
地　　址:辽宁省锦西市　　邮　　编:121522

盘锦裕翔科工贸有限公司

法人代表:符宝岫　　联 系 人:喻　辉

电　　话：0427－7800486(H)　(0)13130908199　　传　　真：0427－7820253
地　　址：辽宁省盘锦市兴隆台区辽河油田迎宾小区6号楼4－102
邮　　编：124010

本钢冶金液压机械配件厂

联 系 人：马明谦　　手　　机：(0)13304249128
电　　话：0414－2859169　　传　　真：0414－2859169
地　　址：辽宁省本溪市解放南路24号　　邮　　编：117000

辽河油田总机厂研究所

联 系 人：胡玉海
地　　址：辽宁省大洼县红村　　邮　　编：124200

吉　林　省

吉林大学表面工程技术研究室

联 系 人：孙大谦　0431－5705329，sunda5@mail.jl.cn
　　　　　任振安　0431－5705305，5695501，renzhena@mail.jl.cn
　　　　　宣兆志　0431－5705305，5603635
地　　址：吉林省长春市人民大街142号，吉林大学材料科学与工程学院
邮　　编：130025

单位情况简介：

吉林大学材料科学与工程学院材料加工工程学科是国家重点学科，表面工程技术研究是该学科的主要研究领域之一，有如下主要研究方向：

1.热喷涂涂层的结构、组织与性能研究；
2.等离子喷涂纳米陶瓷涂层的涂层材料、结构、性能与应用研发；
3.堆焊材料、堆焊工艺、堆焊层特性与应用研发；
4.激光表面改性技术研究与应用。

表面工程技术研究室现拥有完备的等离子喷涂、电弧喷涂、火焰喷涂设备及各种堆焊设备，具有金相分析、微观分析、力学性能测试等能力。近年来在纳米喷涂涂层、电厂易磨损易腐蚀部件制备与修复、各种热作模具钢堆焊及激光熔覆表面复合材料等方面进行大量科研工作。可以为航空、航天、热电、汽车、机械等行业提供各类耐磨损、耐腐蚀、抗氧化、抗冲蚀涂层及特殊功能涂层的科研、加工与技术服务。

通化钢铁集团公司校办公司二小机械厂

法人代表：陈炳辑　　联系人：翟爱国　　企业性质：集体
电　　话：0435－3793982　(0)13944584199　　传　　真：0435－3717197
地　　址：吉林省通化市二道江区东兴路　　邮　　编：134003
E－mail：Zag8937@163.com

吉林市东北苑电力开发有限责任公司

法人代表：井得江　　联系人：迟宝久　　企业性质：股份制

电　　话:0432－2438590　(0)13689866769　传　　真:0432－2448495
地　　址:吉林省吉林市解放东路辽东二区10号楼写字楼三层　邮　　编:132001
E－mail:Jilindby@mail.Jl.cn

吉林热电厂华新热喷涂防护厂

联 系 人:梁春生　电　　话:0432－3036719
地　　址:吉林省吉林市徐州路龙江胡同21号　邮　　编:132021

吉林市联塔实业有限责任公司

联 系 人:安正镐
电　　话:0432－3990085　3985060　(0)13009152898　传　　真:0432－3990085
地　　址:吉林省吉林市龙潭区绥化路9号　邮　　编:132021

一汽技术中心工艺所焊接室

联 系 人:许嘉平
手　　机:(0)13620718165
邮　　编:132021

第三技工学校工厂苏少泉转

联 系 人:潘延厚　电　　话:0432－2441188－16663
地　　址:吉林省吉林市龙坛区　邮　　编:132021

延边运输有限公司

联 系 人:张可丰　电　　话:0433－2329587
地　　址:吉林省延吉市爱丹路93号　邮　　编:133000

延边运输有限公司

联 系 人:杨甲民
电　　话:0433－2550365　传　　真:0433－2329587
地　　址:吉林省延吉市爱丹路87号军分区4号楼2单元3楼1号
邮　　编:133000

通化市富达造纸设备有限公司

联 系 人:陈玉林
电　　话:0435－5742450
地　　址:吉林省通化市新胜路2－1号　邮　　编:134000

吉林省通化市金属修复研究所

联 系 人:白瑞君
电　　话:0434－6223104
地　　址:吉林省通化市通钢机械厂　邮　　编:136101

吉林石油装备公司检测及表面处理中心

法人代表:宋荣新　　联 系 人:刘福君
电　　话:0438－6337779　　传　　真:0438－6336518
地　　址:吉林省松原市长宁北街58号　　邮　　编:138000

黑 龙 江 省

哈尔滨四达热喷涂技术有限责任公司

法人代表:王　林　　联系人:王增艳　　企业性质:有限责任公司
电　　话:0451－82689003　82924004
传　　真:0451－82682433　82689003
地　　址:黑龙江省哈尔滨市动力区进乡街7号　　邮　　编:150046
http://www.harbinstar.com　　E－mail:harbinstar@sohu.com

单位情况简介:

详情参见:P414页

哈尔滨市长河特种涂料厂有限责任公司

联 系 人:方志刚　　企业性质:有限责任公司
电　　话:0451－86200449　　传　　真:0451－86204448
地　　址:黑龙江省哈尔滨市南岗区文化街26号　　邮　　编:150040
http://www.Chang－He.com

单位情况简介:

详情参见:P432页

哈尔滨市祥泰金属喷涂技术有限责任公司

法人代表:郑希华　　手　　机:(0)13804570075　　企业性质:股份制
电　　话:0451－57644620　　传　　真:0451－57644620
地　　址:黑龙江省哈尔滨市太平区南直路897号　　邮　　编:150050

单位情况简介:

哈尔滨市祥泰金属喷涂技术有限责任公司成立于1994年,采用、引进具有先进水平的俄罗斯设备、技术及各种原材料,从事加工生产耐磨、高抗蚀性能机械零件及表面改性制品、技术转让、技术开发、合作研究、销售喷涂电弧丝材、修复大型直轴、传动轴、电机转子轴、曲轴、缸体、轴承室。印刷滚筒、螺拉滚、纺织滚、液压伸缩杆、耐酸碱抗高温陶瓷涂层,强化电厂锅炉水冷壁管。除尘叶轮叶片。管道等耐磨合金涂层,喷涂防腐输电铁塔,公路护栏、护板、船体、水箱、机械加工等。

鸡西龙威喷涂焊接有限公司

法人代表:彭国军　　企业性质:合资
电　　话:0467－2385730　　传　　真:0467－2378571
地　　址:黑龙江省鸡西市南星街49号　　邮　　编:158105

单位情况简介:

创建于1992年6月的鸡西龙威喷涂焊接有限公司是黑龙江科技学院与俄罗斯共青城维哈公司合

资兴办的高新技术公司。是从事等离子喷涂、电弧喷涂、陶瓷喷涂、氧一乙炔火焰喷涂(喷焊)等热喷涂技术的专业化厂家,注册资金39万美元。

该公司从俄罗斯引进国际上最先进的热喷涂工艺,设备及原材料,有一支有俄罗斯专家参加,科技学院表面工程技术研究所为主的技术队伍。目前,公司已有三项科研成果通过省部级鉴定,特别是陶瓷棒材的研制成功,填补了国内空白。

开业十年来,该公司得到了较快的发展,已在省内外设立了多家分公司,为我国电力、石油、煤碳、冶金、化工等行业做出了不可磨灭的贡献。同时做为产、学、研基地、为学院培养出有实践能力的大学生,为我国有关科研院所开展科学研究奠定了基础。

佳木斯大学材料工程学院

联 系 人:李慕勤　　企业性质:事业

电　　话:0454-8618700　　传　　真:0454-8618701

地　　址:黑龙江省佳木斯大学材料工程学院　　邮　　编:154007

E-mail:jmsdxLimugin@163.com

单位情况简介:

佳木斯大学系黑龙江省省属重点建设大学,下设的材料工程学院,现有三个本科专业,即金属材料工程、材料成型与控制工程、无机非金属材料工程。其中,材料成型与控制工程是由原两个省级重点专业,焊接、铸造专业合并而成,该专业2000年再次被评为省重点专业。现有材料加工工程硕士点,2001年被评为省重点学科。医工合作,2002年申报成功佳木斯大学生物医学材料省级重点实验室。

材料工程学院拥有一支年富力强、奋发向上、治学严谨的教学与科研队伍,全院现有教职员工57人,其中,教授9人,研究员1人,副教授16人,高级工程师5人,高级实验师1人,中级职称12人。该院实验室建筑面积达5100平方米,生均实验设备价值为2万元左右,具有较为先进的制备、分析设备。近年来在教学方面不断进行改革,很多专业教学采用多媒体教学,双语教学,优秀毕业生导师制等。省级教改立项六项,获省教委教学成果二等奖二项。科研方向为生物医学材料工程、金属基复合材料、表面改性、耐磨材料、材料成型工艺与控制、材料热加工建模及虚拟制造技术。现科研项目有国家部委合作项目4项,省科委自然科学基金项目6项,省科委攻关项目三项、省教委课题等项目二十余项,获省部委、省教委等科学进步奖十余项。发表在国家级刊物上的论文近300多篇,被SCT、EI检索28篇。申报国家发明专利2项、实用新型专利3项,科技成果转让项目10项,面对企业积极开展科技服务工作达20余项。

佳木斯大学生物医学材料省级重点实验欢迎国内同仁来该室指导工作。

机械科学研究院哈尔滨焊接研究所

联 系 人:王志平　　手　　机:(0)13654547916

电　　话:0451-6374174　　传　　真:0451-6335215

地　　址:黑龙江省哈尔滨市南岗区和兴路111号　　邮　　编:150080

http://www.weldtown.net.cn

E-mail:thermal_spray@wp369.com

哈尔滨圣维恩陶瓷喷涂技术有限公司

联 系 人:候晓林　　企业性质:有限公司

电　　话:0451-86211747　(0)13030055400　　传　　真:0451-86211747

地　　址:黑龙江省哈尔滨市南岗区

西大直街480号九知新书店　　邮　　编:150080

黑龙江科技学院

联 系 人:陈政国　　企业性质:事业
电　　话:0451 - 2374180　　传　　真:0451 - 2374180
地　　址:黑龙江省哈尔滨市道外区松浦镇粮厂街 1 号　　邮　　编:150027
http://www.HMI.ORG.cn.

哈尔滨维哈科技有限公司

法人代表:彭鸿飞　　联 系 人:鄂立勇
电　　话:0451 - 4541600　(0)13703615100　　传　　真:0451 - 4541600
地　　址:黑龙江省哈尔滨市南岗区红军街 108 号哈铁外经公司　　邮　　编:150001

黑龙江省华能电力技术有限公司

联 系 人:冯万春
电　　话:0451 - 3684429
地　　址:黑龙江省哈尔滨市香坊区建北街 63 号三层　　邮　　编:150030

哈尔滨钛合金应用技术开发公司经营部

联 系 人:刘宏伟
电　　话:0451 - 2321643　　传　　真:0451 - 2321174
地　　址:黑龙江省哈尔滨市南岗区嵩山高新技术产业开发区 3# 楼　　邮　　编:150036

哈尔滨汽轮机责任有限公司工艺所焊接科

联 系 人:吕振佳
电　　话:0451 - 2681404 - 3051
地　　址:黑龙江省哈尔滨市大庆路 1 号　　邮　　编:150040

哈尔滨电机责任有限公司制造工艺部

联 系 人:王振凯
电　　话:0451 - 2102601 - 2118　　传　　真:0451 - 2102580
地　　址:黑龙江省哈尔滨市动力区大庆路 71 号　　邮　　编:150040

牡丹江市恒泰金属喷涂有限公司

联 系 人:鲁　伟　　手　　机:(0)13904874280
地　　址:黑龙江省牡丹江市阳明区光华街 73 号　　邮　　编:157013

鸡西市恒立工程塑料厂

联 系 人:李德生　　电　　话:0453 - 2461551
地　　址:黑龙江省鸡西市恒山区立井街　　邮　　编:158140

黑龙江华安工业集团公司设备修造厂

联 系 人:邱绍忠　　电　　话:0452 - 6674961

地　　址:黑龙江省齐齐哈尔市碾子山兴华里 4 栋 11 号　　邮　　编:161046

黑龙江省鸡西市远大硼化物厂

法人代表:鲍迎全　　联 系 人:吴海潮
电　　话:0467 - 2492223　　传　　真:0467 - 2492223
地　　址:黑龙江省鸡西市麻山区石墨路 58 号　　邮　　编:158180

第一重型机械集团公司焊接分厂

联 系 人:王德华　　电　　话:0452 - 6809001 - 4276
地　　址:黑龙江省齐齐哈尔市富拉尔基　　邮　　编:161042

第一重型机械集团公司焊接研究所

联 系 人:谷　文
电　　话:0452 - 6809001 - 4407　　传　　真:0452 - 6807280
地　　址:黑龙江省齐齐哈尔市富拉尔基　　邮　　编:161042

大庆市中油特氟隆防腐工程公司

联 系 人:康庆刚
电　　话:0459 - 5291198　　手　　机:(0)13009827189
地　　址:黑龙江省大庆市五星村转　　邮　　编:163355

大庆石油管理局建材公司防腐管道厂

联 系 人:陈守平　　电　　话:0459 - 5594727
地　　址:黑龙江省大庆市让湖路区中央大街 45 号　　邮　　编:163712

大庆市泰克石化公司

联 系 人:张保华
电　　话:0459 - 6725760　6386087　(0)13009902776　　传　　真:0459 - 6725760
地　　址:黑龙江省大庆市让湖路区喇化
西路 1 - 7# 楼 202 室　　邮　　编:163713

山　东　省

淄博先河机电有限责任公司

联 系 人:张辉新　　企业性质:国有
电　　话:0533 - 5852433　　传　　真:0533 - 5852835
地　　址:山东省淄博市淄川区洪山镇　　邮　　编:255120
单位情况简介:
详情参见:P431 页

烟台东星集团公司首钢备件修复分公司

法人代表:黄福田　企业性质:国有
电　话:0535-6377913　6371096
传　真:0535-6371341　6371457
地　址:山东省烟台市开发区珠江路20号　邮　编:264006
E-mail:www.futianH@sohu.com

单位情况简介:

详情参见:P419页

诸城市东宝机械有限公司

法人代表:贾东卫　联系人:李建军　企业性质:民营
电　话:0536-6061936-8015　(0)13864675638　传　真:0536-6088336
地　址:山东省诸城市繁荣路东首　邮　编:262200
http://www.dongbaojixie.com　E-mail:sdzcdb@sohu.com

单位情况简介:

该公司属中国表面工程协会热喷涂专业委员会会员单位,已获得ISO9001:2000国际质量体系认证,拥有进口美国Euteetie公司超音速喷涂设备及日本TERODVNSVSVEM公司热喷涂设备、中德合资HY40BU型硬支承平衡机等各类设备36台/套。

该公司的主导产品是为钢铁集团制造用于钢板热轧线的"喷涂辊"冷轧线酸洗机组的"无纺布挤干辊"以及纺织机械产品。

该公司员工经日本尤迪克公司的喷涂专业培训,具有成熟的喷涂工艺,以高精度的质量成为了上海宝钢、攀技花、鞍山、邯郸等特大型钢铁集团的骨干配套厂家。

济南鲁腾科技有限公司

法人代表:郭其安　企业性质:股份制
电　话:0531-8988544　传　真:0531-8822115
地　址:山东省济南历城区王舍人坝王路5号　邮　编:250101

单位情况简介:

该公司主要经营:电厂、锅炉等,防腐、防磨工程

烟台瑞峰表面技术工程有限公司

联 系 人:曲士广　企业性质:外商独资
电　话:0535-6880042　传　真:0535-6884980
地　址:山东省烟台市莱山区康复路5号　邮　编:264003

单位情况简介:

烟台瑞峰表面技术工程有限公司是1995年10月成立的从事表面技术工程的外商独资公司,是全国表面工程协会、山东省表面工程协会会员单位。该公司具有多年从事工业维修、防腐蚀表面工程技术的专业队伍,技术过硬,工艺先进。拥有从国外进口的全自动内圆堆焊机、高压无气喷涂机及高速电弧喷涂机、氩弧焊机、自动埋弧焊机等先进设备。

承揽过的工程:

北京大运会火炬耐高温(1250℃)防腐喷涂
中央党校教学楼钢结构喷锌长效防腐

蓬莱航标灯塔长效喷铝防腐

烟台航标站浮鼓喷铝防腐

胜利油田船舶喷涂修复防腐

恒大化工集团煤气饱和塔内壁长效防腐及流态床锅炉水冷壁管长效防磨蚀喷涂

佳蓬铜业公司湿法炼铜冶炼塔浓硫酸介质防腐

龙口矿务局煤矿设备维修喷涂修复

济南市长清区热喷涂有限公司

法人代表:陈士山　联系人:薛云岭　张树军　企业性质:有限责任公司

电　话:0531－7389188　传　真:0531－7388718

地　址:山东省济南市长清区孝里镇工业园区　邮　编:250302

单位情况简介:

公司成立于1992年,占地6000平方米,专业从事热喷涂技术,属股份制企业;拥有先进的火焰喷涂焊系统,电弧喷涂装备数台,选用新型的合金粉末,金属氧化物粉末,普通丝材和复合丝材,制备出耐磨损、耐腐蚀、耐冲击、抗氧化的表面涂层,从而提高原工件的使用寿命,现有员工40余人,工程师6名,专业技术人员10名,技术力量雄厚。成功为电力行业喷焊风机叶轮,为造纸行业喷涂造纸烘缸来提高使用寿命,得到对方一致好评,并在行业中获得应用先进荣誉证书,在设备及部件的修复中更具独到之外。

该公司愿以先进的设备、成熟的工艺和雄厚的技术力量、严格的质量保证体系以及最新的科研成果和一流的服务,竭诚为广大客户服务。

中国人民解放军第四八零八工厂威海修船厂

联 系 人:丛　钢　企业性质:国有

电　话:0631－5232601－8106　传　真:0631－5231283

地　址:山东省威海市海滨北路1号　邮　编:264200

山东光明钨钼股份有限公司

联 系 人:李世伟　手　机:(0)13853355229　企业性质:股份公司

电　话:0533－6829268　传　真:0533－6822059

地　址:山东省淄博市周村区米河路104号　邮　编:255300

青岛阎重生热喷涂研制室

联 系 人:阎重生　手　机:(0)13953222953　企业性质:私营

电　话:0532－5876873　传　真:0532－5876873

地　址:山东省青岛市市南区燕儿岛路7号14栋3单元202室　邮　编:266071

http://www.yanhvof.com　E－mail:yanhvof@263.net

山东省冶金研究所

联 系 人:倪继恕

地　址:山东省济南市魏家庄65号　邮　编:250001

铁道部济南机车工厂劳司

联 系 人:孙士敏

电　　话:0531－7955930－4851　7985594(H)
地　　址:山东省济南市　　　　　　　　　　　　　　邮　　编:250002

山东表面技术公司

联 系 人:邵明清
地　　址:山东省济南市趵突泉北路6号　　　　　　　邮　　编:250011

山东省经济贸易委员会新技术推广站

联 系 人:臧永华
电　　话:0531－69002744　2608173
传　　真:0531－091264　6062000
地　　址:山东省济南市趵突泉北路6号　　　　　　　邮　　编:250011

山东省热喷涂电刷镀技术协作组

联 系 人:孔广起
电　　话:0531－6910562　　　　　　　　　　　　　传　　真:0531－6920273
地　　址:山东省济南市趵突泉北路6号　　　　　　　邮　　编:250011

维坊市日月天化工科技开发服务有限公司

联 系 人:于乐庆
电　　话:0536－8183083
手　　机:(0)13573629566　13963130795
地　　址:山东省潍坊市奎文区北宫东街230号　　　　邮　　编:261031

滨州市电刷镀热喷涂服务中心

联 系 人:付建忠
电　　话:0543－3391241　(0)13011798362
地　　址:山东省滨州市渤海五路542号　　　　　　　邮　　编:256600

济南市热喷涂技术服务中心

联 系 人:王宝勤
电　　话:0531－8934522　(0)13615410893
地　　址:山东省济南市甸新东路24号　　　　　　　　邮　　编:250014

山东金达电力设备有限公司

法人代表:李乃军　　　　　　　　　　　　　　　　　联 系 人:回金龙
电　　话:0531－8954174　　　　　　　　　　　　　传　　真:0531－8957174
地　　址:山东省济南市闵子骞路106号　　　　　　　邮　　编:250013

山东省冶金科学研究院

法人代表:王家水　　　　　　　　　　　　　　　　　联 系 人:公茂秀
电　　话:0531－8593042　(0)13905313075　　　　传　　真:0531－8593078

地　　址:山东省济南市历下区解放东路 66 号　　邮　　编:250014

山东上仪仪表成套工程有限公司

联 系 人:王文斌
电　　话:0531 - 2968187
地　　址:山东省济南市经十路 27 号　　邮　　编:250014

济南汽车配件厂

联 系 人:史书奎
电　　话:0531 - 7955991 - 381　　传　　真:0531 - 2968187
地　　址:山东省济南市经十路 286 号　　邮　　编:250022

济南喷涂镀技术推广站

联 系 人:梁乙泉
电　　话:0531 - 7955930 - 4852
地　　址:山东省济南市槐树街 73 号　　邮　　编:250022

山东省机械设计研究院

联 系 人:李　杰
电　　话:0531 - 593482 - 3107
地　　址:山东省济南市济洛路 129 号　　邮　　编:250031

电刷镀研究所喷涂机械加工厂

联 系 人:宋立夫　　电　　话:0533 - 2863450
地　　址:山东省淄博市张店区马尚镇　　邮　　编:255090

淄博矿务局机械制造厂

联 系 人:王峰法　　电　　话:0533 - 5852440
地　　址:山东省淄博市淄川区洪山镇　　邮　　编:255120

淄博矿务局矿山机械建材厂

联 系 人:陈　平　　电　　话:0533 - 5780072 - 214
地　　址:山东省淄博市淄川区昆仑昆新路　　邮　　编:255129

东营市电刷镀技术推广站

联 系 人:贾学贞
电　　话:0546 - 8221987/8222078 - 294
地　　址:山东省东营市中建八局　　邮　　编:257031

胜利石油管理局胜大集团金属结构件厂

联 系 人:鄢希林　　电　　话:0546 - 8833488
地　　址:山东省东营市东营区六户镇胜大集团金属结构件厂　　邮　　编:257102

胜利油田金岛实业公司胜岛石油机械厂

法人代表:王建平　　联 系 人:梁龙旭
电　　话:0546－8886644
地　　址:山东省东营市河口区孤岛镇　　邮　　编:257231

潍坊新光机械有限公司

联 系 人:王义泉
电　　话:0536－8888356　　传　　真:0536－8884658
地　　址:山东省潍坊市开发区东明路北首　　邮　　编:261041

诸城山东大业集团机械厂

联 系 人:王炳明
电　　话:0536－6112896　6116666
传　　真:0536－6212666　6216666
地　　址:山东省诸城市潍徐路西首　　邮　　编:262200

诸城市利丰机械厂

联 系 人:杨学平
电　　话:0536－6117199　(0)13506461756　　传　　真:0536－6117199
地　　址:山东省诸城市兴华西路29号　　邮　　编:262200

烟台市技协办公室

联 系 人:崔君彤　　电　　话:0535－6242302
地　　址:山东省烟台市南大街118号文化宫内　　邮　　编:264000

烟台机械工艺研究所

法人代表:毕庶坤　　联 系 人:张训纯
电　　话:0535－6244455　　传　　真:0535－6255584
地　　址:山东省烟台市南大街140号　　邮　　编:264000

烟台市海洋渔业公司渔轮修造厂

联 系 人:云振明
电　　话:0535－6222965
地　　址:山东省烟台市　　邮　　编:264000

海军38533部队装备修理处

联 系 人:朱长军　　电　　话:0535－6206149
地　　址:山东省烟台市海关街33号　　邮　　编:264001

潍坊昌乐矿山机械总厂

联 系 人:秦友好
电　　话:0536－6232603

地　　址:山东省昌乐县建设路 8 号　　邮　　编:262400

烟台市管道煤气公司煤气厂

联 系 人:熊宜为　　电　　话:0535 - 6812871 - 234
地　　址:山东省烟台市化工路北首　　邮　　编:264002

烟台蓝鲸冶修公司

联 系 人:陈佃双
电　　话:0535 - 6374532　　传　　真:0535 - 6374532
地　　址:山东省烟台市开发区珠江路 28 号科技大厦 1115 室　　邮　　编:264006

山东省机械喷涂厂

联 系 人:曲天永　　电　　话:8621138
地　　址:山东省龙口市金矿　　邮　　编:265719

青岛浮山钢管防腐保温厂

联 系 人:王义松　　电　　话:0532 - 8897257
地　　址:山东省青岛市北区浮山后　　邮　　编:266001

海军北海表面工程推广站

联 系 人:苏新勇
电　　话:0532 - 2627975　(0)13808994151　　传　　真:0532 - 2618816
地　　址:山东省青岛市荷泽三路 5 号　　邮　　编:266001

青岛利奥热喷涂表面工程有限公司

联 系 人:任大泉
电　　话:0532 - 2711250　(0)13001683805
地　　址:山东省青岛市市北区贮水山路 5 甲 301 室　　邮　　编:266012

青岛染料厂

联 系 人:朱鸿臻
地　　址:山东省青岛市四方区杭州路半壁巷 7 号　　邮　　编:266031

青岛电站阀门厂

联 系 人:姜春海
电　　话:0532 - 4822463　(0)1388953647
地　　址:山东省青岛市沧口区瑞金路 1 号　　邮　　编:266043

北海船厂技术处

联 系 人:李守公
地　　址:山东省青岛市燕儿岛　　邮　　编:266071

山东科技大学材料科学研究院

法人代表:徐庆辛　　联 系 人:孙宏飞
电　　话:0538 - 6226158　(0)13705388828　　传　　真:0538 - 6227552
地　　址:山东省泰安市岱宗大街 223 号　　邮　　编:271019

汶南矿邮电代办所

联 系 人:朱风华　　电　　话:0538 - 7712317
地　　址:山东省新泰市汶南镇　　邮　　编:271202

泰安市东山能源技术工程有限公司

联 系 人:何祥义
电　　话:0538 - 6990625
地　　址:山东省泰安市东岳大街 157 号　　邮　　编:271000

山东拖拉机厂总装分厂

联 系 人:杨广茂
地　　址:山东省兖州市　　邮　　编:272011

山东邹县发电厂

联 系 人:宋绍安
电　　话:0537 - 5486298　(0)13355116761
地　　址:山东省邹城市唐村　　邮　　编:273522

山东邹县发电厂鲁源集团修造公司

法人代表:耿元柱　　联 系 人:常井元
电　　话:0537 - 5486292　(0)13608915336　　传　　真:0537 - 5472768
地　　址:山东省邹城市唐村　　邮　　编:273522

枣庄市陶庄煤矿修理厂

联 系 人:邢玉庆
地　　址:山东省枣庄市薛城区　　邮　　编:277011

山东十里泉发电厂

联 系 人:彭庆军
地　　址:山东省枣庄市　　邮　　编:277103

安　徽　省

安徽舒玉特种陶瓷有限责任公司

联 系 人:李江苏　　企业性质:股份制
电　　话:0564 - 8779049　　传　　真:0564 - 8779012

地　　址:安徽省舒城县马河口镇　　邮　　编:231300

http://www.chinaspraying.com　　E-mail:ahsctc@mail.hf.ah.cn

单位情况简介:

安徽舒玉特种陶瓷有限责任公司是高新技术企业,与清华大学材料科学与工程研究院共同建立了"清华大学安徽舒玉技术中心",主导产品"舒玉"牌系列喷涂用陶瓷棒,主要种类有氧化铬基(Cr_2O_3)、氧化铝基($A1_2O_3$)、氧化锆基(Zr_2O_3)、铝钛基($A1_2O_3/TiO_2$)等系列产品,该产品经客户多年来使用,性能独特,质量稳定,价格合理,替代进口。此火焰喷涂层具有耐磨、耐腐、耐热、电绝缘及能重复喷涂修复等特点。可广泛应用于电力、冶金、化工、机械、造纸等行业大、重型设备部件的表面喷涂和修复。

"舒玉"牌系列喷涂用陶瓷棒 1999 年获得国家发明专利证书(专利号:ZL99107782.2)。于 2000 年被国家经贸委认定为"国家级新产品";2001 年被安徽省经贸委授予"九五安徽省技术创新优秀新产品";被安徽省科学技术厅认定为"高新技术产品";2002 年又被安徽省发展计划委员会评为"安徽省高技术产业化项目"。

该公司将致力于结构陶瓷方面的系列化、深度化开发。信用为本,质量立业,热忱欢迎各位新老客户光临该公司。

安徽新力电业高技术有限责任公司

法人代表:赖忠民　　联 系 人:张苏安

电　　话:0551-3667050　3634244-2248　(0)13605517671　　传　　真:0551-3646039

地　　址:安徽省合肥市金寨路 73 号　　邮　　编:230022

合肥光大表面工程设备公司

联 系 人:袁立新

电　　话:0551-3647313　　传　　真:0551-3633817

地　　址:安徽省合肥市肥西路 2 号　　邮　　编:230031

淮南中发电力修造厂

联 系 人:李　杰　赵　璧

电　　话:0554-3623714-2092

地　　址:安徽省淮南市田家庵发电厂　　邮　　编:232007

安徽淮南平圩发电厂

法人代表:孔庆林　　联 系 人:吴新民

电　　话:0554-2675678-2128　4931356　　传　　真:0554-4931072

地　　址:安徽省淮南市潘集市潘集区　　邮　　编:232089

安徽省喷涂专用设备厂

联 系 人:夏邦邑

地　　址:安徽省郎溪县新建街 78 号　　邮　　编:242100

马鞍山钢铁公司钢研所板线材研究室

联 系 人:万恩三

电　　话:0555-2884560

地　　址:安徽省马鞍山市　　邮　　编:243000

泰安东光机械工程有限责任公司

联 系 人:史献东
电　　话:0555－8224524　　传　　真:0555－8224524
地　　址:安徽省马鞍山市雨山六村十栋梁之材 204 号　　邮　　编:243000

马钢股份有限公司第二机械设备制造公司

联 系 人:李国徽
电　　话:0555－2893229　　传　　真:0555－2896743
地　　址:安徽省马鞍山市幸福路 74 号　　邮　　编:243000

马鞍山钢铁股份有限公司高速线材厂

法人代表:杭永益　　联 系 人:奚　铁
电　　话:0555－2886691
地　　址:安徽省马鞍山市雨山　　邮　　编:243011

马鞍山钢铁公司粉末冶金厂

联 系 人:孙实欢
电　　话:0555－2886236　2888313
地　　址:安徽省马鞍山市　　邮　　编:243011

江　西　省

江西恒大高新技术实业有限公司

法人代表:朱星河　　联 系 人:周小根
电　　话:0791－8326554　(0)13879178869　　传　　真:0791－8308145
地　　址:江西省南昌市南京东路 480 号　　邮　　编:330029

南昌新世纪焊接有限公司

联 系 人:李家明
电　　话:0791－6506762　(0)13870666175
地　　址:江西省南昌市联信大市场 B2 栋－6 号　　邮　　编:330001

江西电力职业技术学院动力系

联 系 人:喻根保　　手　　机:(0)13907083569
电　　话:0791－3899137
地　　址:江西省南昌市　　邮　　编:330032

南昌飞机制造公司冶金处

联 系 人:龙国荣

电　　话:0791 - 8467963
地　　址:江西省南昌市　　邮　　编:330024

江西赛隆纳米材料实业有限公司

联 系 人:王　欣
电　　话:0791 - 8112450　　传　　真:0791 - 8112450
地　　址:江西省南昌市青山湖大道 388 号(民营科技园)　　邮　　编:330039

江西省圣得利表面技术有限公司

法人代表:吕　勇　　联 系 人:吕　强
电　　话:0791 - 8518817
地　　址:江西省南昌市湖滨南路 20 号 1 栋 2 单元双号信箱 5# 　　邮　　编:330077

九江仪表厂

联 系 人:冯桂祥
地　　址:江西省九江市九号信箱　　邮　　编:332007

九江等离子喷涂厂

联 系 人:李云文　　电　　话:0792 - 6843164
地　　址:江西省九江市阎家渡　　邮　　编:332103

中船总公司朝阳机械厂

联 系 人:何义才
地　　址:江西省彭泽县　　邮　　编:332727

景德镇气门厂

联 系 人:华文敏
地　　址:江西省乐平市　　邮　　编:333300

江西萍乡电镀厂

联 系 人:陈尚钧
地　　址:江西省萍乡市　　邮　　编:337000

江　苏　省

无锡科特金属喷涂厂

法人代表:唐荣度　　企业性质:股份合作制
电　　话:0510 - 5604481　手　　机:(0)13706182599　　传　　真:0510 - 5604481
地　　址:江苏省无锡市滨湖区华庄镇里桥　　邮　　编:214134

单位情况简介:

详情参见:P411 页

戚墅堰机车车辆工艺研究所焊表部

法人代表:王　奇　　联系人:陈善忠　耿须照　　企业性质:国有
电　　话:0519－5051137　5054601　　传　　真:0519－8355840
地　　址:江苏省常州市戚墅堰区五一路1号　　邮　　编:213011
http://www.jcgys.com　　E－mail:jcgys@jcgys.com

单位情况简介:

详情参见:P417页

泰兴市业源喷涂机械厂

联 系 人:杨文娟
电　　话:0523－7687289　　传　　真:0523－7687289
地　　址:江苏省泰兴市江平北路54号　　邮　　编:225401

单位情况简介:

详情参见:P440页

江苏中矿大正表面工程技术有限公司

联 系 人:付　红
电　　话:0516－3884544　3883049　　传　　真:0516－3884465
地　　址:江苏省徐州市中国矿业大学院内　　邮　　编:221008
http://www.dz－surface.com　　E－mail:dvgs@cumt.edu.cn
ghdvgs@cumt.edu.cn

单位情况简介:

详情参见:P416页

无锡金城焊接材料制造有限公司

法人代表:浦菊明　　企业性质:私营
电　　话:0510－5071020　　传　　真:0510－5062646
地　　址:江苏省无锡市金城湾南桥　　邮　　编:214123

单位情况简介:

详情参见:P434页

泰兴市光辉等离子喷涂设备厂

法人代表:丁　辉　　手　　机:(0)13801435020　　企业性质:股份合作制
电　　话:0523－7732608　7562278　　传　　真:0523－7732868
地　　址:江苏省泰兴市江平南路588号　　邮　　编:225400
http://www.shenghuily.com　　E－mail:shenghui@163.com

单位情况简介:

详情参见:P434页

苏州统明机械有限公司

法人代表:杨宗吉　　联系人:黄世宇　　企业性质:外商独资
电　　话:0512－66551525　　传　　真:0512－66552516

地　　址:江苏省苏州市吴中经济开发区越溪龙翔工业区9号邮　　编:215104
http://www.tongmingsz.51.net
E-mail:webmaster@tongmingsz.51.net

单位情况简介:

详情参见:P438页

徐州天工电刷镀热喷涂技术服务部

联系人:赵金海　　企业性质:民营
电　　话:0516-5767872　　传　　真:0516-5751919
地　　址:江苏省徐州市二环西路建康花园1-2-102　　邮　　编:221006
http://dsdrpt.ebigchina.com　　E-mail:dsdrpt@pub.xz.jsinfo.net

单位情况简介:

苏州东盛金属表面处理有限公司

联系人:蒯金福　　企业性质:有限责任公司
电　　话:0512-66362845　　66363180　　传　　真:0512-66362930
地　　址:江苏省苏州市木渎镇南浜工业区　　邮　　编:215101
http://www.szdongsheng.com.cn/run　　E-mail:msd@szdongsheng.com.cn

单位情况简介:

苏州东盛金属表面处理有限公司位于千年古镇木渎旅游区内,东与苏州高新技术开发区接壤,西与国家级太湖旅游度假区毗邻,交通方便,风景秀丽,闻名遐尔的天平山、灵岩山、严家花园(江南名园、台湾国民党前“总统”严家淦先生故居)等风景名胜就在公司一公里范围之内。

公司拥有等离子喷涂、电弧喷涂、堆焊、电镀等加工设备,有较强的机械加工生产能力(各种车床、磨床、铣床等数十台)。目前可喷涂:金属陶瓷、各种碳钢、不锈钢、巴氏合金、铜合金、蒙铜、铝、锌、钴基合金、镍铬合金、碳化钨等多种材料。电镀硬铬、梨皮铬,承接各类防腐工程的施工,以及对各种机械零部件的修复及表面强化处理。

无锡市沪宏热喷涂材料厂

联系人:许增金　　许　洪　　企业性质:私营
电　　话:0510-5613065　　传　　真:0510-5613065
地　　址:江苏省无锡市华庄镇明芳西路25号　　邮　　编:214131

单位情况简介:

该厂是生产热喷涂(焊)材料专业厂设备齐全,工艺先进而且在材料检测方面有丰富的经验,产品不断升级换代、该厂宗旨是:服务周到、努力创新、真诚合作、精心开拓,欢迎各界朋友来厂指导。产品有镍基:镍60、镍45、镍25合金粉(喷焊)及F112、F114等喷涂粉末。铁基有:铁60、镍45合金粉(喷焊)及F313、F314等喷涂粉末,同时还生产铝包镍、镍包铝复合粉、喷涂用打底自粘粉、镍包碳化钨、镍包三氧化二铝、镍包石墨等包复粉末、氢还原高纯度镍粉以及氧化铝钛粉和氧化铬等陶瓷粉。凡该厂生产的产品都经验收合格附合格证书才能出厂,价格合理欢迎订购。

无锡市新科表面工程材料厂

联系人:薛永宗　　企业性质:股份制
电　　话:0510-5504122　　手　　机:(0)13806193942　　传　　真:0510-5504122

地　　址：江苏省无锡市梁溪路 155 号　　邮　　编：214063
http://www.wxxinke.com　　E - mail：xyz@wxxinke.com

单位情况简介：

该厂是专业生产钴碳化钨烧结粉、钴铬碳化钨烧结粉及各种喷涂钼粉的厂家，产品适宜等离子喷涂、高速氧焰喷涂（HVOF）和爆炸喷涂等。

该厂由多次获国家科技进步一、二等奖，有突出贡献国家级专家、教授级高工全面主持技术工作。

该厂是国内最大汽车和火车喷钼厂的定点供应商，产品用于帕萨特、切诺基、道依茨、斯太尔及火车发动机活塞环，大批量取代进口同类产品。产品广泛在军工、汽车、火车等行业使用，并已打入国际市场，出口量逐年提高。

江苏南通高欣金属陶瓷复合材料有限公司

法人代表：钱　兵　　企业性质：私营
电　　话：0513 - 3524161　　手　　机：(0)13906291664　　传　　真：0513 - 3532955
地　　址：江苏省南通市任港路 60 号　　邮　　编：226005

单位情况简介：

南通高欣公司主管单位为南通市科技局，拥有 4 名高级工程师，主要从事表面工程热喷涂技术的科研及应用，为用户解决磨损遇到的难题，在设备维修中利用表面工程维修技术修旧利废在苏北地区为用户解决了不少维修难题，深受用户好评。

该公司先后添制超音迅火焰喷涂，等离子喷涂超音迅电弧喷涂，粉末丝材火焰喷涂（焊）以及机加工设备，主要业务：火电发电厂、锅炉四管、防磨、引风机排粉机防磨、化纤喷涂、陶瓷复合管道及磨煤机耐磨件等产品。

无锡宏大纺织机械专件有限公司

联系人：周　跃
电　　话：0510 - 5807649　　手　　机：(0)13801519871　　传　　真：0510 - 5802762
地　　址：江苏省无锡市河埒口上里东 227 号　　邮　　编：214062
http://www.xfz.com.cn　　E - mail：zhouxux58@163.com

单位情况简介：

无锡宏大纺织机械专件有限公司（原无锡纺织机械专件厂）地处风光秀美、景色宜人的江苏省无锡市，是中国纺织机械（集团）有限公司控股子企业，现为全国纺机行业百家重点骨干企业、江苏省高新技术企业。

公司主要生产为高速弹力丝机配套的系列摩擦式假捻器及其配件、假捻器轴承系列、等离子喷涂摩擦盘，系列纺织锭子轴承，系列包覆锭子，系列短纤维倍捻锭子，系列化纤长丝倍捻锭子，系列花式捻线锭子，系列锭带张力盘等纺机专件。公司从瑞士 PT 公司引进的成套等离子喷涂设备包括高能等离子喷枪、精细送粉器、氟里昂空气净洁机和水冷却器以及全自动喷砂机。公司在引进设备的同时，还配套引进了全套生产工艺及关键材料，包括 Al_2O_3 和 Cr_2O_3 喷涂超细粉末以及封孔剂。近几年该公司在开发纺机专件陶瓷涂层产品上做了大量的工作，并在行业内产生一定的影响。公司喷涂生产的假捻器用摩擦片、纺织织机用各类测长轮、高速纺丝机中的糟辊、热辊和空气轴承套、长丝倍捻机用锭杯、短丝倍捻机用储纱盘以及各类导丝钩、拉丝机用各类导丝轮等都得到了用户的肯定，产量年年翻番，已拥有一批长期合作的客户。该公司生产的高精度、高速回转类专件产品达到国内先进水平，高新技术含量和市场占有率较高，行销全国 24 个省、市、自治区，并随主机出口国外。由于坚持质量第一，不断完善质量体系，XFZ 品牌在用户中享有良好信誉，真诚欢迎国内外用户来公司参观指导、技术合作和来料加工。

张家港中洲特种合金材料有限公司

联系人:蒋　伟　　企业性质:民营
电　　话:0512-58481613　58488059　　传　　真:0512-58481116
地　　址:江苏省张家港市港口镇北　　邮　　编:215612
http://alloy-china.com　　E-mail:alloyzzl@pub.sz.jsinfo.net

单位情况简介:

张家港中洲特种合金材料有限公司以国际先进的水平连铸工艺技术、良好的装备、完善的质量检测体系专业生产钴基、镍基、铁基三大合金系列焊丝、焊条和合金粉末。适应于要求耐磨损、耐腐蚀、耐高温,抗冲击的各类工况。

公司成立以来,以严格的科学管理,稳定的产品质量、优良的服务、受到众多客户的赞誉。该公司不仅拥有众多从事硬面材料及应用技术研究的资深技术人才,并与行业中从事硬面材料及应用技术研究的科技精英、专家保持良好协作关系,进一步开拓市场,为用户提供服务。还为众多的客户提供了技术及技术咨询,现场指导,工艺项目等服务。

公司将一如既往的以“优质稳定,真诚服务”的宗旨服务于社会,“盾”牌这一民族品牌,必将越来越广泛地展现在一切要求耐磨、耐腐、耐高温的技术领域。

一九九五年获国家新产品奖

一九九八年通过 ISO9002 国际质量体系认证

一九九九年通过中方委产品质量认证

二 OO 二年通过 ISO9001:2000 国际质量认证体系

丹阳市启迪合金有限公司
丹阳市高频焊管厂

联系人:庄红芳　　企业性质:集体
电　　话:0511-6473898　　传　　真:0511-6472898
地　　址:江苏省丹阳市吕城镇滨河北路 40 号　　邮　　编:212351
http://www.chinaqidi.com　　E-mail:dyzhf1688@sina.com

单位情况简介:

该公司是研制和生产热喷涂材料的专业性企业,该材料具有耐磨、耐高温、耐腐蚀的特种性能,具体有镍基合金材料:$Cr_{45}Ni_{55}$、$Cr_{30}Ni_{70}$、$Cr_{20}Ni_{80}$、$Cr_{20}Ni_{30}Mo_3W_2$、$Cr_{20}Ni_{30}Mo_5W_3$、$Cr_{20}Ni_{30}$;锌丝 Zn、铝丝 Aoo;不锈钢丝 $lCr_{18}Ni_9Ti$;铁铬铝丝 $OCr_{25}Al_5$、$OCr_{27}Al_7Mo_2$。规格∮1.6mm—∮8.0mm,成品材料均为光亮白丝。

该公司是一个具有近 20 年的历史,拥有一定的技术力量和生产能力的企业。同时具有比较完备的检测手段,近几年来还引进了有关先进的技术和设备,已形成了产品的系列化,产品已在石化、船舶、桥梁、铁塔、电站等领域得到了广泛的应用,在长效防腐、高温防腐及机械耐磨等方面取得了十分良好的应用效果和经济效益,为此我们的产品取得了良好的信誉。

该公司竭诚为广大用户提供新一代电弧喷涂材料,为热喷涂行业的迅速发展作出更大的贡献。

江苏成翌金属工业有限公司

联 系 人:苏素珍
电　　话:0512-65751994　　传　　真:0512-65751990
地　　址:江苏苏州黄桥工业园永方路

无锡市科龙热喷涂厂

法人代表:朱小凤　　企业性质:私营
电　　话:0510－5387630　　传　　真:0510－5387630
地　　址:江苏省无锡市华庄镇静慧寺村　　邮　　编:214135

南京广缘热喷涂厂

联 系 人:洪　兵　　企业性质:个体
电　　话:025－8761442　　手　　机:(0)13851913862　　传　　真:025－8761442
地　　址:江苏省南京市下关区宝善街 66 巷 43#　　邮　　编:210011

仪征双环活塞环有限公司

法人代表:程德兴　　联系人:周月亭　　企业性质:合资
电　　话:0514－3463749　(0)13852778563　　传　　真:0514－3463749
地　　址:江苏省仪征市长江路 176 号　　邮　　编:211400
http://www.cypr.com.cn

常州宏基金属表面材料有限公司

法人代表:王克和　　联系人:蒋静芬　　企业性质:合资
电　　话:0519－5912356　(0)13961466228　　传　　真:0519－5922580
地　　址:江苏省常州市新区新桥　　邮　　编:213032

无锡市扬名金属热喷涂厂

联 系 人:朱逸清　　企业性质:股份制
电　　话:0510－5755507　　传　　真:0510－5755507
地　　址:江苏省无锡市陈列馆路　　邮　　编:214021

泰州市高港曙光喷涂喷焊工艺厂

法人代表:黄桂林　　联系人:华庚庭　　企业性质:私营
手机:(0)13605263497　(0)13337785518
电　　话:0523－6168659　　传　　真:0523－6160200
地　　址:江苏省泰州市刁铺镇观五桥南西侧　　邮　　编:225353
http://www.js－pentu.com　　E－mail:13337785512@e165.com

江苏省南通三达防腐工程有限公司

联 系 人:卢永康　　手　　机:(0)13801489100　　企业性质:股份制
电　　话:0513－6513541　　传　　真:0513－6515541
地　　址:江苏省通州市开发区银河路 105 号　　邮　　编:226300

工程兵工程学院研究所

法人代表:王耀华　　联 系 人:谭业发
电　　话:025－4494136－71624
地　　址:江苏省南京市　　邮　　编:210007

南京汽车制造厂工艺研究所

法人代表:黄小平　　联 系 人:陈庚砚
电　　话:025－5417711－53016　　传　　真:025－5417538
地　　址:江苏省南京市十字街25号(跃进汽车集团公司)　　邮　　编:210025

河海大学土木工程学院材料表面工程研究中心

联 系 人:谢国治　　手　　机:(0)13813875072
电　　话:025－3787972　3786618　　传　　真:025－3787972
地　　址:江苏省南京市西康路1号　　邮　　编:210024

跃进汽车集团公司科协

法人代表:黄小平　　联 系 人:徐爱民
电　　话:025－5417711－53110/53115　　传　　真:025－5429220
地　　址:江苏省南京市十字街29号　　邮　　编:210028

金湖石油机械厂技术开发公司

联 系 人:张生华　　电　　话:0517－6882911
地　　址:江苏省金湖县建设路193号　　邮　　编:211600

扬中市金誉防护材料有限公司

联 系 人:袁纪权
电　　话:0511－8512991　(0)1395286581　　传　　真:0511－8513999
地　　址:江苏省扬中县永胜镇　　邮　　编:212217

苏州工业园区斯普瑞表面技术工程有限公司

联 系 人:姚云龙
电　　话:0512－62752264　　传　　真:0512－62752264
地　　址:江苏省苏州市吴中区夸塘镇剑湖工业区　　邮　　编:215122

常州市科达焊接表面工程技术公司

联 系 人:孙周明
电　　话:0519－8771711－4137　　传　　真:0519－8770363
地　　址:江苏省常州市戚墅堰机车工艺所　　邮　　编:213011

常州冷拔油缸厂

联 系 人:周宝昌　　电　　话:0519－8767036
地　　址:江苏省常州市东郊芙蓉镇　　邮　　编:213118

无锡光泰特种金属制品有限公司

联 系 人:舒家林
电　　话:0512－3741096
地　　址:江苏省无锡市沪宁高速锡北道口胡家渡五号桥　　邮　　编:214175

无锡中野机械有限公司

联 系 人:刘德仲
电　　话:0510 - 8278028　　传　　真:0510 - 8278027
地　　址:江苏省无锡市新区坊前镇振兴路　　邮　　编:214111

锡山市茂鑫硬质合金制造有限公司

联 系 人:戈　平　　电　　话:0510 - 5063767
地　　址:江苏省无锡市东江镇金城湾　　邮　　编:214123

江苏省电力科学研究院有限公司

联 系 人:李夕强
电　　话:025 - 6611155 - 6720　　手　　机:(0)13951700216
地　　址:江苏省南京市凤凰西街 243 号　　邮　　编:210036

徐州方圆实业公司

联 系 人:蒋晓兰
电　　话:0516 - 5325364
地　　址:江苏省徐州市　　邮　　编:221006

徐州华光电力设备修造厂

法人代表:闫长军　　联 系 人:孟　新
电　　话:0516 - 7252569　7252562　(0)13912037636　　传　　真:0516 - 7252562
地　　址:江苏省铜山市徐州发电厂　　邮　　编:221166

江苏省三河闸钢结构防腐公司

联 系 人:陈永臻
电　　话:0517 - 7446219
地　　址:江苏省洪泽县　　邮　　编:223126

扬州电力设备修造厂热喷涂刷镀中心

联 系 人:吴新民
地　　址:江苏省扬州市　　邮　　编:225003

江苏中宏机械有限公司

联 系 人:金姜华　　电　　话:0514 - 7252677
地　　址:江苏省扬州市解放北路 83 号　　邮　　编:225003

扬州市金陵特种涂料厂

联 系 人:刘剑锋
电　　话:0514 - 6899498　　传　　真:0514 - 6899140
地　　址:江苏省江都市张纲镇九号桥　　邮　　编:225212

江苏泰兴合金粉末厂

联 系 人:姜世亚
电　　话:0523-7712175　7711704
地　　址:江苏省泰兴市口岸镇双桥东路1号　　邮　　编:225421

南通电熔爆股份有限公司

联 系 人:叶良才
电　　话:0513-3549168　　传　　真:0513-3549101
地　　址:江苏省南通市任港路35号　　邮　　编:226006

南通振康机械有限公司

联 系 人:宋广钰
电　　话:0513-3580943　(0)13606293611
地　　址:江苏省南通市学田新林115-602　　邮　　编:226007

浙　江　省

湖州星塔喷涂设备材料有限公司

法人代表:魏文虎　　企业性质:民营
电　　话:0572-6087098　6087478　6870478　　传　　真:0572-6087478
地　　址:浙江省长兴县林城工业区　　邮　　编:313112
http://www.chinaxingta.com　　E-mail:company@chinaxingta.com

单位情况简介:

详情参见:P421页

中日合资浙江德清荣泰热喷涂有限公司

法人代表:吴根荣　　企业性质:合资
电　　话:0572-8281438　　手　　机:(0)13706828438　　传　　真:0572-8281456
地　　址:浙江省德清县武康镇北湖街251#　　邮　　编:313200

单位情况简介:

详情参见:P423页

长兴县华峰喷焊材料电炉有限公司

法人代表:徐　峰　　企业性质:集体
电　　话:0572-6087381　　手　　机:(0)13905822079　　传　　真:0572-6870584
地　　址:浙江省长兴县林城镇　　邮　　编:313112

单位情况简介:

详情参见:P443页

海宁市飞达冶金粉末有限公司

法人代表:倪建新　　企业性质:民营

电　　话:0573－7811125　7819000　7811163　7811648　　手　　机:(0)13906739648
传　　真:0573－7819000　7811125－8808
地　　址:浙江省海宁市谈桥工业园　　邮　　编:314417
http://www.hnfdfm.com　　E－mail:hnfdfm@mail.jxptt.zj.cn

单位情况简介:

该公司占地2.4万多平方米,固定资产一千多万元。是专业从事水雾化和气雾化制的高科技企业,具有目前国内最先进的高压密封型雾化制粉设备,公司内拥有数名长期专业从事雾化制粉的资深专家、教授、可生产低含氧量、粉末形状和粒度粗细能够控制的多种合金或纯金属粉末。主要产品有:粉末冶金压制烧结用、过滤器用、双金属轴瓦用、金刚石粘结剂用、磁性制品用、喷涂喷焊用、钎焊用等各类预合金或纯金属粉末。如316L、304L、410L、316、304、410、420、430等系列不锈钢粉,化纤纺丝过滤材料——不锈钢金属沙、6－6－3、Cu90Sn10等青铜粉、黄铜粉、铜铅合金粉,高速钢粉、工具钢粉、合金钢粉、发动机气门座粉,铬铁粉、镍铁粉、锡粉、铅粉、镍粉、钴粉、铜粉,镍铬硼硅、钴铬钨(stellite)、铁基喷涂焊用自熔硬面合金粉,磷铜、Sn63Pb37、铝硅合金等钎焊粉末。粉末的形状有球形或不规则(可按用户需要调节),超细粉末可用于注射成型。

杭州远程电力机械防磨有限公司

法人代表:孙锡金　　企业性质:民营
电　　话:0571－82623193　手　　机:(0)13951385968　　传　　真:0571－82623192
地　　址:浙江省杭州市萧山区百尺偻33号204室　　邮　　编:311201

杭州富春锅炉容器有限公司工艺分部

联 系 人:马纳新
地　　址:浙江省杭州市东新路17号　　邮　　编:310004

杭州大和热磁电子有限公司

法人代表:山村章　　联 系 人:顾永明
电　　话:0571－8141293－104　　传　　真:0571－8141292
地　　址:浙江省杭州市沈半路216#　　邮　　编:310022

德清县武康镇创智热喷涂厂

法人代表:沈健健　　联系人:陈　峰　　企业性质:私营
电　　话:0572－8285529　(0)13059937275　　传　　真:0572－8285529
地　　址:浙江省德清县武康镇私营城万马路117号　　邮　　编:313200
E－mail:zhuoying913@163.com

德清第一等离子喷涂厂

联 系 人:陈鑫乾
地　　址:浙江省德清县新市镇南高林栎林　　邮　　编:313201

浙江德清天莫热喷涂新技术公司

法人代表:扬　龙　　联 系 人:阳小平
电　　话:0572－8447389　　传　　真:0572－8444090

地　　址:浙江省德清县新市镇环城北路　　邮　　编:313201

浙江省冶金研究院有限公司

联 系 人:王雪元
电　　话:0571-85022244
地　　址:浙江省杭州市天目山路294号　　邮　　编:310013

杭州碱泵有限公司

联 系 人:许宝荣
电　　话:0571-85228780　(0)13805713235
地　　址:浙江省杭州市西湖区留下街52号　　邮　　编:310023

鄞县热喷涂厂

联 系 人:葛启阵
地　　址:浙江省鄞县莫枝镇　　邮　　编:315121

宁波开发区东南防腐有限公司

联 系 人:陆爱阳
电　　话:0574-86229387　(0)13605741036
地　　址:浙江省宁波市北仑区宁波小港玫瑰园1-102号　　邮　　编:315803

宁波海天机械有限公司

联 系 人:丁　林　　手　　机:(0)13306693456
电　　话:0574-86181605
地　　址:浙江省宁波市北仑区江南加工贸易出口区　　邮　　编:315821

福　建　省

福建农学院工程系热喷涂研究室

联 系 人:陈地光
地　　址:福建省福州市金山农学院13-503　　邮　　编:350002

福建厦门市绿茵环保科技有限公司

联 系 人:刘其勇
电　　话:0592-5747031　(0)13806035688　　传　　真:0592-5747030
地　　址:福建省厦门市湖里区华昌路80号　　邮　　编:361006

厦门钨业股份有限公司

联 系 人:辛希乐
电　　话:0592-6088255　(0)13606001793　　传　　真:0592-6081611
地　　址:福建省厦门市海沧经济技术投区　　邮　　编:361026

湖　北　省

机械科学研究院武汉材料保护研究所

联 系 人:王　林　　企业性质:中央直属科技型
电　　话:027-83624354　　传　　真:027-83637647
地　　址:湖北省武汉市汉口宝丰二路126号　　邮　　编:430030

单位情况简介:

武汉材料保护研究所是中央直属大型科技企业成员,已有五十年历史,主要从事表面工程领域有关专业技术研究,开发及应用。机械工业摩擦磨损与金属腐蚀测试基地、机械工业覆盖层质量监督检测中心、中国表面工程协会、中国机械工程学会表面工程分会、全国金属与非金属覆盖层标准化技术委员会、中国腐蚀与防护学会表面保护专业委员会的秘书处均设在该所。该所还承担国际标准化组织TC-107技术员会国内的组织工作。

武汉材料保护研究所从事热喷涂技术的研究开发和推广应用已有四十多年历史。为热喷涂技术标准归口单位,负责热喷涂国家标准和行业标准的制定。现有人员30余人,其中教授级高级工程师7人,高级工程师7人。在等离子喷涂(焊)、电弧喷涂、爆炸喷涂、火焰喷涂及火焰喷焊、塑料粉末火焰喷涂、感应重熔、激光喷涂及激光熔覆等热喷涂工艺、材料、设备、涂层性能检测及热喷涂技术标准等方面都拥有一批具有国际国内先进水平的科研应用成果。在产业化和工程承包上成绩斐然,有数项技术和生产线出口国外。申报国家专利10项,获得国家发明专利2项、实用新型专利5项。热喷涂专业具有硕士招生资格,常年招收热喷涂专业硕士研究生。

武汉立泰科技有限公司

法人代表:傅正生　　企业性质:股份制
电　　话:027-86899862　86899607　　传　　真:027-86892473
地　　址:湖北省武汉市青山区厂前环厂西路1-4#　　邮　　编:430083

单位情况简介:

详情参见:P422页

中国石油集团科学技术研究院江汉机械研究所表面工程技术厂

联系人:石成刚　　企业性质:全民
电　　话:0716-8213549-265　　手　　机:(0)13607218946　　传　　真:0716-8222483
地　　址:湖北省荆州市沙市区豉湖路12号　　邮　　编:434000

单位情况简介:

详情参见:P412页

武汉市四达表面工程有限公司

法人代表:任德智　　企业性质:有限责任公司
电　　话:027-87394155　　手　　机:(0)13007141588　　传　　真:027-87399204
公司地址:湖北省武汉市武黄路30号武汉缝纫机厂内
通讯地址:湖北省武汉市珞狮路尤李村15号　　邮　　编:430070
E-mail:whsd@263.net

单位情况简介：

该公司原为武汉市热喷涂厂表面工程技术研究所。现主要从事热喷涂、化学镀、氟塑料衬里、粘涂、刷镀及涂装等表面工程技术及精细化工，环保技术的研究、开发、咨询和工艺服务。表面工程设计及施工及表面工程施工配套器材。

该公司是全国热喷涂技术协作组成员，中国表面工程协会会员单位，湖北省化工防腐蚀技术协会理事。该公司现有高级职称技术人员2名，工程师3名，技术工人8名(均为原武汉市热喷涂厂主要生产骨干)。下设精细化工研究所，由总工程师姚鼎文研究员负责、研究、开发精细化工和环保技术；热喷涂工程部，由胡有利工程师负责，表面工程技术的研究、开发及施工。该公司拥有电弧喷涂设备、火焰线材喷涂设备、火焰粉末喷涂设备。还备有可移动喷涂设备(主要用于野外施工和现场服务)。同时还设计制造热喷涂施工辅助设备油水分离器、换热排污器、岗位净化器、压力喷砂器及火焰喷涂成套设备。

主要技术成果及服务项目

钢铁构件长效复合防护涂层技术及应用；

化工设备防腐蚀涂层及修复技术；

机械零件耐磨蚀强化及修复技术；

发电厂煤粉风机、送引风机的防腐蚀、抗磨蚀预保护及修复技术；

造纸烘缸抗腐蚀预保护及修复技术；

RH305抗磨蚀合金电弧熔焊技术；

碳钢制啤酒发酵设备的防护技术；

HN929非晶态镍磷合金化学镀技术；

ZN949锌镍合金电镀工艺；

氟塑料衬里紧衬工艺；

液体塑料涂装技术；

工业废石膏的处理和利用技术；

钼酸锂(替代铬酸锂的环保产品)制造技术；

工业废气净化多元催化剂技术；

工业熔融炉渣(黄磷炉渣、电炉钢渣、旋风锅炉增钙渣、锰铁渣)不冷却直接制造矿渣玻璃及矿渣微晶玻璃技术；

工业用水与工业废水处理技术；

大型雕塑工艺品表面装饰铜、不锈钢等金属工艺；

美国ICC公司Astec陶瓷隔热涂料涂装工艺；

美国得复康(Devcon)系列修补剂粘涂工艺；

该公司以科技为本，坚持与科研院所和大专院校合作，参入、协助完成多项研究课题和教学任务。

该公司以质量第一为宗旨，生产中严格执行国家标准和国际有关专业技术标准并实施全面质量管理制度。生产中各质量控制点均有专人负责。该公司热喷涂工程部胡有利经理曾参入制定GB 9793－88《热喷涂锌及锌合金涂层》、GB 9794－88《热喷涂锌及锌合金涂层的试验方法》、GB 9795－88《热喷涂铝及铝合金涂层》、GB 9796－88《热喷涂铝及铝合金涂层的试验方法》等国家标准和其他几部标准的修订和贯标工作。我国赴摩洛哥国家体育场热喷涂施工队赴摩前强化集训总负责。现在我们在长效复合防护涂层技术应用中，执行的施工与检验标准是GB/T 9793－1997《金属和其他无机覆盖层　热喷涂锌、铝及其合金》。其他各类不同工艺施工均执行相应的国家标准。

长效复合防护涂层技术是我们开发与应用的主要项目，曾在多项国家重点工程中应用。在施工中采用了目前先进的喷涂工艺技术—电弧喷涂工艺，既提高了生产效率又降低了生产成本。以下为公司施工的部分实例。

原子反应堆外围设备构件在硫化氢和水蒸气环境下工作，喷涂铝合金，82年至今未受腐蚀。

湖北龟山电视发射塔塔高222米，在180米以上的钢桅杆、电视、调频天线及其他构件，总重达80余吨、1983年施工长效复合防护涂层，至今完好无损，预计还可有效防护30年以上。

海口火力发电厂位于海南岛澄迈湾，该厂的烟囱、发电车间屋顶设施、输煤码头、栈桥等设施的钢铁构件总重量约280吨，于1986年现场喷涂施工。至今完好。

中国国际广播电台在海南岛的发射塔群，距海岸仅一公里，受到强烈的湿热性海洋气候的腐蚀。1985年在现场施工长效复合防护涂层，使用户节省开支200余万元，至今完好，保证了正常播音并节省大量的维修费用。

海口电视塔、三亚电视塔、北海电视塔、遵义电视塔、临汾电视塔、红安电视塔、荆门电视塔、中央电视台主楼桅杆等均在80年代内采用长效复合防护技术，在现场施工。至今完好无损。

海军远程导航设备的辅助设施，位于南方湿热地区，1987年采用长效复合防护技术，在现场施工。至今已十余年，完好无损。

秦山核电站的屋顶通风机因工作环境恶劣，原设计为不锈钢制造，采用长效复合防护涂层技术，用普通钢铁制作，满足设计要求，可与进口主机同步使用20年以上。（风机由武汉鼓风机厂制造）

武汉滨湖机械厂为空军制造的车载雷达天线，1992年采用长效复合防护技术对其进行保护，使其在东海大陈岛等地服役，能经受恶劣的海洋性气候，至今未腐蚀。

油田采油用入井液输入器、污水过滤器等设备工作介质为15%的盐水和油田污水，采用长效复合防护涂层技术，用普通钢材替代耐蚀钢制作，87年以来，已节省制作费用50%以上。（该设备由江汉石油机械厂制造）

武汉阀门厂为桂林市污水处理站制造的阀门，全部采用长效复合防护涂层进行防护，有效地防御了污水对阀门的腐蚀。

河南信阳啤酒厂的发酵罐等设备，原设计为不锈钢制作，后采用长效复合防护涂层技术进行预保护，用普通碳钢制作，既满足了生产的要求，又节省了大量的资金。

福州抗菌素厂的发酵罐，原为普通碳钢制作，因有铁锈影响产品质量，采用喷涂不锈钢防腐蚀涂层，有效地解决了困扰该厂多年的难题。

郑州金星啤酒厂的糖化锅、糊化锅原为普通碳钢制作，因有铁锈影响产品质量，采用喷涂不锈钢防腐蚀涂层，有效的解决这个问题。

江岸车辆厂5000吨水压机的曲轴拉伤损坏，采用热喷涂工艺修复，1995年至今运行状况良好。

越南胡志明市协福电厂循环水泵房钢闸门，采用长效复合防护涂层进行防护，有效地防御了海水对阀门的腐蚀。该闸门由内江电力修造厂制造。

仙桃、钟祥、洪湖、监利、等磷肥厂的转化塔、触媒网、热交换器列管、排渣出口管等设备长期受高温硫酸气体腐蚀、采用长效复合防护涂层，可在600℃的环境下长期工作。

上海宝钢热轧厂的FAL—R190SW（IDF）离心鼓风机四台套，因抽排轧钢车间湿热气体，为防腐蚀于1996年采用粘涂技术施工，至1999年，设备完好。该厂又将FAL—R165DW（ZDF）离心鼓风机采用同样工艺进行预保护。

武钢材料处柴油贮罐在夏天高温气候时需喷淋水降温，水淋致使罐壁锈蚀，于1997年采用美国ICC陶瓷隔热涂料涂装，取消了喷淋装置后，罐内温度还比喷淋时低，预计可使用8年。1999年，指导湖北省汉川电厂对其柴油贮罐采用此工艺施工。

武汉石化总厂、扬子石化、巴陵石化的液化气球罐1992～1998年间，采用长效复合防护涂层技术，防止罐体焊缝开裂，取得良好的效果。

武汉市江夏区金口金水闸的水闸门，于1996年进行涂层防护。

石首楚源精细化工有限公司的硫酸气体转化塔，1998年喷涂施工。

武汉煤气公司徐东路灌瓶厂的4台液化气球罐，于1999年对其外表进行保护施工。

某单位核运行试验球罐内部为防腐蚀涂层，于2000年元月喷涂施工。

某单位伽玛刀部件于1999年~2002年进行喷涂防辐射涂层施工。

中船总709研究所的产品，艇载计算机的机架部分防腐蚀预保护工艺配套。

贵州省息烽重钙厂的硫酸气体转化塔、热交换器等设备于2001年喷涂施工。

武汉鼓风机厂，鼓风机防腐蚀、耐磨蚀预保护工艺配套。

湖北银盾渗铝钢有限责任公司，热喷涂铝涂层扩散渗铝工艺配套。

该公司以优质优价和优良的服务赢得用户的信任，施工的价格均参照国家有关的规定。服务、现场施工深受用户欢迎。常年为武汉鼓风机厂、中船总709研究所、湖北银盾渗铝钢有限责任公司等单位工艺配套。

主要产品

一、热喷涂工艺施工设备

(1)、工艺动力源——压缩空气的净化装置。

FUP－10 换热排污器 Φ 445×1515

FSP－10 油水分离器 Φ 930×1800

FSG－2 岗位净化器 Φ 320×950

(2)、工艺前处理、除锈、毛化的装置。

FCP－8适用于大面积连续施工；FCP－6适用于实验室及小型施工。FCZ－8为自动连续加砂适用于生产线和连续施工。

FCP－8 压力喷砂器 Φ 1000×2500　　FCP－7 压力喷砂器 Φ 800×1800

FCP－6 压力喷砂器 Φ 600×1500　　FCZ－8 压力喷砂器 Φ 800×2180

二、封闭剂

SD101	首底封闭剂	锌铝涂层的钝化封闭
SD201	防腐封闭剂	锌铝涂层的封闭
SD202	防腐封闭剂	啤酒酿造设备涂层的封闭
SD205	透明封闭剂	雕塑工艺品等罩光封闭
SD302	高温封闭剂	锅炉管道涂层的封闭
SD303	高温封闭剂	化工抗硫化气体涂层的封闭

三、特殊功能涂料

1.WT－500有机硅耐热涂料

能长期经受400~500℃高温，适用于冶金、石油化工、电力等机械设备和钢铁构件的抗高温保护。

2.RO－3耐油导静电涂料

具有优良的导静电、耐油、耐腐蚀、耐湿热性能。广泛用作大型油箱、船舶油舱、石油制品贮罐、储油容器、输油管道及其他与油介质接触的工件防腐保护和热喷涂涂层的封闭剂。

3.TY－822耐溶剂导电涂料

具有优良的导静电、耐溶剂、耐湿热性能，广泛用作化工有机溶剂罐体作为耐溶剂导静电涂料，也可作为车间底漆，可带漆膜焊接和切割，不影响焊接质量。亦可作为热喷涂涂层的封闭剂，用于桥梁、大型油箱、船舶油舱、石油制品贮罐、储油容器、输油管道、石油钻井平台、码头及大型钢铁工件重防腐保护和耐高温防腐底漆。和热喷涂涂层的封闭剂。

4.GTS－105透明罩光涂料

是以有机硅树脂为主剂制成的醇溶性涂料。本涂料固化后膜层有优良的憎水防潮、防霉、防盐雾性能。附着力强、漆膜坚硬、柔韧性好且耐热能力强，防腐蚀变色性佳。广泛用于产品、金属(铜、铁、铝、不锈钢)抛光产品等。金属电镀件、塑料仿金件的罩光及石质产品放风化防护和纸张上光等。醇为溶剂消除了苯为溶剂的产品对人体的毒害，有利于环境保护。

广水市恒达喷焊机械设备有限责任公司

法人代表:易用祥　　联系人:胡安定　　企业性质:有限责任公司
电　　话:0722 - 6261408　　传　　真:0722 - 6263407
地　　址:湖北省广水市应山办事处文化路 16 号　　邮　　编:432700

单位情况简介:

该公司是由原广水市喷焊设备厂(国营企业)改制后成立的一家股份制民营企业。近年来,公司利用自身专业技术优势,对原有产品进行了大量更新改进,深受广大用户欢迎和好评。

该公司可为用户提供多种规格类型的等离子喷焊设备及配套设施;承接特殊需求的等离子喷焊设备的设计、制造和加工业务,以及工艺研究与开发服务。产品具有工艺技术领先,设备制作精良,品种配套齐全,服务优质周到等特点。公司力求与时俱进,不断创新发展,并着眼于未来,与华中科技大学(焊接教研室)、暨热喷涂行业等单位,对等离子喷焊工艺、材料及设备进行综合研究、开发。在国内外新的竞争与挑战中,充分发挥民营企业的优势力量和积极作用,使企业立于不败不地。不断进取,健康发展、稳步前进。

荆州市四机郢龙石油机械制造有限公司

联 系 人:喻晓平　　企业性质:有限公司
电　　话:0716 - 8429243　　传　　真:0716 - 8429243
地　　址:湖北省荆州市荆州区四机厂　　邮　　编:434024

单位情况简介:

荆州市四机郢龙石油机械制造有限公司,是面向全国各油田和石油化工行业专业从事石油钻井、采油设备、固井设备、压裂设备及配件的股份制企业。

该公司位于古荆州城西门外,下设机械制造厂,热喷涂厂,汽运修配厂,特种橡胶厂,公司通过 ISO9001 质量体系认证,是中国表面工程协会热喷涂专业委员会的会员单位。

该公司下属的热喷涂厂,主要是应用氧—乙炔火焰粉末喷涂(焊)技术,为该公司生产制造高性能产品配套服务,并面向社会提供技术服务、技术培训、技术开发和技术咨询。

热喷涂厂技术力量坚实,技术及操作人员均为中专以上学历,并具有 15 ~ 20 年专业从事热喷涂技术工作的经历。工厂现有火焰粉末喷涂生产线两条,使用的喷涂材料主要为镍基合金、钴基合金、铜基合金和碳化钨等粉末材料。其主要喷涂产品为石油、石化行业的各种柱塞、活塞、阀杆、阀板、阀座、泵轴、轴套、平衡盘、十字接头、螺杆、轴瓦等。这些产品给设备的使用提供了可靠的保证,赢得了用户的赞誉。

武汉市青山区建筑工程公司热喷涂厂

法人代表:文立新　　企业性质:全民
电　　话:027 - 86513219
地　　址:湖北省武汉市青山区建设十一路　　邮　　编:430082

单位情况简介:

该厂金属热喷涂加工工艺于 1985 年开始。与武汉材料保护研究所联合开发应用,十多年来该厂遵循“质量第一、信誉至上”的原则,采用 GB 9795 国家标准(等同于国际标准)进行生产,由于注重质量、信守合同,该厂加工的产品受到用户的一致好评。

该厂热喷涂加工能力较强,现有石油空压机($6m^3/h$)一台,移动式 $6m^3/h$ 空压机一台,油水分离器 2 台、压力喷砂设备 2 套。还有配套使用的电弧喷枪,火焰喷枪、喷焊枪等,年产值可达 500 万元。

加工的品种有铝丝、T8 钢丝、不锈钢丝、锌丝、铜丝等多种线材喷涂,镍基、铁基等多种粉末材料喷涂。各种工作通过热喷涂加工后喷铝、不锈钢、铜等线材防腐蚀使用寿命可延长 10 - 15 年,喷涂粉末材料后耐磨能力提高 10～20 倍。

近几年，该厂新承接的工程有，武汉钢铁集团公司二炼钢连铸水冷却塔喷铝、四大氧水冷却塔喷铝、新三号高炉水冷却塔喷铝，新三号高炉洗净塔喷锌，武汉石油化工厂常压反应塔、塔盘喷铝、武汉市硫酸厂反应塔内壁喷铝，毛里塔尼亚体育场钢结构件喷铝，由于质量好，信守合同，受到该国的好评，为此武汉国际经济技术合作公司和国家体委援外司送来锦旗，上书“工艺新颖、技术精湛、艰苦卓著、成绩裴然”以示奖励。

武汉久欣机电设备有限公司

联 系 人：齐 芷　　手　　机：(0)13607180031
电　　话：027－87833303　　传　　真：027－87833303
地　　址：湖北省武汉市丁字桥路特 9 号　　邮　　编：430064
http://www.whjxjd.net

武汉材料保护研究所喷涂室

联 系 人：伍建华
电　　话：027－83641639　(0)13971165228　　传　　真：027－83637647
地　　址：湖北省武汉市宝丰二路 126 号　　邮　　编：430030

武汉材料保护研究所喷涂工程部

联 系 人：李秉忠
电　　话：027－83641656　(0)13507112725　　传　　真：027－83641656
地　　址：湖北省武汉市汉口宝丰二路 126 号　　邮　　编：430030

武汉材料保护研究所喷焊室

联 系 人：詹祖保
电　　话：027－5854350－211(O)　5801580(H)
地　　址：湖北省武汉市宝丰二路 126 号　　邮　　编：430030

武汉材料保护研究所表面技术成套公司

联 系 人：范志虎
电　　话：027－5825152　6816980　　传　　真：027－5837647
地　　址：湖北省武汉市宝丰二路 126 号　　邮　　编：430030

武汉市江汉金属喷涂厂

联 系 人：杨宝柱
电　　话：027－84770726　(0)13907101681
地　　址：湖北省武汉市汉阳区景岗村 103 号　　邮　　编：430050

武汉交通科技大学

法人代表：孙国正　　联 系 人：丁彰雄
电　　话：027－86811694－3771　　传　　真：027－86814446
地　　址：湖北省武汉市武昌余家头武汉交通科技大学船机系

邮　　编:430063

鄂钢集团公司职工技术协会

联 系 人:丁贵民
电　　话:0711－3233102
地　　址:湖北省鄂州市　　邮　　编:436002

鄂钢集团公司中型渣钢厂

联 系 人:王景玉
电　　话:0711－3233102
地　　址:湖北省鄂州市　　邮　　编:436002

湖北汉川电厂锅炉分公司

联 系 人:刘　睿
电　　话:027－83891738－2088
地　　址:湖北省汉川县　　邮　　编:432321

湖北汽车工业学院

联 系 人:刘　峰
电　　话:0719－8241472　　传　　真:0719－8260748
地　　址:湖北省湖北汽车工业学院材料工程系铸造教研室　　邮　　编:442002

武汉交通科技大学动力与工程学院

联 系 人:肖金生
电　　话:027－86551690(O)　86547202(H)　　传　　真:027－86554406
地　　址:湖北省武汉市　　邮　　编:430063

武汉热喷涂厂

联 系 人:黄重臣
地　　址:湖北省武汉市武昌晒湖路49－1号　　邮　　编:430064

船舶总公司七院第七零一研究所

法人代表:朱英富　　联 系 人:刘邦贵
电　　话:027－88043350－8419　　传　　真:027－88042076
地　　址:湖北省武汉市64291信箱14分箱　　邮　　编:430064

武汉钢通表面工程有限公司

联 系 人:朝静吕
电　　话:027－86894753　(0)13607108712
地　　址:湖北省武汉市青山区红钢城15－12－12　　邮　　编:430080

武汉钢电股份有限公司

联 系 人:涂国富　　手　　机:(0)13971693619
地　　址:湖北省武汉市　　邮　　编:430080

武汉气门厂

联 系 人:吕志远
电　　话:027-87811885　　传　　真:027-7882338
地　　址:湖北省武汉市武昌珞狮路10号　　邮　　编:430070

武汉工业大学新材料研究所

联 系 人:潘　牧　　电　　话:027-87884448
地　　址:湖北省武汉市珞狮路14号　　邮　　编:430070

武汉鼓风机厂

联 系 人:陈立斌
地　　址:湖北省武汉市武昌关山二路　　邮　　编:430074

武汉钢铁公司钢铁研究所品种部

联 系 人:冀汉巍
电　　话:027-86863557
地　　址:湖北省武汉市　　邮　　编:430080

武汉科特表面工程技术有限责任公司

联 系 人:余林森
电　　话:027-86866351
地　　址:湖北省武汉市青山区冶金街27街28门4号　　邮　　编:430080

武汉钢铁公司工业港技术科

联 系 人:王玉萍　　电　　话:027-693912
地　　址:湖北省武汉市青山区工业港　　邮　　编:430082

武汉市高新表面工程技术有限公司

法人代表:林全意　　联 系 人:张开明
电　　话:027-86525297　(0)13071277422　　传　　真:027-86513472
地　　址:湖北省武汉市青山区工人村二街461号　　邮　　编:430082

武汉钢铁公司机制公司机修厂

联 系 人:李廉廉　　电　　话:027-86899426
地　　址:湖北省武汉市青山区厂前　　邮　　编:430083

湖北气门厂

联 系 人:李柏松

地　　址:湖北省麻城市新建街 47 号　　　　邮　　编:431600

武汉高力热喷涂工程有限责任公司

联 系 人:高荣发

电　　话:027 - 61917008　(0)13807154065　　　　传　　真:027 - 83952165

地　　址:武汉市黄陂区三里镇　　　　邮　　编:432244

湖北省双环碱业股份有限公司盐厂

联 系 人:仇宽荣

地　　址:湖北省应城市东马坊　　　　邮　　编:432407

湖北襄樊 5713 工厂

联 系 人:孙红梅

电　　话:0710 - 3113801　　　　传　　真:0710 - 3120382

地　　址:湖北襄樊市 168 信箱　　　　邮　　编:441002

广水市喷焊设备厂

联 系 人:胡安定

地　　址:湖北省广水市东大街 139 号　　　　邮　　编:432700

大冶有色金属公司机修厂总师室

联 系 人:龙启明　　　　电　　话:0714 - 5392340

地　　址:湖北省黄石市新下陆　　　　邮　　编:435005

湖北省广济动力机总厂工艺科

联 系 人:陆建国

地　　址:湖北省武穴市　　　　邮　　编:436400

湖北煤矿机械厂工艺科

联 系 人:朱宏年

地　　址:湖北省咸宁市　　　　邮　　编:437002

铁道部襄樊内燃机车工厂产品开发处

联 系 人:刘淑云

地　　址:湖北省襄阳市 129 信箱　　　　邮　　编:441105

湖北省枣阳市金红石矿

联 系 人:雷安远

地　　址:湖北省枣阳市　　　　邮　　编:441203

解放军第 5713 工厂

联 系 人:周忠锋

电　　话:0710－7865037　7865317　　传　　真:0710－7865005
地　　址:湖北省古城县108信箱101分箱　　邮　　编:441723

葛洲坝港湾疏浚工程公司机电安装公司

法人代表:任生春　　联 系 人:胡建明
手　　机:(0)13972604128　　传　　真:0717－6271242
地　　址:湖北省宜昌市西坝建设路2号　　邮　　编:443000

猴王集团焊接材料研究所

法人代表:王京军　　联 系 人:张孝艳
电　　话:0717－6226889－8210　　传　　真:0717－6551835
地　　址:湖北省宜昌市夷陵路344号　　邮　　编:443003

猴王集团中心试验室

联 系 人:谢进平
电　　话:0717－6551591－3078
地　　址:湖北省宜昌市夷陵路344号　　邮　　编:443003

国营三八八厂工艺所

法人代表:兰金堂　　联 系 人:陆　京
电　　话:0717－4810214　　传　　真:0717－4810475
地　　址:湖北省宜都市　　邮　　编:443301

河　南　省

郑州磨料磨具磨削研究所

法人代表:朱　峰　　联系人:杨晓平　　企业性质:国有
电　　话:0371－7657930　7657950
传　　真:0371－7661836　7657952
地　　址:河南省郑州市华山路121号　　邮　　编:450007
http://www.zzsm.com　　E－mail:zzsm@zzsm.com

单位情况简介:

详情参见:P433页

河南省安阳市机械研究所

联 系 人:孙　林　　企业性质:全民
电　　话:0372－3938557　　传　　真:0372－3948927
地　　址:河南省安阳市龙安区商都路　　邮　　编:455000

单位情况简介:

豫北地区热喷涂(焊)电刷镀中心隶属于河南省安阳市机械研究所,是中国表面工程学会热喷涂专业委员会河南省协作组副组长单位,受河南省政府委托负责推广热喷涂(焊)技术已二十多年,在本地区本行业具有技术指导地位。与许多大型厂矿企业和科研院所建立了稳固的学术交流和业务关系,先后为安阳钢铁集团公司、安阳彩色玻壳公司、红旗渠集团安阳卷烟厂、中原油田、大连机床研究所等单位提供技术服务,取得了较好的经济效益和社会效益,在这些企业中享有良好的信誉。

洛阳特耐喷涂工程有限公司

法人代表:罗建伟　手　机:(0)13903790511　企业性质:有限公司
电　话:0379-4327455　4327457　传　真:0379-4327458
地　址:河南省洛阳市高新开发区丰华路6#银昆科技园　邮　编:471003
http://www.tenai.com.cn　E-mail:tn@tenai.com.cn

单位情况简介:

该公司成立于1997年是一家技术型产业公司,属洛阳市重点高新技术企业,主要从事喷涂技术的开发、应用、工程服务,公司现有经营管理人员56人,其中:中、高级以上技术人员38人,操作技术工人72人。

该公司为客户提供百种金属、合金、陶瓷及金属陶瓷的单体粉,合金粉,自熔合金粉,混合粉和自粘粉以及数种金属丝,合金丝,复合丝及粉芯丝,还能为客户提供多功能的特殊喷涂材料,提供超音速火焰喷涂的CO-WC、NiCr-Cr3C2及WcCOCr专用粉系列和爆炸喷涂专用粉。

该公司与知名科研院所及厂商合作,吸纳了复合制作,成份优化等技术,研发了具有耐高温、抗氧化及耐磨损等涂层功能的线材系列,该系列线材的喷涂层有很好的均质性,有化学放热过程及时效硬化等特点,使涂层具有高硬度和高结合强度,即使是高温有害气体侵蚀和颗粒冲击恶劣条件下,依然工作良好。公司通过几个电厂的工程施工的应用,充分验证该系列涂层的结合强度高,效果好,涂层孔隙率低等优势,完全达到能为国内电厂用户提供受热面的全面解决方案,技术先进,质量可靠,价格优惠合理,承接各种条件下的喷涂工程。

该公司真诚希望与同行业协手共同协发新技术,高科技含金量高的喷涂产品,并为用户提供优质、全方位的喷涂材料技术和工艺、及最新应用的技术咨询服务,并保质保量地完成用户的喷涂工程。

该公司的目标就是作成行业里最出色的专业公司。

郑州大洋热喷涂有限公司

联系人:杨　毅　企业性质:有限责任公司
电　话:0371-7943802　(0)13603861885　传　真:0371-7942047
地　址:河南省郑州市陇海中路64号科技楼　邮　编:450052

洛阳铁路热喷涂焊接技术开发中心

联系人:刘丰荫　企业性质:股份
电　话:0379-2725107　手　机:(0)13653792555
地　址:河南省洛阳市龙泉小区8号楼2-301　邮　编:471002

开封天力防腐工程有限公司

法人代表:杨宏彬　企业性质:民营
电　话:0378-2913455　传　真:0378-2952301
地　址:河南省开封市汴京路214号　邮　编:475002
http://www.tlff.com　E-mail:kfu@tlff.com

河南省濮阳市汽修厂

联 系 人:刘臣义
电　　话:0393－4698091　(0)13603838356
地　　址:河南省濮阳市京开道　　邮　　编:457000

安阳钢铁公司机械设备制造公司修复中心

联 系 人:袁学军
电　　话:0372－3124744
地　　址:河南省安阳市　　邮　　编:455004

河南安阳热喷涂表面技术处理部

联 系 人:杨新珍
电　　话:0372－3970950
地　　址:河南省安阳市中州路汽车零部件厂内　　邮　　编:455000

河南省化工建设工程公司

联 系 人:刘金柱
电　　话:0371－6611236　　传　　真:0371－3968391
地　　址:河南省郑州市金水大道102号　　邮　　编:450003

机械部郑州机械研究所

联 系 人:魏建军
地　　址:河南省郑州市中原东路101号　　邮　　编:450052

郑州鼎盛工程技术有限公司

联 系 人:卢洪波
电　　话:0371－5953622　(0)13903849581　　传　　真:0371－5948723
地　　址:河南省郑州市红专路51号(省机械研究院内)　　邮　　编:450003

郑州纺机特种工艺有限公司

联 系 人:李志伟
电　　话:0371－3585902　　传　　真:0371－3586042
地　　址:河南省郑州市南阳路290号　　邮　　编:450053

郑州纺织机械厂特种工艺分厂热喷涂车间

联 系 人:侯卫东
电　　话:0371－3585872　3937251－2679　　传　　真:0371－3822455
地　　址:河南省郑州市南阳路290号　　邮　　编:450053

中国长城铝业公司矿山公司小关铝矿

联 系 人:张保昌
地　　址:河南省巩义市小关铝矿机修车间　　邮　　编:451272

安阳市史迪欧科技有限责任公司

联 系 人:杨钢怀
电　　话:0372 - 3114148　(0)13503724379　　传　　真:0372 - 3114148
地　　址:河南省安阳市安钢集团国贸公司六部　　邮　　编:455004

新乡市热喷涂服务部

联 系 人:吴振昌
地　　址:河南省新乡市解放路南桥　　邮　　编:453000

河南省防腐企业集团公司直属三公司

联 系 人:张洪江
电　　话:0373 - 8779029　(0)13643906958
地　　址:河南省长垣县建蒲路西段　　邮　　编:453415

河南省漯河市粉末冶金总厂

联 系 人:刘　罡
电　　话:0395 - 3134888
地　　址:河南省漯河市松江路中段　　邮　　编:462000

焦作电力集团有限公司表面工程分公司

联 系 人:殷乐义　　手　　机:(0)13903910546
电　　话:0391 - 3522537　3522962　　传　　真:0391 - 3522962
地　　址:河南省焦作市建设西路 30 号　　邮　　编:454001

中原表面技术有限公司

联 系 人:张　彬
电　　话:0394 - 8230506　　传　　真:0394 - 223318
地　　址:河南省周口市建设路中段 12 号河南省化工研究所
邮　　编:466001

河南省项城市宇光表面工程有限公司

法人代表:朱耀海　　联 系 人:朱国华
电　　话:0394 - 4295015　　传　　真:0394 - 4295015
地　　址:河南省项城市环城路中段工业路口西 300 米路北　　邮　　编:466200

平顶山电业局热喷涂厂

联 系 人:吴广瑞
电　　话:0375 - 2765470　(0)13903902722　　传　　真:0375 - 3934108
地　　址:河南省平顶山市新华路南段　　邮　　编:467001

中国一拖工程机械公司工艺材料研究所

联 系 人:张建新

电　　话:0379－4972196　4911697　　传　　真:0379－4913228
地　　址:河南省洛阳市建设路154号　　邮　　编:471004

中船重工725所

联 系 人:刘泽昊　　电　　话:0379－4913611－2444
地　　址:河南省洛阳市西苑路21号　　邮　　编:471039

河南省热喷涂协作组

联 系 人:吕传富
地　　址:河南省洛阳市023#省协分箱　　邮　　编:471039

机械部洛阳第四设计院

联 系 人:易绪瀚
地　　址:河南省洛阳市天津路　　邮　　编:471039

河南省偃师市永昌摩托车配件厂

联 系 人:王均良
电　　话:0379－7578074
地　　址:河南省偃师市山化工业区西一公里王窑村　　邮　　编:471911

水利水电三门峡防腐工程公司

联 系 人:胡广武
地　　址:河南省三门峡市建设路中段　　邮　　编:472000

南阳市零件修理新技术服务部

联 系 人:殷德山
电　　话:0377－3169952　3558918
地　　址:河南省南阳市中州路永安村207号　　邮　　编:473000

南阳6456工厂技术处

联 系 人:章宏宇
地　　址:河南省南阳市147信箱　　邮　　编:473065

开封市汴和窑炉工程有限公司

联 系 人:侯应黎
电　　话:0378－2851089
地　　址:河南省开封市北关街71号　　邮　　编:475001

开封人造金刚石磨料磨具厂

联 系 人:孙振中
地　　址:河南省开封市铁塔二街23号　　邮　　编:475001

开封高压阀门厂工艺处

联 系 人:邝芝书

地　　址:河南省开封市　　邮　　编:475002

湖　南　省

先导(益阳)等离子粉末有限公司

法人代表:郭吉平　　联系人:罗范波　　企业性质:外资

电　　话:0737-6185160　　传　　真:0737-6185153

地　　址:湖南省益阳市秀峰路72号　　邮　　编:413000

E-mail:iypretech@mail.iy.hn.cn

单位情况简介:

详情参见:P439页

湖南百富瑞材料有限责任公司

联系人:袁剑锋　　企业性质:民营

电　话:0731-8926300　8903299　　传　　真:0731-8926300

地　址:湖南长沙高新产业开发区创业大厦(MO栋)北三楼　　邮　　编:410013

http://www.bestful.com　　E-mail:market@bestful.com

单位情况简介:

详情参见:P442页

湖南省冶金材料研究所

联系人:吴和元　　闵小兵　　企业性质:全民

电　话:0731-5596380　　传　　真:0731-5596380

地　址:湖南省长沙市树木岭路43号　　邮　　编:410014

单位情况简介:

湖南省冶金材料研究所自20世纪70年代初开始热喷涂材料与工艺技术的研究与开发,是我国最早从事此项新技术开发的单位之一,而且一直保持着一支近40人的专业技术队伍,是湖南省热喷涂技术协作组组长单位。

该所拥有热喷涂合金粉末生产设备多套,长期生产并向全国各用户供应镍基、钴基、铁基、铜基喷涂喷熔系列自熔合金粉末及镍包铝、镍包碳化钨、钴包碳化钨、含碳化钨镍基自熔合金、抗气蚀自熔合金、油田钻杆专用自熔合金、烟气轮机用抗高温磨损腐蚀的长城系列涂层粉末等。

该所拥有各种氧乙炔火焰粉末喷涂喷熔、氧乙炔火焰丝材喷涂、电弧喷涂、亚音速火焰喷涂、等离子喷涂、爆炸喷涂等各种喷涂手段,拥有各种热喷涂设备—材料组合的成熟的喷涂工艺及操作经验。

该所在三十年的热喷涂技术开发中取得了不少骄人的成绩。曾获省、部级及国家级科技进步奖多项,也曾荣获中共中央、国务院、中央军委的嘉奖贺电。

株洲硬质合金集团有限公司钽铌事业部

联 系 人:杨　革　　企业性质:国有

电　　话:0733-2610339　　传　　真:0733-2610409

通讯地址:湖南省株洲市514信箱　　邮　　编:412005

单位情况简介:

株洲硬质合金集团有限公司钽铌事业部是一家生产钽铌制品、碳化钨、碳化钨基粉末的专业厂家。事业部经过多年的探索与发展,已逐步开发研制了一系列的新型喷涂材料,在国际、国内市场拥有较高声誉,年产量达80吨。

事业部生产的喷涂材料主要有如下系列:

1.球形碳化基系列喷涂粉,包括WC-12%Co、WC-17%Co、WC-10%Co-4%Cr、WC-Ni等;

2.喷涂钨粉、碳化钨钒系列;

3.粗晶碳化钨、单晶碳化钨等系列产品。

事业部目前科研开发力量雄厚,有高级工程师18人,工程师51人。热忱欢迎国内外同行进行合作、技术指导。热烈欢迎热喷涂专业厂家垂询。

中南大学表面与涂层技术研究所

联 系 人:蒋显亮

电　　话:0731-8876307　(0)13974870021　　传　　真:0731-8876692

地　　址:湖南省长沙市　　邮　　编:410083

湖南省技术物理研究所

联 系 人:欧阳吉祥

电　　话:0371-5582141 5214014(家)

地　　址:湖南省长沙市青园路7号　　邮　　编:410004

中南工业大学粉末冶金研究所

联 系 人:雷长明

电　　话:0731-8883255

地　　址:湖南省长沙市　　邮　　编:410083

解放军第5712厂新机办

联 系 人:周立仁

电　　话:0731-6931926　　传　　真:0731-5413101

地　　址:湖南省长沙县黑石铺519信箱总师办　　邮　　编:410113

株洲华电抗磨工程有限公司

联 系 人:姚　敏

电　　话:0733-8438698

地　　址:湖南省株洲市红旗北路52号　　邮　　编:412000

湖南株洲表面研究所

联 系 人:吴　泓　　手　　机:(0)1397339365

电　　话:0733-9008695　8281248

地　　址:湖南省株洲市工学院陈玉兰信箱　　邮　　编:412000

岳阳石化总厂新兴复合陶瓷厂

联 系 人:张建设
电　　话:0730－8412741－43060
地　　址:湖南省岳阳市　　邮　　编:414014

岳阳巴陵石化公司复合陶瓷厂

联 系 人:詹克洲　　电　　话:0730－222711－3060
地　　址:湖南省岳阳市云溪化工区　　邮　　编:414014

湖南省娄底市大金新材料有限公司

联 系 人:胡国梁
电　　话:0738－8315803　　传　　真:0738－8315803
地　　址:湖南省娄底市乐坪西街16号　　邮　　编:417000

衡阳金龙中科技术发展总公司

联 系 人:尚长春
地　　址:湖南省衡阳市珠晖区八角塘99号　　邮　　编:421002

湖南娄底涟钢机械设备制造公司

联 系 人:彭振宽
电　　话:0738－8660504
地　　址:湖南省娄底市　　邮　　编:417009

广 东 省

广州有色金属研究院材料表面工程技术研究开发中心

法人代表:邱显扬　　联系人:刘　敏　　企业性质:国有
电　　话:020－37239020　37239021　　传　　真:020－37238531
地　　址:广东省广州市五山有色金属研究院材料表面中心　　邮　　编:510651
http://www.gzse.com
E－mail:gzjtse@pub.guangzhou.gd.cn

单位情况简介:
详情参见:P402页

南海市中南机械有限公司

法人代表:许　冠　　企业性质:股份制
电　　话:0757－5770888　5778708　　传　　真:0757－5772842
地　　址:广东省佛山市南海区盐步广佛公路横江路段　　邮　　编:528247
http://www.znum.com　　E－mail:znum@znum.com

单位情况简介:
详情参见:P424页

佛山光研表面工程工贸公司
正衡金属表面合金厂

法人代表：古　衡　　　　企业性质：合资
手　　机：(0)13702905030(古工)　(0)13902414591(谭生)
电　　话：0757－2230834　　　　传　　真：0757－2830469
地　　址：广东省佛山市火车站侧旺南中路27号　　　　邮　　编：528226
办 事 处：广东省佛山市市东上路6号822室　　　　邮　　编：528000

单位情况简介：

该厂专业加工修复划痕损伤、磨损拉伤工程：

一、塑胶行业进口镜面辊、压延辊、消光辊、压纹辊、涂布辊、无纺布辊……

二、印刷行业进口彩印机前后炮、亲水辊、夹板条。

三、陶瓷行业进口大型液压机油缸、柱塞、柱塞环。

四、铝型材行业进口大型挤压机油缸、油泵内缸。

五、塑料机双向锥形螺杆螺筒、模头、饲料机环模。

六、特殊进口电机端盖、轴、模具磨损，强化处理。

大型机件或不便拆卸可现场修复！

东莞奥斯威等离子喷涂有限公司

法人代表：朱锡平　　　　企业性质：合资
电　　话：0769－3342208　　　　传　　真：0769－3342477
地　　址：广东省东莞市桥头镇宏达工业区3号　　　　邮　　编：523523

单位情况简介：

东莞奥斯威等离子喷涂有限公司，自1992年创建以来，始终立足于高科技、高起点、高品质和高效率，使自已得以不断完善和发展，短短几年时间，公司成为国内等离子喷涂行业的佼佼者。公司拥有当今世界最先进的等离子喷涂设备和陶瓷棒材喷涂设备，以及国内等企业独一无二的全套先进的质量检测设备，涂层表面状态分析仪器等，并建立ISO9002质量保证体系，公司每年投入大量资金用于新材料、新设备的引进，新涂层的研究和新产品的开发，不仅全面保证了产品的质量，并使产品种类发展到几十种，涂层材料一百余种，从而使公司产品覆盖化纤机械、电工机械、烟草机械、石油化工、食品机械等行业。公司主要产品之一，SDS系列化纤高速假捻机摩擦片荣获一九九四年国家重点新产品奖，成为国内唯一规模生产等离子喷涂摩擦片的企业。

为客户长期提供满意的产品和服务仍是该公司永恒之目标。该公司将为工业界生产和开发更好的涂层，解决任何耐磨损、抗腐蚀的问题。诚望与支持、关心该公司的广大客户携手共进、再创辉煌！

佛山市科挺表面工程有限公司

联系人：马重辉　　　　企业性质：民营
电　　话：0757－3372700　　　　传　　真：0757－3274171
地　　址：广东省佛山市季华六路卫国工业区6号　　　　邮　　编：528000
http://www.fscoating.com

单位情况简介：

佛山市科挺表面工程有限公司以热喷涂工艺为主，同时拥有表面工程技术领域的众多工艺手段——电刷镀、化学镀、镀硬铬、特种焊接、电火花冷焊、粘接技术等，因此能灵活选用合适工艺，并可制备出复合涂层。公司以机修为主，同时兼顾耐磨制品的生产开发。由于地处珠江三角洲，十多年来，积累了丰富的市场信息,由此有利于公司与研究院所的联合开发与合作。公司在陶瓷机械、印刷包装机械、现场维修等领域有显著成效,此外由于配备了 Φ 500×3000 内外园磨,Φ 1600×5000 大型车床,Φ 2500 落地车床等大型机加工设备,可以承接大型机械的维修任务。

顺德市容桂区科威热喷涂陶瓷材料有限公司

法人代表:梁玉亨　　企业性质:有限责任公司
电　　话:0765 - 8381646　手　　机:13322822695　　传　　真:0765 - 8381658
地　　址:广东省顺德市容桂区长业路 1 号　　邮　　编:528305
E - mail:orz@163.net

单位情况简介:

该公司专业生产热喷涂陶瓷棒材企业,其以独特工艺技术生产的 Cr_2O_3 陶瓷棒品质优,喷涂瓷面耐高温、硬度高、耐磨损、耐腐蚀,现已广泛用于机械、纺织、轻工、电力、石化、航天等工业零件表面处理。

华南理工大学机械工程学院热喷涂研究室

联 系 人:李尚周　　企业性质:事业
电　　话:020 - 87111051　(0)13922235210　　传　　真:020 - 87111051
地　　址:广东省广州市五山华南理工大学机械工程学院　　邮　　编:510641
E - mail:fora@vip.163.com

科进精密机械制造厂

联 系 人:雷云峰
电　　话:0757 - 3269584　(0)13302818119　　传　　真:0757 - 3267643
地　　址:广东省佛山市环市镇南沙工业区 A10 号　　邮　　编:528000

广东省技术推广站

联 系 人:梁颖基
电　　话:020 - 83340751　　传　　真:020 - 83396770
地　　址:广东省广州市连新路 11 号　　邮　　编:510030

广东轻工业机械厂

联 系 人:邓德彰
地　　址:广东省广州市工业大道中石岗路 12 号　　邮　　编:510280

广东省电力局试研所金属室

联 系 人:聂　铭
地　　址:广东省广州市梅花路 73 号　　邮　　编:510600

广州市雷密加激光科技有限公司

联 系 人:姚志东
电　　话:020 - 87519076　87091905
传　　真:020 - 87519078　87091308
地　　址:广东省广州市天河区中山大道西 63 号电子科技大厅 1 楼

邮　　编:510630

广东工业大学

联 系 人:潘振鹏
电　　话:020－85211762　85516320－267/529/325　　传　　真:020－85516325
地　　址:广东省广州市五山　　邮　　编:510643

洛阳船舶所佛山科技开发中心

联 系 人:马重辉
地　　址:广东省佛山市汾江南路14号506室　　邮　　编:528000

广州海龙镀铁工程中心

联 系 人:李伟茂
地　　址:广东省广州市黄埔庙西广州海运集团菠萝庙船厂内
邮　　编:510730

广州磊基机械维修有限公司

联 系 人:邹德贵
电　　话:020－82208183　(0)13922431198　　传　　真:020－82226406
地　　址:广东省广州市黄埔区庙头村龙头路(龙头山公园牌坊100米)
邮　　编:510725

广州文冲船厂修船分厂热处理

联 系 人:汤　德　　电　　话:020－82279933－585
地　　址:广东省广州市黄埔区　　邮　　编:510727

广州金墩机械公司

联 系 人:胡　雳
电　　话:020－82763414　　传　　真:020－82774515
地　　址:广东省增城市新塘镇　　邮　　编:511340

深圳市美科喷焊技术有限公司

联 系 人:张玉龙
电　　话:0755－7601329　　传　　真:0755－7601329
地　　址:广东省宝安县宝安区石岩镇罗租大道59号　　邮　　编:518108

深圳华油五金塑胶制品有限公司

联 系 人:陈明江
电　　话:0755－28135503　28135507　　传　　真:0755－28172009
地　　址:广东省宝安县龙华镇油松第十工业区　　邮　　编:518109

广东省怀集县汽车配件制造有限公司

联 系 人:张　韬

电　　话:0758 - 5522482　5523054

地　　址:广东省怀集县城登云亭　　邮　　编:526400

广东佛山市石湾区科倡金属冷热喷涂厂

联 系 人:黄文有　　手　　机:(0)13302803885

地　　址:广东省佛山市澜石鄱阳北工业区 8 座 1 号　　邮　　编:528041

佛山市城区鹏程机电贸易公司

联 系 人:周文鹏

地　　址:广东省佛山市普澜 2 路 31 号新荣大厦 E 座 401

南海市乡镇企业五金矿产公司黄歧公司

联 系 人:朱健华

电　　话:0757 - 5932810　5935727　　传　　真:0757 - 5932810

地　　址:广东省南海市黄歧镇怡富广场华海路 13 号　　邮　　编:528248

威林(中国)贸易有限公司

联 系 人:邝益壮

地　　址:广东省江门市河南翠园一街 38 号二楼　　邮　　编:529000

新会环宇云母材料有限公司

法人代表:陈荣恩　　联 系 人:曾德华

电　　话:0750 - 6675878　　传　　真:0750 - 6675828

地　　址:广东省新会市今古洲经济开发区　　邮　　编:529100

广西壮族自治区

柳州技术交流站

联 系 人:赵国海

电　　话:0772 - 2554632　(0)13917608771　　传　　真:0772 - 2823958

地　　址:广西省柳州市解放北路 37 号　　邮　　编:545001

南宁东升喷涂厂

联 系 人:张星旺

电　　话:0771 - 3310786　(0)13877163596

地　　址:广西省南宁市北湖北路 10 号　　邮　　编:530001

南宁市万路发机械设备公司

联 系 人:潘建友

电　　话:0771 – 5639696　(0)13878175091
地　　址:广西省南宁市望州南路 297 号　　邮　　编:530001

广西南宁技术交流站

联 系 人:林开芳
电　　话:0771 – 4823704　4829068
地　　址:广西省南宁市五一东路 3 号　　邮　　编:530031

南宁市燃料公司公路桥梁标牌金属构件分厂

联 系 人:黄庆华
电　　话:0771 – 4832967　9061185　3833936
地　　址:广西省南宁市福建路 12 号路桥公司三处　　邮　　编:530031

北海市技术交流站

联 系 人:张雄图
电　　话:0779 – 3032505　3035693
地　　址:广西省北海市贵州路　　邮　　编:536000

广西柳工机械股份有限公司

联 系 人:蒙秋红
电　　话:0772 – 3886433　(0)13978047126
地　　址:广西省柳州市柳太路 1 号　　邮　　编:545007

海　南　省

海口机车厂

联 系 人:刘　妖
电　　话:0898 – 66181124　(0)13178989181　　传　　真:0898 – 66181124
地　　址:海南省海口市人民大道 68 号　　邮　　编:570208

重　庆　市

重庆金利热喷涂有限公司

法人代表:田清凤　　联 系 人:李永祝
电　　话:023 – 63846355　　传　　真:023 – 63728012
地　　址:重庆市渝中区新民街 113 号　　邮　　编:400010

长安汽车股份有限公司技术中心工艺研究所

联 系 人:纪云林
电　　话:023 – 63728012　　传　　真:023 – 67591722

地　　址:重庆市江北区建新东路260号　　邮　　编:400023

中国兵器工业第五九研究所

联 系 人:吴护林
电　　话:023－68611059－143　　传　　真:023－68611138
地　　址:重庆市渝州路33号　　邮　　编:400039

重庆大学二系焊接教研室

联 系 人:彭高峨
电　　话:023－5311185－2413(办)/3413(宅)　　传　　真:023－5316704
地　　址:重庆市沙坪坝　　邮　　编:400044

重庆长江修造二厂热喷涂分厂

联 系 人:高奎生
电　　话:023－8423526－2864
地　　址:重庆市杨家坪　　邮　　编:400050

重庆仪表材料研究所

联 系 人:陈德茂
电　　话:023－68264760　　传　　真:023－68863932
地　　址:重庆市北碚区1512信箱　　邮　　编:400700

重庆北碚方正机械厂

联 系 人:王朝智　　手　　机:(0)13808370332
电　　话:023－68226668　66102795　　传　　真:023－68226198
地　　址:重庆市北碚区澄江镇石板场　　邮　　编:400701

重庆轻工机械厂科协

联 系 人:滑志高
电　　话:023－6222108
地　　址:重庆市巴南区渔洞镇　　邮　　编:401321

四　川　省

成都大光热喷涂材料有限公司

法人代表:王　多　　企业性质:有限责任公司
电　　话:028－85197523　85174221　　传　　真:028－85199219
地　　址:四川省成都市高新区高朋东路8#　　邮　　编:610041
http://www.cd－dg.com/　　E－mail:wd@cd－dg.com

单位情况简介:

详情参见:P430页

成都振兴金属粉末厂

联系人:王春华　　手　机:(0)13708051187　　企业性质:股份制
电　话:028-86080279　83268777　　传　真:028-83262268
地　址:四川省成都市府青路三段14号附3号　　邮　编:610051
http://www.cdzxmp.com　　E-mail:cdzxmp@cdzxmp.com

单位情况简介:

详情参见:P430页

成都市长诚热喷涂技术有限责任公司

法人代表:陈加印　　企业性质:有限责任公司
电　话:028-83602179　　传　真:028-83601266
地　址:四川省成都市青白江区化工北路　　邮　编:610300
http://www.ccpt.net　　E-mail:cp@ccppt.net

单位情况简介:

详情参见:P415页

自贡亚西泰克高新技术有限责任公司

联系人:舒　涛　余勇刚　　企业性质:中美合资
电　话:0813-4716064　(0)13064380336　(0)13700956876　　传　真:0813-4716064
地　址:四川省自贡市大安区人民路111号　　邮　编:643011
E-mail:zg_asiatech@yahoo.com.cn

单位情况简介:

详情参见:P431页

德阳市东汽表面工程技术有限公司

法人代表:胡蕴成　　企业性质:国有
电　话:0838-6355040　　传　真:0838-6355541
地　址:四川省德阳市　　邮　编:618201

单位情况简介:

详情参见:P394页

四川成发航空科技股份有限公司

联系人:支树平　　企业性质:国有
电　话:028-84505335　　传　真:028-84446490
地　址:四川省成都市双桥子　　邮　编:610067

单位情况简介:

四川成发航空科技股份有限公司(简称:成发科技)研制燃气锅轮发电动机四十多年,下属涂层研究所自1964年开始研究火焰、电弧、等离子喷涂等特种涂层技术,并广泛应用、推广于军、民用航空发动机制造修理中,多种隔热、密封、耐蚀、耐磨涂层获得美国普拉特·惠特尼(P&W)、通用电气(GE)、英国罗尔斯·罗依斯(R·R)等世界顶尖航空公司技术批准,主要产品出口欧美,应用于现役飞机发动机上。

自贡硬质合金有限责任公司

联 系 人:石建华　　企业性质:全民所有制
电　　话:0813－4716852　手　　机:(0)13708155787　传　　真:0813－8118416
地　　址:四川省自贡市人民路111号　　邮　　编:643011
E－mail:shi _jianhua@sina.com

单位情况简介:

自贡硬质合金有限责任公司是始建于二十世纪六十年代中期,有着近四十年建设和发展史的世界级大型硬质合金和钨钼制品生产基地,企业以精湛的技术,卓越的品质和满意的服务著称于世。

本着执著追求科技领先,全面推进技术进步,公司形成了自主的核心技术体系,产品涵盖了钨、钼的初级品、半成品和成品的所有门类,并向深度加工产品延伸,年生产能力超万吨。公司"长城牌"硬质合金、成品工具、钨钼制品及粉末制品四大门类产品足世界同行业中极负盛名的产品之一,其中硬质合金的国内市场占有率接近30%。2001年,产品出口量占总销量的48%,其中80%以上销往欧美等发达国家和地区,销量居全国第一。

公司秉承"精细作业,持续改进,为客户提供满意的产品和服务"的质量方针,建立了完备的ISO9002质量保证体系,并通过了国际质量认证网IQNET、英国BSI认证公司和三峡质保中心STC的认证。公司还非常重视可持续发展,全面推进绿色生产,环保体系通过ISO14001认证。

面对世界经济一体化的迅猛发展和中国加入WTO,尤其是西部大开发带来的机遇,自贡硬质合金有限责任公司将传承在规模、管理、技术、品牌、人才、服务等方面的优势,以"推进两个创新,加快结构调整;实施精细管理,培育核心优势"为战略方针,以倾尽心力回报社会为已任,努力把公司建成经营国际化,管理信息化,产权多元化的大型企业集团,创造新的辉煌。

热喷涂用硬质合金粉牌号成分规格

1.牌号及成分

1.1 WC基系列

牌号	Co%	Ni%	Fe<%	总碳%	游离碳<%	W
YF112	11－13	——	1.0	5.1－5.5	0.1	余量
YF117	16－18	——	1.0	4.9－5.3	0.1	余量
YF112N	——	11－13	1.0	5.1－5.5	0.1	余量
YF117N	——	16－18	1.0	4.9－5.3	0.1	余量

1.2 WC/Co/Cr系列

牌号	Co%	Cr%	Fe<%	总碳%	游离碳<%	W
YF110G	9.0－11	3.5－4.5	1.0	5.1－5.5	0.1	余量
YF106G	5－7	7.5－8.5	1.0	5.1－5.5	0.1	余量

1.3 Cr_3C_2/Ni/Cr系列

牌号	Ni+Cr%	Fe<%	总碳%	游离碳<%	Cr_3C_2
YFR20	25	1.0	10.5	0.1	余量

1.4 W_2C基系列

牌号	Co%	Ni%	Fe < %	总碳%	游离碳 < %	W_2C
YF212	11 - 13	——	1.0	3.9 - 4.3	0.1	余量
YF212N	——	11 - 13	1.0	3.0 - 4.0	0.1	余量

2.粒度

可根据客户的要求生产出不同规格的产品,常见的规格有以下几种:

1) - 180 + 320 目　　2) - 320 + 800 目

3) - 325mesh + 15um　　4) - 250 + 700 目

附:喷涂性能简介

A.YF112(WC/12Co)用超音速火焰喷涂在碳钢上,涂层性能如下:

平均结合强度(Mpa)	平均显微硬度(Kg/mm^2)	表面粗糙度(mm)	涂层磨损失重(mg)
> 68.5	1032	0.02	11.1

另外:用超音速喷涂在不锈钢上,涂层平均结合强度 > 84.4Mpa。

(资料源于北京钢研院)

B.与国外商用喷涂粉末性能对比

1.磨粒磨损实验

磨损实验机:日制　　SUGA 型

条件　　载荷 29.6N,磨损周期 3600 转

磨损量　　5.2mg

相同磨损条件下,几种商用粉末的磨损结果如下:

粉末种类	Metco72F	Metco73F	Metco71NS	75F	Plasa mdyne 702E	自贡 YF117
磨损量	6	10	17	19	7	5.2

(资料出于西安交大焊接研究所)

2.其他性能指标对比

名称	化学成分			物理性能		涂层性能	
	钴	总碳	钨	H.B (g/cm^3)	V (s/50g)	HRC	结合强度 (kg/mm^2)
美国 VF73NS	12	——	——	6.08	11.3	58	7.7
自贡 YF112	11.5	> 5.2	——	5.4	13.1	62	> 7.0

(资料来自项目鉴定材料)

四川华宝经济技术开发公司

联 系 人:杨丽莎　　企业性质:民营

电　　话:028 - 86748246　　传　　真:028 - 85772287

地　　址:四川省成都市新华大道玉沙路 144# 1016　　邮　　编:610017

中国人民解放军第五七〇一工厂

法人代表:梁　力　　联系人:冯　伟　　企业性质:国有
电　　话:028－85201835　(0)13060015030　　传　　真:028－85200112
地　　址:四川省成都市南郊八一信箱21分箱　　邮　　编:610043

攀钢机械制造公司表面技术工程公司

法人代表:石维勋　　联 系 人:李　强
电　　话:0812－6666951　6662053　　传　　真:0812－6666865
地　　址:四川省攀枝花市攀钢机械制造公司表面技术工程公司
邮　　编:617063

成都中纳新材料有限公司

联 系 人:杨立斌
电　　话:028－5139679　　传　　真:028－5173378
地　　址:四川省成都市高新区高朋大道5号成都博士创业园　　邮　　编:610041

成都铁塔厂技术设备管理处

联 系 人:刘素华　　电　　话:028－4122123－333
地　　址:四川省成都市东郊跳蹬河　　邮　　编:610051

标乐公司成都办事处

联 系 人:琚世杰
电　　话:028－86200988－322　(0)13880503612
地　　址:四川省成都市人民南路二段18号川信大厦35楼　　邮　　编:610016

成都艾特航空制造有限公司

法人代表:杨森亦　　联 系 人:王桂华
电　　话:028－84507439/7400　　传　　真:028－84507432
地　　址:四川省成都市双桥子双桂路27－2号　　邮　　编:610066

成都工程机械厂

联 系 人:张玉廷
地　　址:四川省成都市大田坎街162号　　邮　　编:610067

四川川石.克锐达金刚石钻头有限公司

联 系 人:杨定益
电　　话:028－83240611　　传　　真:028－83246402
地　　址:成都二仙桥西街3新5号　　邮　　编:610051

四川电力试验研究院

法人代表:朱国俊　　联 系 人:刘永忠
电　　话:028－87311568－2560　　传　　真:028－87314608

地　　址:四川省成都市青华路 23 号　　邮　　编:610072

四川电力公司喷涂中心

联 系 人:周　松
电　　话:028 - 87082445　(0)13908044150
地　　址:四川省成都市青羊区青华路 23 号　　邮　　编:610073

亚默有限责任公司

法人代表:孙　剑　　联 系 人:李　峰
电　　话:028 - 83372736　　传　　真:028 - 83372742
地　　址:四川省成都市人民北路一段 18 号外企商城四楼 A2　邮　　编:610081

自贡硬质合金厂成都钨钼加工分厂

法人代表:张　毅　　联 系 人:罗振中
电　　话:028 - 84857181　　传　　真:028 - 84855010
地　　址:四川省成都市泉驿区自贡硬质合金厂成都工程指挥部
邮　　编:610100

空军 5719 厂技术处

联 系 人:何　勇
电　　话:028 - 83898680　　传　　真:028 - 83898065
地　　址:四川省彭州市 35 信箱 5 分箱　　邮　　编:611937

攀枝花钢铁(集团)公司钢铁研究院

法人代表:周家琮　　联 系 人:李大东
电　　话:0812 - 3332932 - 6216　　传　　真:0812 - 3336723
地　　址:四川省攀枝花市　　邮　　编:617000

东方电机股份公司工艺部

联 系 人:王华仁
电　　话:0838 - 2410054　(0)13038260838
地　　址:四川省德阳市黄河西路 188 号　　邮　　编:618000

江油硬面技术应用研究所

法人代表:赵纯志　　联 系 人:张志州
地　　址:四川省江油市江平路田家寺　　邮　　编:621700

核工业八五七江油金属涂层厂

联 系 人:刘代刚
电　　话:0816 - 3263906
地　　址:四川省江油市治中路　　邮　　编:621707

核工业八五七厂特种粉末冶金厂

联 系 人:舒家林
电　　话:0816－3261283
地　　址:四川省江油市治中路　　邮　　编:621700

国营八五七厂特种粉末分厂

联 系 人:童迎葵　　电　　话:0816－3261113
地　　址:四川省江油市治中路654信箱29号　　邮　　编:621721

中国工程物理研究院

联 系 人:蒋　驰
电　　话:0816－3620410　　传　　真:0816－3360377
地　　址:四川省绵阳市718信箱13号　　邮　　编:621907

四川海陵实业股份有限公司二厂

法人代表:龚玉成　　联 系 人:梅兴波
电　　话:0810－2222257　　传　　真:0810－2224138
地　　址:四川省涪陵市　　邮　　编:648000

中国第二重型机械集团公司金结厂

联 系 人:李兴如
电　　话:0838－2342499　(0)13608108343
地　　址:四川省德阳市　　邮　　编:618013

绵阳科奥表面涂层技术有限公司

联 系 人:刘代富
电　　话:0816－6390391　6390392　(0)13909018041　　传　　真:0816－6390391
地　　址:四川省绵阳市绵州大道北段13号三江光机电工业园1号厂房
邮　　编:621000

贵 州 省

贵州兴鑫热喷涂有限公司

联 系 人:冉崇华
电　　话:0581－3762876
地　　址:贵州省贵阳市花溪大道北段163号　　邮　　编:550003

贵阳白云高能表面工程开发公司

联 系 人:吴志刚
电　　话:0851－4605516
地　　址:贵州省贵阳市白云区白云南路(白云纸库旁)　　邮　　编:550014

贵州省瓮福磷矿重钙厂维修车间

联 系 人:禹志宏
电　　话:0854－2184295(H)
地　　址:贵州省福全县　　　　邮　　编:550501

贵州省六盘水市宏志热喷涂有限公司

联 系 人:张书宏
电　　话:08681－325885　　　　传　　真:08681－321885
地　　址:贵州省六枝特区那平路　　　　邮　　编:553400

国营黎阳机械公司 39 车间

法人代表:张大荣　　　　联 系 人:曹学明
电　　话:0853－4692632　4694872(H)
地　　址:贵州省平坝县 207 信箱 309 分箱　　　　邮　　编:561102

贵州黎阳公司冶金处

联 系 人:宋红团
电　　话:0853－4692354　　　　传　　真:0853－4692358
地　　址:贵州省平坝县 207 信箱冶金处　　　　邮　　编:561102

国营红湖机械厂

联 系 人:曹万银
地　　址:贵州省平坝县 102 信箱 6 分箱　　　　邮　　编:561104

贵州高峰机械厂焊条分厂

法人代表:夏继国　　　　联 系 人:张新跃
电　　话:0851－5823269－315　　　　传　　真:08631－224025
地　　址:贵州省平坝县　　　　邮　　编:561108

云　南　省

云南昆钢技术中心

联 系 人:杨贤明
电　　话:0871－8603607　(0)13629697711
地　　址:云南昆钢　　　　邮　　编:630302

云南省化工研究院

联 系 人:杨亚斌
电　　话:0871－3322863　(0)13888206000
地　　址:云南省昆明市东风东路 120 号　　　　邮　　编:650041

云南机器三厂

联 系 人:陈秀全

地　　址:云南省曲靖市　　邮　　编:655000

云南省经委热喷涂中心

联 系 人:戴向中　　电　　话:0871-3166936

地　　址:云南省昆明市拓东路石家巷9号　　邮　　编:650011

欧亚高科技发展有限公司

联 系 人:王昆生

电　　话:0871-5130041　5522522　　传　　真:0871-5130097

地　　址:云南省昆明市官渡区国家高新技术开发区教场西路39号

邮　　编:650223

陕 西 省

第二炮兵工程学院维修工程研究所

联 系 人:王汉功　　企业性质:科研院所

电　　话:029-3343901　3312675　　传　　真:029-3343901

地　　址:陕西省西安市第二炮兵工程学院501室　　邮　　编:710025

E-mail:wang_hangong@163.com

单位情况简介:

详情参见:P392页

西安市同力液压机电技术有限责任公司

法人代表:刘学元　　企业性质:民营

电　　话:029-3313463　　手　　机:(0)13909182924　　传　　真:029-3313463

地　　址:陕西省西安市洪庆镇二炮西　　邮　　编:710025

单位情况简介:

详情参见:P418页

西安恒久科技发展有限公司

法人代表:高志刚　　企业性质:有限责任公司

电　　话:029-8325239　　手　　机:(0)13909203009　　传　　真:029-8323499

地　　址:陕西省西安市高新五路创拓大厦203室　　邮　　编:710075

http://www.hengjiu.com.cn　　E-mail:hnjv@hengjiu.com.cn

单位情况简介:

详情参见:P441页

陕西中科表面工程有限公司

联 系 人:黎　明　　企业性质:有限责任公司

电　　话:0916－2215249　8858752　　传　　真:0916－2215249
经 理 部:陕西省汉中市黄家塘华汉大厦211室　　邮　　编:723000
生 产 部:陕西省汉中市天台路北段
单位情况简介:
陕西中科表面工程有限公司创建于1989年,是专业从事各种工矿备件磨损修复、热喷涂防腐施工、喷涂设备研发制造和销售为特色的热喷涂企业。是中国表面工程协会热喷涂专业委员会和全国热喷涂协作组会员单位。公司依托中国航空工业第二集团公司下属航空液压公司企业人才和精密加工设备优势,不断研制开发了具有国际先进水平的Zk系列热喷涂设备,远销国内外,深受用户的好评。曾获汉中市人民政府《科技兴市》三等奖和国家著名科学家于光远颁发的《科学技术成果生产力转化评价证书》。

西安交通大学热喷涂研究室

联系人:李长久　杨冠军
电　　话:029－2660970　2665299　　传　　真:029－2660970
地　　址:陕西省西安市西安交通大学材料科学与工程学院　　邮　　编:710049
E－mail:licj@mail.xjtu.edu.cn
单位情况简介:
西安交通大学热喷涂研究室从事热喷涂相关基础研究、新型喷涂方法、装备与特种涂层技术的开发,带头人李长久教授,高级职称与硕士博士近20人。研究涉及燃料电池、太阳能电池与光催化环保涂层技术、高性能特种耐磨损、耐冲蚀、耐高温、高结合强度及其它功能涂层技术。装备有高能等离子与国内率先自主开发的超音速火焰喷涂、冷喷涂、微束等离子喷涂、液料火焰喷涂系统以及涂层结构与性能检测设备。

西安盈栋科技股份有限公司

联 系 人:龚升平　　企业性质:股份制
电　　话:029－8328211　　传　　真:029－8328217
地　　址:陕西省西安市高新开发区科技路66号　　邮　　编:710075
E－mail:yingdong@2699.net

金堆城钼业公司钼精细制品厂

联 系 人:姜晓光　　企业性质:全民
电　　话:029－5653011　(0)13991283369　　传　　真:029－5652241
地　　址:陕西省西安市长安区韦曲东街12号　　邮　　编:710100

西安航空发动机公司轻工设备厂

法人代表:李春明　　联 系 人:郭在峰
电　　话:029－6619845　6616686　　传　　真:029－6617101
地　　址:陕西省西安市13号信箱200号分箱　　邮　　编:710021

陕西省咸阳市庆华金属喷镀有限公司

联 系 人:赵庆华
电　　话:0910－5523025
地　　址:陕西省乾县东环路　　邮　　编:713300

航空科技集团公司第四研究院第四十三研究所

联 系 人:李桂林
电　　话:029－3601227
地　　址:陕西省西安市101信箱　　邮　　编:710025

西安航空发动机(集团)有限公司冲焊厂

联 系 人:焦宝林
电　　话:029－6152428　(0)13709299252　　传　　真:029－6614035
地　　址:陕西省西安市13信箱28分箱　　邮　　编:710021

西安交通大学金属材料强度国家重点实验室

法人代表:蒋德明　　联 系 人:韩志海
电　　话:029－3268692　3260336　(0)13161969681　　传　　真:029－3237901
地　　址:陕西省西安市　　邮　　编:710049

西安雁山热喷涂加工厂

联 系 人:曹松明
地　　址:陕西省西安市电子城正街101号　　邮　　编:710061

西安公路交通大学机械系

法人代表:陈险三　　联 系 人:陈文威
电　　话:029－5268346－4589/5177　　传　　真:029－5261532
地　　址:陕西省西安市西安公路交通大学373信箱　　邮　　编:710064

西北工业大学能动学院

联 系 人:李　牧
电　　话:029－8492748
地　　址:陕西省西安市西北工业大学209信箱　　邮　　编:710072

西安樱园金属粉末厂

法人代表:林晓安　　联 系 人:赵德志
电　　话:029－4299071　4299072
地　　址:陕西省西安市莲湖区南二环西桃园甲字1#　　邮　　编:710068

西北工业大学404教研室

联 系 人:田　丽
地　　址:陕西省西安市　　邮　　编:710072

西安冶金机械厂技术中心表面技术室

法人代表:殷李森　　联 系 人:钱汉兴
电　　话:029－4287764　　传　　真:029－4261418
地　　址:陕西省西安市西郊汉城北路　　邮　　编:710077

西安飞机工业(集团)有限责任公司

法人代表:王秦平　　联 系 人:李小书
电　　话:029－6845536　6202263
地　　址:陕西省西安市140信箱8分箱　　邮　　编:710089

5702工厂

联 系 人:樊玉华　　电　　话:0910－7406284
地　　址:陕西省武功县51号信箱408分箱　　邮　　编:712201

华山冶金车辆厂工艺科

联 系 人:苑爱华
地　　址:陕西省华阴市12号信箱　　邮　　编:714200

秦岭发电厂

联 系 人:杜新明
地　　址:陕西省华阴市　　邮　　编:714206

国营西北机器厂工艺所

联 系 人:杨宏科
地　　址:陕西省岐山县蔡家坡22信箱　　邮　　编:722405

甘　肃　省

兰州电力热喷涂新技术服务中心

联 系 人:郭金城　(0)13609321570
　　　　　袁虎文　(0)13619317540　　企业性质:集体
电　　话:0931－2336931－2314　　传　　真:0931－2333293
地　　址:甘肃省兰州市七里河区光华街80号　　邮　　编:730050
单位情况简介:
详情参见:P435页

甘肃工业大学合金粉末厂

法人代表:耿向忠　　联系人:张富邦　　企业性质:国有
电　　话:0931－2756544　　手　　机:(0)13609355701　　传　　真:0931－2756544
地　　址:甘肃省兰州市兰工坪85#　　邮　　编:730050
网址:甘肃工业大学或甘肃工业大学合金粉末厂
单位情况简介:

甘肃工业大学合金粉末厂始建于一九八六年,是国内专业生产合金粉末的厂家,厂内具有一流的气雾化、水雾化制粉生产线,年生产能力为70－100吨;配备了先进的等离子机、氧一乙炔喷焊设备,可承接各种热喷焊(涂)工件;厂内有专门化验室,能进行精密、快速的化学成份分析,生产的粉末及涂层要经过物理、化学、工艺性能等检验,保证为用户提供合格产品。

该厂现生产钴基、铁基、镍基三大系列三十多种产品，产品主要销往全国油田、气门、阀门、化工、电站、机械等行业；同时也是国内生产耐水轮机汽蚀与泥砂磨损喷焊用合金粉末的唯一厂家，该产品在国内多家大型水电站水轮机叶片修复方面得到了认可。

1999 年通过 ISO9002 质量体系认证。近年来在注重技术力量投入的同时，以甘肃工业大学材料学院国家重点中心实验室为依托加大人才的培养，厂内现有高级工程师二人，工程师三人，本科生四人，为企业的进一步发展奠定了基础。

企业本着"用户的需要就是我们的事业"的经营方针，为用户提供合格产品的同时，也为用户提供技术培训和完善的售后服务。希望更多的朋友支持我们的事业。

甘肃中试电力工程有限责任公司

联系人：孙　爱　　企业性质：有限公司

电　　话：0931－2953597　　传　　真：0931－2953597

地　　址：甘肃省兰州市七里河西津东路 732 号　　邮　　编：730050

http://www.gsceep.com　　E－mail：mail@gsceep.com

单位情况简介：

甘肃中试电力工程有限责任公司隶属甘肃电力试验研究所领导，是在经济体制改革过程中发展起来的高科技公司。主要任务是依托省电力试验研究所雄厚的技术力量，从事电力、电子、金属材料等方面的科技开发和应用。

在经济体制改革过程中，为适应市场经济的需要，公司相继设置了表面工程技术中心、电力设计室（工程部）、绝缘梯生产、工业电视及有线电视系统、电锅炉等主要项目。

表面工程技术中心依托甘肃电力试验研究所，具有较强的科研和喷涂工程力量，有先进的高速电弧喷涂设备、电刷镀设备、电火花沉积堆焊设备和模具修补设备，可承接耐磨防腐工程，开展电厂锅炉"四管"喷涂防护、发电机轴径磨损修复、汽轮机汽缸结合面修复、水电厂河道闸门防腐等。

表面工程技术中心成立以来，已完成多项国内具有先进技术水平的修复工程，如兰州第二热电厂发电机转子轴径磨损修复，刘家峡水电厂发电机整流子磨损修复，连城电厂汽轮机汽缸结合面修复等。

甘肃省机械科学研究院

联 系 人：赵长富

地　　址：甘肃省兰州市城关区金昌路 128 号　　邮　　编：730030

兰州供电局电力线路设备厂

联 系 人：周爱民　　电　　话：0931－2867040

地　　址：甘肃省兰州市七里河龚家湾路 379 号　　邮　　编：730050

兰州新兴热喷涂防腐新技术应用研究所

法人代表：田文年　　联 系 人：田育甫

电　　话：0913－2338926

地　　址：甘肃省兰州市七里河建工中路 7 号　　邮　　编：730050

化工部化工机械研究院

联 系 人：赵志农

地　　址：甘肃省兰州市西固合水北路 3 号　　邮　　编：730060

兰州炼油化工总厂机械厂

联 系 人:戚达强
电　　话:0931－7930709　7930706
地　　址:甘肃省兰州市　　　　邮　　编:730060

兰州炼油化工机械厂

联 系 人:张玉峰
电　　话:0931－7934151　　　　传　　真:0931－7934615
地　　址:甘肃省兰州市西固玉门街10号　　　　邮　　编:730060

兰州市东川机械喷涂厂

联 系 人:刁庆生
电　　话:0931－7523714　6423786　　　　传　　真:0931－7556330
地　　址:甘肃省兰州市西固区东河湾　　　　邮　　编:730094

白银公司技协综合技术服务站

法人代表:刘　斌　　　　联 系 人:刘忠荣
电　　话:0943－8811718
地　　址:甘肃省白银市白银公司选矿厂院内　　　　邮　　编:730900

玉门石油管理局机械厂

联 系 人:李永东
地　　址:甘肃省玉门市　　　　邮　　编:735200

新疆维吾尔自治区

新疆电熔爆技术研究所

联 系 人:叶良才　　　　电　　话:0991－4820794
地　　址:新疆乌鲁木齐市克拉玛依东路31号　　　　邮　　编:830000

乌鲁木齐技术开发公司

法人代表:陈环英　　　　联 系 人:陈　炎
电　　话:0991－3821187
地　　址:新疆乌鲁木齐市贵州路科技街62号　　　　邮　　编:830011

克拉玛依市安信科技开发公司

联 系 人:邱传敏　　　　电　　话:0990－6898391
地　　址:新疆克拉玛依市钻井工艺研究所退休站　　　　邮　　编:834000

新疆钢铁公司三得利科工贸开发部

联 系 人:王洪兴

电　　话:0991－3892213　3894782　(0)13999812333　　传　　真:0991－3894782
地　　址:新疆乌鲁木齐市头屯河区八一路　　邮　　编:830022

新疆石油管理局机制总公司喷涂厂

联 系 人:阳小平
电　　话:0990－6886283　(0)13709903626
地　　址:新疆克拉玛依市通讯 22－19　　邮　　编:834000

宁夏回族自治区

青铜峡市特鑫焊接热喷涂有限公司

法人代表:童汉高　　总经理:童喜民
电　　话:0953－3042846　(0)13909553333　(0)13995033734
地　　址:宁夏青铜峡市河西转盘路(109 国道旁)　　邮　　编:751601
单位情况简介:
详情参见:P413 页

宁夏青铜峡水电厂

法人代表:潘毅群　　联 系 人:吴　艾
电　　话:0953－3011071－2331　　传　　真:0953－3011071－2592
地　　址:宁夏青铜峡市　　邮　　编:751601

青铜峡水电厂机械分厂

联 系 人:童喜民
电　　话:0953－3022334
地　　址:宁夏青铜峡市　　邮　　编:751601

台 湾 省

生麒防锈工程有限公司

联 系 人:蔡明德
电　　话:00886－2－29990825
传　　真:00886－2－29991300
地　　址:24158 台湾台北县三重市中兴北街 133 号 3F 之 1

统明机械有限公司

联 系 人:杨宗吉
电　　话:00886－2－26010012
传　　真:00886－2－20010010
地　　址:10. KUNG 4 ROAD KUNG 2 INDUSTRIAL DIST. LIN KOU. TAIPEIHSIEN. TAIWAN

圣戈班先进材料股份有限公司陶瓷材料事业部

联 系 人:高耀宗
电　　话:00886 - 2 - 25034201 - 260
传　　真:00886 - 2 - 25034202
地　　址:104 台北市建国北路二段 147 号 12 楼 1203 室

成翌股份有限公司

董 事 长:苏素珍
电　　话:00886 - 2 - 25519502
传　　真:00886 - 2 - 25519535
地　　址:104 台北市中山北路 2 段 79 号 11 楼 1103 室

附　　录

单位换算表
常用单位及换算表
长度换算表(英寸换成毫米)
硬度对照表
温度换算表
应力换算表
冲击值换算表
粉末筛目对照表
化学元素符号表
国外公司网站

单位换算表

B换算成A(乘以)	A	B	A换算成B(乘以)
温　　度			
1.80	°F	°K	5.55×10^{-1}
热膨胀系数			
5.55×10^{-1}	1/F	1/K	1.80
热　导　率			
2.38846×10^{-3} 359.7	Cal/Cm.sec.℃ KCal/m.h.℃	W/m.k Cal/cm.sec.℃	4.1868×10^{2} 2.78×10^{-3}
比　热　容			
2.38846×10^{-4}	Cal/g.℃	J/kg.K	4.1868×10^{3}
电　导　率			
	%(IACS)	S/m	100%(IACS) =58.00MS/m
力			
0.1020	Kg.f	N	9.80665
压　　力			
0.1020 0.987×10^{-5} 10^{6}	Kg.f/mm^2 I atm N/m^2	N/mm^2 N/mm^2 N/mm^2	9.80665 1.013250×10^{5} 10^{-6}
功			
0.278×10^{-6}	Kw.hr	J	3.6×10^{6}

常用单位及换算表

焊条直径英寸、毫米换算

英　寸 (in)	毫　米 (mm)	英　寸 (in)	毫　米 (mm)
1/16	1.6	5/32	4.0
5/64	2.0	3/16	5.0
3/32	2.5	7/32	5.8
1/8	3.2	15/64	6.0

面积单位换算

厘　米^2 (cm^2)	时 m^2 (m^2)	呎 m^2 (ft^2)
1	0.155	0.00108
6.4516	1	0.00694
929.0304	144	1

应 力 单 位 换 算

牛顿/米^2 (N/m^2)	公斤力/毫米^2 (kgf/mm^2)	磅力/英寸^2 (lbf/in^2)
1	1.02×10^{-7}	14.5×10^{-5}
98.07×10^{5}	1	1422
6894.8	7.03×10^{-4}	1

力 单 位 换 算

牛顿 (N)	公斤力 (kgf)	磅力 (lbf)
1	0.102	0.2248
9.8067	1	2.2046
4.448	0.4536	1

冲击值单位换算

牛顿·米/米^2 ($N\cdot m/m^2$)	公斤力·米/厘米^2 ($kgf\cdot m/cm^2$)	英尺·磅力 英寸^2 ($ft\cdot lbf/in^2$)
1	0.102×10^{-4}	4.75×10^{-3}
98067	1	46.65
2102.9	0.021	1

功 单 位 换 算

牛顿·米 ($N\cdot m$)	公斤力·米 ($kgf\cdot m$)	英尺·磅力 ($ft\cdot lbf$)
1	0.102	0.7376
9.807	1	7.233
1.356	0.1383	1

长度换算表 （英寸换成毫米）

（换算率：lin = 25.4mm）

in	in	mm	in	in	mm
1/64	0.015625	0.3969	33/64	0.515625	13.0969
1/32	0.03125	0.7938	17/32	0.53125	13.4938
3/64	0.046875	1.1906	35/64	0.546875	13.8906
1/16	0.0625	1.5875	9/16	0.5625	14.2875
5/64	0.078125	1.9844	37/64	0.578125	14.6844
3/32	0.09375	2.3812	19/32	0.59375	15.0812
7/64	0.109375	2.7781	39/64	0.609375	15.4781
1/8	0.125	3.175	5/8	0.625	15.875
9/64	0.140625	3.5719	41/64	0.0640625	16.2719
5/32	0.15625	3.9688	21/32	0.65625	16.6683
11/64	0.171875	3.3656	43/64	0.671875	17.0656
3/16	0.1875	4.7625	11/16	0.6875	17.4625
13/64	0.203125	5.1594	45/64	0.703125	17.8504
7/32	0.21875	5.5562	23/32	0.71875	18.2562
15/64	0.234375	5.9531	47/64	0.734375	18.6531
1/4	0.25	6.35	3/4	0.75	19.05
17/64	0.265625	6.7469	49/64	0.765625	19.4469
9/32	0.28125	7.1438	25/32	0.78125	19.8438
19/64	0.296875	7.5406	51/64	0.796875	20.2406
5/16	0.3125	7.9375	13/16	0.8125	20.6375
21/64	0.328125	8.3344	53/64	0.828125	21.0344
11/32	0.34375	8.7312	27/32	0.84375	21.4312
23/64	0.359375	9.1281	55/64	0.859375	21.8281
3/8	0.375	9.525	7/8	0.875	22.225
25/64	0.399625	9.9219	57/64	0.890625	22.6219
13/32	0.40625	10.3188	29/32	0.90625	23.0188
27/64	0.421875	10.7156	59/64	0.921875	23.4156
7/16	0.4375	11.1125	15/16	0.9375	23.8125
29/64	0.453125	11.5094	61/64	0.953125	24.2094
15/32	0.46875	11.9062	31/32	0.96875	24.6062
31/64	0.484375	12.3031	63/64	0.984375	25.0031
1/2	0.5	12.7	1	1	25.4

in	1	2	3	4	5	6	7	8	9
mm	25.4	50.8	76.2	101.6	127.0	152.4	177.8	203.2	223.6

硬度对照表

Vicker.s	Rockwells A级	Rockwell.s B级	Rockwell.s C级	与硬度相对的抗张力	Bnnell	Shore.s 硬度
荷重 50kg	荷重 60kg	荷重 100kg	荷重 150kg	荷重 kgf/mm^2	荷重 3,000kg	
940	85.6		68.0			97
920	85.3		67.5			96
900	85.0		67.0			95
880	84.7		66.4		767	93
860	84.4		65.9		757	92
840	84.1		65.3		745	91
820	83.8		64.7		733	90
800	83.4		64.0		722	88
780	83.0		63.3		710	87
760	82.6		62.5		698	86
740	82.2		61.8		684	84
720	81.8		61.0		670	83
700	81.3		60.1		656	81
690	81.1		59.7		647	–
680	80.8		59.2	230	638	80
670	80.6		58.8	227	630	–
660	80.3		58.3	223	620	79
650	80.0		57.8	220	611	– 77
640	79.8		57.3	216	601	–
630	79.5		56.8	213	691	
620	79.2		56.3	209	582	75
610	78.9		55.7	206	573	–
600	78.6		55.2	202	564	74
590	78.4		54.7	199	554	–
580	78.0		54.1	195	545	72
570	77.8		53.6	192	535	–
560	77.4		53.0	188	525	71
550	77.0		52.3	185	517	–
540	76.7		51.7	182	507	69
530	76.4		51.1	178	497	–
520	76.1		50.5	175	488	67
510	75.2		49.8	171	479	– 66
500	75.3		49.1	168	471	–
490	74.9		48.4	164	460	64
480	74.5		47.4	161	452	
470	74.1		46.9	157	442	–
460	73.6		46.1	154	435	62
450	73.3		45.3	150	425	–
440	72.8		44.5	147	415	59
430	72.9		43.6	143	405	–
420	71.8		42.7	140	397	57
410	71.4		41.8	137	388	–
400	70.8		40.8	133	379	55
390	70.3		39.8	130	369	–
380	69.8	(110.0)	38.8	126	360	52

Vicker.s	Rockwells A级	Rockwell.s B级	Rockwell.s C级	与硬度相对的抗张力	Bnnell	Shore.s 硬度
荷重 50kg	荷重 60kg	荷重 100kg	荷重 150kg	荷重 kgf/mm^2	荷重 3,000kg	
370	69.2		377.7	123	350	–
360	68.7	(109.0)	36.6	119	341	50
350	68.1	–	35.5	116	331	–
340	67.6	(108.0)	34.4	113	322	47
330	67.0		33.3	109	313	–
320	66.4	(107.0)	32.2	106	303	45
310	65.8	–	31.0	102	294	–
300	65.2	(105.0)	29.8	99	284	42
295	64.8	–	29.2	97	280	–
290	64.5	(104.0)	28.5	95	275	41
285	64.2	–	27.8	94	270	–
280	63.8	(103.0)	27.1	92	265	40
275	63.5	–	26.4	90	261	–
270	63.1	(102.0)	25.6	88	256	38
265	62.7	–	24.8	87	252	–
260	62.4	(101.0)	24.0	85	247	37
255	62.0	–	23.1	83	243	–
250	61.6	99.5	22.2	81	238	36
245	61.2	–	21.3	80	233	–
240	60.7	98.1	20.3	78	228	34
230	–	96.7	(18.0)	74		33
220	–	95.0	(15.9)	71	209	32
210	–	93.4	(13.4)	68	200	30
200	–	91.5	(11.0)	64	190	29
190	–	89.5	(8.2)	62	181	28
180	–	87.1	(6.0)	59	171	26
170	–	85.0	(3.0)	55	162	25
160	–	81.7	(0.0)	53	152	24
150	–	78.7	–	50	143	22
140	–	75.0	–	46	133	21
130	–	71.2	–	43	124	20
120	–	66.7	–	40	114	–
110	–	62.3	–	–	105	–
105	–	56.2	–	–	95	–
95	–	52.0	–	–	90	–
95	–	48.0	–	–	86	–
85		41.0	–	–	81	–

温度换算表

°F	℃	°F	℃	°F	℃	°F	℃
-459.4	-273	40	4.4	170	76.7	740	393.3
-440	-263	42	5.6	172	77.8	760	404.4
-430	-257	44	6.7	174	78.9	780	415.6
-420	-251	46	7.8	176	80.0	800	426.7
-410	-246	48	8.9	178	81.1	820	437.8
-400	-240	50	10.9	180	82.2	840	448.9
-390	-234	52	11.1	182	83.3	860	460.0
-380	-229	54	12.2	184	84.4	880	471.1
-370	-223	56	13.3	186	85.6	900	482.2
-360	-218	58	14.4	188	86.7	920	493.3
-350	-212	60	15.6	190	87.8	940	504.4
-340	-207	62	16.7	192	8.9	960	515.6
-330	-201	64	17.8	194	90.0	980	527
-320	-196	66	18.9	196	91.1	1000	538
-310	-190	68	20.0	198	92.2	1020	549
-300	-184	70	21.1	200	93.3	1040	560
-290	-179	72	22.2	202	94.4	1060	571
-280	-173	74	23.3	204	95.6	1080	582
-270	-168	76	24.4	206	96.7	1100	593
-260	-162	78	25.6	208	97.8	1120	604
-250	-157	80	26.7	210	98.9	1140	616
-240	-151	82	27.8	212	100.0	1160	627
-230	-146	84	28.9	214	101.1	1180	638
-220	-140	86	30.0	216	102.2	1200	649
-210	-134	88	31.1	218	103.3	1220	660
-200	-129	90	32.2	220	104.4	1240	671
-190	-129	92	33.3	230	110.0	1260	682
-180	-118	94	34.4	240	115.6	1280	693
-170	-112	96	35.6	250	121.1	1300	704
-160	-107	98	36.7	260	126.7	1320	716
-150	-101	100	37.8	270	132.2	1340	727
-140	-93	102	38.9	280	137.8	1360	738
-130	-90	104	40.0	290	143.3	1380	748
-120	-84	106	41.1	300	148.9	1400	760
-110	-79	108	42.2	310	154.4	1420	771

°F	℃	°F	℃	°F	℃	°F	℃
-100	-73	110	43.3	320	160.0	1440	782
-90	-68	113	44.4	330	165.6	1460	793
-80	-62	114	45.6	340	171.1	1480	804
-70	-57	116	46.7	350	176.7	1500	816
-60	-51	118	47.8	360	182.2	1520	827
-50	-45.6	120	48.9	370	187.8	1540	838
-40	-40.0	122	50.0	380	193.3	1560	849
-30	34.4	124	51.1	390	198.9	1580	860
-20	-28.9	126	52.2	400	204.4	1600	871
-10	-23.3	128	53.3	410	210.0	1620	882
0	-17.8	130	54.4	420	215.6	1640	893
2	-16.7	132	55.6	430	221.1	1660	904
4	-15.6	134	56.7	440	226.7	1680	916
6	-14.4	136	57.8	450	232.2	1700	927
8	-13.3	138	58.9	460	237.8	1720	938
10	-12.2	140	60.0	470	243.3	1740	949
12	-11.1	142	61.1	480	248.9	1760	960
14	-10.0	144	62.2	490	254.4	1780	971
16	-89	146	63.3	500	260.0	1800	982
18	-78	148	64.4	520	271.1	1820	993
20	-6.7	150	65.6	540	282.2	1840	1004
22	-5.6	152	66.7	560	293.3	1860	1016
24	-4.4	154	67.8	580	304.4	1880	1027
26	-3.3	156	68.9	600	315.6	1900	1038
28	-2.2	158	70.0	620	326.7	1920	1049
30	-1.1	160	71.1	640	337.8	1940	1060
32	0	162	72.2	660	348.9	1960	1071
34	1.1	164	73.3	680	360.0	1980	1082
36	2.2	166	74.4	700	371.1	2000	1093
38	3.3	168	75.6	720	382.2	0	

$°F = \frac{9 \times ℃}{5} + 32$ ℃ $= 5(°F - 32)/9$

应力换算表

lbs/in^2	0.000	1.000	2.000	3.000	4.000	5.000	6.000	7.000	8.000	9.000
	kg/mm^2	kg/mm^2	kg/mm^2	kg/mm^2	kg/mm^2	kg/mm^2	kg/mm^2	kg/mm^2	kg/mm^2	kg/mm^2
0.000	0.000	0.073	1.406	2.109	2.812	3.515	4.218	4.922	5.625	6.328
10.000	7.031	7.734	8.437	9.140	9.843	10.546	11.249	11.952	12.655	13.359
20.000	14.063	14.765	15.468	16.171	16.874	17.577	18.280	18.983	19.686	20.389
30.000	21.092	21.796	22.499	23.202	23.905	24.608	25.311	26.014	26.717	27.420
40.000	28.123	28.826	29.529	30.233	30.936	31.639	32.343	33.045	33.748	34.451
50.000	35.154	35.857	36.560	37.263	37.866	38.669	39.373	40.076	40.779	41.482
60.000	42.185	42.888	43.591	44.294	44.997	45.700	46.403	47.106	47.810	48.513
70.000	49.216	49.919	50.622	51.325	52.028	52.731	53.434	54.137	54.840	55.543
80.000	56.247	56.950	57.653	58.356	59.059	59.762	60.465	61.168	61.871	62.574
90.000	63.277	63.980	64.683	65.387	66.090	66.793	67.496	68.199	68.902	69.605
100.000	70.308	71.011	71.714	72.417	73.120	73.824	74.527	75.230	75.933	76.636
110.000	77.339	78.012	78.745	79.448	80.151	80.854	81.557	82.261	82.964	83.667
120.000	84.370	85.073	85.776	86.479	87.182	87.885	85.588	89.291	89.994	90.698
130.000	91.401	92.104	92.807	93.510	94.213	94.916	95.619	96.322	97.025	97.728
140.000	98.431	99.134	99.838	100.541	101.244	101.947	102.650	103.353	104.056	104.759
150.000	105.462	106.165	106.868	107.571	108.275	108.978	109.681	110.384	111.087	111.790
160.000	112.493	113.196	113.899	114.602	115.305	116.008	116.712	117.415	118.118	118.821
170.000	119.524	120.227	120.930	121.633	122.336	123.039	123.742	124.445	125.148	125.852
180.000	126.555	127.258	127.961	128.664	129.367	130.070	130.773	131.476	132.179	132.882
190.000	133.585	134.289	134.992	135.695	136.398	137.101	137.804	138.507	139.210	139.913
200.000	140.616	141.319	142.022	142.726	143.429	144.132	144.835	145.538	146.241	146.944

lbs/in^2	100	200	300	400	500	600	700	800	900
kg/mm^3	0.0703	0.1406	0.2109	0.2812	0.3515	0.4218	0.4922	0.5625	0.6328

$lkgf/mm^2 = 1.4223lksi = 9.80065N/mm^2(MPa)$

$lksi(1000psi) = 0.70307kgf/mm^2 = 6.894757N/mm^2(MPa)$

$lN/mm^2(MPa) = 0.101972kgf/mm^2 = 0.145038ksi$

冲击值换算表

ft - lbs	0	1	2	3	4	5	6	7	8	9
	kg - m	kg - m	kg - m	kg - m	kg - m	kg - m	kg - m	kg - m	kg - m	kg - m
0	0.000	0.183	0.276	0.415	0.533	0.691	0.830	0.968	1.106	1.244
10	1.383	1.521	1.659	1.797	1.936	2.074	2.212	2.350	2.489	2.627
20	2.765	2.903	3.042	3.18	3.318	3.456	3.595	3.733	3.871	4.009
30	4.148	4.286	4.424	4.562	4.701	4.839	4.977	5.116	5.254	5.392
40	5.530	5.669	5.807	5.945	6.083	6.222	6.360	6.498	6.636	6.774
50	6.913	7.051	7.189	7.328	7.466	7.604	7.742	7.881	8.019	8.157
60	8.295	8.434	8.572	8.710	8.848	8.987	9.125	9.263	9.401	9.540
70	9.678	9.816	9.955	10.093	10.231	10.369	10.508	10.646	10.784	10.922
80	11.061	11.199	11.337	11.475	11.614	11.752	11.890	12.028	12.167	12.305
90	12.443	12.581	12.720	12.858	12.996	13.134	13.273	13.411	13.549	13.687
100	13.826	13.964	14.102	14.240	14.379	14.517	14.655	14.794	14.932	15.070
110	15.208	15.347	15.485	15.623	15.761	15.900	16.038	16.176	16.314	16.453
120	16.591	16.729	16.867	17.006	17.144	17.282	17.420	17.559	17.697	17.835
130	17.973	18.112	18.250	18.388	18.526	18.665	18.803	18.941	19.079	19.218
140	19.356	19.494	19.632	19.771	19.909	20.047	20.186	20.324	20.462	20.600
150	20.739	20.877	21.015	21.153	21.292	21.430	21.568	21.706	21.845	21.983
160	22.121	22.259	22.398	22.536	22.674	22.812	22.951	23.089	23.227	23.365
170	23.504	23.642	23.780	23.918	24.057	24.195	24.333	24.471	24.610	24.748
180	24.886	25.025	25.163	25.301	25.439	25.578	25.716	25.854	25.992	26.131
190	26.269	26.407	26.545	26.684	26.822	26.960	27.098	37.237	27.375	27.513
200	27.651	27.790	27.928	28.066	28.204	28.343	28.481	28.619	28.757	28.896

lft - lbs = 0.13825728kg - m = 1.35587J

lkg - m = 7.23275ft - lb = 9.80665J

1J = 0.1019kg - m = 0.73753ft - lb

粉末筛目对照表

国际标准筛	美国标准筛		泰勒标准筛		苏联标准筛		德国标准筛	
筛孔（mm）	筛号	筛孔（mm）	网目（孔/寸）	筛孔（mm）	筛号	筛孔（mm）	网目（孔/厘米）	筛孔（mm）
	No.10	2.00	10	1.651				
	No.12	1.70	12	1.397				
	No.14	1.40	14	1.168				
	No.16	1.18	16	0.991				
	No.18	1.00						
0.800	No.20	0.850	20	0.833	800	0.800		
0.710	No.25	0.710	24	0.701	710	0.710	8	0.750
0.600	No.30	0.600	28	0.589	600	0.600	10	0.600
0.500	No.35	0.500	35	0.417	500	0.500	12	0.490
0.400	No.40	0.425	42	0.351	400	0.400	14	0.430
0.365	No.45	0.355			355	0.355	16	0.385
0.300	No.50	0.300	48	0.295	300	0.300	20	0.300
0.250	No.60	0.250	60	0.246	250	0.250	24	0.250
0.200	No.70	0.212	65	0.208	200	0.200	30	0.200
0.180	No.80	0.180	80	0.175	180	0.180		
0.150	No.100	0.150	100	0.147	150	0.150	40	0.150
0.125	No.120	0.125	115	0.124	125	0.125	50	0.120
	No.140	0.106			106	0.106		
0.100			150	0.104	100	0.100	60	0.100
0.090	No.170	0.090	170	0.088	90	0.090	70	0.088
					80	0.080		
0.075	No.200	0.075	200	0.074	75	0.075	80	0.075
0.063	No.230	0.063			63	0.063	100	0.060
			250	0.061				
0.050	No.270	0.053	270	0.052	50	0.050		
	No.325	0.045	325	0.044				
0.040					40	0.040		
	No.400	0.038	400	0.037				

化学元素符号表

原子序数	元素名称	符号	原子序数	元素名称	符号	原子序数	元素名称	符号	原子序数	元素名称	符号
1	氢	H	27	钴	Co	53	碘	I	79	金	Au
2	氦	He	28	镍	Ni	54	氙	Xe	80	汞	Hg
3	锂	Li	29	铜	Cu	55	铯	Cs	81	铊	Tl
4	铍	Be	30	锌	Zn	56	钡	Ba	82	铅	Pb
5	硼	B	31	镓	Ga	57	镧	La	83	铋	Bi
6	碳	C	32	锗	Ge	58	铈	Ce	84	钋	Po
7	氮	N	33	砷	As	59	镨	Pr	85	砹	Af
8	氧	O	34	硒	Se	60	钕	Nd	86	氡	Ru
9	氟	F	35	溴	Br	61	钷	Pm	87	钫	Fr
10	氖	Ne	36	氪	Kr	62	钐	Sm	88	镭	Ra
11	钠	Na	37	铷	Rb	63	铕	Eu	89	锕	Ac
12	镁	Mg	38	锶	Sr	64	钆	Cd	90	钍	Th
13	铝	Al	39	钇	Y	65	铽	Tb	91	镤	Pa
14	硅	Si	40	锆	Zr	66	镝	Dy	92	铀	U
15	磷	P	41	铌	Nb	67	钬	Ho	93	镎	Xp
16	硫	S	42	钼	Mo	68	铒	Er	94	钚	Pu
17	氯	Cl	43	锝	Tc	69	铥	Tm	95	镅	Am
18	氩	Ar	44	钌	Ru	70	镱	Yb	96	锔	Cm
19	钾	K	45	铑	Rh	71	镥	Lu	97	锫	Bk
20	钙	Ca	46	钯	Pd	72	铪	Hf	98	锎	Cf
21	钪	Sc	47	银	Ag	73	钽	Ta	99	锿	Es
22	钛	Ti	48	镉	Cd	74	钨	W	100	镄	Fm
23	钒	V	49	铟	In	75	铼	Re	101	钔	Md
24	铬	Cr	50	锡	Sn	76	锇	Os	102	锘	No
25	锰	Mn	51	锑	Sb	77	铱	Ir	103	铹	Lw
26	铁	Fe	52	碲	Te	78	铂	Pt	104		

国外公司网站

Advanced Materials Technologies, Inc.
Tempe, AZ USA　www.advmatltech.com
PHONE:602.438.8760,FAX:602.431.9051
Mr. David Hatch, dch@advmatltech.com

AIM, Inc.
Miamiville, OH USA　www.aim-intl.com
PHONE:513.831.2938,FAX:513.81.2918
Mr. James Ryan, jryan@aim-intl.com

Alloy Sales
Delta, BC Canada　www.alloysales.com
PHONE:604.940.9930,FAX:604.940.9952
Mr. Lloyd Johannesen, alloy_sales@telus.net

AMETEK, Inc.
Eighty-Four, PA USA　www.ametekmetals.com
PHONE:724.250.5182,FAX:724.225.6622
Mr. Richard Mason, dick.mason@ametek.com

ASB Industries, Inc.
Barberton, OH USA　www.asbindustries.com
PHONE:330.753.8458,FAX:330.753.7550
Mr. Charles M. Kay, cmkay@asb-ind.com

Bender Machine & Surface Technologies, Inc.
Vernon, CA USA　www.bendermachine.com
PHONE:323.232.2371,FAX:323.232.6456

BOC Gases
Murray Hill, NJ USA　www.boc.com
PHONE:908.464.8100,FAX:908.771.1138
Mr. Dan Morgan, dan.morgan@us.gases.boc.com

Branford Wire and Manufacturing Company
Mountain Home, NC USA　www.branfordwire.com
PHONE:828.692.5791,FAX:828.697.9818

Mr. Tom Sigler, branfordwire@worldnet.att.net

Carpenter Powder Products
Rutherford, NJ USA www.cartech.com/www.anval.com
PHONE:201.939.1065,FAX:201.939.1608
Mr. Toby Tingskog, anvalusa@aol.com

Cascadura Industrial S. A.
Sorocaba SP Brazil www.cascadura.com.br
PHONE:55.15.228.3447,FAX:55.15.228.3688
Mr. Rolf Herbert Ett, diretoria@cascadura.com.br

Cincinnati Thermal Spray, Inc.
Cincinnati, OH USA www.cincinnatithermalspray.com
PHONE:513.793.0670,FAX:513.793.4254
Mr. Ed Simonds, esimonds@cintithermal.com

Cook Industries, Inc.
Warren, MI USA
PHONE:810.754.4070,FAX:810.754.0975
Mr. Carl Cook, cookind@earthlink.net

Deloro Stellite Company, Inc
St.Louis, MO USA www.stellite.com
PHONE:314.514.7665,FAX:314.514.7674
Goshen, IN USA(Stellite Coatings Division)
Mr. David A. Lee, dlee@stellitecoatings.com
PHONE:219.534.8631,FAX:219.534.3417

Durum Inc. USA
Houston, TX USA
PHONE:281.872.3649,FAX:281.999.1304
Mr. William Thomas, bthomas@durumusa.com

Ellison Surface Technologies, Inc.
Hebron, KY USA www.ellisonsurfacetech.com
PHONE:859.586.9300,FAX:859.586.8585
Mr. Timothy Perkins, coatings@estky.com

Engelhard Surface Technologies
EastWindsor, CT USA　www.engelhard.com
PHONE:859.623.9901,FAX:859.623.4657
Mr. Marc Froning, marc.froning@engelhard.com

Exline, Inc.
Salina, KS USA　www.exline-inc.com
PHONE:785.825.4683,FAX:785.826.4425
Mr. Doug Porter, doug@exline-inc.com

F. W. Gartner Thermal Spraying
Houston, TX USA　www.fwgts.com
PHONE:713.225.0010,FAX:713.229.9841
Mr. Jimmy Walker, jwalkerjr@fwgts.com

Flame Spray, Inc.
Denver, CO USA　www.flamespraydenver.com
PHONE:303.629.1408,FAX:303.629.7574
Mr. John Wilson, john@flamespraydenver.com

Flame Spray Technologies, Inc.
Grand Rapids, MI USA　www.fst.nl
PHONE:616.988.2622,FAX:616.988.2629
Mr. Terry Wilmert, twilmert@aol.com

Genie Products, Inc.
Rosman, NC USA　www.genieproducts.com
PHONE:828.862.4772,FAX:828.877.3480
Mr. Samuel R. Hilemon, sam@genieproducts.com

H. C. Starck, Inc.
Newton, MA USA　www.hcstarck.com
PHONE:617.630.5920,FAX:617.630.5908
Ms. Jean Mozolic, jean.mozolic.b@bayer.com

Hardface Alloys, Inc.
Sante Fe Springs, CA USA　www.hardfacealloys.com
PHONE:562.463.8133,FAX:562.463.8143
Mr. Daren Gansert, dgansert@hardfacealloys.com

Hayden Corporation
West Springfield, MA USA　www.haydencorp.com
PHONE:413.734.4981,FAX:413.785.5052
Mr. John O. Hayden, john@haydencorp.com

Heany Industries, Inc.
Scottsville, NY USA　www.heany.com
PHONE:716.889.2700,FAX:716.889.2708
Mr. Charles Aldridge, chas@heany.com

HFW Industries, Inc.
Buffalo, NY USA　www.hfwindustries.com
PHONE:716.875.3380,FAX:716.875.3385
Mr. Jon Watson, jwatson@hfwindustries.com

Industrial Machine & Mfg Inc.
Saskatoon, Sk, Canada
PHONE:306.242.8400,FAX:306.933.0649
Mr. Tom Foster, tfoster@indmac.ca

Industrias Mecanico Electricas S. A. de C. V. IMESA
Ecatepec, Edo de Mexico
PHONE:525.569.1922,FAX:525.569.0049
Ing. Javier Del Valle, jvcimesa@compuserve.com

Machine - Aid Tech Philippines, Inc.
Sucat. Muntinlupa City Philippines
PHONE:632.838.7551 to 54,FAX:632.838.7555
Mrs. Marivic R. Dela Cruz, matpi@vasia.com

Messer Eutectic Corporation
Charlotte, NC USA　www.eutectic - usa.com
PHONE:704.527.9800,FAX:704.522.6454
Mr. Richard DuMola, rdumola@eutectic - na.com

National Coating Technolgies Inc.
Winnipeg, Manitoba Canada　www.nationalcoating.com
PHONE:204.632.5585,FAX:204.694.3282
Mr. John Read, johnr@nationalcoating.com

North American Höganäs
Indianapolis IN USA www.hoganas.com
PHONE:317.871.0812,FAX:317.228.0643
Mr. Doug Dickerson,
doug. dickerson@northamericanhoganas.com

Northwest Mettech Corporation
Richmond, BC Canada www.mettech.com
PHONE:604.244.1663,FAX:604.244.1673
Mr. Alan Burgess, alan@mettech.com

Plasma Technology, Inc.
Torrance, CA USA www.ptise.com
PHONE:310.320.3373,FAX:310.533.1677
Mr. Robert D. Dowell, salespti@ptise.com

Plasmatec, Inc.
Montreal, Ouebec Canada www.plasmatec.com
PHONE:514.931.1301,FAX:514.931.2009
Mr. Michael Hacala, info@plasmatec.com

The Platt Brothers and Company, Inc.
Waterbury, CT USA www.plattbros.com
PHONE:203.753.4194,FAX:203.753.9709
Mr. John J. Koenig, jkoenig@plattbros.com

Polymet Corporation
Cincinnati, OH USA www.polymetcorp.com
PHONE:513.874.3586,FAX:513.874.2880
Mr. Bill Mosier, bmosier@polymetcorp.com

Powder Alloy Corporation
Cincinnati, OH USA www.powderalloy.com
PHONE:513.984.4016,FAX:513.984.4017
Mr. Steve Payne, spayne@powderalloy.com

Praxair TAFA
Indianapolis, IN USA www.praxairthermalspray.com
PHONE:317.240.2650,FAX:317.240.2225
Wells, ME USA

Mr. Scott R. Goodspeed, scott__goodspeed@praxair.com
PHONE:207.646.8669,FAX:207.646.4285

Saint - Gobain Ceramic Materials
Worcester, MA USA
PHONE:508.795.5000,FAX:508.795.5868
Mr. Howard Wallar, howard.wallar@sgcna.com

St. Louis Metallizing Company
St. Louis, MO USA www.stlmetallizing.com
PHONE:314.531.5253,FAX:314.531.3723
Mr. Joseph P. Stricker, jpstricker@stlmetallizing.com

Sermatech International, Inc.
Limerick, PA USA www.sermatech.com
PHONE:610.948.5100,FAX:610.948.0811
Mr. John Helm, jhelm@sermatech.com

Southwest Aeroservice, Inc.
Tulsa OK, USA www.swaero.com
PHONE:918.592.1177,FAX:918.592.1551
Mr. Willard A. Emery, bemery@swaero.com

Special Metals Welding Products Company
Newton, NC USA www.iaiwpc.com
PHONE:828.465.0352,FAX:828.464.8993
Mr. Kevin Mahoney, kmahoney@iaiwpc.com

Spraymetal, Inc.
Houston, TX USA
PHONE:713.921.0012,FAX:713.921.1759
Mr, Jim Hollingsworth, jimh@schumachercoinc.com

Sulzer Metco(US)Inc.
Westbury, NY USA www.sulzermetco.com
PHONE:516.334.1300,FAX:516.338.2486
Mr. Jeff Molchon, jeff.molchan@sulzer.com

Superior Shot Peening, Inc.
Houston, TX USA
PHONE:281.449.6559,FAX:281.449.9151
Mr. Jack Blasingame, jabsspi@aol.com

Thermal Spray Technologies, Inc.
Sun Prairie, WI USA www.tstcoatings.com
PHONE:608.825.2772,FAX:608.825.2737
Mr. Bill Lenling, blenling@tstcoatings.com

United Surface Technologies
Altona, Melbourne Australia
PHONE:61.393.98.5925,FAX:61.393.98.2738
Mr. Keith Moore, kmoore@ust.com.au

Wear Master, Inc.
Kennedale, TX USA www.nooter.com
PHONE:817.561.1565,FAX:817.561.1715
Mr. Ron McKuin, ramckuin@wearmaster.net

Westaim Ambeon Corporation
Fort Saskatchewan, Alberta Canada
www.westaimambeon.com
PHONE:780.992.5278,FAX:780.992.5275
Mr. Doug Fleming, dfleming@westaimambeon.com

WOKA North America
Stockbridge, GA USA www.woka-gmbh.com
PHONE:770.506.9520,FAX:770.506.9521
Mr. Larry Robbins, lrobbinswokausa@earthlink.net

RESEARCH ASSOCIATE MEMBER

ASM International
Materials Park, OH USA www.asminternational.org
PHONE:440.338.5151,FAX:440.338.4634
Mr. Robert C. Uhl, rcuhl@asminternational.org

Drexel University
Center for the Plasma Processing of Materials(CPPM)
Department of Materials Engineering
Philadelphia, PA USA www.materials.drexel.edu
PHONE:215.895.1844,FAX:215.895.2332
Dr. Richard Knight, knightr@drexel.edu

State University of New York at Stony Brook
Center for Thermal Spray Research
Stony Brook, NY USA doll.eng.sunysb.edu/tsl/ctsr
PHONE:631.632.4567,FAX:631.632.7878
Ms. Lysa D. Russo, lysa.russo@sunysb.edu

The Tucker Group, LLC
Brownsburg, IN USA
PHONE:317.852.3291,FAX:317.852.7537
Wesley Chapel, FL USA
PHONE:813.991.9921,FAX:813.991.5091
R. C. Tucker, Jr.,PhD, rctucker@aol.com

The Zanchuk Group, LLC
Concord, NH USA www.zanchuk.com
PHONE:603.226.3712,FAX:603.226.3712
Mr. Val Zanchuk, zanchuk@mediaone.net

3M 公司 (S.Paul,MN)
www.3M.com/FinishingSystems

Airex Rubber Products 公司 (Portland,CT)
www.airexrubber.com

APS Materials,Inc.公司 (Dayton,OH)
www.apsmaterials.com

ASB Industries,Inc.公司 (Barberton,OH)
www.asbindustries.com

ASM 美国热喷涂学会 (Materials Park,Ohio)
www.asminternational.org/tss

Bay State Surface Technologies 公司（Westboro,MA）
www.aimtek.com/baystate

Buehler 公司（Lake Bluff,IL）
www.buehler.com

Carpenter Powder Products 公司（Bridgeville,PA）
www.carpenterpower.com

DeWal industries 公司（Saunderstown,RI）
www.dewal.com

Durum Verschleiss – Schutz GmbH 公司（Willich,Germany and Houston,Texas）
www.durmat.com

德国焊接学会（DVS）（Dusseldorf,Germany）
www.dvs – hg.de

ERW Inc.公司（Eastford,CT）
www.erwinc.com

F.J.Brodmann & Co.,L.L.C.公司（Harvey,LO）
www.fjbco.com

Flame Spray Technologies 公司（Grand Rapids,MI）
www.fst.nl

FLUMESYS GmbH 公司（Sulzbach – Rosenberg,Germany）
www.flumesys.de

Genie Products,Inc 公司（Rosman,NC）
www.genieproducts.com

Green Belting industries Inc.公司（Mississauga,Ontario,Canada）
www.greenbelting.com

Gremada Industries Inc.公司（West Fargo,ND）
www.gremada.com

GTS 德国热喷涂协会（Unterschleissheim,Germany）
www.gts – ev.com

Guyson Corp.Of USA 公司（Sarasota Springs,NY）
www.guyson.com

H.C.Starck,Inc.公司（Newton,MA）
www.hcstarck.com

Hardface Alloys,Inc 公司（Santa Fe Springs,CA）
www.hardfacealloys.com

IMR Test Labs 公司（Lansing,NY）
www.imrtest.com

Inovati 公司（Santa Barbara,CA）
www.inovati.com

International Thermal Spray Association(Materials Park,Ohio)
www.thermalspray.org

Ktech Corporation 公司（Albuquerque,New Mexico）
www.ktech.com

Linde AG 公司,Gas & Engineering,Linde Gas Division(Unterschleissheim,Gemary)
www.lindegas.com

Lineage Alloys Inc.公司（Baytown,Texas）
www.lineagealloys.com

Montreal Carbide Co.Ltd.公司（Longueuil,Quebec,Canada）
www.montrealcarbide.com

North American Inc.公司（Hollsopple,PA）
www.northamericanh.com

Northwest Mettech Corporation 公司（Richmond,BC）
www.mettech.com

Oseir Ltd.公司（Tampere,Finland）
www.oseir.com

Osram Sylvania Inc.公司（Towanda,PA）
www.sylvania.com

Ploymet Corporation 公司（Cincinnati,OH）
www.polymet.us

Praxair Surface Technologies,Inc.and TAFA Inc.公司（Indianapolis,IN）
www.praxairthermalspray.com

Precision Surface International 公司 (Houston, Texas)
www.psidragon.com

St. Louis Metallizing Company 公司 (St. Louis, MO)
www.stlmetallizing.com

Stellite Coatings 公司 (Goshen, IN)
www.stellite.com

Stratonics, Inc. 公司 (Laguna Hills, CA)
www.stratonics.com

Sulzer Metco 公司 (Westbury, New York)
www.sulzermetco.com

Supfina Machine Company, Inc. 公司 (North Kingstown, Rhode Island)
www.supfina.com

Surface Engineering 公司 (St. Petersburg, FL)
www.surfaceengineering.com

Tapeworks 公司 (Bethlehem, PA)
www.tape-works.com

TECNAR Automation Ltd. 公司 (St-Bruno, Quebec, Canada)
www.tecnar.com

Tekna Plasma Systems 公司 (Sherbrook, Quebec, Canada)
www.tekna.qc.ca

THERMATEC 公司 (Bradenton, FL)
www.Americantorchtip.com

Westaim Ambeon 公司 (Fort Saskatchewan, Alberta, Canada)
www.westaimambeon.com

WOKA GmbH 公司 (Barchfeld, Canada)
www.woka-gmbh.com